THILO SARRAZIN
WUNSCHDENKEN

THILO SARRAZIN

WUNSCHDENKEN

Europa, Währung, Bildung, Einwanderung –
warum Politik so häufig scheitert

Deutsche Verlags-Anstalt

Der Verlag weist ausdrücklich darauf hin, dass im Text enthaltene externe Links vom Verlag nur bis zum Zeitpunkt der Buchveröffentlichung eingesehen werden konnten. Auf spätere Veränderungen hat der Verlag keinerlei Einfluss. Eine Haftung des Verlags ist daher ausgeschlossen.

MIX
Papier aus verantwortungsvollen Quellen
FSC® C014496

Verlagsgruppe Random House FSC® N001967

1. Auflage 2016

Copyright © 2016 by Deutsche Verlags-Anstalt, München,
in der Verlagsgruppe Random House GmbH,
Neumarkter Str. 28, 81673 München

Umschlaggestaltung: Jorge Schmidt, München
Lektorat und Satz: Ditta Ahmadi, Berlin
Druck und Bindung: GGP Media GmbH, Pößneck
Printed in Germany 2016
ISBN 978-3-421-04693-2

www.dva.de

In memoriam Mechthild Sarrazin

Inhalt

Einleitung

Nach dem Erscheinen von *Deutschland schafft sich ab* wurde ich oft gefragt, ob ich nicht ein Buch schreiben wolle, wie man es besser macht. Das hat so seine Tücken, denn das Gute und Richtige ist tendenziell weniger eindeutig als das Schlechte, Falsche oder Fehlerhafte.[1] Die eine Sache ist also, dass man das Falsche und seine Ursachen überhaupt erst erkennt. Das habe ich intellektuell und beruflich lebenslang geübt. Aus der Erkenntnis des Falschen, seiner Risiken und deren Abhilfe folgt aber nicht zwingend die Erkenntnis des Richtigen.

Dies gilt in noch viel stärkerem Maß für die künftige Entwicklung menschlicher Gesellschaften. Wenn ich den Kommunismus falsch finde, wenn ich das islamische Modell ablehne, wenn ich gegen die Ausbreitung von immer mehr Dummheit bin, so weiß ich damit noch lange nicht, wie eine »gute« Gesellschaft aussehen soll. Die Offenheit der Zukunft, ihre positiven und negativen Möglichkeiten, kann ich sogar prinzipiell gar nicht vorausdenken. Das ist ein wichtiger Kerngedanke der offenen Gesellschaft, den man selbst leicht vergisst und der immer wieder zur Bescheidenheit anhält. Überdies führen bestimmte Wege unter dem einen oder anderen Aspekt zwingend ins Unglück, während man auf anderen Wegen Unglück vermeiden und die Chancen auf Glück erhöhen kann. Die Bedingungen dafür arbeite ich in diesem Buch heraus, leite sie aus der menschlichen Geschichte her und stelle die Mechanik von Politik, ihre Einbettung in die menschliche Natur und ihre typischen Fehler so anschaulich dar, wie ich kann.

Die Fehler deutscher Politik haben mir dabei viel Anschauungsmaterial geliefert. Die Abfassung des Buches überschnitt sich schließlich mit dem wohl größten Fehler der deutschen Nachkriegspolitik, nämlich der undurchdachten und utopischen Flüchtlings- und Einwanderungspolitik der Bundesregierung. Die daraus resultierende verfehlte Entwicklung hat dieses Buch maßgeblich geprägt, und zwar nicht nur die Fehleranalyse, sondern auch bezüglich der politischen Antworten, die ich gebe. Meine Ablehnung dieser spezifisch deutschen Spielart utopischer Politik erfolgt nicht aus willkürlichen Setzungen, sondern erwächst vielmehr schlüssig und ziemlich zwingend aus meiner Analyse des Antriebs und der Mechanik von gesellschaftlicher und politischer Entwicklung. Als das Buch *Deutschland schafft sich ab*, in dem ich unter anderem vor den Gefahren einer falschen Einwanderung und eines radikalen Islam warnte, im August 2010 erschien, ließ Angela Merkel über den Regierungssprecher Steffen Seibert erklären, dergleichen sei »nicht hilfreich«, und betrieb meine Entlassung aus dem Vorstand der Deutschen Bundesbank. Angela Merkel wünschte sich den Lauf der Welt eben anders, als ich ihn beschrieb. Dass es den Überbringer schlechter Nachrichten hart treffen kann, dafür gibt es viele Beispiele in der Geschichte. Ich konnte damals meine bürgerliche Ehre nur mit Mühe retten.

Es gibt gut regierte und schlecht regierte Länder. Das gilt im historischen Vergleich, es gilt aber auch, wenn man zu einem beliebigen Zeitpunkt den Blick über die Welt schweifen lässt und sie betrachtet, wie sie gerade ist. Das gilt global. Aber selbst im regionalen oder auch nationalen Rahmen stehen besser und schlechter regierte Einheiten recht unverbunden nebeneinander. Ad hoc und mit wünschenswerter Eindeutigkeit lässt sich kaum sagen, wodurch sich der Unterschied denn nun ergibt. Bis zum Beginn der großen Flüchtlingswelle im Sommer 2015 machte Deutschland einen wesentlich besser regierten Eindruck als Frankreich, und dieser Eindruck lässt sich durch die Wirtschafts- und Sozialdaten leicht erhärten. Aber was sind die Ursachen solcher Unterschiede?

Selbst innerhalb von Nationen gibt es große Unterschiede. Diese zeigen sich zum Beispiel, wenn man beliebige Daten des Bundeslandes Bayern mit jenen des Bundeslandes Bremen vergleicht. Da beginnen aber auch schon die Probleme mit der Faktenanalyse und der Ursachenzuschreibung. Der Bürgermeister von Bremen kann in jeder beliebigen Diskussionsrunde faktenreich darstellen, weshalb Bremen mindestens genauso gut regiert wird wie Bayern und aus der Ungunst der Umstände das Beste gemacht hat. Die Bremer loben ihre hohe Abiturientenquote, und die Bayern loben den Umstand, dass ihre Schüler wesentlich mehr lernen – selbst wenn sie kein Abitur machen. Das Beispiel zeigt bereits, dass ganz wesentlich subjektive Ziele und Maßstäbe darüber bestimmen, was man für gutes Regieren hält und was nicht: Wer die Gleichheit formaler Bildungsabschlüsse in den Mittelpunkt stellt und in der Tiefe seines Herzens das Abitur für alle möchte, wird eine andere Bildungspolitik betreiben als jener, der das individuelle Leistungsvermögen herausfordern und möglichst gut entwickeln will. Andere Menschenbilder bedingen eben auch andere Politikentwürfe.

Wer als deutscher Politiker der Meinung ist, dass alle Menschen auf der Welt, sobald sie die deutsche Grenze passiert haben, vor dem Grundgesetz die gleichen Rechte und an den Sozialstaat die gleichen Ansprüche haben sollten, wird eine andere Flüchtlings- und Einwanderungspolitik betreiben als jener, der die Interessen der deutschen Bevölkerung in den Mittelpunkt stellt.

Stellen wir uns vor, die UNO versammelte in einem Konklave einen neokonservativen Republikaner aus dem amerikanischen Mittelwesten, einen Muslimbruder aus Ägypten, einen grünen Fundi aus Kreuzberg und einen Wirtschaftsexperten aus der chinesischen KP mit dem Auftrag, gemeinsame Ziele und Maßstäbe guten Regierens zu entwickeln. Unterstellen wir ferner, alle vier seien intelligent, gebildet und guten Willens. Dennoch werden sie nach ihrem Konklave mit großer Wahrscheinlichkeit nicht mehr vorzuweisen haben als den gemeinsamen Willen, Kriege zu vermeiden und den Hunger in der Welt zu bekämpfen. Wer Maßstäbe guten Regierens entwickeln will, kommt um Wertmaßstäbe nicht herum. Solange man die Existenz einer letzten und höchsten göttlichen Instanz ausschließt – denn das ist bereits eine Wertung –, sind Werte grundsätzlich beliebig und stehen in keinem Rangverhältnis zueinander. Allerdings unterliegen sie den universalen Gesetzen der Logik – ebenfalls eine Wertung – und sollten möglichst widerspruchsfrei gestaltet werden, damit sie sich nicht gegenseitig aufheben und das auf ihnen gegründete politische Handeln ad absurdum führen.

Um das Wesen, die Grundlagen und die Ziele von Politik wird es in diesem Buch immer wieder gehen. Allerdings bin ich, was die Definition von Begriffen angeht, Pragmatiker. Ihre Inhalte sind Konvention, sie entwickeln sich historisch und können sich ändern, ohne dass sie deshalb »falscher« oder »richtiger« werden. Entscheidend ist, dass die beteiligten Partner eines Austausches unter einem bestimmten Begriff dasselbe verstehen, sonst entsteht nämlich eine babylonische Sprachverwirrung, und mit der haben wir es im kommunikativen Raum des Politischen leider oft zu tun. Der Kern der Politik ist erstens das Erringen, der Ausbau und die Verteidigung von Macht und zweitens ihr Einsatz für die Ziele, die angestrebt werden. Macht ist nach Max Weber die Fähigkeit, einem anderen seinen Willen aufzuzwingen. Sie ist Voraussetzung und Instrument politischer Gestaltung. Ohne Macht kann man weder gut noch schlecht regieren.

Wer die politische Macht hat, kann Gesetze und die unterschiedlichsten Statuten und Regularien des Staates und der Gesellschaft ändern, selbst wenn die Möglichkeiten dazu vielfach formalisiert und begrenzt sind. Das gilt für die überkommene Stammesgesellschaft ebenso wie für die moderne parlamentarische Demokratie. Nur unter autokratischen und diktatorischen Regierungsformen lassen sich solche Begrenzungen teilweise – und nur sehr selten und dann auch nur für kurze Zeit ganz – aufheben.

Politisches Denken und Handeln ist von Motiven, Zielen und Wünschen geleitet. Diese können auf die Gestaltung der Gesellschaft oder auf die eigene Rolle in ihr gerichtet sein. Der politisch Handelnde kann Utopist, Idealist, Realist, machthungriger Psychopath oder schlicht ein Ausbeuter oder Umverteiler von Ressourcen sein, auf die er durch politische Macht Zugriff erhält. Ein Wahrheitssucher ist er eher nicht, denn mit der Wahrheit hat der politische Akteur im Regelfall abgeschlossen.

Wer nach Erkenntnis, nach künstlerischer oder wissenschaftlicher Selbstverwirklichung strebt, geht eher nicht in die Politik, und wer nur schlicht seinen Lebensunterhalt sichern, seinen Wohlstand mehren und seine Familie ernähren will, wird sich ebenfalls nicht der Politik verschreiben. Zu allen Zeiten und in allen gesellschaftlichen Systemen war die Politik das Geschäft einer kleinen Minderheit. Wer in die Politik strebt, muss Macht wollen, und er muss seine Ziele zäh und beharrlich verfolgen können. Denn aus den Wechselwirkungen von politischen Motivationen, dem Charakter von Politik und den inneren Gesetzen des politischen Handelns erwachsen immer wieder typische Fehler und Irrtümer, die dem politischen Prozess quasi immanent sind. Die Aussage: Schau mal, wie verlogen, opportunistisch, kurzsichtig und geistig beschränkt diese oder jene politische Entscheidung oder dieser oder jener Politiker ist, kann man sich schenken, denn die typischen politischen Fehler passieren auch in Staaten und Gesellschaften, die im Weltmaßstab vorbildlich sind. Wir werden generell weit unter unseren Möglichkeiten regiert, auch das Deutschland der Gegenwart.

Wenn man die Natur dieser Fehler erkennt und Wege findet, ihre Entstehung wie ihre Auswirkungen einzuschränken, dann steigen die Chancen für gutes Regieren. Die großen Fortschritte der Menschheit in Kultur und Zivilisation sind nicht zuletzt erzielt worden, weil der Raum des Politischen eingehegt und mit Regularien versehen wurde. Auch dies war ein durch und durch politischer Prozess, denn er beruhte auf politischen Entscheidungen. Letztlich ist eben alles Handeln politisch, auch die Einhegung von Politik und ihre Unterordnung unter höherrangige Ziele, die immer wieder neu verhandelt werden müssen. Der preußische König Friedrich II. erkannte dies, wovon Generationen von Schulkindern durch die Geschichte des Müllers von Sanssouci erfuhren. Der arme Mann hatte sich vom König nicht einschüchtern lassen und entschlossen gezeigt, das Berliner Kammergericht anzurufen. Friedrich hatte daraufhin eingelenkt, was er als absoluter Herrscher nicht hätte tun müssen.[2]

Viele Zeitgenossen beklagen die Unsinnigkeit oder Schädlichkeit bestimmter politischer Entscheidungen auf Gebieten, von denen sie etwas verstehen, und wundern sich, dass die Politik auf sachliche Argumente einfach nicht hören will. Man denke nur an die argumentativen Breitseiten, die renommierte Ökonomen in großer Eintracht Ende 2013 und Anfang 2014 gegen die neuen gesetzlichen Regelungen zum Mindestlohn abgefeuert haben. Zu ihrem fassungslosen Erstaunen haben sie die Politik großenteils gar nicht erreicht, denn hier wirkten gleich mehrere Mechanismen politischer Verzerrung oder Fehlsteuerung in die entgegengesetzte Richtung. Jammern und Klagen über Mängel der Politik führt zu nichts. Ich möchte daher nicht die Zustände beklagen, sondern die Ursachen und den Charakter politischer Verzerrungen und Fehlsteuerungen näher analysieren und Vorkehrungen und Regeln beschreiben, die dem entgegenwirken.

Die Historikerin Barbara Tuchman klagte vor drei Jahrzehnten: »Warum agieren die Inhaber hoher Ämter so oft in einer Weise, die der Vernunft und dem aufgeklärten Eigeninteresse zuwiderläuft? Warum bleiben Einsicht und Verstand so häufig wirkungslos?«[3] Sie sprach von »Torheit«, und damit hatte sie Recht. Sie analysierte solche Torheit anhand schlagender historischer Beispiele vornehmlich aus dem Bereich der Außenpolitik. Und doch taugt der Begriff Torheit nur zur Beschreibung, nicht zur Erklärung. Denn es ist die Dynamik widersprüchlicher Elemente und Motive, die politisches Handeln objektiv töricht werden lässt, weniger die Dummheit und Borniertheit des einzelnen Politikers. Das Problem liegt eben nicht auf der Ebene des Verstandes – dann könnte man der politischen Torheit leicht vorbeugen, indem man einen Mindest-IQ für Politiker vorgibt –, sondern auf der Ebene der Gefühle. Keinesfalls unterschätzen darf man das Potential der Politik zur Desinformation in komplexen Sachfragen – vor allem dann nicht, wenn diese im Bündnis mit einem großen Teil der Medien verbreitet wird. Ein Beispiel: Selbst gebildete und verständige Zeitgenossen scheuen die inhaltliche Befassung mit Währungs- und Haushaltsfragen. Meistens glauben sie das, was dazu in den Medien steht, oder überschlagen die entsprechenden Artikel gleich ganz. So haben Politik und Medien freie Bahn. Beide interessieren sich in ihrer großen Mehrheit aber gar nicht für die Währungsfrage als solche, ausschließlich für den europäischen Gedanken: Der Euro soll das Zusammenwachsen Europas fördern, und darum muss man an ihm um jeden Preis festhalten.

Man hat in den neunziger Jahren sehr wohl noch versucht, den durchaus bekannten Risiken entgegenzuwirken, aber dazu hätte die somnambule politische Klasse zumindest die Absicht erkennen lassen müssen, sich an die von ihr selbst formulierten vertraglich fixierten Vorgaben zu halten. Doch es zeigte sich wieder einmal: In zentralen Fragen ist diese politische Klasse nicht willens, die logischen Implikationen symbolischer politischer Akte vorauszuberechnen und die absehbare Entwicklung auf ihre Handlungen rückwirken zu lassen.

Ergeben sich solche Mängel quasi zwangsläufig aus dem Wesen von Politik? Und welches könnten die Heilmittel beziehungsweise Präventionsmaßnahmen sein? Gut organisierter Wettbewerb nach klaren Regeln, mehr Transparenz, mehr Dezentralität und mehr Delegation?

Natürlich ist es nicht seriös, die aufgeführten Mängel einfach der Politik anzuhängen. Die handelnden und Macht ausübenden Politiker sind stets auch ein Spiegel der Gesellschaft, aus der sie stammen: In einem gesellschaftlichen System des Klientelismus zum Beispiel, in dem Beziehungen, Gefälligkeiten und Korruption dominieren, wird ein Politiker, der sich dieser Instrumente nicht bedient und sie nicht quasi verinnerlicht hat, gar nicht erst an die Macht gelangen. Das ist das vielfach unterschätzte Problem der Governance in einem Staat wie Griechenland. In einer Stammesgesellschaft, wie sie in großen Teilen Afrikas und in vielen arabischen Staaten dominiert, spielt das Leistungsprinzip bei der Elitenauswahl nur eine geringe Rolle, und für die politischen Führer ist es selbstverständlich, dass sie vor allem die eigene Familie und den eigenen Stamm bedenken. Der unentschlossene Zauderer und Reformfeind François Hollande ist nicht von ungefähr französischer Präsident geworden, sondern weil die Franzosen mehrheitlich keinen tatkräftigen Reformer als Präsidenten wollten. Politiker, die willens und in der Lage sind, komplex und in großen Zeiträumen zu denken, werden viele der genannten Mängel nicht zeigen. Bedeutende Politiker tun dies zumindest auf Teilgebieten, denen sie sich besonders verpflichtet fühlen.

Es ist letztlich ein komplexes Wechselspiel, in dem sich Gesellschaften und politische Systeme »ihre« Politiker erschaffen, und diese wiederum verändern die Gesellschaften und die politischen Systeme.

Manch einer wird einwenden, hier handele es sich doch um allgemeine Mängel des menschlichen Denkens und Entscheidens, die nicht auf die Politik beschränkt sind. Das ist grundsätzlich richtig, aber nirgendwo haben diese Mängel eine so große praktische Relevanz wie im politischen Raum. Im privaten Bereich oder in Wirtschaftsunternehmen wird man nämlich mit den Folgen seiner Irrtümer nicht immer unmittelbar, aber doch relativ schnell konfrontiert. Nur in der Liebe, in der Religion und in der Politik ist es möglich, über längere Zeit Wunschträumen nachzuhängen. Willenskraft und Redetalent können in politischen Spitzenämtern und erst recht in politischen Diskussionen über weite Strecken tragen. In der Wirtschaft endet solch ein Unterfangen dagegen oft schon im übernächsten Bilanzjahr. Das musste der ehemalige hessische Ministerpräsident Roland Koch im August 2014 bitter erfahren: Nachdem er die Gewinnprognosen für das laufende Jahr mehrfach hatte senken müssen, sah er sich nach nur 36 Monaten von heute auf morgen aus dem Amt als Vorstandsvorsitzender des Baukonzerns Bilfinger gedrängt und schlug dem Aufsichtsrat die einvernehmliche Trennung vor, die sofort angenommen wurde.

Im politischen Prozess gewinnen die Mängel ihre konkrete Relevanz und auch ihre Brisanz nicht aus sich selbst, sondern aus den Abweichungen vom Pfad des guten Regierens, die sie verursachen.

Jede Vorstellung vom guten Regieren beruht implizit oder explizit auf einem normativen Bild vom Menschen, von seinem Glück und seiner Bestimmung, und dieses Bild vom Menschen ist in ein bestimmtes Bild von der menschlichen Gesellschaft eingebettet. Ein empirisch gehaltvolles und einigermaßen korrektes Bild von Mensch und Gesellschaft entsteht aber nur teilweise durch einen normativen Willensakt, auch nicht durch religiöse Offenbarung oder durch philosophisches Grübeln, sondern vor allem durch unser vermeintliches oder tatsächliches Wissen über die menschliche Natur und die menschliche Geschichte. Dieses Wissen mag tiefer oder oberflächlicher, vollständiger oder unvollständiger, aktuell oder veraltet sein. Es wird immer unterschiedliche Perspektiven eröffnen und damit auch unterschiedliche Urteile begründen können. Damit ergeben sich zwingend auch unterschiedliche Maßstäbe, was dem Menschen frommt und was eigentlich die Kriterien guter Politik sind. Jeder grundsätzliche Streit über diese Maßstäbe ist seiner Natur nach uferlos, gleichzeitig aber sachlich geboten und sowieso unvermeidlich, wenn die Welt nicht in Stillstand verfallen soll. Früher oder später wird man feststellen, dass man dabei ohne Werturteile, die man einfach setzt, nicht auskommt. Jede Fragestellung, jedes Sachinteresse ergibt sich aus menschlichen Antrieben und wird damit zwangsläufig von Werturteilen gesteuert.

Wer Maßstäbe für die Gesellschaft und damit auch Maßstäbe für gutes Regieren entwickelt, kann also niemals frei von Werturteilen sein. Das muss keine geistige Willkür bedeuten. Werturteile kann man sachlich diskutieren, und man sollte auch versuchen, sie rational zu begründen. Man muss sich aber stets der Tatsache bewusst sein, dass diese Urteile letztlich aus dem vorrationalen Raum emotionaler Antriebe kommen und damit niemals im strengen Sinn *beweisbar* sind. Und man muss sich zudem darüber im Klaren sein, dass unsere Handlungen oder die Handlungen des Staates neben der gewünschten Wirkung immer zahlreiche Nebenwirkungen haben. Diese müssten umfassend abgewogen werden, was aber selten möglich ist und kaum jemals ausreichend geschieht. Mit der Ethik wird es häufig umso schwieriger, je näher die konkrete Entscheidung rückt. Das zeigten etwa die Diskussionen um die Auswirkungen der jüngsten Finanzkrise,[4] aber auch um das richtige Verhalten in der Flüchtlingskrise. Angela Merkel antwortete am 15. September 2015 auf die Kritik an ihrer Entscheidung, die deutschen Grenzen für die Flüchtlinge über die Balkanroute zu öffnen: »Wenn wir jetzt anfangen, uns noch entschuldigen zu müssen dafür, dass wir in Notsituationen ein freundliches Gesicht zeigen, dann ist das nicht mein Land.«[5] Die größte politische Torheit, die ein deutscher Regierungschef seit dem Zweiten Weltkrieg beging, wurde moralisch begründet, während ihre Nebenwirkungen verdrängt oder missachtet wurden.

Gutes Regieren braucht Werturteile. Soll Politik aber erfolgreich sein, reichen moralische Maßstäbe nicht aus.

I
Weshalb einige Gesellschaften Erfolg haben und andere nicht

Unsere Motivationen und Antriebe, unsere Hoffnungen und Ängste wohnen in uns und sind integraler Teil unserer Persönlichkeit. Vieles davon teilen wir mit den Menschen um uns herum. Aus diesem Umfeld und aus dem Zustand der Gesellschaft, wie wir ihn wahrnehmen, entwickeln wir unsere Forderungen an die Politik. Niemand muss sich dazu erst historische Kenntnisse aneignen, denn wir alle tragen ein umfangreiches Wissen in uns, das unsere Sicht auf die Welt prägt, und zwar unterschiedlich nach

- der regionalen und staatlichen Herkunft,
- der Generation,
- dem Bildungsstand und der Schichtzugehörigkeit,
- den Zufälligkeiten des Elternhauses, Freundeskreises, der Lektüre und der Reiseerfahrung.

Dieses Wissen ist oft unbewusst. Es kann falsch oder unausgegoren sein und hat dann einen fließenden Übergang zum Vorurteil. Aber wirkmächtig ist es in jedem Fall und trägt viel zu dem bei, was man Volkscharakter nennt. So wird jenes deutsche Lebensgefühl, das die Angelsachsen gerne »German Angst« nennen, offenbar mitgeprägt von den traumatischen kollektiven Erfahrungen der Deutschen im Dreißigjährigen Krieg (1618–1648), als das Land kreuz und quer von großenteils ausländischen Heeren durchpflügt wurde und in einer Generation 40 Prozent seiner Menschen verlor. Ähnliches erlebten sie rund anderthalb Jahrhunderte später in abgemilderter Form während der napoleonischen Kriege.[1]

Philosophen und Staatstheoretiker haben für Theorien und Erklärungen immer wieder die Geschichte bemüht, und die Politiker haben für ihre Zwecke gerne auf propagandataugliche historische Mythen zurückgegriffen oder diese geschaffen. Kaum ein Volk, kaum eine Religion und kaum eine Kultur kommen ohne historische Mythen aus:

- Der römische Staatsdichter Vergil leitete in seiner *Aeneis* die Gründung Roms aus dem Untergang Trojas ab und verlieh somit dem Römischen Reich eine Legimitation, die ebenso alt war wie Homers *Ilias*.
- Das Alte Testament beschreibt nicht nur die Entstehung der Welt, sondern erzählt auch die Geschichte von Gottes auserwähltem – jüdischen – Volk.
- Noch heute nehmen die Kreationisten in den USA, immerhin ein Drittel der amerikanischen Bevölkerung, wörtlich, was in der Bibel steht, etwa dass die Welt von Gott in sechs Tagen erschaffen wurde und 6000, höchstens 10 000 Jahre alt ist, dass mithin die Erkenntnisse der Physik und der Evolutionsbiologie über die Welt und die Entwicklung des Lebens falsch sind.
- Historische Mythen entstehen immer wieder neu: Der türkische Präsident Tayyip Erdogan erheiterte die westlichen Medien im Sommer 2014 mit der Behauptung, muslimische Seefahrer hätten Amerika bereits vor Kolumbus entdeckt. Das ist Ausdruck des Bemühens, Behauptungen über eine religionsimmanente Rückständigkeit der islamischen Kultur durch eine Erzählung abzulösen, die die Überlegenheit dieser Kultur begründen soll.
- Die Nazis erfanden den Mythos von der Überlegenheit der germanischen Rasse, und der Marxismus erfand den Mythos von der gesetzmäßigen Stufenentwicklung der menschlichen Geschichte, die zwangsläufig in die Überwindung des Kapitalismus und die klassenlose Gesellschaft führt.
- In den USA, in Russland und bei den meisten europäischen Völkern (besonders anschaulich bei den Briten, den Franzosen, den Spaniern, den Serben) gibt es eine historische Erzählung, die »beweist«, dass und weshalb das jeweilige Volk wahlweise das vortrefflichste, von der größten Tragik umgebene oder vom schlimmsten Leid geprüfte ist.

Die Existenz falscher oder zumindest höchst merkwürdiger historischer Mythen ist kein Argument gegen die Nützlichkeit historischen Wissens für politische Zwecke, auch wenn jede historische und politische Konstellation anders ist und nur weniges von dem, was wir historisch wissen, in eine andere Zeit, ein anderes Umfeld linear übertragen werden kann.

Dass jede Situation neu und anders ist, gilt als Binsenweisheit: Zu allen Zeiten wusste der fähige Heerführer, dass die Logik einer jeden kriegerischen Auseinandersetzung eine andere ist, und verließ sich darum nicht auf platte Analogien zu vorangegangenen Feldzügen. Gleichermaßen ist jede Wirtschaftskrise anders als die vorhergehende. Die politische Antwort darauf kann also nicht mechanisch sein. Sie ist aber, wenn sie adäquat ist, durch intelligente Anwendung früherer Erkenntnisse geprägt. Bis ins 18. Jahrhundert hinein war das historische Wissen im Allgemeinen eher rudimentär. Wo es nicht ausreichte, wurde es durch Glauben beziehungsweise durch theologischen Rat aufgefüllt. Dem kam im Zweifelsfall sowieso höhere Autorität zu als der schieren Beobachtung der Wirklichkeit. Daneben gewann ganz allmählich der Fortschritt in der naturwissenschaftlichen Erkenntnis und im technischen Können wachsende Bedeutung für die Politik. Es waren nämlich Kompass und Sextant, die den Seefahrern der Neuzeit zur Herrschaft über die Meere und zur Erschließung neuen Reichtums verhalfen, und keineswegs die Gebete der Geistlichen. Das merkten auch die besonders Frommen unter den Fürsten.

Zur Entwicklung des Menschen

In den letzten 200 Jahren hat die Menschheit ein ungeheures Wissen über den Ursprung der Welt, die Entstehung des Lebens, die Entwicklung des Menschen und die menschliche Geschichte angehäuft. 1859 veröffentliche Charles Darwin *Die Entstehung der Arten* und 1871 *Die Abstammung des Menschen*. Wir wissen seitdem, dass der Mensch in seiner Entstehung und Entwicklung grundsätzlich kein von der Natur abgesonderter Teil, sondern deren integraler Bestandteil ist und dass er im komplexen Prozess der Evolution wie alles Leben auf der Welt durch natürliche Auslese geformt wurde und weiter geformt wird. Diese Erkenntnisse wurden durch die empirische Psychologie, die Evolutionsbiologie und die genetische Forschung zu einem immer detaillierteren Bild von der menschlichen Natur und von der Evolution des Menschen zusammengefügt.

Wir wissen heute, dass nicht nur die menschliche Intelligenz, sondern auch alle anderen psychischen Eigenschaften überwiegend erblich sind[2] und fortlaufend durch die natürliche Selektion weiter geformt werden.[3] Selbst der klassische Gegensatz von Leib und Seele kann heute als aufgelöst gelten. Das, was wir als menschliches Bewusstsein empfinden, ist quasi der Spiegel des Körpers im Hirn und existiert in ähnlicher Form auch bei anderen höheren Lebewesen.[4] Auch sittliches Empfinden kann dem Grad der Funktionsfähigkeit bestimmter Hirnareale zugeordnet werden.[5]

In die Politik scheinen diese Erkenntnisse bis heute nicht vorgedrungen zu sein. Nachdem man die Ideologie des Sozialdarwinismus verworfen und eugenische Überlegungen aus dem Raum der Politik und der Politikberatung gänzlich verbannt hatte, schien Anfang der siebziger Jahre bei dem Thema der natürlichen Evolution allgemein der Konsens zu herrschen, dass die Darwin'sche Entwicklungslehre zwar grundsätzlich gültig sei, für den Menschen aber keine praktische Relevanz habe, denn erstens sei die natürliche Evolution des Menschen lange vor dessen Auszug aus Afrika, also vor mindestens 100 000 Jahren, zum Stillstand gekommen, und zweitens seien die menschlichen Eigenschaften und Fähigkeiten im Wesentlichen sozial vermittelt, also weitgehend formbar durch Politik und Gesellschaft.

1975 veröffentlichte der renommierte Biologe und Ameisenforscher Edward O. Wilson sein Buch *Sociobiology*. Darin strukturierte er »die Kenntnisse im Sozialverhalten zu der neuen auf der Populationsbiologie aufbauenden Disziplin … aus der später die Evolutionspsychologie hervorgehen sollte«.[6] Mit seinen Erkenntnissen löste der Autor einen Skandal aus. Der gerne von Geisteswissenschaftlern und Journalisten erhobene Vorwurf des »Biologismus« hat seinen Ursprung in dieser Debatte. Wilson und anderen Soziobiologen wurde vorgeworfen, Rassismus, Sexismus, Ungleichheit, Sklaverei und Völkermord zu verteidigen. Ihre Vorlesungen wurden gestört, Universitäten sagten Auftritte ab, weil sie Tumulte befürchteten.[7] Seitdem hat die Evolutionspsychologie die damaligen Erkenntnisse erheblich vertieft und weiterentwickelt. Sie sind heute bei aller Diskussion im Detail grundsätzlich unstreitig. In seinem jüngsten Buch fasst Wilson den Erkenntnisstand wie folgt zusammen:

»Alle Einheiten und Prozesse des Lebens folgen den Gesetzen der Physik und Chemie; und alle Einheiten und Prozesse des Lebens sind in der Evolution durch natürliche Selektion entstanden.« Auch die komplexesten Formen des menschlichen Verhaltens sind letztlich biologisch begründet und stellen »Spezialisierungen dar, die unsere Primaten-Vorfahren über Millionen von Jahren ausgebildet haben«. Entsprechend schränken auch »die Sinneskanäle des Menschen unsere Wahrnehmung der Wirklichkeit« ein, sofern wir diese Grenze nicht durch Hilfsmittel überwinden. Der »unzerstörbare Stempel der Evolution« wird dadurch bestätigt, »wie Programme zur genetischen Bereitschaft und Gegenbereitschaft die geistige Entwicklung bestimmen«.[8]

Als unabhängige Wesen sind wir genauso frei wie der Löwe in der Savanne. Aber wegen unserer ungleich größeren Hirnkapazität ist die Bandbreite und umweltbezogene Formbarkeit unseres Verhaltens wesentlich größer. Die von vielen Philosophen immer noch behauptete Freiheit des menschlichen Willens ist jedoch nichts, was den Menschen vor anderen Lebewesen auszeichnet, vielmehr vermittelt »das unbewusste Entscheidungszentrum des Gehirns«, so Wilson, »dem Zerebralkortex die Illusion unabhängigen Handelns«. Der freie Wille ist letztlich biologisch begründet, denn »unsere Entscheidungen sind nicht von sämtlichen organischen Prozessen zu entkoppeln, die unser persönliches Gehirn und unsere Kognition entstehen ließen«.[9]

Das Schwanken des Menschen zwischen Altruismus und Egoismus, das »jeden von uns halb zum Heiligen, halb zum Sünder« macht, erklärt Wilson aus der »natürlichen Multilevel-Selektion«: Auf einer höheren Ebene »konkurrieren Gruppen mit Gruppen und fördern kooperative soziale Merkmale bei den Mitgliedern derselben Gruppe. Auf der unteren Ebene konkurrieren Mitglieder derselben Gruppe so miteinander, dass eigennütziges Verhalten gefördert wird.«[10]

Auf die »Gruppenselektion als Hauptantriebskraft der Evolution« ist zurückzuführen, dass »der Mensch sich zur Zugehörigkeit zu einer Gruppe genötigt fühlt und die eigene Gruppe als konkurrierenden Gruppen überlegen erachtet«.[11] Andererseits löst das Spannungsverhältnis zwischen Gruppen- und Individualselektion bei jedem einzelnen Menschen widersprüchliche Impulse aus. Wilson hält »die Konflikte, die sich aus der Multilevel-Selektion ergeben«, für den »Urquell der Geistes- und Sozialwissenschaften. Der Mensch ist fasziniert von anderen Menschen, so wie alle anderen Primaten von ihren eigenen Artgenossen fasziniert sind. Es bereitet uns nie endendes Vergnügen, unsere Verwandten, Freunde und Feinde zu mustern und zu analysieren ... Wir sind Genies darin, die Absichten der anderen zu lesen, die ja selbst auch in jedem Moment mit ihren eigenen Engeln und Dämonen kämpfen. Um den Schaden zu begrenzen, den wir mit unseren unvermeidlichen Fehltritten anrichten, haben wir unsere bürgerlichen Gesetzbücher.«[12]

Die Evolutionsforscher müssen weit in die Vergangenheit zurückgehen. Aber die Ergiebigkeit archäologischer Stätten sinkt dramatisch mit wachsendem Alter. Aus der Zeit vor 15 000 Jahren und früher, dem Datum der frühesten menschlichen Siedlungen, gibt es außer einigen Knochenfunden fast nichts. Doch gerade hier haben die in den letzten Jahrzehnten erzielten Fortschritte bei der Erforschung des menschlichen Genoms der Erforschung der menschlichen Geschichte, insbesondere der Vor- und Frühgeschichte, eine neue Dimension hinzugefügt. Aus der menschlichen DNA lassen sich weitgehende Schlüsse über die regionale Herkunft und ethnische Zusammensetzung der Vorfahren eines Menschen ziehen. Heute lässt sich anhand der DNA-Analyse von archäologischen Funden menschlicher Überreste und von heute lebenden Menschen immer präziser nachvollziehen, woher ihre Vorfahren kommen und wie sich die unterschiedlichen Grade der genetischen Verwandtschaft über die Welt verteilen. Die daraus entstehende »Genetic History« des Menschen wird zunehmend wichtiger nicht nur für die Vor- und Frühgeschichte, sondern auch für die letzten 2000 bis 3000 Jahre. Selbst für das Mittelalter liegen bereits zahlreiche genetische Studien vor.[13]

Vor ca. 50 000 Jahren machte sich eine sehr kleine Gruppe von etwa 150 Menschen des Typs Homo sapiens, also des modernen Menschen, von Ostafrika über eine damals bestehende Landbrücke (oder Inselkette) zur Arabischen Halbinsel auf. Aus dieser »Urzelle« breitete sich in den folgenden Jahrtausenden die menschliche Besiedlung über die Welt aus. Dies geschah nicht in groß angelegten Wanderungen – die Menschen lebten und starben zumeist da, wo sie geboren wurden –, sondern indem kleine Gruppen einige Kilometer weiterzogen und sich dort niederließen. Da diese Menschen sich lediglich auf lokaler Ebene vermischten, kann die DNA jener, die weiterzogen, unterschieden werden von denen, die blieben. Die kleine Gruppe, die Afrika verließ, umfasste nur einen Bruchteil des damaligen menschlichen Erbgutes. So kommt es, dass heute die genetische Variation der Menschen in Afrika selber viel größer ist als im gesamten Rest der Welt. [14]

Die weitverbreitete Ansicht, die menschliche Evolution sei bereits vor dem Auszug aus Afrika zum Stillstand gekommen oder sie vollziehe sich so langsam, dass sie in historischen Dimensionen ohne praktische Relevanz sei, oder sie beziehe sich nur auf Oberflächliches wie die Farbe von Augen, Haut und Haar, ist mit dem aktuellen Erkenntnisstand der Genforschung also nicht vereinbar. [15] Vielmehr führten und führen die Bedingungen von Umwelt und Kultur kontinuierlich zur genetischen Anpassung auch innerhalb relativ kurzer Zeiträume. [16] Je nach den Unterschieden im physischen, geografischen, zivilisatorischen und kulturellen Umfeld waren und sind davon die Rassen, Ethnien und sozialen Gruppen unterschiedlich betroffen, so dass sich auch unterschiedliche genetische Antworten entwickeln, die sich wiederum auf die kulturelle und zivilisatorische Entwicklung auswirken. [17] Nicholas Wade schließt daraus, dass »Evolution und Geschichte keine voneinander getrennten Prozesse« sind, »wobei der eine auf den anderen folgt wie der Wechsel zwischen königlichen Dynastien. Eher ist es so, dass Evolution und Geschichte einander überlappen, wobei die historische Periode einen immer noch anhaltenden Prozess des evolutionären Wandels überlagert.« [18] Über die ganze Welt sind »die Menschen als Individuen sehr ähnlich, aber Gesellschaften unterscheiden sich stark wegen evolutionsbedingter Unterschiede im sozialen Verhalten«. [19] Bezogen auf die Gegenwart ist es keineswegs belanglos, wie sich politische Entscheidungen auf die weitere menschliche Evolution auswirken.

Zur Entwicklung der Zivilisation

Die Entwicklung des Menschen bis zu seiner heutigen Gestalt mit allen ihren Differenzierungen – also zu seinem »So-Sein« in all seiner Vielfalt – fand, wie die gesamte Entwicklung der Natur und des Lebens, ohne einen Schöpfer oder Spiritus Rector im ursprünglichen Wortsinn wildwüchsig statt. Ordnung kam in diesen Wildwuchs durch die natürliche Selektion: Nur was funktionstüchtig oder wandlungsfähig ist oder in einer ökologischen Nische vorübergehend keinem Selektionsdruck unterliegt, überlebt.

Genauso wildwüchsig verliefen von Anfang an die allmähliche Ausdifferenzierung und die weitere Entwicklung von Kultur und Zivilisation von der Urgeschichte bis zur Gegenwart. Einige Meilensteine in dieser Entwicklung zähle ich hier auf:

- die Entstehung und Entwicklung von Sprache,[20]
- die Nutzung des Feuers,
- die Entstehung und Verbreitung einfacher Werkzeuge und Waffen sowie deren allmähliche Weiterentwicklung,
- die Entstehung von Weltbildern in Form von Religionen,
- Pflanzenzucht, Ackerbau und der Beginn der Sesshaftigkeit,
- der Übergang von den Kleingruppen der Jäger und Sammler zu größeren Einheiten wie Stämmen und später Staaten,
- die Gewinnung und Verarbeitung von Metallen, zunächst Bronze, später Eisen,
- die Erfindung von Schrift und die Entstehung erster Hochkulturen,
- die Ausbildung wissenschaftlichen Denkens und die Entstehung der Naturwissenschaften,
- die systematische Erforschung und Entdeckung der Welt,
- die technischen Erfindungen und die bis heute anhaltende wissenschaftlich-technische Revolution,
- die durch die Fortschritte bei Ernährung und Medizin ausgelöste Explosion der Weltbevölkerung und
- die Veränderung von Flora, Fauna und Klima durch die Ausbreitung des Menschen über die Erde und seine Vermehrung.

An allen diesen Entwicklungen waren menschlicher Geist und menschliches Handeln millionenfach als ursprüngliche Verursacher beteiligt. Und doch folgte die Entwicklung niemals einem Plan. Sie war vielmehr genauso wildwüchsig wie die gesamte Evolution von Mensch und Natur. Das Handeln des Menschen beeinflusste, da es die Umweltbedingungen änderte, gleichzeitig auch seine weitere Evolution: Wir sehen dies am immer graziler werdenden Körperbau, am kleiner werdenden Gebiss, an der Verschlechterung der Zähne, an der

Veränderung sensorischer Fähigkeiten, an der Anpassung des Immunsystems und an der Veränderung von Krankheitsbildern.

Die Entwicklung von Kultur und Zivilisation hat mit Politik, Regierungsformen, guter und schlechter Regierungspraxis (wie immer man die Maßstäbe setzt) nur mittelbar zu tun. Ihre eigentlichen Antriebe können so nicht erklärt werden: Als ein Urmensch vor ca. 1,5 Millionen Jahren erstmals einen Stein zu einem Faustkeil behaute, gab es sicherlich kein Komitee von Dorfältesten, die das Design vorgaben, begutachteten, verwarfen und so quasi eine steinzeitliche Technologiepolitik betrieben. Es gab allerdings ein geistiges Klima, in dem einzelne Menschen über die Verbesserung von Werkzeugen und Waffen nachdachten. Als Albert Einstein, technischer Angestellter 3. Klasse beim Schweizer Patentamt in Bern, vor 110 Jahren über den Grundlagen der Relativitätstheorie brütete, geschah das nicht, weil ein Politiker die Kernspaltung und damit die Atombombe geplant hätte. Allerdings trieb ihn das geistige Klima seiner Zeit zu seiner Forschung an, und der Besuch des Münchner Gymnasiums sowie des Polytechnikums in Zürich befähigten ihn dazu.

Der Raum für Politik entsteht überall dort, wo sich Menschen zur Verfolgung gemeinsamer Ziele zusammenfinden oder aus bestimmten Zwecken einem kollektiven Zwang unterworfen werden. Da die Entwicklung von Kultur und Zivilisation niemals möglich gewesen wäre ohne Zusammenschlüsse, die zu einer sozialen Ordnung führten, wäre sie auch ohne Politik niemals möglich gewesen.

Genauso notwendig war eine ausreichende Ernährungsbasis. Dennoch lassen sich Kultur und Zivilisation kausal weder auf politische Strukturen noch auf Ernährung zurückführen. Beide waren lediglich notwendige Bedingungen – unter einer Vielzahl von anderen – dafür, dass eine Entwicklung überhaupt stattfinden konnte – oder eben nicht. Der Verlauf dieser Entwicklung war zu jeder Zeit gänzlich offen.

Ob und in welchem Grade Maßstäbe guten Regierens überhaupt in die Wirklichkeit umgesetzt werden können, hängt in erster Linie vom Entwicklungsstand einer Gesellschaft ab. Darum ist es zweckmäßig, sich damit zu befassen, welche Faktoren einen hohen Entwicklungsstand fördern und welche ihn behindern oder verhindern. Die meisten Erfolgsmaßstäbe sind dabei hoch miteinander korreliert: So haben Gesellschaften, in denen es wenig Gewalt gibt, in der Regel einen hohen Grad bürgerlicher Freiheiten, eine gute Volksgesundheit, einen guten Bildungsstand und einen hohen Lebensstandard gemessen am kaufkraftbereinigten Bruttosozialprodukt pro Kopf.

Dabei spielen Erfahrungen aus der jeweiligen Geschichte für die Entwicklung der Gesellschaften eine besondere Rolle. Besonders interessant ist, welche Faktoren im 18. Jahrhundert die industrielle Revolution ausgelöst haben und noch immer zur naturwissenschaftlichen Erkenntnis und zum technischen Fortschritt beitragen, durch die sich die Lebensbedingungen der Menschen so nachhaltig verändert haben und sich ihre Ernährungsbasis dermaßen vergrößert hat, dass heute sieben Mal so viele Menschen auf der Welt leben können wie noch vor 200 Jahren.

Der Wirtschaftshistoriker David S. Landes untersucht in seinem profunden Werk *Wohlstand und Armut der Nationen*, wie die industrielle Revolution entstand und sich über die Welt verbreitete. Er zeigt, dass sich der Ursprung der industriellen Revolution im England des 18. Jahrhunderts sowie ihre schnelle Übernahme und Fortführung in den USA und weiten Teilen Europas durch eine Mischung von kulturellen und institutionellen Faktoren schlüssig erklären lässt. Der Rest der Welt nahm die Einflüsse des Westens mit unterschiedlicher Geschwindigkeit und unterschiedlicher Intensität auf und tat sich mit einer entsprechenden Modernisierung der Staaten, Gesellschaften und Volkswirtschaften teilweise leicht, teilweise bis heute schwer. Auch diese Unterschiede können jeweils aus kulturellen, institutionellen und politischen Traditionen erklärt werden. Dabei zeigt sich, dass sich jene Gesellschaften eher entwickeln, die bereits Hochkulturen waren, eine ausgebildete Staatlichkeit hatten und/oder in einer Tradition von Arbeitsethik und hoher Bildungsneigung standen.[21]

Historisch gesehen schuf die wissenschaftlich-technische Entwicklung Europas seit dem ausgehenden Mittelalter die Voraussetzungen für die industrielle Revolution. Diese begann in der zweiten Hälfte des 18. Jahrhunderts in England, verbreitete sich bis Mitte des 19. Jahrhunderts im nördlichen und westlichen Europa und in Nordamerika, abgeschwächt und zeitlich verzögert auch im östlichen und südlichen Europa. Ende des 19. Jahrhunderts sprang sie auf Japan über und erfasste schließlich – zumindest mit ihren technischen Erkenntnissen und ihren Produkten – die ganze Welt. Durch die Verbreitung der Ernährungsbasis und die Verbesserung der Volksgesundheit führte sie zu einem explosiven Anstieg der Weltbevölkerung. Dieser hält in Afrika und Teilen von Asien nach wie vor an.

Es gibt eine reiche historische, ideengeschichtliche, soziologische und ökonomische Forschung darüber, weshalb sich die wissenschaftlich-technische Revolution und in ihrer Folge die industrielle Revolution gerade in Europa, genauer im Norden und Westen Europas, und in Nordamerika – also im westlichen Abendland – vollzog. Diese ist nicht nur aus historischer Sicht spannend und aufschlussreich, sondern enthält auch Hinweise auf die kulturellen Bedingungen nachhaltiger Entwicklung. David Landes verdichtet seine Erklärung zu drei wesentlichen Faktoren:

- die wachsende Autonomie und innere Unabhängigkeit des forschenden Geistes,
- die Herausbildung einer auf Messung und Empirie beruhenden wissenschaftlichen Methode und
- die »Erfindung der Erfindung« durch die systematische Verbreitung und Vermehrung des Wissens in einem kulturell in dieser Hinsicht recht homogenen Raum.[22]

Der britische Historiker Niall Ferguson identifiziert sechs Faktoren für die Entwicklung der westlichen Zivilisation:

- politischer Wettbewerb (zwischen den Staaten) und wirtschaftlicher Wettbewerb (zwischen den Individuen),
- Wissenschaft auf der Grundlage von Messung und Empirie,
- gesicherte Eigentumsrechte und Herrschaft des Gesetzes,
- medizinischer Fortschritt auf naturwissenschaftlicher Grundlage,
- industrielle Produktion von Konsumgütern und
- Arbeitsethik im Sinne einer bestimmten Geistes- und Lebenshaltung.[23]

Die US-Ökonomen Daron Acemoğlu und James Robinson heben die Rolle institutioneller Faktoren, insbesondere Rechtsstaatlichkeit, Demokratie und gesicherte Eigentumsrechte hervor. Für sie ist die

Glorious Revolution in England, mit der das Parlament und damit das demokratisch erlassene Gesetz 1688 endgültig Vorrang vor der Macht des Königs erhielt, der eigentliche Wendepunkt in der modernen Politik-, Wirtschafts- und Sozialgeschichte.[24]

Die Beschäftigung mit der Vergangenheit in ihrer ganzen farbigen Fülle ist immer wieder faszinierend und bietet mit dem Reichtum an Fallbeispielen und Analogien viel Lehrreiches für Gegenwart und Zukunft. Zum Glück muss aber niemand die Vergangenheit wiederholen: Wer ein Smartphone bedienen oder das Internet nutzen will, muss sich nicht mit der Geschichte der Fernmeldetechnik auskennen. Für die gedeihliche Entwicklung von Staaten und Gesellschaften reicht es aus, jene Institutionen auszuformen, die heute wichtig sind, und den Bürgern jene Mentalitäten und Kenntnisse zu vermitteln, die jetzt und in Zukunft wichtig sind. Warum gelingt das je nach Region und Staat nur mit sehr unterschiedlichem Erfolg? Weshalb haben einige Teile der Welt die vom Westen ausgehende wissenschaftlich-technische Kultur sehr gut adaptiert und stehen mittlerweile selber an der Spitze (oder sie sind auf dem Weg dorthin), während andere Teile der Welt erkennbar gar nicht Schritt halten und sogar mehr oder weniger in Unordnung und Gewalt versinken? Gemessen an den Maßstäben der wissenschaftlich-technischen Welt erscheinen manche Kulturen, Religionen und Ethnien besonders erfolgreich, andere dagegen besonders erfolglos.

Soweit man Erfolg oder Misserfolg überhaupt konkret messen kann, sind die daraus zu gewinnenden Erkenntnisse nicht trivial. Sie können uns helfen zu erkennen, was gesellschaftlich zu tun ist und was vermieden werden sollte, wenn man den Lebensstandard und die Lebensqualität in einer Gesellschaft verbessern oder zumindest sichern will. Allerdings stößt man dabei immer wieder auf das bekannte Henne-Ei-Problem: Offenbar hängen ökonomische, kulturelle, religiöse, historische und geografische Faktoren auf komplexe Weise miteinander zusammen und bedingen sich gegenseitig. In logischer Hinsicht muss man trennen zwischen der *Feststellung* von Unterschieden und ihrer *Erklärung*. Feststellungen sollten abgesichert sein und Erklärungen nicht voreilig.

Ich werfe zunächst einen globalen Blick auf die gebräuchlichste Messziffer für den Wohlstand eines Landes, nämlich auf das um

Unterschiede in der Kaufkraft bereinigte Bruttoinlandsprodukt (BIP) pro Kopf der Bevölkerung:[25] Von den 30 reichsten Ländern auf der Welt liegen 22 in Europa, eines in Nahost, drei in Ostasien und zwei in Ozeanien. Davon haben 26 Länder als vorherrschende Religion das Christentum, eines den jüdischen Glauben, drei stehen in der Tradition konfuzianischen Denkens. Von den 30 ärmsten Ländern auf der Welt liegen 26 in Afrika, eines in der Karibik und eines in Ozeanien. 16 von ihnen haben den Islam als Mehrheitsreligion. Unter den insgesamt untersuchten 146 Ländern haben 55 ein Pro-Kopf-BIP *über* dem Weltdurchschnitt von 14 400 Dollar. Davon liegen 32 in Europa, 19 in Asien und Ozeanien, 11 in Amerika, eines in Afrika. 91 Länder haben ein Pro-Kopf-BIP unter dem Weltdurchschnitt, darunter 8 Länder aus Europa, 14 aus Amerika, 25 aus Asien und Ozeanien und 44 Länder aus Afrika. Die 30 reichsten Länder liegen allesamt in Zonen mit gemäßigtem oder kaltem Klima. Unter den 30 ärmsten Ländern gilt das nur für Tadschikistan, den Norden Afghanistans und Nepal.

Die mit diesen wenigen Kennziffern zusammengefassten Unterschiede sind einfach da. Sie spiegeln sich auch in zahlreichen anderen Unterschieden bei Gesundheit, Bildung, bürgerlichen Freiheiten, Umweltbedingungen etc. Die Wirkung dieser Unterschiede kann man sich gar nicht brutal genug vorstellen: Während der Stadtbewohner in Singapur sich eines (kaufkraftbereinigten) Sozialprodukts pro Kopf von 78 800 Dollar erfreut und die Mitteleuropäer es sich bei einem Sozialprodukt pro Kopf zwischen 35 000 und 45 000 Dollar gut gehen lassen, geht es bei den Griechen mit einem Sozialprodukt pro Kopf von 25 800 Dollar bereits erheblich bescheidener zu, und sie beklagen das ja auch entsprechend. Ihr Los ist jedoch weitaus besser als das der Bürger von Ghana, die mit 4000 Dollar im Jahr auskommen müssen und die meisten ihrer Ärzte und Ingenieure nach Europa senden, damit sie dort für die heimischen Großfamilien Geld verdienen. Aber auch in Ghana kann man sich steinreich fühlen, wenn man den Vergleich mit den zehn ärmsten Staaten Afrikas anstellt, denn dort beläuft sich das Sozialprodukt pro Kopf nur auf 600 bis 1200 Dollar.

Das war von der Geschichte nicht vorgezeichnet. Als Ghana – seit seiner Gründung einer der erfolgreicheren afrikanischen Staaten – 1957 unabhängig wurde, übernahm es von der britischen Kolonialmacht dasselbe britische Recht und eine genauso wohlgeordnete britisch geprägte Verwaltung wie sechs Jahre später die in die Unabhängigkeit entlassene Kronkolonie Singapur. Beide hatten sogar ein vergleichbares Sozialprodukt pro Kopf. Allerdings schien das rohstoffreiche Ghana die bessere Ausgangsbasis zu haben. Auch in Südkorea war das Pro-Kopf-Sozialprodukt 1960 nicht höher als das von Ghana; heute beträgt es das Achtfache.

In der ökonomischen Forschung spricht man vom »langen Schatten der Geschichte«. Das hat zu einem wachsenden Interesse an wirtschaftshistorischen Forschungen geführt, mit deren Hilfe langfristige Ursachenketten rekonstruiert werden können. So hat man zum Beispiel herausgearbeitet, dass Ereignisse wie die Reformation oder die Kolonialisierung unterschiedliche Bildungsniveaus in Gesellschaften hervorgerufen haben mit entscheidenden Auswirkungen auf die wirtschaftliche Entwicklung.[26]

Es gibt also viel zu erklären. Solche Erklärungen können niemals ganz vollständig und zwingend schlüssig sein. Ich persönlich glaube, dass jeder der Punkte, die ich nachfolgend anführe, einen gewissen Erklärungsbeitrag leistet, dass die einzelnen Punkte je nach Situation aber ganz unterschiedlich zusammenwirken.

Klima, Geografie, Umwelt

Gegen Kälte kann man sich durch entsprechende Kleidung und geeignete Unterkünfte schützen. Einen Schutz gegen Hitze gab es vor der Erfindung der Klimaanlage, also bis vor 90 Jahren, nicht. Deshalb ist in heißen Ländern der Rhythmus des Tages wie auch die gesamte Lebensaktivität der Hitze angepasst. Hohe Temperaturen fördern zudem die Ausbreitung gefährlicher Parasiten und Krankheiten. In tropischen Gebieten fällt zwar reichlich Regen, aber eben nicht zuverlässig. Das erschwert nachhaltigen Ackerbau. Auch die Vorratshaltung ist eine andere als in Europa. Da die Jahreszeiten wenig ausgeprägt sind, ist die Notwendigkeit, Vorratshaltung und Vorsorge zu betreiben, gering. So entstehen andere Parameter für jene persönlichen Eigenschaften, die den Lebenserfolg fördern oder beeinträchtigen. Alle Hochkulturen entstanden in gemäßigten Zonen, nicht in den Tropen. Mit wachsender Nähe zum Äquator gab es schon immer weniger Entwicklung;

noch heute liegen die weitaus meisten unterentwickelten Länder zwischen dem nördlichen und südlichen Wendekreis.[27]

Zivilisatorische Entwicklung geht stets mit Handel und dem Transport von Gütern einher. Auch darum siedelten sich die Menschen gerne entlang großer Ströme an oder wählten die Küstennähe dort, wo es geschützte Häfen gab. So boten das Mittelmeer und später auch die zerklüfteten Küsten Nordeuropas spezifische Entwicklungsmöglichkeiten, die es im Binnenland abseits großer Ströme in diesem Ausmaß nicht gab. Das verschaffte den begünstigten Regionen, ob in Europa oder anderswo, einen Entwicklungsvorteil. Auch ermöglichte der Wasserreichtum Europas mehr Viehzucht und die Entwicklung besonders starker Zug- und Lasttiere, was sowohl für die Landwirtschaft als auch militärisch von Vorteil war.[28]

Eine differenzierte Zivilisation und frühe Hochkulturen entstanden bevorzugt in Regionen, in denen sich eine Bewirtschaftung mit Wasser herausbildete. Diese Wasserwirtschaft schuf den Zwang zur Zusammenarbeit, und das führte schließlich zu staatlichen Strukturen und förderte Planung und Kooperation. So kam China früh zu einer hochentwickelten Landwirtschaft und einer Ausformung von hierarchisch aufgebauten Großstaaten.[29] Immer wieder gingen aber auch ganze Völker, Staaten und Kulturen zugrunde, weil sie ihren Lebensraum durch Raubbau an knappen Ressourcen zerstört hatten oder mit extern verursachten Umweltveränderungen nicht fertigwurden.[30]

Herkunft und Abstammung

Geht ein Nigerianer in Berlin über den Kurfürstendamm, so weiß jeder, dass seine Vorfahren oder er selbst aus Afrika kommen. Er fällt auf, selbst wenn seine Familie bereits in der dritten Generation in Deutschland lebt und er ein gut integrierter Deutscher ist. Genauso geht es einem blonden Skandinavier in Peking auf dem Platz des Himmlischen Friedens. Ein Pole in Berlin fällt dagegen kaum auf, zumal dann nicht, wenn er nach einiger Zeit in der Stadt gut Deutsch spricht.

Unterschiede nach Herkunft und Abstammung sind zu einem empfindlichen Thema geworden. Wer sie anspricht, wird unter

Umständen des Rassismus bezichtigt, und doch gibt es sie in großer Zahl: Die kleine Gruppe der Juden europäischer Abstammung hatte und hat eine ganz unverhältnismäßige Bedeutung für Wissenschaft, Wirtschaft und Literatur. Ausgewanderte Chinesen bilden in Ostasien eine Führungsschicht in Handel und Wirtschaft, weit über ihren Bevölkerungsanteil hinaus. Eine ähnliche Führungsschicht bilden eingewanderte Inder in vielen afrikanischen Staaten.

Die Statistiken in den USA zu Bildung, Einkommen und Lebenserwartung zeigen seit vielen Jahrzehnten eine stabile Schichtung nach ethnischer Herkunft. Dabei liegen Ostasiaten deutlich vor den Weißen. Die persönliche Abstammung hat einen erheblichen, viele Generationen übergreifenden Einfluss auf Aufstieg und soziale Schichtung.[31] Das gilt für sehr unterschiedliche Völker und Kulturen und kann offenbar auch durch soziale Umstürze und Revolutionen kaum außer Kraft gesetzt werden. Selbst im egalitären Schweden ist die soziale Mobilität sehr gering, heute nicht schneller als im 18. Jahrhundert und im Tempo vergleichbar mit der in den USA oder Großbritannien.[32] Und auch im heutigen China sind die Nachfahren ehemaliger Mandarine durchweg weit oben in der Gesellschaft angesiedelt.[33] Europa hat seit dem 19. Jahrhundert stark vom Unternehmertum und von den wissenschaftlichen Leistungen der sehr kleinen jüdischen Minderheit profitiert. Ähnlich profitieren heute die USA extrem stark von ihren indischen, chinesischen und koreanischen Wissenschaftlern und Ingenieuren. Die Dominanz der USA in der digitalen Welt wäre ohne sie gar nicht denkbar.

Die Frage, wie sich beim Herausragen (oder Zurückbleiben) bestimmter Herkunftsgruppen genetische Faktoren und kulturelle Dispositionen mischen, wird an dieser Stelle nicht weiter erörtert. Soweit kulturelle Dispositionen die Ursache sind, haben diese offenbar über Generationen hinweg eine erstaunliche – beziehungsweise beunruhigende – Stabilität. Der englische Wirtschaftshistoriker Gregory Clark kommt bei seiner international vergleichenden Studie zur sozialen Mobilität mit Hilfe der Namensforschung zum Ergebnis, dass der soziale Status überwiegend durch die genetische Fitness bestimmt wird.[34]

Kulturelle Tradition

Unter kultureller Tradition verstehe ich die Summe der vermittelten Erfahrungen, der sozialen Gewohnheiten, des überlieferten Wissens und der kulturellen und technischen Fertigkeiten. Auch grundsätzliche Einstellungen zum Leben, zur Arbeit, zur Familie gehören dazu. Die Summe der kulturellen Traditionen macht den Unterschied zwischen einem Chinesen und einem Deutschen oder einem Bürger Ghanas aus. Zur kulturellen Tradition gehören auch die überlieferten Herrschaftsformen, die nicht jede Art von Demokratie für jedes Land gleich geeignet machen. Allerdings sind auch hier kausale Zurechnungen selten eindeutig. So bezweifelt William Easterly, langjähriger Berater bei der Weltbank, im Hinblick auf Südkoreas Erfolg die beliebte These, dieser sei auch durch die ursprünglich autokratischen Strukturen des Landes angetrieben worden: »A more plausible country story is that this positive change in freedom, combined with a long experience with technology, made possible rapid technological catch-up growth.«[35]

Die technisch-wissenschaftliche Revolution erwuchs aus der kulturellen Tradition Europas. Ihre schnelle Übernahme und geschickte Adaption an die eigenen Traditionen fällt offenbar den durch die eigenen Hochkulturen geprägten Völkern des Fernen Ostens besonders leicht. Japan brauchte nach der Meiji-Restauration nur wenige Jahrzehnte, um zum Westen aufzuschließen,[36] und die Entwicklungssprünge, die Länder wie Südkorea, Singapur und Taiwan in den letzten 50 Jahren vollbracht haben, verschlagen uns immer noch den Atem. An der Intelligenz der Nigerianer oder Ghanaer kann es nicht liegen, dass die Entwicklung ihrer Gesellschaften so weit hinterherhinkt, denn dann wären ihre Ingenieure und Ärzte nicht so begehrte Arbeitskräfte in Europa und Nordamerika. Auch die notorische Rückständigkeit Andalusiens, Süditaliens oder Griechenlands in der Europäischen Union gibt Rätsel auf. Am Geld kann es nicht liegen. Diese Regionen werden seit Jahrzehnten mit Subventionsmilliarden überschüttet. Es gibt offenbar soziale Traditionen, die stärker sind als Finanzen und Institutionen.[37]

Innerhalb von Nationen können Unterschiede in der kulturellen Tradition auch das unterschiedliche Abschneiden ethnischer

Gruppen erklären.[38] Ich sehe hier eine große Blackbox, gefüllt mit vielen interessanten Untersuchungen und allerlei Vermutungswissen.[39] Diese Blackbox könnte sich allerdings auch als eine große Büchse der Pandora erweisen, wenn man sie öffnet. Darum belasse ich es bei folgender Aussage: Die kulturelle Tradition und der Umgang mit ihr ist entscheidend für den Weg von Völkern, Staaten, Gesellschaften und Einzelnen. Sie prägt viel länger und intensiver, als man sich das vorstellen kann und möchte.

Max Weber diskutiert in seiner Abhandlung *Die protestantische Ethik und der »Geist« des Kapitalismus* am Beispiel der Schriften Benjamin Franklins, wie sich zunächst der von Franklin in anschauliche Bilder gefasste kapitalistische Geist verbreiten musste, ehe die kapitalistische Entwicklung selbst stattfinden konnte, und wie dann die Dynamik der Entwicklung den Unternehmer und Arbeiter in einem bestimmten Sinn formte. In jenen Ländern, die ein anderes Bewusstsein hatten, etwa Italien, waren zwar Geldgier und Erwerbstrieb genauso ausgeprägt, aber das abstrakte Pflichtbewusstsein reichte nicht aus, um den kapitalistischen Erfolg in gleichem Sinne zu ermöglichen.[40] Man mag wie Weber den Zusammenhang mit der puritanischen Mentalität herstellen oder nicht. Entscheidend ist die Erkenntnis, dass ein wie immer entstandenes Bewusstsein – quasi eine Konzeption des Geistes – das gesellschaftliche Verhalten entscheidend prägt, wenn es um sich greift.

Religion

Ich meine mit Max Weber, dass der Vorsprung Nordeuropas und Nordamerikas bei der industriellen Revolution und bei der wirtschaftlichen Dynamik des 19. und frühen 20. Jahrhunderts auch durch die aktive, kritische Rolle bestimmt wurde, die dem evangelischen Christen von seinem Glauben zugewiesen wurde. Wie sich bei den französischen Hugenotten zeigte, wurden ja die Nachdenklichen, Gebildeten und im Durchschnitt Erfolgreicheren durch den Protestantismus in weit höherem Maße angezogen. Auch wenn man die kausale Erklärung Webers anzweifelt oder ablehnt, bleibt doch das Faktum, dass seit dem 17. Jahrhundert in ganz Europa und in Nordamerika Prosperität und Industrialisierungsgrad eng mit der Verbreitung des protestantischen Glaubens korrelieren.[41] Erst im 20. Jahrhundert hat sich diese Verbindung teilweise etwas gelockert.

Für Deutschland ist seit langem bekannt, dass Protestanten unter den Wissenschaftlern überrepräsentiert sind. Auch unter der gesamten Führungsriege der deutschen Politik dominieren Protestanten, das gilt selbst für die CDU.[42] Man hat die kulturelle Dominanz der Protestanten in Deutschland teilweise auf den »Pfarrhauseffekt« zurückgeführt. Während evangelische Pastoren sehr kinderreich waren, hatten katholische Priester keine legitime Nachkommenschaft. Die quantitativen Auswirkungen waren erheblich, wenn man bedenkt, dass zum Beispiel im Großherzogtum Baden noch vor 120 Jahren fast die Hälfte aller katholischen Abiturienten Priester wurde.[43]

Der im Vergleich zu den Katholiken höhere wirtschaftliche Erfolg der Protestanten lässt sich auch durch ihr höheres Bildungsniveau erklären. Dieser Zusammenhang ist heute noch sichtbar. Ursächlich war die Forderung Luthers, alle Protestanten müssten die Bibel lesen können. Dies führte seit dem 16. Jahrhundert zu einem höheren Schulbesuch protestantischer Kinder und zu einem entsprechenden Bildungsvorsprung der Protestanten. Ähnlich wirkte wohl auch im Judentum die seit dem 2. Jahrhundert nach Christus bestehende »religiöse Norm, dass Väter ihre Söhne im Lesen der Thora unterrichten sollten«.[44]

Nimmt man Religion ernst, so wirkt sie in jedem Falle bewusstseinsprägend und kann bei dem wirklich Gläubigen niemals eine bloße Zutat sein. So wie Europa insgesamt durch das christliche und Nordeuropa und Nordamerika besonders durch das protestantische Denken geprägt wurden, so wurde der Ferne Osten durch Konfuzius geprägt. Über den Einfluss dieser Philosophie auf den wirtschaftlichen Aufschwung Chinas in den letzten Jahrzehnten besteht wohl kein Zweifel.

In allen Ländern, in denen Muslime eine Minderheit darstellen, gehören sie vorwiegend den unteren Schichten an. Das beobachten wir auch in Europa, wo sich muslimische Minderheiten erst in den letzten Jahrzehnten durch Einwanderung gebildet haben. Viele führen das auf Benachteiligungen in den Gastländern oder auf den niedrigen sozialen Status in den Herkunftsländern zurück. Das kann an dieser Stelle dahingestellt bleiben. Erklärungsbedürftig ist jedoch, dass in allen Ländern mit muslimischer Mehrheitsbevölkerung Christen, Juden und Parsen zu den oberen Schichten gehören, soweit sie dort Minderheiten bilden.[45] Diesen Elitestatus haben sie über mehr als 1000 Jahre der Endogamie bewahrt und ausgebaut. Gregory Clark führt dies auf die traditionelle Kopfsteuer für Nicht-Muslime in islamischen Ländern zurück. Diese machte eine Konversion zum Islam finanziell lohnend. Dem finanziellen Anreiz gaben am ehesten jene Nicht-Muslime nach, die wirtschaftlich weniger erfolgreich waren. Mit der Konversion zum Islam schieden so die weniger Erfolgreichen auch als Heiratspartner für ihre ehemaligen Glaubensgenossen aus. Die Folge dieser über viele Jahrhunderte anhaltenden Entwicklung war, dass in islamischen Staaten die religiösen Minderheiten eher in der oberen Hälfte der Bevölkerung angesiedelt sind.[46]

Viele Richtungen des praktizierten Islam fördern weder Wissbegier noch Forschergeist, noch unabhängiges, kritisches Denken. Dafür spricht auch der große Anklang, den fundamentalistische Einstellungen und Verschwörungstheorien bei den Muslimen in Europa finden.[47] Dass sich in Afrika und Asien die relative Rückständigkeit islamischer Völker auch in den Wirtschaftsdaten niederschlägt, hat schon der Vergleich des Pro-Kopf-BIP am Beginn dieses Kapitels gezeigt. Wie sie sich den Anforderungen der modernen Welt in Zukunft stellen wollen, müssen diese Völker selbst entscheiden. Von außen können allenfalls Ratschläge und Bildungsangebote an sie herangetragen werden.

Speziell bei der Rolle der Frau überschneiden sich im islamischen Kulturkreis kulturelle und religiöse Tradition.[48] Offenbar hat die Hoffnung getrogen, zumindest unter den nach Europa eingewanderten Muslimen werde sich mit der Zeit eine liberalere Auffassung zur Rolle der Frau quasi automatisch durchsetzen. Vielmehr ist zu beobachten, dass teilweise sogar das Gegenteil geschieht.[49]

Institutionelle Rahmenbedingungen

Beim Zusammenbruch des Ostblocks 1989 bis 1991 befanden sich die Ukraine und Polen wirtschaftlich in einer sehr ähnlichen Lage. Ukrainer und Polen verbindet eine lange Zeit gemeinsamer Staatlichkeit, die Sprachen sind ähnlich. Unterschiedlich waren vor einem Vierteljahrhundert Art und Tempo der institutionellen Reformen: In Polen gab es bereits 1990 mit dem Balcerowicz-Plan, benannt nach dem damaligen Finanzminister Leszek Balcerowicz, ein umfassendes Paket harter Reformen, die von Subventionsstreichungen und konvertibler Währung bis zur Freigabe des Außenhandels reichten. Dies brachte hohe soziale Kosten, aber auch einen Schwung für die wirtschaftliche Entwicklung mit sich, der bis heute anhält. In der Ukraine dagegen, die sich 1991 aus der Sowjetunion löste, fehlen noch immer stabile Institutionen und unabhängige Gerichte. Die Verwaltung ist korrupt und wenig qualifiziert. Unternehmen haben Erfolg dank politischer Protektion und nicht, weil sie gute Produkte herstellen.[50] Das Wohlstandsniveau und die Wirtschaftsentwicklung beider Länder trennen mittlerweile Welten: Die Polen leben fast sechs Jahre länger als die Ukrainer. Das kaufkraftbereinigte Pro-Kopf-BIP ist in Polen mit 23 700 Dollar (2014) fast dreimal so hoch wie in der Ukraine, wo es 8800 Euro beträgt, nicht mehr als im Kosovo oder auf Jamaika.[51]

Daron Acemoğlu und James A. Robinson stellen in ihrer profunden Studie über Wohlstand und Armut von Staaten und Gesellschaften die These auf, dass die entscheidenden Ursachen für Erfolg und Misserfolg in institutionellen Strukturen zu suchen seien. Im Vergleich dazu sind für sie alle ethnischen, kulturellen, religiösen, geografischen und klimatischen Unterschiede von nachrangiger Bedeutung. Sie können aus ihrer Sicht die Unterschiede im Entwicklungsniveau und in der gesellschaftlichen Wohlfahrt nicht ausreichend erklären.

Acemoğlu und Robinson unterscheiden extraktive und inklusive Gesellschaften. Erstere beruhen auf Ausbeutungsmustern,[52] letztere dagegen geben Chancen und Anreize, mit Arbeit und Unternehmungsgeist das eigene Schicksal selbst in die Hand zu nehmen. Inklusive Gesellschaften verfügen über pluralistische und stabile politische Institutionen, einen verlässlichen rechtlichen Rahmen (*rule of law*), gesicherte Eigentumsrechte und funktionierenden Wettbewerb in einer marktwirtschaftlichen Ordnung.[53] Sie haben zumeist auch eine demokratische Ordnung. Möchte man Staaten und Gesellschaften zu wirtschaftlichem Wohlstand und Prosperität für breite Schichten verhelfen, so muss man ihren Rechtsrahmen und ihre Institutionen in diesem Sinne ändern und stabilisieren. Die Untersuchung von Acemoğlu und Robinson ist historisch wie geografisch breit angelegt und schürft teilweise sehr tief. Ihre empirischen Belege sind überzeugend. Ihre theoretische Fundierung ist wohlvertraut: Ein verlässlicher marktwirtschaftlicher Ordnungsrahmen in einer stabilen Demokratie liefert die besten Voraussetzungen für nachhaltige wirtschaftliche Entwicklung und breit verteilten Wohlstand. Acemoğlu und Robinson liefern erhellende Beschreibungen der unterschiedlichen Entwicklungspfade von Gesellschaften und ganzen Kontinenten. Besonders anschaulich ist der Vergleich zwischen der britisch dominierten Entwicklung Nordamerikas und der spanisch dominierten Entwicklung Süd- und Mittelamerikas. Wenn es irgendwo einen wohlwollenden Diktator gibt, der die ganze Macht und 100 Jahre Zeit hat, so weiß er nach dieser Lektüre genau, was er tun muss, um sein Land zu stabilen Verhältnissen und dauerhafter Prosperität zu führen.

Die institutionellen Veränderungen in einer Gesellschaft sind nicht determiniert. Sie können sich in einer sich selbst verstärkenden Spiralbewegung grundsätzlich in jede Richtung entwickeln: »History is key, since it is historical processes that, via institutional drift, create the differences that may become consequential during critical junctures.«[54] Leider bleibt die Frage offen und ist wohl auch nicht eindeutig zu beantworten, wie man souveräne Staaten und historisch überkommene Gesellschaften zuverlässig dazu bringt, sich entsprechend zu verhalten: In Europa läuft gegenwärtig noch das historische Experiment mit Griechenland in der Währungsunion. Die bisherigen Misserfolge haben offenbart, wie hartnäckig selbst kulturelle Unterschiede wirken können, die vergleichsweise überschaubar sind. Staaten in Mittel- und Südamerika fallen immer wieder zurück in überkommene Muster des fehlgeleiteten Vertrauens in charismatische Führer, der Korruption und der Instabilität von Institutionen. Der Unternehmergeist bleibt zu schwach, die Ausbeutungsmentalität zu stark. Indien stellt zwar für das kalifornische Silicon-Valley die begabtesten Mathematiker und Ingenieure zur Verfügung, scheitert aber trotz (oder wegen) seiner demokratischen Verfassung im eigenen Land bei der Umsetzung jener Reformen, die bereits der College-Grundkurs in Politischer Ökonomie nahelegt.

Die meisten afrikanischen Länder brachten aus ihrer Kolonialzeit eine funktionierende Verwaltung, eine marktwirtschaftliche Verfassung und einen französisch oder britisch geprägten Rechtsrahmen mit. Davon ist 60 Jahre nach der großen Unabhängigkeitswelle wenig bis nichts geblieben.

Natürlich ist es unmöglich, über einen so großen und heterogenen Kontinent wie Afrika mit seiner riesigen Ausdehnung, seinen vielen Völkern und seiner stark wachsenden Bevölkerung von 1,2 Milliarden (gegen Ende des Jahrhunderts wahrscheinlich 4,4 Milliarden) Menschen pauschale Aussagen zu treffen. Aber es fällt doch auf, dass in ganz Afrika funktionierende Staaten extrem selten sind. Dazu einige Vergleiche aus den Bereichen Korruption und Bildung:

- Transparency International veröffentlicht jährlich einen Korruptionswahrnehmungsindex. Danach liegen (bei 168 untersuchten Ländern) von den 100 korruptesten Staaten der Welt 43 in Afrika. Das in der Entwicklung am meisten fortgeschrittene afrikanische Land – Südafrika – hat den Rangplatz 61 zwischen Senegal und Montenegro. Das am wenigsten korrupte afrikanische Land – Botswana – liegt auf Rang 28 zwischen Portugal und Bhutan.[55]
- Angesichts der Verbreitung des Ebola-Virus richtete sich der Blick der Weltöffentlichkeit 2014 auf die ärztliche Versorgung in Liberia. Dort praktizieren 1,2 Ärzte je 100 000 Einwohner (1970 waren es noch 9,4, im Durchschnitt von Subsahara-Afrika sind es 16,5 und in Deutschland 382). In Liberia gibt es keinen qualifizierten Nachwuchs. 2013 fielen alle 25 000 Bewerber durch die Aufnahmeprüfung für Medizinstudenten, weil die Kenntnisse in Englisch und Rechnen nicht ausreichten.[56]
- Südafrika hatte aus der Zeit der Apartheid ein für die Weißen funktionierendes Bildungssystem übernommen. Natürlich waren die Ausstattung und die Standards zwischen weißen und schwarzen Schulen sehr unterschiedlich. Einst prestigeträchtige Universitäten spielen allerdings heute international keine Rolle mehr. Die Anforderungen für Schulabschlüsse sind extrem niedrig, der

Absentismus der Lehrer in den Schulen ist sehr hoch. »In einem internationalen Vergleich der Mathematikkenntnisse von Abiturienten belegt Südafrika inzwischen den vorletzten Platz. Dahinter kommt nur noch Jemen.«[57] Wegen der schlechten Ausbildung der Schulabsolventen beschäftigen Firmen lieber Einwanderer aus Nachbarstaaten als einheimische Schwarze, was zu großen Spannungen führt. Die fremdenfeindlichen Ausschreitungen mit zahlreichen Toten im April 2015 in Durban und Johannesburg wurden durch den Neid der arbeitslosen einheimischen Schwarzen auf erfolgreichere Einwanderer aus Nachbarländern ausgelöst.[58]

Wie kann man Ländern, in denen es nicht so funktioniert, wie es sollte, von außen helfen? Militärische Interventionen dürfen in einer Welt souveräner Staaten nur ein letztes Mittel sein, etwa zur Verhinderung von Völkermord oder Ähnlichem. Ihre Historie in den letzten Jahrzehnten ist von Somalia über Afghanistan, Irak, Libyen oder Syrien auch nicht sehr ermutigend. Im Durchschnitt wurde mehr verschlimmert als verbessert. Der gut gemeinte Rat, Diktaturen und korrupte Regierungen nicht durch politische und wirtschaftliche Zusammenarbeit aufzuwerten, hilft aber auch nur begrenzt. Dann müsste man den diplomatischen und wirtschaftlichen Verkehr mit großen Teilen der Welt einschränken oder einstellen. Die Entwicklungshilfe der vergangenen 70 Jahre ist weitgehend gescheitert, jedenfalls sind nennenswerte Erfolge nicht nachweisbar.[59] Das ist besonders augenfällig in Afrika. Große Mittel flossen im Ergebnis an korrupte Führungsschichten und verbesserten das Los der kleinen Leute kaum, so die Analyse des ehemaligen deutschen Diplomaten Volker Seitz, der beruflich viele Jahre in Afrika verbrachte.[60] Es hat sich gezeigt, dass auch hier der Fokus auf den richtigen Rahmenbedingungen liegen muss. Die Menschen müssen die Möglichkeit haben, selbst über ihre Ziele zu entscheiden und entsprechende Anstrengungen zu unternehmen. Dabei kann man sie beraten und gegebenenfalls unterstützen.

Kognitives Kapital

Zur Erklärung der Unterschiede zwischen Staaten und Gesellschaften bei Wohlstand und Wachstum können die erwähnten geografischen, kulturellen, religiösen, historisch-politischen, ethnischen und institutionellen Faktoren angeführt werden. Für jene Wachstums- und Wohlstandsunterschiede, die damit nicht zuverlässig erklärt werden können, hat sich der Begriff *Humankapital* als Bezeichnung für spezifische Fähigkeiten und Fertigkeiten der Menschen eingebürgert. Dies ist, wie Heiner Rindermann und James Thompson kritisieren, ein unscharfer Begriff. Ebenso könne man die Fähigkeit eines Kängurus, große Sprünge zu machen, Kängurukapital nennen. Das »Humankapital« besteht überwiegend in den besonderen Fähigkeiten und Fertigkeiten des menschlichen Geistes. Sie schlagen deshalb den Begriff *kognitives Kapital* vor,[61] den ich treffend finde und im Weiteren verwende.

Für das kognitive Kapital sind die kognitiven Fähigkeiten der Menschen der entscheidende Faktor. Dabei ist es grundsätzlich gleichgültig, ob man diese, wie in der Intelligenzforschung üblich, am Intelligenzquotienten (IQ) misst oder international vergleichbare Testergebnisse der gemessenen Bildungsleistung zugrunde legt, wie sie beispielsweise solche Testverfahren wie TIMSS (Trends in International Mathematics and Science Study) oder PISA (Programme for International Student Assessment) ermitteln. Die Ergebnisse der international gebräuchlichen Tests der Bildungsleistung korrelieren nämlich in sehr hohem Umfang[62] mit den Ergebnissen von IQ-Tests. Das gilt vor allem für die fluide Allgemeinintelligenz, teilweise auch für die durch erlernte Fertigkeiten geförderte kristalline Intelligenz.[63]

Wie sich zeigt, kommt man bei beiden Ansätzen zur Ermittlung der kognitiven Leistung – Intelligenztests oder Tests der Bildungsleistung – zu einem vergleichbaren Ergebnis: Das kognitive Kapital in einem Land bestimmt entscheidend über Niveau und Wachstum des Wohlstands. Dieser Zusammenhang ist hochsignifikant und langfristig stabil auch bei Variationen der Testmethoden. Die Parallelität von IQ-Tests und Tests der Bildungsleistung ist auch nicht weiter verwunderlich: Alle Faktoren, die für die Entwicklung der Intelligenz relevant sind – Gene, Gesundheit, Erziehung in Familie und Schule, individuelle Fähigkeit, Klassenkameraden –, sind ebenfalls relevant für die Schulleistungen und für das Abschneiden bei beiden Testarten (Intelligenz oder Bildungsleistung).[64]

Rindermann und Thompson kommen anhand der Untersuchung der Daten aus 90 Ländern nicht nur – wie schon andere vor ihnen –[65] zu dem Ergebnis, dass die durchschnittliche kognitive Kompetenz den Wohlstand positiv beeinflusst. Noch wichtiger ist vielmehr das geistige Niveau der kognitiven Elite. Dieses ermitteln sie anhand des Durchschnitts-IQs des 5. Perzentils.[66] Interessant ist, dass die kognitive Kompetenz der geistigen Elite keine sinkenden Grenzerträge zeigt: Diejenigen, die in der oberen Hälfte des obersten Prozents sind, zeigen messbar bessere Fähigkeiten als die in der unteren Hälfte des obersten Prozents.[67] Die kognitive Fähigkeit der Elite wirkt sich förderlich auf die unterschiedlichsten Indikatoren wie etwa die Patentstatistik oder das Niveau von Hightech-Exporten aus. Das Niveau der kognitiven Elite hat offenbar auch einen positiven Einfluss auf die Qualität der staatlichen Gesetzgebung und der staatlichen Institutionen sowie auf den Grad der wirtschaftlichen Freiheit. Dadurch ergeben sich indirekte Wohlstandseffekte.[68]

Die Bildungsökonomen Eric Hanushek und Ludger Wößmann haben für 81 Staaten die Ergebnisse aller international vergleichenden Schulleistungstests seit den sechziger Jahren des vergangenen Jahrhunderts ausgewertet. Als Bildungsforscher haben sie einen etwas anderen Blick als die Intelligenzforscher. Aber auch für sie stehen die kognitiven Fähigkeiten (cognitive skills) im Mittelpunkt, die sie als kombiniertes Resultat des formalen Bildungsprozesses, der Familie, der Kameraden und von individueller ability ansehen.[69] In ihren Untersuchungen liefern weder der Grad und die Dauer des Schulbesuchs noch die Ausgaben für das Bildungswesen eine statistisch signifikante Erklärung für die Unterschiede im Niveau der Bildungsleistung.[70]

Nur die gemessene tatsächliche Bildungsleistung hat einen statistisch nachgewiesenen und kausal erklärbaren Einfluss auf Wachstum und Wohlstand. Zu Beginn des von ihnen untersuchten Zeitraums lag der durchschnittliche Wohlstand (gemessen am realen BIP pro Kopf) in Südamerika und in Subsahara-Afrika deutlich über dem Niveau in Ostasien. Heute sind diese Regionen mit durchschnittlich sehr schlechter Bildungsleistung aufgrund ihres langsamen Wachstums im

Vergleich zu Ostasien weit abgeschlagen, und die Lücke vergrößert sich weiter.[71]

Im internationalen Vergleich besteht kein Zusammenhang zwischen der gemessenen Bildungsleistung einerseits und den Bildungsausgaben oder der Länge des Schulbesuchs andererseits. Es kommt vielmehr darauf an, was die Schüler tatsächlich lernen. Ostasiatische Schüler sind ihren Altersgenossen in Südamerika wissensmäßig um drei Jahre und denen in Subsahara-Afrika sogar um vier Jahre voraus. Aus den Unterschieden im Wissenskapital lassen sich die beobachteten Unterschiede im Wirtschaftswachstum sehr gut erklären, nach der Dauer des Schulbesuchs oder der Höhe der Bildungsausgaben dagegen nicht. In den wissensschwachen Ländern wächst das BIP je Einwohner seit vielen Jahrzehnten wesentlich langsamer als in den wissensstarken Ländern: In Ostasien lag das Wachstum des BIP pro Kopf zwischen 1960 und 2000 bei 4 bis 6 Prozent im Jahr, in Südamerika dagegen nur bei 0,5 bis 2 Prozent. Ludger Wößmann schreibt dazu: »Bei aller Komplexität der zugrundeliegenden wissenschaftlichen Analysen ist die Schlussfolgerung erschreckend einfach: ... Die relevanten Kompetenzen – das ›Wissenskapital‹ einer Nation – lassen sich mit internationalen Mathematik- und Naturwissenschaftstests gut messen. Ein Verständnis des Wohlstands der Nationen muss letztlich auf dem Wissenskapitel der Nationen beruhen.«[72] Auffallend ist die überaus stabile Beziehung zwischen dem Niveau der Bildungsleistung und dem Niveau von Wachstum und Wohlstand. Darum halten Hanushek und Wößmann Schulpolitik für einen wichtigen Faktor wirtschaftlicher Entwicklung, »if effective in raising cognitive skills ... Thus it would be inappropriate to interpret the test differences as a simple reflection of ability or family differences – factors that might be very impervious to policy changes.«[73] Bei dieser Interpretationsfrage haben die beiden renommierten Bildungsforscher offenbar die Grenze wissenschaftlicher Analyse erreicht.

Für ein Bildungssystem, das bessere Bildungsleistung und nicht nur mehr Schuljahre produziert oder mehr Geld ausgibt, braucht man entsprechende Institutionen sowie kompetente, motivierte und pflichtbewusste Lehrer. Woran liegt es konkret, dass es daran zum Beispiel in Argentinien, Südafrika und Saudi-Arabien offenkundig mangelt?

Böden, die in guter Fruchtfolge kultiviert werden und einen abwechslungsreichen Pflanzenwuchs tragen, entwickeln mit der Zeit eine Humusschicht, die ihre Fruchtbarkeit steigert. Haustiere, die gut versorgt werden und deren Halter sich ihnen gegenüber konsequent, aber ohne jede Willkür verhält, entwickeln ein Grundvertrauen im Umgang mit den Menschen. Über anhaltend gute Gewohnheiten baut sich auch das Sozialkapital in menschlichen Gesellschaften auf. Aus Unterschieden in der historischen Kumulierung von Sozialkapital lässt sich der unterschiedliche wirtschaftliche Erfolg von Nord- und Süditalien erklären.[74] Und auch die weitgehende Gleichgültigkeit afrikanischer Führungsschichten gegenüber dem Drama der Flucht aus Afrika und dem Schicksal der Flüchtlinge lässt sich als Ausdruck geringen Sozialkapitals in diesen Gesellschaften interpretieren.[75]

Der Begriff Sozialkapital bezieht sich auf die Qualität der zwischenmenschlichen Beziehungen in einer Gesellschaft. Wiederholte angenehme Interaktion baut Vertrauen auf. Sie erhält und stärkt die Normen und Werte, die das ertragreiche Miteinander in einer Gesellschaft fördern.[76] Menschen werden elementar beeinflusst durch die Umgangsformen in ihrer Gesellschaft, ob sie diese nun erlebten oder nur beobachteten. Das betrifft die Geschlechterrollen, die gesellschaftlichen Leitbilder, die Art der Signale im gesellschaftlichen Verkehr, die hierarchischen Verhältnisse, das Verhalten gegenüber staatlichen Institutionen, die Gewohnheiten im Geschäftsverkehr, die alltägliche Ehrlichkeit, die Achtung fremden Eigentums, den Fleiß, das abstrakte Pflichtbewusstsein, die Hilfsbereitschaft gegenüber Fremden und vieles andere mehr, was im weitesten Sinn zur Prägung durch die kulturelle Tradition gehört.

Zu diesen kulturellen Einflussfaktoren treten die angeborenen Ähnlichkeiten der Menschen untereinander. Wir sind uns nämlich nicht so unähnlich, wie es die äußerlichen Unterschiede von Rassen, Sprachen, Bekleidungssitten oder Begrüßungsritualen nahelegen, und auch nicht so ähnlich, wie es die gleiche Mimik, die universale Mode und die Kenntnis derselben Sprache vermuten lassen. In Gesellschaften und Gruppen, die einander mehr vertrauen, gibt es weniger Diebstahl, weniger Betrug, weniger Gewalttätigkeit, mehr Gesetzestreue,

mehr Hilfsbereitschaft und mehr Bereitschaft, in Vorleistung zu treten.[77] Der gesellschaftliche Vertrauensgrad erwächst aus einem langen
historischen Gedächtnis. Unterschiedliche Erfahrungen lassen unterschiedliches Vertrauen in den Staat entstehen. In Nord- und Mitteleuropa ist es zum Beispiel generell höher als in Südeuropa. Unterschiede
im Sozialkapital bestehen nicht nur zwischen Staaten und Gesellschaften, sondern auch innerhalb von Gesellschaften zwischen sozialen und
ethnischen Gruppen.[78]

Der Grad des Vertrauens innerhalb der Gesellschaft beeinflusst
die Verhaltensweisen nicht nur der Bürger, sondern auch der staatlichen Bediensteten sowie der Inhaber politischer Ämter. Niemand –
weder die Herrscher noch die Beherrschten – überschreitet straflos die Grenzen, die durch implizite gesellschaftliche Übereinkünfte
stillschweigend gesetzt werden.

Ganz leicht können Missverständnisse und Reibungen entstehen
beim Kontakt mit Sphären oder Gesellschaften, in denen die Standards andere sind. So fanden Politik und Gesellschaft in Griechenland eigentlich nichts dabei, dass das Land die Chance nutzte, durch
Betrug in die Währungsunion zu kommen. Vereinbarungen über Einsparungen und Reformen zu missachten, wenn dies opportun erschien, schien ihnen mehr oder weniger normal. Niedriges Vertrauen
und wenig Sozialkapital bedeuten, dass eine Gesellschaft in jeder
Hinsicht höhere Transaktionskosten und Reibungsverluste zu ver-
kraften hat und deshalb wahrscheinlich ärmer und weniger glücklich
ist, als sie sein könnte. Die Stabilität von Institutionen, die Gültigkeit
von Regeln aller Art und die Verlässlichkeit des Rechtsstaats können
nicht abstrakt gesichert werden. Sie hängen immer daran, dass die
ihnen innewohnenden Maßstäbe und Maximen von den Beteiligten
verinnerlicht werden, denn nur dann können sie gesellschaftliche Relevanz erringen. Deshalb müssen Institutionen nicht nur als solche gut
und belastbar sein. Auch die Menschen – ob Amtsträger oder Bürger – müssen zu ihnen passen, sie annehmen und ihnen folgen. Am
besten ist es, wenn sich Gesetze und Institutionen organisch mit der
Gesellschaft entwickeln.

Zu wissen, in welchem Rahmen sich Wohlstand und Freiheit am
besten entwickeln, nützt wenig, denn die Schaffung und Durchsetzung
dieses Rahmens lässt sich nicht einfach anordnen, sondern muss von

der Gesellschaft gewollt und getragen werden. Hier kommt der Technokrat an seine Grenzen, denn das strengste Baurecht ist für die Katz, wenn der Amtsträger Geldumschläge für Ausnahmen in Empfang nimmt, und die beste Verwaltungsreform versagt, wenn Verwaltungsposten als Geschenke an Freunde und Verwandte vergeben werden. Staaten, in denen dies üblich ist, werden nicht so gedeihen, wie sie könnten. Wo staatliche Stellen nicht nach den Regeln spielen, werden Bürger dies schon gar nicht tun. Dieser Circulus vitiosus ist die Grenze für alle technokratischen Bemühungen, staatliche Verwaltungen besser und die Bürger gesetzestreuer zu machen.[79]

Sozialkapital gründet auf Vertrauen und Gemeinschaftsgefühl. Letzteres hängt davon ab, wie weit der Mensch die Gesellschaft, in der er lebt, als die »seine« empfindet. Je fremder sie ihm wird, desto geringer ist sein Gemeinschaftsgefühl. Das beeinträchtigt Einstellungen wie Solidarität, Verantwortung für andere etc. Es verwundert deshalb nicht, dass das empirisch messbare Sozialkapital in einer Gesellschaft umso niedriger ist, je heterogener und ethnisch diverser sie sich zeigt.[80]

Der amerikanische Soziologe Robert Putnam hat über den Einfluss von ethnischer Diversität auf das Sozialkapital geforscht. Es besteht kein Zweifel: Gesellschaften mit großen ethnischen Unterschieden und hoher Einwanderung haben weniger Sozialkapital vorzuweisen. Putnam schreibt: »In the short to medium run ... immigration and ethnic diversity challenge social solidarity and inhibit social capital.«[81] Dieser Befund gilt unabhängig von ethnischer Herkunft, Bildungsstand, Einkommen und Geschlecht.[82] Putnam warnt vor falscher politischer Korrektheit: »It would be unfortunate if a politically correct progressivism were to deny the reality of the challenge to social solidarity posed by diversity.«[83] Bei seinem Lösungsvorschlag bedient er sich des Prinzips Hoffnung: »In the medium to long run ... successful immigrant societies create new forms of social solidarity and dampen the negative effects of diversity by constructing new, more encompassing identities. Thus, the central challenge for modern, diversifying societies is to create a new, broader sense of ›we‹.«[84] Empirische Belege dazu liefert er nicht. Wunschdenken bleibt leider auch dann Wunschdenken, wenn es aus der Feder eines renommierten Wissenschaftlers stammt.

Freiheit und Sicherheit

Der oberste Maßstab für gutes Regieren, den ich in diesem Buch zugrunde lege, ist das individuelle Wohlergehen jedes Einzelnen in einer politischen Einheit, etwa einer Gemeinde oder einem Staat. Der englische Philosoph Jeremy Bentham bezeichnete 1775 »das größte Glück der größten Zahl« als den »Maßstab für Richtig und Falsch«.[85] Diese sehr unscharfe und ideologisch oft bekämpfte Formulierung trägt tatsächlich sehr weit: Sie zielt auf das individuelle Empfinden des einzelnen Menschen, nicht auf die Gesellschaft oder die Gruppe und verneint damit die Gültigkeit oder den Vorrang kollektiver oder transzendenter Ziele. Als Maßstab für staatliches Handeln ergibt sich daraus, dass der Staat eine doppelte Aufgabe hat: Er muss einerseits dem einzelnen Bürger den Freiheitsraum sichern, den er braucht, um sein individuelles Glück zu verfolgen. Andererseits muss er jeden Einzelnen vor der Gewalt der anderen schützen. Es geht also um die Kombination von Freiheit und Sicherheit. Ein Staat, der beides gewährleistet, kann nur ein starker Staat sein, denn er muss die Freiheit und Sicherheit des Individuums garantieren und zugleich alle Mitglieder der Gesellschaft dahingehend überwachen, dass niemand durch Übergriffe die Freiheit und Sicherheit anderer gefährdet. Aber auch das staatliche Handeln muss frei von Willkür, also durch Gesetze gebunden sein. Denn auch die Inhaber der Staatsmacht, vom kleinen Polizisten bis zum Regierungschef, sind fehlbare Menschen, deren Handeln der Kontrolle und der Einbindung bedarf und deren Verstöße sanktioniert werden müssen.

Für Bentham ergab sich daraus die Notwendigkeit von Demokratie und Gewaltenteilung. Sein strikt individualistischer Ansatz steht in der Tradition der staatsrechtlichen Philosophen der britischen Aufklärung seit Mitte des 17. Jahrhunderts von Thomas Hobbes über John Locke bis David Hume. Benthams Überlegungen passten gut zur ökonomischen Theorie seines Zeitgenossen Adam Smith, der die Grundgedanken der sich entwickelnden marktwirtschaftlichen kapitalistischen Ordnung konzeptionell vorgab. Unnötig zu sagen, dass Karl Marx Jeremy Bentham gar nicht schätzte.

Aus der Logik von Benthams Politikmaßstab erwächst nicht nur die Rechtfertigung eines starken Staates, sondern auch die Konsequenz einer großen Toleranz: Alle menschlichen Überzeugungen, Neigungen und Verhaltensweisen entziehen sich der Bewertung von außen, solange sie die Freiheit, die Sicherheit und das Wohlbefinden anderer nicht gefährden. Freiheit der Religionsausübung ist deshalb selbstverständlich; aber auch die Ausübung jeder sexuellen Neigung, die anderen nicht schadet, muss erlaubt sein und ebenso die ganze Fülle alternativer Lebensformen. Das meiste von dem, was konservative Gemüter der modernen Gesellschaft entfremdet, ist also tatsächlich angelegt im britischen Liberalismus des 18. Jahrhunderts. Aber auch das, was viele Linke und Linksliberale an der modernen Gesellschaft scheußlich finden, gründet im selben Gedankengut: Ein Staat, der die Sicherheit des Bürgers vor seinen Mitbürgern gewährleistet, ist nämlich immer auch ein Überwachungsstaat. Videokameras der Polizei auf Straßen und Plätzen zur Beobachtung krimineller Handlungen sind eben auch Ausfluss von Benthams Definition der öffentlichen Wohlfahrt.

Kombiniert man Benthams Wohlfahrtsdefinition mit Kants kategorischem Imperativ, so wird eine ganze Moralphilosophie daraus: »Handle so, dass die Maxime deines Willens jederzeit zugleich als Prinzip einer allgemeinen Gesetzgebung gelten könne«,[86] heißt es bei Kant. Benthams Wohlfahrtsdefinition zielt auf das Verhalten des Staates und Kants kategorischer Imperativ auf das Verhalten des Individuums. Grundsätzlich besteht aber das Problem, dass zahlreiche unserer Handlungen oder der Handlungen des Staates neben dem Hauptzweck zahlreiche Nebenwirkungen haben. Der (geistig befriedigende) Aufenthalt in den luftigen Höhen von Bentham und Kant schließt leider noch nicht die logische Lücke zwischen allgemeinen Prinzipien und jenen konkreten Maßstäben, an denen sich Erfolg und Qualität politischen Handelns messen lassen. Tatsächlich besteht ein großer Teil des Parteiwesens und der öffentlichen Diskussion in der moralisierenden Verengung von Standpunkten. Verengung schafft Entlastung durch scheinbare Eindeutigkeit, und dies kommt offenbar dem Bedürfnis der Gesellschaft insgesamt wie den Sehnsüchten vieler Einzelner entgegen. Die Kunst besteht darin, die Stabilität und Entwicklungsfähigkeit einer Gesellschaft nicht zu gefährden und nach Möglichkeit sogar zu fördern, indem man ein Maximum an Freiheit für unterschiedliche Lebensstile und Wertesysteme verbindet mit einem Optimum an Stabilität im Hinblick auf Gewalt-freiheit, Autorität, geistige Offenheit, Flexibilität und Sicherheit.

Damit dürfte deutlich geworden sein, welche Ideen mich bei der Zusammenstellung der Maßstäbe politischen Handelns geleitet haben.

2
Träume und Phantasien vom glücklichen Zusammenleben

GRUNDSÄTZLICHES ZUR ENTWICKLUNG
DER DEMOKRATISCHEN STAATSFORM

Wohl jeder macht sich hin und wieder Gedanken, wie eine gute Gesellschaft aussehen sollte, so wie er auch eine Vorstellung von einem glücklichen Leben oder einer guten Ehe hat. Bei allen dreien geht es um unsere Bestimmung oder unsere Identität, und in den Träumen darüber suchen wir die Wahrheit über uns. Aus diesem unscharfen Träumen kann ganz Unterschiedliches erwachsen, gelegentlich sogar sehr Furchtbares. Auch die bärtigen jungen Männer, die 2014 und 2015 in Scharen aus Europa zu den Fahnen des Islamischen Staates eilten, hatten einen Traum. Möglicherweise sind es sogar Idealisten. Einen Traum haben auch die jungen Muslimas, die gegen den Willen ihrer Eltern in den Nahen Osten gehen und IS-Kämpfer heiraten. In Großbritannien hat man festgestellt, dass die Zahlen dieser Islam-Groupies steil anstiegen, als die ersten Enthauptungsvideos im Internet zu sehen waren.[1] So nah liegen eben das Erhabene und die absolute Finsternis beieinander.

Von der Rolle der Religion

Jedes Tier macht sich mit Hilfe seiner Sinnesorgane und der Fähigkeiten seines Hirns ein vollständig zutreffendes Bild von jenem Ausschnitt der Welt, der im natürlichen Umfeld für sein Überleben relevant ist, und geht in diesem Rahmen mit artgemäßer Intelligenz zu Werke. Das wird jeder bestätigen, der einmal eine Katze beim Mäusefangen beobachtet hat. Dagegen verfügen Tiere nicht über einen Verstandesüberschuss, mit dem sie erahnen können, dass sich jenseits des Ausschnitts der Welt, den sie geistig erfassen können, weitere unbekannte Welten befinden, die ihrem Verstand und ihrer Einsicht unzugänglich sind. Solch einen Verstandesüberschuss hat aber der Mensch. Darum weiß er von der eigenen Sterblichkeit, darum liebt er das Schöne, und darum sucht er nach Erklärungen (oder nach Sinn gebenden Erzählungen) für jene Teile der Welt und des Seins, die sich unerklärbar und darum bedrohlich um ihn herum ausbreiten. Das schließt Zukunft und Vergangenheit mit ein.

Die Lücke zwischen dem Sein und dem Unerklärbaren füllt seit der frühen Menschheitsgeschichte die Religion. Wir kennen keine steinzeitliche Gesellschaft von Jägern und Sammlern und auch keine andere Gesellschaft, in der es nicht irgendeine Art von religiösen Überzeugungen und religiösem Kult gegeben hätte. Oft enthielten diese Religionen auch sehr vernünftige und lebenspraktische Regeln, oft formulierten sie moralische Gesetze des Zusammenlebens (etwa die Zehn Gebote, die Gott Moses offenbart hat). Je nach ihrem Inhalt konnten aber auch religiöse Gebote und Normen strukturkonservativ wirken und aufgrund ihrer Tabus den Erwerb objektiven Wissens von der Welt und deren Erforschung behindern.

Religiöse Traditionen wirken sich in dieser Hinsicht sehr unterschiedlich aus, dafür drei Beispiele:

– Für den Fernen Osten lässt sich sagen, dass die konfuzianische Tradition den Erwerb von Wissen und den darauf gerichteten Fleiß grundsätzlich begünstigt. Das ist der Entwicklung dieser Länder und ihrem Anschluss an die moderne Welt zuträglich.

– In den mehrheitlich islamisch geprägten Ländern ist dagegen der religiöse Einfluss für die Bildungsneigung sowie die wissenschaftliche und wirtschaftliche Entwicklung eher abträglich,[2] insbesondere die religionsbedingten Vorschriften, die sich gegen die Bildung und Emanzipation von Frauen richten. Die gegenwärtigen Unruhen und Gewalttätigkeiten in der islamischen Welt führen uns jeden Tag vor Augen, dass es Interpretationen des Islam gibt, die entwicklungsfeindlich wirken, Unwissen konservieren und Rückständigkeit zementieren.

– Auch im christlichen Abendland mussten sich Wissenschaft und Erfindergeist immer wieder einmal gegen religiös bedingten Aberglauben durchsetzen. Dennoch hat sich die protestantisch geprägte Arbeitsethik in England, Mitteleuropa und Nordeuropa sowie in Nordamerika durchgesetzt und die Entstehung und Verbreitung der industriellen Revolution und des entsprechenden Unternehmergeistes begünstigt.[3]

Für den Trost, den der religiöse Glaube für viele Menschen bereithält, und für die stabilisierende Wirkung auf ihre Gemeinschaften gibt es keinen rechten Ersatz. Viele Menschen brauchen den Glauben, weil sie nicht genügend wissen. Andere sind religiös, weil sie die Lücken ihres noch so reichen Wissens sehen. Andere brauchen das Aufgehobensein in einem größeren Sinnzusammenhang.[4] Und viele von jenen, die in der modernen Gesellschaft weder über viel Wissen verfügen noch an etwas glauben, neigen dazu, im Übermaß zu essen und zu trinken und in allerlei Banalitäten zu versinken oder vor Bildschirmen zu verdämmern. Sie sind dann anfällige Opfer für allerlei Dummheiten und für Radikalisierungen jeder Art. Der Soziobiologe Edward Wilson stellt »die Mythen und Götter der organisierten Religionen« grundsätzlich in Frage, »weil sie verdummen und entzweien«.[5] Obwohl ich Atheist und Agnostiker bin, meine ich, dass es für die moderne Gesellschaft gut ist, wenn es glaubwürdige und sinnstiftende religiöse Angebote gibt, nur dürfen sie den notwendigen Grundkonsens einer demokratischen Gesellschaft nicht stören.

Zum religiösen Kern der Ideen von der menschlichen Gesellschaft

Sobald Begriffe wie Schuld oder Sünde auf anderes angewandt werden als auf die elementare Moral des Verhaltens gegenüber unseren Mitmenschen, ist dies stets Ausfluss von Versuchen, den Menschen zum Objekt eines übergeordneten Zwecks zu machen. Bis zu einem gewissen Grad fügen sich die meisten Menschen dem sogar. Das ergibt sich aus der in uns angelegten Spannung zwischen Kooperation und Einordnung in die Gruppe einerseits und der Verfolgung und Sicherung unserer individuellen Ziele andererseits.

Wo beides zusammenkommt, werden wir als Beamte treue Staatsdiener, als Mitarbeiter im Unternehmen loyale Kämpfer für die Maximierung des Marktanteils und der Gewinne, als Mitglieder einer

Religion fleißige Kirchgänger, Moscheebesucher oder Missionare unseres Glaubens. Für das Überleben, die Stabilität und die gedeihliche Entwicklung einer Gesellschaft waren solche Strukturen von Loyalität und Kooperation für überpersönliche Zwecke stets sehr wichtig. Ihr Ausbau und ihre Differenzierung prägten die menschliche Evolution und verschafften dem Homo sapiens auf der Welt den entscheidenden Überlebensvorteil gegenüber anderen Lebensweisen – nicht zuletzt denen der schließlich untergegangenen Menschenarten. Ein religiös bedingter Terroranschlag wie jener auf die Redaktion der französischen Satirezeitung *Charlie Hebdo* im Januar 2015 ist die extreme Bündelung der Vorstellung, dass der Mensch gewissen Zwecken untertan ist, die gleichzeitig seine Bestimmung sind, und dass er, wenn er sich dieser Bestimmung nicht fügt und ihr sein Leben nicht unterwirft, zum Sünder wird und im Extremfall schon deshalb sein Leben verwirkt hat.

Das Bedürfnis des Menschen nach Sinn war die Geburtsstunde der Religion und bleibt bis heute die Quelle religiösen Glaubens. In dieser Tradition haben die meisten Gesellschaftstheorien eine religiöse Komponente. Auch die Legitimation staatlicher Macht, soweit man sich überhaupt um eine solche bemühte, kam selten ohne religiösen Bezug aus:

– Die Pharaonen der ägyptischen Frühzeit hatten gottgleichen Status, und ihr Reich galt als Ausfluss der göttlichen Ordnung.
– Im römischen Kaiserreich beanspruchte der Kaiser in Anlehnung an orientalische Traditionen göttliche Verehrung.
– Das Hauptwerk des spätantiken und frühchristlichen Kirchenlehrers Augustinus hieß *De civitate Dei*, zu Deutsch *Vom Gottesstaat*.
– In der Ordnung des Mittelalters war der Papst der »Stellvertreter Gottes auf Erden«. Die Legitimität der weltlichen Kaiser und Könige leitete sich aus dem Segen der Kirche ab und war dem Papst untergeordnet.
– Im Absolutismus des 17. und 18. Jahrhunderts wurde daraus das »Gottesgnadentum« der weltlichen Herrscher. Der englische und der preußische König waren gleichzeitig Kirchenoberhäupter, und noch auf den Koppelschlössern der Wehrmacht war in dieser Tradition eingraviert »Gott mit uns«.

– Seit dem Propheten Mohammed sahen die Kalifen und jene, die sich in ihre Tradition stellten, die Verwirklichung des islamischen Gottesstaates, in dem Allahs Gebote umfassend gelten sollen, als ihre Aufgabe an. Im Iran ist das theokratische Prinzip mit dem Vorrang der Mullahs vor der weltlichen Herrschaft in der Verfassung verankert. Die Terrorherrschaft des IS sieht sich als neues Kalifat und die Gottesherrschaft schlechthin. Auch beim türkischen Präsidenten Erdogan beschleicht einen häufig das Gefühl, dass er gern der neue Kalif wäre. Seine Bemühungen um die Re-Islamisierung der Türkei passen jedenfalls dazu.

Abendländische Philosophen versuchten seit dem späten 17. Jahrhundert, die Betrachtung des Menschen, der Gesellschaft und der Welt insgesamt aus den Fängen religiöser Transzendenz zu befreien und in ihr eigenes Recht zu setzen. So entstanden die Aufklärung und die Ideen von Demokratie und Liberalismus.[6] Aber auch aus der Aufklärung entwickelten sich Tendenzen zu innerweltlichen Quasi-Religionen mit verderblichen Folgen, sei es der Terror der Französischen Revolution in Verfolgung eines utopischen Tugendbegriffs, sei es die marxistische Heilslehre von der Beseitigung aller Widersprüche durch die Überwindung des Kapitalismus und die Errichtung der klassenlosen Gesellschaft.

Damit wären wir bei den Utopien angelangt.

Utopien der Vergangenheit

Je mehr wir am Chaos dieser Welt, an ihrer Sinnleere und an unserer unbedeutenden Rolle in ihr leiden, umso unwiderstehlicher können Phantasien von einer guten Ordnung werden. Die Entwicklung entsprechender Theorien fesselt seit Tausenden von Jahren die allergrößten Geister. Bei der Beschäftigung mit solchen Gedankengebäuden ergaben sich immer wieder ähnliche Fragen, ähnliche Einsichten und auch ähnliche Irrtümer.

Die Herrschaft der Philosophen –
Platons idealer Staat

Gutes Regieren ist weit gefasst alles, was produktive und schöpferische Kräfte freisetzt. In diesem Sinne war das vorklassische Griechenland bei all dem Chaos, der Gewalt und dem Wettbewerb zwischen den Kleinstaaten gut regiert. Das späte römische Kaiserreich hatte diese schöpferische Kraft dagegen längst eingebüßt und wurde trotz seiner administrativen und herrschaftstechnischen Effizienz schlecht regiert. Die erdrückende Steuerlast, die Geburtenarmut und die wachsende Abhängigkeit vom Import germanischer Soldaten führten schließlich zu seinem Untergang. Das Imperium hatte sich schöpferisch und geistig totgelaufen, dadurch wurde der Weg frei für den Aufstieg des Christentums. Und es war militärisch von den Germanen abhängig geworden, konnte also während der Völkerwanderung dem Ansturm der germanischen Stämme nichts mehr entgegensetzen – und zerbrach.

Der in Athen lebende Philosoph Platon suchte 800 Jahre vor dem Untergang des Römischen Reiches in der Tradition der griechischen Philosophie und Staatstheorie ein politisches System, in dem die Weisheit herrschte und der Gerechtigkeit Genüge getan war. Sein Buch *Der Staat* trägt den Untertitel *Über das Gerechte*.[7] Platons Entwurf des idealen Staates ist nicht nur die älteste uns bekannte Utopie, sondern neben der marxistischen Lehre auch die wirkmächtigste. Platons Staat war die griechische Polis, ein eher kleinräumiges Gebilde, häufig ein Stadtstaat. Das antike Griechenland war in zahlreiche solcher Kleinstaaten aufgeteilt. Diese teilten zwar ihre Kultur und ihre Götter, aber sie lagen häufig im Krieg miteinander und schlossen sich lediglich zusammen, wenn es um die Abwehr gemeinsamer Feinde ging, etwa der Perser. Eine Polis war überschaubar. Die wichtigen Bürger kannten sich. Es war grundsätzlich möglich, in einer Volksversammlung alle freien Bürger zu versammeln. In dieser überschaubaren Welt der griechischen Polis wurden die unterschiedlichsten Herrschaftsformen ausprobiert. Viele sehen in der freien Polis des antiken Griechenland die Wiege der modernen Demokratie.[8] Hier fand das Nachdenken über die rechte staatliche Ordnung schon früh Ausdruck, und es bildete sich die Auffassung heraus, dass nicht die Götter, sondern die Bürger selber am Zustand der Polis – des Staates – schuld sind.[9]

Bei Platons Staat geht es »nicht um das Glück des Einzelnen, sondern um das Glück des Ganzen«.[10] »Die Entstehung des Staates«, so zitiert Platon Sokrates, ist »darauf zurückzuführen, dass keiner von uns sich selbst genug ist, sondern vieler Helfer bedarf.«[11] Auch ist keiner den anderen völlig gleich, jeder hat von Natur aus Anlagen, die sich von denen der anderen unterscheiden.[12] Im Staat ergänzen sich diese, wenn jeder das tut, was er am besten kann. Wenn aber das Bedürfnis nach Wohlstand und Vielfalt der Genüsse zunimmt und sich die Bevölkerung darüber hinaus vermehrt, entsteht eine Tendenz zur Gewinnung von mehr Land durch Vergrößerung des Staatsgebietes. Krieg entsteht, wenn sich benachbarte Staaten »dem Trieb nach unbegrenztem Erwerb von Hab und Gut hingeben und die Grenzen des Notwendigen überschreiten«.[13] Zur Selbstbehauptung des Staates bedarf es tüchtiger Männer, die sich – wie ein Schuster auf die Fertigung von Schuhen – auf das Handwerk des Krieges spezialisiert haben. Aber natürlich sind sie ungleich bedeutender für Fortbestand und Wohlergehen des Staats als jedes Handwerk. Aus diesem Kriegerstand gehen die *Wächter* hervor. Platon spricht ihnen die zentrale Rolle in seiner Staatsutopie zu. In den Worten von Sokrates zu Glaukon: »Also philosophisch, mutig, behend und stark muss von Natur der sein, der ein guter und tüchtiger Wächter des Staates sein soll.«[14]

Ausgehend vom Dienst der Wächter am Staat entwickelte Platon in seiner Staatsutopie einen institutionellen Rahmen für die damalige griechische Polis. Aus heutiger Sicht war er ein typischer Intellektueller. Reichtum hielt er für genauso schädlich wie Armut: »Denn der Reichtum erzeugt Üppigkeit und Faulheit und Neuerungssucht, die Armut außer der Neuerungssucht auch knechtische Gesinnung und minderwertige Arbeitsleistung.«[15] Auf Handel und Gewerbe schaute er hinab, die musischen Künste ließ er gelten. Wichtig waren ihm die Philosophie und die Wissenschaft, damals Mathematik und Astronomie. Ebenfalls wichtig war ihm die Ertüchtigung des Körpers, und zwar aus zwei Gründen: Er sah die Leistungsfähigkeit des Körpers als Vorbedingung für die Ausbildung eines leistungsfähigen Geistes an. Außerdem war der sportlich trainierte Körper im Krieg überlebenswichtig, denn am erfolgreichen Kriegertum hing damals die Überlebensfähigkeit einer jeden Polis, also des Staates im Sinne Platons.

Platon interessierte sich nicht für Details zur institutionellen Ausgestaltung des Gemeinwesens. Privateigentum, freien Handel, auch mit anderen Staaten, setzte er voraus. Zu den Einzelheiten von Polizei, Rechtswesen oder staatlicher Besteuerung hören wir bei ihm nichts. Sein Denken kreiste nur um einen Punkt: Er wollte die Herrschaft der Besten. Diese Herrschaft sollte uneigennützig ausgeübt werden. Sie sollte ausschließlich im Dienste der Gerechtigkeit stehen und dauerhaft abgesichert werden. Gerechtigkeit bestand für ihn darin, »dass man das Seinige tut« und »jeder Einzelne als Staatsbürger nur einen Beruf ausüben dürfe, nämlich den, wozu er von Natur besonders veranlagt sei«.[16]

Platon gibt ein langes Gespräch zwischen Sokrates und dessen Freund Glaukon wieder, in dem er Sokrates seine eigenen Vorstellungen in den Mund legt. Sokrates sagt – so Platon – zum institutionellen Rahmen des idealen Staates: Die Führung des Staats soll nicht an jene fallen, die egoistische Motive wie Machtgier oder Besitzstreben haben. Deshalb soll es eine besitzlose politische Klasse geben, die sogenannten Wächter. Sie »dürften weder eigene Häuser haben noch Land noch sonst einen Besitz, sondern sollten von den anderen als Lohn für ihren Wachdienst den Unterhalt empfangen zum gemeinsamen Verbrauch für alle«. Sie »besitzen ja nichts zu eigen als ihren Leib, alles andere ist gemeinsam. Daher bleiben sie denn auch verschont von all den Zwistigkeiten, die wegen des Besitzes von Geld, Kindern und Verwandten unter den Menschen entstehen.«[17]

Aus dem Stand der Wächter stammen alle Inhaber staatlicher Ämter. Alle Wächter werden von Kindheit an auf ihre geistigen Fähigkeiten und moralischen Eigenschaften überprüft. Man muss aus ihrem Kreis, so Sokrates zu Glaukon, als Regenten »solche Männer auswählen, von denen wir bei näherem Zusehen am meisten den Eindruck erhalten, dass sie ihr ganzes Leben lang dasjenige, was ihnen nützlich für den Staat erscheint, mit vollstem Eifer durchführen wollen, was aber nicht nützlich ist, unter keiner Bedingung tun wollen«.[18] Es geht also um die Schaffung einer hoch gebildeten, unerschrockenen, uneigennützigen und geistig unabhängigen Elite, die jedweder Art von Opportunismus abhold ist.

Die Regenten sorgen dafür, dass das Gerechte im Staat zur Geltung kommt. Ihre Aufgaben sind mannigfaltig. Sie sollen richtiges Denken verbreiten und falsches verhindern. Zensur für das Volk ist eine Bedingung des gerechten Staates. Dazu gehört auch, »die Märchendichter zu beaufsichtigen und ihre guten Erzeugnisse anzunehmen, die schlechten aber abzuweisen«. Nur Märchen, die die Regenten gebilligt haben, dürfen die Ammen und Mütter den Kindern erzählen. »Die jetzt geläufigen Märchen aber muss man zum größten Teil verwerfen.«[19]

Für die Klasse der Wächter kommen nur die Besten in Frage. Die Zugehörigkeit zu einer Klasse ist erblich. Wenn ein Kind über die geforderten geistigen Gaben oder die körperliche Tüchtigkeit nicht verfügt, wird es aus der Klasse der Wächter entfernt. Besonders begabte Kinder aus anderen Schichten können dort aufgenommen werden.

Zur Klasse der Wächter gehören auch Frauen mit herausragenden Eigenschaften. Damit das wertvolle Erbgut der Wächter rein erhalten bleibt und weiter verbessert wird, dürfen die Wächter nur im Kreise der Wächter heterosexuellen Verkehr haben. Heirat und Familien gibt es nicht. Die Wächter leben in Frauen- und Kindergemeinschaft.[20] Die Herrscher bestimmen, wer wann mit wem verkehren soll. Spontaner Geschlechtsverkehr mit freier Partnerwahl ist nicht gestattet. Dazu sagt Sokrates zu Glaukon: Es »müssen die besten Männer so häufig wie möglich den besten Frauen beiwohnen, die schlechtesten dagegen den schlechtesten so selten wie möglich. Die Kinder der Ersteren müssen aufgezogen werden, die der anderen nicht, sofern die Herde auf voller Höhe bleiben soll. Und von allen diesen Maßnahmen darf außer den Herrschern selbst niemand etwas wissen, wenn die Herde der Wächter so viel als möglich vor Zwietracht bewahrt werden soll.«[21] Die Herde der Wächter soll also einem groß angelegten eugenischen Programm unterworfen sein, das auch Kindstötung einschließt. Die einzelnen Maßnahmen stehen im Ermessen der Regenten.

Alle Wächter erhalten eine intensive sportliche und geistige Erziehung. Bei den Männern findet die äußerst anspruchsvolle philosophische Ausbildung bis zum dreißigsten Lebensjahr statt. Für die Wächter soll so gut gesorgt sein, dass sie materiell bedürfnislos sind; die Liebe zu Wissen, Weisheit und Philosophie soll bei ihnen so ausgeprägt sein, dass sie staatliche Ämter ohne Machttrieb und Eitelkeit, im reinen Geist der Pflichterfüllung wahrnehmen. Ab dem dreißigsten Lebensjahr werden den besten Wächtern staatliche Ämter auf Zeit übertragen – zunächst militärische Führungsaufgaben, und, wenn sie älter sind, andere Ämter. Die besten Philosophen unter den Wächtern werden als Könige die Herrscher des Staates. Da das Studium der Philosophie sie dazu befähigt hat, das Gerechte zu erkennen, und ihnen gleichzeitig jede Machtgier genommen ist, üben sie ihr Herrscheramt vollkommen uneigennützig aus und freuen sich, wenn sie es nach einiger Zeit wieder abgeben und sich wieder ganz der Philosophie widmen können.

Die Frauen der Wächter sind den Männern weitgehend gleichberechtigt.[22] Sie erhalten eine gute Bildung, werden gemeinsam mit den Männern sportlich ertüchtigt und kämpfen im Krieg an ihrer Seite. Von den lästigen praktischen Aufgaben bei der Aufzucht der Kinder sind die Frauen der Wächter befreit, das übernehmen Dienstkräfte.

Platon nennt die Herrschaft der Wächter *Aristokratie*, die Herrschaft der Besten. Glaukon fragt Sokrates, wie man denn solch ein vollkommenes Regierungssystem einrichten könne. Sokrates antwortet, man müsse zunächst »alle Leute im Staat, die über zehn Jahre alt sind, hinaus aufs Land schicken, die Kinder derselben aber unter ... Obhut nehmen« und sie, »den ... Sitten, denen auch ihre Eltern huldigen, völlig entrückt«, nach jenen »Sitten und Gesetzen erziehen«, die zum gerechten Staat passen.[23]

Sokrates spricht aber auch die Risiken an, die dem einmal eingerichteten idealen Staat drohen: Wenn man nicht strikt auf die Qualität der philosophischen Ausbildung achte, wenn man nicht strikt nur die besten Philosophen für Staatsämter ausbilde, wenn man eine Vermischung der Wächter mit anderen Bevölkerungsschichten dulde, dann würden mit der Zeit die besten Krieger statt der besten Philosophen die Macht übernehmen, und die Aristokratie würde zu einer *Timokratie* degenerieren.[24] In der Timokratie würden die erfolgreichen Krieger infolge ihrer mangelhaften philosophischen Schulung Freude am Besitz gewinnen und diesen aufgrund ihrer kriegerischen Tüchtigkeit schließlich anhäufen. Habe der Besitztrieb ausreichend zugenommen, so ersterbe unter den Herrschenden allmählich das kriegerische Element. So degeneriere die Timokratie zu einer Herrschaft der Besitzenden, einer *Oligarchie*.

Die Raffsucht der Oligarchen führe mit der Zeit zu einer Verarmung der breiten Schichten. Da die Besitzenden mittlerweile durch das Wohlleben verweichlicht und militärisch untüchtig geworden seien, würden sie irgendwann vom Volk vertrieben werden, das sei der Übergang zur *Demokratie*. In der Demokratie gebe es dann *zu viele* Freiheiten, die öffentliche Ordnung leide. Unter anderem habe »der Lehrer ... unter solchen Verhältnissen Angst vor den Schülern und umschmeichelt sie, die Schüler haben keine Achtung vor den Lehrern und ebenso wenig vor ihren Aufsehern«.[25] So werde schließlich die »unersättliche Gier« nach dem Gut der Freiheit »und die Vernachlässigung alles anderen ... das Verlangen nach Tyrannenherrschaft erzeugen«.[26] Dann werde der Ruf nach einem starken Führer laut, der wieder eine Ordnung herstellt und deren Respektierung erzwingt. Dieser, einmal an der Macht, entwickle sich unweigerlich zum *Tyrannen*. Er konzentriere die militärische Macht bei sich und raube den Bürgern ihren Besitz. Um seine Herrschaft zu sichern, muss der Tyrann alle unabhängigen Geister »aus dem Weg räumen, wenn er wirklich Herrscher sein will, bis kein Freund und auch kein Feind mehr übrig ist, von dem noch etwas zu erwarten wäre«. Der Tyrann ist in einer »Zwangslage, die ihn nötigt, entweder in Gesellschaft von Menschen zu leben, die zum größten Teil nichts taugen und die ihn noch dazu hassen, oder gar nicht zu leben«.[27]

Platon beschreibt den Kreislauf unerwünschter Staatsformen durch den Mund des Sokrates in recht radikaler Diktion. Noch viel radikaler (und wahrscheinlich weit von den wirklichen Ansichten des Sokrates entfernt) ist seine Utopie des idealen Staates. Sokrates lebte zur Zeit der Abfassung dieser Utopie nicht mehr. Er war nach den Wirren des verlorenen Peloponnesischen Krieges als »Verderber der Jugend« angeklagt worden. Einige seiner Schüler hatten mit den feindlichen Spartanern sympathisiert und sich gegen die athenische Demokratie gewendet. Sokrates wurde zum Tode verurteilt und trank den Schierlingsbecher mit dem tödlichen Gift. Das war im Jahr 399 vor Christus.

Ich überspringe die folgenden 800 Jahre antiker Geschichte, Philosophie und Staatstheorie. Im Jahr 410 eroberten und plünderten die Westgoten unter ihrem König Alarich die Stadt Rom. Der Untergang des Römischen Reiches zeichnete sich ab, was den Zeitgenossen kaum begreiflich war. In der noch sicheren römischen Provinz Africa machte sich der christliche Kirchenlehrer Aurelius Augustinus im selben Jahr an die Verfassung seines Werkes *De civitate Dei*.[28] Er vollendete es 427, zwei Jahre vor der Eroberung der Provinz durch einen anderen osteuropäischen Germanenstamm, die Vandalen.

Nachdem Kaiser Konstantin im Jahr 313 für das Römische Reich allgemeine Religionsfreiheit gewährt hatte, nahm der Einfluss des christlichen Glaubens innnerhalb weniger Jahrzehnte stark zu. 380 war er zur Staatsreligion geworden. Aber das heidnische antike Denken war überall noch lebendig, und auch Augustinus, der erst als erwachsener Mann zum Christentum konvertiert war, setzte sich zunächst mit ihm auseinander. Es gab damals unter christlichen Kirchenlehrern eine einflussreiche Strömung, die das christliche Römische Reich für Gottes Reich auf Erden hielt und folgerichtig die Gefährdung des Reiches und seinen möglichen Untergang als Bedrohung des Christentums betrachtete.[29] Auch Augustinus sah die politische Entwicklung mit größter Sorge. Aber sein Reich Gottes war eben nicht der irdische Staat, in welcher Ausprägung auch immer, sondern die auf das Jenseits gerichtete Gemeinschaft der Gläubigen. Im Herzen der Christen besteht dieser Gottesstaat neben dem weltlichen Staat. Er weilt im Weltstaat als Fremdling.[30] Mit dem Tag des Jüngsten Gerichts werden der Weltstaat und der Gottesstaat auf ewig getrennt.[31]

Wie bei Platon, so steht auch bei Augustinus die Gerechtigkeit im Zentrum. Volle Gerechtigkeit gibt es im Himmel, aber nicht auf Erden. Die irdische Gemeinschaft der Gläubigen besteht aus sündigen Menschen und kann sich dem Ideal des Gottesstaates annähern, und daher können sich irdische Staatswesen dem Ideal der Gerechtigkeit auch nur mehr oder weniger annähern. Das bedeutet aber, dass es nicht gleichgültig ist, wie ein Staatswesen geordnet ist und wie es geführt wird.[32]

Aus der Sicht des Augustinus verhält sich der christliche Glaube gegenüber den unterschiedlichen Staats- und Regierungsformen grundsätzlich neutral getreu dem Wort Christi: »Gebt dem Kaiser, was des Kaisers ist, und Gott, was Gottes ist.« Der Christ ist also angehalten, seine Pflichten im Staatswesen zu erfüllen. Augustinus vollzog aber eine grundsätzliche Trennung zwischen der irdischen staatlichen Sphäre und dem Reich Gottes. In der irdischen Wirklichkeit sollen Christen entsprechend den christlichen Tugenden leben, barmherzig sein und Gerechtigkeit üben. Sie hören nicht auf, Christen zu sein, wenn sie dem Staat dienen. Aber ihr Glaube verpflichtet sie auf das himmlische Reich. Der irdische Staat ist dagegen Menschenwerk, mal besser, mal schlechter, aber stets mängelbehaftet und nicht frei von Schuld. Er kann niemals vollkommen sein, aber selbst ein schlechter Staat ist besser als gar keine staatliche Ordnung, ohne die Mord, Raub und Chaos herrschen würden.[33] Ein irdisches Regime bleibt stets unvollkommenes Menschenwerk, aber es kann besser oder schlechter, mehr oder weniger gottgefällig (gerecht) sein.

Weil das Böse in der Welt ist, ist staatliche Gewalt zu seiner Bekämpfung grundsätzlich gerechtfertigt. Auch ein gerechter Krieg ist zulässig, wenn er der Verteidigung dient und größeres Übel verhindern hilft.[34] Für Augustinus gehörte auch die Verbreitung des rechten Glaubens und die Bekämpfung seiner Feinde – beispielsweise die Unterdrückung von Sekten, die Irrlehren verbreiteten – zu den Aufgaben eines guten Staates. So forderte er ein gewaltsames staatliches Eingreifen gegen die christliche Sekte der Donatisten in Nordafrika.[35] Auf der anderen Seite ist in dem Denken des Augustinus bereits jene Trennung von Staat und Kirche angelegt, die die weitere Entwicklung des Abendlandes bestimmte. Er legte eine grundsätzliche Distanz zwischen die geistliche Macht und das weltliche Geschehen. Oft genug verschwamm diese Grenze zwischen geistlicher und weltlicher Macht, denn die christliche Kirche versuchte bis in die Neuzeit hinein das weltliche Geschehen zu beeinflussen. Aber selbst auf dem Höhepunkt des mittelalterlichen Investiturstreits gab es eben keine Identität zwischen Papst und Kaiser, zwischen dem Stellvertreter Gottes auf Erden und der weltlichen Macht.

In der Tradition des Augustinus ermöglicht die christliche Gemeinschaft der Gläubigen dem weltlichen Staat und seinen Bürgern grundsätzlich eine Flexibilität, die vielen anderen Religionen verschlossen blieb. Durch die Trennung der Sphären rettete Augustinus die geistige Freiheit der Antike für das christliche Abendland.

Das Utopia des Thomas Morus

Am 6. Juni 1535, rund 1100 Jahre nach der Publikation von *De civitate Dei*, legte der englische Lordkanzler Thomas Morus im Tower von London sein Haupt unter das Beil des Henkers. Er musste sterben, weil er sich gegen die Loslösung der Kirche von England von der katholischen Kirche ausgesprochen hatte und somit nicht dem Willen seines Königs Heinrich VIII. gefolgt war. Thomas Morus war nicht nur ein prinzipienstarker, sondern auch ein sehr gelehrter Mann, ein Intellektueller, und als solcher unter den Staatsmännern aller Zeiten eine große Seltenheit. Sein 1516 erschienenes Werk *Utopia*[36] handelt von der Ordnung eines fiktiven Landes jenseits des Ozeans, südlich des Äquators. Thomas Morus gibt in dem Buch lediglich den Bericht eines Reisenden wieder, den er angeblich getroffen hatte, als er im Auftrag der englischen Krone zu Dienstgeschäften in Antwerpen weilte. Auf diese Weise bleibt unklar, ob Thomas Morus die Ansichten teilt, die er schildert. Diese Unschärfe war wohl beabsichtigt, denn Thomas Morus war im englischen Staatsdienst und hatte noch eine steile Karriere vor sich, die ihn bis in das Amt des Lordkanzlers führte.

Utopia, in dem sein Gewährsmann fünf Jahre gelebt hat, ist ein Inselstaat und ähnelt in Größe und Zuschnitt auffallend dem damaligen Königreich von England und Wales. Es hat ebenfalls 48 Städte, seine Hauptstadt liegt einige Meilen vom Meer entfernt an einem großen Fluss. Die ganze Insel ist wohlbefestigt gegen äußere Eindringlinge.[37] Auf der Insel gibt es kein Privateigentum. Geld wird nur im Außenhandel verwendet. Die Insel ist reich und verfügt über Außenhandelsüberschüsse, im Land gibt es große Mengen an Gold und Silber. Diese Edelmetalle werden aber derartig gering geschätzt, dass Nachtgeschirre und Sklavenketten daraus gefertigt werden. Wer für seine Missetaten zu Sklaverei verurteilt wird, muss als Zeichen seiner Schande neben den goldenen Ketten Ringe, Ohrringe und Haarreifen aus Gold tragen.[38]

Die Städte sind gleichmäßig über die Insel verteilt. Sie sind alle nach demselben Schema angelegt. »Wer eine kennt, kennt sie alle.« Sie sind in regelmäßige Wohnquartiere und Grundstücke mit großen Gärten eingeteilt. Alle Einwohner Utopias tragen eine einheitliche Kleidung, die nur nach Männern und Frauen, verheiratet und unverheiratet unterscheidet. Sie leben in patrilinearen Familienverbänden mit nicht weniger als zehn und nicht mehr als sechzehn Erwachsenen. Dreißig dieser Haushalte unterstehen einem Vorsteher, zehn dieser größeren Einheiten einem Obervorsteher. Die Vorsteher wählen aus vier Bewerbern einen Fürsten.[39] Die Mahlzeiten werden in wohnungsnahen Gemeinschaftshäusern in einer festgelegten Sitzordnung eingenommen. In zentralen Markthallen kann alles Lebensnotwendige von den Vertretern der Gemeinschaften unentgeltlich bezogen werden. Die Freizeit wird dem Gemeinschaftsleben, der Musik, den schönen Künsten, der Religionsausübung und der Wissenschaft gewidmet. Glücksspiele und niedrige Triebe befriedigende Vergnügungen wie die Jagd sind verboten. Im Umkreis der Städte gibt es stets genügend Ackerland und Wald zur Versorgung der Stadtbewohner. Wer die Arbeit auf dem Lande liebt, lebt auf den ebenfalls gleichmäßig über das Land verteilten Bauernhöfen. Ansonsten arbeiten die Menschen abwechselnd im Ackerbau und in der Stadt, damit die Last gleichmäßig verteilt wird. Es besteht eine allgemeine Arbeitspflicht in dem Beruf, für den man ausgebildet ist, sechs Stunden am Tag, und zwar drei vormittags und drei nachmittags. Die Begabtesten sind von handwerklicher Arbeit befreit und können sich ihrer wissenschaftlichen Bildung widmen. Aus ihnen kommen die Kandidaten für öffentliche Ämter.

Die geringe Arbeitszeit reicht aus, weil alle arbeiten: alle Frauen, soweit sie nicht gerade Säuglinge haben, sowie all jene, die ansonsten Bettler, Landstreicher, Edelleute oder Dienstboten der Edelleute gewesen wären. Sämtliche Bedürfnisse können mühelos abgedeckt werden. Modische Verschwendung gibt es ja nicht. Kleidung und Wohnung sind einfach, aber zweckmäßig. Die Häuser werden alle zehn Jahre nach dem Losverfahren getauscht.[40] Statuskonsum kann nicht stattfinden, Luxus hat keinen Raum. Armut ist systembedingt ausgeschlossen. Wer nicht arbeiten kann, weil er krank, behindert oder zu alt ist, für den wird gesorgt. Für alle steht ein ausgebautes Gesundheitswesen mit gut eingerichteten Spitälern zur Verfügung. Wer unheilbar krank oder sehr alt ist, kann den Freitod wählen und wird dabei unterstützt, aber es wird kein moralischer Druck ausgeübt.[41]

Gesetze gibt es in Utopia nur sehr wenige. Sie sind so einfach, dass sie auch für den minderen Verstand ohne weiteres zu begreifen sind. Mit dem Fortfall von Eigentum und Besitzgier fallen auch die meisten Streitfragen weg, die üblicherweise vor Gericht zu behandeln sind. Vor Gericht ist die Vertretung durch Anwälte verboten, um juristische Spitzfindigkeiten zu vermeiden. Der Richter soll sein Ohr für die unverstellte Argumentation des einfachen Mannes schärfen.[42]

Bestraft werden Verstöße gegen das Gesetz mit Sklavenarbeit oder Tod. Wer sich »trotz einer ausgezeichneten Erziehung und der vortrefflichsten Anleitung zur Tugend doch nicht vom Verbrechen ... abhalten« lässt,[43] dem droht Sklavenarbeit. Das gilt auch für Ehebrecher. Ein Sklave, der zu fliehen versucht oder sich widerborstig zeigt, wird mit dem Tode bestraft. Auch wer nicht arbeiten will, muss in die Sklaverei. Die Sklaven müssen zwar die besonders unangenehmen und niedrigen Arbeiten verrichten, aber auch sie werden ausreichend genährt und gekleidet.

Voreehelicher Geschlechtsverkehr ist verboten und wird mit Sklaverei bestraft. Ein freies Konkubinat könnte zur Ehemüdigkeit führen, und das wäre wider die Interessen der Gemeinschaft. Ehewillige Partner dürfen sich vor der Ehe unter Aufsicht im Zustand der Nacktheit inspizieren, damit etwaige verborgene Mängel nicht später zur Abstoßung führen und das Eheglück gefährden.

Freizügigkeit gibt es nicht. Mit einem Urlaubsschein des Fürsten darf man zwar außerhalb des Stadtbezirks reisen, muss sich aber überall für Essen und Unterkunft an der örtlichen Arbeit beteiligen. Wer einfach nur durch den Stadtbezirk spazieren will, braucht die Erlaubnis des Hausvaters wie von dessen Ehefrau. »Wenn einer ... außerhalb des Stadtbezirks sich herumtreibt und ohne fürstlichen Urlaubsschein ergriffen wird, sieht man ihn als Ausreißer an, bringt ihn schimpflich in die Stadt zurück und lässt ihn scharf züchtigen; im Wiederholungsfall wird er mit Verstoßung in die Sklaverei bestraft.«[44]

Der weitgereiste Erzähler Raphael Hythlodeus verhehlt durchaus nicht seine Begeisterung für die gut gefügten Strukturen von Utopia und erklärt gegenüber Thomas Morus: »Ihr seht schon, es gibt dort nirgends eine Möglichkeit zum Müßiggang, keinen Vorwand zum

Faulenzen. Keine Weinschenke, kein Bierhaus, nirgends ein Bordell, keine Gelegenheit zur Verführung, keine Spelunken, kein heimliches Zusammenhocken, sondern überall sieht die Öffentlichkeit dem Einzelnen zu und zwingt ihn zur gewohnten Arbeit und zur Ehrbarkeit beim Vergnügen. Aus solcher Lebensführung des Volkes muss notwendig Überfluss an allen Lebensbedürfnissen folgen, und da dieser Überfluss gleichmäßig allen zugutekommt, ist es ganz natürlich, dass es Arme oder Bettler gar nicht geben kann.«[45]

Die Utopier sind sehr religiös. Sie glauben »an ein einziges, unbekanntes, ewiges, unendliches, unbegreifliches göttliches Wesen, das die Fassungskraft des menschlichen Geistes übersteigt und durch dieses gesamte Weltall geflossen ist, als wirkende Kraft, nicht als Masse; ihn nennen sie Vater«.[46]

Das Reich der Freiheit des Karl Marx

In den drei bisher vorgestellten Utopien habe ich die philosophische Argumentation weitgehend ausgespart, dennoch dürfte ohne weiteres die geistige Verwandtschaft von Platon, Augustinus und Thomas Morus zu erkennen sein. Die zuletzt zitierte Beschreibung Gottes aus *Utopia* atmet den Geist von Platon und Augustinus. Thomas Morus war gläubiger Katholik. Aber seine Beschreibung von Utopia liest sich wie eine Blaupause für den Gottesstaat *auf Erden*. Das wiederum unterscheidet ihn von Augustinus: Dieser wandte sich mit seinem Konzept des Gottesstaates von irdischen Dingen ab. Thomas Morus aber wendet sich mit seinem *Utopia* den irdischen Dingen zu und zeigt sich damit als ein frühes Kind der Neuzeit. Der Titel seines Buches gab den Namen für eine neue literarische Gattung.

Für den größten Utopisten aller Zeiten, Karl Marx, galt im Gegensatz dazu der Grundsatz »Religion ist Opium für das Volk«. Für ihn war nicht Gott verantwortlich für den Lauf der Geschichte, sondern das von ihm selbst in Hegel'scher Tradition aufgestellte historische Entwicklungsgesetz war bestimmend für die Entwicklung der menschlichen Gesellschaft und trat damit quasi an die Stelle Gottes. Karl Marx wollte wissenschaftlich beweisen, weshalb das Privateigentum an den Produktionsmitteln und die bestimmende Rolle des menschlichen Erwerbstriebs auf die Dauer unausweichlich ihre eigenen Existenzgrundlagen zerstören mussten.

Der aus einem jüdischen Elternhaus stammende Österreicher Karl Popper, bekannt geworden durch seine Forschungen zur Erkenntnistheorie, war 1937 aus Österreich emigriert und hatte eine Dozentenstelle in Neuseeland angenommen.[47] Dort schrieb er 1943/44 seine umfassende philosophische und erkenntnistheoretische Auseinandersetzung mit den Feinden der offenen Gesellschaft nieder.[48] Er nimmt darin eine so gründliche und zugleich vernichtende sprachlogische und philosophische Zerlegung der Hegel'schen Philosophie vor, wie man sie sich nur vorstellen kann.[49] Er zeigt Hegel als Erben des platonischen Essentialismus und Wegbereiter der totalitären Theorien der Moderne, sowohl des Faschismus als auch des Marxismus. Die »orakelnden Philosophen« des deutschen Idealismus von Fichte und Schelling bis hin zu Hegel, die Phänomenologie von Edmund Husserl sowie der Existenzialismus von Karl Jaspers und Martin Heidegger werden bei ihm in eine geistige Linie gestellt.[50]

Hegel, 1818 auf den philosophischen Lehrstuhl der Berliner Universität berufen, stilisierte mit seiner dialektischen Methode den preußischen Staat samt seinem absolut herrschenden König zum Vollender des Geistes der Geschichte. Hegels optimistischer Historizismus stellte Platon quasi auf den Kopf. »Mit Hegel wird Platons Philosophie, die einst die Herrschaft im Staate beansprucht hatte, dessen gehorsamster Diener.«[51] Mit dieser Methode gab er dem Historizismus des Karl Marx das geistige Rüstzeug, und er begründete darüber hinaus jene spezifisch deutsche Tradition von Verachtung der Demokratie und Überhöhung staatlicher Autorität, die 100 Jahre später den Nationalsozialisten in die Hände spielte. Marx ersetzte »den ›Geist‹ Hegels durch die Materie und durch materielle und ökonomische Interessen. In derselben Weise ersetzt die Rassenlehre den ›Geist‹ Hegels durch etwas Materielles, durch die quasi-biologische Vorstellung des Blutes oder der Rasse.«[52] So bereitete Hegels Geschichtsphilosophie gleichermaßen den geistigen Nährboden für Kommunismus und Nationalsozialismus.

Karl Marx moralisierte nicht. Er meinte, das historische Entwicklungsgesetz gefunden zu haben, das zum Untergang der kapitalistischen Produktionsweise und zum Übergang in das »Reich der Freiheit« führen musste. Zur konkreten Ausgestaltung und den Funktionsbedingungen seiner Utopie äußerte er sich nicht. Lässt man das außer Acht, hat das marxistische Reich der Freiheit eine verblüffend große Ähnlichkeit mit dem Utopia des Thomas Morus.

Mit der russischen Revolution zeigte sich, dass dem Marxismus jede konkrete Vorstellung fehlte, wie in einem sozialistischen oder kommunistischen System zu wirtschaften sei. Dies ergab sich erst aus der Praxis in der Sowjetunion während der dreißiger und vierziger Jahre des 20. Jahrhunderts. Die europäische Geschichte des real existierenden Sozialismus von 1917 bis 1990 und sein ruhmloser Zusammenbruch zeigen die immensen Explosivkräfte, die der Zusammenprall einer holistischen Gesellschaftsutopie mit der Wirklichkeit auslöst. Umso bemerkenswerter ist das Weiterleben des marxistischen Traums in vielfältigen Formen. Noch immer geistern egoistischer Erwerbstrieb, Privateigentum, Ungleichheit und die Rolle des Privatkapitals als die Hauptverantwortlichen für die Schlechtigkeit der Welt und die meisten ihrer Mängel durch Feuilletons und Talkshows.

Was wir von Utopien lernen können – und warum sie so gefährlich sind

Egal in welcher Ordnung Menschen zusammenarbeiten, immer gilt: Jede gesellschaftliche Ordnung beruht auf Regeln, jede Gesellschaft braucht Regelwerke, sonst funktioniert das Zusammenleben nicht. Es bedarf einer Ordnung für den Straßenverkehr, einer Bauordnung, einer Ordnung für das Ausführen von Hunden im Park, einer Eigentumsordnung etc., etc. Die Dichte und der Inhalt solcher Ordnungen, auch die Frage, ob sie überhaupt ernst genommen und durchgesetzt werden, unterscheiden sich von Gesellschaft zu Gesellschaft.

Die Summe der für eine Gesellschaft geltenden oder gedachten Ordnungen, egal wie detailliert oder (un)vernünftig sie sein mögen, stellt noch keine Utopie dar. Die Utopie beginnt für mich dort, wo die gesellschaftliche Ordnung, die man entwirft, nicht von der Natur und den Antrieben der Menschen ausgeht, so wie man sie nach besten Kräften begriffen hat, sondern dazu dient, den Menschen zu ändern, zu bessern und ihn einer höheren Bestimmung unterzuordnen. Dazu erscheint es dann gerechtfertigt, Freiheiten einzuschränken oder erst gar nicht zu gewähren, gesellschaftlich »nützliches« Verhalten zu belohnen und jedwedes abweichende Verhalten zu unterbinden oder gar zu bestrafen, das nicht dem eigenen Ordnungsbild entspricht. Ich spreche von einer Utopie, wenn in einem Gesellschaftsmodell ein bestimmtes Verhalten der Menschen erzwungen werden soll, das einem vorgegebenen Ordnungsmodell folgt. Das ist keine Definition von absoluter Geltung, die Übergänge sind fließend: So haben eine Bauordnung, die den Einsturz von Häusern verhindern soll, und eine Straßenverkehrsordnung, die durch Geschwindigkeitsbegrenzungen die Zahl von Unfällen verringern soll, sicher keinen utopischen Charakter. Utopisch ist es aber schon, wenn man in einer Gesellschaft generell den Verkauf und Genuss von Alkohol untersagt, oder, wie in Schweden geschehen, jede Form von Prostitution verbietet und die Freier bestraft.

Alle gesellschaftlichen Ordnungen – ob gedacht oder real –, die Gleichheit und Gerechtigkeit unter den Menschen in den Mittelpunkt stellen, haben einen utopischen Überschuss. Das ist für sich genommen weder schlecht noch gefährlich. Gefährlich – und im Ergebnis meist auch menschenfeindlich – wird es erst, wenn man die elementaren Triebe und Lebensäußerungen des Individuums im Übermaß steuern will, damit es einem bestimmten Menschenbild und einem bestimmten Bild von der gesellschaftlichen Ordnung entspricht. Genau dazu neigen die meisten vom Kopf her entworfenen und umfassend angelegten Gesellschaftstheorien und Konzepte zur gesellschaftlichen Ordnung. Sucht man sie umzusetzen, so greifen sie tief in die individuellen Lebensverhältnisse und Freiheiten der Menschen ein, und die Opfer, die dafür scheinbar gerechtfertigt sind, sind umso größer, je idealer das Ordnungsbild ist. Utopisches Denken hat nicht nur viele Aspekte von Religion, Philosophie und Sozialwissenschaften tief geprägt, sondern auch in der Politik des 20. und 21. Jahrhunderts katastrophale Spuren hinterlassen:

– Platons Elite der Wächter, die besonders sorgfältig – sportlich und geistig gleichgewichtig – erzogen werden sollte, erkennen wir wieder in den Eliteschulen der Nationalsozialisten, den Napolas, die hohe Anforderungen an schulische Erziehung und körperliche Fitness miteinander verbanden.[53]

- Platons Ziel, die »Herde der Wächter« durch gezielte Menschenzucht genetisch auf der Höhe zu halten, erkennen wir wieder in dem eugenischen Programm, das die schwedischen Sozialdemokraten ihrem Land in den 1930er Jahren auf Anraten ihres Nobelpreisträgers Gunnar Myrdal verordnet hatten. Wir erkennen es wieder in der Aktion Lebensborn der SS, in deren Heimen SS-Männer mit ausgewählten Frauen genetisch wertvollen Nachwuchs zeugen sollten.
- Den Verzicht der Klasse der Wächter auf Besitz und Eigentum und ihren Anspruch auf öffentlichen Unterhalt erkennen wir wieder in den Sonderrechten der Nomenklatura in den sozialistischen Ländern. Deren Mitgliedern standen von Staats wegen zu symbolischen Preisen all jene Güter zu, die der normale Mensch in den regulären Läden nicht einmal für viel Geld erwerben konnte.
- Die geistige Ausbildung der Wächterelite und die Auswahl von Philosophenkönigen aus ihrem Kreise fand ihre Entsprechung im real existierenden Sozialismus in der Rolle der kommunistischen Parteien und ihrer Philosophenkönige Lenin, Stalin und Mao.
- Die Forderung Platons, den Kindern die richtigen Märchen zu erzählen und die Erzählung der falschen staatlich zu unterbinden, fand ihren Ausdruck in den umfassenden Zensurbestrebungen und Umerziehungsversuchen in kommunistischen und faschistischen Diktaturen.
- Die Verhältnisse im Utopia des Thomas Morus, wo die Bürger auf Geld und Besitz verzichten, entsprechen denen im Endzustand der kommunistischen Gesellschaft.
- Die Erziehung durch Zwangsarbeit als Sklave, die man in Utopia Arbeitsscheuen, Ehebrechern und allen übrigen Delinquenten angedeihen ließ, findet sich wieder in den Konzentrations- und Arbeitslagern des 20. Jahrhunderts.
- Der allgemeine Arbeitszwang und der eingeschränkte Bewegungsradius in Utopia wurden in den Ländern des real existierenden Sozialismus 1:1 übernommen.
- Die Frauen- und Kindergemeinschaft der Wächter bei Platon standen Pate bei der feindlichen Einstellung des Sozialismus gegenüber der bürgerlichen Familie.

- Die erzwungene Öffentlichkeit des privaten Lebens, das Fehlen von Gaststätten und Schenken, die Gemeinschaftseinrichtungen, in denen man die Mahlzeiten einnehmen muss, die gleichförmige Anlage der Städte in Utopia gab es in allen Staaten des real existierenden Sozialismus.
- Die Einheitskleidung in Utopia wurde ebenfalls übernommen. Die Begeisterung aller Diktaturen für Uniformen ist hinlänglich bekannt. Sie fand ihren besonders sinnfälligen Ausdruck in den »blauen Ameisen« von Maos China.
- Der bei Platon vorgeschlagene Start einer neuen Gesellschaft durch zwangsweise Umsiedlung aller Erwachsenen aufs Land fand seine furchtbare Entsprechung im Terrorregime der Roten Khmer. Auch Maos Kulturrevolution hatte Anklänge davon.

Diese Analogien zwischen den einflussreichsten Utopien der abendländischen Philosophiegeschichte und den realen Katastrophen und Verbrechen des 20. Jahrhunderts machen deutlich, worum es mir geht: Jedes ganzheitliche Ordnungsbild von einer Gesellschaft, das dem individuellen Verhalten zu viele lenkende Einschränkungen auferlegen will, hat menschenfeindliche Auswirkungen, wenn man an seine Umsetzung geht. Zur Illustration nutze ich das Beispiel der Verkehrsordnung: Verkehrszeichen sollen verhindern, dass die Verkehrsteilnehmer sich gegenseitig mehr gefährden, als durch die Natur der Verkehrsteilnahme unvermeidlich ist. Deshalb gibt es Geschwindigkeitsbegrenzungen, Halteverbote, Einbahnstraßen und Stoppschilder. Eine Verkehrsordnung muss gewährleisten, dass jeder möglichst frei und unbehindert reisen kann, wohin er will. Es ist nicht die Aufgabe der Verkehrsordnung festzulegen, wer reisen darf und was ein zulässiges Reiseziel ist. Genauso soll es sich auch bei der Wirtschafts- und Gesellschaftsordnung des Staates verhalten.

Utopien der Gegenwart

Eine gesellschaftliche Utopie, so wie ich sie verstehe, bringt ein unbedingtes »Sollen« zum Ausdruck. Angestrebt wird, dieses Sollen umzusetzen, selbst wenn es dem gesellschaftlichen Sein widerspricht –

notfalls auch ohne Berücksichtigung der tatsächlichen kausalen Zusammenhänge und materiellen Zwänge, die die Wirklichkeit beherrschen. Die utopischen Ur-Antriebe des Menschen sind offenbar die ewig Gleichen: die Sehnsucht nach Ordnung, Sinn, Gleichheit, Gerechtigkeit projiziert auf die Regeln von Staat und Gesellschaft.

Warum sollen Menschen, Philosophen, Religionen nicht utopische Träume verbreiten? Was kann daran problematisch sein? Ganz einfach: Eine Utopie betrifft nicht nur das Leben des Utopisten, seiner Familie und seiner Freunde. Sie betrifft vielmehr die Ordnung der gesamten Gesellschaft. Eine Utopie, die man verwirklichen möchte, ist deshalb niemals Privatsache.

Jeder Staat und jede Gesellschaft brauchen Regeln für das menschliche Zusammenleben. Es ist aber ein Unterschied, ob man die Regeln so ausgestaltet, dass die Reibungsflächen des gewaltfreien Zusammenlebens minimiert werden und die Menschen maximalen Raum zur Verfolgung ihrer individuellen Lebensziele haben, oder ob man versucht, ein wie immer zustande gekommenes Ideal des menschlichen Zusammenlebens zu verwirklichen und alle Menschen in ein Raster zu zwingen. Ohnehin ist die Organisation des Zusammenlebens in Staat und Gesellschaft kompliziert genug, es geht ja um soziale Mindeststandards, um öffentliche Güter wie Umweltschutz, soziale Sicherheit, Infrastruktur und vieles andere mehr. Bei einer Utopie aber kann, je nach dem Ziel, das mit ihr verfolgt wird, der Umfang staatlicher Vorgaben und Zwänge schier uferlos sein und schließlich gar zur Erdrosselung der individuellen Freiheit führen.

Unglücklicherweise wollen viele Menschen – und darunter besonders viele, die in Politik und Medien das Sagen haben – von Utopien nicht lassen. Sie entdecken immer neue Ungerechtigkeiten, die es zu beseitigen gilt, und wollen allen anderen ihre Weltsicht und ihren Begriff vom Glück aufzwingen. Dabei wird häufig auch das zerstört, was gut ist und sich bewährt hat, und zwar aus folgendem Grund: Fast alle Regelungen des menschlichen Zusammenlebens haben Kompromisscharakter und müssen widersprüchlichen Zielen genügen beziehungsweise externe Rahmenbedingungen berücksichtigen. So kann auch die beste staatliche Bildungspolitik nur eine begrenzte Menge von Geld und Lehrern einsetzen: Sie muss die Breitenbildung sichern, den Unbegabten und Behinderten besondere Hilfe zukommen lassen und gleichzeitig den großen Talenten und Genies besondere Herausforderungen und Entfaltungsmöglichkeiten bieten. In keiner denkbaren Balance kann man alle diese staatlichen Bildungsziele ohne Abstriche verfolgen. Kommt nun eine neue Utopie daher, so wird schnell ohne ausreichende Betrachtung der Fakten in das komplizierte Geflecht eingegriffen, und am Ende sind möglicherweise alle schlechter dran als vorher. Genau das geschieht unablässig – und nicht selten in bester Absicht.

Utopische Vorstellungen wird es immer geben, auch in einer stabilen, demokratisch bestens verfassten Gesellschaft. Es ist Aufgabe einer klugen Politik, neuen und alten Utopien den Impetus zu nehmen, sie quasi zu zähmen und sie gegebenenfalls in das gesellschaftliche Gefüge so einzubauen, dass dieses nicht beschädigt wird. Jede Gesellschaft wird durch den ihr innewohnenden utopischen Überschuss immer wieder vorangebracht, herausgefordert und möglicherweise auch gefährdet. Das hört niemals auf. In der Gesellschaft der Gegenwart scheinen mir einige Utopien besonders relevant zu sein, die ich kurz charakterisieren möchte.

Neue Utopien vom irdischen Gottesstaat

Es gibt 1,6 Milliarden Muslime auf der Welt. Ihre Zahl wächst deutlich stärker als die Weltbevölkerung insgesamt. Länder mit muslimischer Mehrheit haben durchweg eine überdurchschnittliche Geburtenrate. In allen Ländern mit muslimischen Minderheiten ist die Geburtenrate der Muslime höher als die der Mehrheitsbevölkerung. Das gilt auch für alle europäischen Länder mit muslimischen Minderheiten. Die überdurchschnittliche Geburtenrate der Muslime hängt eng mit der Rückständigkeit zahlreicher muslimischer Länder zusammen, aber auch mit der abhängigen Rolle der Frauen und ihrer durchweg sehr frühen Verheiratung.

In allen muslimischen Gesellschaften vollziehen sich Gärungsprozesse, die die Rolle der Religion in Staat und Gesellschaft betreffen. Dabei gewinnt eine konservative Interpretation des Islam zunehmend an Boden, die nicht nur die Rolle der Frauen beschneidet, sondern auch die Freiheit der Religionsausübung in Frage stellt und vor allem

Christen verfolgt und unterdrückt. Das Terrorregime des Islamischen Staates im Norden von Syrien und Irak ist nur das Extrem einer Tendenz in der islamischen Welt, die Trennung zwischen Staat und Religion in Frage zu stellen und eine islamische Staatsauffassung zu praktizieren. Das Blasphemiegesetz im nur noch formal demokratischen Pakistan weist tendenziell in eine ähnliche Richtung.

Eine ganz eigene Ausprägung hat der islamische Gottesstaat im Iran mit der Herrschaft der Ajatollahs gefunden. Immer schon sehr rückständig war die wahhabitische Praxis in Saudi-Arabien. Auch die Bewegung der Muslimbruderschaft, die 1928 in Ägypten gegründet wurde und sich weltweit verbreitete, lehnt die Trennung von Staat und Religion ab und möchte ein Staatswesen nach islamischen Prinzipien.

Die ultrakonservative Strömung des Salafismus, die zu einer sehr wörtlichen, traditionellen Interpretation des Korans und der islamischen Glaubensregeln zurückkehrt, befindet sich überall in der islamischen Welt auf dem Vormarsch und hat auch unter den Muslimen Europas erheblich an Boden gewonnen. Der große Zustrom von »Gotteskriegern«, den der Islamische Staat aus den muslimischen Minderheiten in Europa erfährt, besteht vor allem aus gewaltbereiten Salafisten. Es ist deshalb gerechtfertigt, den Traum vom islamischen Gottesstaat als eine der wirkmächtigsten Utopien der Gegenwart zu bezeichnen, die – genau wie früher der Traum von der Überwindung der kapitalistischen Produktionsweise – in den unterschiedlichsten Schattierungen daherkommt.

Einer denkbaren Schattierung – der Übernahme Frankreichs durch die Muslimbruderschaft – hat Michel Houellebecq in seinem utopischen Roman *Unterwerfung* literarischen Ausdruck verliehen.[54] Er beschreibt sehr genau die Mechanismen solch einer Machtübernahme: die Müdigkeit und der Selbstekel der laizistischen Gesellschaft und die Selbstaufgabe ihrer geistigen und politischen Eliten. Bis ins Detail zeigt der Roman beklemmende Parallelen zum Untergang der Weimarer Republik und der Machtübernahme durch die Nationalsozialisten.

Die Ideologie der Gleichheit

In der Theologie gibt es eine Gleichheit der Menschen vor Gott, im bürgerlichen Rechtsstaat eine Gleichheit vor dem Gesetz. Die beiden Gleichheiten sind gesetzte Normen und als solche ohne empirischen Gehalt. Ansonsten besteht das Bewegungsgesetz der Welt in den Auswirkungen von Ungleichheit. Das gilt auch für die Entwicklung des Menschen und die menschliche Geschichte. Aus Ungleichheit bauen sich alle Spannungen auf, die für die innerweltliche Dynamik sorgen. Die Alternative wäre der physikalische Wärmetod, die umfassende Erstarrung der Welt in einem Zustand ohne Unterschiede.

Die Forderung nach Gleichheit ist in Utopien zumeist eine Konsequenz aus der Forderung nach Gerechtigkeit: Gleiches soll gleich behandelt werden, Ungleiches dagegen ungleich. Die angeborenen ungleichen Gaben der Menschen führen bei Platon dazu, dass nicht jeder in den Stand der Wächter aufsteigen kann, sondern beispielsweise für den Beruf des Schusters besser geeignet ist. Ungleichheit der geistigen Gaben und der physischen Fähigkeiten unter den Menschen wird als Tatsache hingenommen. Auch Thomas Morus akzeptiert in seiner *Utopia* die ungleiche Verteilung der geistigen Gaben unter den Menschen. Die besonders Begabten sind bei ihm zugunsten geistiger Studien vom Handwerk befreit und zur Führung berufen. Er möchte allerdings nicht, dass aus geistiger Ungleichheit eine materielle Ungleichheit folgt. Sein utopischer Entwurf kreist ja gerade darum, jede materielle Ungleichheit unter den Menschen auszuschließen.

Die Reduzierung von Ungleichheit bis hin zur Verwirklichung von Gleichheit bedeutet die Einschränkung von Freiheit bis hin zu ihrer Aufhebung. Goethe sagte dazu: »Gesetzgeber und Revolutionärs, die Gleichsein und Freiheit zugleich versprechen, sind Phantasten oder Charlatans.«[55] Wer frei ist, will nicht gleich sein, sondern möchte seine Freiheit auch zur Unterscheidung nutzen – indem er anderes tut, weniger arbeitet, mehr arbeitet, bessere Geschäfte macht, schöner wohnt, sich anders kleidet etc. Mehr Gleichheit ist nur durch mehr Unfreiheit zu erreichen. Darum muss jede Gesellschaft beim Ausgleich zwischen Freiheit und Gleichheit Kompromisse machen, und dabei tun sich alle schwer.

Für Konfuzius ist »Gleichheit das gleiche Recht für alle, nach dem Höchsten zu streben«. In diesem Geist waren im kaiserlichen China die zentralen Examina der Bewerber für die staatliche Beamtenlaufbahn abgehalten worden. Und in diesem Geist finden im heutigen China die zentralen Aufnahmeprüfungen für die großen Universitäten statt. Jeder erhält nach seinen Ergebnissen einen Rangplatz.

Ein Chinese muss für den alltäglichen Bedarf 3000 bis 5000 Schriftzeichen kennen. Das lateinische Alphabet hat 26 Buchstaben. Bis vor wenigen Jahrzehnten war es in Deutschland bei herkömmlicher Pädagogik die Regel, dass Schulkinder nach einem Jahr lesen und schreiben konnten und die Rechtschreibung spätestens im dritten Schuljahr ziemlich fehlerfrei beherrschten. Allerdings bereitet das Erlernen von Lesen und Schreiben den Schülern je nach Fleiß und Intelligenz unterschiedliche Mühe. Um solche Unterschiede nicht sichtbar werden zu lassen, senkte die deutsche Pädagogik – erstmals mit den hessischen Rahmenrichtlinien Anfang der siebziger Jahre – kontinuierlich die Anforderungen an die Leistungen im Lesen und Schreiben. Sozialdemokratische Bundesländer gingen dabei voran. Sie haben bis heute mit Erfolg verhindert, dass in der Grundschule einheitliche und aussagefähige Rechtschreibtests durchgeführt werden, die einen Vergleich zwischen den Ländern ermöglichen.[56] Erst als angesichts katastrophaler Rechtschreibkenntnisse unter dem Druck der öffentlichen Meinung die Verweigerung solcher Tests peinlicher zu werden schien als ihr befürchtetes Resultat, stimmten sie zu, dass im Ländervergleich 2016 für die vierte Klasse erstmals auch die Orthografie getestet wird.[57]

Dieses nur schwer verständliche Verhalten erklärt sich aus einer *Gleichheitsutopie*: Man möchte vermeiden, dass Leistungsunterschiede zwischen den Schülern überhaupt sichtbar werden, indem man erstens die Anforderungen senkt und zweitens – soweit die Senkung von Anforderungen nicht zur gewünschten Gleichheit der Leistungen führt – die Messung der Unterschiede verhindert. Moralisch besonders verdächtig ist abstraktes Wissen, das aufgrund unterschiedlicher kognitiver Fähigkeiten nicht jedem gleichermaßen zugänglich ist und so die Ungleichheit des Intellekts aufdeckt.[58]

Im Jahr 2015 betrieb die sozialistische Regierung in Frankreich die Abschaffung der bilingualen europäischen und internationalen

Klassen. Zwar bestreitet die Bildungsministerin Najat Vallaud-Belkacem gar nicht, dass man dort besonders gut Deutsch und Englisch lerne. Ihr gefällt aber nicht, dass nur 15 Prozent der Kinder davon profitieren. Das widerspricht der *égalité*. Aus ihrer Sicht scheint es besser, wenn alle weniger lernen und eine Minderheit sich nicht durch Lernen einen Vorsprung im Leben verschafft.[59] Dem gleichen Bestreben folgt das pädagogische Konzept der Inklusion: Geistig behinderte Kinder sollen nicht mehr so gefördert werden, dass sie das für sie erreichbare Optimum – gegebenenfalls in Förderschulen – erlernen können. Vielmehr sollen durch die inklusive Aufnahme in Regelklassen die Unterschiede zwischen geistiger Behinderung und normaler oder hoher Begabung unsichtbar gemacht werden, auch um den Preis, dass sowohl die geistig behinderten als auch die begabten Kinder weniger lernen als sie könnten.

Dieses Gleichheitsstreben geht in seinem utopischen Charakter weit über Platon oder Thomas Morus hinaus: Ungleichheiten des Geistes, der Begabungen, der Interessen und im Verhalten der Geschlechter,[60] die viel fundamentaler sind als die nicht zu bestreitenden Unterschiede in Körpergröße, Haar- und Augenfarbe, werden einfach geleugnet (schließlich sieht man sie ja auch nicht). Darüber hinaus möchte man über die Bildungspolitik verhindern, dass sich einzelne Gruppen durch Wissen einen Vorsprung verschaffen.

Eine solche Ausprägung von Gleichheitsideologie ist vollkommen utopisch, weil sie erstens die Verneinung der Realität zur Voraussetzung hat und zweitens die Fiktion ihrer Geltung nur aufrechterhalten werden kann, indem die Erkenntnis der Realität erschwert oder ganz unmöglich gemacht wird. Ich nenne solch ein Verhalten *utopische Ignoranz*. Diese ist nach meiner Einschätzung zu einem zentralen politischen Leitmotiv der Gegenwart geworden.

Utopische Ignoranz ist besonders oft im Spiel beim Vergleich von Kulturen oder Religionen: Es gibt 11 Millionen Griechen und rund 300 Millionen Araber. Aber es werden jedes Jahr fünfmal so viele Bücher ins Griechische übersetzt wie ins Arabische.[61] In den Naturwissenschaften gibt es seit der Begründung des Nobelpreises zwei islamische Nobelpreisträger[62] und mehr als 70 jüdische[63] (auf der Welt leben 15 Millionen Juden und 1,6 Milliarden Muslime). Eine grundsätzliche Gleichheit (Gleichwertigkeit) von Kulturen und Religionen lässt sich also allenfalls im moralischen Sinne postulieren. Das möchte die utopische Ignoranz, für die alles gleich(wertig) ist, nicht wahrhaben.

Um utopische Ignoranz handelt es sich ferner, wenn gezielt statistische Tatsachen nicht erhoben oder trotz Kenntnis nicht veröffentlicht werden, die aufgrund ihrer Faktenbasis die Gleichheitsutopie gefährden könnten. So gibt die deutsche Geburtenstatistik keine Auskunft über die Religionszugehörigkeit der Eltern. Die Kriminalitätsstatistik informiert nicht über den ethnischen Hintergrund von Straftätern. Auch in den Schulstatistiken und Schulleistungstests werden Merkmale wie ethnischer und religiöser Hintergrund möglichst vermieden. Dies geschieht offenbar nach dem Motto: Wenn die Statistik gruppenbezogene Unterschiede nicht erhebt, gibt es sie auch nicht.

Die neue Gleichheitsutopie zeigt sich vor allem in den folgenden Beispielen zu aktuellen Strömungen, die alle ineinandergreifen:

– *Bekämpfung unliebsamer Ordnungsbilder*
  Dazu gehört zum Beispiel der Widerstand gegen die Privilegierung der heterosexuellen Ehe, der Einsatz für Leihmütter und gegen das Verbot religiöser Symbole bei staatlichen Amtsträgern.
– *Beseitigung tatsächlicher oder eingebildeter Gleichheitshürden*
  Hier haben wir es mit Genderpolitik, Inklusion, Verneinung menschlicher Unterschiede aufgrund von Kultur, Herkunft, Intelligenz zu tun.
– *Aktive Behinderungen durch Quotenwirtschaft*
  Das erfolgt vor allem dort, wo sich in Bezug auf Einkommen, Berufswahl und Sozialstatus keine weitgehende Gleichförmigkeit über Gruppen hinweg einstellt.

Eine Gesellschaft ohne Wachstum und Erwerbstrieb

Die wohl größten geistigen Irrtümer in der gesamten polit-ökonomischen Debatte treten zutage, wenn es um die Natur und die Rolle wirtschaftlichen Wachstums geht. Wirtschaftliche Leistung ist ein Ergebnis der eingesetzten Menge an menschlicher Arbeit (die wiederum von Zahl und Arbeitszeit der Erwerbstätigen abhängt) und der Arbeitsproduktivität (die wiederum vom eingesetzten Kapital, bezogenen Vorleistungen, der Qualifikation der Erwerbstätigen und der Organisation der Produktion abhängt). Wirtschaftswachstum entsteht, wenn die eingesetzte Arbeitsmenge oder die Produktivität der Arbeitsleistung steigt. Das kann an mehr Kapital, günstigeren Vorleistungen oder am technischen Fortschritt liegen.

Wenn nun alle Beteiligten so viel oder so wenig arbeiten, wie sie wollen, wenn so viel Kapital eingesetzt wird, wie rentabel ist, und wenn die Preise der Vorleistungen sich stabil entwickeln, dann kann Wirtschaftswachstum nur aus zwei Quellen entstehen: Entweder steigt die Zahl der Erwerbstätigen und der von ihnen geleisteten Arbeitsstunden, oder es erhöht sich durch den technischen Fortschritt die Produktivität der Produktion, was auch durch neue Produkte geschehen kann. Ersteres ergibt sich aus dem Bevölkerungswachstum, Letzteres aus dem menschlichen Erfindergeist. Wirtschaftswachstum wird also ganz unwillkürlich, ohne weitere Planung oder bewusste Absicht, entstehen, wenn und insoweit die Bevölkerung beziehungsweise ihre Neigung zu bezahlter Arbeit wächst oder der menschliche Erfindergeist neue Produkte oder günstigere Produktionsmethoden ersinnt. Natürlich muss die Menge der Produktion auch auf eine kaufkräftige Nachfrage treffen, aber das ist im Geldkreislauf grundsätzlich gesichert.

Ganz offensichtlich kann man wirtschaftliches Wachstum nicht einfach an- und abschalten wie das elektrische Licht im Werkzeugschuppen. Wenn es keinen technischen Fortschritt gibt und die Arbeitsmenge nicht steigt oder sogar fällt (Letzteres ist für Deutschland wegen der Demografie langfristig wahrscheinlich), kann die Wirtschaft nicht wachsen. Wenn es aber technischen Fortschritt gibt, wächst unwillkürlich und zwingend auch die Wirtschaft, sofern die Arbeitsmenge nicht entsprechend sinkt. Die Menge an geleisteter Arbeit hängt (außer von der Demografie) vom menschlichen Erwerbstrieb ab. Deshalb ist individuell der Verzicht auf die Früchte des Wachstums jederzeit möglich, indem man seine bezahlte Arbeitszeit einschränkt und weniger Güter und Dienste kauft.[64] Der technische Fortschritt hängt vom menschlichen Erfindergeist ab.

Wer also Wirtschaftswachstum verhindern will, muss die Menschen dazu bewegen oder dazu zwingen, entweder weniger zu arbeiten oder weniger zu erfinden. Das Arbeitsangebot ergibt sich aber aus dem menschlichen Erwerbstrieb, der technische Fortschritt aus wissenschaftlicher Erkenntnis und dem menschlichen Spieltrieb. Beide Ideen – Begrenzung der Erlaubnis zur Arbeit, Begrenzung von Wissenschaft und Technik zur Verhinderung neuer Erfindungen – sind in höchstem Grade utopisch und wären nur in einer strikten Diktatur mit Abschließung nach außen umsetzbar. Würde ihre Umsetzung je versucht, so müsste sie scheitern. Umso erstaunlicher, dass die Kritik am wirtschaftlichen Wachstum ganze Medienarchive füllt.

Die Verhinderung von Wirtschaftswachstum erfordert also große Eingriffe in die individuelle Freiheit des Menschen zu leben, zu arbeiten, zu forschen und zu erfinden, wie er es möchte. Wirtschaftliches Wachstum ist die zwingende und unvermeidliche Folge des abendländischen Weges in Richtung bürgerlicher Freiheiten und technischwissenschaftlicher Entwicklung. Dem sind große Teile der übrigen Welt gefolgt. Soweit das nicht geschah, gab es auch keine Überwindung von Armut und Rückständigkeit.

Eine Welt ohne Grenzen

Soweit in diesem Buch Fragen an die Geschichte gestellt werden, geht es darum zu verstehen, wie die Eigenart von Völkern und Kulturen sowie die Unterschiede in den historischen, institutionellen und geografischen Bedingungen sich gegenseitig beeinflussen und welchen Erklärungsbeitrag man daraus für die Unterschiede in den Entwicklungsniveaus von Staaten und Volkswirtschaften gewinnen kann. Das hat nämlich unmittelbare Bedeutung für alle Fragen, die mit guter und schlechter Regierungspraxis und den Maßstäben dafür zusammenhängen. Generell gilt für die Betrachtung der Geschichte, dass derselbe historische Gegenstand anders antwortet, je nachdem wie man ihn befragt: So kann man die Geschichte des Deutschen Zollvereins unter dem Aspekt befragen, wie dadurch das Konkurrenzverhältnis zwischen deutscher und britischer Industrie beeinflusst wurde. Man kann fragen, welchen kausalen Beitrag der Zollverein zur Gründung des Deutschen Reiches 37 Jahre später geleistet hat. Oder man kann spekulieren, wie der Lauf der Weltgeschichte ausgesehen hätte, wenn die österreichisch-ungarische Monarchie dem Zollverein beigetreten wäre und es im Deutschen Bund keine Zollmauer gegeben hätte, die

die spätere Abspaltung Österreichs quasi vorwegnahm. Ohne Zweifel kann die historische Erzählung die Abfolge und das Ineinandergreifen von Ereignissen haarklein rekonstruieren und damit viel erklären. Aber sie kann die Zusammenhänge von Ursache und Wirkung nur selten zweifelsfrei »beweisen«. Oft bringt auch eine ganz andere Erzählung dieselben Ereignisse in einen anderen, aber ebenfalls schlüssigen Zusammenhang.

In ganz großer Perspektive kann man die menschliche Geschichte immer als Globalgeschichte auffassen.[65] Sie begann als gemeinsame Geschichte der Menschheit in Afrika. Es folgte die Ausbreitung der Menschen über die Erde über Zehntausende von Jahren hinweg auf ganz oder streckenweise getrennten Pfaden, wobei der Austausch zwischen großen Gruppen zeitweise vollständig unterbrochen oder nur sehr gering war. Deshalb ist es schlechterdings unmöglich, dass beispielsweise die Völkerwanderung in Europa um das Jahr 400 irgendeinen Einfluss auf die zur gleichen Zeit stattfindenden Kriege der Mayas in Mittelamerika hatte. Wohl aber ist es sehr wahrscheinlich, dass ein Bevölkerungsdruck aus Zentralasien zum Zug der Hunnen nach Westen führte, man weiß schließlich, dass auch China immer wieder durch Nomadenstämme aus Zentralasien bedrängt wurde. Insofern ist die Erklärung der Völkerwanderung nicht möglich ohne eine globalgeschichtliche Fragestellung. Andererseits lässt sich die kulturelle und zivilisatorische Entwicklung Chinas nicht aus der europäischen Geschichte erklären. Ebenso wenig leistete das chinesische Kaiserreich Anfang des 18. Jahrhunderts einen Beitrag zum Aufbruch Europas ins Zeitalter von Wissenschaft und Industrie. Dieser Aufbruch stand ursächlich am Beginn der modernen Welt, hervorgerufen durch den kontinuierlichen wissenschaftlich-technischen Fortschritt und eine Bevölkerungsexplosion. Für diesen Aufbruch Europas waren offenbar nicht von außen kommende Einflüsse, sondern endogene Faktoren der europäischen Entwicklung verantwortlich. Wer den Aufbruch Europas im 18. Jahrhundert erklären will, muss also nicht auf die Geschichte Schwarzafrikas oder die Geschichte Chinas zu jener Zeit zurückgreifen. Wohl aber sind gute Kenntnisse der schwarzafrikanischen oder chinesischen Geschichte nötig, um zu erklären, weshalb diese beiden Großregionen auf die Anstöße und Herausforderungen der industriellen Revolution so unterschiedlich reagierten und bis heute reagieren.

Der Historiker Jürgen Osterhammel definiert Globalgeschichte »als Interaktionsgeschichte innerhalb weltumspannender Systeme«.[66] Heute gewinnen globalgeschichtliche Perspektiven an Bedeutung, weil die politische, wirtschaftliche und soziale Vernetzung in der Welt immer weiter zunimmt. Das steigert das Interesse an globalhistorischen Fragestellungen. Ein bisschen ist daraus eine Mode geworden. Es muss dabei gar nicht stören, dass das »Projekt der Globalgeschichte« auch »eine polemische Dimension« hat,[67] nämlich die Frontstellung gegen vermutete und tatsächliche Einseitigkeiten bei nationalstaatlicher oder »eurozentrischer« Perspektive, ein Begriff, der gerne benutzt wird, wenn man den Beitrag Europas beziehungsweise des Westens zur Entwicklung der modernen Welt herunterspielen und am liebsten ganz ins Zufällige, oder – um ein Modewort zu benutzen – »Kontingente« verschieben will.[68]

Die modische Freude an der Globalgeschichte ist nicht nur die Folge eines Perspektivwechsels, der sich für die historische Forschung aus der wachsenden Vernetzung der Welt fast zwangsläufig ergibt. Sie passt auch zu einer transnationalen Weltsicht, die sich von der nationalen Perspektive bewusst abkehrt. Im 19. und frühen 20. Jahrhundert teilten die meisten Historiker wie auch ein großer Teil der übrigen Intellektuellen eine nationalstaatliche Sicht. Das prägte nicht nur die Dichtkunst, sondern auch den Blick auf die Geschichte und die Richtung der Politik. Heute tendiert die vorherrschende historische Richtung zu einer transnationalen, universalistischen Sichtweise. Ich will an dieser Stelle gar nicht urteilen. Unter ganz gegenteiligen Fragestellungen und aus völlig verschiedenen Perspektiven kann man sowohl gute als auch schlechte historische Forschung betreiben. Allerdings mache ich eine Prognose: Ethnische, religiöse und andere kulturelle Prägungen werden viel stärker und viel zäher sein als transnationale Universalisten – ob Historiker, Ökonomen, Politiker oder Journalisten – sich das vorstellen können. Die aktuellen Entwicklungen in Nah- und Mittelost geben davon einen anschaulichen Begriff. Für die praktische Politik ist es äußerst gefährlich, wenn man sich in diesem Punkt irgendwelche Illusionen macht.[69]

Eines ist gewiss: Universalistische Überlegungen münden unweigerlich in die Idee von einer Weltregierung. Und es sind nicht wenige, die dazu einen Beitrag leisten. Hier fließen die idealistischen Hoffnungen derer ein, die sich von der Überwindung der Nationalstaaten den ewigen Frieden erhoffen, und auch jener, die weltweite verbindliche Klimaziele nicht nur beschließen, sondern auch durchsetzen wollen, um die Erderwärmung zu begrenzen. Es finden sich die Freunde unbegrenzter Einwanderung ein. Schließlich würden durch die Aufhebung aller Grenzen Einwanderungsströme jedweder Art definitorisch zu Binnenwanderungen, und der Verlust der von Einwanderung Betroffenen könnte gegen den Gewinn der Einwanderer aufgerechnet werden. Unter den Anhängern einer Weltregierung sind aber auch – ohne dass sie selbst es recht merken – zahlreiche traditionelle, marktliberale Ökonomen, nach deren Modell der weltweite Wohlstand ja umso größer wird, je konsequenter die Barrieren für die freie Bewegung von Waren, Kapital und Arbeit beseitigt werden. Damit der Wettbewerb fair ist, muss dieser natürlich auch international einheitlichen Regeln folgen, und selbstverständlich muss die weltweite Umweltschutzgesetzgebung einheitlich sein und ebenso einheitlich durchgesetzt werden. Dann fehlen nur noch ein einheitliches bürgerliches Gesetzbuch und eine einheitliche Weltpolizei zum Einfangen der Spielverderber und Bösewichte – und fertig ist die Weltregierung.

Für Universalisten ist die Idee einer solchen Weltregierung eine Verheißung. Schlecht wäre sie für den freien Bürger, denn er könnte nicht einmal mehr auswandern, wenn ihm Politik und Gesetzgebung nicht gefallen, und politisches Asyl gäbe es allenfalls auf dem Mond. Der Historiker Mark Mazower hat in seiner umfassenden Geschichte der universalistischen Ideen vom Wiener Kongress bis zur Gegenwart das Spannungsfeld offengelegt, um das es geht: Demokratische Legitimation und Bürgerbeteiligung sind nur auf nationaler beziehungsweise staatlicher Ebene möglich. Zahlreiche Fragen werden aber besser übernational oder sogar weltweit geregelt. Andererseits haben internationale Organisationen wie früher der Völkerbund und heute die UNO, aber auch der Internationale Währungsfonds (IWF) oder die Weltbank keine demokratische Legitimation und geraten regelmäßig unter den Einfluss einiger weniger Staaten. Könnten sie gegen die Nationalstaaten ihnen übertragene Macht ausüben und auch durchsetzen, so würde das Demokratieprinzip unterlaufen und den Staaten die Legitimation genommen. Durchsetzbar wäre so etwas sowieso nicht. Deshalb, so Mazower, bleibt »die fundamentale Einsicht des 19. Jahrhunderts« relevant, »dass ein effektiver Internationalismus auf funktionierenden Nationalstaaten beruht«.[70] Mazowers Analysen passen in vielerlei Hinsicht auf die Europäische Union und erklären indirekt einen großen Teil ihrer gegenwärtigen Probleme.

Legitimationsprobleme entstehen überall dort, wo supranationalen Einrichtungen staatliche Entscheidungskompetenzen übertragen werden oder diese sich Kompetenzen aneignen, die für die Nationalstaaten bindend sind, ohne dass sie auf einer klaren gesetzlichen Grundlage operieren, die von den Nationalstaaten kontrolliert und gegebenenfalls geändert werden kann. Das gilt beispielsweise für die verbindlichen Schiedsregeln innerhalb der Welthandelsorganisation, für den Europäischen Gerichtshof für Menschenrechte oder den Internationalen Strafgerichtshof.[71]

David Landes stellt am Schluss seines großen Werkes zu Reichtum und Armut der Nationen die Frage, ob Globalisierung und Konvergenz das Ende für nationale Anstrengungen bedeuten und die Idee von der Wettbewerbsfähigkeit der Nationen einfach keinen Sinn mehr ergibt.[72] Er verneint diese Frage, zitiert aber die gegenteilige Ansicht von Paul Krugman, der meint, dass jene, die noch von nationalen Volkswirtschaften reden, selbst die einfachsten ökonomischen Fakten und Konzepte nicht verstanden hätten.[73] Damit müsste Krugman, wenn er konsequent wäre, auch die Bedeutung und den Einfluss nationaler Wirtschafts- und Ordnungspolitik herunterspielen und generell verneinen, dass die Antriebskräfte für kulturelle und wirtschaftliche Entwicklung zunächst aus dem Innern einer Gesellschaft kommen. Es ist kein Zufall, dass Paul Krugman zu jenen Ökonomen zählt, die weltweit alle Grenzen für Einwanderung am liebsten ganz beseitigen würden und nur noch auf die Entwicklung der Weltwirtschaft (und damit der Weltgesellschaft) als solche zielen.

Der britische Migrationsforscher Paul Collier diagnostiziert, dass »das Konzept des Nationalstaats in den einkommensstarken Ländern sowohl bei der gebildeten Elite als auch bei der Jugend aus der Mode gekommen« und »die moderne Identität zwischen den Pfeilern von Individualität und Globalismus aufgespannt« sei.[74] Collier trifft diese Feststellung im Rahmen seiner Analysen zur Einwanderungspolitik. Er spricht im Ergebnis dem Nationalstaat eine Aufgabe und eine Berechtigung zu, weil die »grundlegenden

Errungenschaften moderner Gesellschaften in Gefahr geraten könnten, wenn die Diversität [durch kulturfremde Einwanderung] einen kritischen Punkt überschreitet«.[75]

Der niederländische Soziologe Paul Scheffer veröffentlichte 2007 ein Werk über die Einwanderung nach Holland, das die europäische Einwanderungsdebatte stark prägte. Der deutsche Titel lautete: *Die Eingewanderten. Toleranz in einer grenzenlosen Welt.* Im Dezember 2012 erzählte mir Paul Scheffer bei einer Podiumsdiskussion in Amsterdam, er habe eigentlich einen anderen Untertitel gewünscht: *Warum Einwanderung Grenzen braucht.* Aber der Verlag war dagegen mit dem Argument, das müsse in Deutschland liberaler klingen, und dem fügte er sich. Scheffer schreibt zur Einwanderung von morgen: »Eine Schlussfolgerung ist unausweichlich. Gleichheit innerhalb der Grenzen basiert in vielerlei Hinsicht auf Ungleichheit an den Grenzen.« Wer für offene Grenzen »eintritt, der muss hinzufügen, dass Gewalt, Fanatismus und Analphabetismus unweigerlich immer öfter in unserer Gesellschaft auftauchen werden. Demgegenüber möchte man gern ein eigenes Zivilisationsmodell verteidigen, in dessen Zentrum die Gleichheit steht. Und das lässt sich nicht mit offenen Grenzen vereinbaren. Nicht jeder, der will, kann reinkommen.«[76]

Angela Merkel schlug Anfang September 2015 den möglichen Rat in den Wind, den ihr die Migrationsexperten Paul Collier oder Paul Scheffer hätten geben können, und entschied, die deutschen Grenzen zu öffnen. Auf Selfies, die in Minuten um die ganze Welt gingen, lächelte sie gemeinsam mit Flüchtlingen in die Kamera. So startete sie das größte Sozialexperiment Europas seit der Russischen Revolution und stellte damit die Existenzvoraussetzung eines jeden Staates – nämlich die Herrschaft über sein Gebiet – grundsätzlich in Frage. Noch Wochen später beharrte sie darauf, dass Zäune und Mauern keine Lösung seien, und sie lehnte weiterhin Obergrenzen für Asylbewerber und Kriegsflüchtlinge grundsätzlich ab.[77] Die Frage, wie viele denn zu uns kommen würden, wischte sie förmlich vom Tisch mit der Bemerkung, dies sei »egal«. Christian Geyer war diese »demonstrative Zahlenvergessenheit ... in der Flüchtlingspolitik gleichbedeutend mit einer Absage an politische Rationalität« und »dasselbe wie verordnete Perspektivlosigkeit«. Er nannte es gespenstisch, dass Angela Merkel ihre »autokratische Glaubensgewissheit ... als demokratische Haltung und als Führungsqualität ausgibt«.[78] Alexander Kissler bezeichnete Merkel als »die herzliche Notarin eines Landes, über das das Schicksal ein unbegreifliches Fatum verhängt hat. Sie suspendierte die Kategorie des Politischen und zog sich zurück auf das reine Verwalten … Die Notarin war gutgelaunt und fatalistisch. Wer von Zukunft nichts weiß, ruht in sich.«[79]

Das von Angela Merkel angestoßene utopische Experiment kann Deutschland bis zur Unkenntlichkeit verändern. Der Umfang des Schadens wird davon abhängen, ob und wie es noch gebremst werden kann und welche Folgeschäden dann bereits eingetreten sind. Eine Welt ohne Grenzen, ohne dass es einen Weltstaat gibt, halte ich für eine Utopie, einen Weltstaat aber auch. Der Nationalstaat wiederum wird nur Bestand haben, wenn er die Souveränität über seine Grenzen tatsächlich ausüben kann. Bezogen auf Europa heißt dies: Wie die Europäische Währungsunion ist auch der Schengen-Raum mit gemeinsamer Außengrenze nur verantwortbar, wenn man die gegenwärtige EU als zeitlich eng befristeten Übergang zu einem europäischen Bundesstaat begreift.

Eine Welt ohne CO_2

Ich habe zunächst gezögert, das Thema der CO_2-Vermeidung als Beispiel für eine Utopie der Gegenwart anzuführen. Wenn man nämlich den aktuellen Stand der Klimaforschung ernst nimmt, kann es unter dem Aspekt des Klimawandels nur vernünftig sein, den künftigen CO_2-Ausstoß so weit wie nötig zu begrenzen. Und das Vernünftige ist doch niemals eine Utopie – oder? Jedoch: Vernunft kann zur Unvernunft werden, sobald eine Zielsetzung aus der Balance gerät, irreal wird oder ihre radikale Umsetzung andere, ebenso wichtige oder noch wichtigere Zielsetzungen verletzt.

Kein vernünftiger Mensch kann gegen Klimawandel an und für sich sein. Die gesamte Erdgeschichte ist von erheblichen Klimaschwankungen bestimmt. Und auch die größten denkbaren Auswirkungen eines menschengemachten Klimawandels treten weit hinter die Wirkungen einer normalen zyklischen Eiszeit oder Warmzeit zurück. Es kommt also allein auf die schädlichen Folgen eines säkularen

Anstiegs der durchschnittlichen Welttemperatur für die Lebensbedingungen der Menschen auf der Erde an. Diese sind je nach Region sehr unterschiedlich und für die nördlichen Breiten der gemäßigten Zonen möglicherweise sogar eher vorteilhaft.

Utopisch wäre es, wegen eines Klimaziels Staaten wie China, Indien oder dem gesamten afrikanischen Kontinent das allmähliche Aufschließen zum Wohlstandsniveau der westlichen Industriestaaten untersagen zu wollen. Es kann nur darum gehen, dieses Aufschließen mit einer Energieproduktion zu begleiten, die möglichst CO_2-arm ist, also zunächst so viel Energie wie möglich sparen, und wenn man schon welche braucht, dann lieber Sonne, Wind und Wasser als Atomkraft, diese lieber als Erdgas und Erdgas lieber als Erdöl oder Kohle. Das bedingt eine Überprüfung der Haltung zur Kernkraft. Es bedingt große Anstrengungen in Energieforschung, -technik und -innovation. Hier kann Deutschland seinen sinnvollsten Beitrag leisten und ganz neue Wege einschlagen, falls es beispielsweise möglich wird, CO_2 bei der Verbrennung fossiler Energieträger wirksam abzuscheiden und sicher zu lagern. Eines ist aber auch klar: Soweit das Schicksal des Weltklimas am CO_2 hängt, ist Deutschland bestimmt nicht der entscheidende Faktor. Es trägt nämlich nur zwei Prozent zum weltweiten CO_2-Ausstoß bei, ein Wert, der dem weltweiten Anstieg innerhalb eines Jahres entspricht. Es wäre utopisch und unvernünftig sowie in Bezug auf die Zielsetzung völlig sinnlos, die deutsche Industrie und den deutschen Wohlstand zu gefährden, um durch Reduktion des deutschen CO_2-Ausstoßes das Weltklima zu retten.

Wer meint, der Kampf um das Weltklima werde bei der Förderung deutschen Sonnenstroms ausgefochten, ist genauso ein Opfer utopischer Ignoranz wie der Bildungsreformer, der die Auswirkungen von Intelligenzunterschieden dadurch beseitigen will, dass er das Anforderungsniveau beim Lesen und Schreiben senkt. In beiden Fällen werden Fakten und tatsächliche Zusammenhänge um der utopischen Zielsetzung willen geleugnet, verdrängt und verfälscht mit dem Ziel, die Wirklichkeit so hinzubiegen, dass sie zur Politik passt. Das bedeutet unweigerlich schlechte und riskante Politik. Wenn die politischen Eliten dann noch den widersprüchlichsten Utopien gleichzeitig Geltung verschaffen wollen, kann unvermutet die Abschaffung der Wirklichkeit auf der politischen Tagesordnung stehen.

Die offene Gesellschaft

Gefragt, was man aus der Geschichte für die Zukunft lernen könne, antwortete der Wirtschaftshistoriker Knut Borchardt, »dass eine Zukunft ohne Überraschungen das Überraschendste wäre, was uns passieren kann«.[80] In der Tat hält die Vergangenheit viel Lehrreiches bereit: über die Entstehung und den Einfluss von Kulturen, über die Auswirkungen des menschlichen Erfindergeistes, über die Kräfte, die menschliches Verhalten bestimmen. Man kann lernen, wie Katastrophen entstehen und welche Auswirkungen Irrtümer von Herrschern und Staatsmännern haben. Man kann sogar einiges darüber erfahren, ob Menschen Geschichte machen oder ob die Geschichte die Menschen formt. Mit mehr oder weniger Erfolg kann man sich um die Erklärung einzelner kausaler Ereignisse bemühen oder auch die wesentlichen Gründe bestimmter historischer Entwicklungen im Nachhinein beschreiben.[81] Vergeblich wird dagegen das Bemühen sein, in einer historischen Entwicklung als solcher ein Entwicklungsgesetz zu entdecken und so zur Prognose einer künftigen Entwicklung zu gelangen. Platons Lehre vom idealen Staat speiste sich aus seiner Vorstellung einer überzeitlichen Staatsidee, die er am Ursprung des Staates auch verwirklicht sah, die aber unter historischen Gesetzmäßigkeiten degeneriert, wenn man nicht jene Vorkehrungen dagegen trifft, die in seiner Utopie vom idealen Staat beschrieben sind. Die historische Stufenlehre von Marx entsprach umgekehrt der Idee einer gesetzmäßigen Aufwärtsentwicklung der Menschheit mit der kapitalistischen Wirtschaftsweise als vorletzter und dem Kommunismus als letzter Stufe der menschlichen Entwicklung.

Karl Popper nannte die Auffassung, aus dem Studium der Geschichte ließen sich historische Entwicklungsgesetze ableiten, historizistisch. Er zeigte die Verbindungen zwischen historizistischem und utopischem Denken und führte den Beweis, »dass es uns aus streng logischen Gründen unmöglich ist, den zukünftigen Verlauf der Geschichte mit rationalen Methoden vorherzusagen«.[82] Popper entwickelte ausgehend von seiner Wissenschaftstheorie, die sich wesentlich auf Immanuel Kant bezieht, quasi eine Erkenntnistheorie der Politik, die indirekt auch den Raum vernünftigen politischen Handelns umschreibt.

Jede Politik ist letztlich auf Handeln ausgerichtet. Politisches Handeln sollte wie jedwedes menschliche Handeln in dem Sinne rational sein, dass die Art der Handlung auf den Handlungszweck möglichst gut abgestimmt ist. Dazu sollte man ein möglichst zuverlässiges Wissen über die Handlungsfolgen haben. Man sollte also Ursache und Wirkung adäquat zuordnen können. Bei einfachen Handlungen ist dies oft klar, bei längeren Handlungsketten und komplizierten Handlungszusammenhängen schwer bis unmöglich. Das führt zu der Frage, was wir grundsätzlich wissen können, wie sich unser Wissen verbessern lässt und wie sicher es ist.

Universal sind die Gesetze der Logik, die beispielsweise in der Mathematik gelten. Mit ihrer Hilfe können wir beweisen, dass bestimmte Aussagen wahr sind, wenn bestimmte Prämissen wahr sind. Was in diesem Sinne als logisch wahr bewiesen wird, ist endgültiges Wissen. Die logische Analyse liefert aber keine Information über die Wirklichkeit, auf diese zielt vielmehr die Frage, ob die gesetzten Prämissen zutreffend sind oder nicht. Unser empirisches Wissen ist auch in Bezug auf den kleinsten Gegenstand niemals total, sondern ausschnitthaft und zudem abhängig von der jeweiligen Fragestellung. Darum ist es nicht unbedingt falsch. Es ist eben nur einseitig und begrenzt: Ein Hund kann höhere Töne hören als ein Mensch, deshalb hört der Mensch nicht falsch. Wir können infrarotes Licht nicht sehen, deshalb sieht unser Auge nicht falsch. Verfolgt man diesen Gedanken weiter, erweist es sich als geistige Sackgasse, die Totalität, das Wesen oder die Essenz einer Sache erforschen zu wollen. Es gibt kein *Wissen* »in dem Sinne, in dem Platon und Aristoteles das Wort verstanden haben, in dem Sinne nämlich, in dem es Endgültigkeit einschließt«.[83] Auch mit Definitionen müssen wir uns nicht im Übermaß plagen. Sie spielen »in der Wissenschaft keine besonders wichtige Rolle«.[84] Selbst ihre scheinbare Präzision bringt keinen Erkenntnisgewinn. Entscheidend ist, dass wir wissen, was wir meinen oder – wenn wir mit anderen kommunizieren – worüber wir reden.

Was wir erforschen können, ist nicht das »Wesen« der Dinge, sondern allein ihre Beziehungen untereinander. Für solche Beziehungen entwickeln wir erfahrungsgeprägte Hypothesen. Diese mögen für unsere Alltagswelt tauglich sein, doch in Wahrheit können die Zusammenhänge ganz anders sein, als sie sich uns darstellen: Für das Zurechtfinden in der Welt war es für die Menschen viele Jahrtausende lang völlig ausreichend, die Erde für eine flache Scheibe zu halten und den Gang der Sonne dem Wirken des Sonnengottes zuzuschreiben. Als Astronomen entdeckten, dass die Welt eine Kugel ist, reichte das geozentrische Weltbild für weitere Jahrtausende aus. Dann kamen Kopernikus, Kepler, Galilei und Newton, schließlich Einstein. Alte Theorien wurden widerlegt oder gingen auf in einer neuen, allgemeineren Theorie.

Unser Wissen über die Zusammenhänge in der Welt ist stets vorläufig und gründet auf Hypothesen. Wissensfortschritt findet statt, indem man diese Hypothesen an der Wirklichkeit überprüft und, soweit sie falsifiziert werden, durch andere Hypothesen ersetzt. Diese müssen aber ebenfalls grundsätzlich empirisch überprüfbar und damit falsifizierbar sein, wenn sie Erkenntnisfortschritt ermöglichen sollen. »Insofern sich die Sätze einer Wissenschaft auf die Wirklichkeit beziehen, müssen sie falsifizierbar sein, und insofern sie nicht falsifizierbar sind, beziehen sie sich nicht auf die Wirklichkeit.«[85]

Behauptungen über die Wirklichkeit, die aufgrund ihrer logischen Struktur nicht grundsätzlich empirisch überprüft werden können, sind sinnlos. Ihre Diskussion ist Zeitverschwendung und ohne Aussicht auf Erkenntnisgewinn. Unser Wissen über die Wirklichkeit – einschließlich der Kenntnis kausaler Zusammenhänge bis hin zu Naturgesetzen – kann aus pragmatischen Gründen für bestimmte Zusammenhänge als wahr und gesichert gelten. Es hat gleichwohl, rein logisch gesehen, stets vorläufigen Charakter. Ich mag Millionen weiße Schwäne und niemals einen schwarzen Schwan gesehen haben, das schließt die Existenz eines schwarzen Schwans dennoch nicht aus. Was passieren kann, wenn man solch eine elementare erkenntnistheoretische Wahrheit aus dem Blick verliert, hat Nassim Taleb in seinem Buch *Der schwarze Schwan* gezeigt.[86] Die praktische Anwendung seiner Erkenntnisse erfolgte umgehend und sehr anschaulich mit der Weltfinanzkrise.

Der ordnende Geist des Menschen ist stets bemüht, Gesetzmäßigkeiten in seiner Umwelt zu entdecken und zu verallgemeinern. So kamen die Bauernregeln über die besten Saat- und Erntezeiten zustande. Ein Großstadtbettler hat sehr schnell heraus, zu welchen Zeiten und an welchen Stellen die Gebefreudigkeit am größten ist. Auch höherstehende Säugetiere überprüfen ihre Umwelt kontinuierlich und sehr flexibel auf Gesetzmäßigkeiten und auf deren Änderung und suchen diese für ihre Zwecke zu nutzen. Bei der Suche nach Gesetzmäßigkeiten, die wir unserem Handeln und unserer Weltsicht zugrunde legen können, sind die folgenden Unterscheidungen zweckmäßig.

Logische Gesetze

Logische Gesetze betreffen Fragen der Mathematik, der Kybernetik, der Spieltheorie und alle Arten von Optimierungsstrategien, die unter gegebenen Prämissen ein auf bestimmte Art optimiertes Optimum erreichen wollen. Logische Gesetze sind entweder logisch richtig oder logisch falsch, weil mit einem Denkfehler behaftet. Sie sind niemals wahr oder unwahr im empirischen Sinn. Ob sie sich praktisch bewähren, hängt von den Prämissen ab, auf denen sie beruhen. Nur diese können wahr oder unwahr sein.

Bei einem großen Teil sogenannter ökonomischer Gesetze handelt es sich tatsächlich um logische Gesetze. Sie beschreiben die logischen Schlussfolgerungen, die sich ergeben, wenn bestimmte Prämissen über das Verhalten der Akteure zutreffen. So kann beispielsweise eine optimale Preisstrategie für ein Unternehmen abgeleitet werden. Oder es kann eine Aussage darüber gemacht werden, wie eine bestimmte wirtschaftspolitische Maßnahme durchzuführen ist, etwa die Einführung eines Mindestlohns für Arbeit oder einer Obergrenze für die Wohnungsmiete.

Naturwissenschaftliche Gesetze

Das Zusammenwirken der physischen Dinge in Raum und Zeit ist Gegenstand der Naturwissenschaften. Die Entdeckung von Gesetzmäßigkeiten bei diesem Zusammenwirken kann immer nur erfolgen im Zusammenhang mit der Beobachtung der empirischen Wirklichkeit. Die Behauptung solcher Gesetzmäßigkeiten muss durch Beobachtungen empirisch überprüfbar sein. Damit muss solch eine Gesetzmäßigkeit durch eine Beobachtung, die dazu in Widerspruch steht, grundsätzlich empirisch widerlegbar sein. Solch ein Gesetz muss also von seiner logischen Struktur her falsifizierbar sein. Kant kritisierte, so Popper, in seiner *Kritik der reinen Vernunft* »Vernunftschlüsse über die Welt, die das Prädikat ›rein‹ in dem Sinn verdienen, dass sie von Sinneserfahrung unberührt und durch keine Beobachtung kontrolliert sind. Kant kritisierte die ›reine Vernunft‹, indem er zeigte, dass *reines* spekulatives, durch keine Beobachtungen kontrolliertes Argumentieren über die Welt uns immer in Antinomien verwickeln muss.«[87]

Naturwissenschaftliche Gesetze müssen sich als theoretische Konzepte empirisch durch Überprüfung an der Wirklichkeit bewähren. Gleichwohl sind solche Gesetze »nicht das Resultat von Beobachtungen, sondern von unseren eigenen Denkmethoden: von den Methoden, die wir anwenden, um unsere Sinnesempfindungen zu ordnen, zueinander in Beziehung zu setzen, zu assimilieren, zu verstehen. Nicht die Sinnesdaten, sondern unser eigener Verstand – die Organisation und Konstitution unseres geistigen Assimilierungssystems – ist verantwortlich für unsere naturwissenschaftlichen Theorien.«[88] Kant formuliert es so: »Der Verstand schöpft seine Gesetze ... nicht aus der Natur, sondern schreibt sie dieser vor.«[89]

Soziale Gesetze

Das soziale Verhalten der Menschen folgt gewissen Gesetzmäßigkeiten. Das sind teilweise angeborene Dispositionen, die sich aus der menschlichen Evolutionsgeschichte ergeben, teilweise sind sie eine Begleiterscheinung der jeweiligen Religion und Kultur und teilweise das Resultat ethnischer und nationaler Eigenheiten. Aber auch Fragen des Bildungshintergrunds und der Schichtzugehörigkeit können eine Rolle spielen. Solche Gesetzmäßigkeiten des Sozialverhaltens können sich im Laufe der Zeit ändern. Bei Verhaltensweisen, die an eine bestimmte Generation gebunden sind, geht dies unter Umständen sogar recht schnell. Ganze Gesellschaften können sich im Sozialklima unterscheiden, etwa hinsichtlich des Vertrauensgrades, der Bereitschaft zur Kooperation, des Egoismus oder der Bereitschaft, den Staat und den Mitbürger zu betrügen. Auch die Bedeutung von Verwandtschaft und Familie ist sehr unterschiedlich.

Soziale Gesetze sind ein Feld der Evolutionsbiologie, der Psychologie, der Soziologie, der Politikwissenschaft und der Ökonomie. Grundsätzlich sollten soziale Gesetzmäßigkeiten, sofern man ihre

Geltung behauptet, empirisch überprüfbar sein. In psychologischen und verhaltensökonomischen Untersuchungen kann solche Überprüfbarkeit eingelöst werden. Die Ableitung und Überprüfung sozialer Gesetze stößt aber auf zwei generelle Schwierigkeiten:

- Soziale Gesetze sind durchweg statistische Gesetze, betreffen also ein überwiegendes oder durchschnittliches Verhalten. Rückschlüsse auf das Verhalten des Individuums lassen sie kaum zu.
- Auf das Verhalten, das sich bei einem Einzelnen oder einer Gruppe zu einem bestimmten Zeitpunkt beobachten lässt, wirkt immer eine Fülle sozialer Gesetze ein. Dies erschwert den Nachweis von Kausalitäten und erleichtert die unterschiedlichsten Fehlschlüsse. Zwar lassen sich für begrenzte Fragestellungen und begrenzte Situationen experimentelle Versuchsanordnungen herstellen. Bei zahlreichen sozialen Phänomenen ist dies aber gar nicht möglich.

Aus diesen Gründen sind die Sozialwissenschaften in weitaus höherem Maße als die Naturwissenschaften Vermutungs- und Meinungswissenschaften. Dies begünstigt folgenloses Spekulieren, unbegründete Meinungsstärke und das Wuchern der unterschiedlichsten Theorien und Utopien.

Historische Gesetze

Es gibt den Zyklus von Sommer und Winter, je nach Neigung der Erdachse, und es gibt die Bahnen der Gestirne, die physikalischen Naturgesetzen folgend aufeinander einwirken. Es gibt jedoch kein davon unabhängiges historisches Entwicklungsgesetz für den Kosmos. Noch viel weniger gibt es prognostisch verwertbare Gesetzmäßigkeiten für die Geschichte der Menschheit. Wir können allenfalls Trends beschreiben, die aber von Bedingungen abhängen, die sich jederzeit ändern können. So gibt es, seit der Mensch existiert, den Trend, dass die Menschheit immer zahlreicher wird. Allerdings wurde er durch allerlei Katastrophen immer wieder unterbrochen, und er wirkt keineswegs einheitlich über die gesamte Menschheit. Weniger entwickelte Völker und Gesellschaften hatten immer schon höhere Geburtenraten, aber erst mit der modernen Medizin und

Hygiene, die aus den entwickelten Ländern importiert wurden, kam es zu einer Bevölkerungsexplosion. Umgekehrt haben zahlreiche entwickelte Länder eine extrem niedrige Geburtenrate, die zur Bestandserhaltung nicht ausreicht.

Seit der europäischen Renaissance und verstärkt seit der englischen industriellen Revolution gibt es einen Trend zur Beschleunigung der wissenschaftlich-technischen Entwicklung, die unablässig zu Innovationen und technischen Verbesserungen führt. Damit werden die materiellen Bedingungen der menschlichen Existenz kontinuierlich revolutioniert. Dieser Trend ist aber auf Teile der Welt beschränkt. Ihm haftet nichts Zwingendes an, und seine konkreten Auswirkungen sind nicht vorhersehbar.

In der industrialisierten Welt gibt es einen Trend zur Säkularisierung, zum Rückzug der Religion und teilweise auch zu mehr demokratischen Regierungsformen. Nach dem Zusammenbruch des Ostblocks gab es optimistische Prognosen, die diesen Trend quasi zu einem historischen Entwicklungsgesetz für den Rest der Welt erhoben. Davon ist nichts geblieben. Den Aufruhr in der islamischen Welt, das Vorrücken eines islamischen Fundamentalismus und den Rückfall Russlands in eine nationale, aggressive Diktatur hat sich vor einem Vierteljahrhundert wohl kaum jemand ausgemalt. Neben diesen Trends gibt es noch zahlreiche andere, die örtlich und zeitlich begrenzt auf den Lauf der Geschichte einwirken können. Diese Fülle völlig heterogener Entwicklungen und die Einwirkung der unterschiedlichsten Zufälle machen die Aufstellung historischer Entwicklungsgesetze rein logisch unmöglich. Und schon gar nicht könnten sie eine Grundlage für langfristige Prognosen und Prophezeiungen zur Entwicklung der Menschheit, einzelner Kontinente, Staaten oder Gesellschaften bilden. Zum Beweis: Ein berühmtes Werk der Sozialutopie, der 1972 erschienene Bericht des Club of Rome *Die Grenzen des Wachstums*, zeigt besonders anschaulich die Fehlbarkeit langfristiger Prognosen. In diesem bis heute über 30 Millionen Mal verkauften Werk (für das der Club of Rome 1973 mit dem Friedenspreis des Deutschen Buchhandels ausgezeichnet wurde) ist zu lesen, dass im Jahr 2000 das Sozialprodukt pro Kopf in Japan mehr als doppelt so hoch wie das der USA sein wird, die Sowjetunion die Bundesrepublik überholen und China weiterhin in absoluter Armut verharren wird.[90]

Der attische Staatsmann Perikles sagte im 5. Jahrhundert vor Christus: »Es ist nicht unsere Aufgabe, die Zukunft vorherzusagen, sondern gut auf sie vorbereitet zu sein.« Damit hat er das Ziel und die Grenzen von Politik gleichermaßen auf den Punkt gebracht.

Utopische Sozialtechnik und Stückwerk-Sozialtechnik

Der Glaube an ein historisches Entwicklungsgesetz führt fast immer zu einer Utopie. Umgekehrt führt der Glaube an eine Utopie fast immer zu der Überzeugung, dass die Menschen in ihr Verderben rennen, wenn man nicht dafür sorgt, dass sie sich in Richtung der angestrebten Utopie bewegen. Nahezu jeder Utopist bastelt sich ein historisches Entwicklungsgesetz und legt sich ein entsprechendes Programm für eine Revolution oder eine holistische Gesellschaftsreform zurecht. Für die einen ist die Menschheitsgeschichte eine Geschichte der Klassenkämpfe, für andere eine Geschichte des Geschlechterkampfes. Wieder andere sehen die Herrschaft des Kalifats auf der ganzen Welt als das Endziel der Geschichte, und viele glauben an den Untergang der Menschheit, wenn der CO_2-Ausstoß nicht umgehend und drastisch reduziert wird.

Eine utopische Sozialtechnik strebt einen Neubau der Gesellschaft als Ganzes an und verlangt von den politisch Tätigen zunächst »die Festlegung unseres endgültigen politischen Ziels oder des idealen Staates, bevor irgendeine praktische Handlung unternommen wird. Nur dann, wenn dieses Ziel zumindest in rohen Umrissen bestimmt ist, wenn wir einen Bauplan der von uns angestrebten Gesellschaftsordnung besitzen, nur dann können wir beginnen, uns die besten Mittel und Wege zu ihrer Verwirklichung zu überlegen und einen Plan für praktisches Handeln aufzustellen.«[91] Dieser Ansatz hört sich sehr überzeugend und verheißungsvoll an, führt aber in der gesellschaftlichen Wirklichkeit in die allergrößten Probleme.[92]

Eine Alternative zur utopischen Sozialtechnik ist ein schrittweises Vorgehen, eine Ad-hoc-Sozialtechnik oder Stückwerk-Sozialtechnik, bei der die Handelnden immer wieder innehalten, um sich der Auswirkungen ihres Handelns zu vergewissern. Es gibt zwar, so Popper, »keine institutionellen Mittel, um einen Menschen glücklich zu machen … aber doch ein Recht, nicht unglücklich gemacht zu werden, soweit sich dies durchführen lässt. Den Leidenden steht ein Recht auf alle nur erdenkliche Hilfe zu. Dementsprechend wird sich der Anwalt der Ad-hoc-Technik nach den größten und dringlichsten Übeln in der Gesellschaft umsehen, und er wird versuchen, sie zu beseitigen; er wird nicht dem größten Gut nachspüren und sich für seine Verwirklichung einsetzen.«[93]

Der Unterschied zwischen den beiden Sozialtechniken ist von größter Bedeutung: »Es ist der Unterschied zwischen einer Methode, die sich in jedem Augenblick anwenden lässt, und einer Methode, deren Befürwortung leicht zu einer ständigen Verschiebung des Handelns auf einen späteren Zeitpunkt führen kann, wenn die Bedingungen günstiger sind.«[94] In der utopischen Sozialtechnik rechtfertigt das in ferner Zukunft liegende ideale Ziel alle möglichen Opfer in der Gegenwart. Erreichbar ist das ideale Ziel ohnehin nur, wenn es über den langen Zeitraum seiner Verwirklichung unverändert bleibt. Darin kann eine Gefahr für die demokratische Ordnung liegen, denn gesellschaftliche Ziele ändern sich oft recht schnell: »Was den Autoren des ursprünglichen Entwurfs als der ideale Staat vorschwebte, wird ihren Nachfolgern vielleicht nicht mehr im gleichen Lichte erscheinen.«[95]

Auch ist es schwer, über große ideale Ziele in der Gesellschaft überhaupt vernünftig zu diskutieren, denn die Zusammenhänge sind im Grunde viel zu kompliziert und die Mechanik der Gesellschaft zu unübersichtlich. Dagegen kann über konkrete, überschaubare Einzelmaßnahmen eher eine gesellschaftliche Debatte geführt werden. Und solche Einzelmaßnahmen können auch leichter revidiert oder modifiziert werden, wenn sie sich nicht bewähren.[96] Jede große Maschine in einem Produktionsprozess wird zunächst erprobt und gewöhnlich vielfach modifiziert, ehe sie den Betrieb aufnimmt. In der Ordnung der Gesellschaft ist das aber so nicht möglich. Es gibt kaum ein Feld für soziale Experimente in großem Stil. Jeder Schritt ist riskant, viele kleine aber weniger als ein großer.[97]

Groß angelegte Veränderungen sind natürlich geistig und ästhetisch viel befriedigender. Es ist ja kein Zufall – Platon und Marx sind dafür die schönsten Beispiele –, dass extremer Radikalismus und geistiger Ästhetizismus oft Hand in Hand gehen. Wir können das, wenn wir ehrlich sind, an unseren eigenen Träumen von gesellschaftlicher

Vervollkommnung beobachten. Der darin liegende Überschwang muss gezügelt werden. Nicht die ästhetische Schönheit eines Staatswesens im Sinne Platons darf das Ziel sein, sondern das Recht von jedermann, »sein eigenes Leben zu gestalten, wie er will, solange er dadurch das Leben anderer nicht zu sehr stört«.[98] In dieser Maxime Poppers erkennen wir Jeremy Benthams Wohlfahrtsdefinition und Immanuel Kants kategorischen Imperativ.

Eine Stückwerk-Sozialtechnik funktioniert umso besser, je stabiler und leistungsfähiger der Rahmen der Institutionen ist, die die Gesellschaft schrittweise reformieren und an wechselnde Notwendigkeiten anpassen. »Jede langfristige Politik ist institutionell.« Und hier kommt die Personalfrage ins Spiel, denn »das Funktionieren auch der besten Institutionen ... hängt in beträchtlichem Ausmaß von den Personen ab, die im Rahmen dieser Institutionen arbeiten. Institutionen sind wie Festungen. Sie müssen wohlgeplant und wohlbemannt sein.«[99] Demokratische Strukturen machen es grundsätzlich möglich, Institutionen gewaltlos zu reformieren und dabei Vernunft zu gebrauchen. Aber Demokratie »kann nicht die Vernunft selbst herstellen. Die Frage des intellektuellen und moralischen Standards ihrer Bürger ist in weitem Ausmaß das Problem von Personen.«[100] Auch das Führungsproblem ist kaum grundsätzlich lösbar. »Institutionelle Auswahl ... wird immer die Tendenz haben, Initiative und Originalität und, allgemein, alle ungewöhnlichen und unerwarteten Qualitäten auszuschalten.« Das macht die Stabilität und Qualität der Institutionen und eine Begrenzung politischer Macht umso wichtiger: »Wir sollten uns immer auf die schlechtesten Führer vorbereiten, obwohl wir natürlich versuchen sollten, die besten zu bekommen.«[101]

Offene Gesellschaft und geschlossene Gesellschaft

Anders als der Glaube an historische Gesetze es nahelegt, hat die Geschichte weder einen Sinn noch ein Ziel, noch folgt sie irgendeinem Zweck. Es gibt kein wissenschaftlich belegbares historisches Gesetz, dem wir uns aus tatsächlichen oder moralischen Gründen unterordnen müssten. Es gibt auch keinen letzten Zweck, keine Essenz, kein inneres Wesen des Staates oder der Gesellschaft. Alle staatlichen und gesellschaftlichen Einrichtungen sind von Menschen für menschliche Zwecke gemacht. Der Mensch bestimmt über die Art, wie sie funktionieren, und er entscheidet, mit welchem Sinn er sie erfüllt und welche Zwecke er mit ihnen verfolgt. »Die Menschen sind einander nicht gleich; aber wir können uns entschließen, für gleiche Rechte zu kämpfen.«[102] Sie sind sich ähnlich in mancherlei Gefühlen und moralischen Empfindungen. Aber keine höhere Autorität kann die Ziele hinterfragen, die sie sich als Individuen setzen. Niemand kann für sie bestimmen, welchen Ideologien sie anhängen, welcher Religion sie folgen sollen. Man kann sie unter sozialen Druck setzen, manipulieren oder wegen falscher Meinungen verfolgen. Aber das entscheidet nicht über Wahrheit und Geltung dessen, wozu sie möglicherweise gezwungen werden oder was sie vielleicht aus Tradition und Herkommen von ganzem Herzen glauben.

Popper nannte »die magische, stammesgebundene oder kollektivistische Gesellschaft ... die *geschlossene Gesellschaft* ... die Gesellschaftsordnung aber, in der sich die Individuen persönlichen Entscheidungen gegenübersehen ... die *offene Gesellschaft.*«[103] Eine geschlossene Gesellschaft versucht den Freiheitsraum der menschlichen Werte, Zielsetzungen und Entscheidungsmöglichkeiten über jenes Maß hinaus einzuschränken, das nötig ist, damit die Menschen sich nicht gegenseitig Schaden zufügen. Eine offene Gesellschaft dagegen lässt innerhalb dieser Schranken die Unterschiedlichkeit menschlicher Ziele und Lebensentwürfe gelten. Natürlich steckt bei solcher Abgrenzung zwischen offener und geschlossener Gesellschaft der Teufel im Detail: Nur wenige Gesellschaften sind vollständig geschlossen und lassen gar keinen Raum für individuelle Entfaltung, und kaum eine Gesellschaft ist vollständig offen.

Eine offene Gesellschaft, die die unterschiedlichsten Ziele und Lebensentwürfe gelten und die Menschen selber über ihren Weg entscheiden lässt, muss weniger Gewalt anwenden, um die gesellschaftliche Ordnung zu sichern. In welche Richtung sie sich entwickelt, ist offen. Wenn sich die Ziele und Lebensstile der Menschen ändern, die in ihr leben, ändert sich eben auch die Gesellschaft. Das kann zum Besseren oder zum Schlechteren geschehen. Auch Abstieg, Armut, Krieg und Völkermord können sich aus den Auseinandersetzungen in einer offenen Gesellschaft ergeben. Aber die Menschen werden nicht kollektiv auf von außen vorgegebene Ziele eingeschworen, die mit ihnen selbst gar nichts zu tun haben, und ihr Schicksal wird nicht einer bestimmten Ideologie oder Religion untergeordnet.

Da wir die Wahrheit über das Wesen und die Bestimmung des Menschen nicht kennen und die Antwort darauf nur der einzelne Mensch geben kann, ist eine offene Gesellschaft im Sinne der Freiheit des Individuums grundsätzlich vorzuziehen. Sie wird umso stabiler und umso lebenswerter für ihre Mitglieder sein, je besser die Regeln des gemeinsamen Zusammenlebens sind. In der Ideengeschichte des Abendlandes steht die offene Gesellschaft in der Gestalt der westlichen Demokratien am Ende einer langen Entwicklung, in der zumeist die unterschiedlichsten Formen geschlossener Gesellschaften dominierten. Mit der Renaissance und der europäischen Aufklärung vollzog sich allmählich die Verwandlung in eine offene Gesellschaft. Ihre Durchbrüche sind markiert von der Glorious Revolution 1688 in England (die als der eigentliche Beginn der Demokratie in der Neuzeit betrachtet werden kann), der amerikanischen Unabhängigkeitserklärung 1776 und der Französischen Revolution 1789.

Die Faszination der geschlossenen Gesellschaft

Die seit 2400 Jahren anhaltende Faszination für Platon erwächst aus dessen Versicherung, die Einsicht in eine gute Ordnung sei durch philosophische Anstrengung zu gewinnen und die meisten Ursachen des menschlichen Unglücks seien zu vermeiden, wenn man nur seiner Vorstellung von einer guten Ordnung folge und konsequent – notfalls mit dem Mittel der Gewalt – alle schädlichen Einflüsse von dieser Ordnung fernhalte. Für ihn war der »Sündenfall des Menschen« der Zusammenbruch der geschlossenen Gesellschaftsordnung.[104]

Die biblische Geschichte von der Vertreibung aus dem Paradies folgte letztlich dem gleichen Muster: Das Paradies war die Ordnung einer geschlossenen Gesellschaft nach den Regeln des biblischen Gottes. Ewige Glückseligkeit war dort gesichert, solange man sich an die Regeln hielt, und davon gab es dank Gottes Güte nur eine einzige: Man durfte nicht vom Baum der Erkenntnis essen. Ebendas tat Eva, verführt vom Teufel in Gestalt der Schlange, und sie verführte auch Adam dazu. Dieser Sündenfall wurde mit der Verstoßung aus dem Paradies bestraft und setzte die Menschheit dem Chaos dieser Welt aus.

Nicht nur Religionen, auch totalitäre Lehren aller Art kommen einem tief sitzenden, realen Bedürfnis des Menschen entgegen, sich in einer höheren Ordnung gleichsam geborgen und aufgehoben zu sehen. Dieses Bedürfnis steigt in Zeiten, in denen der überkommene religiöse Glaube schwindet. Es steigt, wenn sich die sozialen Verhältnisse umwälzen, soziale Zwietracht herrscht und man sich seines Platzes nicht mehr sicher ist. Es ist aber latent auch vorhanden in den denkbar bestens geordneten sozialen und materiellen Verhältnissen.

Platons Ideal, alle Veränderungen anzuhalten und quasi zur Stammesgesellschaft zurückzukehren, ist zweifellos »hoffnungslos verfehlt«.[105] Aus heutiger Sicht kann man diese Lösung als faschistisch bezeichnen. Auch Putins Hantieren mit der historischen Bestimmung Russlands und dem Bezug auf die »russische Seele« zeigt faschistische Anklänge. In gewisser Hinsicht wird er zu einem Epigonen Mussolinis. Solch ein transzendenter Nationalismus mit faschistischen Anklängen hat sich in den letzten Jahrzehnten in vielen Teilen der Welt eher verstärkt als verringert. Wir sehen ihn immer wieder bei den Caudillos in Südamerika, zuletzt besonders massiv bei dem 2013 verstorbenen Hugo Chávez, dem Präsidenten von Venezuela. Auch der türkische Präsident Erdogan ist nicht frei davon und redet von der Bestimmung des Türkentums, dessen Verunglimpfung nach dem türkischen Strafgesetzbuch unter Strafe steht.[106] Besonderen Furor kann der Ruf nach einer geschlossenen Gesellschaft annehmen, wenn er sich mit der Religion verbündet. Zu den harmloseren Beispielen zählt die Unterstützung von Putins Kurs in der Ukraine durch die russisch-orthodoxe Kirche.[107] Gefährlicher ist schon der stetige Kurs, den in der Türkei die regierende AKP und Präsident Erdogan in Richtung auf eine Einschränkung der Pressefreiheit und eine Islamisierung des öffentlichen Lebens nehmen. Unübersehbar und teilweise verstörend sind die vielfältigen Versuche in der islamischen Welt – einschließlich der islamischen Minderheiten in Europa –, die Trennung zwischen Staat und Religion aufzuheben und zumindest den Vorrang der Religion bis hin zu einem islamistischen Gottesstaat einzuführen.

Die weltweit ungebrochene und teilweise sogar steigende Faszination für Modelle einer geschlossenen Gesellschaft wird offenbar durch die Erfolgsgeschichten der offenen Gesellschaften kaum gebremst. Als ich diese Zeilen niederschrieb, waren die Schlagzeilen der Medien von zwei Schreckensnachrichten beherrscht:

- In Tunesien, dem einzigen Land der arabischen Welt mit einer demokratisch gewählten Regierung, gab es im März 2015 bei einem islamistischen Terroranschlag auf das Nationalmuseum mindestens 21 Tote, darunter 17 Touristen. Radikale Islamisten bedrohen das Land gerade deshalb, weil es sich in demokratischen Wahlen für eine eher säkulare Regierung entschieden hat. Aus Tunesien ziehen andererseits besonders viele junge Männer in den Kampf für den Islamischen Staat.[108]
- Zur gleichen Zeit führten in Frankfurt die Demonstrationen der kapitalismusfeindlichen Blockupy-Bewegung gegen die Europäische Zentralbank (EZB) zu den schwersten Krawallen, die Frankfurt je erlebt hatte, mit zahlreichen angezündeten Polizeiautos und über 90 verletzten Polizisten.

Bemerkenswert ist, dass die Medien über die Blockupy-Demonstration trotz der beispiellosen Gewalt verständnisvoller berichteten als wenige Wochen zuvor über die Pegida-Demonstrationen in Dresden. Obwohl diese gewaltlos verliefen, wurden sie mit dumpfen Hassgefühlen und demokratiefeindlichen Einstellungen in Verbindung gebracht. In Frankfurt dagegen demonstrierten in den Augen der meisten Medien Idealisten, deren öffentliches Anliegen von einer Minderheit zu Gewalttaten missbraucht wurde. Wer gewalttätig gegen die EZB demonstriert, ist vielen Medien im Zweifelsfall ein irregeleiteter Idealist, der die Menschen von der Knechtschaft des Finanzkapitals befreien will.[109] Islamistische Anschläge wiederum sind zwar schrecklich, aber sie haben mit der Religion des Islam selbstverständlich gar nichts zu tun.

Es bleibt offenbar ein Grundproblem der offenen Gesellschaft, dass der Genuss ihrer Vorteile zwar als angenehm empfunden wird, sich aber mit der emotionalen Kraft eines geschlossenen Weltbildes – sei es nun marxistisch oder islamistisch – nur schwer messen kann. Die Sehnsucht nach Sinngebung durch ein einfaches, geschlossenes Weltbild wird offene Gesellschaften wohl immer gefährden. Karl Popper, der Erfinder des begrifflichen Gegensatzes von offener und geschlossener Gesellschaft, vergleicht die geschlossene Gesellschaft mit einem Organismus, in dessen natürlicher Ordnung allen Teilen bestimmte Funktionen bleibend zugewiesen sind. Doch: »Nichts im Organismus entspricht einem der wichtigsten Kennzeichen der offenen Gesellschaft, dem Wettstreit ihrer Mitglieder um die Stellung, die sie in ihr einnehmen sollen.«[110] Damit verweist er auf den elementaren Schwachpunkt einer offenen Gesellschaft: Sie bietet kein emotionales Herdfeuer, an dem man sich wärmen kann. Sie ist eher eine »abstrakte oder entpersönlichte Gesellschaft«, die nach vereinbarten Regeln funktioniert. In ihr »leben viele Menschen, die keine oder nur sehr wenig enge persönliche Beziehungen haben, die in Anonymität und Isoliertheit leben und die in Folge davon unglücklich sind. Denn obgleich die Gesellschaftsform abstrakt geworden ist, hat sich doch die biologische Struktur des Menschen nicht sehr verändert; die Menschen haben soziale Bedürfnisse, die sie in einer abstrakten Gesellschaft nicht befriedigen können ... die meisten konkreten sozialen Gruppen einer modernen offenen Gesellschaftsordnung (mit der Ausnahme einiger glücklicher Familien) sind armselige Ersatzmittel, denn sie schaffen nicht den Rahmen für ein gemeinsames Leben. Viele von ihnen haben überhaupt keine Funktion innerhalb der größeren gesellschaftlichen Zusammenhänge.«[111] Da muss man sich nicht wundern, dass gerade das Konstruktionsprinzip einer offenen Gesellschaft immer neue Anläufe zu einer geschlossenen Gesellschaft verursacht.

Die »offene Gesellschaft« als politischer Kampfbegriff

Anfang 2015 entschied das Bundesverfassungsgericht, dass ein pauschales Kopftuchverbot für Lehrkräfte in öffentlichen Schulen mit der Verfassung nicht vereinbar sei.[112]

Das Bekanntwerden der Entscheidung löste ein lebhaftes und kontroverses öffentliches Echo aus. Unter der Überschrift »Karlsruhe stärkt die offene Gesellschaft« begrüßte Christian Geyer in der *FAZ* die Entscheidung. Damit würden »im Kontext der ... Debatten um eine Islamisierung des Abendlandes ... aus Sicht der Verfassung die Proportionen zurechtgerückt«. In der »bekenntnisoffenen Gemeinschaftsschule« findet nach Geyers Interpretation »gerade keine

Bekenntnisvermeidung nach dem laizistischen Modell, sondern ... eine gewollte ›Konfrontation‹ mit den verschiedenen religiösen und weltanschaulichen Vorstellungen« statt.[113] Und sein Kollege Patrick Bahners zitierte den ehemaligen Verfassungsrichter Ernst-Wolfgang Böckenförde: »Der freiheitlich säkularisierte Staat lebt von Voraussetzungen, die er selbst nicht garantieren kann.« Das bedeute eben auch keine »Zwangsemanzipation« für muslimische Frauen, die dies nicht wollen.[114]

Unter der Überschrift »Eine Gefahr für die offene Gesellschaft« übte Regina Mönch – ebenfalls in der *FAZ* – an dem Urteil scharfe Kritik: Es ziele »auf unser Grundvertrauen in die Gleichheit der Geschlechter, unser emanzipiertes Selbstverständnis«. Mit der Entscheidung habe »das Bundesverfassungsgericht den gesellschaftlichen Konflikt, welcher Islam zu Deutschland gehört ... in die Schulen« verlegt. Der »Anpassungsdruck ... der vor allem auf den Mädchen und Frauen in vielen muslimisch geprägten Vierteln lastet«, werde wachsen, »und die Segregation wird noch einmal zunehmen«.[115] Ihr Kollege Reinhard Müller wies darauf hin, es gehe in der Schule »eben nicht primär um die Selbstverwirklichung des Lehrers. Er muss vielmehr, als staatliche Autorität mit einiger Macht, die Grundrechte der Schüler (und ihrer Eltern) schützen.« Erst der neutrale Staat ermögliche die Freiheit des Glaubens. »Wer Lehrer zum Bannerträger für Weltanschauungen macht, redet einem Obrigkeitsstaat das Wort.«[116]

Der Beschluss des Bundesverfassungsgerichts fiel mit einem Stimmverhältnis von 6:2. Sowohl der Beschluss als auch das Minderheitenvotum sind sorgfältig formuliert und frei von Gedankenfehlern. Nicht die juristischen Argumente entscheiden, sondern die hinter ihnen liegenden Wertvorstellungen entsprechend der Erkenntnis von David Hume: »The rules of morality ... are not conclusions of our reason«[117] (vgl. im Anhang »Der vorrationale Charakter politischer Grundeinstellungen«). Für die Senatsmehrheit war der freie Ausdruck der religiösen Überzeugung durch das Tragen eines Kopftuchs in dienstlicher Funktion vorrangig. Nachrangig war die von der Senatsmehrheit gar nicht bestrittene Tatsache, dass das Kopftuch auch der Ausdruck eines politischen Islam ist, der auf eine Unterdrückung und mindere Stellung der Frau zielt. Als nachrangig galt auch die Gefahr, dass die Freiheit der muslimischen Schülerinnen, sich für oder gegen das Kopftuch und das mit diesem verbundene weibliche Rollenbild zu entscheiden, hierdurch weiter eingeschränkt werden könnte. Für die Senatsminderheit war dagegen vorrangig, die Freiheit der muslimischen Schülerinnen vor dem Konformitätsdruck eines konservativen Islam und des mit ihm verbundenen Frauenbildes zu schützen, das der Gleichberechtigung widerspricht.

Natürlich teile ich die Position der Senatsminderheit. Das Votum der Senatsmehrheit zeigt eine Tendenz zur Blindheit gegenüber den Gefahren eines konservativen Islam für die offene Gesellschaft. Es räumt der Freiheit des religiösen Ausdrucks für Amtsträger auch dann Vorrang ein, wenn hierdurch die tatsächliche Ausübung der religiösen und bürgerlichen Entscheidungsfreiheit für ganze Bevölkerungsgruppen behindert wird. Schreibt man den Geist dieses Urteils weiter fort, so ist klar, welche Tendenz die deutsche Gesetzgebung und Rechtsprechung in Zukunft haben werden, wenn das Gewicht eines konservativen Islam in Deutschland weiter zunimmt, was aus demografischen Gründen ziemlich unvermeidlich ist und durch die aktuelle Einwanderungspolitik noch dramatisch verstärkt wird.[118] Die Debatte um das Kopftuch-Urteil des Bundesverfassungsgerichts zeigt recht klar, dass das Konzept der offenen Gesellschaft vor missbräuchlicher Inanspruchnahme und der Begriff der offenen Gesellschaft vor dem Verschleiß im politischen Tageskampf geschützt werden müssen.

Die immanente Gefährdung der offenen Gesellschaft

Welche Ideen üben eigentlich Macht aus? In der Geschichte der Menschheit waren dies überwiegend Ideen mit emotionalem, überindividuellem Charakter, die ein Gefühl von Gemeinschaft schaffen und innerlich vorwärtsstoßen, beispielsweise die Nation, die Revolution, die ewige Gerechtigkeit, der barmherzige Gott, der Dschihad, der unter Opfern errungene Sieg (wofür auch immer), die Familie, der Stamm, der Fortschritt, kaum aber die Philosophie, der Individualismus, die Gedankenfreiheit, die persönliche Selbstverwirklichung und schon gar nicht die kinderlose Monade der Gegenwart, die weder an Gott noch an eine Mission glaubt und sich frei von familiären Bindungen und großen Zielen die verbleibenden Jahrzehnte vor dem großen Nichts, das mit dem Tod beginnt, angenehm gestaltet. Dieser Typus wird sich unterwerfen und den Feinden einer offenen Gesellschaft keinen großen Widerstand entgegensetzen, sollten sie in der ein oder anderen gerade modischen Verkleidung nach der Macht greifen.

Wer mit seinen Überzeugungen ringt und nach einigem Ringen an sie glaubt, der hält sie auch für wahr. In bester Absicht vertritt er die Ansicht, dass es besser sei für die Welt, wenn diese als wahr erkannten Überzeugungen zu allgemeingültigen Maximen von Politik und Gesellschaft würden. So ergeben sich aus einer löblichen Leidenschaft für die Wahrheit schnell auch Starrsinn, Intoleranz und, wenn man politische Macht errungen hat, ein Hang zur Unterdrückung abweichender Meinungen. Grundsätzlich vorbeugen lässt sich dieser Gefahr nicht. Man kann sie eindämmen durch die zeitliche und sachliche Einschränkung politischer Macht und durch die rechtliche Absicherung der freien Meinungsäußerung in jedweder Form, solange sie nur gewaltfrei ist. Dadurch werden die Menschen zwar nicht besser, auch die Impertinenz ihrer Irrtümer und ihrer enervierenden Propaganda wird nicht geringer. Aber es kann dadurch weniger Schaden angerichtet werden.

Das gesellschaftliche Klima, die vorherrschenden Moden des Denkens, der Einfluss von Ideologie und Überzeugungen sind einem ständigen Wechsel unterworfen. Da es keine historischen Gesetze gibt, kann dessen Richtung natürlich nicht vorhergesagt werden. Feststellen lässt sich lediglich, dass religiöse Überzeugungen und kulturelle Einstellungen eine hohe Stabilität aufweisen, die oft viele Generationen überdauert. Neben den Bewegungen der Mode und des Zeitgeists haben deshalb Demografie und Wanderungsbewegungen auf die in einer Gesellschaft vorherrschenden Einstellungen großen Einfluss. Wer bestimmte kulturelle und religiöse Einstellungen als mit dem Geist einer offenen Gesellschaft nicht vereinbar ansieht, sollte entsprechende Wanderungsbewegungen aus einer geschlossenen in eine offene Gesellschaft sorgfältig regulieren und notfalls unterbinden, sonst verbreiten sich falsche und gegen die offenen Gesellschaft gerichtete Einstellungen genauso schnell wie die Kopftücher auf den Schulhöfen von Neukölln oder Wedding.

Der Marktmechanismus als erkenntnistheoretische Antwort auf die Probleme der Sozialplanung

Während Karl Popper im neuseeländischen Christchurch über die offene Gesellschaft und ihre Feinde nachdachte, publizierte Friedrich August von Hayek, ein weiterer Exil-Österreicher, in England sein Werk *Der Weg zur Knechtschaft*.[119] Es erschien Anfang 1944, auf dem Höhepunkt des Zweiten Weltkriegs, und war, so Hayek, an die »Kreise der sozialistischen Intelligenz Englands gerichtet«. Es sollte verständlich machen, dass es sich beim Nationalsozialismus »um eine Fortentwicklung des Sozialismus handelte«. Man müsse »die grundsätzliche Ähnlichkeit der verschiedenen totalitären Systeme, des Nationalsozialismus, des Faschismus und des Kommunismus« sehen. Ihre Brutalität sei »eine notwendige Folge jedes Versuches ... eine ganze Gesellschaft völlig den von den Herrschern bestimmten Zielen dienstbar zu machen. Der Gegensatz zwischen einer freiheitlichen Ordnung, in der der Einzelne innerhalb der Schranken der Regeln des gerechten Verhaltens sein Wissen in der Verfolgung seiner selbst gewählten Ziele verwenden darf, und einem System, unter dem alle den von der Obrigkeit festgesetzten Zielen dienen müssen«, sei »grundsätzlich und unüberbrückbar«.[120] Dies formulierte ähnlich auch der junge ungarische Ökonom János Kornai in seiner Dissertation *Überzentralisierung*, die er 1956 kurz vor dem ungarischen Volksaufstand fertigstellte. Er zeigte darin, dass ein sozialistisches System unweigerlich mit Repression verbunden ist: »Je weniger das System auf materielle Anreize vertraut (und je weniger es auf die Begeisterung der Menschen rechnen kann), desto mehr muss es Zwangsmaßnahmen anwenden.«[121]

Hayeks Buch merkt man – mehr noch als Poppers *Offener Gesellschaft* – die Entstehungszeit an. Es richtete sich gegen jene sozialistische Linke Englands, die vor dem Zweiten Weltkrieg den Sowjetkommunismus angehimmelt hatte und nun im Weltkrieg – mit der Sowjetunion als Verbündetem – sozialistische Träume für das England der Nachkriegszeit hegte. Die von Hayek herausgearbeitete Parallelität totalitärer Systeme empfanden (und empfinden) alle Kommunisten und viele Sozialisten als skandalös. Sein ordoliberales Denken übte in den USA und in Deutschland während der 1950er und 1960er

Jahre großen Einfluss aus. Hayek wandte sich strikt gegen das Wiedererstarken marxistischer Lehren und beklagte Anfang der 1970er Jahre, ein Teil der Jugend wisse »nicht mehr aus eigener Erfahrung, was eine Regierungsform bedeutet, in der die Herrschenden unbeschränkte Macht über alle Mittel ausüben, die der Einzelne zur Verfolgung seiner Ziele braucht«.[122] In jenen Jahren wurde *Der Weg zur Knechtschaft* die Bibel Margaret Thatchers und der ordnungspolitische Leitstern ihrer Reformagenda.[123]

Hayek hat die Regeln der Marktwirtschaft weder erfunden noch als Erster schlüssig beschrieben.[124] Aber so konzise, so folgerichtig und so anschaulich war noch nie im Zusammenhang dargelegt worden, weshalb das dezentrale Entscheidungssystem einer marktwirtschaftlichen Ordnung eine notwendige (wenn auch nicht hinreichende) Bedingung einer jeden offenen Gesellschaft ist und wie jeder Versuch einer zentralen Planung und Führung der Wirtschaft nicht nur zur politischen Unfreiheit führt, sondern auch Wohlstand verhindert und Innovation erstickt. Zwar ist die Einsichtsfähigkeit des Menschen begrenzt und seine Irrtumsanfälligkeit groß. Zudem sind seine Ziele und Wünsche häufig schwankend, widersprüchlich und unklar. Das ändert aber nichts daran, dass er grundsätzlich selbst der beste Richter und Verfechter seiner Interessen ist. Bei deren Verfolgung sollten Staat und Gesellschaft ihn grundsätzlich gewähren lassen. Er wird das Beste leisten, wenn er für seine ureigenen Interessen arbeiten kann, und er wird dort am besten sein, wo er seinen Begabungen und Neigungen folgen kann. Aus seinen Interessen und Bedürfnissen heraus erbringt er Leistungen, die er anderen gegen Bezahlung anbieten kann, und er nimmt Leistungen in Anspruch, für die er andere bezahlt. Die Koordinierung übernimmt der Marktmechanismus.

Der Staat hat die Aufgabe, durch Gesetze Diebstahl, Raub, Betrug und Gewalt möglichst weitgehend zu unterbinden und die Rahmenbedingungen zu gestalten, die für die Produktion und den freien wirtschaftlichen Austausch gelten. Dazu gehören Umwelt- und Gesundheitsschutz, Produktsicherheit, Regeln für den Wirtschaftsverkehr, die Sanktionierung von Betrug, die Verhinderung schädlicher Monopole etc. Außerdem erhebt der Staat Steuern und Abgaben, um sogenannte öffentliche Güter bereitstellen zu können, bei denen der Marktmechanismus nicht funktioniert: Infrastruktur, Armee und

Polizei, ein staatliches Bildungsangebot, soziale Sicherung etc. Das führte bereits Hayek in *Der Weg zur Knechtschaft* aus.[125] Die Gestaltung solcher Rahmenbedingungen war immer schon das zentrale Thema der Nationalökonomie, auch wenn viele Kritiker der marktwirtschaftlichen Ordnung das nicht wahrhaben wollen.[126]

Der durch staatliche Gesetze und staatliche Leistungsangebote hergestellte Rahmen für das private Handeln kann grundsätzlich sehr unterschiedlich gestaltet sein und auch eine extrem unterschiedliche Qualität haben. Darauf bezieht sich ja gerade die Breite der Debatten und Auseinandersetzungen in der Politik. Entscheidend ist das Prinzip: Innerhalb des durch die Gesetzgebung und das staatliche Leistungsangebot gesetzten Rahmens wird die wirtschaftliche und gesellschaftliche Entwicklung gesteuert durch die Milliarden einzelner Entscheidungen von Individuen und von Unternehmen. Nicht Staat und Gesellschaft geben die Richtung der künftigen Entwicklung vor, sondern diese erwächst spontan aus der Fülle unterschiedlichster Einzelentscheidungen. Der heftige Streit über die Rahmenbedingungen, die der Staat setzen soll, gehört zu den Prinzipien einer offenen Gesellschaft. Deshalb kann man für oder gegen die Zulassung genveränderten Saatguts, für oder gegen das Verbot der Kernkraft, für oder gegen die exzessive Förderung alternativer Energien sein, ohne ein Feind der offenen Gesellschaft zu sein. Aber streiten kann man sich sehr wohl, ob ein Verbot von Alkohol und Zigaretten, ein Gebot von Frauenquoten in Unternehmen oder ein Verbot von Prostitution Erwachsener noch zu den legitimen Regulierungen einer offenen Gesellschaft gehören.

Der Übergang zu einer geschlossenen, unfreien Gesellschaft ist fließend. Er setzt ein, wenn man dem freien Erwerbstrieb und dem ungebändigten Erfindungsgeist Grenzen setzen will, weil er als solcher stört, oder wenn man Ideen über vernünftige und unvernünftige Produkte, über vernünftige und unvernünftige Lebensentwürfe, über zu viel und zu wenig Erwerbsbeteiligung in staatliche Regulierung einfließen lassen will. In der Summe gilt: Zwar ist nicht jede marktwirtschaftliche Ordnung ein Teil einer offenen Gesellschaft – auch Deutschland unter den Nationalsozialisten hatte in weiten Bereichen eine marktwirtschaftliche Wirtschaftsordnung. Die Einführung der Marktwirtschaft hat in China vieles verbessert,[127] dennoch hapert es dort noch mit der Demokratie und den bürgerlichen Freiheiten.

Umgekehrt aber gibt es keine offene Gesellschaft und keine demokratische Herrschaft ohne eine marktwirtschaftliche Ordnung. Wo man den Bürgern die Freiheit nimmt, sich Beruf und Gewerbe selbst zu wählen, Firmen zu gründen und an freien Märkten Produkte und Leistungen auszutauschen, dort hat es noch niemals Meinungsfreiheit und Demokratie gegeben. Dies klar zu erkennen ist nicht mit einer Überhöhung des marktwirtschaftlichen Prinzips gleichzusetzen, sondern dem elementaren und konkreten Charakter menschlicher Freiheit geschuldet, nämlich so oder anders zu handeln und seine Geschicke selbst in die Hand zu nehmen. Der – unterschiedlich ausgebaute – Schutz von Staat und Gesellschaft für das Leben, die Sicherheit und das materielle Existenzminimum des Einzelnen sind zweifellos ebenfalls sehr wichtig, aber Freiheit von Hunger, Kälte, Läusen und Mordanschlägen (sofern man nur den Mund hält) kann auch in einer totalen Diktatur gesichert werden.

Zum Wesen der dezentralen marktwirtschaftlichen Ordnung gehört ihre Ergebnisoffenheit. Wer diese nicht will, ist – möglicherweise unbewusst – Anhänger einer geschlossenen Gesellschaft. Soweit sich die Blockupy-Proteste aus marxistischen Theorien speisen, basieren auch sie auf zumeist nicht ausformulierten Vorstellungen einer geschlossenen Gesellschaft.

Der Marktmechanismus ist weit davon entfernt, aus der gesellschaftlichen Wirklichkeit ein Idyll zu machen. Deshalb verbietet sich auch seine Idealisierung. Er ist eine Methode, die unterschiedlichsten menschlichen Planungen und Bestrebungen gewaltfrei – und im Durchschnitt zum Besten aller – aufeinander abzustimmen. Dies geschieht durch den Wettbewerb. Durch ihn bilden sich Löhne, Preise und Profite. Er schafft Gewinner und Verlierer, macht manche reich und andere arm. Der Marktmechanismus lenkt die Produktion und verteilt ihre Ergebnisse.[128] Für Hayek ist »ein sorgfältig durchdachter rechtlicher Rahmen die Vorbedingung für ein ersprießliches Funktionieren der Konkurrenz«. Dazu gehören auch Regelungen zur Arbeitszeit, zum Arbeitsschutz und zum Umweltschutz.[129]

Eine funktionierende Wettbewerbsordnung bedarf mannigfacher Regulierungen. Das reicht von der Kartellkontrolle über das Lebensmittelrecht bis hin zu komplexen Regulierungen für besondere Märkte. So dürfen Pharmazeutika nur verkauft werden, wenn sie besondere

Zulassungsverfahren durchlaufen haben. Die Geschäftsleiter von Banken wiederum bedürfen einer Zulassung durch die Bankaufsicht, ehe sie ihr Amt antreten können, und die Bank selber muss den staatlichen Eigenkapitalvorschriften genügen. Unterschiedliche Märkte bedürfen unterschiedlicher Regulierungen. Immer öfter müssen solche Regulierungen international abgestimmt sein, damit sie ihren Zweck erfüllen. Nicht die sparsamste Regulierung ist die beste, sondern die intelligenteste. Naives Vertrauen in funktionierende Märkte kann dort großen Schaden anrichten, wo es nicht angebracht ist. Das zeigte die Weltfinanzkrise 2008/09. Aber die Versuche, den Marktmechanismus auszuhebeln und gegen ihn zu regieren, können ganze Volkswirtschaften ruinieren, wie sich immer wieder in Südamerika zeigt. Gerade die krassen nationalen und internationalen Fehlschläge bei der Regulierung der Finanzmärkte haben gezeigt, dass die Marktregulierung überfordert wird, wenn sie in eine Komplexitätsfalle gerät. In solchen Fällen ist natürlich nicht der Verzicht auf Regulierung geboten, sondern ihre intelligente Vereinfachung.[130]

Da der Wettbewerb Gewinner und Verlierer kennt, da die Menschen sich hinsichtlich Tatkraft, Intelligenz und Tüchtigkeit unterscheiden, und da auch Glück und Pech zur Wirklichkeit von Menschen und ihren Unternehmungen gehören, produziert der marktwirtschaftliche Prozess nicht nur Wohlstand, sondern auch Ungleichheit und häufig genug sogar soziale Not für Einzelne und ganze Gruppen. Der soziale Ausgleich durch Staatseingriffe in seinen unterschiedlichen Formen gehört deshalb zu einem stabilen marktwirtschaftlichen System.[131] Das reicht von der Sozialhilfe über die Rentenversicherung bis hin zum progressiven Steuersystem. Auch staatliche Bildungseinrichtungen gehören dazu, die es in jeder Generation jedem Einzelnen ermöglichen sollen, entsprechend seinen Fähigkeiten das Rüstzeug fürs Leben zu erwerben.

Doch staatliche Eingriffe bergen auch Gefahren. Keine zentrale Planung kann die dezentrale Koordinierung durch den Markt auch nur annähernd simulieren. Der Staat wird sich vielmehr, wenn die zentrale Planung langfristig konsistent bleiben soll, zu den wechselnden und divergierenden Zielen der Menschen auf vielfältige Weise in Widerspruch setzen und das Individuum umso mehr unterdrücken, je ernster er die Ziele der zentralen Planung nimmt.

Gegen die dezentrale marktwirtschaftliche Steuerung wird immer wieder eingewandt, der von der ökonomischen Theorie unterstellte Homo oeconomicus existiere so gar nicht. Das ist nur teilweise richtig. Die Ergebnisse der modernen Verhaltensökonomie zeigen, dass das menschliche Verhalten oft gefühlsgesteuert, inkonsistent und nur teilweise rational ist. Menschen verfolgen zudem neben den rein wirtschaftlichen viele andere Ziele. Will man diesen mittlerweile umfangreich erforschten Sachverhalt als Argument gegen eine dezentrale Steuerung wirtschaftlicher Entscheidungen über Märkte anführen, darf man Folgendes nicht übersehen: Selbst wenn Menschen sich häufig irren und ihre Pläne immer wieder korrigieren, können sie diese viel besser verwirklichen, wenn sie ihren eigenen Entscheidungen folgen und ihre Entscheidungskompetenz nicht (unfreiwillig) an einen zentralen allwissenden Staat abgeben, der dann das tut, was im Interesse der jeweiligen Führer liegt (die ihre Interessen als das allgemeine Wohl ausgeben). Und: Bezogen auf das *durchschnittliche* menschliche Verhalten führt die Hypothese ökonomischer Rationalität tatsächlich sehr weit. So können wir beobachten, dass die Nachfrage sinkt, wenn Preise steigen, oder dass Menschen umso eher eine Beschäftigung aufnehmen, je besser sie dafür entlohnt werden.

Weil Märkte das Verhalten ganz vieler unterschiedlicher Menschen widerspiegeln, haben sie auf lange Sicht häufig auch ein überlegenes Wissen, das dem Einzelnen so gar nicht zugänglich ist. Ein überzeugendes Beispiel dafür liefern die angeblich so irrationalen Finanzmärkte: Wer langfristig optimal investieren will, fährt am besten, wenn er genau den Durchschnitt der am Markt gehandelten Aktien kauft. Unter 1000 Fondsmanagern gelingt es vielleicht fünfen, den Aktienmarkt auf längere Sicht mit ihren aktiv und rational getroffenen Investitionsentscheidungen zu übertreffen. Offenbar bildet die Fülle der Einzelentscheidungen, die den Kurs jeder einzelnen Aktie Tag für Tag bestimmen, auf lange Sicht eben doch die Wahrheit ihres wirtschaftlichen Wertes ab. Der Markt ist letztlich kein Kasino, auch wenn die Aktienkurse auf kurze und mittlere Sicht stark schwanken können.

Bei ganz vielen Entscheidungen folgen die Menschen lieber ihren spontanen Gefühlen oder ihrer momentanen Bequemlichkeit als ihren rationalen Interessen. Um unerwünschte Folgen dieser menschlichen Tendenz möglichst zu vermeiden, gibt es die Anschnallpflicht im

Auto, die roten Ampeln am Fußgängerüberweg, die Steuer auf Alkohol, die Kranken- und Rentenversicherungspflicht, bedrohliche Aufschriften auf Zigarettenpackungen und vieles mehr. Durch die Experimente der Verhaltensökonomie ist deutlich geworden, dass logisch inkonsistentes, wenig rationales Verhalten zu jeder Zeit zwar nicht bei allen, aber doch bei einem großen Teil der Menschen anzutreffen ist.[132] Es ist ebenfalls deutlich geworden, dass mehr Menschen im Sinne ihrer eigenen Interessen und des allgemeinen Wohls »richtig« entscheiden, wenn man ihnen die »richtige« Entscheidung möglichst bequem macht. So erklären sich mehr Menschen bereit zu einer Organspende im Falle ihres Todes, wenn sie die Ablehnung der Organspende aktiv erklären müssen, weniger hingegen, wenn sie ausdrücklich zustimmen müssen. Menschen brauchen also oft einen Anstoß, einen »Nudge« in die richtige Richtung. Ausgehend vom gleichnamigen Buch von Richard Thaler und Cass Sunstein[133] wurde eine Strategie der richtigen Nudges in den USA und Großbritannien schon teilweise zur offiziellen Politik. Im Bundeskanzleramt sucht man ebenfalls von diesen Erkenntnissen zu profitieren. Dort hat man im September 2014 unter dem Stichwort »wirksames Regieren« drei Fachleute eingestellt.[134]

Nudges stellen quasi staatliche Rahmenbedingungen des privaten Handelns im vorgesetzlichen Raum dar. Ihre Eingriffsintensität ist sicherlich niedriger als die eines entsprechenden Gesetzes. Ich sehe hier zwar kein grundsätzliches ordnungspolitisches Problem, aber doch eine praktische Gefahr, nämlich dass staatliche »weiche« Regulierung immer mehr Menschen davon entwöhnt, nachzudenken und eigenverantwortlich zu handeln: Was ist uns lieber, der Mensch, der im Sinne des jeweils geltenden Werte- und Sicherheitskanons keine Fehler macht, aber auch den Bereich des eigenen Nachdenkens und eigener Entscheidungen stark eingeschränkt hat, oder der Mensch, der selbst entscheidet und bisweilen dabei Fehler macht – vielleicht sogar tödliche, indem er beispielsweise trotz der Warnungen auf der Zigarettenschachtel raucht? Andererseits, wie soll man mit der grassierenden Neigung zur Fettleibigkeit aufgrund ungezügelten Essverhaltens umgehen? Soll man Fett besteuern und in Fast-Food-Restaurants besonders große Becher für Coca-Cola verbieten? Solch ein lenkendes Staatsverhalten nennt man »liberalen Paternalismus«.[135]

Der Verhaltensforscher Martin Weber äußert beispielsweise Sympathie dafür, dass in Schweden der »Staat die Bürger zum Aktiensparen« zwingt, weil das die bessere Altersvorsorge ist.[136] Derartige Eingriffe sind zweifellos gut für die Altersvorsorge des Menschen oder für seine Gesundheit oder auch – wenn es mehr Organspenden gibt – für das Wohl unbekannter Dritter. Sind sie auch gut für den Blick des Menschen auf sich selbst? Das lasse ich offen.

Übrigens müssen wir uns bei der Gegenüberstellung von Staat und Individuum, die wir implizit oder explizit vornehmen, stets vor Denkfallen hüten. Zumindest in einer demokratischen Staatsordnung – häufig aber auch in anderen – ist das staatliche Verhalten und sind die vom Staat geschaffenen Rahmenbedingungen ein Spiegelbild dessen, was das Individuum will. Die Gesamtheit der Institutionen und Regulierungen der offenen Gesellschaft, wie sie im Rahmen des abendländischen Demokratisierungsprozesses entstanden, ist nicht loszulösen vom Willen der Bürger. Zumindest ein Teil von ihnen hat über Generationen hinweg die Institutionen nach seinen Vorstellungen geformt. Insoweit geht die Klage des linken Literaturwissenschaftlers Joseph Vogl ins Leere, der Staat sei an die privaten Akteure ausgeliefert worden.[137] An wen denn bitte schön sonst? Der Staat ist immer der Agent derer, die die Macht haben, anders geht es gar nicht. Die Demokratie bewährt sich eben genau dann, wenn ihr der Ausgleich unterschiedlicher Mächte gelingt.

Letztlich hängt die Qualität einer marktwirtschaftlichen Ordnung konkret von drei Faktoren ab:

1. der Stabilität, Qualität und Flexibilität der staatlichen Rechtsordnung, in der die Rahmenbedingungen individuellen Handelns festgelegt sind;
2. dem Verfahren, in dem diese Ordnung zustande kommt, angepasst und weiterentwickelt werden kann;
3. der Verlässlichkeit und Rechtstreue, mit denen die staatlichen Organe die Geltung der Ordnung durchsetzen.

Zu einer verlässlichen Herrschaft des Gesetzes (*rule of law*) gehört, dass die Staatsmacht selbst dieser Ordnung unterworfen ist und sich nicht über das Recht stellen kann. Das führt zur Beschränkung politischer Macht und hat in der Tradition des westlichen Abendlandes zur Herausbildung der parlamentarischen Demokratie mit staatlicher Gewaltenteilung geführt. Ein entsprechender rechtlicher Rahmen genügt aber nicht, er muss auch durch die staatliche und gesellschaftliche Praxis mit Inhalten gefüllt und entsprechend ihrem Sinn von Politik, Wirtschaft und Gesellschaft »gelebt« und weiterentwickelt werden. Schon innerhalb der EU gibt es hier ganz unterschiedliche Traditionen, die von den skandinavischen Musterstaaten bis zur korrupten Klientelwirtschaft in Süditalien,[138] Griechenland, Bulgarien und Rumänien reichen.

Innerhalb der Herrschaft des Gesetzes hat die Sicherheit der Eigentumsrechte, insbesondere der Schutz des privaten Eigentums, eine zentrale Bedeutung für eine funktionierende Wirtschaft. Davon hängt die Bereitschaft ab, zu investieren, Vorleistungen unterschiedlichster Art zu erbringen und wirtschaftlich mit längerem Zeithorizont zu handeln. Nach allem, was wir auf der Welt sehen, funktioniert das am besten im Rahmen einer demokratischen politischen Ordnung. Diese muss allerdings so ausgestaltet und so gefestigt sein, dass sie nicht durch die Willkür der jeweils Mächtigen relativiert und ganz oder teilweise außer Kraft gesetzt werden kann. Auch der russische Präsident Wladimir Putin oder der Präsident von Simbabwe, Robert Mugabe, üben ihre wenig demokratische Herrschaft in einer politischen Ordnung aus, die sich Demokratie nennt. Der Herrschaft des Gesetzes sind sie aber nicht unterworfen.

Die Elemente Herrschaft des Gesetzes, Sicherheit des Eigentums und demokratische Ordnung mit wirksamer Kontrolle politischer Macht sind auch notwendige (nicht unbedingt hinreichende) Bedingungen einer offenen Gesellschaft.[139]

3
Gegenstand, Regeln und
Prinzipien guten Regierens

GRUNDSÄTZLICHES ZUM MITEINANDER IN
DEMOKRATISCHEN GESELLSCHAFTEN

Nachdem ich die theoretischen Grundlagen gelegt habe, geht es nun an die Praxis. Wie können nach allem, was wir theoretisch wissen, Ziele und Maßstäbe guten Regierens aussehen? Ich habe hier skizzenhaft einen Rahmen abgesteckt. Er kann natürlich vielfältig vertieft und variiert werden, das sei jedem selbst überlassen. Mir war wichtig, Maßstäbe guten Regierens im Zusammenhang darzustellen und ihre inneren Verbindungen deutlich werden zu lassen. Natürlich spiegeln sie ein bestimmtes Weltbild, und ebenso natürlich ergeben sich aus anderen Weltbildern oder anderen Interessen derjenigen, die die politischen Ziele setzen, andere Maßstäbe.

Zum Aktionsraum von Politik

Unter Politik verstehe ich die Summe aller menschlichen Aktivitäten zur Gestaltung der Bedingungen und Regeln des menschlichen Zusammenlebens und der Organisation von Staat und Gesellschaft, soweit diese Aktivitäten über den Kreis der unmittelbaren mitmenschlichen Beziehungen und von Brauchtum und Sitte hinausgehen. Über diese Definition, die vielen zu abstrakt oder zu allgemein vorkommen mag, habe ich lange nachgedacht. Engere Definitionen würden einen Teil dessen abschneiden, was auch zur Politik gehört. Politik hat nämlich etwas Totales, darin liegt ihre Faszination und ihre Gefahr. Sehr schön kommt dies zum Ausdruck bei Peter von Oertzen, der Politik als »jenes planmäßige, organisierte, sinnorientierte soziale Handeln« definierte, »das beharrlich auf die Schaffung, Erhaltung oder Veränderung der gesellschaftlichen Ordnung hinwirkt«.[1] Politik hat eine Subjekt-, eine Ausführungs- und eine Objektebene. Diese können sich vielfältig überschneiden, auch in ein und derselben Person: So ist der Lehrer einer staatlichen Schule im Beruf ausführendes Organ staatlicher Bildungspolitik, als Steuerzahler ist er Objekt der staatlichen Steuerpolitik und als Mitglied einer politischen Partei und deren Vertreter im Gemeinderat betreibt er selbst Politik, ist also handelndes Subjekt.

Der niedersächsische Kultusminister Peter von Oertzen wurde im April 1973 Vorsitzender der neu eingerichteten SPD-Langzeitkommission. Diese sollte als Ergänzung zum Godesberger Programm ein detailliertes Langzeitprogramm zur Reform Deutschlands entwerfen. Das war nicht nur der Anfang der siebziger Jahre überall grassierenden Planungseuphorie geschuldet. Vielmehr sollte diese Kommission die damals immer deutlicher hervortretenden Gegensätze zwischen dem linken und dem konservativen Flügel der SPD überbrücken. Über Gegensätze sollte diskutiert werden und das Ergebnis in einer gemeinsamen Programmatik zu einem rationalen und konkreten Zukunftsentwurf gerinnen. Ich gehörte damals zu dem kleinen Mitarbeiterstab, der die Arbeit der Langzeitkommission begleitete.[2] Wir diskutierten mit dem Anspruch, die Zukunft zu gestalten und wesentliche Trends geistig vorwegzunehmen, um mit richtiger Politik planvoll und rechtzeitig zu agieren. Wir alle, ob links, ob rechts und oft einander spinnefeind, glaubten, dass dies zumindest teilweise möglich sei. In der Erinnerung daran berührt es merkwürdig, die damaligen Texte nach 40 Jahren erneut zu lesen: 90 Prozent der Themen sind mit jenen der heutigen Politik identisch. Selbst viele Texte, Kompromissformeln und mahnende Beschwörungen von allerlei Ungerechtigkeiten könnten, ohne dass dies jemandem auffiele, in heutige Politikpapiere geschmuggelt werden. Aber die wesentlichen Themen und Trends, die unsere heutige Welt prägen, waren für die damalige Langzeitplanung offenbar unsichtbar, und zwar gleichermaßen für die Perspektiven der Linken wie der Rechten. Sosehr sie sich auch stritten, ihre Zukunftsblindheit teilten sie. Das gemeinsam erarbeitete Langzeitprogramm enthält nichts

- zum Zusammenbruch des Kommunismus, des Ostblocks und zur Wiedervereinigung Deutschlands,
- zum Internet und zur Gesamtheit der digitalen Welt,

- zum Klimawandel,
- zum Aufstieg Chinas,
- zur Integration Europas bis hin zur Europäischen Währungsunion.

Alle diese Megatrends fanden nicht einmal andeutungsweise ihren Weg in den Programmtext. Die Grenzen des menschlichen Wissens sind eben auch Grenzen jedweder Politik. Das ist frustrierend für jene, die Forderungen an die Politik stellen. Es wird außerdem gefährlich für die Allgemeinheit, wenn die politisch Handelnden diese der Politik immanente prinzipielle Wissensbeschränkung aus dem Blick verlieren.

Bei der damaligen Arbeit am Langzeitprogramm erlebte ich unmittelbar, was mir vorher nur intellektuell klar war: Politisches Streben und Handeln muss stets Gegensätzliches vereinen, und es wird deshalb bei den meisten politischen Entscheidungen vernachlässigte Blickwinkel geben, aus denen die Resultate ganz berechtigt kritisiert werden können. Die langen Debatten in der Kommission folgten einer bestimmten Gruppendynamik, in deren Konsequenz sich auch die größten Hardliner unter den Kommissionsmitgliedern der Einsicht nicht verschließen konnten, dass es noch andere Wahrheiten neben der eigenen gibt. Dass dies im Programmtext vielfältig zum Ausdruck kam, war die eigentliche politische Leistung und sicherte die Regierungsfähigkeit der SPD für die nächsten Jahrzehnte ab.

Eine besonders intensive und hitzige Debatte hatte es Anfang der 1970er Jahre in der SPD zu den marxistisch inspirierten Forderungen der Linken gegeben, die »kapitalistische Wirtschaft« durch eine »verbindliche staatliche Wirtschaftsplanung« an die Kandare zu nehmen, also letztlich die unternehmerische Freiheit stark einzuschränken. Solche Bestrebungen bedrohten unmittelbar die Regierungsfähigkeit der SPD. Sie hatten bereits im Mai 1972 zum Rücktritt des Wirtschaftsministers Karl Schiller geführt und kulminierten im Frühling 1973 in dem mit großer Mehrheit getroffenen Beschluss des Bundesparteitags der SPD in Hannover, das Maklergewerbe zu verbieten. Die SPD war damals die größte Partei der Bundesrepublik, sie stellte den Bundeskanzler und hatte bei der Bundestagswahl 1972 die absolute Mehrheit der Stimmen nur knapp verfehlt. Solch ein Parteitagsbeschluss war also kein Spaß, sondern barg die Gefahr einer tiefen Entfremdung von der bürgerlichen Mitte der Gesellschaft, die man zum Regieren brauchte.

Auch aus diesem Grund wurde auf demselben Parteitag die Langzeitkommission eingerichtet. Damit wollte man den Linken ein Forum geben und sie zugleich einbinden. Das Programm war ein in Buchstaben gefasster Einbindungserfolg, denn es kombinierte zahlreiche verbale Verbeugungen nach links mit einer klaren Ablehnung radikaler Forderungen. Zum Thema staatlicher Wirtschaftsplanung liest sich das so: »Es ist … wichtig, der Öffentlichkeit ein klares Bild von den Zusammenhängen und Bedingungen der wirtschaftlichen Entwicklung zu geben und insbesondere gegenüber den Unternehmen klarzumachen, welche Entwicklungen und einzelwirtschaftliche Maßnahmen von Seiten der Parlamente als unerwünscht oder schädlich gekennzeichnet werden. Eine Beseitigung der Unternehmensautonomie durch eine zentrale staatliche Wirtschaftsplanung kommt wegen ihrer vielfältigen schädlichen und unerträglichen Folgen nicht in Frage.«[3]

Bei den Debatten um den Text des Orientierungsrahmens erlebte ich nicht nur den Zusammenprall ganz gegensätzlicher politischer und ökonomischer Theorien, sondern auch die Konfrontation dieser Theorien mit den Fragestellungen und Erfordernissen praktischer Politik, und ich erlebte die Kunst des Kompromisses. Als Peter von Oertzen den Entwurf des Langzeitprogramms 1975 auf dem Mannheimer Parteitag der SPD vorstellte, hörte sich das so an: »Der Orientierungsrahmen '85 ist gewiss … ein Stück politischer Theorie, und die Orientierungsrahmen-Diskussion war demgemäß über weite Strecken eine theoretische Diskussion. Aber dies … ist keine Theorie, die im Gegensatz zur Praxis gedacht werden dürfte … Schon Kant hat gewusst und ausgesprochen, dass bloße Praxis ohne theoretische Grundlegung blind, Theorie ohne praktische Bestätigung aber leer und nichtssagend ist … Eine politische Theorie … die an sich richtig, für die Praxis aber nicht brauchbar wäre, kann es nicht geben, sie wäre ein Widerspruch in sich.«[4]

Der Beifall des Parteitags für diese Rede und die anschließende Verabschiedung des Langzeitprogramms besiegelten wieder einmal die Abwendung der SPD von marxistischem Gedankengut und legten gleichzeitig den Grund für die 30 Jahre später erfolgende Abspaltung der Linkspartei. Möglich wurde die Abwendung nur, weil ein ausgewiesener Linker, nämlich Peter von Oertzen, die Bewegung dorthin anführte. Das war ein Lehrstück in politischer Dialektik und zeigte, dass erfolgreiche politische Praxis aus dem geschickten Umgang mit Widersprüchlichkeiten erwächst. Im Sommer 2015 führte der griechische Ministerpräsident Tsipras diese Kunst beim dritten Rettungspaket für Griechenland zu neuen Höhen, als er sich zunächst ein »Nein« im Referendum holte und dann acht Tage später exakt das tat, was ihm mit dem Referendum untersagt worden war. Wer Widersprüche nicht ertragen kann, wird Politik nur schwer verstehen und selten in ihr erfolgreich sein. Umgekehrt wird derjenige meist schlechte Politik machen, der Widersprüchlichkeit verneint, ihre Äußerungen unterdrückt und sie bei Entscheidungen nicht berücksichtigt. Für gute Politik kommt es darauf an, Gegensätze zu akzeptieren und auf dieser Grundlage ihre praktischen Auswirkungen zu minimieren.

Der Text des Langzeitprogramms beginnt mit einer Exegese der drei sozialdemokratischen Grundwerte »Freiheit – Gerechtigkeit – Solidarität« und versucht ihre Widersprüchlichkeit deutend aufzulösen: »Freiheit bedeutet das Freisein von entwürdigenden Abhängigkeiten und die Möglichkeit, die eigene Persönlichkeit in den Grenzen, die durch die Forderungen der Gerechtigkeit und der Solidarität gezogen werden, frei zu entfalten ... Gerechtigkeit verwirklicht die Freiheit jedes Einzelnen, indem sie ihm gleiche Rechte und gleichwertige Lebenschancen in der Gesellschaft eröffnet ... Solidarität drückt die Erfahrung und die Einsicht aus, dass wir als Freie und Gleiche nur dann menschlich miteinander leben können, wenn wir uns füreinander verantwortlich fühlen und einander helfen. Solidarität hat für uns eine allgemeine menschliche Bedeutung. Sie darf daher auch nicht an den nationalen Grenzen aufhören.«[5] Dieser schöne politische Text läuft darauf hinaus, dass sich der Gegensatz der drei Grundwerte eben nicht wirklich auflösen, sondern allenfalls durch entsprechende Gestaltung der gesellschaftlichen Rahmenbedingungen und Regularien minimieren lässt.

Ökonomen haben für den Fall, dass sich ein Ziel nur auf Kosten eines anderen erreichen lässt, den Begriff »Trade-off« geprägt. Trade-offs sind quasi ein Existenzprinzip der Wirklichkeit. Jeder Leser von Auto-Tests weiß, dass eine härtere Federung die Straßenlage verbessert, aber den Fahrkomfort verschlechtert und umgekehrt. Die Ingenieurkunst besteht darin, bei der Auslegung des Fahrwerks die Grenze, ab der sich dieser Trade-off bemerkbar macht, möglichst weit hinauszuschieben. Ähnliches gilt auch für die Kunst des Politischen: Die Minimierung von Trade-offs im weitesten Sinne ist der Maßstab guter Politik und guten Regierens. Das geht natürlich nicht verbal, indem man das Blaue vom Himmel verspricht, und in der Praxis ist solche Minimierung oft sehr schwer, wenn nicht gar unmöglich.

Der emotionale und geistige Zugriff auf den Raum des Politischen ist grundsätzlich frei und kann aus ganz unterschiedlichen Perspektiven erfolgen. Carl Schmitt meinte, die »spezifisch politische Unterscheidung, auf welche sich die politischen Handlungen und Motive zurückführen lassen«, sei »die Unterscheidung von *Freund* und *Feind*«,[6] und in diesem Sinne hätten »alle politischen Begriffe, Vorstellungen und Worte einen *polemischen* Sinn; sie haben eine konkrete Gegensätzlichkeit im Auge, sind an eine konkrete Situation gebunden, deren letzte Konsequenz … eine Freund-Feind-Gruppierung ist, und werden zu leeren und gespenstischen Abstraktionen, wenn diese Situation entfällt.«[7] Das kann wohl jeder bestätigen, der über längere Zeit Parlamentsdebatten beobachtet hat.[8]

Der Kreis der Regierten

Außenpolitik gehört zur Lieblingstätigkeit vieler Regierender. Das ist pauschal gesehen weder gut noch schlecht. Es darf aber nicht davon ablenken, dass die Verantwortung einer Regierung zunächst einmal dem eigenen Volk gehören sollte. Teil dieser Verantwortung ist es natürlich auch, den Frieden zu sichern, günstige Bedingungen für den Handel zu schaffen, die Stabilität der Weltwirtschaft zu fördern, gemeinsam die Umwelt zu schützen und anderen Staaten und Völkern dabei zu helfen, ihre Angelegenheiten besser zu regeln. Dabei können Teile nationaler Souveränität an internationale Organisationen oder auch Staatenbünde abgegeben werden, soweit dies im Sinne von Sicherheit oder Wohlstand des eigenen Volkes zweckmäßig oder notwendig erscheint. Leitprinzip sollte aber immer sein, dass der konkrete Nutzen des eigenen Volkes gemehrt oder Schaden von ihm abgewendet wird.

Staaten und Grenzen

Kein Staat wird dauerhaft funktionsfähig sein ohne wirksame Souveränität über sein Gebiet und die Möglichkeit, selbst zu entscheiden, wer sich dort zu welchen Bedingungen ansiedelt. Das Fehlen oder das massenhafte Unterlaufen solcher Entscheidungsmöglichkeiten kann die Herrschaft des Gesetzes schwächen und das Vertrauen der Bürger untergraben. Einwanderung steht dazu nicht im Widerspruch, wenn sie nach wirksamen, demokratisch legitimierten Vorgaben erfolgt und die Souveränität des Staates über sein Gebiet nicht unterläuft.

Internationale Verantwortung

Staaten können ihre nationalen Aufgaben in der Regel nur erfüllen, wenn sie gleichzeitig in geeigneter Form Verantwortung für die internationale Ordnung wahrnehmen und an ihrer Gestaltung mitwirken. Dies kann in Form von Militärbündnissen, internationalen Handelsabkommen, Wirtschaftsgemeinschaften oder auch in Form einer Währungsunion geschehen. Tatsächlich ist die Abgrenzung der souveränen Staatlichkeit zur Außenwelt ein gleitendes Kontinuum, das nach Maßstäben der Zweckmäßigkeit und übergeordneter Gestaltungswünsche relativ frei geformt werden kann. Gefährlich wird es aber, wenn hier Illusionen oder Wunschdenken herrschen. Viele unglückliche Kriege sind so entstanden. Eine halbwegs funktionierende Regierung kann Binnenentscheidungen, die sich als falsch erweisen, grundsätzlich relativ leicht korrigieren. Im Fall von internationalen Verträgen oder gar bei kriegerischen Verwicklungen ist dies wesentlich schwieriger.

Die Lebenden und die Ungeborenen

Zweifellos hat ein Staat Verantwortung für die Sicherheit und das Wohlergehen der in seinen Grenzen lebenden Bürger. Aber wie weit reicht diese Verantwortung in die Zukunft? Soll ein heute aktiver Politiker sich dafür verantwortlich fühlen, dass ein heute Neugeborener in 70 Jahren sicher das Rentenalter erreicht und dass seine dann 20 Jahre während Rentenphase auskömmlich finanziert ist? Soll er sich gar verantwortlich fühlen für das Wohlergehen jener, die überhaupt erst in einigen Jahrzehnten geboren werden? Die Antworten der Politik sind widersprüchlich: Die klimatischen Bedingungen in 40 oder 90 Jahren hält man für sehr wichtig und will sie heute schon gestalten. Die demografischen Bedingungen dagegen – wie viele Menschen in Deutschland bis dahin wann von wem geboren werden und wie viele von woher zuwandern – werden ausgeklammert. Man interessiert sich weitaus mehr für die jährlichen Sonnenstunden oder Niederschläge im Jahr 2100 als für die Frage, über wem dann die Sonne scheinen beziehungsweise über wem der Regen niedergehen wird. Die Frage, ob das deutsche Klima im Jahr 2100 heute für die Politik wichtig ist, kann doch nur abgeleitet werden aus der Frage, ob die Menschen, die dann in Deutschland leben, für die heutige Politik wichtig sind.

Die Schöpfung und die Natur

Das führt zu einer weiteren Frage: Gibt es eine Verantwortung des Menschen für die Erhaltung von Umwelt und Natur, und wie lässt sie sich begründen? Tatsächlich hat der Mensch zu allen Zeiten, auch als er in nur geringer Zahl als Jäger und Sammler die Welt durchstreifte, die natürliche Umwelt massiv beeinflusst. Wenn er unterginge, würde sie sich über seinen Resten genauso schließen wie einst über den Resten der Dinosaurier. Seine Einwirkungen auf die Umwelt wären damit irrelevant. Tatsächlich geht es bei der ganzen Umweltpolitik nur um uns: Um unseren Genuss an der Natur, um unseren Wunsch, ihre Früchte und ihre Ästhetik nachhaltig zu genießen. Aber das Geschick der Natur braucht uns nicht mehr am Herzen zu liegen als das Geschick der Menschen selber, denn unser Interesse an ihr ist nur abgeleitet aus unserer eigenen Existenz.

Nachhaltigkeit

Die Phönizier, Griechen und Römer haben in der Antike rund ums Mittelmeer die Höhen der Gebirge abgeholzt, um Schiffe zu bauen und Holz für andere Zwecke zu gewinnen. Sie haben uns die noch heute typischen kahlen Landschaften rund ums Mittelmeer hinterlassen. Nachhaltig war das nicht, und es ist verständlich und richtig, dass wir solche Wirkungen vermeiden wollen. Aber der größte und irreversibelste Eingriff des Menschen in die Nachhaltigkeit der Natur ist die Nachhaltigkeit seiner eigenen Vermehrung: Vor 2000 Jahren – als die Zedern des Libanons in den Schiffsbau wanderten – lebten auf der Welt rund 300 Millionen Menschen, vor 200 Jahren waren es eine Milliarde, gegenwärtig sind es sieben Milliarden, und in wenigen

Jahrzehnten werden es 10 Milliarden sein. Alle diese Menschen wollen einen westlichen Lebensstandard, und wenn sie dafür arbeiten, wird sich auf der gesamten Welt der Lebensstandard zwangsläufig angleichen. Offen ist, auf welchem Niveau, und gegenwärtig ist noch nicht erkennbar, wie dabei der CO_2-Ausstoß so wirksam begrenzt werden soll, dass die prognostizierten Klimafolgen nicht eintreten. Auf internationaler Ebene arbeitet man zwar schon seit längerer Zeit an Indikatoren für nachhaltige Entwicklung. Die methodischen Schwierigkeiten erscheinen aber gegenwärtig unüberbrückbar.[9]

Das Wissen von der Welt
Erst die Vermehrung des menschlichen Wissens – und der dadurch ermöglichte, in Werkzeuge, Verfahren und Maschinen umgesetzte technische Fortschritt – hat die Subsistenzbasis für die Explosion der Bevölkerungszahlen in den letzten 200 Jahren geschaffen. Und nur durch eine weitere Vermehrung unseres heutigen technischen Wissens in noch unbekannte Richtungen wird es möglich sein, dauerhaft 10 Milliarden Menschen (oder mehr) auf der Welt zu kleiden und zu ernähren. Der weitere Fortschritt der Menschheit in Naturwissenschaft und Technik ist deshalb sachlich ohne Alternative. Darum gehört die Erweiterung unseres Wissens von der Welt zu den wichtigsten Aufgaben von Politik. Diese kann den Wissensfortschritt freilich nicht selber erarbeiten – Politiker sind keine Wissenschaftler –, muss aber die entsprechenden Bedingungen dafür schaffen und sichern.

Positive Regierungsziele

Unter den Maßstäben guten Regierens habe ich bisher quasi Strukturfragen abgehandelt Nun komme ich zu jenen Punkten, die die Lebensumwelt der Menschen unmittelbar betreffen:

Freiheit von Gewalt
Die meisten Menschen wünschen für sich und ihre Familie, für ihr Volk und – mit abnehmender Intensität – für alle Menschen auf der Welt, dass sie unbedroht an Leib und Leben, ohne Furcht vor Krieg, Mord, Folter und Gewalttätigkeit aller Art auf dieser Welt leben

können, bis sie schließlich eines natürlichen Todes sterben. Der amerikanische Psychologe Steven Pinker hat vor einigen Jahren in einer monumentalen Untersuchung zur Entwicklung der Gewalt von der Urgeschichte bis in die Gegenwart gezeigt, dass das Gewaltniveau – gemessen am Anteil gewaltbedingter Sterbefälle – in Jäger-und-Sammler-Gesellschaften ohne staatliche Strukturen (also in der gern romantisierten Urgesellschaft) am höchsten war und mit der Ausbildung von Staatlichkeit systematisch zurückging. Am niedrigsten ist das Gewaltniveau heute in entwickelten, demokratischen Industriegesellschaften. Pinker schließt bei seinen Untersuchungen alle Formen von Gewalt, Mord, Krieg und Terror jedweder Art ein.[10]

Gesundheit
Neben der Sicherheit von Leib und Leben ist das physische Wohlbefinden für die meisten Menschen elementar. Die Bevölkerungsexplosion auf der Welt wurde nicht durch einen Anstieg der Geburtenraten, sondern durch einen umfassenden Rückgang der Sterberaten verursacht. Allerdings wurde dieser Rückgang nur in entwickelten Gesellschaften mit entsprechend ausgebauten Frauenrechten durch einen Geburtenrückgang kompensiert. Heute ist die durchschnittliche Lebenserwartung eines Neugeborenen der wohl umfassendste Indikator für den Entwicklungsstand einer Gesellschaft.

Freiheit der Meinung, der Lebensformen und des Ausdrucks
Freiheit hat subjektive und objektive Elemente, sie hängt vom Grad äußerer Zwänge ab und ist doch zum großen Teil sozial vermittelt. Freiheit ist zunächst ein Lebensgefühl, aber in vielen Aspekten auch objektiv messbar. Freiheit bedeutet nicht immer Glück, und auch der Unfreie kann glücklich sein. Wer sich hier kurzfasst, ist unterkomplex und liegt schon deshalb wahrscheinlich schief. Ich setze an dieser Stelle folgendes Werturteil: Eine Gesellschaft ist umso besser, je mehr Freiheitsraum sie dem Einzelnen gewährt, ohne dass dadurch die Freiheit anderer unzumutbar beschränkt oder deren Sicherheit beeinträchtigt wird. Daneben stelle ich folgende Sachbehauptung: Gesellschaften sind umso innovativer und umso produktiver, sie produzieren umso mehr Wohlstand und generieren umso mehr Wissen, je freier sie verfasst sind.

Bildung und Aufstieg

Die Menschen kommen mit unterschiedlichen Antrieben, Interessen und Gaben auf die Welt. Staat und Gesellschaft dienen dem Interesse jedes einzelnen Menschen und der Gesellschaft, wenn sie jedem die Bildung nach seinen Interessen, seinen Fähigkeiten und seiner Leistungsbereitschaft ermöglichen und dafür Sorge tragen, dass es überall einen wirksamen Wettbewerb der Guten und der Besten gibt. Aber auch der unterdurchschnittlich Begabte muss seine Fähigkeiten so ausbilden können, dass er Respekt vor sich selbst entwickeln und zu einem nützlichen Mitglied der Gesellschaft werden kann.

Arbeit

Arbeitsame und fleißige Gesellschaften sind wohlhabender, glücklicher, innovativer und im Durchschnitt weniger gewalttätig. Zwischen einer Kultur der Freiheit, einer Kultur der Bildung sowie der Arbeit besteht ein enger Zusammenhang. Auch hier ein Werturteil: Eine Gesellschaft ist umso besser, je mehr sie von einer Kultur der Arbeitsethik beherrscht wird. Dazu muss die Gesellschaft aber auch sicherstellen, dass jeder, der eine bezahlte Arbeit sucht, der ausreichend qualifiziert ist und ein gewisses Pflichtbewusstsein zeigt, eine Arbeit findet, von deren Ertrag er leben kann.

Lebensstandard

Konzepte und Indikatoren von Wohlstandsniveaus sind eine komplexe Angelegenheit.[11] Bisher konnte noch keine überzeugende Alternative zum international abgestimmten Konzept der volkswirtschaftlichen Gesamtrechnung entwickelt werden.[12] Wird das so ermittelte Bruttoinlandsprodukt (BIP) oder Volkseinkommen pro Kopf der Bevölkerung noch bereinigt um die Wirkungen der unterschiedlichen Binnenkaufkraft des Geldes in den verschiedenen Ländern, so hat man einen recht zuverlässigen Indikator für das Wohlstandsniveau eines Landes. Er korrespondiert auch gut mit der allgemeinen Lebenserfahrung: Natürlich lebt es sich besser in der Schweiz mit einem Pro-Kopf-BIP von 54 000 Dollar als in der Türkei mit einem Pro-Kopf-BIP von 19 000 Dollar, und dort weitaus besser als in der Zentralafrikanischen Republik mit einem Pro-Kopf-BIP von nur 600 Dollar, dem Schlusslicht der entsprechenden Statistik des Internationalen Währungsfonds.[13]

Soziale Sicherheit

Ein kollektiver, durch die Gesellschaft garantierter Schutz vor den Wechselfällen des Lebens wie Krankheit, Arbeitslosigkeit oder Erwerbsunfähigkeit wurde erstmals vor 130 Jahren im Deutschen Reich eingeführt und ist seitdem in den entwickelten Industriegesellschaft vielfältig ausgebaut worden. Die moralische Notwendigkeit und gesellschaftliche Zweckmäßigkeit solcher Schutzvorkehrungen sind elementar und undiskutierbar.

Korrekturbedarf ergibt sich immer wieder aus falschen Anreizwirkungen, denn es soll ja Not abgewendet und nicht der Faulpelz oder Schmarotzer unterstützt werden. In den letzten drei Jahrzehnten zeigte sich zudem das Problem, dass sozialstaatliche Unterstützungen eine »Einwanderung in die Sozialsysteme« aus armen, wenig entwickelten Ländern auslösen können und auch tatsächlich ausgelöst haben. Es trägt bei zum Umfang der gegenwärtigen Flüchtlingswelle und zur besonderen Popularität Deutschlands als Zufluchtsort.

Gleichheit vor dem Gesetz und den staatlichen Organen

Unbestechliche Staatsverwaltungen, die nach den gesetzlichen Vorschriften verfahren und nach dieser Maßgabe alle Bürger und Interessenten, auch mächtige und einflussreiche, gleich behandeln, haben sich in Europa mit der Herausbildung des modernen Staates in der Neuzeit entwickelt. Unbestechlichkeit und Objektivität der Verwaltung sind nicht nur wichtig für das moralische Klima in einem Land, sondern offenbar auch entscheidend für seine wirtschaftliche Entwicklung. Jedenfalls zeigt der von Transparency International entwickelte und seit 1995 jährlich veröffentlichte Korruptionswahrnehmungsindex[14] einen klaren Zusammenhang zwischen dem Korruptionsniveau und dem wirtschaftlichen Entwicklungsstand. Im Durchschnitt haben die reichsten Länder auch die geringste Korruption. Eine Ausnahme bilden Länder mit niedrigem Entwicklungsstand, deren Reichtum auf Rohstoffen beruht. Hier kann der schnelle Reichtum, den Rohstoffe bedeuten, die Korruption fördern und die Entwicklung behindern. Nimmt man die Rohstoffkomponente heraus, dann entspricht die Rangordnung der Länder im Wohlstandsniveau weitgehend ihrer Rangordnung im Korruptionswahrnehmungsindex. Unter allen Ländern der Welt steht die Türkei beim Korruptionsindex 2014 an 64., beim Pro-Kopf-BIP an 62. Stelle. Die Schweiz nimmt beim Korruptionsindex die 5., beim Pro-Kopf-BIP die 9. Stelle ein. Deutschland belegt beim Korruptionsindex den 12., beim Pro-Kopf-BIP den 17. Platz. Eine unbestechliche Staatsverwaltung ist also für den Entwicklungsstand eines Landes von zentraler Bedeutung.

Effizienz des Staatsapparats

Der Staat finanziert sich im Wesentlichen aus den Steuern und Abgaben der Bürger, soweit er nicht zur Schuldenfinanzierung greift. Der internationale Vergleich zeigt, dass es Staaten mit ausgeglichener Sozialstruktur und guten Staatsleistungen bei relativ niedrigen Abgabequoten und umgekehrt Staaten mit hohen Abgabequoten und relativ schlechten Staatsleistungen gibt. Auch das staatliche Tun kann und muss deshalb immer wieder auf Effizienz geprüft werden. Das tut dem politischen Charakter staatlicher Leistungen überhaupt keinen Abbruch. Effizienz und politisches Wollen dürfen nicht gegeneinander ausgespielt werden.

Legitimität, Gemeinschaft der Bürger, Sozialkapital

Das Vertrauen des Bürgers in staatliche Institutionen, in deren Leistungskraft und Sachgerechtigkeit wird durch langjährige Gewohnheiten sowie durch Erfahrungen und das gesellschaftliche Klima bestimmt. Die so entstandene Legitimität ist die wesentliche Quelle für staatliche Autorität und damit auch für die Leistungs- und Entscheidungsfähigkeit des Staates in kritischen Lagen. Das allmählich erstarkende Vertrauen in die staatliche Autorität stärkt auch die Neigung des Bürgers, sich fair zu verhalten, nicht zu betrügen und staatliche Leistungsangebote nicht auszubeuten. Gleichzeitig wird dadurch die Ehrlichkeit bei Abgaben und Steuern gestärkt. Langjähriges gegenseitiges Vertrauen produziert Zustände wie in Dänemark. Langjährige Enttäuschungen produzieren Zustände wie in Griechenland oder Süditalien oder gar wie in Haiti. Änderungen zum Besseren können offenbar nur über viele Jahrzehnte bewirkt werden. Noch heute ist in Italien, Rumänien und der Ukraine der Grad des Vertrauens in staatliche Einrichtungen ebenso wie die Qualität dieser Einrichtungen regional unterschiedlich, je nachdem ob ein Landesteil einstmals zu Österreich-Ungarn gehörte oder nicht. Das heißt, die

Qualitäten der relativ leistungsfähigen und korruptionsarmen Bürokratie der Donaumonarchie wirken noch 100 Jahre nach ihrem Untergang nach – sowohl im Leistungsstand der Institutionen wie im Vertrauen der Bürger in diese Institutionen.

Die vorgestellten Maßstäbe spiegeln ein bestimmtes Weltbild. Aus anderen Weltbildern oder anderen Interessen desjenigen, der die politischen Ziele setzt, ergeben sich selbstverständlich andere Maßstäbe. Tatsächlich haben während des größten Teils der Menschheitsgeschichte – und das gilt auch heute noch in weiten Teilen der Welt – Maßstäbe für die Regierenden gegolten, die weit entfernt sind von den oben aufgeführten. Sie verfolgten eben andere Ziele. Einige solcher – aus obiger Sicht illegitimer – Regierungsziele nenne ich im Folgenden.

Illegitime Regierungsziele

Machtlust und Herrschsucht

Das Streben nach Rang und Macht ist die Kehrseite der sozialen Natur des Menschen. Ohne ein gewisses Maß an Rangunterschieden und Hierarchie ist das Zusammenleben in sozialen Gruppen – von der Kleinfamilie bis zum großen Staatswesen – gar nicht möglich. Rang und Macht gewährten zu allen Zeiten Selektionsvorteile, weil von ihnen der Zugang zu Nahrungsquellen und die Chancen der Fortpflanzung abhingen. Insofern gehört das Streben nach Rang und Macht zu den natürlichen Instinkten der Menschen und selbstverständlich auch der Politiker. Illegitim wird dieses Streben, wenn sich die politischen Intentionen darin erschöpfen und die schiere Lust an der Herrschaft dominiert, nicht aber der Wunsch, mit der gewonnenen Macht, dem errungenen Amt etwas Sinnvolles anzufangen, das über die Befriedigung der persönlichen Bedürfnisse hinausweist.

Bereicherung auf Kosten anderer

Seit jeher haben jene einen besseren Zugriff auf Ressourcen aller Art, die sich am oberen Ende der sozialen oder politischen Hierarchie befinden. Und es war zu keiner Zeit illegitim, sondern ganz menschlich, dass sie davon auch Gebrauch machten. In weiten Teilen der Welt erwartet man von den Herrschenden bis heute nichts anderes und nimmt es ihnen durchaus nicht übel, vorausgesetzt, dass sie auch ihren Clan, ihren Stamm oder ihre wie immer definierte Klientel an den so erworbenen Reichtümern angemessen teilhaben lassen. Politik war also stets auch die Regelung von Ausbeutungsverhältnissen. In weiten Teilen der Welt und selbst bei manchen Politikern in westlichen Demokratien dominiert diese Gesinnung noch immer das politische Handeln. Das ist genau der Punkt, an dem sich der Übergang ins Illegitime vollzieht.

Bevorzugung der eigenen Familie oder des eigenen Clans
Eine Tendenz zur Bevorzugung der eigenen Verwandten und – daraus abgeleitet – der eigenen Kleingruppe, des eigenen Clans, Stammes oder Volkes ist dem Menschen quasi genetisch in die Wiege gelegt. Im sozialen Nahbereich ist diese Tendenz auch heute noch nützlich, denn sie führt zu einer spontanen sozialen Organisation der Gesellschaft und stiftet einen hohen Nutzen. Der Schaden beginnt dort, wo sich Amtsträger aller Art, die Sachwalter des öffentlichen Interesses sein sollten, nicht an der Logik der mit dem Amt einhergehenden Aufgabe, sondern an der Begünstigung jener ausrichten, die ihnen nahestehen.

Unterwerfung oder Vernichtung anderer Völker oder Staaten
zur Gewinnung eigenen Lebensraums oder zur Befriedigung
eigener Vorurteile
Die Geschichte der Menschheit ist zu großen Teilen die Geschichte von Eroberung und Vernichtung und, soweit sie geschrieben ist, reich an ganz sachlichen Berichten über das Hinschlachten der Besiegten, sofern sie nicht versklavt und ihre jungen Frauen vergewaltigt und verschleppt wurden.[15] Es war ganz normal und quasi ein Fundament der sozialen Welt, dass Mitgefühl und Solidarität auf jene beschränkt wurden, die man als Mitglieder der eigenen sozialen Gruppe wahrnahm. Noch die Barbareien des 20. Jahrhunderts legen davon ein erschütterndes Zeugnis ab.

Gewaltsame Verbreitung einer bestimmten Religion oder Ideologie
Häufig, nicht immer, war die Unterdrückung oder Vernichtung anderer Völker und Staaten oder auch von Gruppen im eigenen Land religiös motiviert oder wurde so gerechtfertigt. Beim Kommunismus

und Nationalsozialismus traten Ideologien an die Stelle der Religion. Aktuell sehen wir, wie der Nahe Osten von einem Religionskrieg erschüttert wird, in dem Menschen wegen ihres Glaubens nicht nur unterdrückt, sondern mitunter auch vernichtet werden.

Die Liste der politischen Ziele, die ich illegitim nenne, ist ebenfalls Ausfluss von Werturteilen. Auch für ihre Akzeptanz oder Verwerfung gibt es keine rationale, beweiskräftige Letztbegründung. Das macht ja den Argumentationsaustausch mit Fundamentalisten und Fanatikern aller Art so schwierig, wenn nicht gar unmöglich.

Bei aller berechtigten Resignation und Verzweiflung über manch üble Zustände auf der Welt muss man sich als besorgter Kritiker vor der fundamentalistischen Falle des Schwarzsehers hüten. Die gute Nachricht ist: Die Menschheit hat gezeigt, dass sie zur Hervorbringung ganz unterschiedlicher politischer und sozialer Zustände befähigt ist. Kein böser Zustand ist quasi naturgesetzlich verursacht, seine Veränderung liegt stets in menschlicher Hand. Die schlechte Nachricht ist: Solche Veränderungen müssen zumeist aus dem Inneren der betroffenen Gesellschaften selber kommen. Die Intervention von außen, schon gar die militärische, hat oft mehr Schaden als Nutzen gestiftet. Dies wird aus meiner Sicht besonders deutlich an den Wirkungen aller Interventionen des Westens in der islamischen Welt, vor allem im Nahen Osten, in den letzten 100 Jahren, also seit dem Ende des Ersten Weltkriegs und dem Untergang des Osmanischen Reiches.

Die Geschichte lehrt, dass der soziale und politische Zustand einer Gesellschaft stets Ausfluss einer kulturellen Leistung (oder von deren Fehlen) ist. Ein bestimmter Pfad von Zufällen, Entscheidungen und Ereignissen hat dorthin geführt. Dieser Pfad hätte auch ganz anders verlaufen können. Nur im Rückblick war eine bestimmte Entwicklung scheinbar determiniert. Zukunftsbezogen sind stets sehr unterschiedliche Entwicklungen denkbar. Gute und realistische Politik setzt hier an. Sie unterscheidet zwischen Bedingungen, die jetzt nicht zu ändern sind, und anderen, die man ändern kann. Sie geht von Prinzipien aus, bleibt dabei aber flexibel und bemüht sich um stufenweise Änderungen. Dabei kann sie umso erfolgreicher sein, je intelligenter und differenzierter sie sich bemüht, aus dem reichen Erfahrungsschatz der Menschheitsgeschichte zu lernen.

Zehn Regeln für den guten Regenten

Wenden wir uns nun dem Personal, den Regenten, zu. Einen Regenten nenne ich den Inhaber eines öffentlichen Amtes, dessen Amtsmacht über den weisungsabhängigen Vollzug bestehender Gesetze hinausgeht und der – sofern er will – grundsätzlich in der Lage ist, in gewissem Umfang auf die Entwicklung öffentlicher Angelegenheiten gestaltend Einfluss zu nehmen. Auch ein Beamter kann, abhängig von Amtsmacht und Gestaltungswillen, Eigenschaften eines Regenten haben. Auf der anderen Seite sind viele Abgeordnete, vom Stadtrat bis zum Mitglied des Deutschen Bundestages, und auch ein Teil der politischen Repräsentanten in öffentlichen Ämtern aufgrund ihrer persönlichen Eigenschaften und/oder ihres objektiven Einflusses weit davon entfernt, Einfluss nehmen zu können wie ein Regent. Ein Regent in meiner Definition ist nicht unbedingt autonom oder unabhängig. Er muss rein formal keineswegs eine besonders hohe Stellung haben. Er unterliegt Weisungen oder Mehrheitsentscheidungen, hat Loyalitätspflichten zu erfüllen, muss kooperieren, für seine Vorstellungen werben, den Interessen anderer dienen, hin und wieder einmal nachgeben und auf die Wünsche und Vorstellungen seiner Chefs eingehen. Stellt man all dies in Rechnung, so bleiben unter dem Strich zwei Fragen: Hat er Raum zu gestalten, und hat er den Willen dazu?

Nachdem ich 1982 im Bundesfinanzministerium bei der Übernahme einer Referatsleitung für das Sondervermögen Deutsche Bundespost zuständig geworden war und zum ersten Mal die rund eine Woche dauernden Verhandlungen über den Wirtschaftsplan der Post hinter mich gebracht hatte, fragte mich mein sehr tüchtiger Sachbearbeiter, der das Arbeitsgebiet schon seit Jahren betreute, mit allen Anzeichen der Erstaunens: »Warum engagieren Sie sich eigentlich so?« Ich hatte ja weder irgendwelche Weisungen, wie ich vorgehen sollte, noch stand ich unter irgendeiner Aufsicht. Solange die gesetzliche Postablieferung nicht gefährdet wurde, interessierte sich im ganzen großen Bundesfinanzministerium niemand dafür, ob die Investitionen bei der Post wirtschaftlich waren und das Personal sparsam eingesetzt wurde. Nach einigem Zögern sagte ich, ich wolle im Interesse der Gebührenzahler und des Eigentümers ein wirtschaftliches

Unternehmen und mache deshalb das Einvernehmen des Finanzministeriums mit dem Wirtschaftsplan der Post von jenen Vorgaben abhängig, die ich für richtig halte. Der Sachbearbeiter – dies war der Anlass seiner Frage – hatte natürlich viel mehr Arbeit als unter meinem Vorgänger, und die Post hatte ein neues Feindbild, das war der Ministerialrat Sarrazin aus dem Finanzministerium. Aber meinem Sachbearbeiter machte es – nach einer Umstellungsphase – in den folgenden sieben Jahren viel mehr Spaß als früher. Ohne mir groß darüber Gedanken zu machen oder entsprechende Weisungen zu erhalten, übte ich die gesetzlichen Einvernehmensrechte des Bundesfinanzministeriums beim Sondervermögen Deutsche Bundespost mit einem eigenen inhaltlichen Gestaltungswillen aus und war insoweit »Regent«.

Was zeichnet einen guten und erfolgreichen Regenten aus?

Ich habe dazu zehn Regeln aufgestellt. Sie beruhen auf den Erfahrungen, die ich im Laufe meines Berufslebens gewonnen habe, und generell auf meinen Beobachtungen des Verhaltens anderer. Sie können aber auch anhand vielfältiger Beispiele historisch abgeleitet werden.

1. Nur bedingt Vollstrecker des Zeitgeists sein
Aktuelle Einschätzungen und populäre Zielsetzungen entpuppen sich nach einiger Zeit nicht selten als bloße Moden. Leider weiß man das erst im Nachhinein genau. Ein guter Regent achtet darauf, sich in seiner inneren Vorstellungswelt von Strömungen des Zeitgeistes fernzuhalten. Zugleich versucht er aber, sein Sensorium für diese Strömungen ausreichend empfindlich zu erhalten.

2. Sich der psychologischen Macht der Medien
und der Sogkraft von Mehrheiten entziehen
Jede entscheidungserhebliche Sachfrage und ihr Beziehungsgeflecht muss so gründlich durchdacht werden, wie es ihrem Gewicht und den geistigen und zeitlichen Ressourcen, über die man verfügt, angemessen ist. Ein so gewonnenes Urteil muss fortlaufend überprüft werden, solange es entscheidungserheblich ist. Ist man dabei gewissenhaft und gründlich vorgegangen, hat man nicht nur das Recht, sondern auch die Pflicht, jeder Versuchung zu widerstehen, mit den Wölfen zu heulen, weil dies bequemer ist oder Vorteile bringt. Die einzige Ausnahme:

Durch Nachgeben in einer weniger wichtigen Angelegenheit verbessert man die Voraussetzungen für den Erfolg in einer anderen, wichtigeren Sache.

3. Einen inneren Kompass haben

Ein guter Regent hat ein Weltbild oder eine Einstellung, die ihn befähigt, Sachverhalte und Ereignisse, mit denen er dienstlich umgehen muss, richtig und mit einem untrüglichen Sinn für Proportionen und Zusammenhänge einzuordnen. Wenn er sein Handeln so ausrichtet, liegt darin selbstverständlich keine Garantie, dass er auch das Richtige tut. Vielleicht liegt er ja grundsätzlich ganz falsch. Aber er handelt zumindest konsistent und unabhängig von Tageslaunen. Das ist nicht unbedingt ein Wahrheitskriterium, aber eine wichtige Erfolgsvoraussetzung.

4. Langfristig denken

Jedes Problem und seine Lösung folgen nicht nur einer eigenen sachlichen, sondern auch einer eigenen zeitlichen Logik: Will ich Unfallopfern *jetzt* helfen, muss ich den Unfallwagen bestellen. Will ich noch unbekannten künftigen Unfallopfern helfen, muss ich ein Konzept für leistungsfähige Unfalldienste umsetzen, vielleicht sogar erst entwickeln. Gibt es dabei Finanzierungsprobleme, muss im Haushalt der zuständigen Gebietskörperschaft auf lange Sicht entsprechend umgeschichtet werden. Das kann Einschränkungen bei anderen Diensten bedeuteten. Vielleicht bedeutet es aber auch Einsparungen in der allgemeinen Verwaltung oder eine Steuererhöhung. Will man Probleme wirklich lösen, muss man sie häufig geistig aus der langen Perspektive auf die kurze Sicht projizieren, nicht aber umgekehrt. Was kurzfristig die Lösung ist, kann langfristig zum Problem werden. Wenn ich das Problem aber auf lange Sicht löse, wird indirekt gar nicht selten auch die kurzfristige Übergangslösung erleichtert.

5. Machtbewusst sein

Gestaltungsmacht ist für den Regenten notwendig, aber sie ist auch flüchtig: Man macht sich an unnötiger Stelle einen Feind zu viel. Man übersieht die Treulosigkeit eines opportunistischen Mitarbeiters. Man hat Widerstände unterschätzt. Der eigene Chef wechselt zum falschen Zeitpunkt. Bündnispartner gehen verloren. Was auch immer – die Welt der Macht, ob groß oder klein, ist eine Schlangengrube. Grundsätzlich ist es angebracht, einen nennenswerten Teil der geistigen und seelischen Energie in die kontinuierliche Überprüfung und Absicherung der eigenen Position zu stecken und dabei eher nicht zu sparen.

6. Nicht zu viel wollen

Die Pläne, die man hat, können gar nicht umfassend genug sein, solange man sie für sich behält und ständig an ihnen arbeitet. Aber jeder große Plan sollte in kleinere Schritte unterteilbar sein, die möglichst eine eigene, abgeschlossene Logik haben und bei Erfolg für sich selber sprechen. Diese Teilschritte muss man stufenweise abarbeiten. Man muss sich auf Misserfolge vorbereiten. Und man sollte nie mehr Projekte gleichzeitig betreiben, als man mit den eigenen geistigen und organisatorischen Ressourcen auch bewältigen kann. Im Rahmen des großen Plans muss man bei den Teilschritten ausreichend flexibel sein. Hier muss der Grundsatz der sozialen Stückwerktechnik konkret mit Leben erfüllt werden.

7. Risiko-avers sein

Die politische und soziale Wirklichkeit gestattet kaum Experimente. Was immer geschieht, ist zunächst einmal real. Ein Fehlschlag kann objektiv sehr schädlich sein. Er kann aber auch, selbst wenn er gar nicht so bedeutend ist, schlicht das Renommee zerstören, auf dem die eigene Durchsetzungsfähigkeit in viel wichtigeren Fragen beruht. Das heißt nicht, dass man nicht kühn und umfassend handeln soll. Aber man sollte die Wahrscheinlichkeit und die Folgen eines Fehlschlags ausreichend einschätzen können. Oft ist der Weg über mehrere sorgfältig geplante Stufen am Ende schneller und ungefährlicher.

8. Ein klares Bild haben

Man kann niemals alles wissen. Aber man kann mehr oder weniger wissen, und das sich daraus ergebende Bild kann klar oder unklar sein. Ein klares Bild muss nicht umfassend sein. Das ist oft sogar weder möglich noch wünschenswert. Klar im Blick haben muss ich den jeweiligen Sachverhalt, den es jetzt zu entscheiden gilt, und darf dort erst dann handeln, wenn es keine vernünftigen Zweifel mehr gibt. Aber auch von den Auswirkungen meines Handelns auf das Umfeld des zu entscheidenden Sachverhalts muss ich einen ausreichend klaren Begriff haben – und ein Gefühl dafür, wann diese Auswirkungen Zweifel an der eigentlichen Entscheidung aufkommen lassen.

9. Hartnäckig sein

Nur wenige Ziele sind auf direktem Wege ohne Fehlschläge zu erreichen. In Bezug auf wichtige Ziele kann man gar nicht redundant genug vorgehen. Man muss sich auf unwahrscheinliche Ereignisse vorbereiten, muss mehr Maßnahmen planen, als man zur Erreichung des Zieles braucht, und man muss immer wieder über ganz neue Ansatzpunkte nachdenken. Das schließt auch die Bereitschaft ein, Jahre und Jahrzehnte zu warten und dabei nicht nachzulassen.

10. Flexibel bleiben

Das meiste ändert sich ununterbrochen, mal schnell, mal langsamer. Das gilt für handelnde Personen, vorherrschende Ideen, finanzielle Spielräume und technische Möglichkeiten. Das bleibt nicht ohne Einfluss auf die politischen Ziele und Institutionen, und es kann ganze Aufgabenfelder gegenstandslos machen: Im Zuge der Postreform wurde Anfang der neunziger Jahre das Sondervermögen Deutsche Bundespost in Post und Telekom aufgespalten. Die beiden Nachfolger wurden zu Aktiengesellschaften. Die Einvernehmensrechte des Bundesfinanzministeriums, die ich mit so viel Energie (und, wie ich denke, mit Nutzen für Staat und Gesellschaft) verwaltet hatte, entfielen ersatzlos. Das war aus meiner Sicht in Ordnung. Ich unterstützte die Postreform von ganzem Herzen (sie wäre auch ohne meine Unterstützung gekommen) und suchte mir rechtzeitig andere Aufgaben.

In der politischen Wirklichkeit entsprechen die allermeisten Inhaber politischer Macht dem Idealbild des guten Regenten leider nicht einmal annähernd. Das ist nicht neu, und wahrscheinlich täuscht man sich, wenn man sehnsüchtig in die Vergangenheit schaut. Aber es ist ein bisschen wie mit dem priesterlichen Gelübde der Keuschheit: Ein Ideal bleibt ein Ideal, auch wenn nur wenige ihm genügen können und wollen.

Grundsätze guter Regierung

Platon hat in seinem Werk *Der Staat* die Frage »Wer soll herrschen?«
zum Kernproblem der Staatsorganisation erklärt und mit der Klasse
der Wächter und den Philosophenkönigen eine zugleich undemokra-
tische und utopische Lösung geliefert. Die Frage, wie man die Falschen
von der Macht fernhält, wie man die Mächtigen am Missbrauch der
Macht hindert und wie man sie ohne Gewalt von der Macht wieder
entfernt, konnte er nicht beantworten.

Die Lösung für dieses Problem entwickelte sich seit dem Mittelalter in Europa. Sie hieß Kontrolle der Macht und Erlass der Gesetze
durch gewählte Volksvertreter sowie Aufteilung der staatlichen Gewalt zwischen Regierung, Parlament und Gerichtsbarkeit: Kein Inhaber staatlicher Macht soll über dem Gesetz stehen, und auch die Auslegung der Gesetze obliegt im Streitfall nicht der Regierung, sondern
der Gerichtsbarkeit. Wahlrecht, Gewaltenteilung und Gesetzesherrschaft (*rule of law*) bilden gemeinsam das Fundament des modernen
Verfassungsstaates.

Der Vergleich funktionierender, stabiler Demokratien zeigt, dass
diese Prinzipien institutionell sehr unterschiedlich ausgeformt werden
können, ohne dass ihr Sinngehalt und die tatsächliche Funktionsfähigkeit des Staatswesens beeinträchtigt wird. Andererseits gibt es
auf der Welt sehr viele instabile und nur mäßig demokratische staatliche Ordnungen, die formal parlamentarische Demokratien sind, wie
etwa Argentinien, Venezuela, Pakistan und Simbabwe.

Gute Institutionen und Gesetze allein reichen offenbar nicht aus.
Ihr Sinngehalt muss von den Bürgern und Amtsträgern auch gelebt,
ihre Regeln müssen mehr oder weniger verinnerlicht werden. Mit be-
stechlichen Richtern kann es keine unabhängige Gerichtsbarkeit geben. Übergriffige Amtsträger wiederum werden ihr Verhalten nicht
der Gesetzeslage anpassen, wenn und soweit ihre Übergriffe folgenlos
bleiben.

Ohne ein gewisses Maß an allgemeiner Gesetzestreue, Amtsethos
und Pflichtbewusstsein funktionieren auch sehr gut konstruierte
staatliche Institutionen nur schlecht oder gar nicht. Wo aber der gesetzestreue Bürger betrogen wird, wird man regelhaftes Verhalten von
ihm nicht erwarten können.

Staatliche Institutionen prägen die Gesellschaft – und umgekehrt. Identische Regeln können aber sehr unterschiedlich befolgt werden. Dieses Henne-Ei-Problem werde ich hier nicht auflösen können. Seine Problematik sehen wir an unzähligen Beispielen:

- In Italien funktionieren auch 150 Jahre nach der staatlichen Einheit dieselben Institutionen sehr unterschiedlich, und dieselben Gesetze werden unterschiedlich angewandt, je nachdem ob man sich in Nord-, Mittel- oder Süditalien bewegt.[16]
- In Griechenland herrscht auch fast 200 Jahre nach der Gründung des modernen griechischen Staates unter dem formalen Dach einer parlamentarischen Demokratie ein ungehemmter Klientelismus, der nicht nur den Gehalt der Gesetze prägt, sondern auch die Art ihrer Anwendung pervertiert.
- In manchen Ländern der Welt, etwa in Haiti oder Nigeria, regieren trotz formaler Demokratie anscheinend ununterbrochen kleptokratische Eliten. Für solche Länder ist der gelegentliche Diktator, der zumindest irgendeine Art von Ordnung herstellt, oft tatsächlich ein Segen, auch wenn er den Schleier der demokratischen Legitimität unbekümmert zerreißt.

Die Institutionen eines Staates und eines Regierungssystems, die Art ihrer Konstruktion und den Grad ihrer Funktionsfähigkeit können wir offenbar von den Mentalitäten und sozialen Gewohnheiten der Bürger, von ihren Lebenszielen und dem Grad ihrer verinnerlichten Rechtstreue nicht trennen. Dieser Umstand macht die Konstruktionsart von Institutionen und den Inhalt von Gesetzeswerken zwar nicht weniger wichtig, aber er entlarvt die Hoffnung, durch die richtigen Institutionen und Gesetze ließen sich Gesellschaften schnell ändern, als technokratische Wahnvorstellung. Die Entwicklung der westlichen Gesellschaften seit dem Mittelalter und ihre allmähliche Transformation in demokratische marktwirtschaftliche Ordnungen haben gezeigt, dass es zwischen der Herausbildung von Institutionen sowie der Formung von Gesetzeswerken einerseits und den Strömungen und Mentalitäten in der Bevölkerung andererseits eine gegenseitige Beeinflussung gibt.[17] Dieses komplexe Bedingungsverhältnis ändert auch fortlaufend den Blick der Gesellschaft auf ihre Gesetze und

Institutionen. Ganz egal, ob man das im Einzelnen gut oder schlecht findet: Es ist ganz einfach so.

Trotz all dieser Relativierungen und dringend gebotenen Bedenklichkeiten gibt es aus meiner Sicht gleichwohl ein überzeitliches Substrat an Grundsätzen guten Regierens. Sie ergeben sich aus der Natur des Menschen und den Eigenarten der menschlichen Gesellschaft. Diese Grundsätze fördern Freiheit, Wohlstand und Frieden und tragen dem natürlichen Eigennutz des Menschen wie auch seiner Bereitschaft zur Kooperation pragmatisch Rechnung. Sie können, im Sinne Benthams, das »größte Glück der größten Zahl« am ehesten sicherstellen. Die Prinzipien guter Regierung umfassen stets

- Herrschaft des Gesetzes (*rule of law*) als Grundsatz und Beschränkung staatlicher Machtausübung,
- gesicherte Eigentumsrechte,
- Freiheit wirtschaftlicher Betätigung,
- Koalitions- und Vertragsfreiheit,
- Freiheit der Meinungsäußerung, Religionsfreiheit, Freiheit von Wissenschaft und Forschung.

Ergänzt und modifiziert werden diese Prinzipien durch Regeln zur

- Erlangung und Kontrolle politischer Macht,
- Gewaltenteilung staatlicher Macht,
- Sicherung individueller Freiheitsrechte,
- Sicherung eines funktionierenden Wettbewerbs und zur Einheit von Haftung und Entscheidung,[18]
- staatlichen Garantie der existentiellen Sicherung,
- Erfüllung bestimmter bürgerlicher Pflichten (beispielsweise Besteuerung, Schulpflicht, Wehrpflicht),
- Sicherung gegen Umsturz und Gefährdung von innen und außen.

Die Beaufsichtigung, Änderung und Modifizierung dieses Regelwerks ist die Aufgabe von Politik. Dabei besteht stets die Gefahr, dass undurchdachte und widersprüchliche Einzelregeln den generellen Wirkungszusammenhang beeinträchtigen und so mehr Schaden anrichten als Nutzen stiften.[19] Es hat sich dabei herausgestellt, dass sich die marktwirtschaftliche Demokratie innerhalb gewisser Grenzen erstaunlich robust verhält gegen Unterschiede in der Regierungsideologie betreffend Umverteilung, Staatsanteile oder expansive Finanzpolitik,[20] und dass es einen klaren Zusammenhang gibt zwischen dem subjektiven Lebensglück des Einzelnen und dem Wohlstandsniveau einer Gesellschaft.[21]

Es ist wohl unnötig zu sagen, dass diesem überzeitlichen Substrat an Grundsätzen guter Regierung das Prinzip einer offenen Gesellschaft zugrunde liegt: Die Gesellschaft als solche hat keine Ziele außer der Freiheit, der Sicherheit und dem materiellen Wohlergehen ihrer Bürger. Unnötig zu betonen, dass eine offene Gesellschaft nur funktionieren kann, wenn die Mehrheit der Bürger sie auch will. Ein ungelöstes (und vielleicht unlösbares) Problem einer jeden offenen Gesellschaft ist der Umgang mit ihren Feinden. Wer etwa im Sinne des politischen Islam die Einheit von staatlicher und religiöser Ordnung will, ist aus rein logischen Gründen stets ein Feind der offenen Gesellschaft. Aus taktischen Gründen wird er sich mit ihr abfinden und ihre Vorteile nutzen, bis er und seinesgleichen die Mehrheit stellen.

Kehren wir zurück zu Platons Frage »Wer soll herrschen?«. Die guten Regenten wachsen nicht auf Bäumen. Die Verfahren zur Auswahl politischer Führungskräfte und zu ihrer Abwahl vollziehen sich in einer Demokratie zum Glück zumeist gewaltfrei. Ob die gewählten Kräfte geeignet sind oder nicht, steht auf einem anderen Blatt. Je nach anzulegendem Maßstab kann man sogar sagen, dass sie es in der Regel nicht in ausreichendem Maße sind. Daher sind die Institutionen, in denen regiert wird, die Regeln, die im Staat und in der Gesellschaft gelten, sowie die Prozeduren und die Gestaltungsgrenzen, die dabei den Regierenden auferlegt werden, so wichtig.

Wandel der Staatsaufgaben, Fließen der Institutionen

Die hier aufgestellten Grundsätze guten Regierens haben überzeitlichen Charakter. Sie passen auf jede menschliche Gesellschaft, unabhängig von ihrem Bildungsstand, von den vorherrschenden religiösen Überzeugungen und vom Stand der technischen und wirtschaftlichen Entwicklung. Mit »passen« meine ich, dass jedwede nur denkbare menschliche Gesellschaft bei Beachtung dieser Grundsätze besser fährt als ohne sie. Allerdings – das ist mir durchaus bewusst – liegt in dieser Betrachtung ein gewisser Anachronismus, denn wahrscheinlich sind ein bestimmter Entwicklungsstand der Gesellschaft und ein gewisses aufgeklärtes Bewusstsein nötig, damit die obigen Grundsätze überhaupt in den Bereich des Denkmöglichen und Mehrheitsfähigen gelangen. Diesen Anachronismus nehme ich in Kauf und löse ihn an dieser Stelle nicht weiter auf.

Jenseits dieser überzeitlichen Grundsätze und innerhalb des durch sie gesetzten Rahmens sind die subjektiven Anforderungen der Bürger an den Staat und die objektiven Handlungsnotwendigkeiten für den Staat in einem ständigen Wandel begriffen. Das hängt ab von

- wechselnden Moden und Gesellschaftsbildern,
- der demografischen Entwicklung unter Einschluss von Wanderungsbewegungen,
- den Anforderungen der Bürger an Art und Umfang der staatlichen Leistungen und der staatlich vorgehaltenen Infrastruktur,
- dem Stand der technischen und wirtschaftlichen Entwicklung,
- den Zwängen der Geografie und des Klimas,
- der internationalen Entwicklung,
- dem Auftauchen unbekannter Herausforderungen, beispielsweise Bedrohung der Umwelt durch menschliche Einwirkung.

Noch vor wenigen Jahrzehnten schien es einigermaßen absurd, in der Bereitstellung von Kindergärten eine staatliche Aufgabe zu sehen. Auch über Regelungen zur Leihmutterschaft und zur Sterbehilfe machte sich niemand Gedanken. Ebenso wenig spielte die Furcht vor dem Klimawandel oder der Allmacht von Google eine Rolle.

Mit dem Aufkommen neuer technischer Möglichkeiten oder Bedrohungen, der Explosion von Bevölkerungszahlen in bestimmten Teilen der Welt und der Schrumpfung in anderen, dem Untergang des Kommunismus und dem Erstarken des politischen Islam, der Besorgnis um den menschengemachten Klimawandel und vielen anderen Entwicklungen, die wir teils noch gar nicht kennen, teils falsch einschätzen, geht eine ständige Diskussion über die Rolle des Staates und die Aufgaben von Politik einher.

Auch die Bühnen politischen Handelns ändern sich. Auf nationaler Ebene bemerken wir in Deutschland eine wachsende Tendenz zum Zentralstaat und einen Rollenverlust von Ländern und Gemeinden. Auf internationaler Ebene ist das Verhältnis zwischen der EU und ihren Mitgliedsstaaten in Gärung. Das beeinträchtigt teilweise die Erfüllung klassischer Staatsaufgaben in der Währungs- und Finanzpolitik oder bei der Überwachung der Grenzen. Manche sehen hier Übergangsprobleme bei der Überwindung des Nationalstaats, andere sehen grundsätzliche Fehlsteuerungen. Das werde ich noch erörtern.

Je voller die Erde wird und je mehr sie an ökologische Belastungsgrenzen gelangt, umso eher können bestimmte Fragen nur auf globaler Ebene gelöst werden. Das muss nicht den Weltstaat bedeuten, aber immerhin neue Formen internationaler Zusammenarbeit und mehr davon. All das ändert aber selbst bei intensivem Nachdenken nichts an den richtigen Grundsätzen der offenen Gesellschaft:

- Der Einzelne entscheidet über Sinn und Ziel seines Lebens und über die Mittel und Wege, mit denen er sein Glück verfolgt.
- Der Staat sichert seinen Bürgern den dafür nötigen Freiheitsraum und beschränkt sich auf jene Regeln und Gesetze, die verhindern, dass einer dem anderen Schaden zufügt.
- Der Staat hat keine Legitimation, dem Einzelnen gesellschaftliche Ziele aufzuerlegen, und schon gar nicht, ihm vorzuschreiben, welche individuellen Ziele er zu verfolgen hat.

Am Beispiel des Klimawandels lässt sich vorführen, wie das in der Praxis funktioniert: Wenn es denn richtig ist, dass zur Abwendung großer Schäden für künftige Generationen in den nächsten 50 Jahren nur noch eine bestimmte Menge von CO_2 in die Atmosphäre gelangen darf, wenn man sich unter den Staaten der Welt auf die Verteilung dieser Menge geeinigt hat und wenn alle Möglichkeiten genutzt werden, um Energie zu sparen und CO_2-freie Energie zu produzieren, dann ist es auch gerechtfertigt, Produkte und Aktivitäten, die CO_2 produzieren, so hoch zu besteuern, dass die Verbraucher die Nutzung dieser Produkte und Aktivitäten entsprechend einschränken. Wer reiselustig ist, wird dann eben eher mit dem Fahrrad als mit dem Auto oder Flugzeug unterwegs sein. Aber in diesem Rahmen wird er dann immer noch selber entscheiden, wann und wohin er fahren will. In einer offenen Gesellschaft wird das nicht der Gesetzgeber (und auch nicht der Parteivorstand der Grünen) für ihn entscheiden.

Der Entwicklungsökonom William Easterly schildert das Versagen eines Politikansatzes, der Menschen und Gesellschaften unabhängig von ihrer Kultur und Geschichte entwickeln will. Es sei etwa so, als beschreibe man eine leere Schiefertafel. Stattdessen, so Easterly müsse man ihnen die Freiheit verschaffen, sich gemäß ihrer Kultur und Geschichte selbst zu entwickeln. Das bedeutet, dass sich von Land zu Land, von Gesellschaft zu Gesellschaft, von Person zu Person sehr unterschiedliche Lösungen ergeben können. Easterly bildet daraus drei Gegensatzpaare der Entwicklungspolitik:[22]

1. Leere Schiefertafel versus Lernen aus der Geschichte,
2. Wohlergehen von Nationen versus Wohlergehen von Individuen,
3. Bewusste Planung (*conscious design*) versus spontane Lösungen.

Ergibt sich Entwicklung aus der bewussten Planung von Experten, oder ergibt sie sich dadurch, dass viele individuelle Problemlöser mit ganz unterschiedlichem Wissen miteinander konkurrieren? Easterlys Standpunkt ist klar. Er macht die Experten für den weitgehenden Misserfolg der Entwicklungspolitik verantwortlich.[23] Der schwedische Entwicklungsökonom Gunnar Myrdal (Nobelpreisträger für Wirtschaft) ist einer der geistigen Väter dieser Politik. Easterlys Auffassung entspricht dagegen dem Ordnungsdenken Friedrich von Hayeks (ebenfalls Nobelpreisträger für Wirtschaft). Für ihn steht fest: Statt die Armen dieser Welt paternalistisch zu bevormunden und ihre Angelegenheiten in die Hand von Entwicklungsexperten zu geben, muss man ihnen in ihren Ländern jene Rechte zu verschaffen, die sie in die Lage versetzen, sich selbst um ihr Wohl zu kümmern: »… we must not let caring about material suffering of the poor change the subject from caring about the rights of the poor.«[24]

Easterly zeigt, dass die Bevormundung durch Expertenherrschaft mittels planerischer Eingriffe häufig zu Fehllenkungen führt. Sie kann sogar Tendenzen zur Unterdrückung fördern, anstatt die individuelle Freiheit auszubauen. Das ist die Ursache für den Misserfolg zahlreicher Projekte der Entwicklungspolitik.[25] Die Menschen, auch jene in der Dritten Welt, wissen häufig viel besser als die fremden Entwicklungsexperten, was ihnen dient. Bildung und Wissen sind wichtig, außerdem Menschenrechte, gesicherte Eigentumsrechte und lokale politische Institutionen, die dem Individuum dienen, statt es auszubeuten. Für Easterly schaffen die stufenweise Herstellung von Demokratie und die Sicherung der Menschenrechte verbunden mit Freiheit bei der wirtschaftlichen Betätigung die besten Bedingungen für wirtschaftliche Entwicklung. Es geht nicht darum, mal eben irgendwelche utopischen Standards zu verwirklichen. Im Gegenteil: Die allmähliche Zunahme freiheitlicher Menschenrechte wird mit der Zeit, aber auf Dauer das wirtschaftliche Wohlergehen der Armen fördern und garantieren.[26]

Das Scheitern technokratischer Ansätze in der Entwicklungspolitik und aller groß angelegten Entwicklungspläne lenkt erneut den Blick auf die Bedeutung der kulturellen, politischen und gesellschaftlichen Rahmenbedingungen. Sie müssen durch Gesetzesherrschaft und gesicherte Eigentumsrechte – möglichst auch Demokratie und Menschenrechte – den Raum schaffen für das freie Streben der Individuen. Dann wird sich Entwicklung spontan ergeben, deren genaue Richtung im Vorhinein niemand kennt. Technokratisch erzwungen werden kann sie nicht.

Über die Grenzen der Demokratie

Demokratie schützt vor den Mängeln anderer Herrschaftsformen, nicht aber vor den eigenen. Wie Karl Popper bemerkte, kann Demokratie »nicht die Vernunft selbst herstellen. Die Frage der intellektuellen und moralischen Standards ihrer Bürger ist in weitem Ausmaß das Problem von Personen.« Die meisten Menschen sind leicht beeinflussbar. Sie schwanken in ihren Gefühlen, sind getrieben von ihren Vorurteilen und überkommenen Einstellungen, wollen anderen gefallen und bei den Gewinnern sein, haben nur zu ganz wenigen wichtigen politischen Fragen eine originäre Sachkunde oder fundierte Meinung. Elementar bleibt die Erkenntnis, dass Mehrheit nicht über Wahrheit entscheidet, sondern allenfalls über Geltung. Der Mehrheitswille nimmt seine Würde und seinen Geltungsanspruch aus der pragmatischen Setzung, dass die Mehrheitsregel die Gesellschaft am ehesten befrieden kann. Zwar kann auch eine Mehrheit irren, aber im Durchschnitt irrt sie in Bezug auf die individuellen Bedürfnisse und den gesellschaftlichen Nutzen weniger als eine Minderheit. Außerdem – und das ist das Allerwichtigste – ist eine strikte Beachtung der Mehrheitsregel der einzige zuverlässige Garant für einen gewaltfreien Machtwechsel.

Bei der Konstruktion einer jeden Gesellschaft und der Formulierung ihrer Regeln bestehen große und grundlegende Trade-offs, die nicht aufgelöst werden können und die folglich, je nachdem wie sich die Problemlagen ändern und wie der Zeitgeist weht, immer wieder neu verhandelt werden müssen. Dazu gehören unter anderem die Widersprüche zwischen Gegenwart und Zukunft – die besonders anschaulich im Verhältnis von Demografie und Generationengerechtigkeit hervortreten –, Freiheit und Sicherheit,[27] Freiheit und Religion, Freiheit und Gleichheit, Leistungsgerechtigkeit und Verteilungsgerechtigkeit sowie Effizienz und Barmherzigkeit. Konkreter Ausgleich ist hier immer das Ergebnis historisch gebundener politischer Aushandlungsprozesse. Solche Lösungen können nicht aus einer Optimierungsregel oder einem Wahrheitsfindungsmodus abgeleitet werden, und sie bieten stets einen breiten Raum für vernünftige (oder unvernünftige) Kompromisse. Diese können, wenn die Gesellschaft sich ändert, aufgekündigt und neu verhandelt werden. Eine gesellschaftliche Ordnung, die das nicht grundsätzlich ermöglicht, läuft Gefahr, zu erstarren, sich von den Bedürfnissen ihrer Mitglieder zu entfernen und Legitimation zu verlieren. Neue Moden sind nicht unbedingt besser, aber die meisten Menschen fühlen sich glücklicher, wenn ihre Kleidung der herrschenden Mode folgt.

In diesem Zusammenhang ist auch das Verhältnis zwischen direkter und repräsentativer Demokratie zu bedenken. Allgemein gilt: Je komplexer eine Frage ist, desto weniger ist sie für einen direkten Volksentscheid geeignet. Umgekehrt gilt aber auch: Je elementarer eine Frage ist, desto wichtiger kann ein solcher Entscheid sein: Ohne die Volksabstimmung 1996 wäre es zu einem Bundesland Berlin-Brandenburg gekommen, so wie es im Einigungsvertrag angelegt war. Ich hätte das für die bessere Lösung gehalten. Andererseits: Wäre 1999 eine Volksabstimmung für die Abschaffung der D-Mark und die

Einführung des Euro notwendig gewesen, so wäre es nie zu einer europäischen Währungsunion gekommen. Auch das hätte ich für die bessere Lösung gehalten.

Mehr direkte Demokratie beschneidet mancherlei Manipulationsmöglichkeiten, und sie eröffnet dafür andere. So würde die häufig zu beobachtende Einheit zwischen linksliberalem Medien-Mainstream und politischen Entscheidungsträgern durch mehr Basisdemokratie wirksam gehemmt werden. Andererseits kann mehr Basisdemokratie ganz unvermuteten Gefühlslagen zur Gesetzeskraft verhelfen. So darf in Berlin aufgrund eines Volksentscheids von 2014 das Tempelhofer Feld nicht bebaut werden (was ich für eine schlechte Entscheidung halte). In Hamburg wiederum wurde 2010 per Volksentscheid das Schulgesetz des schwarz-grünen Senats abgelehnt, statt einer vierjährigen eine sechsjährige Primarschule einzuführen (was ich für eine gute Entscheidung halte). Allgemein lässt sich sagen, dass Volksabstimmungen und Volksentscheide dem Status quo den Vorrang vor der Veränderung geben. Diese konservative und bewahrende Tendenz ist ihr grundsätzliches Merkmal. Darum ist ihr Ergebnis, je nach Problemlage und persönlicher Wertung, manchmal gut und manchmal schlecht.

Kaum jemals waren groß angelegte politische Veränderungen das Ergebnis von Volksabstimmungen, eher schon von Revolutionen. Diese wiederum ereigneten sich zumeist dann, wenn die herrschenden politischen Kräfte die Sensibilität für die Bedürfnisse der Bevölkerung verloren, gesellschaftliche Veränderungen ignorierten sowie notwendige Reformen gar nicht oder zu spät und zu zaghaft einleiteten.

Große und bleibende gesellschaftliche Reformen finden zwar häufig nach einer Revolution oder einer militärischen Entscheidung (sei es Sieg oder Niederlage) oder nach revolutionären Unruhen oder aufgrund der Furcht vor solchen statt. Aber ihr Inhalt und die Art ihres Zustandekommens sind davon oft weitgehend unberührt. Sie werden gerade nicht in den Mühlen demokratischer Entscheidungsprozesse zermahlen. Und die Sachkunde, die in sie einfließt, beziehen sie nicht von Politikern und Parlamenten, sondern von Wissenschaftlern, Ingenieuren und Verwaltungsexperten.

Die großen Veränderungen, ob in einer Demokratie oder einer anderen politischen Ordnung, kommen immer dann zustande, wenn ein starker und gestaltungswilliger Akteur auf wenig Widerstand trifft oder diesen erfolgreich überwindet. So bewirkte qualitative Umstürze können in einer erstarrten, nicht mehr zeitgemäßen oder falsch angelegten Ordnung sehr segensreich wirken. Sie können aber auch Funktionierendes und Bewährtes unnötig zerstören, damit ungeplanten Korrekturbedarf verursachen oder die gesellschaftliche Wohlfahrt dauerhaft verschlechtern.

Über den Einfluss des Einzelnen

Hier geht es um das Verhältnis zwischen gesellschaftlichen und politischen Strukturen einerseits und den Einflussmöglichkeiten Einzelner andererseits, ob es sich nun um bedeutende Denker, Religionsstifter oder um Inhaber politischer Macht handelt. Im 19. Jahrhundert sagte man »Männer machen Geschichte«. Natürlich wäre die Weltgeschichte anders verlaufen ohne Alexander den Großen, Mohammed, Karl Marx oder Adolf Hitler. Immer wieder nahmen Einzelne – Männer wie Frauen – entscheidenden Einfluss auf den Lauf der Geschichte. Das war allerdings nur möglich, weil sie in einem bestimmten historisch-politischen Kontext in Erscheinung traten und aus ihm heraus dachten oder handelten. Der historisch-politische Kontext und der bedeutende Einzelakteur lassen sich nicht gegeneinander ausspielen, gemeinsam entfalten sie Erklärungskraft: Der Aufstieg Hitlers wäre ohne den Vertrag von Versailles und die Weltwirtschaftskrise nicht möglich gewesen. Dass ihm beinahe die Unterwerfung Europas gelang, wäre ohne die preußische Militärtradition nicht möglich gewesen, und der Holocaust wäre ohne den latenten und offenen Antisemitismus in der Gesellschaft nicht möglich gewesen. Das Zusammenwirken zwischen dem Einzelakteur (oder einer kleinen Gruppe von Akteuren) und den historischen Rahmenbedingungen kann qualitative Sprünge bewirken, die sonst nicht eingetreten wären. Dies kann sich zum Guten wie zum Bösen wenden. Die Wirkungen gehen aber im Ergebnis häufig über kleine Veränderungen weit hinaus. Schaut man sich solche Wirkungen an, stößt man unweigerlich erneut auf Platons Frage »Wer soll herrschen?« und erkennt den Ursprung ihrer über Jahrtausende währenden Faszination.

Oft kommt den »Männern, die Geschichte machen«, der Zufall zu Hilfe. Dann öffnet sich für einen Augenblick das historische Zeitfenster, und es bieten sich ungeahnte Handlungsmöglichkeiten. Deren beherzte Nutzung kann, im Guten wie im Schlechten, politisch mehr verändern als jahre- oder sogar jahrzehntelange Bemühungen. Im Warten auf solche Momente ist der kluge Politiker wie ein Jäger, der viele Nächte auf dem Hochsitz verbringt und auf den richtigen Zeitpunkt für den einen kapitalen Schuss wartet. Er muss den Moment aber auch nutzen können, wenn er ganz unerwartet eintritt. Solch einen Moment nenne ich den Kairos.[28] Das Erspüren und die richtige Nutzung des Kairos gehört zum Kern des erfolgreichen politischen Handelns. Dazu einige historische Beispiele:

- der durch Caesar und Augustus bewirkte Übergang des Römischen Reiches von der Republik zum Kaiserreich,
- die Hinwendung des Römischen Reiches zum Christentum unter Konstantin dem Großen,
- die Zusammenfassung des Römischen Rechts durch den oströmischen Kaiser Justinian im *Codex Iustinianus* von 529,
- die amerikanische Unabhängigkeitserklärung von 1776 (und auf ihr aufbauend die amerikanische Verfassung),
- die Einführung des französischen *Code civil* durch Napoleon 1804,[29]
- die Modernisierung Preußens durch die Stein-Hardenberg'schen Reformen in Preußen 1807,
- die Modernisierung Japans in Anlehnung an den Westen durch die Meiji-Restauration von 1868 bis 1890,
- die Zentralisierung des Deutschen Reiches durch die Reichsverfassung von 1919,
- die weitgehende Preisfreigabe im Zuge der westdeutschen Währungsreform von 1948,
- die britischen Wirtschaftsreformen unter der Premierministerin Margaret Thatcher seit 1979,
- die Modernisierung Singapurs durch den Staatsgründer und ersten Ministerpräsidenten Lee Kuan Yew seit 1965,
- die Gründung der Europäischen Währungsunion 2000 mit ihren noch unabsehbaren Folgen.

Kehren wir an dieser Stelle gedanklich noch einmal zurück zur sozialen Stückwerktechnik im Sinne Karl Poppers. Man muss hier strikt zwischen zwei ganz unterschiedlichen Perspektiven beziehungsweise Logiken unterscheiden. Zum einen geht es um die Logik einer *gesellschaftlichen Zielsetzung*, zum anderen um die Logik einer *gesellschaftlichen Verkehrsregel*.

In jeder Gesellschaft gibt es unterschiedliche und teilweise widersprüchliche Zielsetzungen. Diese ändern sich je nach Problemlage und gesellschaftlicher Entwicklung. Aus der Widersprüchlichkeit und Variabilität gesellschaftlicher Zielsetzungen ergibt sich die Notwendigkeit gesellschaftlicher Verkehrsregeln. Gemäß der sozialen Stückwerktechnik sollte jeder gesellschaftliche Reformschritt einigermaßen überschaubar sein und seine Rechtfertigung in sich selber tragen. Viele kleine Schritte führen auch zum Ziel, und es sollte unterwegs möglich sein, Ziele zu ändern und Irrtümer zu korrigieren. Die Verkehrsregeln der Demokratie – Gewaltenteilung, Machtbegrenzung und der gewaltfreie demokratische Machtwechsel – wirken grundsätzlich darauf hin, dass Einzelschritte relativ überschaubar sind und dass immer wieder nachgesteuert werden kann.

Die verschiedenen Akteure in Politik und Gesellschaft mögen ganz unterschiedliche *Zielsetzungen* haben, und sie mögen diese in Kontroverse miteinander verfolgen. In einer offenen Gesellschaft müssen sie sich dabei aber an dieselben Verkehrsregeln halten: Gewaltenteilung, Gesetzlichkeit, Pressefreiheit, freie Wahlen etc. Die meisten Akteure sind natürlich der Meinung, sie könnten ihre Ziele leichter erreichen, wenn ihnen nicht so viele Hindernisse in Form strikter Verkehrsregeln im Weg stünden oder wenn sie die Verkehrsregeln alleine bestimmen könnten. Aber sie schätzen zumeist auch den Schutz, den ihnen dieselben Regeln geben, durch die sie sich behindert fühlen. Natürlich könnten einige Ziele schneller erreicht werden, wenn man beim zielgerichteten konsistenten Handeln nicht durch immer neue Widersprüchlichkeiten und demokratische Verfahrenshindernisse aufgehalten würde. Zeitweiliger Stillstand, Fehlentwicklungen und Widersprüchlichkeiten gehören zu jeder demokratischen Ordnung. Sie sind gleichsam die kostenträchtige Versicherungsprämie gegen die Irrtümer und Fehlentwicklungen einer weniger demokratischen Ordnung.

Gradualistisches Vorgehen im Sinne sozialer Stückwerktechnik und umfassende Reformansätze lassen sich nicht abstrakt gegeneinander ausspielen. Bei der grundsätzlichen Herstellung einer marktwirtschaftlichen und demokratischen Ordnung sowie auch bei grundsätzlichen Reformen innerhalb derselben sind oft große Schritte geboten. Das gilt rein funktional, es gilt aber oft auch deshalb, weil für kontroverse, groß angelegte Reformen das politische Zeitfenster häufig sehr klein ist. Den Kairos muss man eben nutzen, wenn er da ist, und darf ihn nicht durch Zögerlichkeit und Bedenkenträgerei verschwenden. Der Kairos ist ein unvergleichlicher Moment, und es lohnt sich, ihm gebührende Aufmerksamkeit zu schenken. Daher erläutere ich seine Wirkung hier am Handeln von drei sehr verschiedenen historischen Größen. Weitere ausführliche Beispiele aus meiner eigenen Praxis habe ich im Anhang (»Das Handeln in der Politik«) zusammengestellt.

Bismarck und die Reichsgründung

Der preußische Ministerpräsident Otto von Bismarck nutzte in den drei deutschen Einigungskriegen gleich dreimal nacheinander den historischen Kairos zum schnellen Handeln. 1864 löste er gemeinsam mit Österreich im Krieg gegen Dänemark Schleswig-Holstein aus dem dänischen Staatsverband. 1866 beendete er den Streit zwischen Österreich und Preußen um die Verwaltung Schleswig-Holsteins durch einen schnellen Feldzug. Das war das Ende des Deutschen Bundes und der 600 Jahre währenden Führungsrolle Österreichs in Deutschland. Gleichzeitig verhinderte ein großzügiger Friedensschluss, dass Österreich zum dauerhaften Feind wurde. 1870 provozierte er im Erbfolgestreit um die spanische Krone mit der Emser Depesche eine Kriegserklärung Frankreichs an Preußen und seine Verbündeten. Der siegreiche Krieg mündete in die Gründung des Deutschen Reiches.

Poincaré und der Beginn des Ersten Weltkriegs

Bismarcks geniales Spiel mit dem Risiko überforderte allerdings weniger begabte Außenpolitiker, als er selber einer war. Es legte den Keim für die deutsche Selbstüberschätzung und damit für den Ersten Weltkrieg. In dessen Vorfeld erwies sich der französische Ministerpräsident Raymond Poincaré als Meister des Kairos. Er wiederholte nicht den Fehler Frankreichs aus dem Jahr 1870, sich zu einer Kriegserklärung provozieren zu lassen, und er wusste zudem, dass ein Krieg gegen Deutschland ohne Russland nicht zu gewinnen war. So investierte er geduldig in das Bündnis mit Russland und England und schuf eine Situation, in der Deutschland den Krieg erklärte und zugleich die belgische Neutralität brach. Damit hatte er die internationale Propagandaschlacht gewonnen, noch ehe der Krieg richtig begonnen hatte. Zugleich war eine wichtige Bedingung für den späteren amerikanischen Kriegseintritt geschaffen, denn diese junge idealistische Nation würde in Europa nur auf der Seite der »Guten« kämpfen.

Lenin und die bolschewistische Machtergreifung
Der russische Bolschewist Wladimir I. Lenin saß im Ersten Weltkrieg im Schweizer Exil und vertrieb sich die Zeit an Züricher Kaffeehaustischen, als im Februar 1917 der russische Zar gestürzt wurde. Nun ergab sich gleich ein doppelter Kairos: Mit Hilfe des deutschen Generalstabs konnte er mitsamt seinen Getreuen im April 1917 über das neutrale Schweden nach Russland zurückkehren. In der Hauptstadt Petrograd lag unter dem unfähigen und entscheidungsschwachen Ministerpräsidenten Alexander Kerenski die Macht praktisch auf der Straße. So konnte im November 1917 die bürgerliche Regierung gewaltsam gestürzt werden. Als dann noch die gemäßigten Abgeordneten aus Protest gegen das Verhalten der Bolschewisten den allrussischen Sowjetkongress verließen, war Lenin plötzlich als Vorsitzender des Rates der Volkskommissare der Regierungschef Russlands. Etwas nach menschlichem Ermessen extrem Unwahrscheinliches war unerwartet Wirklichkeit geworden.

Einen Kairos erlebte Preußen 1807 in Augenblick seiner schwersten Niederlage. Hier ist gar nicht unbedingt auszumachen, wer ihn denn nun genau nutzte. Das Land war gedemütigt, hatte die Hälfte seines Staatsgebiets verloren und befand sich in einer prekären Abhängigkeit von Frankreich. Der schwache König Friedrich Wilhelm III. ließ in dieser Lage unter den reformorientierten leitenden Ministern Freiherr Karl vom Stein (1807/08) und Karl August Fürst von Hardenberg (1808–1822) umfassende Reformen zu.[30] Diese wurden umgehend ins Werk gesetzt und umfassten:

- Aufhebung der bäuerlichen Leibeigenschaft,
- Gewerbefreiheit,
- Gleichstellung der Juden,
- Militärreform (Schutz der Würde der Soldaten, Abschaffung der Prügelstrafe, allgemeine Wehrpflicht),
- Selbstverwaltung der Städte,
- Vereinheitlichung der Verwaltungsgliederung des Landes,
- Einführung des Berufsbeamtentums,
- Vereinheitlichung des staatlichen Bildungswesens mit den drei Stufen Volksschule, Gymnasium, Universität,
- Steuer- und Zollreform.

Das preußische Reformpaket holte in 15 Jahren jene institutionellen Änderungen nach, die in Frankreich durch die Revolution von 1789 und die nachfolgenden Reformen Napoleons umgesetzt worden waren und die sich in England über 150 Jahre entwickelt hatten. Ohne diese Reformen wäre in Preußen weder eine funktionierende Marktwirtschaft errichtet worden noch die schnelle Industrialisierung möglich gewesen. Nach einem Wort Freiherr vom Steins aus dem Jahr 1807 galt es, »alles zu entfernen, was den Einzelnen bisher hinderte, den Wohlstand zu erlangen, den er nach dem Maß seiner Kräfte zu erreichen fähig war«.[31] Allerdings blieb infolge des Widerstands von Adel und König manches unvollendet, insbesondere blieb eine Demokratielücke. Zu einer (nach dem preußischen Dreiklassenwahlrecht) gewählten parlamentarischen Vertretung mit Gesetzgebungs- und Haushaltsrechten kam es erst 1848.

Preußen hatte nach der Katastrophe von 1807 das Glück, dass sich unter einem schwachen König eine Reihe bedeutender, tatkräftiger Persönlichkeiten (Stein, Hardenberg, Wilhelm von Humboldt, Scharnhorst, Gneisenau) versammelten, die mit Energie und strategischem Weitblick zu Werke gingen und den Raum dafür hatten, weil sie von der absoluten Macht des persönlich schwachen Königs zehren konnten.[32]

Zur Rolle der staatlichen Bürokratie

Die Qualität staatlichen Handelns hängt ab von der Qualität der regierenden Machthaber, der Gesetze und der Staatsdiener, die die Gesetze interpretieren, ausführen, und zumeist auch konzipieren und formulieren. Je höher deren Qualität, desto größer die Aussichten, dass das staatliche Handeln qualifiziert ist.

Die Qualität der Staatsdiener wird bestimmt durch ihren Intellekt, durch die Ausbildung, die sie durchlaufen haben, und durch das Ethos, mit dem sie ihre Aufgaben erfüllen. Möchte man gute Staatsdiener, so muss die Tätigkeit ein ausreichendes Prestige mit sich bringen und einen angemessenen Lebensunterhalt ermöglichen, denn nur dann wird sich eine gewisse Menge von qualifizierten Bewerbern melden, unter denen man auswählen kann. Auch ist es von Vorteil, wenn sich der Staatsdiener »seinem« Staat in einem besonderen Treueverhältnis verbunden fühlt. Ferner müssen das gesellschaftliche Klima und die Erwartung an die Staatsdiener derartig sein, dass Korruption weitgehend auszuschließen ist. Letzteres lässt sich allerdings nicht nur technokratisch bewerkstelligen, sondern ist auch von der in der Gesellschaft insgesamt vorherrschenden Mentalität abhängig. Der preußische König Friedrich Wilhelm III. hatte ungeschickt taktiert und war 1807 zu einem denkbar ungünstigen Zeitpunkt in einen Krieg gegen Napoleon geraten, er war ein Versager. Glücklicherweise konnte er sein Versagen teilweise wiedergutmachen, indem er die Reformer des preußischen Staatswesens unter Stein und Hardenberg weitgehend gewähren ließ. Das Verantwortungsbewusstsein und die Tatkraft dieser Männer retteten das Land und machten es zukunftsfähig.

Die preußischen Reformer dachten vor allem an ihre Aufgaben und weniger an den eigenen Vorteil, und sie konnten auf Helfer zugreifen, die das ebenfalls taten. Das Land war insgesamt staatsgläubig und stand in einer Tradition des Dienens. So fielen auch die Reformen des öffentlichen Dienstes auf fruchtbaren Boden, und es gelang, eine weitgehend unbestechliche und gut ausgebildete staatliche Verwaltung einzurichten. Das galt nicht nur für Preußen, sondern für alle deutschen Länder einschließlich Österreichs, für die Niederlande und die skandinavischen Staaten sowieso, aber auch für Frankreich und Großbritannien.

In Russland und im Osmanischen Reich sah das ganz anders aus. Das Pflichtbewusstsein der verantwortlichen Staatsdiener war in diesen Großreichen über die Jahrhunderte hinweg nicht im erforderlichen Maß gediehen und von den Herrschern auch nicht gefördert worden. Als der russische Zar Peter der Große 1713 König Friedrich Wilhelm besuchte, soll sich einer Anekdote zufolge einer seiner Begleiter mit einem Verwalter der preußischen Staatsforsten unterhalten und dabei geäußert haben, bei so viel verfügbarem Holz müsse der Förster wohl sehr reich sein. Dieser verstand das gar nicht und antwortete, die Bäume gehörten doch dem König. Das wiederum verstand der Russe nicht. Der König sei doch viel zu weit weg, um genau zu kontrollieren, was mit den Bäumen geschehe. Das berufliche Ethos des preußischen Försters war ihm fremd. Solch ein in erster Linie dem Gesetz und der Aufgabe verpflichtetes Ethos des Staatsdieners lässt sich kaum nach Plan herstellen. Es ist vielmehr das Produkt gesellschaftlicher Traditionen, sozialer Erwartungen und rigider Auswahlprozesse. Die Mentalität der jeweils Herrschenden wird geprägt von den Mentalitäten in der Gesellschaft, und diese prägt zugleich die soziale Auswahl und die Mentalitäten der Staatsdiener. Soweit Mentalitäten nicht zueinander passen, kommt es zu Abstoßungsprozessen. Wenn unterschiedliche gesellschaftliche Kulturen aufeinanderprallen, kann es zu tiefgreifenden Missverständnissen kommen, wenn man irrtümlich den Firnis von ähnlicher Bildung und ähnlichen Regeln des guten Benehmens als Ausdruck kultureller Ähnlichkeit versteht.

Ein anschauliches (und gleichzeitig bedrückendes) Beispiel ist die jetzt 180 Jahre währende Tragikomödie um die Rolle Griechenlands in Europa: Das Gebiet des heutigen Griechenland war schon zu römischer und oströmischer Zeit zur politischen und kulturellen Provinz geworden, zudem war es Opfer unterschiedlicher Eroberungs- und Einwanderungswellen. Seit dem Untergang des Oströmischen Reiches 1453 stand es bis Anfang des 19. Jahrhunderts zumeist unter osmanischer Herrschaft und wurde schließlich 1827 unabhängig. Die politische Unabhängigkeit beseitigte aber nicht die Prägung durch die byzantinische und osmanische Herrschaft. Lediglich die Sprache verband den neuen griechischen Staat noch mit der Tradition der klassischen Antike, ansonsten war diese Verbindung, anders als in Italien, kulturell vollständig abgerissen.

In politischer Hinsicht hatten sich die Griechen in einer ganz eigenen Kultur des Gebens und Nehmens eingerichtet, die von den abstrakten Begrifflichkeiten des Abendlandes weit entfernt und eher orientalisch geprägt war. Das politische und gesellschaftliche Leben wurde bestimmt von Ausbeutungsverhältnissen und dem Austausch von Gefälligkeiten, und daran hat sich in den 190 Jahren seit der Unabhängigkeit bis heute wenig geändert: Das Land wird seit der osmanischen Zeit grundsätzlich beherrscht von wenigen Familien. Darum tauchen in der politischen Führung immer wieder dieselben Namen auf. Beim Kampf um die politische Macht geht es weniger um politische Konzepte und die Verbesserung bestehender Verhältnisse als um staatliche Pfründen, die man ausbeuten kann, wenn man die Macht gewonnen hat. Auch der öffentliche Dienst ist eine Pfründe. Man kann dort Gehälter und Pensionen für keine oder wenig Leistung empfangen, und man kann staatliche Genehmigungen, Geldleistungen und allerlei Gunsterweise von entsprechenden Zahlungen der Antragsteller und Begünstigten abhängig machen.

Die ausgezeichnete, meist an amerikanischen und britischen Universitäten erworbene Bildung der griechischen Oberschicht und die Tatsache, dass sie die englische Sprache durchweg hervorragend beherrscht, täuschen darüber hinweg, dass diese Führungsschicht großenteils an ihren Traditionen festhält und sich vor allem für die Vorteilsgewährung an ihre Klientel, kaum aber für das Wohl des Staates und der Gesellschaft zuständig fühlt. Von ihren Partnern, die aus der Kultur und Tradition Mittel- und Westeuropas kommen, wird dies immer wieder missverstanden. Der Wittelsbacher Otto I., der 1832 zum König von Griechenland gewählt worden war, musste 1862 das Land wieder verlassen und mit ihm seine bayerischen Beamten. Der Versuch, mit ihrer Hilfe das Land an Europa heranzuführen, war gescheitert.

Der griechische Staat nahm seit der Unabhängigkeit im Jahr 1830 immer wieder in großem Umfang im Ausland Schulden auf und ging viermal – 1843, 1860, 1893 und 1931 – bankrott.[33] Von 1941 bis 1944 konnten die deutschen Besatzer ihre Besatzungskosten nicht aus dem griechischen Staatswesen herauspressen. Eine aus Berlin entsandte Reformkommission entdeckte, dass der Staat keine funktionierende Steuerverwaltung hatte. Es gelang den deutschen Beamten nicht, die Einnahmekraft zu erhöhen.[34] Bei der Umsetzung ihrer Reformvorschläge hatten sie nicht mehr Erfolg als 70 Jahre später die aus Mitarbeitern des IWF, der EZB und der Europäischen Kommission zusammengesetzte »Troika«. Seit dem Beitritt zur EU erhielt Griechenland Finanzhilfen wie kein anderer Mitgliedsstaat. Sie beliefen sich über 30 Jahre, von 1981 bis 2010, durchschnittlich auf 2,7 Prozent des griechischen Bruttosozialprodukts. Im Wesentlichen finanzierten sie Korruption und überflüssige Infrastrukturprojekte. Dagegen starben hoffnungsvolle Ansätze griechischer Industrialisierung in diesen drei Jahrzehnten weitgehend ab, die Produktivitätsentwicklung der griechischen Industrie lag unter dem europäischen Durchschnitt. Sämtliche Reformversprechen der Griechen seit dem Beitritt zur EU im Jahr 1979 wurden nicht eingehalten.[35]

Das griechische Beispiel habe ich an dieser Stelle nicht angeführt, um die Empörung des Lesers anzustacheln, sondern um ein grundsätzliches Problem zu illustrieren: Eine Gesellschaft, die einen bestimmten Weg nicht gehen will, kann dazu weder durch Geld noch durch Verträge, noch durch gutes Zureden bewegt werden. Die Kräfte zu ihrer Veränderung müssen aus ihrem Innern kommen. Die Welt außerhalb dieser Gesellschaft kann Angebote machen. Was davon angenommen wird, liegt nicht in ihrer Macht. Nur wenn die Griechen selber meinen, dass es so nicht weitergehen sollte, werden sie entsprechende Politiker wählen. Diese werden dann Jahrzehnte zu tun haben, bis die griechische Verwaltung so funktioniert wie die Verwaltungen in Mitteleuropa. Das viele Geld, das nach Griechenland floss, hat solche Reformen kein bisschen befördert, sondern durch den in Fördermitteln liegenden Korruptionsanreiz geradezu behindert.

Das nachhaltige Wirken von Mentalitäten erkennt man an einem Detail der Verwaltung des russischen Zarenreiches. Nach dem Nordischen Krieg Anfang des 18. Jahrhunderts war das zuvor schwedische Baltikum zu Russland gekommen. Die Bewohner der Städte und der Landadel in dieser Region gehörten damals überwiegend zur kleinen Gruppe der Deutschbalten, die dem lutherischen Glauben anhingen. Sie galten als zuverlässig und unbestechlich und gewannen im 19. Jahrhundert einen ganz unverhältnismäßigen Einfluss im russischen Staatsapparat. Angesichts der endemischen Korruption in Russland galten sie als besondere Empfehlung.[36] Diese Mentalität hat auf das

Baltikum insgesamt abgefärbt: Trotz siebzigjähriger sowjetischer Herrschaft und großer russischer Minderheiten ist die staatliche Verwaltung in den baltischen Ländern heute weitgehend frei von Korruption und dem Gesetz verpflichtet.

In Europa ergab sich historisch gesehen die Entwicklung loyaler Staatsbürokratien aus dem Bemühen souveräner Fürsten, ihre Herrschaft zu festigen, die feudalen Strukturen aufzubrechen und sich vom Adel unabhängiger zu machen. Das war gleichzeitig eine Loslösung aus Klientelbezug und Günstlingswirtschaft. Diese Transformation verlief in West-, Mittel- und Nordeuropa durchweg schneller und erfolgreicher als in Ost- und Südeuropa. Dabei ging die Entwicklung einer gefestigten, regelhaft verfahrenden staatlichen Verwaltung Hand in Hand mit der Entwicklung einer *rule of law*, was den Wechsel zu Formen demokratischer Herrschaft erleichterte.

Auch hier taucht wieder das Henne-Ei-Problem auf, und wie immer lässt es sich kausal nicht ohne weiteres lösen: Eine gesetzestreu und korruptionsfrei arbeitende Verwaltung wird auf die Dauer nur in einer Gesellschaft Bestand haben, deren Mitglieder diese Werte grundsätzlich teilen. Umgekehrt werden diese Werte in der Gesellschaft nur Bestand haben, wenn die Verlässlichkeit der gesetzlichen Rahmenbedingungen und die Gesetzestreue der Verwaltung außer Frage stehen. In der Realität aufgelöst wird dieses Henne-Ei-Problem am ehesten durch starke Persönlichkeiten an der politischen Macht, die mit Fortune und ausreichend Zeit zu einem günstigen Zeitpunkt Reformen einfach ins Werk setzen. Dass sie Erfolg haben, ist nicht garantiert. Zu beachten ist auch, dass unterschiedliche Gesellschaften unterschiedliche Führungspersönlichkeiten generieren. So wird in Griechenland ein Politiker relativ wenig Chancen auf politischen Machtgewinn haben, der der Korruption und Klientelwirtschaft grundsätzlich abhold ist.

Die nachfolgenden Regeln geben Antwort auf die Frage, was man tun muss, um eine gute staatliche Verwaltung aufzubauen, abzusichern und weiterzuentwickeln. Sie lassen das Henne-Ei-Problem außer Acht und sind quasi das Rezeptbuch des wohlwollenden Reformers, der entweder die politische Macht selbst innehat oder unter dem Schutz des Machthabers agiert.

ATTRAKTIVITÄT

Der öffentliche Dienst muss so entlohnt werden, dass es für jede Tätigkeit und jede Laufbahn gelingt, Bewerber anzuziehen, die ausreichend begabt und qualifiziert sind. Das ist nicht allein eine Gehaltsfrage. Auch die soziale Sicherheit und die Verlässlichkeit der Lebensplanung, wenn der Staat der Arbeitgeber ist, machen den öffentlichen Dienst für viele attraktiv. Traditionell war die deutsche Beamtenbesoldung eher knapp bemessen, dafür gab es aber Beihilfen in Krankheitsfällen, günstige Dienstwohnungen, Familienzuschläge und eine gute Altersversorgung.

BINDUNG/WERTSCHÄTZUNG

Der Mitarbeiter des öffentlichen Dienstes, egal ob Richter, Polizist oder Sachbearbeiter im Jugendamt, ist grundsätzlich dem öffentlichen Wohl und nicht irgendwelchen Privatinteressen verpflichtet. Dieses Bewusstsein muss immer wieder gestärkt werden. Die so erzeugte Bindung und sich daraus ergebene Wertschätzung im Fremd- und im Selbstbild sind der beste Schutz gegen Korruption und zudem ein wesentlicher Faktor immaterieller Entlohnung.

AUSWAHL

Die Auswahl der Mitarbeiter und ihre Einstellung müssen politischer Einflussnahme und jeder Art von Beziehungswirtschaft so weit wie möglich entzogen sein. Sie erfolgen, soweit es geht, nach objektiven Testkriterien.

AUSBILDUNG

Die Ausbildung der Mitarbeiter ist natürlich abhängig von den Laufbahnen und Fachrichtungen. Sie muss breit angelegt sein und so anspruchsvoll, dass es in der Summe – bei der Zulassung zur Ausbildung und bei den verschiedenen Stufen bis zum Abschluss – auch zu einer wirksamen Auswahl nach Eignung, Befähigung und Leistung kommt.[37]

VERHALTENSREGELN

Vor dem Gesetz, vor den staatlichen Organen und damit auch vor der Verwaltung müssen alle Bürger gleich sein. Deshalb ist erstens *absolute Rechtstreue* – unabhängig von der Person des jeweils betroffenen

Bürgers – das oberste Gebot für jedes Verwaltungshandeln, ob es um einen Steuerbescheid, einen Antrag auf Wohngeld oder um eine polizeiliche Verkehrskontrolle geht. Dazu gehört zweitens die *völlige Unbestechlichkeit* aller Amtsträger als generelle Verhaltensnorm aller Amtsträger. Die Einhaltung dieser Norm muss auf allen Hierarchieebenen intensiv kontrolliert, Abweichungen müssen scharf geahndet werden. Da aber bei einer handlungsfähigen Verwaltung zahlreiche Entscheidungen zwar im Rahmen der Gesetze, aber nach verständigem Ermessen vorgenommen werden müssen, braucht man drittens *Urteilskraft und Entscheidungsfreude*. Vernunft soll regieren und nicht Formalismus, das darf jedoch den Vorrang des Gesetzes nicht aufheben.

FÜHRUNGSAUSLESE

Eine objektivierte und im Ergebnis zutreffende Auswahl bei Beförderungen und für Führungspositionen ist im öffentlichen Dienst genauso wichtig wie in jedem privaten Unternehmen. Sie wird dadurch erschwert, dass die Erfolgsmaßstäbe weniger eindeutig sind und Misserfolg nicht so deutlich messbar ist, denn der Maßstab des Gewinns fehlt ja in der öffentlichen Verwaltung. So muss jeder Verwaltungszweig sich seine eigenen Maßstäbe suchen, um die Leistung und die Qualität von Mitarbeitern zu beurteilen. Das ist grundsätzlich möglich, und notwendig ist es auch. Leider führt die Schwäche von Führungspersonen, sei sie fachlich oder charakterlich bedingt, auch dazu, dass die Führungsauslese in dem Bereich leidet, für den sie Verantwortung tragen. Das gilt ebenso im Übergangsbereich zwischen Politik und Verwaltung. Häufig habe ich beobachtet, dass schwache Minister sich mit schwachen Staatssekretären und Abteilungsleitern umgeben. Diese Schwäche entwickelt sich dann weiter nach unten durch falsche Führungsauslese bei nachgeordneten Positionen und nachgeordneten Verwaltungen.[38]

FÜHRUNG DURCH DIE POLITIK

Ein guter Beamter erfüllt seine Aufgaben abwägend und unparteiisch, *sine ira et studio*, ohne Zorn und Eifer. Wie Max Weber feststellt, soll er »also gerade das nicht tun, was der Politiker, der Führer sowohl wie seine Gefolgschaft, immer und notwendig tun muss: *kämpfen*. Denn Parteinahme, Kampf, Leidenschaft – *ira et studium* – sind das

Element des Politikers. Und vor allem: des politischen *Führers*.« Das Handeln des Politikers steht unter dem »Prinzip der *Verantwortung*«. Die »Ehre des Beamten« dagegen ist die Fähigkeit, eine dienstliche Weisung, sogar einen »ihm falsch erscheinenden Befehl auf Verantwortung des Befehlenden gewissenhaft und genau so auszuführen, als ob er seiner eigenen Überzeugung entspräche: ohne diese im höchsten Sinn sittliche Disziplin und Selbstverleugnung zerfiele der ganze Apparat.«[39] Dieser grundsätzliche Unterschied macht gute Beamte oft zu schlechten Politikern und umgekehrt.

An der Spitze einer Verwaltung steht immer ein Politiker, der als Bundes- oder Landesminister ein Ministerium leitet. Im Falle einer Kommunalverwaltung ist es der zuständige gewählte Dezernent. Bestimmte Aufgaben werden nach Gesetz von der zuständigen Verwaltung unabhängig von Weisungen wahrgenommen. Das gilt beispielsweise für die Gerichtsbarkeit oder für die Beteiligung der Deutschen Bundesbank an der Geldpolitik. Aber auch Politiker an der Spitze von grundsätzlich weisungsgebundenen Verwaltungen können exekutive Weisungen nur in dem Entscheidungsrahmen erteilen, der durch die herrschende Gesetzeslage gegeben ist.

Der Politiker im Staatsamt trägt die Verantwortung dafür, dass die Verwaltung, der er vorsteht, sich gesetzestreu verhält. Umgekehrt darf die Verwaltung politische Weisungen nicht ausführen, die ganz eindeutig und jenseits der Interpretationsmöglichkeiten verständigen Ermessens gesetzwidrig sind. Bei der Ausübung der politischen Führung gegenüber einer nicht selten widerstrebenden oder indolenten Verwaltung und bei der Kontrolle und Lenkung der politischen Führung durch ebendiese Verwaltung zeigt sich das Können – oder das Versagen – der Politik und der Verwaltung von ihrer besten oder eben ihrer schlechtesten Seite: Ein guter Verwaltungsbeamter in politiknahen Führungspositionen braucht ein Gespür für die Zwänge, Nöte und Wünsche der Politik. Er wird auch eigene politische Vorstellungen haben. In jedem Fall muss er in der Lage sein, mit dem für ihn zuständigen Minister, Staatssekretär oder sonstigen politischen Vertreter in einen vernünftigen Dialog zu treten, auf vorhandene Probleme aufmerksam zu machen und die politische Willensbildung so wirksam zu beeinflussen, dass zumindest Unsinn und Schädliches verhindert werden. Umgekehrt benötigt ein Politiker, der an der

Spitze einer Exekutive steht, ein elementares Verständnis für die Funktionsweise des ihm unterstehenden Apparates und für die Natur der Fragen, die dort behandelt und entschieden werden. Nur so kann er die Aufgabe wahrnehmen, die Tätigkeit der Verwaltung wirksam zu kontrollieren. Und nur so ist er in der Lage, Reformen und andere Maßnahmen, die er selber plant oder aufgrund politischer Mehrheitsentscheidungen umsetzen muss, sachgerecht durchzuführen. An dieser Schnittstelle zwischen Politik und Verwaltung entscheidet sich, ob Gesetzentwürfe klug angelegt und vernünftig strukturiert sind. Hier wird häufig entschieden zwischen Utopie und Realität. Hier entscheidet sich, ob bestimmte Politiken überhaupt einer vernünftigen Linie folgen.

Politiker, die an die Spitze der Exekutive treten, benötigen also erstens Erfahrungen und Fertigkeiten im Management und in der logischen Analyse komplexer Problemfelder, zweitens konkrete Kenntnisse über die Mentalitäten und Abläufe in einer Verwaltung und drittens eine gewisse Fachkunde und Urteilskraft in dem Fachgebiet, für das sie künftig zuständig sind. Von diesen drei Voraussetzungen wird im Durchschnitt bestenfalls eine und oft nicht einmal die erfüllt. Das ist eine unvermeidliche Begleiterscheinung demokratischer Führungsauswahl. Im Durchschnitt darf man allenfalls erwarten, dass der erfolgreich bestandene politische Konkurrenzkampf intellektuell für ein gewisses Mindestniveau und eine gewisse Belastbarkeit sorgt. Im Übrigen wird es dann Aufgabe der Verwaltung sein, den frischgebackenen Minister oder Amtschef entsprechend weiterzubilden, problembewusst zu machen und auf ein bestimmtes fachliches Niveau zu führen. Das gelingt mal mehr und mal weniger, es ist meist unvollkommen wie alles Menschenwerk.

Zur Effizienz des staatlichen Handelns

Effizient ist ein Handeln dann, wenn es ein bestimmtes Ziel mit so wenig Mitteln wie möglich erreicht oder mit einem bestimmten Mitteleinsatz eine maximal mögliche Wirkung erzielt. Effizienz ist zwar nicht das oberste Kriterium staatlichen Handelns, aber es ist ein sehr wichtiges. In der Regel kann weder die Zahl der Polizisten noch der

Soldaten, Lehrer oder Richter unbegrenzt gesteigert werden, ohne dass die Erfüllung anderer Aufgaben beeinträchtigt wird. Auch kann der Staat die Steuern nicht beliebig erhöhen oder seine Hand auf andere Weise auf einen beliebig großen Teil des Sozialprodukts legen. Kein einziger Bereich, ob Bildung, Gesundheit oder Straßenbau, kann Mittel in einem Umfang beanspruchen, der das Gleichgewicht staatlicher Aufgabenerfüllung beeinträchtigt.

Umfang und Qualität von Regulierungen

Das größte staatliche Effizienzpotential liegt in der Klugheit, Transparenz und inneren Logik der staatlichen Gesetze, von den elementaren Regeln bürgerlichen Rechts bis hin zur letzten Feinheit der Bankenregulierung und der abseitigsten Bestimmung zum Schutz einer speziellen Tierart. Die Logik und die Maßstäbe staatlicher Regulierungen müssen sich jeweils aus ihrem fachlichen Bezug und den damit verfolgten Zielsetzungen entfalten. Sie lassen sich regelmäßig nicht zu wenigen Prinzipien destillieren.

Der oberste Grundansatz von Gesetzen wurde bereits wiederholt genannt: Die Menschen sollen möglichst frei nach ihren Zielen und Wünschen handeln können. Die Regulierung durch den Staat im weitesten Sinne muss sich darauf ausrichten, dass die Menschen einander bei der freien Verfolgung ihrer individuellen Ziele möglichst wenig Schaden zufügen und dass sie auch von anderen möglichst wenig geschädigt werden. Dieses Prinzip, immer wieder konsequent durchdacht und konkret angewandt, trägt bei Regulierungen auf den unterschiedlichsten Gebieten sehr weit.

Zur Güte der Gesetzgebung tragen Ausbildungsqualität, Intelligenz und Kompetenz der Bürokratie, die die Gesetze entwirft, ganz wesentlich bei. Die Güte hängt damit zunächst vom geistigen Niveau und vom Bildungsstand der Eliten in Politik und Verwaltung und vom Niveau der wissenschaftlichen Einrichtungen ab, in denen sie ausgebildet wurden. Verwaltung, Politik und Wissenschaften werden aber in einem – bereits beschriebenen – Wechselspiel geprägt durch die Medien und die von ihnen gestaltete öffentliche Debatte. Insoweit bekommt – überspitzt ausgedrückt – jede Gesellschaft die Gesetze, die sie sich durch ihr eigenes Verhalten verdient hat. Es hat deshalb kaum Sinn, zwischen einem guten Staat beziehungsweise einer guten Gesellschaft und ihren schlechten Gesetzen zu unterscheiden. Zu einem gewissen Grad ist das eine der folgerichtige Reflex des anderen.

Die Weltbank hat einen Indikator entwickelt, mit dem sie anhand von 10 Dimensionen die Wirtschaftsfreundlichkeit staatlicher Regulierungen einordnet und für 189 Staaten in eine internationale Rangfolge bringt. In dieser Rangfolge nimmt Singapur Platz 1 ein, Dänemark Platz 3, Deutschland 15, Frankreich 27, Italien 45, Griechenland 60. Auf den ersten 50 Plätzen sind 29 Staaten aus Europa und Nordamerika, 9 Staaten aus Ostasien (inkl. Ozeanien). Auf den letzten 50 Plätzen tummeln sich 33 Staaten aus Afrika, 6 aus Zentralasien und dem Nahen Osten.[40] Die Rangfolge der gemessenen Regulierungsqualität korreliert in hohem Maße mit dem bereits zitierten Korruptionsindex von Transparency International und der Rangfolge des wirtschaftlichen Wohlstands: Nicht korrupte Gesellschaftssysteme verfügen offenbar über bessere Regulierungen, und sie sind zudem wegen der Bändigung von Korruption gesetzestreuer. Beides – Regulierungsqualität und Gesetzestreue – wirkt sich günstig auf den wirtschaftlichen Wohlstand aus.

Auch gut gemeinte Regulierung ist oft widersprüchlich, oft zu umständlich, geht am Ziel vorbei oder veraltet mit der Zeit. Ihr Vollzug verursacht direkte und indirekte Kosten selbst dort, wo es sich um notwendige und sinnvolle Bestimmungen handelt. Diese Kosten fallen nicht nur beim Staat, sondern auch beim Bürger an, wenn er etwa seine Steuererklärung bearbeiten muss. Es ist zweifelhaft, ob man neben der strikten Anwendung gesunden Menschenverstandes gegen das Ausufern von Regulierungen eine quasi institutionelle Vorkehrung treffen kann. In Deutschland gibt es seit 2006 den Nationalen Normenkontrollrat, der nach niederländischem Vorbild eingerichtet wurde. Er prüft seit 2011 Gesetzentwürfe, Verwaltungsvorschriften, Bestimmungen zur Umsetzung von EU-Recht etc. im Hinblick auf die Folgekosten ihrer Umsetzung.[41] Zur Entwicklung der Bürokratiekosten veröffentlicht das Statistische Bundesamt seit 2012 einen Bürokratiekostenindex.[42] Diese löbliche bürokratische Bemühung lenkt aber zugleich den Blick auf das erkenntnistheoretische Problem: Der zum 1. Januar 2015 eingeführte gesetzliche Mindestlohn beispielsweise verändert Strukturen, unternehmerische Verhaltensweisen, die Einkommensverteilung und die Verteilung wirtschaftlicher Risiken, das Angebot von und die Nachfrage nach Arbeitsplätzen etc. Um diese Fragen tobt der Streit, wenn man diskutiert, ob es sich um eine gute oder schlechte Regulierung handelt. Demgegenüber ist es weniger wichtig, welche Kosten für Dokumentation und Verwaltung das Gesetz den Unternehmen auferlegt. So war es eigentlich ein schlechter Scherz, dass der Bürokratiekostenindex nach Inkrafttreten des Mindestlohngesetzes sank, anstatt zu steigen.[43] Die eigentliche Problematik des Mindestlohngesetzes kann er eben gar nicht abbilden.

Qualität und Wirtschaftlichkeit

Will ein Staat gute Gesetze, intelligentes Verwaltungshandeln und eine kompetente Richterschaft, so tut er gut daran, die besten Juristen in den Staatsdienst zu ziehen. Will er gute Lehrer, so tut er gut daran, die zum Lehrberuf Begabten und Motivierten zu Beginn der Ausbildung auszuwählen, denn die Qualität des Lehrers ist für den Unterricht nach allen Untersuchungen weitaus wichtiger als die Lehrpläne, zumal er voraussichtlich 40 Jahre im Schuldienst bleibt, während die Lehrpläne sich ständig ändern. Mit wenigen guten Mitarbeitern kommt man häufig weiter als mit einer höheren Zahl mäßiger oder schlechter. Deshalb ist eine öffentliche Verwaltung, die attraktiv ist und es sich leisten kann, die Guten und die Besten auszuwählen, zumeist auch in Bezug auf die Erledigung ihrer Aufgaben günstiger und wirtschaftlicher.

Grundsätzlich lassen sich für die Leistung und die Wirtschaftlichkeit einer jeden staatlichen Verwaltung geeignete Maßstäbe entwickeln. Sie sind allerdings häufig komplex, und ihre Aussagekraft kann mit guten Gründen diskutiert werden. Insoweit hat es die Stiftung Warentest beim Vergleich von Hautcremes oder Elektrorasierern leichter. Nahezu jeder handliche und quantifizierbare Vergleichsmaßstab oder Leistungsindikator vereinfacht stark. Fällt er für die betreffende Verwaltung ungünstig aus, wird seine Aussagefähigkeit regelmäßig bestritten. Das macht die Analyse und Anwendung solcher Maßstäbe nicht weniger wichtig.

Üblicherweise ist eine Verwaltung umso ineffizienter, je mehr sie sich der Anwendung und Analyse solcher Vergleichsmaßstäbe entziehen will. Dazu kann ich aus meiner Zeit als Berliner Finanzsenator 2002 bis 2009 ein Lied singen. Aus historischen Gründen war die Verwaltung in Berlin stark überbesetzt, dies wurde aber gern bestritten. Ich führte einen Vergleich mit dem Stadtstaat Hamburg ein. Daraus ergab sich, dass Berlin noch im Jahr 2001 in der Staats- und Kommunalverwaltung 55 Prozent mehr Personal beschäftigte als Hamburg. Bei meinem Ausscheiden als Finanzsenator acht Jahre später lag der Unterschied noch bei 14 Prozent.

Besonders ausgeprägt war die Mehrausstattung bei der Polizei. Bei näherem Vergleich zeigte sich, dass der Unterschied weniger bei den Vollzugsbeamten im Streifendienst als bei den Polizisten im Innendienst lag. Ich führte die Analyse gemeinsam mit dem Innensenator durch, und wir einigten uns auf ein Programm, das die Unterschiede zu Hamburg in sechs Jahren abbaute.

In der Justiz wies Berlin eine weitaus höhere Ausstattung mit Zivilrichtern insbesondere im Vergleich zu Süddeutschland auf. Dabei gab es in der Stadt wegen der Strukturschwäche kaum aufwendige Wirtschaftsprozesse. Aber die Berliner Bevölkerung ist in Kleinigkeiten – etwa Streit um Nebenkostenabrechnungen bei Wohnungen – wesentlich klagefreudiger als Süddeutsche. Die Berliner Justizsenatorin schaute nur auf die Fallzahlen und beklagte eine Überlastung der Justiz. Ich argumentierte, dass ein großer Wirtschaftsprozess, wie er in Stuttgart oder München häufig ist, Hunderte kleiner Fälle aufwiegt. Die Justizsenatorin wollte aber jedes Gerichtsverfahren gleichgewichtig in die Personalbemessung einfließen lassen.

Bei den Tests zur Bildungsleistung der Schüler bildet Berlin zusammen mit Hamburg und Bremen regelmäßig das Schlusslicht in der Rangtabelle der Bundesländer. Ganz vorne stehen Bayern, Baden-Württemberg, Sachsen und Thüringen. Immer wieder wurde ich mit der Forderung konfrontiert, zur Erhöhung der Bildungsleistung in Berlin der Einstellung von mehr Lehrern zuzustimmen. Anhand der offiziellen Zahlen der Kultusministerkonferenz demonstrierte ich dem jeweiligen Bildungssenator dann, dass kein Land bezogen auf die Zahl der Schüler so viele Lehrer hat wie Berlin und ausgerechnet Bayern, wo es unter allen Bundesländern relativ zur Schülerzahl die wenigsten Lehrer gibt, die besten Schulleistungen vorzuweisen hat. Dies hat eine Vielzahl von Gründen: Es gibt in Bayern im Durchschnitt größere Klassen, weniger personalintensive Kursangebote für Kleingruppen, aber deutlich mehr Unterrichtsstunden für jeden Schüler. Die bayerischen Lehrer sind bei Einstellung durchschnittlich wesentlich jünger als Berliner Lehrer und offenbar auch besser ausgebildet. Das Anforderungsniveau an den bayerischen Schulen ist höher, darum strengen sich die Schüler auch mehr an, etc., etc. Das alles diskutierte ich intensiv mit den Bildungssenatoren, was unser Verhältnis belastete. Aber ich setzte mich durch: Neue Stellen für Lehrer gab es nicht. Leider konnte ich auch nicht beobachten, dass meine Kollegen Anstrengungen machten, die Berliner Bildungsdefizite auf andere Weise zu beheben. Es wurde eher kontinuierlich schlimmer, und das setzt sich fort.

Das sind nur einige wenige Beispiele aus einer großen Zahl. Ich überzog in Berlin alle Verwaltungszweige und alle Ausgabekategorien mit systematischen Analysen und machte deren Ergebnisse zur Grundlage meiner Haushaltspolitik. Das trug ganz wesentlich dazu bei, dass Berlin im Verlauf von sieben Jahren ein jährliches Haushaltdefizit von über 5 Milliarden Euro (ein Viertel des Haushaltsumfangs) vollständig beseitigen konnte und im Jahr 2008 den ersten Haushaltsüberschuss der Landesgeschichte erzielte.

Finanzierung der Staatsaufgaben

Dauerhafte Staatsausgaben bedürfen dauerhafter staatlicher Einnahmen. Dieser Grundsatz gilt immer, unabhängig davon, wie man zur Staatsverschuldung steht. Zu den dauerhaften Einnahmen kann durchaus auch eine kontinuierliche staatliche Kreditaufnahme gehören, solange die daraus erwachsenden Zahlungsverpflichtungen für den Staat zu leisten sind.

– Historisch gesehen machen *Steuern* den größten Teil der Staatseinnahmen aus, sei es als indirekte Steuern auf Umsatz und Verbrauch oder als direkte Steuern auf Löhne, Gewinne oder Vermögen. Die Kunst der Besteuerung besteht darin, Umgehungsmöglichkeiten und Vermeidungshandlungen möglichst klein zu halten, die Erhebung einfach zu gestalten, den Wirtschaftskreislauf möglichst wenig zu beschädigen und die Struktur der Steuern so zu gestalten, dass den in der Gesellschaft vorherrschenden Gerechtigkeitsvorstellungen einigermaßen Genüge getan wird.

– Neben den Steuern haben sich in den meisten westlichen Industriestaaten die *Sozialabgaben* als größte staatliche Einnahmequelle entwickelt. Sie finanzieren durch Pflichtabgaben ganz oder teilweise die staatlichen Systeme für die Sicherung im Alter, bei Krankheit und Arbeitslosigkeit.

– Für viele staatliche Leistungen fallen *Gebühren* und *Beiträge* an, etwa für die Inanspruchnahme der Gerichtsbarkeit, für die Erteilung von Genehmigungen, die Ausgabe von Bescheinigungen und Ausweisen oder die Bereitstellung und Nutzung von Infrastruktur. Gebühren und Beiträge sind quasi typisierte Preise für staatliche Dienstleistungen.

– Einnahmen aus staatlicher *Verschuldung* wurden immer schon gern für die Finanzierung von Kriegen, großen Investitionsvorhaben oder großen anderen vorübergehenden Ausgaben genutzt. Staatliche Verschuldung ist unbedenklich, soweit der Staat Zins und Tilgung aus seinen regelmäßigen Einnahmen leisten kann.

Sofern ein souveräner Staat über seine Notenbank das gesetzliche Zahlungsmittel zur Verfügung stellt, kann er sich auch Einnahmen verschaffen, indem er mit dem selbst geschaffenen Geld bezahlt. Aus einem Missbrauch dieser Finanzierungsquelle entstanden häufig große Inflationen. Aktuell stützt sich die Geldpolitik der großen Notenbanken in der Welt (USA, Japan, Großbritannien, Euroraum) zu einem großen Teil auf das sogenannte *quantitative easing*. Dabei bringen Notenbanken Geld in Umlauf, indem sie staatliche Schuldpapiere ankaufen (siehe dazu Abschnitt »Staat und Währung«).

Als einfacher Indikator für den Umfang der Staatsaktivität hat sich international die Quote der Staatsausgaben am BIP eingebürgert. Zum Vergleich der Abgabenbelastung dienen entsprechende Steuer- und Abgabequoten am BIP. Zum Vergleich der laufenden Staatsverschuldung wird der staatliche Finanzierungssaldo im Verhältnis zum

BIP herangezogen. Der Schuldenstand wird anhand der Quote der Staatsschulden im Vergleich zum BIP ermittelt.

Im Zeitablauf beobachten wir in den letzten Jahrzehnten weltweit einen Anstieg der Staatsschuldenquote. Dies ist kein universales Gesetz, denn einzelne Länder haben die Quote deutlich gesenkt. Dagegen blieben die Abgabenquoten weitgehend stabil, und die staatlichen Ausgabenquoten entwickelten sich unterschiedlich. International lassen sich keine Zusammenhänge beobachten zwischen

– der Höhe der gesamtwirtschaftlichen Abgabenquote und dem Wohlstandsniveau (Letzteres gemessen am kaufkraftbereinigten BIP pro Kopf der Bevölkerung),
– der Höhe der gesamtwirtschaftlichen Ausgabenquote und dem Wohlstandsniveau,
– der Staatsschuldenquote beziehungsweise dem laufenden staatlichen Finanzierungssaldo und dem Wohlstandniveau.

Das bedeutet, dass sich hohe Staatsanteile und hohe Staatsverschuldung nicht ohne weiteres damit begründen lassen, dass sie mehr Wohlstand und Wachstum generieren.[44] Auch haben die Länder mit dem international höchsten Wohlstandsniveau (nämlich die USA, die Schweiz und Singapur) die niedrigsten Staats- und Abgabequoten. In Tabelle 3.1 sind entsprechende internationale Vergleichszahlen für das Jahr 2014 zusammengefasst. Die Daten der Tabelle illustrieren die folgenden Erkenntnisse:

– Es gibt keinen eindeutigen Zusammenhang zwischen dem Umfang des Staatssektors und der Wirtschaftskraft beziehungsweise dem Wohlstand eines Landes.
– Entwickelte Länder mit einer eher niedrigen Abgaben- und Ausgabenquote haben allerdings tendenziell einen höheren Wohlstand (Beispiele Singapur, Schweiz, USA).
– Dagegen stehen Länder, die gleichzeitig eine hohe Staatsausgabenquote und eine hohe Staatsverschuldung haben, beim Wohlstand tendenziell nicht an der Spitze.
– Steigende Staatsverschuldung ist offenbar nicht unausweichlich. Die Schweiz und Schweden, beide mit eigener Währung und

Tabelle 3.1: Wohlstandsniveau und fiskalische Eckdaten im internationalen Vergleich

1	2	3	4	5	6
	BIP pro Kopf Dollar PPP	Abgaben- quote in % des BIP	Ausgaben- quote in % des BIP	Finanzierungs- saldo in % des BIP	Staatsschulden- quote in % des BIP
Singapur	78.763	14,0	17,0	-1,7	103,5
Schweiz	56.565	27,1	33,2	0,0	36,4
USA	53.042	25,4	38,6	-4,9	104,9
Schweden	45.148	42,8	53,2	-2,2	41,4
Deutschland	**44.469**	**36,7**	**44,3**	**0,4**	**74,2**
Großbritannien	38.452	32,9	45,3	-5,4	88,7
Frankreich	37.872	45,0	57,1	-4,3	95,3
Japan	36.449		42,6	-7,7	246,3
Italien	35.597	42,6	50,5	-3,0	131,9
Spanien	32.926	32,6	44,3	-5,6	98,3
Griechenland	25.705	33,5	59,2	-2,5	176,3

Quellen: Weltbank Database, OECD, EU-Kommission
Spalte 3: 2013, Singapur, Schweiz 2012; Spalte 4: 2013, Singapur 2012; Spalte 5: 2014; Spalte 6: 2014, Singapur 2013

beide stark mit der Weltwirtschaft verflochten, haben sich in den letzten Jahren dem Trend zu steigender Staatsverschuldung völlig entzogen.

– Ein hoher oder ein niedriger Staatsanteil ist innerhalb bestimmter Grenzen weder gut noch schlecht: Die Schweden haben bei 53,2 Prozent Staatsanteil ein sehr gut ausgebautes staatliches Leistungsangebot. Die Griechen dagegen haben bei 59,2 Prozent Staatsanteil ein sehr schlecht funktionierendes Staatswesen. Andererseits zeigt die Schweiz, dass ein leistungsfähiges Staatswesen auch mit einer Staatsquote von nur 33,2 Prozent auskommen kann.

Vergleiche aller Art sind immer nützlich und helfen oft weiter, wenn man die Bedingtheit und beschränkte Aussagekraft der meisten Vergleichsmaßstäbe einkalkuliert. So ist etwa zu beachten, dass die staatliche Krankenversicherung in der Schweiz im Vergleich zu Deutschland nur eingeschränkte Grundleistungen anbietet und Zahnbehandlungen dort gar nicht versichert sind. Die staatliche Rentenversicherung ist ebenfalls sehr eingeschränkt, aber es besteht eine Pflicht zur privaten Vorsorge. Beides senkt natürlich den Staatsanteil. In

Schweden wiederum hat der staatliche Gesundheitsdienst ein Monopol. Seine Leistungen sind unentgeltlich und im Staatsanteil enthalten, aber man hat keine freie Arztwahl und häufig lange Wartezeiten. Privat dürfen in Schweden keine ärztlichen Leistungen angeboten werden. Das würde dem schwedischen Gleichheitsprinzip widersprechen. Darum lassen sich wohlhabende Schweden oft im Ausland behandeln und operieren.

Solche Unterschiede in staatlichen Regulierungen und Leistungen ergeben sich in einer Demokratie aus langen gesellschaftlichen Traditionen und entsprechenden politischen Entscheidungen. Zu diesen Traditionen gehört leider auch, dass unabhängig von den gesetzten politischen Prioritäten das Qualitätsniveau der vom Staat gebotenen Leistungen sehr unterschiedlich ist. So gibt es in Italien keinen einzigen Bereich der staatlichen Verwaltung, der nicht weitaus schlechter funktioniert als in der benachbarten Schweiz. Gerichtsbarkeit, Bildungswesen und Gesundheitssystem sind relativ zur Schweiz in einem beklagenswerten Zustand und in Süditalien noch schlechter als im Norden des Landes. Der sehr hohe Staatsanteil Italiens von 50,5 Prozent gegenüber dem niedrigen Anteil in der Schweiz von nur 33,2 Prozent würde für sich genommen eher das Gegenteil vermuten lassen.

Subsysteme der staatlichen Leistungserstellung

Wie schon erwähnt, ist es nicht unbedingt und überall notwendig oder auch nur zweckmäßig, dass der Staat die Leistungen, die er dem Bürger bieten oder garantieren möchte, selber erbringt. Vieles geschieht über die Rahmenbedingungen, die durch staatliche Gesetze definiert werden, etwa im Arbeitsrecht, beim Arbeitsschutz, Mietrecht, Umweltschutz. Mindestlohn, gesetzliche Kündigungsfristen, Unfallschutz in Werkhallen oder der Schutz der Arbeitnehmer vor gefährlichen Stoffen erhöhen genauso wenig die Staatsquote wie das soziale Mietrecht. Sie sind aber, im Guten wie im Bösen, für die Lebensqualität und das Wohlbefinden der Bürger viel bedeutender als vom Staat angebotene oder bezahlte Dienste und Transfers. Bei zahlreichen staatlichen Leistungen hat sich im Laufe der Zeit aber herausgestellt, dass es unzweckmäßig oder unwirtschaftlich ist, sie durch Verwaltungen erbringen zu lassen. Da man sie nicht dem freien Markt überlassen wollte, entstanden

- die staatlichen Bahn-, Post oder Fernmeldegesellschaften,
- Unternehmen für staatliche Krankenhäuser,
- Flughafengesellschaften,
- kommunale Versorgungsbetriebe für Wasser, Abfall, Verkehr, Energie,
- staatliche Unternehmen für Kulturangebote wie Oper und Theater,
- Wohnungsbauunternehmen,
- Sparkassen,
- staatliche Förderbanken,
- Betriebsgesellschaften für Rennstrecken etc., etc.

Die Überlegung bei all diesen Unternehmen war, dass mit dem Leistungsangebot zwar ein staatlicher Zweck – etwa Daseinsvorsorge oder Wirtschaftsförderung – verbunden war, aber eine kaufmännische Organisation und Rechnungslegung als vorteilhaft angesehen wurde. Diese staatlichen Unternehmen machen Umsatz in Form von Fahrpreisen und anderen nutzungsabhängigen Gebühren und bilanzieren nach Aufwand und Ertrag. Der Staat kann aber grundsätzlich als Aufsichtsbehörde und als Eigentümer über die Angebotskonditionen mitbestimmen und so die politische Aufgabe der entsprechenden Daseinsvorsorge wahrnehmen.

Zahlreiche Wirtschaftsaktivitäten, die ursprünglich zur staatlichen Daseinsvorsorge gehörten, sind mittlerweile in den freien Markt entlassen und die Unternehmen teilweise privatisiert worden, teilweise besteht noch eine staatliche Preisaufsicht. Die Entlassung in den freien Markt gilt beispielsweise für Bahn, Post, Telekom, für zahlreiche Energieunternehmen, manche Flughäfen, viele Wohnungsunternehmen und auch für einige ursprünglich staatliche Bankbeteiligungen. Vielfach wurden auch die staatliche Bauverwaltung oder die Verwaltung staatlicher Liegenschaften in unternehmerische Betriebsformen überführt, verblieben aber zumeist im Staatseigentum.

Staatliche Unternehmen unterliegen den handelsrechtlichen Vorschriften. Sie haben eigene Aufsichtsorgane, die die Geschäftsführungen oder Vorstände anstellen. In den Verwaltungs- und Aufsichtsräten sind neben Externen auch Mitarbeiter der Verwaltung und Politiker vertreten. Sie unterliegen nicht der parlamentarischen Kontrolle, und dem Haushaltsrecht unterliegen sie nur insoweit, als sie Zuwendungsempfänger sind. Die leitenden Mitarbeiter erhalten durchweg eine deutlich höhere Vergütung, als es der Beamtenbesoldung oder der Alimentation von Politikern entspricht. Sie sollen ja hinsichtlich der Konditionen mit der Wirtschaft konkurrenzfähig sein. Ich habe einen großen Teil meines dienstlichen Lebens als Beamter, Vorstand, Geschäftsführer, Politiker, Aufsichtsrats- und Verwaltungsratsmitglied in und mit staatlichen Unternehmen verbracht. Es würde der Effizienz der staatlichen Aufgabenerfüllung guttun, wenn möglichst viele staatliche Aktivitäten, die nicht hoheitlich sind (also nicht mit dem Erlass und der Umsetzung von Gesetzen zu tun haben), in unternehmerische oder unternehmensähnliche Organisationsformen ausgelagert würden. Es ist allerdings auch kein Zufall, dass an dieser Nahtstelle von Politik und Wirtschaft regelmäßig die größten politischen Skandale angesiedelt sind und dass hier Politiker immer wieder besonders spektakulär scheitern. Nachfolgend schildere ich drei Beispiele aus meinem eigenen Erfahrungsbereich.

Der Nürburgring
Die Rennstrecke Nürburgring wurde in den 1920er Jahren als Beschäftigungsprojekt des Landes Preußen erbaut und 1927 in Betrieb genommen. Eigentümer und Betreiber ist das Unternehmen Nürburgring GmbH. Nach umfangreichen Umbauten (darunter dem Bau einer neuen Formel-1-Strecke) in den 1980er Jahren gab der Bund seine Anteile an der Gesellschaft an das Land Rheinland-Pfalz ab, das von da an bis 2013 alleiniger Eigentümer war.

Als Finanzstaatssekretär in Rheinland-Pfalz rückte ich im Mai 1991 in den Aufsichtsrat der Nürburgring GmbH ein und wurde dort stellvertretender Aufsichtsratsvorsitzender und Vorsitzender des Finanzausschusses. Der Staatssekretär aus dem Wirtschaftsministerium war der Aufsichtsratsvorsitzende. Ich fand ein Unternehmen ohne Schulden, aber mit äußerst bescheidenen Umsätzen und Ertragsperspektiven vor. Die großen Investitionen der 1980er Jahre wurden durch staatliche Zuschüsse finanziert, die Abschreibungen darauf hätte man gar nicht erwirtschaften können. Durch die Rennveranstaltungen und andere Events hielt sich das kleine Unternehmen mit seinen rund 80 Beschäftigten mühsam über Wasser. Es war stets eine gewisse Kunst, die eigentlich rote Null in eine schwarze Null zu verwandeln. Selbst die größte und wichtigste Veranstaltung, das seit 1995 wieder jährlich stattfindende Formel-1-Rennen, brachte Defizite. Die einzige Rechtfertigung für die Beteiligung des Landes war die Bedeutung der Rennstrecke für die strukturschwache Eifel. Immer wieder diskutierten wir im Aufsichtsrat mögliche Investitionen zur Belebung des Geschäfts. Aber bis auf graduelle Verbesserungen an der Rennstrecke und ihrer Infrastruktur, deren Rentabilität ohne Sponsoren fast niemals gegeben war, fiel niemandem etwas ein. Meine Pflichten führten mich jährlich mindestens achtmal an den Nürburgring: viermal für den Finanzausschuss und viermal für den Aufsichtsrat. An zwei Tagen schien dabei die Sonne, einmal war Schnee und Nebel, und fünfmal war Regen oder Nebel oder beides. Mit einer durchschnittlichen Höhe von 600 bis 700 Metern ist die regenreiche Hocheifel weder für den Wintersport geeignet, noch ist sie ausreichend warm und sonnig für einen nachhaltigen Sommertourismus. Gleichwohl waren mir mit den Jahren sowohl die raue Gegend als auch der ständig am Rand der Niederlage balancierende Kampf um schwarze Zahlen irgendwie ans Herz gewachsen.

Als ich Rheinland-Pfalz im März 1997 verließ, übergab ich mein Amt als Finanzstaatssekretär nicht ohne Bedauern an meinen Nachfolger Ingolf Deubel. Dieser war dann neun Jahre lang stellvertretender Aufsichtsratsvorsitzender und Vorsitzender des Finanzausschusses. In dieser Zeit änderte sich beim Nürburgring im Wesentlichen nichts. Im Mai 2006 wurde Deubel Finanzminister. Damit änderte sich alles. Deubel blieb im Aufsichtsrat, übernahm dort den Vorsitz und startete das Projekt eines großen Erlebnis- und Freizeitparks rund um den Nürburgring. Das ging gründlich schief. Als die immer wieder angekündigte Privatfinanzierung des Erlebnisparks scheiterte, musste Deubel im Juli 2009 zurücktreten, und das Land musste finanziell für die ausgefallenen Privatinvestoren eintreten. Der Erlebnispark wurde zu einem Misserfolg. Die Bemühungen, diesen Misserfolg zu heilen, kosteten schließlich auch seinen Nachfolger als Finanzminister und den Wirtschaftsminister das Amt. Nach vielen vergeblichen Manövern ging die Nürburgring GmbH im Jahr 2012 schließlich in die Insolvenz.

Seit Oktober 2014 befindet sich die Rennstrecke zu zwei Dritteln im Besitz eines russischen Milliardärs. Das Land Rheinland-Pfalz hat einen finanziellen Schaden von rund 500 Millionen Euro erlitten und ist das Eigentum an der Rennstrecke los. Dessen neuer Eigentümer wird sich bestimmt zuallerletzt um Strukturfragen in der Eifel kümmern. Deubel wurde vom Landgericht Koblenz im August 2014 wegen Untreue und uneidlicher Falschaussage zu drei Jahren und 6 Monaten Haft verurteilt. Dagegen hat er Revision eingelegt.

Ingolf Deubel hatte das ganze Projekt in engster Abstimmung mit dem Ministerpräsidenten Kurt Beck vorangetrieben. Dieser hatte ihm, was die finanzielle und fachliche Beurteilung anging, allem Anschein nach voll vertraut. In der Staatskanzlei, in den beteiligten Ministerien und im Landtag von Rheinland-Pfalz gab es offenbar keine fachliche oder politische Kontrolle von Deubels Vorgehen, auch die Geschäftsführung der GmbH leistete keinen erkennbaren Widerstand. So konnte es geschehen, dass sich sowohl beim unternehmerischen Konzept wie bei der Finanzierung eine Schieflage entwickelte, die lange Zeit niemand erkannte. Der zunehmende Druck auf Deubel führte dann bei ihm zu Verhaltensweisen, die das Landgericht Koblenz im Nachhinein als kriminell einstufte. Kurt Beck trat als Ministerpräsident von Rheinland-Pfalz im Januar 2013 zurück. Falls seine Nachfolgerin Malu Dreyer die nächste Landtagswahl im März 2016 verliert, wird dies vor allem die Folge des Nürburgring-Desasters sein.

Berliner Bankgesellschaft

Die Berliner Bankgesellschaft entstand 1994 aus dem Zusammenschluss von drei staatlichen Banken. In der Berliner Politik machte man sich Hoffnungen, damit an die große Banktradition Berlins vor dem Krieg anzuschließen. Die Konstruktion des neuen Konzerns war kompliziert, zu einer wirklichen Integration der Teilbanken kam es nie. Der vom Regierenden Bürgermeister Eberhard Diepgen eingesetzte Aufsichtsratsvorsitzende Edzard Reuter erwies sich als überfordert mit der Aufgabe. Auf wichtigen Vorstandsposten saßen teilweise ungeeignete Leute. Die Bank machte ihre wesentlichen Gewinne aus riskanten Geschäften rund um die Entwicklung von steuersparenden Immobilienfonds und die Finanzierung von deren Liegenschaften. Die Risiken daraus wurden lange nicht erkannt und brachen plötzlich auf. Um eine Insolvenz der Bank zu verhindern, musste das Land Berlin im Sommer 2001 aus Haushaltsmitteln eine Kapitalerhöhung von 3,5 Milliarden D-Mark leisten. In der Folge verlor der CDU-Fraktionsvorsitzende Klaus Landowsky sein Amt als Vorstandsvorsitzender der Berliner Hypothekenbank, die zur Berliner Bankgesellschaft gehörte. Die SPD im Abgeordnetenhaus kündigte die Koalition mit der CDU auf, und der Regierende Bürgermeister Diepgen wurde durch ein konstruktives Misstrauensvotum gestürzt. Klaus Wowereit wurde sein Nachfolger.

Ich kam Anfang 2002 in das Amt des Berliner Finanzsenators und verbrachte für einige Jahre einen wesentlichen Teil meiner Zeit mit der Beseitigung des entstandenen finanziellen und politischen Trümmerhaufens sowie der Sanierung der Bank. Im Zusammenhang damit las ich alle Geschäftsberichte und Aufsichtsratsprotokolle der zurückliegenden Jahre. Aus ihnen wurden die Risiken nicht erkennbar. Erst im September 2001, wenige Monate bevor das Desaster offenkundig wurde, fand sich im Aufsichtsratsprotokoll die erste kleine Andeutung möglicher Gefahren. Die Vorstände aller Teilbanken und alle Aufsichtsratsmitglieder – nicht nur die Politiker unter ihnen – hatten das Desaster entweder nicht kommen sehen oder über die Risiken geschwiegen. Die Sanierung gelang schließlich – mit einem neuen Vorstand und Aufsichtsrat unter dem Schirm einer gigantischen Landesbürgschaft von 21,5 Milliarden Euro – durch einen radikalen Umbau der Bank. Dieser brachte eine starke Schrumpfung der Bilanzsumme und einen erheblichen Personalabbau mit sich. 2007 konnte das Land Berlin die ehemalige Pleitebank für 5,3 Milliarden Euro an den Deutschen Sparkassen- und Giroverband verkaufen.

Bau des neuen Berliner Flughafens
Grundsätzlich ist der Bau eines neuen Flughafens kein Hexenwerk. Es kann eigentlich gar nichts schiefgehen, wenn man sich nur an die folgenden elementaren Regeln hält:

- Man beachtet bei der Planung die voraussichtliche Verkehrsentwicklung während der Planungs- und Bauzeit (15 bis 20 Jahre) und der ersten Jahrzehnte des Betriebs. Bei ihrem Beginn muss die Planung also einen Zeithorizont von 40 bis 50 Jahren abdecken.
- Man wartet mit der Ausführungsplanung, bis die Planfeststellung abgeschlossen ist.
- Man plant die Gesamtkosten von Anfang an realistisch, lässt genügend Raum für Unvorhergesehenes und die künftige Preisentwicklung.
- Man beschäftigt eine ausreichend kopfstarke und qualifizierte Mannschaft, die die Funktion des Bauherrn in jeder Hinsicht kompetent wahrnehmen kann.
- Man beauftragt die qualifiziertesten Planer, die am Markt zu bekommen sind, und achtet bei ihrer Auswahl nicht unbedingt auf den Preis.
- Man hält sich bei der Planung an bewährte Lösungen, Experimente überlässt man anderen.
- Man plant im Detail, und zwar bis zum letzten Lichtschalter und zur Fliesengröße in den WCs.
- Man beauftragt qualifizierte Projektsteuerer mit der Begleitung der Baumaßnahme über alle Stufen. Auch diese sucht man nicht nach dem günstigsten Preis, sondern nach der besten Qualität aus.
- Man beschränkt die Losgrößen bei den Ausschreibungen so, dass ein wirksamer Wettbewerb unter den Bietern möglich ist.
- Unter den Geboten trifft man zunächst eine Vorauswahl nach der Leistungsfähigkeit des Bieters und der Qualität des Gebots. Erst dann erfolgt die Auswahl nach dem Preis.
- Nach Vergabe der Aufträge sind Planungsänderungen grundsätzlich ausgeschlossen.
- Während der gesamten Planungs- und Bauphase gibt es eine fortlaufende enge Abstimmung mit den Genehmigungsbehörden.
- Man achtet auf ausreichenden verantwortlichen Sachverstand für Planung und Bau auf der Ebene der Geschäftsführung und der Prokuristen. Die Betreffenden sind vom sonstigen Tagesgeschäft befreit.
- Man geizt nicht bei der Bezahlung der betreffenden Geschäftsführer und Prokuristen.

– Man entwickelt ein ausgebautes und qualifiziertes Berichtswesen.
– Man beschäftigt sich als zuständiger Vorstand, Aufsichtsratsvorsitzender oder Mitglied im Bauausschuss des Aufsichtsrats kontinuierlich, intensiv und kritisch mit dem Fortschritt des Bauvorhabens, der Schlüssigkeit der Berichte und der Zuverlässigkeit der handelnden Personen.

Aber selbst wenn man das alles beachtet, kann offenbar immer noch manches schiefgehen, etwa wenn Altlasten oder andere Risiken im Baugrund nicht rechtzeitig erkannt werden. Davor ist man niemals sicher. Die Liste ist übrigens kein theoretisches Konstrukt. Sie gilt für jedes größere Bauvorhaben. Ich habe mit dieser Vorgehensweise als Baustaatssekretär in Rheinland-Pfalz, als Geschäftsführer der TLG Immobilien und als Infrastruktur-Vorstand der DB Netz AG Hunderte größerer und großer Bauvorhaben betreut. Nicht eines davon ging schief.

Hätte Klaus Wowereit diese Liste verinnerlicht und systematisch abgearbeitet, so wäre er vermutlich noch immer Regierender Bürgermeister und der längst in Betrieb gegangene Flughafen wäre sein Ruhmesblatt. Leider ist es so, dass in der Geschichte dieses Bauvorhabens jeder dieser Punkte immer wieder und manche fortlaufend missachtet wurden. Das ist nicht unbedingt Wowereits Schuld. Woher sollte er das alles wissen, wenn er doch in seinem Amt als Aufsichtsratsvorsitzender der Berliner Flughafengesellschaft zum ersten Mal in seinem Leben mit einem großen Bauvorhaben konfrontiert wurde? Mit seinem als Jurist, Bildungsstadtrat und Abgeordneter erworbenen Erfahrungsschatz konnte er es nicht wissen. Deshalb hätte er das Amt des Aufsichtsratsvorsitzenden entweder gar nicht ausüben dürfen, oder er hätte dabei auf Personen mit entsprechender Erfahrung und Kompetenz zurückgreifen müssen.

Als Bonner Beamter saß ich in den 1980er Jahren als Vertreter des Bundesfinanzministeriums in den Aufsichtsräten der Flughäfen Köln/Bonn, München und Berlin. Dort waren jeweils Beamte der Finanz- und Verkehrsministerien von Bund und Land vertreten. Soweit ein Landesminister Aufsichtsratsvorsitzender war, hielt er sich streng an die Voten seiner Fachbeamten. In Berlin war das zu meiner Zeit der Verkehrssenator Wronski (CDU). Der Arbeitsausschuss des Aufsichtsrats, dessen Vorsitzender ich war, beriet die Aufsichtsratsvorlagen vor. Dabei ging es oft hoch her. Hatten wir uns dort geeinigt, so war das fachliche Feld gepflügt. Ich trug entsprechend im Aufsichtsrat vor, und die Sache wurde meist auch so entschieden.

Als ich Finanzsenator wurde, plante ich, entsprechend diesem Modell meinen Staatsekretär in den Aufsichtsrat des Berliner Flughafens zu entsenden. Ein Sitz dort stand der Finanzverwaltung ja immer noch zu. Das wollte Klaus Wowereit aber nicht. Er meinte, ich hätte doch genug mit der Bankgesellschaft und den Landeshaushalt zu tun, und holte stattdessen auf den Sitz der Finanzverwaltung den Bildungssenator Böger in den Aufsichtsrat. Als dieser ausschied, wurde ein Hotelbesitzer sein Nachfolger. Ich verstand das Signal: Klaus Wowereit wollte offenbar Alleinherrscher am Flughafen sein. Seitdem sah die Mitwirkung der Finanzverwaltung am Flughafenprojekt für die folgenden sieben Jahre so aus, dass meine Beamten jede schriftliche Anfrage aus der Senatskanzlei zum Thema Flughafen korrekt beantworteten, sowie die Frage gestellt war. Es gab aber nur wenige Anfragen. Das Verhängnis nahm in Ruhe seinen Lauf.

Die Missgeschicke von Ingolf Deubel, Eberhard Diepgen und Klaus Wowereit, die letztlich zum Skandal führten, haben alle eines gemein: mangelnde Sachkunde und Selbstüberschätzung der politischen Hauptverantwortlichen. Ingolf Deubel verstand wenig von den Risiken unternehmerischer Tätigkeit, wollte das offenbar aber nicht wahrhaben. Eberhard Diepgen verstand wenig von den Risiken einer Großbank jenseits der Sparkassendimension. Das wusste er wohl auch, aber er stützte sich zum Ausgleich seines Unwissens auf die falschen Leute, nämlich Klaus Landowsky und Edzard Reuter. Klaus Wowereit verstand nichts von der Konzeption, Durchführung und Steuerung komplexer Bauprojekte, verzichtete auf ausreichende fachliche Beratung zur rechten Zeit und bei den entscheidenden Fragen. Insgeheim war er wohl sowieso der Auffassung, kein nachgeordneter Manager solle mehr verdienen als der Regierende Bürgermeister. Wegen Geizes an der falsche Stelle konnte er die besten Manager weder gewinnen noch halten.

Mangelhafte Sachkunde und Selbstüberschätzung sind nicht auf Politiker beschränkt. Den damit verbundenen Risiken wird in der Arbeits- und Berufswelt möglichst effektiv vorgebeugt durch fachliche

Ausbildung, rechtliche Zulassungsschranken für bestimmte Berufe und berufliche Positionen sowie eignungs- und leistungsorientierte Personalauswahl. Solche formalen Voraussetzungen gibt es für politische Ämter nicht, und sie wären auch mit demokratischen Grundsätzen nicht vereinbar. Umso mehr ist die strikte Trennung zwischen politischen Ämtern und fachlicher Tätigkeit geboten. Vermutlich wird ein guter Politiker ein noch viel besserer Politiker, wenn er auf seinem Arbeitsgebiet fachlich versiert ist. Die Konstruktion des Staatswesens sollte aber so beschaffen sein, dass die wesentlichen staatlichen Funktionen auch dann qualifiziert ausgeübt werden können, wenn die politischen Amtsinhaber diese Qualifikationen kaum oder gar nicht vorweisen. Deshalb funktioniert gerade eine Demokratie umso besser, je qualifizierter die staatliche Verwaltung ist und je unabhängiger sie fachbezogen gemäß der ihr gestellten Aufgabe agieren kann. Ein fähiger Politiker wird sich als Chef einer Verwaltung mit Hilfe seines an die Gesetze gebundenen Direktionsrechts schon durchsetzen. Ein weniger befähigter Politiker wird von der Qualität seiner Verwaltung mehr oder weniger unfallfrei durch seine Amtszeit getragen.

Deubel, Diepgen und Wowereit scheiterten an der Nahtstelle zwischen staatlichem und unternehmerischem Bereich. Das Problem wird an dieser Nahtstelle aber nicht geschaffen, es tritt dort nur besonders deutlich hervor. Die Probleme eines staatlichen Unternehmens werden recht schnell bei der Entwicklung des Eigenkapitals oder der Jahresergebnisse sichtbar. Dagegen können Abgründe an Misswirtschaft innerhalb einer staatlichen Verwaltung der Öffentlichkeit jahrzehntelang verborgen bleiben. Will man eine staatliche Einheit (ob Bund, Land, Gemeinde oder andere Gebietskörperschaft) möglichst effizient gestalten, haben die Qualität der Gesetzgebung und die Qualifikation der Verwaltung oberste Priorität. Danach gilt folgende Reihenfolge:

– Wo immer dies von der Sache her möglich ist, sollten staatliche Dienstleistungen in unternehmerische oder unternehmensähnliche Betriebsformen überführt werden.[45] Staatliche Vorgaben erfolgen durch Gesetz, Vertrag oder formelle Gesellschafterweisungen, ansonsten gelten die Bestimmungen des Handelsrechts. Politiker wirken in den Aufsichtsorganen mit, deren Kompetenzen gleichzeitig ihre Weisungsrechte beschränken.

- In allen dazu geeigneten Bereichen der Verwaltung wird eine Kosten- und Leistungsrechnung eingeführt. So kann deutlich werden, was bestimmte Verwaltungsleistungen kosten, etwa die Ausstellung eines Personalausweises oder die Bearbeitung eines Wohngeldantrags.
- Im Übrigen gilt es, die Qualität und die Kosten staatlicher Leistungen durch fachbezogene Kennziffern möglichst transparent zu machen.

Als ich im Januar 2002 Berliner Finanzsenator wurde, fand ich nicht nur eine taumelnde Berliner Bankgesellschaft und einen desaströsen Landeshaushalt mit einer Defizitquote von 25 Prozent vor, sondern auch ein umfangreiches Portfolio von Unternehmensbeteiligungen des Landes Berlin – unter anderem Wohnungsbaugesellschaften, Krankenhäuser, Verkehrsbetriebe und andere Versorger – mit insgesamt rund 52 000 Beschäftigten. Die Jahresergebnisse der Unternehmen summierten sich (ohne die Berliner Bankgesellschaft) 2002 auf einen Verlust von 720 Millionen Euro. Als ich 2009 den Landesdienst verließ, erwirtschafteten sie in der Summe einen Gewinn von 350 Millionen Euro. Ihr Eigenkapital war in dieser Zeit von 7,3 auf 9,0 Milliarden Euro gestiegen. Die Zahl ihrer Beschäftigten betrug noch knapp 46 000.[46]

Dieser Turnaround wurde möglich, weil ich gemäß der oben skizzierten Linie bei allen Beteiligungen folgende Prinzipien strikt anwendete und auch bei den fachlich zuständigen Senatoren durchsetzte:[47]

- Unrentable Aktivitäten wurden radikal abgebaut, soweit es sich nicht um staatliche Pflichtaufgaben handelte.
- Nicht betriebsnotwendiges Vermögen wurde verkauft.
- Die Geschäftsmodelle wurden vereinfacht und strikt auf die Kernkompetenzen beschränkt.
- Personalüberhänge wurden sozialverträglich ohne betriebsbedingte Kündigungen, aber mit großer Konsequenz beseitigt.
- Vergütungen des Personals wurden stufenweise wettbewerbsgerecht ausgerichtet.
- Die Vorstände und Geschäftsführungen wurden marktgerecht vergütet.

–   Die Aufsichtsräte wurden gemischt besetzt mit erfahrenen Verwaltungsleuten und kompetenten Wirtschaftsvertretern.
–   In jedem Aufsichtsrat saß ein Vertreter der Finanzverwaltung. Besonders wichtige Mandate nahm ich persönlich wahr.
–   Jedes direkte und indirekte Hineinregieren von Politik und Verwaltung in die Unternehmen wurde strikt unterbunden.

Zum letzteren Punkt ist die folgende kleine Geschichte erhellend: Wenige Wochen nach meiner Amtsübernahme als Senator luden mich die Vorstände und Geschäftsführer der sechs staatlichen Wohnungsunternehmen zu einer abendlichen Gesprächsrunde. Diese Unternehmen verwalten rund 270 000 landeseigene Mietwohnungen in Berlin und haben am Wohnungsmarkt große Bedeutung. Durchweg litten sie damals unter zu hohen Schulden, zu viel Personal, Modernisierungsstau und zu niedrigen Mieten. Ich hörte mir ihre Klagen über die Eingriffe von Politik und Verwaltung in ihr Geschäft an und nahm ihre Forderungen nach finanzieller Unterstützung zur Kenntnis. Letztere verweigerte ich. Stattdessen bot ich ihnen einen Pakt an: Mein Schutz als Beteiligungssenator gegen alle äußeren Eingriffe in ihre Geschäftsführung, wenn und solange sie jedes Jahr drei Ergebnisse lieferten: fallende Personalzahlen, fallender Schuldenstand, steigende Mieteinnahmen. Der Pakt gelang und zeigte Wirkung in Form von steigenden Gewinnen, fallenden Schulden und bald auch hinsichtlich des Abbaus des Sanierungsstaus aus eigener Finanzkraft.

Um dies alles umzusetzen, musste ich allerdings den Stil und den Geist der Berliner Beteiligungsverwaltung gründlich reformieren und erhebliche Zeit in meine eigenen Aufsichtsratsmandate investieren. Das ging nur mit Kommunikation, Härte und Vorbild. Mindestens die Hälfte meiner Arbeitszeit als Finanzsenator floss in die Verwaltung der Beteiligungen. Ich schreibe mir persönlich keine besonderen Eigenschaften zu, aber ich bin Realist genug, um zu erkennen, dass mein spezielles Persönlichkeits- und Erfahrungsprofil nicht der Regeltyp unter den politischen Amtsträgern ist. Je nach Standpunkt ist es Glück oder Pech, wenn jemand wie ich in ein politisches Amt gelangt.

Man kommt, so glaube ich, um das Thema nicht herum: Menschen mit anderen Eigenschaften, einer anderen Geschichte und einer anderen Ausbildung füllen dieselben Ämter anders aus, sofern sie überhaupt in dieselben Ämter gelangen und sich dort halten. Sie treffen als Führungskräfte eine andere Personalauswahl, entwerfen andere Gesetze, pflegen einen anderen Stil. Sind sie lange genug an wichtiger Stelle, so geben sie der Entwicklung womöglich eine andere Richtung. Wenn wir die Trends der deutschen Bildungspolitik fortschreiben, so ist zu befürchten, dass wir künftig in Politik und Verwaltung Führungskräfte bekommen, die weder die Rechtschreibung beherrschen noch über historisches Grundwissen verfügen.

Jedem, der politische Verantwortung trägt, möchte ich folgende Maximen an die Hand geben:

- Schau, wen du ins Land lässt.
- Bilde gut aus.
- Belohne Fleiß, bestrafe Faulheit.
- Belohne die richtige Sorge für den Nachwuchs.
- Übe Barmherzigkeit, aber mit Maß und Ziel.
- Handle als Diener deines Volkes.
- Überfordere die Demokratie nicht.
- Sorge für gute Beamte.
- Gestalte den Staat so einfach, dass (möglichst) alle ihn verstehen können.
- Mache möglichst viel dezentral.

4
Wie politische Fehler entstehen
und was sie bewirken

FALLSTUDIEN AUS DER DEUTSCHEN POLITIK

Gemessen an der Mehrheit der Staaten dieser Erde und selbst im europäischen Maßstab ist Deutschland ohne Frage ein erfolgreiches und glückliches Land. Offenbar haben wir in den letzten 70 Jahren vieles richtig gemacht. Vieles haben wir allerdings auch falsch gemacht, und nur zum Teil beruhte das auf unvermeidlichen sachlichen Irrtümern. Solche kritischen Urteile müssen hinreichend konkret sein, damit sie nicht in Geschwätz ausarten, und soweit sie Wertungen enthalten, müssen diese offengelegt werden. Das will ich nun tun.

Zunächst war ich in Versuchung, dieses Kapitel »Die Torheit der Regierenden« zu nennen, in Anlehnung an Barbara Tuchmans bekanntes Buch. Natürlich ist es komplizierter: Was im Ergebnis oft Torheit ist oder wie Torheit aussieht, ergibt sich häufig aus der Dynamik von Festlegungen und Entscheidungen, die jede für sich nicht zu Ende gedacht sind. Damit gerät die Politik leicht auf einen Pfad, der sich vom eigentlichen Problem immer weiter entfernt oder es zumindest nicht ursächlich durchdringt. Daneben besteht grundsätzlich das Problem, dass Maßnahmen und Entscheidungen, die aus der Logik des einen Politikfeldes vollständig sachgerecht und geboten erscheinen, aus der Sachlogik eines anderen unsinnig und schädlich sein können. Die Gefahr törichter Entscheidungen besteht, wenn die Politik dann keine sachgerechte Abwägung vornimmt. Einer sachgerechten Abwägung steht aber gerade die innere Logik und Dynamik politischer Entscheidungen häufig im Weg, und das führt dann zu jenen Torheiten, über die man sich am Ende nur wundern kann.

Aus dem Umstand, dass alles mit allem zusammenhängt, bezieht die Politik gerne die Rechtfertigungsgründe dafür, dass ihr so vieles misslingt. Aber umgekehrt wird ein Schuh daraus: Es misslingt so vieles, weil längst vergangene Fehler auf dem einen Politikfeld Jahre und Jahrzehnte später die Rechtfertigungsgründe für neue Fehler in ganz anderen Feldern liefern. Dies kann dann Politik und Gesellschaft insgesamt in ganz gefährliche Schieflagen bringen. An den großen Problemfeldern der deutschen Gegenwart offenbart sich dieser Wirkungsmechanismus nur zu deutlich.

Die deutsche Nachkriegspolitik hatte in den 1950er Jahren mit der Einführung der sozialen Marktwirtschaft, der Westbindung, dem Beitritt zur Nato sowie der Gründung der Montanunion vieles richtig gemacht. Auf die schiefe Bahn geriet sie erstmals von der zweiten Hälfte der 1950er Jahre an.

– Der erste große Fehler war die große Rentenreform von 1957, die den Zusammenhang zwischen Kinderzahl und Vorsorge fürs Alter weitgehend auflöste.
– Der zweite große Fehler war der Zuzug von Gastarbeitern in großem Stil. Die richtige Maßnahme wäre die Verlagerung von Industriekapazitäten ins Ausland gewesen.
– Der dritte große und bis heute nicht behobene Fehler war, dass auf den säkularen Geburtenrückgang, der in Deutschland Mitte der 1960er Jahre einsetzte und bis heute anhält, gar keine Reaktion erfolgte. Damit ging eine verfehlte Familienpolitik einher.
– Der vierte große Fehler war die Gewährung von Daueraufenthaltsrechten und Familiennachzug für große nichteuropäische Einwanderungsgruppen, zumeist aus dem islamischen Kulturkreis.
– Der fünfte große Fehler war die falsche Reihenfolge im Aufbau Europas: Auf die Herstellung des gemeinsamen Wirtschaftsraums hätten die Einführung einer zentralen Staatsgewalt, die Übertragung der Außenpolitik auf Europa, die Ablösung der nationalen Armeen durch eine europäische Armee, die Einführung eines europäischen bürgerlichen Rechts und die Einführung einer gemeinsamen Währung folgen müssen, und zwar in dieser Reihenfolge. Stattdessen wurden im Schengen-Raum die Grenzkontrollen abgeschafft, ehe die gemeinsamen Außengrenzen wirksam gesichert waren und man sich auf gemeinsame Regeln zu Einwanderung und Asyl geeinigt hatte. Ein zentrales Element wirksamer Staatlichkeit, die Herrschaft über die eigenen Grenzen, wurde aufgegeben, und bis heute hat man keinen funktionierenden Ersatz geschaffen.

Durch die Europäische Währungsunion wurde das wirksamste Instrument zum Ausgleich unterschiedlicher Wettbewerbsfähigkeit, die Möglichkeit zur Auf- und Abwertung der Währung, abgeschafft. Die Eigenverantwortlichkeit der Staaten für ihre Finanzen, ihre Verschuldung und ihre Staatshaushalte hatte sich in der gesamten Nachkriegszeit 50 Jahre lang bestens bewährt. Sie wurde im Zusammenhang mit der Währungsunion beseitigt und durch einen unübersichtlichen Risikoverbund ersetzt, der dazu einlädt, die eigenen Probleme auf Kosten anderer zu lösen. Alle vertraglichen Regelungen rund um die Währungsunion, die einen Missbrauch der gemeinsamen Währung verhindern sollten, wurden durch nur mühsam oder gar nicht verhüllte Vertragsbrüche suspendiert. Der Zwang, die Eurozone zusammenzuhalten, dient als Rechtfertigung für eine politisch getriebene Geldpolitik. Mit der Begründung, Deflation zu bekämpfen, versucht sie erstens durch übermäßige Abwertung des Euro die mangelhafte Wettbewerbsfähigkeit von Frankreich und Italien auszugleichen und zweitens durch eine Nullzinspolitik die weitere Staatsverschuldung in diesen Ländern abzusichern.

In der Außenpolitik fand Deutschland seit Anfang der 1990er Jahre Gefallen an der Rolle des Weltpolizisten. Das führte zu ganz nutzlosen und großenteils schädlichen Einsätzen von Somalia bis zum Hindukusch. Aber die militärischen Kapazitäten, die nötig sind, um sich in Europa wirksam zu verteidigen und glaubwürdig unsere Grenzen zu schützen, wurden weitgehend abgebaut zugunsten einer kurzfristigen »Friedensdividende«. Deshalb kann Putin jetzt in der Ukraine agieren, wie er möchte. Allein vom Wohlwollen Russlands hängt es ab, ob die Nato-Mitgliedschaft der baltischen Staaten respektiert wird. Die Unsicherheit in der Ukraine dient als Begründung dafür, Griechenland in der Eurozone zu halten und dieses Land, das sich selbst nicht reformieren will und jede Verantwortung für das eigene Geschick ablehnt, auf unabsehbare Zeit durchzufüttern. Bei der Kontrolle der dramatisch angeschwollenen Ströme von Kriegsflüchtlingen und illegalen Einwanderern haben sich Deutschland und Europa inzwischen vom Wohlwollen Russlands und der Türkei abhängig gemacht, weil sie weder den politischen Willen aufbringen noch die militärischen Kapazitäten haben, die nationalen Grenzen und die Grenzen des Schengen-Raums selbst wirksam zu schützen.

Die durch eigene Versäumnisse entstandene demografische Lücke dient nicht selten als Rechtfertigung für eine verfehlte Asylpolitik und eine unzureichende Kontrolle der Schengen-Außengrenzen, da die millionenfache Einwanderung junger Muslime aus Afrika und Vorderasien angeblich zur Sicherung unserer künftigen Altersversorgung beiträgt. Die logischen Implikationen dieses Umstands für die künftige Einwanderungspolitik werden aus dem politischen Diskurs weitgehend ausgeblendet.

Alle diese Probleme – und auch die Fehler bei ihrer Lösung – hängen miteinander zusammen. Die politische Versuchung ist groß, über Falsches und Widersprüchliches die Klammer einer moralischen Begründung aus ganz großen Prinzipien zu legen. In diesem Geiste rechtfertigte Angela Merkel im März 2015 die Begründung weiterer Hilfen für Griechenland zur Vermeidung von dessen Austritt aus der Eurozone mit den Worten: »Der Euro ist weit mehr als eine Währung. Er ist neben den europäischen Institutionen, die wir geschaffen haben, der stärkste Ausdruck unseres Willens, die Völker Europas wirklich im Guten und Friedlichen zu vereinen.«[1]

Meine persönliche Grundhaltung war stets die eines optimistischen Technokraten. Mich leitete die Überzeugung, dass sich die meisten sozialen und ökonomischen Probleme ganz vernünftig lösen lassen, wenn man nur ausreichend gründlich nachdenkt und sodann das Denkergebnis mit Schwung und Energie ins Werk setzt. Das zog mich in die Nähe der Politik und in die Ministeriallaufbahn. Aber ich merkte doch schnell, dass der handelnde Politiker sich gern technokratischen Zwängen entzieht und Politik sich nicht im Technokratischen erschöpft. Das hinderte mich nicht daran, Optimist zu bleiben und immer wieder auf die Überzeugungskraft des Sachzwangs zu bauen. Gleichwohl war ich – wie so viele andere – frustriert, als die sozialliberale Koalition im Herbst 1982 stürzte und die lange Kanzlerschaft Helmut Kohls begann. Zu dieser Zeit hatte ich bereits zehn Berufsjahre rund um die Politik hinter mir. Im Winter 1982/83 dachte ich intensiv über die Mängel von Politik und Politikern nach und verdichtete sie auf folgende Elemente:[2]

- *Stationäres Denken*
  Man versteht nicht ausreichend, dass sich Trends ändern, Dynamiken brechen, ganz neue Faktoren ins Spiel kommen, und begreift die Zukunft recht naiv als Verlängerung der Trends der Vergangenheit.
- *Eigendynamik eingeübter Denkstile*
  Man bleibt so lange an vertrauten Erklärungsmustern kleben, bis sie durch die Wirklichkeit vollständig diskreditiert sind und die schrecklichsten Schäden angerichtet haben.
- *Missachtung von Gesamtzusammenhängen*
  Man denkt in linearen Kausalketten und vernachlässigt die vielfach ungeplanten Rückwirkungen politischer Maßnahmen.
- *Geistige Reduktion*
  Unter Druck verengt man den geistigen Fokus und die Entscheidungen auf ganz wenige Handlungsalternativen oder gar nur eine einzige, in der man sich quasi verschanzt.
- *Handlungslähmung*
  Steigt der Druck weiter ins Bedrohliche, beginnt die Zeit der Inaktivität, die durch Nebensächlichkeiten und Wunschdenken ausgefüllt wird.
- *Starren auf den Wähler*
  Wird die Situation so schwierig, dass die eigenen Ämter ernsthaft bedroht sind, müssen alle sachlichen Überlegungen zurücktreten. Es siegt der reine Opportunismus. So stürzte Helmut Schmidt am Ende, weil ihm seine Gefolgschaft von der Fahne ging. Dies war dann der Anlass für die FDP, genügend inhaltliche Gründe zu finden, um den lange erwogenen Wechsel zu Helmut Kohl umzusetzen.

Dieser grundsätzliche Mängelkatalog ist auch 30 Jahre später noch gültig. Aus heutiger Sicht kommt er mir etwas unpolitisch vor. Nur der letzte Punkt ist für Politik spezifisch, ansonsten beschreibt der Katalog allgemeine Mängel menschlichen Denkens. Meine heutige Sicht ist eher handlungsorientiert.

Wesentliche Gründe für fehlerhaftes politisches Handeln resultieren durchweg aus Fremd- und Selbsttäuschung. Denkfehler mögen dazu beitragen, zumeist aber sind sie nicht der Grund für Fehler.

Mittlerweile halte ich die Tendenz zur Fremd- und Selbsttäuschung für ein leider oft unterschätztes Wesensmerkmal von Politik. Ich habe sie in fünf Kategorien eingeteilt.

1. Unwissenheit – Täuschungen über die Wirklichkeit
- Man biegt sich die Wirklichkeit zurecht, wenn diese den eigenen Wünschen zuwiderläuft.
- Man ist gefangen in einem Verblendungszusammenhang und kann die wirkliche Lage und die Motive anderer nicht mehr richtig einschätzen oder interpretieren, was man oft auch gar nicht will.
- Man leugnet die Wirklichkeit bis zu dem Punkt, an dem man die Ziele und Motivationen anderer gezielt falsch interpretiert, um eigenen Handlungszwängen zu entgehen, und missachtet Friedrich Schillers Erkenntnis: »Es kann der Frömmste nicht in Frieden leben, wenn es dem bösen Nachbarn nicht gefällt.«
- Man verwendet ein Modell der Wirklichkeit, das unterkomplex und folglich falsch ist.

2. Anmaßung – Täuschungen über die eigenen Handlungsmöglichkeiten
- Man berücksichtigt die Nebenwirkungen eigener Handlungen gar nicht oder nur unzureichend.
- Weil man unbedingt etwas erreichen will, täuscht man sich über die eigenen Mittel.

3. Bedenkenlosigkeit – Kollateralschäden politischen Handelns
- Weil bestimmte Ziele dominieren, nimmt man große Schäden anderswo in Kauf, um sie zu erreichen.
- Für kurzfristige Erfolge vernachlässigt man langfristige Folgen.
- Man zerstört leistungsfähige Strukturen, weil sie dem eigenen Weltbild nicht entsprechen.

4. Egoismus und Betrug
- Man hat Misserfolg und riskiert zu viel, um diesen zu überwinden.
- Man lügt auf vielfältigste Art, um die eigenen politischen Ziele zu befördern. Dann siegt nicht selten die Sprache über die Wahrheit.[3]

– Man stellt den eigenen Machtgewinn und Machterhalt in den Vordergrund.
– Der Einsatz der politischen Macht wird dominiert vom Beutedenken für sich selbst und den eigenen Clan oder Stamm.
– Man verhält sich opportunistisch zum Populären.

5. *Selbstbetrug*
– Man wird zum Opfer der eigenen Propaganda und glaubt am Ende selber an Argumente, die man aus rein taktischen Gründen in die Debatte geworfen hat.
– Man wird Opfer des Freund-Feind-Denkens.

Zwar hängt in der Politik alles mit allem zusammen, dennoch hat jedes politische Handlungsfeld seine eigene innere Logik. Diese versteht man nur, wenn man über eine gewisse Kenntnis der Tatsachen und Zusammenhänge rund um dieses Politikfeld verfügt, denn nur so kann man Widersprüchlichkeiten und Handlungsalternativen erkennen. Meist stellt sich dann heraus, dass einerseits vieles weitaus komplizierter ist, als man zunächst dachte, andererseits die innere Logik eines Handlungsfeldes klarer hervortritt. Politische Fehler entstehen, wenn man diese innere Logik nicht versteht oder ihr zuwiderhandelt. Wer gut regieren will, muss einen Zusammenhang sachlich so weit durchschaut haben, dass er mit der erforderlichen Weitsicht handeln kann. Das gilt zumindest für die unmittelbar absehbaren Folgen einer Handlung. Andernfalls hat Politik ein intellektuelles Defizit. Tut der Politiker trotz richtiger Voraussicht aus egoistischen oder opportunistischen Gründen das Falsche, so hat er ein moralisches Defizit. Am gefährlichsten ist es, wenn er sich aus ideologischen Gründen für die Nebenfolgen seiner politischen Handlungen nicht ausreichend interessiert. Oft kommen auch alle drei Elemente zusammen. Dann erweist sich das Fehlhandeln als besonders hartnäckig gegenüber Einsichten.

Im weiteren Verlauf dieses Kapitels analysiere ich in diesem Sinn fünf aktuelle Handlungsfelder deutscher Politik. Der Leser wird merken, dass die Klarheit zunimmt, je mehr man sich auf die Sache selber und ihre inneren Widersprüche einlässt, und er wird darüber hinaus feststellen, wie das eigene Interesse an einem Problem und die Sensibilität für die dabei auftretenden politischen Fehler wachsen.

Jeder der folgenden fünf Abschnitte beginnt mit einer sachlichen Erörterung des Handlungsfeldes und mündet in eine politische Fehleranalyse. Die Fehler lassen sich immer wieder auf die oben beschriebenen »fünf Erbsünden« der Politik zurückführen. Sie erklären sich so zumindest teilweise aus dem Wesen von Politik.

Der souveräne Staat und seine Grenzen

Staaten, Nationen, Völker, Ethnien, Stämme, Familien sind historische Produkte. Sie sind Ergebnisse einer langen Entwicklung, in der die Einflüsse der Evolution sowie der demografischen, kulturellen und politischen Geschichte untrennbar vermischt sind. Ferner wirken sich hier individuelles und kollektives menschliches Handeln sowie historische Kontingenzen aus, also das Wirken des Zufalls im weitesten Sinne. Zwar gibt es keine historischen Gesetze, aber konkrete, wenn auch oft komplizierte und nur schwer durchschaubare Ursache-Wirkung-Verhältnisse treten überall auf. Deshalb ist die soziale, ökonomische und politische Entwicklung kein »Wünsch dir was«. Schillers tragischer Held Wallenstein sagt dazu:

> »Eng ist die Welt, und das Gehirn ist weit.
> Leicht beieinander wohnen die Gedanken,
> doch hart im Raume stoßen sich die Sachen.«[4]

Die unterschiedlichen Organisationsformen der menschlichen Gesellschaft stehen in einem gleitenden Verhältnis zueinander und haben keine wirklich abgeschlossenen Wesensmerkmale. Staatlichkeit im modernen Sinne gibt es immer erst von einem bestimmten Entwicklungsniveau an. Noch bis weit ins 20. Jahrhundert hinein war in weiten Teilen der Welt der Stamm und nicht der Staat die bestimmende größte Einheit.

Für das Staatsvolk hat sich der Begriff Nation eingebürgert. Eine Nation kann sich aus unterschiedlichen Völkern zusammensetzen. So bezeichnet sich die Schweiz in ihrer Verfassung als eine Willensnation, weil sie Deutsche, Franzosen, Italiener und Rätoromanen umfasst. Der Kaiser von Österreich-Ungarn adressierte seine kaiserlichen

Botschaften »An meine Völker«. Anders als in der Schweiz wuchsen diese in mehr als 1000 Jahren jedoch nicht wirklich zu einer Nation zusammen, und so brach Österreich-Ungarn schließlich auseinander, genau wie 1991 die Vielvölkerstaaten Jugoslawien und Sowjetunion. Am stabilsten sind Staaten, deren Bewohner sich durch ein gemeinsames Nationalgefühl verbunden fühlen. Sprachliche und ethnische Homogenität erleichtern die Entwicklung eines Nationalgefühls, sind aber nicht zwingend seine Bedingung.

Der souveräne Staat umfasst ein Gebiet, über das er die Kontrolle ausübt. Er bestimmt über die Gesetze und Regulierungen, die auf seinem Gebiet verbindlich sind. Die interne politische Organisation mit ihren vielfältigen guten und schlechten Möglichkeiten ist von der äußeren Souveränität, die das Wesen der Staatlichkeit ausmacht, zu trennen.[5] Der souveräne Staat hat äußere Beziehungen, die Reisemöglichkeiten, Handel, Verkehr, militärische Fragen und vieles mehr regeln. Durch Verträge übernimmt er Verpflichtungen, die für die Dauer ihrer Geltung seine Souveränität im Außenverhältnis einschränken, dafür aber auch Ansprüche an andere begründen. Bestimmte Aufgaben können an supranationale Ebenen abgegeben werden. Soweit der Staat bestimmte Rechte dauerhaft und unwiderruflich abgibt, hat er damit auch die in der Souveränität liegende Staatsqualität an eine andere Ebene abgegeben.

Staatliche Ebenen

Staaten unterscheiden sich nach innen
- nach dem Grad der Mitwirkungsmöglichkeiten, die ihre Bürger haben;
- nach dem Inhalt und der Intensität der Regulierungen, die sie ihren Bürgern auferlegen;
- nach der Fähigkeit der Staatorgane, im Rahmen der geltenden Gesetze ihren Willen überhaupt zur Geltung zu bringen.

Sie unterscheiden sich nach außen
- durch ihre Fähigkeit, ihre Wünsche und Interessen auch tatsächlich durchzusetzen;

- durch den Umfang, in dem sie souveräne Rechte vertraglich und widerruflich eingeschränkt oder an andere abgegeben haben;
- durch das Ausmaß, in dem souveräne Rechte unwiderruflich durch eine höhere Ebene wahrgenommen werden.

Die Übergänge zwischen der Qualität eines souveränen Staates und der Qualität einer Verwaltungseinheit sind fließend. So nehmen in Deutschland die Gemeinden als Selbstverwaltungskörperschaften eigene Aufgaben wahr, teilweise aber auch staatliche Aufgaben, die ihnen von den Ländern zugewiesen werden. Die Länder nehmen Aufgaben wahr, die ihnen durch Bundes- oder Landesgesetz zugewiesen werden, aber auch Aufgaben des Bundes, denn der Bund hat keinen eigenen Verwaltungsunterbau (mit Ausnahme der Bundesbank, der Bundeswehr, der Bundespolizei, der Zollverwaltung, der Arbeitsagentur und der obersten Gerichte). Die Gesetzgebungskompetenz des Bundes und der Länder findet ihrerseits ihre Grenze in den Regulierungsrechten der Europäischen Union, die grundsätzlich alles umfassen können, was sich in irgendeiner Form auf die Bedingungen des Wettbewerbs und die Regulierungen des Gemeinsamen Marktes auswirken kann. Die Souveränität des Bundes begrenzen noch weitere supranationale Einrichtungen, deren Entscheidungen für Deutschland verbindlich sind. Dazu zählen zum Beispiel der Europäische Gerichtshof, der Europäische Gerichtshof für Menschenrechte, der Internationale Strafgerichtshof.

Die staatliche Souveränität wird also beschränkt durch die Rechte der Bürger einerseits und die souveränen Rechte höherer staatlicher Ebenen andererseits. Staatliche Souveränität und staatliche Zuständigkeiten können aber nur einmal verteilt werden. Mehr Kompetenzen auf der einen Ebene bedeuten zwingend entsprechend weniger Kompetenzen auf einer anderen. Die Kunst besteht darin, die Kompetenz- und Aufgabenverteilung auf die staatlichen Ebenen sachgerecht vorzunehmen. Wer eine Kompetenz hat, soll auch über die Instrumente verfügen, sie auszuüben. Die Handlungsanreize müssen dabei so gesetzt sein, dass sie sowohl sachgerechtes als auch wirtschaftliches Verhalten fördern. Das ist schon im Bereich traditioneller Staatlichkeit nicht einfach. Nehmen wir zum Beispiel die Sozialhilfe. Sie fällt in die organisatorische und finanzielle Zuständigkeit der

Gemeinden und stellt einen erheblichen Kostenfaktor in den Gemeindehaushalten dar. Die Gesetzgebung über die Sozialhilfe liegt aber beim Bund. Beschließt dieser Verbesserungen der Sozialhilfe, belastet er seinen eigenen Haushalt nicht, wohl aber die Gemeindehaushalte. Die Verbesserung wird dem Bund als Wohltat politisch zugerechnet – er hat also einen Anreiz zur Großzügigkeit –, verschlechtert aber die Haushaltslage der Gemeinden und geht politisch voll zu deren Lasten.

Wünschenswert wäre, dass eine staatliche Ebene, die eine Maßnahme beschließt, auch deren Kosten trägt. Dementsprechend müsste der Bund die Kosten der Sozialhilfe übernehmen. Dann verlören die Gemeinden aber das Interesse, die Sozialhilfe möglichst sachgerecht und wirtschaftlich zu verwalten. Sie könnten versucht sein, durch Großzügigkeit alle politisch belastenden Streitigkeiten mit den Empfängern und den Sozialverbänden zu vermeiden, da ja der Bund die Rechnung bezahlt. Tatsächlich hat dieser Streit in Deutschland zu sehr komplizierten Mechanismen bei der Kostenaufteilung im Bereich der Sozialhilfe geführt. Der Bund beteiligt sich an den Kosten der Unterkunft für Hartz-IV-Empfänger und an der Grundsicherung für Menschen im Rentenalter. Seit 2015 beteiligt er sich auch an den Kosten der Grundsicherung für Flüchtlinge. Die Länder beteiligen sich an der überörtlichen Sozialhilfe nach Maßstäben, die von Land zu Land variieren.

Aus den Bereichen Justiz und Finanzen lassen sich gleichfalls Beispiele anführen. Die Gesetzgebung für Straf- und Zivilrecht fällt in die Kompetenz des Bundes, die Zuständigkeit für die Gerichtsbarkeit und den Justizvollzug in die der Länder. Unzählige Male musste ich mir bei Haushaltsverhandlungen mit meinen Kollegen Justizministern anhören, dass eine bestimmte Gesetzgebung des Bundes zusätzliche Stellen für Richter, Staatsanwälte, Rechtspfleger oder das Personal in Gefängnissen erfordere. Und immer wieder musste ich feststellen, dass die Fragen der Umsetzbarkeit und des zusätzlichen Verwaltungsaufwands bei der Willensbildung in den Bundesministerien und im Bundestag nicht die gebotene Rolle gespielt hatten. Auch die Gesetzgebungskompetenz für das Steuerrecht liegt beim Bund. Hier ist traditionell die Einflussnahme durch die unterschiedlichsten Interessengruppen und ihre Lobbyisten besonders groß. Das ist grundsätzlich legitim und sowieso unvermeidlich. Die Steuergesetzgebung tendiert daher zu immer größerer Kompliziertheit. Das nützt einerseits der Branche der Steuerberater, belastet aber andererseits die Bundesländer, in deren Zuständigkeit die Finanzverwaltung fällt. Eine gewisse Notbremse stellt die Bestimmung dar, dass Gesetze für Steuern, an deren Aufkommen die Länder und Gemeinden beteiligt sind, grundsätzlich der Zustimmung des Bundesrates bedürfen.

Das sind nur einzelne Beispiele aus der nationalen Politik in Deutschland. Sie spiegeln ein Grundsatzproblem, das überall dort auftritt, wo staatliche Zuständigkeiten auf unterschiedliche Ebenen verteilt werden. Die in diesen Beispielen aufscheinende grundsätzliche Problematik führt zu einer etwas abstrakt klingenden Forderung, deren grundsätzliche Bedeutung gar nicht überschätzt werden kann: Bei der Kompetenzverteilung für alle staatlichen Aufgaben muss darauf geachtet werden, dass der innere Zusammenhang von Kompetenz, Verantwortung, Steuerungsmöglichkeiten, Belastungswirkungen und Finanzierung nicht verloren geht.

In Deutschland gab es immer wieder Versuche, die Zuständigkeitsaufteilung zwischen staatlichen Ebenen grundsätzlich zu ordnen und in ein systematisches Verhältnis zu bringen. Dabei ging es stets um den Zusammenhang zwischen Aufgaben und Zuständigkeiten einerseits und andererseits um Ansprüche auf Steuern und finanzielle Zuwendungen anderer staatlicher Ebenen sowie um Verschuldungsregeln.[6]

Die europäische Ebene

Ganz allmählich ist seit den fünfziger Jahren des vergangenen Jahrhunderts in den europäischen Staaten die Europäische Union als supranationale Ebene, die staatliche Aufgaben erfüllt, hinzugetreten. Auf den Gebieten des Außenhandels, der Zölle, der landwirtschaftlichen Marktordnungen, des Beihilferechts, des Wettbewerbs, produktbezogener Regelungen, des Verbraucherschutzes, der Freizügigkeit, der Währung, der Banken- und Versicherungsaufsicht hat die EU mittlerweile die alleinige oder überwiegende Regelungskompetenz. Diese wird ergänzt und verstärkt durch die Zuständigkeiten und die europafreundliche Rechtsprechung des Europäischen Gerichtshofs. Für die Lebenswirklichkeit der Mitgliedsländer hat damit die Europäische Union den Charakter einer übergeordneten staatlichen Ebene angenommen. Die damit aufgeworfenen Legitimationsfragen reiße ich nur an, denn sie sind hier nicht mein zentraler Punkt.

Das zentrale Entscheidungsorgan der EU ist der *Europäische Rat*, in dem die Regierungen der Mitgliedsstaaten vertreten sind. Dieser ist auch das zentrale Legitimationsorgan, denn die Regierungsvertreter entscheiden im Europäischen Rat im Rahmen jener Kompetenzen, die ihnen ihre nationalen Parlamente zugestanden haben.

Die *Europäische Kommission* hat sich historisch entwickelt als Vollzugsorgan des Europäischen Rates. Sie gewinnt Eigengewicht durch Umfang und Bedeutung ihrer Zuständigkeiten und die Zahl und Qualität ihrer Mitarbeiter. Aber ihr Vorsitzender ist lediglich der oberste Angestellte der Europäischen Rates, und auch seine Mit-Kommissare kann er sich nicht aussuchen. Er kann lediglich die Zuständigkeiten unter ihnen verteilen.

Das später hinzugekommene *Europäische Parlament* ist ein Konstrukt eigener Art, dem die klassischen Kompetenzen eines Parlamentes fehlen. Es kann

- keine Steuern erheben oder über Kreditaufnahme entscheiden;
- keine Gesetze initiieren oder erlassen, sondern nur über Vorlagen der Kommission beraten;
- keine Regierung einsetzen oder abwählen, denn es gibt keine parlamentarische Opposition.

Vergleicht man Parlament, Kommission und Rat in Europa mit Bundestag, Bundesregierung und Bundesrat in Deutschland, so wird klar, wie unendlich weit die EU von einem europäischen Bundesstaat entfernt ist. Näher liegt der Vergleich mit dem Heiligen Römischen Reich Deutscher Nation. Der Europäische Rat in Brüssel hätte dann die Rolle des Immerwährenden Reichstags in Regensburg, dessen Delegierte ebenfalls von den Regierungen der Gliedstaaten entsandt wurden.

Auf der nationalstaatlichen Ebene unterhalb der EU befinden sich Länder mit ganz unterschiedlicher Gliederung und Organisation. Entsprechend greifen die an die EU übertragenen Zuständigkeiten auch an ganz unterschiedlichen Stellen in ihr Staatsgefüge ein. Außerdem unterscheiden sie sich in ihren kulturellen Traditionen, der Staatstreue der Bürger, der Leistungsfähigkeit der Verwaltung und dem Grad der Korruption. Entsprechend gibt es auch von Land zu Land und selbst innerhalb der Mitgliedsstaaten große Unterschiede bei Umfang und Art des Vollzugs europäischen Rechts und außerdem sehr unterschiedliche Vorstellungen über die Weiterentwicklung der Europäischen Union.

So möchte Großbritannien die Zuständigkeiten der Europäischen Union begrenzen und teilweise zurückführen, die Automatik ihres immer weiteren Ausgreifens beseitigen und die Souveränität grundsätzlich beim Nationalstaat belassen. Sollte es mit diesen Forderungen nicht durchdringen, droht bei der im Juni 2016 stattfindenden Volksabstimmung über den »Brexit« ein Ausscheiden aus der EU. Und zurzeit offenbaren sich ganz erhebliche Widerstände der osteuropäischen Mitgliedsländer gegen eine gemeinsame Flüchtlings- und Einwanderungspolitik.

Bis zur Währungsunion und zur Einführung der Freizügigkeit im Schengen-Raum konnte man mit solchen Unterschieden ganz gut leben: Was spielte es schon für eine Rolle, wenn sich die Mafia in Süditalien eines Teils der EU-Gelder bemächtigte. Es stand dann eben in Italien nur ein Teil dieser Gelder für legale Einrichtungen und Maßnahmen zur Verfügung. Einen Nachteil hatten allein der italienische Staat und seine Bürger. Und außerhalb Griechenlands war es relativ gleichgültig, welche Gelder in Griechenland durch Korruption verschwendet wurden. Den Nachteil hatten wiederum allein die Griechen.

Qualitativ ganz andere Probleme von grundsätzlicher Art entstanden dagegen, als das Grenzregime und die Währung in europäische Zuständigkeit übertragen wurden. Fremd- und Selbsttäuschung in der Politik spielten hier eine entscheidende Rolle. Sie führten in beiden Fällen zu einem gefährlichen Dilemma. Aufgelöst werden kann dies nur, indem man entweder institutionell einige Stufen zurückgeht (was sachlich schwierig und politisch wohl unmöglich ist) oder indem man die EU entscheidend in Richtung Bundesstaat weiterentwickelt (was ziemlich utopisch erscheint).

Die Bedeutung von Grenzen

Charles de Gaulle wird der Ausspruch zugeschrieben, ein Staat sei ein Gebiet, eine Armee und eine Währung. Die Armee steht in diesem Bonmot für die wirksame Kontrolle des Staatsgebietes und die Währung für die Durchsetzung der Gesetze, die in diesem Staat gelten. Staatlichkeit beginnt und endet mit der Fähigkeit, das eigene Gebiet wirksam zu kontrollieren. Für die Bewegungen der Heere fremder Mächte, seien diese feindselig gemeint oder nicht, ist die Notwendigkeit zur Grenzüberwachung selbsterklärend. Es bedarf aber auch grundsätzlicher Kontrollmöglichkeiten an den Grenzen, wenn Menschen, die nicht selten Waren mit sich führen, Einlass begehren, oder größere Bewegungen von Aus- oder Einwanderung erfolgen. Verhasste Diktaturen können sich selbst gefährden, indem sie ihren Bürgern die Ausreise freistellen. So begann der Untergang der DDR, und darum gibt es für Bürger Nordkoreas keine Reisefreiheit. Der Bestand menschlicher Gemeinschaften, ob dies nun Stämme oder Staaten sind, kann aber auch gefährdet werden, wenn das eigene Gebiet für Landnahme und Einwanderung übermäßig attraktiv ist, ob dies nun an fruchtbaren Böden, Bodenschätzen, der Gunst des Klimas oder anderen Faktoren liegt. Der Untergang der Indianer Nordamerikas begann mit dem unkontrollierten Einsickern der Siedler über immer neue Demarkationslinien.

Oft ist Einwanderung für das aufnehmende Land nützlich. Das galt für die Einwanderung der aus Frankreich vertriebenen Hugenotten nach Preußen. Sie brachten Kenntnisse und Fertigkeiten mit, die zur Entwicklung des Landes beitrugen. Ähnlich war es im 19. Jahrhundert mit der Einwanderung osteuropäischer Juden nach Mitteleuropa. Sie belebten die Wissenschaft, die Künste und das Geschäftsleben gleichermaßen, weil sie im Durchschnitt ehrgeiziger, gebildeter und agiler waren als die einheimische Bevölkerung. Andererseits war die ungeregelte Einwanderung der Germanen und der Hunnen ins Weströmische Reich im Rahmen der Völkerwanderung für den Bestand des Staates und den Lebensstandard der Bevölkerung definitiv schädlich.

Die unterschiedlichsten Gründe mögen für die Bewegungen von Menschen über Grenzen maßgebend sein, und der aufnehmende

Staat mag sich dazu stellen, wie er will. Entscheidend für seine Eigenschaft als Staat ist die grundsätzliche Fähigkeit, die Zuwanderung in sein Hoheitsgebiet zu lenken, abzuwehren oder gegebenenfalls ganz zu unterbinden. Diese grundsätzliche Fähigkeit gibt ihm die Möglichkeit zu pragmatischen Entscheidungen. Er kann eine bestimmte Asylpolitik verfolgen, Kriegsflüchtlinge zeitlich begrenzt oder dauerhaft ins Land lassen, durch Einwanderung Qualifikationslücken schließen, die demografische Balance verbessern oder Einwanderung weitgehend unterbinden, wie Japan und China dies tun. In der Bundesrepublik stellt das in der Verfassung garantierte Recht auf politisches Asyl eine grundsätzliche Einschränkung bei der Steuerung von Einwanderung und Aufenthaltsrechten dar. Dieses Recht führt aber nicht zu größeren Einwanderungszahlen, wenn es entsprechend seinem ursprünglichen Sinn nur auf Verfolgte angewandt wird, die wegen ihrer aktiven politischen Tätigkeit in Bedrängnis sind.

Die deutsche Gastarbeiterpolitik und der durch diese in den 1970er Jahren ausgelöste Familiennachzug waren eine politische Entscheidung der Bundesrepublik und hatten mit der EU nichts zu tun. Eine grundsätzliche Änderung ergab sich 1993 mit der Einführung der Personenfreizügigkeit in der EU. Sie ist im Binnenmarkt eine der vier Grundfreiheiten neben der Warenverkehrsfreiheit, der Dienstleistungsfreiheit und dem freien Kapital- und Zahlungsverkehr.[7] Bis 2010 wurde sie stufenweise auf alle EU-Länder ausgedehnt.

An dieser Stelle muss man Vernunft und Wahnsinn präzise unterscheiden, um zu verstehen, was geschieht. Zunächst zur Vernunft: Der 1993 eingeleitete Übergang zum Europäischen Binnenmarkt mit dem freien Verkehr von Personen, Waren, Dienstleistungen und Kapital innerhalb der EU lag von Anfang an in der Logik der 1957 gegründeten Europäischen Wirtschaftsgemeinschaft. Er ist zwar mit erheblichen Souveränitätsverlusten für die Mitgliedsstaaten verbunden, aber rational begründbar. Die Freizügigkeit von Arbeitnehmern und Selbständigen im Binnenmarkt und die daraus resultierenden Wanderungsbewegungen erhöhen zwar teilweise den Konkurrenzdruck in den wirtschaftlich fortgeschrittenen EU-Staaten, aber die damit verbundenen Übergangsprobleme erscheinen im Lichte des Gesamtziels akzeptabel. Und jetzt zum Wahnsinn: Wer als EU-Bürger mit der bekundeten Absicht zur Arbeitsaufnahme in ein anderes

EU-Land zieht, hat dort grundsätzlich vom ersten Tag an Anspruch auf alle nach dem nationalen Recht einschlägigen Sozialleistungen. Das hat zu einem erheblichen Sozialleistungstourismus nach Deutschland vor allem von Roma aus Rumänien und Bulgarien geführt[8] und ist ein maßgeblicher Grund für die Unzufriedenheit der britischen Bürger mit der EU.

Das Konzept des Schengen-Raums und seine Mängel

Ergänzend zur Niederlassungsfreiheit in der EU wurden seit 1985 stufenweise für den sogenannten Schengen-Raum[9] alle stationären zwischenstaatlichen Grenzkontrollen abgeschafft. Ihre Beseitigung war für die Funktionsfähigkeit des Binnenmarktes einschließlich der Niederlassungsfreiheit zwar nicht zwingend, aber eine schöne Dreingabe für den Bürger. Ebenso wie die gemeinsame Währung galt die freie Fahrt vom Nordkap bis nach Sizilien als Beleg für die großen Fortschritte bei der europäischen Integration.

Die gemeinsame Währung konnte die strukturellen Unterschiede zwischen der Wirtschaft Finnlands und Griechenlands allerdings nicht beseitigen, sondern hat sie lediglich oberflächlich verdeckt und letztlich verschärft. Ebenso hat die Abschaffung der stationären Grenzkontrollen kein einziges Problem gelöst. Ihr Vorteil erschöpft sich in einem banalen Komfortgewinn für die Reisenden. Vielmehr hat der Verzicht auf die Kontrolle nationaler Grenzen schwere Schäden verursacht. Diese traten zunächst schleichend zutage und haben erst mit der jüngsten Flüchtlingskrise ihre ganze Explosivkraft gezeigt. Ein transnationaler Raum ohne Kontrolle von Binnengrenzen kann eben nur unter drei Bedingungen funktionieren und langfristig stabil sein:

–   Es gibt ein Grenzregime an den Außengrenzen, das die Nationalstaaten vor unerwünschtem Zutritt ebenso wirksam schützt, wie dies zuvor das nationale Grenzregime garantiert hat.
–   Es gibt eine völlige Übereinstimmung in der Einwanderungspolitik aller Mitgliedsstaaten. Wer einmal eingewandert ist, kann sich ja frei bewegen.

- Es gibt eine völlige rechtliche und tatsächliche Übereinstimmung bei der Behandlung von Asylbewerbern, Kriegsflüchtlingen und illegalen Einwanderern aller Art. Dazu gehören die Gewährung oder Verweigerung von Aufenthalt, Abschiebungsregeln etc. sowie deren identischer Vollzug. Dazu gehören aber auf jeden Fall auch vergleichbare sozialstaatliche Leistungen in den Mitgliedsstaaten, damit kein Sozialtourismus aufkommt und sichergestellt ist, dass die solidarisch zu tragenden Lasten gleichmäßig verteilt werden.

30 Jahre nach dem ersten Schengen-Abkommen ist keine dieser Bedingungen erfüllt. Die Innenminister und Polizeibehörden der Nationalstaaten haben keine Möglichkeit mehr, den Zutritt über die nationalen Grenzen zu regulieren und zu kontrollieren (außer in Zeiten des Notstands wie seit September 2015, dann fehlen allerdings inzwischen die Zäune, die Ressourcen und auch die Übung), und können keinerlei Einfluss darauf nehmen, wie das Grenzregime an den Außengrenzen des Schengen-Raums funktioniert und tatsächlich ausgeübt wird. Der deutsche Innenminister ist machtlos, wenn die italienischen Behörden auf Sizilien und in Rom illegale Einwanderer aus Afrika in Züge nach Deutschland setzen. Und er ist genauso machtlos, wenn die Griechen Flüchtlinge, die aus der Türkei nach Lesbos gelangen, auf die Balkanroute nach Norden weiterleiten. Früher übte die griechische Marine eine wirksame Kontrolle in den Gewässern zwischen der Türkei und Griechenland aus. Wenn sie das inzwischen nicht mehr tut, kann der deutsche Innenminister das nicht ändern. Nach dem ersten Schengen-Abkommen dauerte es nahezu 20 Jahre, bis die EU mit dem Aufbau eines gemeinsamen Grenzmanagements begann und die europäische Behörde Frontex gründete.[10] Diese darf aber nicht viel mehr als beobachten, zählen, koordinieren und bisweilen eine Task-Force zusammenstellen. Sie ist keine europäische Grenzpolizei.[11] Letztlich sind die europäischen Innenminister so etwas wie Könige ohne Land.

Von gemeinsamen Regeln für Asylbewerber, Kriegsflüchtlinge, illegale Einwanderer oder Abschiebungen und auch von Vorkehrungen gegen die unerwünschte Sozialstaatsarbitrage ist Europa weiter entfernt denn je. Im August 2015 teilte Bundesinnenminister Thomas de Maizière mit, dass im ersten Halbjahr 2015 fast die Hälfte –

nämlich 43 Prozent – aller Asylanträge Europas in Deutschland gestellt worden seien und ihre Gesamtzahl sich für das gesamte Jahr wohl auf 800 000 belaufen werde.[12] Einige Wochen später holte Angela Merkel die Federführung für Asylfragen ins Kanzleramt und entmachtete insoweit ihren Innenminister, dessen – im Vergleich zu ihr – relativ klare Warnungen vor der sich aufbauenden Flüchtlingskrise sie offenbar nicht schätzte.

Nach geltendem Recht dürfte es so viele Asylbewerber und Flüchtlinge in Deutschland gar nicht geben, denn das Dubliner Übereinkommen aus dem Jahr 1990 sieht vor, dass Flüchtlinge und Asylbewerber sich dort registrieren lassen, wo sie erstmals europäischen Boden betreten, und von diesem Land aus nach einem in der EU geltenden Schlüssel auf die anderen EU-Mitgliedsstaaten verteilt werden. Das funktioniert aber nicht, denn Italien, Griechenland und die Balkanstaaten tun alles, damit die Ankömmlinge möglichst schnell in die nördlichen Länder ihrer Sehnsucht gelangen, nach Deutschland, Österreich und Schweden, wo es die attraktivsten Sozialleistungen gibt. Wer Deutschland auf dem Landweg erreicht, kommt aber unweigerlich aus einem sicheren Herkunftsstaat und hat schon aus diesem Grund keinen Anspruch auf Erstaufnahme als Kriegsflüchtling oder Asylbewerber. Dennoch nimmt der Zustrom beharrlich zu, weil Deutschland schon seit Jahren das geltende Recht nicht beachtet oder unvollständig beziehungsweise zu schleppend umsetzt. Wer die Bundesrepublik erreicht, darf erst einmal bleiben, bis sämtliche Rechtsmittel voll ausgeschöpft und ein dementsprechend langwieriges Verfahren durchlaufen ist. Und selbst wenn der Antrag abgelehnt wird, kann der Asylsuchende möglicherweise bleiben. Denn bei etwa drei Vierteln der abgelehnten Asylbewerber wurde der weitere Aufenthalt bis vor kurzem geduldet, Abschiebungen waren die Ausnahme.

Der Zusammenbruch des Grenzregimes

Die krassen Mängel des Schengen-Systems und die utopischen, keine Obergrenzen setzenden Bestimmungen zu Asyl- und Kriegsflüchtlingen in vielen Ländern der EU bestehen seit Jahrzehnten. Die Wanderungsbewegungen blieben dennoch überschaubar, weil sich Informationen in Echtzeit via Internet und Smartphone noch nicht bis in die hintersten Winkel Afrikas und Vorderasiens verbreiteten. Zudem lagen die Diktaturen in Libyen, Syrien und Irak wie ein unüberwindbarer Riegel zwischen Europa und Millionen potentieller Einwanderer.

Bereits seit einigen Jahren deutete sich aber an, dass dies nicht so bleiben würde: Die Zahl der afrikanischen Bootsflüchtlinge über das Mittelmeer wächst schon seit 2013 dramatisch. Mit dem Auftauchen des IS nahmen auch die Fluchtbewegungen aus Syrien und dem Irak immer mehr zu und aus den Nachbarstaaten der Kriegsländer kamen die Menschen nach Europa. Seit 2012, spätestens seit 2013, zeichnete sich speziell in Syrien eine Flüchtlingskatastrophe ab.[13] Die zuständigen Politiker und die Öffentlichkeit verschlossen jedoch ihre Ohren. Erst ab Mitte 2015 gab es eine Stimmung wachsenden Alarms, diese schlug sich aber zunächst kaum in politischen und administrativen Aktivitäten nieder.[14]

Als der Präsident des Bundesamtes für Migration und Flüchtlinge (BAMF) am 17. September 2015 »aus persönlichen Gründen« zurücktrat, war die große Welle der Anträge, die zu erwarten war, in seinem Amt noch gar nicht angekommen. Anfang September 2015 nahm nämlich die Zahl der nach Deutschland drängenden Asylbewerber, Kriegsflüchtlinge und illegalen Einwanderer explosionsartig zu, nachdem die Bundeskanzlerin am 4. September 2015 entschieden hatte, das Dublin-Verfahren auch formell auszusetzen und die Grenzen Deutschlands für Flüchtlinge umfassend zu öffnen. Von da an strömten Tag für Tag 4000 bis 12 000 Menschen ohne Aufenthaltsrecht über Deutschlands Grenzen. Die Wiedereinführung von Kontrollen an der Grenze zu Österreich Ende September 2015 diente dem Ziel, diesen Zustrom zu registrieren und zu verwalten. Auch das gelang nur unzureichend. Der Versuch einer Begrenzung des Zustroms wurde von der deutschen Politik dagegen bis Februar 2016 gar nicht erst unternommen.

Für das Jahr 2015 wurden in der Easy-Datenbank des BAMF 1 092 000 Neuzugänge an Asylbewerbern registriert,[15] davon entfielen 679 000 auf die Zeit seit September,[16] also auf die Zeit nach der Freigabe der Einreise durch Angela Merkel. Eine unbekannte Zahl nicht registrierter Einwanderer kommt hinzu. Bis Dezember nahm das BAMF 442 000 Erstanträge auf Asyl entgegen, davon gut 42 Prozent von Antragstellern mit Herkunftsangabe Syrien und Irak. 650 000 Asylbewerber des Jahres 2015 waren am Jahresende noch gar nicht im Antragsverfahren. Von den laufenden Verfahren waren 365 000 Ende 2015 noch nicht abgeschlossen, mehr als doppelt so viele wie zum Ende des Vorjahres.[17] Zusammen mit den Asylbewerbern, die noch gar nicht im Verfahren sind, belief sich also der Bearbeitungsstau Ende 2015 auf über 900 000. Im Jahr 2015 wurden vom BAMF 283 000 Erst- und Folgeanträge entschieden, davon 49,8 Prozent positiv.[18] Rund 20 000 abgelehnte Asylbewerber wurden 2015 abgeschoben, rund 30 000 gingen freiwillig zurück.[19] Der weitaus größte Teil der abgelehnten Asylbewerber bleibt also in Deutschland.

Hilflose Lösungen

Bundesaußenminister Frank-Walter Steinmeier und Wirtschaftsminister Sigmar Gabriel forderten in einem am 23. August 2015 veröffentlichen Zehn-Punkte-Plan zur Flüchtlingsfrage[20] ein »gemeinsames europäisches Grenzmanagement« und eine »kluge, gesteuerte Einwanderungspolitik«. Exakt 30 Jahre nach dem ersten Schengen-Abkommen ist der Ruf nach dem gemeinsamen Grenzregiment von unfreiwilliger Komik, und der nach einer gesteuerten Einwanderungspolitik vermengt unzulässig die Einwanderungsfrage mit der Asyl- und Flüchtlingsfrage. Die beiden Minister postulierten: »Das Mittelmeer darf nicht ein Massengrab für verzweifelte Flüchtlinge sein«, und verdrängten dabei, dass umso mehr Flüchtlinge aus Afrika kommen, je höher die Wahrscheinlichkeit ist, dass die Passage über das Mittelmeer nach Europa gelingt – notfalls mit der Zwischenstufe »Rettung«. Allein an dem Tag, als ihr Zehn-Punkte-Plan veröffentlicht wurde, nahmen europäische Marinekräfte im Mittelmeer 4000 Flüchtlinge auf. Ebenso richtig wie folgenlos ist auch ihre weitere Forderung: »Zu einer umfassenden europäischen Asyl-, Flüchtlings- und Migrationspolitik gehören neue politische Initiativen zur Bekämpfung der Fluchtursachen in den Ländern des Nahen Ostens und Afrikas.« Vernünftige Konsequenzen sind bisher nicht gezogen worden.

Angela Merkel geriet wegen ihrer Entscheidung zur Grenzöffnung zunehmend in die Kritik. Sie verteidigte sich mit moralischen

Argumenten, mit der Behauptung, Zäune könnten Flüchtlinge nicht aufhalten, und mit der Parole »Wir schaffen das«. Da die Umfragewerte weiter sanken und der Druck aus der eigenen Partei wie auch von Seiten der CSU immer größer wurde, erklärte sie Anfang November 2015, die Zahl der Flüchtlinge begrenzen zu wollen. Taten folgten nicht. Die große Koalition einigte sich lediglich auf kürzere Bearbeitungszeiten bei Asylanträgen – wobei die Bearbeitung offenkundig aussichtsloser Anträge Vorrang haben sollte – und auf schnellere und konsequentere Abschiebungen. Generelle Maßnahmen zur Begrenzung des Flüchtlingsstroms wurden nicht beschlossen. Als Bundesinnenminister de Maizière mit einem nicht abgestimmten Vorschlag zur Begrenzung des Familiennachzugs für syrische Flüchtlinge vorpreschte, wurde er zunächst aus dem Kanzleramt zurückgepfiffen.[21]

Auch nach den Attentaten in Paris am 13. November 2015 hielt Angela Merkel – gegen wachsenden Widerstand in der eigenen Partei – daran fest, die vorwiegend muslimischen Flüchtlinge und Migranten weiterhin in unbegrenzter Zahl aufzunehmen und dabei aus illegaler Migration wo immer möglich legale Migration zu machen. Mit der Türkei wolle sie Vereinbarungen zum besseren Schutz der EU-Außengrenzen treffen, wobei ihr die großzügige Umsiedlung von Flüchtlingen aus der Türkei in europäische Länder und erhebliche finanzielle Leistungen an die Türkei vorschwebten. Das setzt aber voraus, dass sich die EU intern auf eine Verteilung der Flüchtlinge auf die Mitgliedsländer einigt. Eine derartige Einigung ist nicht in Sicht.

Keinen Platz hat offenbar im Weltbild der Bundesregierung die Idee, dass Europa in der Lage sein müsste, seine Grenzen aus eigener Kraft zu schützen. So könnte die griechische Marine illegale Übertritte vom türkischen Festland auf die griechischen Inseln ohne weiteres verhindern, wenn sie von der griechischen Regierung entsprechend angewiesen würde. Der Verzicht darauf, die europäischen Grenzen wirksam zu schützen und sich stattdessen vom Wohlwollen der Türkei abhängig zu machen, ist eine politische Entscheidung. Ihre Motivation ist rätselhaft, aber sie ist folgenreich. Auch der beginnende Herbst verminderte 2015 den Strom von Menschen nicht, die sich über den Balkan auf den Weg machten. Bis zum Jahresende waren aus den vom Bundesinnenminister noch im August 2015 prognostizierten 800 000 Einreisen von Asylbewerbern mindestens 1,1 Millionen geworden, und auch in den ersten Monaten des Jahres 2016 bleibt der Zustrom trotz des Winters stark.

Der anschwellende Asylbewerberstrom wird von Befürchtungen, Hoffnungen und wenig beweiskräftigen Behauptungen begleitet. Allmählich wird offenbar, dass er sich auch in der Zunahme von Kriminalität niederschlägt.[22] Gewalt gegen Frauen ist dabei ein besonderes Problem. Im November 2015 berichteten Hilfsorganisationen davon, dass die Missstände in den Lagern mit »Clanwirtschaft und Schutzgelderpressung« und einer »hohen Dunkelziffer sexueller Gewalt gegen Frauen« ein »inakzeptables Ausmaß« angenommen hätten.[23] Einer weiten Öffentlichkeit bekannt wurde dieses Problem durch die massiven, teils gewalttätigen Übergriffe gegen Frauen in der Silvesternacht 2015 in Köln am Hauptbahnhof und auf der Domplatte sowie in anderen Städten in Deutschland. An der Empörung der Öffentlichkeit scheiterten in diesem Fall die Versuche aus Politik und Medien, die Vorgänge zu verharmlosen und zu verschleiern[24] oder die Verbindung zur Flüchtlingsfrage zu leugnen.[25]

Ein Teil der Flüchtlinge und illegalen Einwanderer kooperiert mit dem kriminellen Schleuserwesen, über das systematisch und im großen Stil gefälschte Pässe in Umlauf gebracht werden.[26] Auf der anderen Seite nehmen fremdenfeindliche Äußerungen aus der deutschen Bevölkerung und Anschläge auf Unterkünfte für Asylbewerber seit Mitte 2015 erheblich zu. Nur ein Drittel der dabei gefassten Straftäter kommt aus einem klassischen rechtsradikalen Milieu.[27]

Der weit überwiegende Teil der Asylbewerber hat einen muslimischen Glaubenshintergrund, und unter diesen hängt eine noch unbekannte Zahl fundamentalistischen Richtungen an. So besteht die Gefahr, dass der radikale Islam überall in Europa und besonders in Deutschland auf dem Weg über das Asyl demografisch Zulauf bekommt. Die Zwischenfälle mit diesen Fundamentalisten nehmen zu,[28] etwa wenn Christen in Flüchtlingsheimen bedroht werden.[29] Zweifellos sind die nach Deutschland eingereisten muslimischen jungen Männer zum allergrößten Teil keine Terroristen, aber sie vergrößern die muslimischen Parallelgesellschaften Europas, aus denen sich religiöser Fundamentalismus und im Extremfall auch Terrorismus nähren.

Noch ist kein politisches Konzept, nicht einmal eine Idee erkennbar, wie man die Kontrolle über unerwünschte Einwanderung zurückgewinnen kann. Im August 2015 erklärte der Bundesinnenminister: »Die Reform des Dublin-Systems hin zu einer fairen europäischen Lastenteilung mit festen Aufnahmequoten muss vorangetrieben werden. Auf Dauer wird es Schengen ohne Dublin ... nicht geben können ... Kontrollfreie Grenzen werden auf Dauer keinen Bestand haben ohne eine wirkliche europäische Asylpolitik.«[30] Kurz darauf wurde ihm die federführende Zuständigkeit in Asylfragen entzogen und ins Kanzleramt verlagert. Dabei ging es in seiner Erklärung allenfalls um die Verteilung der Asylbewerber in Europa, nicht um den Umfang als solchen. Überdies warnte er vor Fremdenfeindlichkeit: »Jeder Flüchtling, der nach Deutschland kommt, muss würdig, sicher und anständig aufgenommen und untergebracht werden. Jeder hat das Recht auf ein faires Verfahren und darauf, in Deutschland nicht angegriffen oder beleidigt zu werden. Hass ... Angriffe auf Asylbewerber oder Asylbewerbereinrichtungen sind unseres Landes unwürdig. Wir werden dem mit aller Härte entgegentreten.«

Als die öffentliche Kritik an Angela Merkels Entscheidung vom 4. September 2015 wuchs, das Dublin-Übereinkommen auszusetzen und die deutschen Grenzen für alle Flüchtlinge zu öffnen, prägte sie den Satz »Wir schaffen das« und appellierte damit zunächst erfolgreich an die Pack-an-Stimmung und die Management-Fähigkeiten der Deutschen. Gleichzeitig verschob sie so den Fokus der öffentlichen Debatte. Plötzlich ging es vor allem um die Frage, ob sich der tägliche Zustrom der Flüchtlinge ausreichend schnell registrieren, behausen, verpflegen und medizinisch versorgen lässt. Das ist natürlich möglich. Kein Mensch von Verstand kann im Ernst argumentieren, dass ein reiches Volk von 80 Millionen Menschen nicht imstande sein soll, 800 000 oder auch 1,5 Millionen Flüchtlinge würdig unterzubringen und angemessen zu versorgen. So lenkte sie, zunächst mit Erfolg, von den beiden viel wichtigeren Fragen ab:

– Wie gut (oder schlecht) sind die Perspektiven, diese Menschen, soweit sie bleiben, in so großer Zahl gesellschaftlich, kulturell und am Arbeitsmarkt zu integrieren?
– Wie lässt sich ein künftiger weiterer Zustrom wirkungsvoll verhindern beziehungsweise begrenzen, und was sind die Folgen für Deutschland, wenn dies nicht geschieht?

Bei den Flüchtlingen handelt es sich zum allergrößten Teil um Menschen muslimischen Glaubens aus Afrika und dem Nahen Osten. Sie stammen zumeist aus Ländern mit niedriger Bildungsleistung. Ihr kulturelles und kognitives Profil ähnelt dem der muslimischen Zuwanderer aus diesen Herkunftsländern, die bereits in Europa sind. Es ist daher anzunehmen, dass sie sich hinsichtlich Bildungsleistung, Arbeitsmarktintegration, Sozialleistungsbezug, Kriminalität und Anfälligkeit für fundamentalistisches Gedankengut ähnlich entwickeln wie diese. Die Leistungsfähigkeit des Bildungssystems in Syrien ist nach aktuellen Erkenntnissen sehr gering,[31] und die Qualifikationsstruktur der Flüchtlinge in türkischen Flüchtlingslagern ist sehr ungünstig.[32] Deshalb ist in Bezug auf die künftigen Integrationserfolge Skepsis angebracht, zumal die Zahl der Neuankömmlinge im Vergleich zur aufnehmenden Bevölkerung weitaus höher ist als in der Vergangenheit.

Noch drängender ist die Frage des künftigen weiteren Zustroms. Nach Angaben der UN-Flüchtlingsorganisation gibt es gegenwärtig rund 60 Millionen Flüchtlinge auf der Welt. Der Zustrom ist ja keineswegs nur kriegsbedingt, viele Menschen zieht es einfach in Länder mit besseren Lebensverhältnissen. Umso besser ist es aus ihrer Sicht, wenn das Asylrecht in Europa dazu Möglichkeiten gibt. Die in Deutschland geltenden Nachzugsregeln für Asylbewerber lassen erwarten, dass jeder, der das Bleiberecht in Deutschland erwirbt, Ehepartner und Verwandte nach sich zieht. Legt man die in der Vergangenheit beobachteten Muster zugrunde, dann bekommen die zumeist sehr jungen Zuwanderer schnell eigene Kinder und sind zumindest für einige Jahrzehnte deutlicher fruchtbarer als die einheimische Bevölkerung. Dabei werden sie auch durch Sozialtransfers und den Familienlastenausgleich in Deutschland unterstützt.

Die folgende, von mir erstellte Modellprojektion erläutert die Dynamik. Ihr liegt die Überlegung zugrunde, dass jede Jahrgangskohorte von Flüchtlingen und illegalen Einwanderern im Verlauf von zwei Jahrzehnten durch Familiennachzug und eigene Kinder auf das Fünffache wächst.[33] Dies geschieht beispielsweise so: Ein 20-jähriger männlicher Flüchtling zieht eine Ehefrau nach, das Paar bekommt drei Kinder. Wenn man die Jahrgangskohorten addiert, kommt man auf die Gesamtwirkung. Die Ergebnisse der Modell-

Tabelle 4.1: Die Entwicklung der Flüchtlingsbevölkerung in Deutschland in Abhängigkeit von der jährlichen Zahl der Flüchtlinge (Modellprojektion)

Jährliche Flüchtlingszahl ab 2016 von	Gesamtzahl der Flüchtlingsbevölkerung in Deutschland einschließlich Familiennachzug und Kindern (in Mio.)				
	2020	2025	2030	2040	2050
1,0	9,4	22,6	40,8	89,0	134,0
0,5	5,9	13,1	22,8	45,5	70,0
0,2	3,8	7,4	12,0	22,6	32,6
0	2,4	3,6	4,8	6,0	6,0

Annahmen:
- Im Jahr 2015 sind 1,2 Mio. Flüchtlinge zugezogen.
- Für Familiennachzug und natürliche Vermehrung für diesen Jahrgang und für künftige Jahrgänge von Flüchtlingen setze ich einen Multiplikator von 5 an.
- Dieser Multiplikator braucht – bezogen auf den jeweiligen Einwanderungsjahrgang – zur vollen Entfaltung 20 Jahre und wächst linear an.
- Man kann zudem davon ausgehen, dass bei den Einwanderern die Kinderzahl zwar in der zweiten und dritten Generation sinkt, aber deutlich höher bleibt als bei den Deutschen.

projektion sind in Tabelle 4.1 zusammengestellt. Dabei habe ich die jährliche Zuwanderung für 2015 mit 1,2 Millionen angenommen und für die Jahre danach Varianten von null bis eine Million pro Jahr durchgerechnet:

- Bei einer Million Flüchtlingen und illegalen Einwanderern pro Jahr beläuft sich der Gesamteffekt im Jahr 2020 auf 9,4 Millionen, im Jahr 2030 auf knapp 41 Millionen, im Jahr 2040 wären es bereits 89 Millionen, die auf die Zuwanderer, den Familiennachzug und deren Nachfahren entfallen, und im Jahr 2050 134 Millionen. Das ist eine sicherlich völlig utopische Zahl, die sich allerdings aus meinen Modellannahmen ergibt.

- Aber selbst wenn es gelänge, die zuwandernden Flüchtlinge und illegalen Einwanderer auf jährlich 500 000 zu begrenzen, so würde daraus bereits 2030, also in nur 15 Jahren, eine Zusatzbevölkerung von knapp 23 Millionen, die aber ununterbrochen und dynamisch weiter wächst und sich im Jahr 2040 bereits auf 45,5 Millionen beläuft.

- Selbst »nur« 200 000 Flüchtlinge und illegale Einwanderer pro Jahr bewirken 2030 eine Gesamtzahl von 12 Millionen und 2040 von 22,6 Millionen. Es reicht also nicht aus, den Flüchtlingszuzug zu begrenzen, man muss ihn weitestgehend stoppen.

– Entscheidend ist außerdem die strikte Einschränkung des Familiennachzugs. Erfolgreiche wirtschaftliche Integration muss zu seiner Mindestvoraussetzung werden.

Die Modellrechnung zeigt sehr eindeutig und mit zwingender Logik: Die Rückgewinnung der Kontrolle über unsere Grenzen, seien es die Deutschlands oder die des Schengen-Raums, wird zur Existenzfrage für unsere Kultur und das Überleben unserer Gesellschaft. Die verantwortlichen Politiker drücken sich aber vor der elementaren Erkenntnis, dass der millionenfache Aufbruch nach Europa in Afrika und im Nahen Osten nur dann aufhört, wenn die Ankunft in Europa unmöglich gemacht wird, und sie wollen sich auch nicht eingestehen, dass ein Asylrecht, welches dem Grunde nach 80 Prozent der Menschen in der Welt in Europa Asyl gewährt, den Untergang Europas, so wie wir es kennen, riskiert.

Die deutsche Politik vernachlässigt ihre Führungsaufgabe, die Richtung des Gebotenen und den Umfang des Verantwortbaren aufzuzeigen. Sie richtet sich stattdessen entweder opportunistisch an ideologischen Positionen und dem kurzfristigen Beifall der Idealisten in den Medien aus – dafür steht Sigmar Gabriel[34] –, oder sie verfolgt eine Agenda, die sich von den konkreten Interessen der heute in Deutschland lebenden Bürger völlig emanzipiert hat – dafür steht Angela Merkel. »Merkels Sicht auf die Bundesrepublik war schon immer der Blick von außen, der Dazugekommenen, der Migrantin im eigenen Land … Auf die Empfindlichkeiten jener Deutschen, die ihr Land gerne wie eine neutrale Schweiz im Großformat betrachten, glaubt sie keine Rücksicht mehr nehmen zu können.«[35] Diese internationalistische Sicht Merkels hat möglicherweise das Wohl der Welt im Allgemeinen im Blick, kaum aber noch die Interessen Europas und schon gar nicht das Interesse der Deutschen an der Zukunft der eigenen Nation, dem Schutz ihres Lebensumfeldes und ihrer kulturellen Identität. Jochen Buchsteiner bemerkte dazu, Angela Merkels Flüchtlingspolitik nehme das Ende des Westens vorweg.[36] Sie will offenbar die Deutschen in ein neues Abenteuer der Entgrenzung führen. Damit gefährdet sie nicht nur den eigenen Nationalstaat, sondern auch die Integration Europas. Donald Tusk, der polnische Präsident des Europäischen Rates, spricht für die überwältigende Mehrheit der

EU-Länder, wenn er Merkels Politik der »offenen Türen und Fenster« als verhängnisvoll kritisiert.[37]

Der Anwalt für Ausländerrecht Hans-Georg Lorenz, Wortführer der SPD-Linken in Berlin, hat in seinem Berufsleben deutlich über 10 000 Mandanten vertreten und Tausende von Abschiebungen verhindert. Er sagte im Januar 2016 zur Flüchtlingspolitik der Bundesregierung: »Richtig ist, dass wir es nicht schaffen ... Frau Merkel ist die schlimmste Gegnerin einer vernünftigen Integration. Ich kenne keinen einzigen Mandanten, der hier seit längerer Zeit lebt, der diese Art von Flüchtlingspolitik gutheißt. Alle lehnen sie heftig ab. Sie leiden jetzt schon unter den Reaktionen eines Teils der deutschen Bevölkerung ... Wir täten gut daran, auch offiziell deutlich zu machen, dass wir mit diesem Zustrom von Flüchtlingen nicht fertigwerden.«[38]

Unaufgelöste Widersprüche: der Widerstreit zwischen Gesinnungs- und Verantwortungsethik

Die Logik des Problems hätte im Verlauf der letzten 30 Jahre meines Erachtens eine ganz klare Wegweisung ergeben können:

- Man behält nationale Grenzkontrollen bei, bis an den Außengrenzen des Schengen-Raums einschließlich des Mittelmeers ein wirksames Grenzregime errichtet ist und sich für längere Zeit bewährt hat. Kein Unternehmen, dessen Geschäftsführung bei Sinnen ist, schaltet eine betriebsnotwendige Software ab, ehe die neu installierte einwandfrei funktioniert und sich im Regelbetrieb bewährt.
- Man setzt durch, dass sich alle Mitgliedsstaaten des Schengen-Raums an die Bestimmungen des Dubliner Übereinkommens halten, und verbindet dies gegebenenfalls mit anderen Fragen, die in der EU relevant sind, etwa mit der Verabschiedung des EU-Haushalts oder der Verteilung der Haushaltsmittel auf die verschiedenen Empfängerstaaten.
- Man wirkt rechtzeitig darauf hin, dass die Personenfreizügigkeit nicht zum Anspruch auf Sozialleistungen in einem anderen Staat als dem Herkunftsland führt, zumindest nicht für einen langen Übergangszeitraum von zehn Jahren.

– Man beschränkt das politische Asylrecht auf Antragsteller, die sich nachweislich politisch betätigt haben. Man beschleunigt die Verfahren so, dass sie in wenigen Wochen abgewickelt sein können, und man schiebt alle abgelehnten Asylbewerber unverzüglich und ausnahmslos ab. Natürlich hätte dies andere Verfahrensvorschriften und mehr Personal erfordert, aber die Zahl der Bewerber wäre auch viel niedriger gewesen.

Weshalb hat sich die Wirklichkeit ganz anders entwickelt und in Deutschland zu den Absurditäten der aktuellen Flüchtlingskrise geführt?

Politische Werturteile gründen im vorrationalen Raum des menschlichen Fühlens und Denkens und entziehen sich damit zum größten Teil einer rationalen Debatte. David Hume bezeichnete die menschliche rationale Vernunft (*reason*) als Sklavin der Gefühle und Leidenschaften (*passions*). Diese Einsicht aus dem frühen 18. Jahrhundert gilt durchweg auch für politische Grundeinstellungen und Werturteile (vgl. im Anhang »Das Moralische in der Politik«). Das macht politische Debatten häufig so emotional, zuweilen auch hasserfüllt und unfruchtbar. Bei der Flüchtlingsdebatte taucht in ziemlich reiner Form der von Max Weber beschriebene Gegensatz zwischen Gesinnungs- und Verantwortungsethik auf: Es sei »ein abgrundtiefer Gegensatz, ob man unter der gesinnungsethischen Maxime handelt – religiös geredet –: ›der Christ tut recht und stellt den Erfolg Gott anheim‹ –, *oder* unter der verantwortungsethischen, dass man für die (voraussehbaren) Folgen seines Handelns aufzukommen hat.«[39] Mit dieser Unterscheidung zeigte Weber die Grenzen moralischer Betrachtung in der Politik auf: »Keine Ethik der Welt kommt um die Tatsache herum, dass die Erreichung ›guter‹ Zwecke in zahlreichen Fällen daran gebunden ist, dass man sittlich bedenkliche oder mindestens gefährliche Mittel und die Möglichkeit oder auch die Wahrscheinlichkeit übler Nebenerfolge mit in Kauf nimmt, und keine Ethik der Welt kann ergeben: wann und in welchem Umfang der ethisch gute Zweck die ethisch gefährlichen Mittel und Nebenerfolge ›heiligt‹.«[40]

Das Drama um die Flüchtlinge offenbart den Gegensatz zwischen Gesinnungsethik und Verantwortungsethik schonungslos: Je mehr Flüchtlinge aus Seenot gerettet werden und je mehr Deutschland über die Balkanroute erreichen, umso mehr werden kommen. Das Geschäft der Schleuser wird immer lukrativer. Mittlerweile setzen sie die Flüchtlinge in Schlauchboote und lassen sie wenige Kilometer vor der libyschen Küste durch europäische Schiffe retten. Das gesinnungsethische Vorgehen verschärft so das Problem, das es doch lösen soll. Je mehr Flüchtlinge aus Afrika oder Vorderasien Europa erreichen, umso mehr werden sich in ihren Heimatländern auf den Weg machen. Bei den Verhältnissen dort kann ihnen das keiner verdenken. An diesen Verhältnisse kann Europa wenig ändern. Weder die Entwicklungshilfe noch die verschiedenen militärischen Interventionen waren von Erfolg gekrönt.

Es gibt aber sowohl eine gesinnungsethische als auch eine verantwortungsethische Lösung, mit der zumindest Opfer unter den Flüchtlingen auf dem Weg nach Europa vollständig vermieden werden können. Die gesinnungsethische Lösung wäre, alle Flüchtlinge, die dies wollen, unbegrenzt auf sicherem Wege nach Europa einreisen zu lassen. Dann käme niemand mehr auf unsicheren Schiffen um, und von den Bewohnern Subsahara-Afrikas (gegenwärtig eine Milliarde Menschen, die sich nach der UNO-Bevölkerungsprognose bis 2100 auf 3,9 Milliarden vermehren werden) würden in absehbarer Zeit einige 100 Millionen in Europa leben. Die verantwortungsethische Lösung wäre, niemanden mehr einreisen zu lassen, der nicht alle Prozeduren der Ordnungsmäßigkeit einhält. Dazu gehört auch, alle auf See geretteten Flüchtlinge – ob vor den Küsten der griechischen Inseln oder denen Libyens – an jene Gestade zurückzubringen, von denen sie in See gestochen sind. Dann würde der Flüchtlingsstrom nach einiger Zeit versiegen, und das Geschäft der Schlepper würde austrocknen. Zu einer verantwortungsethischen Lösung muss auch gehören, Kriegsflüchtlinge in sicheren Lagern möglichst nahe ihrer Heimat unterzubringen und die Unterhaltung dieser Lager über die UN-Flüchtlingsorganisation UNHCR zu unterstützen.

Technisch ist die verantwortungsethische Lösung nach einigem Vorlauf umsetzbar. Das kann man, wenn man will. Und man muss dazu bestimmt weniger Verträge und Gesetze brechen als bei der Rettung des Euro seit 2010. Warum verfährt man dann nicht so? Die Antwort ist bestürzend einfach: Die Politiker in Europa, insbesondere aber die in Deutschland haben Angst vor der Magie der Bilder und der anrührenden Einzelschicksale und schwimmen daher mit im Strom der gesinnungsethischen öffentlichen Wallungen. Das Argument, dass nur die wirksame (und wirksam kommunizierte) Kontrolle über die Grenzen verhindern kann, dass Millionen Menschen (und künftig noch mehr) aus Afrika und dem westliche Asien in wenige gelobte Länder Nordeuropas aufbrechen, ist für die öffentliche Debatte offenbar zu abstrakt.

Natürlich haben wir in der Bundesrepublik eine freie Presse, und doch beobachten wir in Bezug auf die Flüchtlings- und Einwanderungsfrage zahlreiche Versuche aus Politik und Medien, Druck auszuüben und die freie Meinungsäußerung zu behindern, indem kritische Stimmen als nicht rechtens beziehungsweise unmoralisch ausgegrenzt werden. Der Historiker Jörg Baberowski kritisiert, dass niemand die Frage stellt, »ob wir diese Einwanderung überhaupt wollen. Stattdessen wird Kritikern, die ihre Stimme gegen den Tugendwahn erheben, von der Obrigkeit mitgeteilt, sie seien herzlos und dürften an der Debatte über Einwanderung nicht teilnehmen.«[41] Beispiele ließen sich genug anführen.

– Die meisten deutschen Printmedien huldigten 2015 über Monate hinweg einer entgrenzten Willkommenskultur. Aber als der Zustrom von September an ausuferte und die negativen Reaktionen bei den Lesern offenbar wuchsen, gab es in vielen Zeitungen, etwa in der *Berliner Morgenpost*, plötzlich keine Leserbriefe mehr dazu.
– Die Fernsehnachrichten schwelgten in bunten Bildern endloser Flüchtlingsströme. Sie zeigten Not und Erschöpfung und besonders oft junge Mütter und rührende Kindergesichter. Sie sparten gerne aus, dass es sich bei den Flüchtlingen um überproportional viele ordentlich gekleidete junge Männer handelt, die alle ein Smartphone zu besitzen scheinen und mehrere sichere Herkunftsstaaten passiert haben, ehe sie Deutschland erreichen.
– Wer sich kritisch äußert, kommt in den Medien noch gut weg, wenn er nur zum tumben Fremdenfeind erklärt wird. Ganz unglücklich schaute Maybrit Illner während ihrer Talkrunde am 22. Oktober drein, als Lutz Trümper, der Oberbürgermeister von Magdeburg, feststellte: »Jeder, der seine Meinung sagt, wird von den Linken in die rechte Ecke gestellt«, und hinzufügte, dass

mittlerweile viele Magdeburger aus Angst um ihren Arbeitsplatz ihre Meinung zu Flüchtlings- und Einwanderungsfragen nicht offen sagen.

– Als Politik und Medien die gewalttätigen Ereignisse der Silvesternacht 2015 in Köln und vielen anderen Städten drei Tage nach Neujahr nicht mehr leugnen konnten, versuchten sie zunächst weiterhin, den Zusammenhang zwischen der Flüchtlingsfrage und den gewalttätigen Übergriffen auf Frauen zu bestreiten. Sie wurden dabei durch vorauseilenden Gehorsam in der Polizeiführung unterstützt.[42] In Weil am Rhein hatten in der Silvesternacht zwei syrische Asylanten im Alter von 21 und 15 Jahren offenbar zwei Mädchen im Alter von 14 und 15 Jahren vergewaltigt. Die Staatsanwaltschaft teilte dazu mit, dass ein Zusammenhang mit den Vorfällen in Köln und anderen deutschen Städten nicht erkennbar sei.[43]

Allensbach ermittelte in einer Umfrage im Oktober 2015: 43 Prozent der Deutschen haben den Eindruck, dass man in der Bundesrepublik seine Meinung zur Flüchtlingssituation nicht frei äußern darf, und 47 Prozent empfinden die Berichterstattung als einseitig, nur knapp ein Drittel bezeichnet sie als ausgewogen. 46 Prozent der Deutschen gehen davon aus, dass der Zustrom von Flüchtlingen auch langfristig überwiegend Risiken mit sich bringt, während nur 18 Prozent überwiegend Chancen sehen. 62 Prozent fürchten die Einschleusung von Terroristen unter den Flüchtlingen, und nur 14 Prozent glauben, dass viele Flüchtlinge über eine gute Ausbildung verfügen.[44]

Angela Merkel erkannte die Gefahr hinter den Zahlen und versuchte, ihre Politik zu erklären. Doch im Grunde legte sie nur offen, dass sie anscheinend völlig ratlos ist. In einem Interview mit der *FAZ*[45] forderte sie ganz richtig, »dass wir erstens die europäischen Außengrenzen wirksam schützen, zweitens innerhalb der EU eine faire Verteilung der Flüchtlinge erreichen und drittens die Fluchtursachen angehen müssen«. Grenzsicherungen lehnte sie weiterhin ab: »Ich habe gesagt, dass es nicht in unserer Macht liegt zu sagen, wie viele Menschen zu uns kommen … Ich bin überzeugt, dass man ein Land wie Deutschland nicht abriegeln kann, auch ein Zaun würde verzweifelte Menschen nicht aufhalten.« Doch wie, so fragt man sich, will sie die europäischen Außengrenzen schützen, wenn sich nach ihrer Überzeugung schon die deutschen Außengrenzen nicht wirksam schützen lassen?

Die »faire Verteilung der Flüchtlinge in der EU« ist irreal. Kein Partnerland – und mittlerweile nicht einmal Schweden – ist bereit, Deutschland einen nennenswerten Teil der Lasten abzunehmen, die es sich durch seine Politik der offenen Grenzen eingehandelt hat.

Das »Angehen der Fluchtursachen« als dritte von Angela Merkel genannter Maßnahme verweist vollends ins Utopische. Die westliche Entwicklungspolitik scheitert seit 70 Jahren daran, die Verhältnisse in Afrika und Vorderasien von außen zu ändern. Die zentralen Ursachen für die Fluchtbewegungen aus diesen Teilen der Welt liegen in der Kombination von Entwicklungsrückstand, Bevölkerungsexplosion und schlechter Regierungspraxis. Und der Bürgerkrieg, der wirksam von außen geschlichtet werden kann, müsste erst noch erfunden werden. Dass Angela Merkel dies alles genau weiß, verhehlt sie nicht: »Der Westen hat leider viel weniger Erfolg gehabt, als wir erhofft hatten«, erklärte sie in dem *FAZ*-Interview, und zu Syrien stellte sie fest: »Diplomatisch konnte die Weltgesellschaft bisher nichts bewegen.« Wenn sie fordert, dass »Europa sich in Syrien viel stärker konfliktlösend und womöglich auch konfliktverhütend einbringen muss«, folgt sie einem vagen Prinzip Hoffnung. Möchte Angela Merkel die deutschen Grenzen so lange offen lassen – jedenfalls keine Zäune bauen –, bis die Verhältnisse im Rest der Welt sich mit Hilfe des Westens so gebessert haben, dass es keine Anreize mehr gibt zur Flucht nach Deutschland? Das mag als Vorstellung eines politisch engagierten Rockmusikers oder eines parlamentarischen Hinterbänklers ganz in Ordnung sein, wirft aber die Frage auf: Wer schützt eigentlich ein Land, wenn seiner Regierung die Urteilskraft abhandengekommen ist? Die untergegangene DDR wurde immerhin von der westdeutschen Bundesrepublik aufgefangen. Wer aber fängt dereinst die Bundesrepublik auf?

Unter dem Druck sinkender Werte in den Meinungsumfragen und wachsender Unruhe in der CDU nahm die Bundesregierung im November 2015 immerhin einige halbherzige Korrekturen an ihrer Politik der offenen Grenzen vor, doch es gelang ihr nicht,

- an den Außengrenzen des Schengen-Raums in Italien und Griechenland ein wirksames Grenzregime zu installieren und auf dieser Grundlage die nicht Einreiseberechtigten unmittelbar an der Einreise zu hindern und zurückzuführen;
- in Europa einen Verteilungsmodus für Flüchtlinge zu beschließen, und schon gar nicht, diesen umzusetzen;
- abgelehnte Flüchtlinge durchgehend und unverzüglich abzuschieben;
- restriktivere Regeln für den Familiennachzug umzusetzen.

Natürlich hat Angela Merkel aus juristischer Sicht nur bedingt recht, wenn sie – im Interview mit der *Rheinischen Post* – sagt: »Das Grundrecht auf Asyl für politisch Verfolgte kennt keine Obergrenze.«[46] Die große Schwäche der rechtlichen Position der Bundesregierung erkennt man an der Polemik des Bundesjustizministers Heiko Maas. Er antwortete auf den Vorwurf seriöser Juristen, die Bundesregierung beachte bei ihrer Flüchtlingspolitik das geltende Recht nicht: »Das Gerede vom angeblichen Rechtsbruch des Staates ist Wasser auf die Mühlen von Pegida und Verschwörungstheoretikern im Internet.«[47] So einfach kann man Rechtsfragen lösen: Wer nicht für uns ist, der ist gegen uns und muss deshalb böse sein.

Die Mängel dieser Politik werden auch ganz ohne juristische Rechtfertigung zu einem Flüchtlingsstrom ohne Obergrenzen führen.

Ursachen des Versagens

Wie konnte es dazu kommen, dass in mehr als 30 Jahren keine ernsthaften Versuche unternommen wurden, die Ursachen einer krassen Fehlentwicklung zu beseitigen?

UNWISSENHEIT – TÄUSCHUNGEN
ÜBER DIE WIRKLICHKEIT
Die verantwortlichen Politiker haben die durch das Schengen-Abkommen langfristig ausgelösten Fehlanreize grob unterschätzt. Sie haben es versäumt, ein funktionierendes Grenzregime an Europas Außengrenzen aufzubauen, und offenbar geglaubt, die Grenzaufsicht

in Italien und Griechenland funktioniere genauso gut wie der deutsche Bundesgrenzschutz zu Zeiten des Kalten Krieges. Sie haben dem langfristigen Einwanderungsdruck aus Afrika und dem westlichen Asien offensichtlich keine Beachtung geschenkt. Sie haben im Asylverfahren keine ausreichende Vorsorge getroffen.

ANMASSUNG – TÄUSCHUNGEN ÜBER DIE EIGENEN HANDLUNGSMÖGLICHKEITEN

Die deutschen Politiker haben offenbar geglaubt, dass sie auf das Handeln der jetzt im Grenzregime versagenden oder offenkundig vertragsbrüchigen Staaten mehr Einfluss nehmen können, als es nun tatsächlich der Fall ist. Sie haben die Nebenwirkungen des eigenen Handelns verdrängt oder gröblich unterschätzt. Das offenbart sich auf beunruhigende Weise in der Sogwirkung der von Angela Merkel höchstpersönlich verkörperten »Willkommenskultur« und in ihren symbolischen Maßnahmen gegen das weitere Anwachsen der Flüchtlingsströme.[48]

BEDENKENLOSIGKEIT – INKAUFNAHME VON KOLLATERALSCHÄDEN

Der Wunsch, eine Willkommenskultur zu zelebrieren und sich selbst mit einem Heiligenschein zu versehen, führte zur größten Krise Deutschlands seit dem Zweiten Weltkrieg. Für den vergänglichen Glanz nahm die Bundeskanzlerin eine ungesteuerte, kulturfremde Einwanderung in Kauf, die langfristig den Wohlstand Deutschlands gefährden und einen Kulturbruch verursachen kann, der die Identität der Nation zerstören kann.

EGOISMUS UND BETRUG

Als die Risiken wuchsen und das Ausmaß der Katastrophe immer deutlicher zutage trat, griff Angela Merkel zu Ausflüchten und Unwahrheiten:

– Sie schlug Heilmittel gegen den Flüchtlingsstrom vor, die zumindest kurz- und mittelfristig gar nicht wirken können (etwa Verbesserung der Verhältnisse in den Herkunftsländern).
– Sie stellte die Möglichkeiten des geltenden Asylrechts öffentlich falsch dar.

- Sie stellte die unsinnige Behauptung auf, man könne Grenzen gar nicht wirksam schützen.
- Sie versuchte ihr Prestige und ihre Macht zu retten, indem sie unwahre Behauptungen unablässig wiederholte und kategorisch die Möglichkeit ausschloss, ihre Entscheidung für die Grenzöffnung könnte falsch gewesen sein, denn dieses Eingeständnis könnte ihr politisches Ende bedeuten.[49]

Die politische Symbolwirkung der abgeschafften Grenzkontrollen wollte sie offenbar nicht aufgeben. Um die damit verbundenen Risiken zu vertuschen, hat sie nach Bedarf verharmlost und geschwindelt.

SELBSTBETRUG

Die Kanzlerin schien zunehmend an ihren eigenen Schwindel zu glauben und tut das anscheinend immer noch, denn sonst müsste sie anders reden und handeln. So – aus einer Mischung von Wunschdenken, Opportunismus, Gedankenlosigkeit, Verharmlosung und schierem Mangel an Gedankenschärfe – entstehen die großen Probleme, denen sich die Politik nicht gewachsen zeigt.

Staat und Währung

Staatlichkeit beginnt mit der Kontrolle über ein Gebiet und setzt sich fort mit der Festlegung der Herrschaftsverhältnisse und der sonstigen Regeln für das menschliche Zusammenleben, die auf diesem Gebiet gültig sind. Die staatliche Zuständigkeit für Geld gehörte nicht unbedingt dazu. Sie war ein Ausdruck hochentwickelter Staatlichkeit und fortgeschrittenen wirtschaftlichen Austausches.

Vorgeschichte und Begründung der Europäischen Währungsunion[50]

Zahlungsmittel für den Wirtschaftsverkehr haben sich historisch gesehen aus dem Tauschhandel entwickelt. Als Zahlungsmittel eigneten sich besonders gut knappe, unverderbliche und im Verhältnis zu ihrem Wert leicht transportable Güter – nämlich Edelmetalle. Diese bald bevorzugten Zahlungsmittel wurden zunächst nach ihrem Gewicht gehandelt. Dazu erwies es sich als praktisch, sie in standardisierte Mengen aufzuteilen und mit einem Aufdruck zu versehen, der über ihren Wert Auskunft gab. Damit waren die Münzen in der Welt. Das Recht, Münzen zu prägen und in Verkehr zu bringen, erwies sich für Staaten als attraktive Einnahmequelle. Und alle, die handelten, fanden es angenehm, geprägte Münzen als Zahlungsmittel zu benutzen. Wenn die ausgebende Stelle eine gute Reputation genoss, musste man sich über den Edelmetallgehalt der Münzen und damit über ihren Wert keine Gedanken machen.

Münzen waren zwar leichter transportabel als Getreide oder Wolle, aber bei größeren Beträgen wurde es auch mit Münzen umständlich, ganz abgesehen davon, dass man auf längeren oder gefährlichen Handelswegen leicht ausgeraubt werden konnte. So gingen renommierte italienische Handelshäuser im Mittelalter dazu über, Schuldverschreibungen auszustellen, auf denen zugesichert wurde, dass das betreffende Handelshaus demjenigen, der das Schreiben – die Banknote – vorlegte, den entsprechenden Betrag in der darauf angegebenen Währung in Gold oder Silber auszahlen werde. Banknoten guter Adressen waren im Geschäftsverkehr ebenso als Zahlungsmittel akzeptiert wie Gold- oder Silbermünzen. So entstand das moderne Kreditgeld. Vertrauen war dabei entscheidend, denn wer auf Banknoten eines Handelshauses sitzen blieb, das insolvent wurde, hatte alles verloren.

Schon früh erwies sich, dass eine geregelte, verlässliche Geldordnung, bei der die Währung wertstabil, aber auch in ausreichender Menge in Umlauf war, für das Wirtschaftsleben große Bedeutung hatte. Da Staaten zu allen Zeiten – meist aus militärischen Gründen – notorisch knapp bei Kasse waren, monopolisierten sie zumeist das Recht zur Geldausgabe bei von ihnen autorisierten Stellen und versuchten, selbst an der Geldausgabe zu verdienen. Wenn es finanziell besonders eng wurde, widerstanden sie nicht immer der Versuchung, den Edelmetallgehalt der Münzen zu verschlechtern, ohne ihren Nominalwert zu ändern. So konnten sie mit derselben Menge Edelmetall mehr Soldaten besolden. Solche Tricks blieben nicht unbemerkt: Die Münzen mit hohem Edelmetallgehalt verschwanden aus dem Verkehr, alle zahlten nur noch mit schlechtem Geld, das am Ende keiner mehr haben wollte. Das Vertrauen in die Währung war dahin. Dann kam es zu einer Währungsreform, bei der erneut ein bestimmter Edelmetallgehalt der neuen Münzen garantiert wurde. Zu Zeiten des römischen Kaiserreichs hat der Denar, der das Zahlungsmittel im ganzen Römischen Reich und darüber hinaus war, mehrere solcher Währungsreformen erfahren.

Mit der Erfindung des Papiergeldes wurde die Staatsfinanzierung durch Ausgabe von Zahlungsmitteln noch leichter. Solange nur wenige den Austausch von Banknoten in Gold- oder Silbermünzen verlangten, konnte der Banknotenumlauf viel höher sein als der Edelmetallschatz, der ihn deckte. So funktionierte die Währungspolitik grundsätzlich bis zum Ersten Weltkrieg: Die Notenbanken hielten einen bestimmten Vorrat an Gold oder Silber, und jeder bekam auf Wunsch den Gegenwert seiner Banknoten oder Bankguthaben in entsprechenden Gold- oder Silbermünzen ausgezahlt. Dieser Anspruch besteht heute nicht mehr. Wer Edelmetall möchte, muss sich dies am freien Markt kaufen. Aber noch immer halten Notenbanken in großem Umfang Goldbestände als Teil ihrer Aktiva. Die Versorgung der Wirtschaft mit Geld erfolgt nur noch teilweise durch Bargeld, zum größten Teil aber dadurch, dass die Zentralbanken entweder den Geschäftsbanken gegen Sicherheiten, die diese stellen müssen, Kredit geben, oder dadurch, dass die Zentralbanken Wertpapiere aufkaufen, die sie mit der eigenen Währung bezahlen. Das Geld einer bestimmten Währung entsteht in dem Augenblick, in dem die Zentralbank einen entsprechenden Betrag auf dem Konto einer Geschäftsbank gutschreibt oder auf Verlangen diesen Betrag bar auszahlt.

Die Kunst der Geldpolitik besteht darin, die Versorgung der Wirtschaft mit Geld so zu steuern, dass einerseits alle sinnvollen und rentablen Transaktionen getätigt werden können und die freie wirtschaftliche Tätigkeit nicht behindert wird, andererseits aber der Wert des Geldes ausreichend stabil bleibt.

Geld- und Währungspolitik sowie Geld- und Währungstheorie haben schon immer die großen Geister unter den Ökonomen beschäftigt. Diese Faszination hält an, wobei sich die Schwerpunkte solcher Debatten ständig ändern. Aktuelle Diskussionspunkte sind:

- Wie ist der Zusammenhang zwischen Geldpolitik und Finanzstabilität?[51]
- Welches Maß an Preisveränderungen (Inflation oder Deflation) ist für die Wirtschaft nützlich, welches schädlich? Wie kann man Inflationserwartungen im Sinne der Geldwertstabilität beeinflussen?[52]
- Welchen Beitrag kann die Geldpolitik zur Belebung und dauerhaften Erhöhung des Wirtschaftswachstums leisten?
- Wie soll sich die Geldpolitik zu Auf- und Abwertungen der Währung stellen?
- Welche Rolle soll (darf) die Geldpolitik bei der Finanzierung der Staatshaushalte spielen?

Jedwede Geldpolitik ist zu ihrer Umsetzung auf ein funktionierendes Bankensystem angewiesen, denn sie bringt ja das Geld im Wesentlichen über die Geschäftsbanken in Umlauf. Darum sind Zentralbanken in der einen oder anderen Form auch immer in die Bankenaufsicht eingeschaltet. Jedwede Geldpolitik hat außerdem eine zumindest indirekte Verbindung zur Finanzierung des Staatshaushalts. In allen modernen Volkswirtschaften besteht nämlich ein großer Teil des umlaufenden Geldvermögens in Staatsanleihen. Auch die Geschäftsbanken halten einen großen Teil ihrer Aktiva in Staatsanleihen. Das Risiko einer staatlichen Insolvenz bedroht deshalb immer auch das Bankensystem und kann deshalb die Geldpolitik nicht unberührt lassen. Hat der Staat eine eigene Zentralbank und Schulden in der eigenen Währung, kann er das Insolvenzrisiko jederzeit ausschließen: Er verkauft einfach seine Staatsanleihen an die eigene Zentralbank und bezahlt seine Rechnungen mit dem Geld, das er dafür bekommt. Hier sind wir an der intimen und gleichzeitig explosiven Beziehung zwischen Geld- und Währungspolitik einerseits und staatlicher Finanzpolitik andererseits: Eine Zentralbank ist für den Staat, dem sie gehört, stets die letzte Rettung, wenn er Geld braucht, die Steuereinnahmen aber erschöpft sind und niemand ihm Geld zu tragbaren Konditionen leihen will. Umgekehrt ist die Existenz der Zentralbank eine Beruhigung für die Gläubiger des Staates: Ein Staat, der sich in eigener Währung verschuldet, kann seine Schulden immer begleichen und wird niemals pleitegehen.

Es ist kein Wunder, dass das staatliche Privileg, mit selbst geschaffenem Geld zu zahlen, immer wieder infolge von Missbrauch zu Geldentwertungen führte und schließlich in Währungsreformen endete. Deutschland hat nach den beiden Weltkriegen zweimal im Abstand von nur 20 Jahren diese Erfahrung gemacht. Deshalb wurde das Statut der Deutschen Bundesbank nach dem Zweiten Weltkrieg auf deren Unabhängigkeit und auf eine möglichst weitgehende Trennung von der Staatsfinanzierung ausgerichtet und ihr als vorrangiges Ziel die Erhaltung der Preisstabilität aufgetragen. Andere Länder gingen da andere Wege, betrieben eine Geldpolitik, die lockerer war und weniger strikt zwischen Geldpolitik und Staatsfinanzen unterschied. So bildeten sich nach dem Zweiten Weltkrieg unterschiedliche nationale Trends in der Preisentwicklung heraus. Daran zerbrach Anfang der 1970er Jahre das 1944 eingerichtete Weltwährungssystem von Bretton Woods, das stabile Wechselkurse zum Ziel hatte.

Die ständige Veränderung von Währungsparitäten betraf auch die noch junge Europäische Wirtschaftsgemeinschaft (EWG). Versuche zur Stabilisierung der Wechselkurse misslangen immer wieder. Die Inflationsraten waren einfach zu unterschiedlich. Ständig wertete die D-Mark vor allem gegen Franc und Lira auf. Seit Anfang der 1980er Jahre wurde das etwas besser, weil sich die anderen Staaten der Geldpolitik der Deutschen Bundesbank mehr oder weniger unterordneten. Das beleidigte aber den Stolz der Franzosen und Italiener, und so entstand der Antrieb zu einer Europäischen Währungsunion.

Der ehemalige französische Finanzminister Jacques Delors war 1985 Präsident der Europäischen Kommission geworden. Unter seiner Leitung verfassten die Präsidenten der Europäischen Notenbanken den sogenannten *Delors-Bericht*, der im März 1989 vorgelegt wurde und quasi die Blaupause für eine Währungsunion darstellte. Der Bericht schlug eine Periode der Angleichung von Zinsen, Inflationsraten und staatlicher Verschuldung vor. Wer diese Konvergenzkriterien erfüllt hatte, sollte Mitglied der neuen Währungsunion werden können.

Unter deutschen Ökonomen, aber auch bei der Bundesbank und im Bundesfinanzministerium stieß die Idee einer Währungsunion auf Misstrauen und Unverständnis. Unterschiedliche Inflationsraten, Leistungsbilanzsalden, Auf- und Abwertungstendenzen von Währungen galten als Ausdruck von Unterschieden der beteiligten Volkswirtschaften, nicht als deren Ursache. Von Anfang an war zudem der Verdacht vorhanden, die gemeinsame Währung werde am Ende zu einer fiskalischen Verantwortung Deutschlands für die anderen Mitglieder der Währungsunion führen. Eine Währungsunion konnte aus dieser Sicht allenfalls der krönende Abschluss einer staatlichen Vereinigung Europas sein.

Noch im Sommer 1989 galt das Projekt – obwohl Bundeskanzler Helmut Kohl und Außenminister Hans-Dietrich Genscher es befürworteten – als ziemlich chancenlos. Das änderte sich im November 1989 mit dem Fall der Mauer und dem bald danach vorgezeichneten Weg zur deutschen Wiedervereinigung. Im April 1990 stimmte Helmut Kohl auf dem Europäischen Gipfel in Dublin der Aufnahme von Verhandlungen für eine Europäische Währungsunion zu, und bereits im Februar 1992 wurde der Vertrag von Maastricht unterzeichnet, der diese Verhandlungen abschloss. Den Bedenken der Deutschen wurde im Vertrag großzügig Rechnung getragen:

– Es sollten nur die Länder mitmachen dürfen, die bis zum Beginn der Währungsunion die Konvergenzkriterien erfüllt hatten.
– Die künftige Europäische Zentralbank wurde allein auf das Ziel der Preisstabilität verpflichtet und ihre Unabhängigkeit verankert. Jede Mitwirkung an der Staatsfinanzierung wurde ihr verboten.
– Die Mitgliedsländer verpflichteten sich auf eine Neuverschuldung von maximal 3 Prozent und einen Schuldenstand von maximal 60 Prozent des BIP.
– Haushaltshilfen für Mitgliedsländer wurden vertraglich ausgeschlossen. Jedes Mitgliedsland sollte wissen, dass in der Währungsunion keine gemeinsame Kasse bereitstand.

Am 1. Januar 1999 startete die Währungsunion mit 11 Mitgliedern, mittlerweile sind es 19 Mitglieder. Griechenland kam 2001 hinzu.

Die große Krise und ihre Folgen

Bis 2008 war die Währungsunion scheinbar ein voller Erfolg:

- Die Zinsen in der Währungsunion glichen sich auf dem niedrigen deutschen Niveau an.
- Die Inflation wies zwar leichte nationale Unterschiede auf, blieb aber niedrig.
- Das Wirtschaftswachstum in jenen Mitgliedsländern, die von ungewohnt niedrigen Inflationsraten profitierten, war sehr kräftig.

In der Weltfinanzkrise 2009 und in den Jahren danach zeigte sich dann aber, dass jene Länder, deren Währungen vor der Währungsunion zu Abwertungen neigten, unter stärkeren Wettbewerbsdruck gerieten und auf den Weltmärkten Anteile verloren. Es brachen außerdem die alten Haushaltsprobleme wieder auf. Und als sich von Herbst 2009 an die griechische Haushaltskrise entfaltete, kamen an den Märkten Zweifel an der Solvenz einzelner Eurostaaten auf. Die Zinsunterschiede, die sich schon ganz eingeebnet hatten, bildeten sich

Tabelle 4.2: Das Wirtschaftswachstum des Euroraums im internationalen Vergleich

	Veränderung des kaufkraftbereinigten BIP pro Kopf (in %)		
	2000/2008	2008/2014	2000/2014
OECD	12,1	1,0	14,6
USA	9,4	3,5	13,2
Japan	8,1	2,6	10,9
Schweiz	10,0	3,4	13,8
Schweden	16,9	2,4	19,7
Großbritannien	15,9	-0,3	15,6
Euroraum (18 Mitglieder), darunter	**10,3**	**-2,9**	**7,1**
Deutschland	11,4	3,5	15,4
Frankreich	7,9	-0,8	7,0
Italien	3,2	-11,0	-7,4
Spanien	13,1	-6,1	5,2
Portugal	6,1	-6,1	-0,3
Griechenland	28,6	-24,1	-2,4

Quelle: https://stats.oecd.org/Index.aspx?DataSetCode=PDB_LV und eigene Berechnungen erneut heraus.[53] Die Krise spitzte sich zu. Im Mai 2010 zog die Euro-gruppe die Notbremse und suspendierte de facto wichtige Bestimmungen des Maastricht-Vertrages:

– Die EZB kaufte zur Marktstützung die Staatsanleihen von Krisenstaaten.
– Die Eurogruppe beschloss ein Hilfspaket für Griechenland, Irland und Portugal, später kam noch Spanien hinzu. Auch der IWF gab Kredite.
– Ein finanzieller Hilfsmechanismus für insolvenzbedrohte Krisenländer wurde geschaffen, zuerst der EFSF (European Financial Stability Facility), später der ESM (European Stability Mechanism).
– Die Länder, die Hilfsmaßnahmen in Anspruch nahmen, mussten sich zur Haushaltskonsolidierung und zu wirtschaftlichen Reformen verpflichten. Dieser Prozess sollte gemeinsam von EZB, Europäischer Kommission und IWF – der sogenannten Troika – überwacht werden.
– Griechenland erhielt stufenweise weitere Schuldenhilfen, die zu einer weitgehenden Ent- oder Umschuldung führten.

Tabelle 4.3: Das Wohlstandsniveau des Euroraums im internationalen Vergleich

	Kaufkraftbereinigtes BIP pro Kopf (USA = 100)		
	2000	2008	2014
OECD	69,0	70,6	69,7
USA	100	100	100
Japan	70,6	69,7	69,1
Schweiz	91,7	92,1	92,1
Schweden	74,8	71,9	79,0
Großbritannien	74,9	79,3	76,4
Euroraum (18 Mitglieder), darunter	**70,3**	**70,8**	**66,5**
Deutschland	76,6	78,0	78,0
Frankreich	71,0	69,0	67,0
Italien	70,4	66,4	57,5
Spanien	62,5	64,6	58,0
Portugal	52,7	51,1	45,6
Griechenland	51,7	60,7	44,5

Quelle: https://stats.oecd.org/Index.aspx?DataSetCode=PDB_LV und eigene Berechnungen

Nach erneuten krisenhaften Zuspitzungen 2011 und 2012, auf die die EZB mit einer sehr expansiven Geldpolitik reagierte, schien sich die Situation in den Krisenländern zu bessern. Allerdings gerieten Frankreich, Italien und die übrigen südeuropäischen Mitgliedsländer in eine Stagnation, die noch nicht vollständig überwunden ist (vgl. Tabellen 4.2 und 4.3). Seit Februar 2015 betreibt die EZB einen groß angelegten Ankauf von Wertpapieren, der zu einem Zinsniveau von um null Prozent, zu steigenden Aktienkursen und einer deutlichen Abwertung des Euro geführt hat. Das Wachstum im Euroraum bleibt aber schwach, die Verluste an Wirtschaftskraft seit 2008 sind teilweise noch nicht wettgemacht.

Zu Unrecht spricht man immer wieder von der Eurokrise. Eine Krise des Euro als Währung hat es aber nie gegeben. Grundsätzlich gilt nämlich: Im rein währungstechnischen Sinn funktioniert eine Währungsunion immer dann, wenn eine Zentralbank für das Gebiet, auf dem sie zuständig ist, das Monopol auf die Ausgabe von Geld hat. Darum war es nie eine Frage, dass die Europäische Währungsunion, so wie sie konstruiert ist, auch funktionieren würde in dem Sinne, dass sie das Geldangebot steuern und die Höhe der Zinsen wirksam beeinflussen kann. Das hat grundsätzlich nichts damit zu tun, ob die Mitgliedschaft in einem bestimmten Währungsraum für ein Land oder eine Region Nutzen oder Schaden stiftet. Je größer und wirtschaftlich heterogener ein Währungsraum ist, umso wichtiger wird ein funktionierender Wettbewerb mit unbeschränktem Marktzugang und möglichst flexiblen Löhnen, Preisen und arbeitsrechtlichen Bestimmungen. Das liegt ganz einfach daran, dass die Wirkungen von Kosten- und Produktivitätsunterschieden nicht mehr durch Wechselkursanpassungen ausgeglichen werden können.

Die Mitgliedschaft in einer Währungsunion schränkt den Staatshaushalt in einem entscheidenden Punkt ein: Da die Mitgliedsstaaten keine eigene Zentralbank mehr haben, können sie auch nicht mehr bei Bedarf Geld drucken lassen. Um politischen Druck auf die gemeinsame Zentralbank zu verhindern und deren Missbrauch unmöglich zu machen, waren 1991 im Maastricht-Vertrag die beiden schon erwähnten Sicherungen eingebaut worden:

- Der EZB wurde es verboten, Staatshaushalte zu finanzieren.
- Den Mitgliedsstaaten wurde es verboten, einander bei finanziellen Notlagen auszuhelfen.

Wie bekannt, wurden diese beiden Bestimmungen beim Schnüren des ersten Griechenlandpakets über Bord geworfen beziehungsweise modifiziert. In mehreren Stufen wurde ein Beistandsmechanismus für Krisenstaaten geschaffen. Dieser Mechanismus soll verhindern, dass Mitgliedsstaaten ihre Kapitalmarktfähigkeit verlieren oder an den Kapitalmärkten Kredit nur noch unter prohibitiven Bedingungen bekommen. Nehmen sie solche Hilfen in Anspruch, so müssen sie ein Programm vereinbaren, mit dem sie ihre Wirtschaft reformieren und den Staatshaushalt konsolidieren. Solche Programme waren 2010/11 für Irland, Portugal und Spanien ebenfalls vereinbart worden, und dort haben sie bislang auch funktioniert. Allerdings war der Preis der Anpassung sehr hoch.

Für Frankreich und Italien sind keine derartigen Programme aufgelegt worden. Beide Länder sind zögerlich bei internen Reformen und neigen zur Stagnation, Italien noch mehr als Frankreich. Diese Tendenz zu Stagnation und hoher Arbeitslosigkeit resultiert weniger aus den Verfehlungen bei der Haushaltskonsolidierung – diese gibt es auch –, sondern vielmehr aus der mangelhaften Wettbewerbsfähigkeit gegenüber starken Euroländern wie Deutschland und Holland. Und das lässt sich eben nicht mehr wie früher durch Wechselkursanpassungen ausgleichen. Weil die Wechselkurse nicht mehr angepasst werden können, geraten Mitglieder, die am unteren Ende des Spektrums der Wettbewerbsfähigkeit in der Währungsunion liegen, leicht in eine Stagnationsfalle. Dieses Problem ist strukturell ungelöst. Das weiß auch der EZB-Präsident Mario Draghi, und er spricht es auch immer wieder an.

Die EZB hat einen Ausgleich geschaffen, indem sie durch eine extreme Niedrigzinspolitik den Wechselkurs des Euro nach unten getrieben hat. Dieser expansive Kurs wird verstärkt durch das groß angelegte Programm, mit dem sie von Februar 2015 bis Herbst 2016 monatlich Weltpapiere im Umfang von 60 Milliarden Euro ankauft. Dadurch steigt die Geldmenge, die im Umlauf ist. Anleihen und Kredite kosten fast keinen Zins mehr oder haben sogar Negativzinsen.

Diese Ausweitung der Geldmenge durch Ankauf von Wertpapieren nennt man *quantitative easing*. Nach 2008 hatte damit zunächst die amerikanische Notenbank begonnen. Die Bank von England, die japanische Zentralbank und seit Anfang 2015 auch die EZB sind diesem Beispiel gefolgt. Die Geldpolitik Chinas scheint in eine ähnliche Richtung zu gehen. Auch in Schweden und der Schweiz ist das Geld der Notenbank reichlich vorhanden, und es ist billig. Erst auf längere Sicht werden wir sehen, welche Art von Risiken diese neuartige, weltweit verfolgte geldpolitische Ausrichtung mit sich bringt.

Für Deutschland ist der gesunkene Eurokurs zu niedrig. Er bedeutet, dass wir unsere Waren billiger ans Ausland geben, als es nötig wäre. Für Italien und Frankreich ist der aktuell niedrige Euro-Wechselkurs dagegen von Vorteil, aber das ändert nichts an ihren strukturellen Wettbewerbsproblemen. Der Euro, einst von Frankreich und Italien als Mittel gegen die deutsche wirtschaftliche Vormacht in Europa gewünscht, hat diese Vormacht erst richtig offenbart und noch forciert.

Die Tabellen 4.2 und 4.3 dokumentieren, dass der Euroraum relativ zu anderen Industriestaaten seit dem Beginn der Währungsunion wirtschaftlich zurückgefallen ist. Länder wie die USA, die Schweiz, Großbritannien, Schweden, Japan oder auch die OECD (Organisation for Economic Co-operation and Development) insgesamt sind seit 2000 und insbesondere seit der Finanzkrise 2008 deutlich stärker gewachsen (Tabelle 4.2). Das Ziel des Euroraums, im Wohlstand zu den USA aufzuschließen, rückt in immer weitere Ferne (Tabelle 4.3). Unter den großen Ländern des Euroraums kann allein Deutschland sein relatives Wohlstandsniveau international halten. Mehr aber auch nicht. Sämtliche Behauptungen, der Euro habe Deutschland wirtschaftlich genützt, können angesichts der statistischen Evidenz ohne den geringsten Zweifel in den Bereich der politischen Legende verwiesen werden.

Der griechische Patient: Das Währungsdrama als Burleske

Das antike Griechenland war die Wiege Europas. Das moderne Griechenland, seit 1981 in der EU und seit 2001 in der Währungsunion, war im Herbst 2009 der Auslöser für die Krise der Europäischen

Währungsunion. Mit 12 Millionen Einwohnern handelt es sich um ein kleines Land. Für ein Mitglied der EU ist es in einer wirklich verzweifelten Situation:

–   Die Staatsschuldenquote betrug 2014 trotz der 2012 erfolgten Umschuldung 176 Prozent des BIP (Deutschland 74 Prozent).
–   Das Sozialprodukt pro Kopf beträgt nach einem Rückgang von 25 Prozent noch 45 Prozent des deutschen Niveaus.
–   Die Investitionen pro Kopf betragen 26 Prozent des deutschen Niveaus.
–   Die Arbeitslosigkeit beträgt 530 Prozent des deutschen Niveaus.

Wenig funktioniert in diesem Land. Die Zivilgesellschaft war hier noch nie stark ausgeprägt, gegenwärtig liegt sie ganz am Boden. Nach Umfragen der European Social Survey belegt Griechenland beim Vertrauen in Politiker, Parlament und Parteien unter 18 Ländern immer den letzten Platz. Das ist nicht neu und lässt sich historisch erklären.

Seit der Unabhängigkeit vom Osmanischen Reich im Jahr 1827 gab es in Griechenland 195 (!) Regierungswechsel. Dabei tauchten schon im 19. Jahrhundert dieselben Namen auf wie heute: Kanaris, Venizelos, Metaxas, Voulgaris, Papadopoulos, Karamanlis, Papandreou, Simitis, Samaras. Die Osmanen hatten nach dem Millet-System geherrscht: Die Unterworfenen mussten Abgaben zahlen, konnten sich aber weitgehend selbst verwalten. Die Macht im osmanischen Griechenland lag in der Hand weniger Familien, die das Land als ihr Eigentum betrachteten. Der Streit um die Macht war der Streit zwischen diesen Familien. Sie herrschen offenbar immer noch.

Der Beitritt zur Europäischen Gemeinschaft im Jahr 1981 löste einen gewaltigen Strom europäischer Hilfsgelder aus, der in seinem Umfang alles übertraf, was andere Mitgliedsstaaten je erhalten hatten. Die Summe belief sich über 30 Jahre – von 1981 bis 2010 – durchschnittlich auf 2,7 Prozent des griechischen Bruttosozialprodukts. Im Wesentlichen finanzierten die Mittel Korruption und überflüssige Infrastrukturprojekte. Dagegen starben hoffnungsvolle Ansätze griechischer Industrialisierung in diesen drei Jahrzehnten weitgehend ab, und die Produktivitätsentwicklung der griechischen Industrie blieb weit unter dem europäischen Durchschnitt. Sämtliche Reformversprechen der Griechen seit dem Beitritt zur EU im Jahr 1979 wurden nicht eingehalten.

Man tritt dem heutigen Griechenland wohl nicht zu nahe, wenn man feststellt, dass in diesem Staatswesen Eigenschaften wie Gemeinsinn, abstrakte Regeltreue, Pflichtbewusstsein als Staatsdiener in öffentlichen Ämtern, Transparenz, Unbestechlichkeit und Zuverlässigkeit offenbar nicht den Stellenwert haben, den wir aus Nord- und Mitteleuropa gewöhnt sind. Griechen vertrauen ihren Freunden und ihrer Familie. Ansonsten rechnen sie damit, übers Ohr gehauen zu werden, und sie sind ihrerseits Mauscheleien nicht abgeneigt. Die einzelnen Griechen sind oft tüchtige Geschäftsleute, aber der Gesellschaft als Ganzes fehlt es an sozialem Vertrauenskapital. Es gibt keine politische Klasse, die über den eigenen Vorteil weit hinausdenkt, und es gibt keine Verwaltung, auf deren Zuarbeit und Leistung die politische Klasse vertrauen kann.

Traditionell beruht die Leistungskraft der griechischen Wirtschaft auf der Landwirtschaft, der Schifffahrt, den Überweisungen von Auslandsgriechen und dem Tourismus. Eine nennenswerte Industrie entwickelte sich erst seit den 1960er Jahren. Aber sie wurde durch die europäische Subventionswirtschaft und später durch die reale Aufwertung aufgrund des Euro weitgehend zerstört und ist heute praktisch nicht mehr existent. Trotz all dieser Mängel war Griechenland vor der Einführung des Euro alles andere als ein *failed state*: In den Jahrzehnten nach dem Weltkrieg hatte sich ein bescheidener Wohlstand entwickelt. Die großen Mittelzuflüsse aus der EU hatten die Infrastruktur verbessert, auch wenn sie größtenteils verschwendet wurden. Die Gunst des Klimas und die antiken Stätten sorgten für einen stabilen Tourismus, und die Politik war zwar korrupt, aber demokratisch und nicht vom Radikalismus bedroht.

Unbestreitbar war der Staat ineffizient, seine Einnahmeerhebung ungerecht und seine Neuverschuldung durchweg zu hoch. Aber es gab ja die griechische Notenbank, die bei Bedarf Geld drucken konnte, und das tat sie reichlich. Die durchschnittliche Inflationsrate betrug in den 1970er Jahren 13 Prozent, in den 1980er Jahren 18 Prozent und in den 1990er Jahren immer noch 10 Prozent. Diese hohe Inflationsrate hatte aber auch Vorteile, denn die griechische Wirtschaft blieb dadurch konkurrenzfähig. Die hohe Inflationsrate wirkte wie eine

Inflationssteuer auf den umlaufenden großen Bargeldbestand und vernichtete zudem übermäßige Gewinne im Verteilungskampf der Gruppen. Als sich Griechenland 2001 in den Euro gemogelt hatte, schien man sogar in der besten aller Welten angekommen zu sein. Die Währung war plötzlich stabil, Waren aus dem Ausland wurden nicht mehr ständig teurer. Für Private und den Staat waren die Zinsen plötzlich paradiesisch niedrig. Bei gleicher Belastung konnte man doppelt so viele Schulden machen. Das taten die Griechen gern, und das Ausland gab gerne, schließlich wurde das Geld ja in wertstabilen Euro und nicht in der Inflationswährung Drachme zurückgezahlt.

Als im Herbst 2009 die ersten Zweifel aufkamen, ob Griechenland seine Euro-Schulden auch bedienen könne, und überdies der Betrug beim Euro-Eintritt aufflog, war plötzlich alles vorbei. Die Verzinsung für die Staatsschuld schoss in schwindelnde Höhen. Der griechische Staat bekam keinen Kredit mehr und brauchte ihn doch so dringend, denn das Loch in der Staatskasse war riesig: Ein Viertel der Ausgaben war nicht gedeckt. Bis 1999 hätte die griechische Notenbank das fehlende Geld einfach drucken können, doch dieser Ausweg war jetzt verschlossen. Die Druckerpresse stand im fernen Frankfurt und wurde von den bösen Deutschen bewacht.

Bei der erstmaligen Hilfe für Griechenland im Mai 2010 und bei allen seitdem neu eingeführten Beistandselementen rechtfertigten die Regierungen der Euroländer den Bruch des No-Bail-out-Prinzips mit dem Argument, Hilfsgelder gebe es nur gegen die Erfüllung strikter Reform- und Sanierungsauflagen. Diese Rechtfertigung hat eine wichtige sachliche und politische Funktion – selbst wenn sie nur vorgeschoben sein sollte: Wenn nämlich Haushaltshilfen von Institutionen des Euroraums oder aus der EZB ohne solche Auflagen gewährt würden, hätte kein Land in finanziellen Schwierigkeiten Veranlassung, die politischen Kosten einer Sanierung und die Zumutungen für die eigene Bevölkerung auf sich zu nehmen. Streng genommen könnte man dann auch in der Kassenhalle der EZB eine offene Kiste aufstellen, aus der jedes Euroland in finanziellen Schwierigkeiten nach Belieben Geld entnehmen darf. Das war aber genau das Prinzip, nach dem zu Zeiten nationaler Währungen die Zusammenarbeit zwischen Geld- und Finanzpolitik in Ländern wie Frankreich, Italien oder Griechenland funktionierte: Wenn die Regierung eine Anleihe nicht voll am Markt absetzen konnte, gab sie den Rest einfach an ihre eigene Zentralbank weiter. Darum war in diesen Ländern die Geldpolitik lockerer als in Deutschland und auf lange Sicht die Inflation auch entsprechend höher.

Im Falle Griechenlands lief diese Verzahnung zwischen finanzieller Hilfe und Reform- und Einsparverpflichtungen von Anfang an mit einem gewissen Augenzwinkern: Insgesamt wurden den Griechen Schulden von rund 300 Milliarden Euro entweder erlassen oder zu günstigen Bedingungen umgeschuldet. Sie haben zwar einen Schuldenstand von 320 Milliarden Euro oder 175 Prozent des Sozialprodukts (2014), aber der größte Teil davon ist auf ganz lange Sicht tilgungsfrei, und die Zinsen darauf sind sehr niedrig.[54] Im Verlauf des Jahres 2014 war die fortgesetzte Schrumpfung der griechischen Wirtschaft zum Stillstand gekommen. Auch die Haushaltskonsolidierung kam voran, auch deshalb, weil die Schulden weitgehend tilgungsfrei und die Zinszahlungen extrem niedrig waren. Im Januar 2015 gewann die linksradikale Syriza die Wahlen. Die neu ins Amt gekommene Regierung von Ministerpräsident Tsipras verweigerte zunächst die Kooperation mit den Gläubigern und ließ sich diese Haltung durch ein Referendum bestätigen, das 61 Prozent Zustimmung erhielt.

Auf dieser Grundlage handelte die griechische Regierung mit der Eurogruppe ein neues Hilfspaket von bis zu 86 Milliarden Euro aus. Das Programm wurde als Darlehen des ESM gewährt und umfasst den Zeitraum von August 2015 bis August 2018.[55] Eventuelle neue Darlehen des IWF werden darauf angerechnet. Das Paket ergänzt die bisherigen Hilfen mit einem Gesamtumfang von 324 Milliarden Euro,[56] so dass sich die Gesamtsumme der gezahlten und zugesagten Hilfen jetzt auf gut 400 Milliarden Euro beläuft und 230 Prozent des griechischen BIP ausmacht. Als Gegenleistung und Darlehensbedingung wurde erneut ein umfangreiches griechisches Reformprogramm vereinbart, das Deregulierungen, Verwaltungsreformen und höhere Steuern umfasst,[57] sowie eine enge Begleitung und Überwachung durch die sogenannte Troika zur Programmbedingung gemacht.

Nachdem das dritte Hilfsprogramm in Kraft getreten war, holte sich Ministerpräsident Tsipras im September 2015 mit Parlamentswahlen ein neues Mandat der griechischen Bevölkerung.

Man muss hoffen, dass die griechische Regierung sich nunmehr ernsthaft um die Umsetzung der Programmauflagen bemüht. Es ist allerdings schwer vorstellbar, dass der griechische Staat den mit dem dritten Hilfsprogramm nochmals erhöhten Gesamtumfang seiner finanziellen Verpflichtungen jemals erfüllen kann. Die Bedenken des IWF gegen die Schuldentragfähigkeit des Landes sind berechtigt.[58] Andererseits sind solche Bedenken für die nahe und mittlere Zukunft eher theoretisch, denn die griechische Staatsschuld wird nur extrem niedrig verzinst, und für anstehende Tilgungen ist mit dem dritten Hilfsprogramm Sorge getragen. Die wesentliche Frage ist nach wie vor, ob Griechenland nur durch innere Rationalisierung, Konsolidierung und Lohnsenkung – ohne Möglichkeit zur Abwertung der Währung – in absehbarer Zeit je wieder seine Wettbewerbsfähigkeit ausreichend verbessern kann. Hier liegt das Risiko, denn gelingt das nicht, sind niedriges Wachstum beziehungsweise Stagnation mit fortgesetzt hoher Unterbeschäftigung und dauerhaftem Transferbedarf aus dem Euroraum unvermeidlich.

Die äußerst destruktive Politik der ersten Regierung Tsipras ließ im Sommer 2015 ein Ausscheiden Griechenlands aus dem Euro und die Einführung einer eigenen Währung (Grexit) immer wahrscheinlicher werden. Der damalige Finanzminister Yanis Varoufakis arbeitete offenkundig auch auf dieses Ziel hin. Sein Chef Tsipras entschied sich aber politisch anders. Nach dem erfolgreichen Referendum feuerte er Varoufakis und vereinbarte nur eine Woche später die Eckwerte eines neuen Hilfsprogramms, für das er all jene Forderungen aufgab, mit denen Syriza sechs Monate zuvor die Wahl gewonnen hatte. Mit dieser neuen Nachgiebigkeit verhinderte Tsipras am 12. Juli 2015 auf dem Brüsseler Gipfel in letzter Sekunde den Grexit. Viele seiner Verhandlungspartner, vor allem Frankreich und Italien, waren ihm dafür sehr dankbar, denn sie fürchten den Beweis, dass ein Mitglied der Eurozone auch (oder gerade dann) gedeihen kann, wenn es den Euro verlässt. In einigen Jahren wird man wohl erkennen, dass hier eine große Chance verpasst wurde. Zwar wäre der Grexit mit einer griechischen Staatsinsolvenz verbunden gewesen, aber einen großen Teil der Schulden wird Griechenland sowieso nicht zurückzahlen können. Nach einem großen Anpassungsschock hätte das Land aber ein neues Kapitel aufschlagen und über mehr Wettbewerbsfähigkeit zu nachhaltigem Wachstum zurückkehren können. Die Erfahrungen weltweit sagen, dass es nach einem Abwertungsschock kaum länger als zwei bis drei Jahre dauert, bis das betroffene Land sich wieder gefangen hat.[59]

Hoffnungstrümmer

Die Europäische Währungsunion war 1999 mit hochfliegenden Hoffnungen gestartet. Von diesen hat sich keine einzige erfüllt:

– Die wirtschaftliche Arbeitsteilung zwischen den Eurostaaten hat sich durch die gemeinsame Währung nicht vertieft.
– Wirtschaftswachstum und Arbeitsmärkte wurden durch die gemeinsame Währung nicht begünstigt.
– Das Verständnis zwischen den Völkern ist durch den Euro nicht gefördert worden. Die Stärke und relative Dominanz der deutschen Wirtschaft im Euroraum hat vielmehr zu Spannungen geführt, die man bereits überwunden glaubte.
– Die verschiedenen Rettungsmaßnahmen haben finanzielle Risiken für den deutschen Fiskus mit sich gebracht, die sich auf rund 750 Milliarden Euro belaufen. Unbestimmt ist, ob, wann und wie diese Risiken wirksam werden.[60]

17 Jahre nach dem Start der Währungsunion ist es nicht mehr möglich, sich den Euro einfach wegzudenken und einen Geschichtsverlauf ohne Euro kontrafaktisch abzubilden. Wir sind hier auf Vermutungen angewiesen. Die internationalen Vergleichsdaten stützen die Einschätzung, dass mit nationalen Währungen das Wirtschaftswachstum stärker und die Arbeitslosigkeit niedriger wäre. Im internationalen Vergleich entwickelter Industriestaaten ist der Euroraum wachstumsschwach und hat eine hohe Arbeitslosigkeit. Die EU-Mitglieder Schweden und Großbritannien, die dem Euro nicht beigetreten sind, haben ein höheres Wachstum und eine niedrigere Arbeitslosigkeit. Auch Deutschland beeindruckt nur im Verhältnis zu den Fußkranken des Euroraums (vgl. Tabelle 4.4).

Ein besonderes Inflationsrisiko zeigt sich im Euroraum nicht. Generell ist die Inflation in den entwickelten Industriestaaten niedrig,

Tabelle 4.4: Wirtschaftsdaten im internationalen Vergleich (in %)

	BIP-Wachstum von 2012 bis 2016	Veränderung der Verbraucherpreise 2015	Arbeitslosenquote 2015
Deutschland	+5,2	+0,2	4,7
Frankreich	+3,6	+0,1	15,2
Italien	–0	+0,2	12,2
Griechenland	–6,6	–0,4	26,8
Euroraum	+3,7	+0,2	11,0
Großbritannien	+9,7	+0,1	5,6
Schweden	+9,7	+0,5	7,7
USA	+9,6	+0,1	5,3
Japan	+3,1	+0,7	3,5

Quelle: Daten des IWF im Monatsbericht des BMF Dezember 2015, S. 110ff. und eigene Berechnungen

Tabelle 4.5: Finanzdaten im internationalen Vergleich (2015 in % des BIP)

	Öffentlicher Haushaltssaldo	Staatsschulden-quote	Leistungsbilanz-saldo
Deutschland	+0,5	70,7	+8,5
Frankreich	–3,8	97,1	–0,2
Italien	–2,7	133,1	+2,0
Griechenland	–4,2	197,0	+0,7
Euroraum	–2,0	93,7	+3,2
Großbritannien	–4,2	88,9	–4,7
Schweden	–1,4	43,9	+6,7
USA	–3,8	104,9	–2,6
Japan	–5,9	245,9	+3,0

Quelle: Daten des IWF im Monatsbericht des BMF Dezember 2015, S. 114ff. und eigene Berechnungen

und die Länder des Euroraums sind hier noch am unteren Rand des Spektrums. Der EZB diente als Begründung für die massive Geldvermehrung seit Anfang 2015 eher das Gegenteil: Besorgnisse über Deflationsgefahren. Wie Tabelle 4.5 zeigt, haben auch Industriestaaten außerhalb des Euroraums hohe Staatsdefizite, hohe Staatsschuldenquoten und im Falle der USA und Großbritanniens gleichzeitig beträchtliche Leistungsbilanzdefizite.

Sieht man von den Turbulenzen in Griechenland einmal ab, besteht das Drama des Euroraums gegenwärtig nicht in der Gefahr für die Stabilität der Währung, nicht in übermäßiger Verschuldung der Staaten und nicht in der Leistungsbilanz. Hier sind die Probleme nicht größer und nicht kleiner als bei vielen anderen Industriestaaten mit eigener Währung. Das Drama des Euroraums besteht vielmehr im unzureichenden Wirtschaftswachstum und in der übermäßigen Arbeitslosigkeit der weniger wettbewerbsstarken Euroländer. Zu hohe Kosten und unzureichende Strukturreformen – vor allem am Arbeitsmarkt – sind hier die Ursache. Nationale Eigenarten, die Kosten treiben und die Wettbewerbsfähigkeit beeinträchtigen, können eben nicht mehr durch Abwertungen ausgeglichen werden. Sie werden vielmehr von den Kunden im In- und Ausland gnadenlos bestraft. Damit müssen sich Staaten wie Frankreich und Italien auseinandersetzen, wenn sie im Euro bleiben und als Euroländer wirtschaftlich gedeihen wollen.

1998 – ein Jahr vor Beginn der Währungsunion – hatte ich zu den damit verbundenen Risiken geschrieben: »Die positiven Effekte der einheitlichen Währung könnten … leicht in der Fülle neuartiger ungelöster Wettbewerbs- und Beschäftigungsprobleme untergehen. Vor diesem Hintergrund ist es von entscheidender Bedeutung, welche Art von Ordnungs- und Wettbewerbspolitik im gemeinsamen Währungsraum betrieben wird … Insbesondere die ärmeren Länder können nicht mehr darauf bauen, dass ihnen Abwertungen der nationalen Währung von Zeit zu Zeit eine Verbesserung der Konkurrenzfähigkeit quasi ›frei Haus‹ liefern und damit vergangene lohnpolitische Irrtümer elegant ausgleichen.«[61] Diese Risiken sind eingetreten. Wenn die betroffenen Staaten ihnen nicht durch interne Reformen begegnen, wird ihnen die gemeinsame Währung noch viele Jahrzehnte wie ein Mühlstein um den Hals hängen.

National und international hatte im Jahrzehnt vor Beginn der Währungsunion die überwältigende Mehrheit der Ökonomen (bekannte wie unbekannte) vor den Risiken des Experiments gewarnt. Weshalb hatte die Politik nicht zugehört?

TÄUSCHUNGEN ÜBER DIE WIRKLICHKEIT

Die verantwortlichen Politiker – in Deutschland an ihrer Spitze Bundeskanzler Kohl und Außenminister Genscher – waren keine Ökonomen, und sie interessierten sich auch nicht für ökonomische Argumente. Sie blendeten die realen wirtschaftlichen Zusammenhänge einfach aus.

TÄUSCHUNGEN ÜBER DIE EIGENEN HANDLUNGSMÖGLICHKEITEN

Die Regierung Kohl täuschte sich genauso wie ihre Nachfolger über die Handlungszwänge, welche die Eigendynamik einer gemeinsamen Währung und ihre Verteidigung, wenn sie gefährdet ist, auslösen. Sie benahmen sich wie Flachlandtiroler im Lawinengebiet.

INKAUFNAHME VON KOLLATERALSCHÄDEN

Über die gemeinsame Währung wollte die Bundesregierung das politisch vereinte Europa quasi durch die Hintertür erreichen. Die Risiken und Nebenwirkungen nahm sie in Kauf. Wachstumsverluste und die hohe Arbeitslosigkeit, unter der jetzt Millionen leiden, sind das Ergebnis dieser Risikostrategie.

BETRUG

Bei der Einführung und bei der Rettung der gemeinsamen Währung täuschten die Regierungen die Bürger und Wähler gewaltig. Sie logen notfalls, dass sich die Balken bogen, und rühmten ihre Vertrags- und Gesetzesbrüche als staatsmännische Leistung. Das hält bis heute an.

SELBSTBETRUG

Die Politiker glaubten offenbar an ihre eigenen falschen Prognosen und selbst an ihre Lügen.

Man kann mit guten Gründen für oder gegen einen europäischen Bundesstaat sein. Man kann aber die Abfolge der Schritte bei der Bildung eines Staates nicht straflos durcheinanderwirbeln, vielmehr gilt: Zuerst kommt der gemeinsame Wirtschaftsraum, dann folgt die Vergemeinschaftung der Außen- und Verteidigungspolitik, darauf eine Neuregelung der Kompetenzen im europäischen Bundesstaat mit entsprechender Steuer- und Abgabenkompetenz, und erst dann kommt die gemeinsame Währung. Europa muss jetzt mit der einmal gewählten falschen Reihenfolge leben. Zweite Chancen sind in der Politik wie im Leben eher selten.

Wohlstand

In diesem Abschnitt ist die sachliche Grundlegung besonders ausführlich. Das ist notwendig, denn man muss hier zunächst eine gewisse Komplexität bewältigen, ehe es plötzlich recht einfach wird. Sicherung und Verbesserung der materiellen Wohlfahrt des Menschen ist eine zentrale politische Aufgabe – ja, neben der Sicherung des Friedens sogar *die* politische Aufgabe. Wie man sehen wird, dreht sich dabei alles um den Menschen, seine Bildung und seine Fähigkeiten. Wie man weiterhin sehen wird, kommt man über den Wohlstandsaspekt auch zu den bei Demografie und Einwanderung entscheidenden Fragen. Man erkennt dann umso deutlicher, wie Fehlentscheidungen bei Bildung, Bevölkerungspolitik und Einwanderung unseren Wohlstand gefährden können.

Es gibt wohl nur wenige Menschen, die prinzipiell gegen materiellen Wohlstand und wissenschaftlich-technischen Fortschritt sind. Die meisten freuen sich, wenn es weniger Hunger und Not gibt, wenn die Menschen gesünder sind und länger leben, wenn sie nicht in Ausbeutungsverhältnissen gefangen sind, Freizeit haben, sich gut kleiden und reisen können. Die Akzeptanz und Popularität der Herrschenden war zu allen Zeiten auch davon abhängig, wie es um das materielle Auskommen und Wohlergehen ihres Volkes oder ihrer Völker bestellt war. Die sogenannten Wachstums- und Systemkritiker haben zu allen Zeiten bis auf wenige Fanatiker allenfalls unerwünschte physikalische und moralische Nebenwirkungen des materiellen Wohlstands oder Ungerechtigkeiten bei seiner Verteilung beklagt, beispielsweise Umweltbelastungen, Artensterben, Klimawandel, ferner Materialismus, Vernachlässigung seelischer und geistiger Werte sowie Verteilungsungerechtigkeiten und relative oder absolute Armut.

Sowohl die Förderung des Wohlstands als auch die Beschränkung von unerwünschten Nebenwirkungen und Ungerechtigkeiten bei seiner Verteilung gehören zu den zentralen Aufgaben von Politik. Die nachfolgenden Abschnitte dieses Kapitels werden unterschiedliche Aspekte davon behandeln. Zunächst aber schiebe ich einen analytischen Abschnitt ein, in dem ich die Quellen und die Entstehung von Wachstum und Wohlstand quasi produktionstechnisch beleuchte.[62]

- Grundsätzlich gibt es überhaupt keinen Wohlstand, auch rudimentärer Art, ohne menschliche Arbeit. Selbst der reife Apfel muss vom Baum gepflückt werden, das im Flussbett reichlich vorhandene Gold muss ausgewaschen oder das Wild gejagt, transportiert und zubereitet werden.
- Intelligenz, Fleiß und technische Fertigkeiten machen die Arbeit produktiver. Das ist auch eine Frage von Mentalitäten – diese Voraussetzungen sind in Völkern und Gesellschaften unterschiedlich vorhanden und lassen sich nicht ohne weiteres befördern.[63] Wer sie nicht mitbringt, wird in einem vergleichbaren Arbeitszusammenhang auch weniger leisten.
- Die systematische Ansammlung und Weiterentwicklung wissenschaftlicher Erkenntnisse und technischen Anwendungswissens[64] ermöglichen die ständige Verbesserung der Arbeitsorganisation und der dabei eingesetzten technischen Hilfsmittel.
- Um überhaupt produzieren und die Produktion weiter steigern zu können, werden Bauten, Straßen, Leitungsnetze, Werkzeuge und Maschinen eingesetzt, die ihrerseits erst produziert werden müssen. Das sind die Investitionen in physisches Kapital.[65] Auch sie machen die menschliche Arbeit wiederum produktiver.

Die Arbeitsproduktivität ist das Arbeitsergebnis pro Zeiteinheit. Man kann das Ergebnis physisch messen: Wer im selben Waldstück pro Stunde doppelt so viele Pilze sammelt wie ein anderer, ist in diesem Sinne doppelt so produktiv. Man kann das Arbeitsergebnis aber auch in Geld ausdrücken. Dann lassen sich ganz unterschiedliche Aktivitäten zusammenrechnen. Der am häufigsten benutzte und methodisch am besten abgesicherte Wohlstandsindikator ist das Bruttoinlandsprodukt (BIP) pro Einwohner. Der dazu passende Produktivitätsindikator ist das BIP pro Beschäftigtenstunde.

Der tatsächliche Wohlstand eines Landes ergibt sich aus der Arbeitsproduktivität und der eingesetzten Arbeitsmenge. Bei vergleichbarer Produktivität sind Gesellschaften, in denen mehr gearbeitet wird, entsprechend reicher. Besonders reich sind Gesellschaften, in denen bei hoher Produktivität viel gearbeitet wird, etwa die Schweiz oder die USA. Besonders arm sind Gesellschaften, in denen die

Produktivität niedrig und die Unterbeschäftigung besonders hoch ist. Das betrifft weite Teile von Subsahara-Afrika.

Gesellschaften, in denen die Menschen mehr Möglichkeiten haben, einer bezahlten Arbeit nachzugehen, und diese Möglichkeiten auch nutzen, produzieren zwar mehr Wohlstand, weil die Arbeitsmenge größer ist, sie sind aber nicht unbedingt produktiver. Die grundsätzlichen Möglichkeiten zur Steigerung der Arbeitsmenge sind abhängig von der Zahl der Menschen im erwerbsfähigen Alter, vom Anteil derjenigen unter ihnen, die am Arbeitsleben teilnehmen (die sogenannte Erwerbsquote), und von der Zahl der Arbeitsstunden pro Erwerbstätigen. Die großen Wohlstandsgewinne der vergangenen 200 Jahre ergaben sich aber nicht aus dem Anstieg der Arbeitsmenge, denn mit dem Bevölkerungswachstum stiegen ja auch die Kopfzahlen der zu Ernährenden, und der steigenden Erwerbsquote sind die durchschnittlich sinkenden Arbeitszeiten gegenzurechnen. Sie ergaben sich vielmehr aus dem Anstieg der Arbeitsproduktivität.

Das gilt auch für die jüngste Vergangenheit. In Deutschland hat sich die Bevölkerungszahl seit der Wiedervereinigung nur wenig verändert. Im Jahr 2014 lebten in der Bundesrepublik 82,4 Millionen Menschen, 3 Prozent mehr als 1991. Zwar stieg die Zahl der Erwerbstätigen in dieser Zeit um 10 Prozent auf 42,6 Millionen. Gleichzeitig sank aber die durchschnittliche Arbeitszeit (sie betrug 2014 noch 1371 Stunden pro Erwerbstätigen), und die Gesamtzahl der Arbeitsstunden lag mit 58,5 Milliarden 3 Prozent unter dem Niveau des Jahres 1991. Der Anstieg des BIP seit 1991 ergibt sich also ausschließlich aus der Zunahme der Arbeitsproduktivität. Das BIP wuchs seit 1991 um 33,5 Prozent, die Arbeitsproduktivität um 37,8 Prozent.

Deutschland liegt bei der Zunahme der Arbeitsproduktivität im Trend der entwickelten Industriestaaten. Wie Tabelle 4.7 zeigt, weist die Zunahme der Arbeitsproduktivität in den entwickelten Industriestaaten kaum Unterschiede auf und liegt seit 1991 durchschnittlich zwischen 1,3 und 1,6 Prozent pro Jahr, allerdings hat sie sich seit der Weltfinanzkrise 2008 abgeflacht und betrug für den Euroraum von 2008 bis 2014 nur noch 0,6 Prozent.[66] Mittelfristig wird für Deutschland die künftige Zunahme der Arbeitsproduktivität auf 1 Prozent jährlich geschätzt.[67] Auch Japan, dessen Wachstumsschwäche immer wieder beklagt wird, hat seine Arbeitsproduktivität seit

Tabelle 4.6: BIP, Erwerbstätigkeit und Produktivität in Deutschland (Index 1991 = 100)

	1991	2000	2010	2014
Bevölkerung	100	102,8	102,2	103,0
Erwerbstätige	100	102,9	105,7	110,0
Arbeitsstunden	100	96,2	94,6	97,0
BIP	100	115,3	126,1	133,5
Arbeitsproduktivität	100	120,2	133,6	137,8

Quelle: Statistisches Bundesamt, Fachserie 18, Reihe 1.5 und eigene Berechnungen

Tabelle 4.7: Die Entwicklung der Arbeitsproduktivität im internationalen Vergleich (Index 1991 = 100)

	Arbeitsproduktivität			
	2000	2010	2014	Zunahme 2009–2014 (jährlicher Durchschnitt)
Deutschland	120,2	133,6	137,8	1,1
Frankreich	121,4	134,3	138,1	0,9
Italien	116,8	117,5	116,8	0,4
Griechenland	113,9	129,8	127,5	-0,4
Großbritannien	125,6	144,8	147,1	0,6
Schweden	125,2	148,2	151,4	1,1
USA	118,2	145,2	147,9	0,9
Japan	119,4	137,7	140,1	1,1

Quelle: OECD (2015), GDP per hour worked (indicator). doi: 10.1787/1439e590-en (aufgerufen am 18. Mai 2015) und eigene Berechnungen

1991 um 40 Prozent gesteigert, ähnlich wie Deutschland oder Frankreich, wo der Anstieg 38 Prozent betrug. Selbst zu den USA und Großbritannien (Anstieg 47 beziehungsweise 48 Prozent) ist der Abstand Japans gering. Für die deutlich schlechtere Entwicklung in Italien und Griechenland ist der Reformstau in diesen Ländern ursächlich, der sich unter dem Zwang des Euro besonders negativ auswirkt.[68]

Der gebräuchlichste und in der Summe aussagefähigste Wohlstandsindikator für ein Land ist das BIP pro Kopf der Bevölkerung: Gemessen daran sind beispielsweise die USA um 23 Prozent »reicher«, Italien um 20 Prozent und Griechenland sogar um 40 Prozent »ärmer« als Deutschland. Das BIP pro Kopf wird bestimmt durch die Produktivität und den Grad der Erwerbsbeteiligung:

Tabelle 4.8: Produktionsniveau, Produktivität und Arbeitslosigkeit im internationalen Vergleich

	Harmonisierte Arbeitslosenquote in % 4. Quartal 2014	BIP 2014 US-Dollar PPP pro Kopf	BIP 2014 US-Dollar PPP pro Arbeitsstunde	BIP 2014 Index pro Kopf	BIP 2014 Index pro Arbeitsstunde
Deutschland	4,9	44.190	62,3	100	100
Frankreich	10,5	38.162	62,7	86,4	100,6
Italien	13,0	35.275	50,8	79,8	81,5
Griechenland	26,0	26.226	36,2	59,3	58,1
Euroraum	11,5	38.532	55,9	87,2	89,7
Großbritannien	5,6	39.561	50,5	89,5	81,0
Schweden	7,8	45.813	58,3	103,6	93,6
USA	5,7	54.565	67,4	123,4	108,2
Japan	3,5	36.904	41,5	83,5	66,6

Quelle: http://stats.oecd.org/index.aspx und eigene Berechnungen

– So ist die Arbeitsproduktivität in Frankreich genauso hoch wie in Deutschland. Weil aber weniger Menschen Arbeit haben und noch dazu im Durchschnitt kürzer arbeiten, ist das französische BIP pro Kopf um 14 Prozent niedriger als in Deutschland.

– Anders dagegen Schweden: Dort ist die Produktivität um 6 Prozent niedriger als in Deutschland, die Produktion aber um 4 Prozent höher.

– In den USA ist die Produktivität um 8 Prozent höher als in Deutschland, die Produktion dagegen um 23 Prozent höher. Dort arbeiten relativ mehr Menschen als in Deutschland, beziehungsweise sie haben höhere Arbeitszeiten.

– Keinen empirisch nachweisbaren Einfluss auf Produktionsniveau und Produktivität haben Unterschiede in der Staatsverschuldung und die mehr oder weniger keynesianische, also nachfrageorientierte Ausrichtung der Finanzpolitik.[69]

– Umstritten ist die Frage, ob und wie durch staatliche Investitionsanreize die Kapitalintensität erhöht und so die Arbeitsproduktivität gefördert werden kann.[70]

Die Erwerbsbeteiligung ist international recht unterschiedlich (vgl. Tabelle 4.9). Sie wird beeinflusst durch die unterschiedlichsten Faktoren, nämlich

Tabelle 4.9: Erwerbsbeteiligung und Altersaufbau der Bevölkerung im internationalen Vergleich (in %)

	Harmonisierte Arbeitslosenquote 4. Quartal 2014	Anteil der Altersgruppen an der Bevölkerung			Anteil der Erwerbspersonen an der	
		unter 15	15 bis unter 65	65 und älter	Gruppe 15 bis unter 65	Bevölkerung
Deutschland	4,9	12,7	66,1	21,3	78,8	52,0
Frankreich	10,5	18,4	64,1	17,5	71,8	45,9
Italien	13,0	14,0	65,1	20,8	64,8	42,1
Griechenland	26,0	14,7	65,4	19,9	68,4	44,7
Großbritannien	5,6	17,8	65,5	17,0	78,6	51,4
Schweden	7,8	16,8	64,2	19,0	82,8	53,2
USA	5,7	20,7	66,9	12,4	74,5	49,2
Japan	3,5	12,9	62,1	25,1	83,2	51,7

Quelle: http://stats.oecd.org/index.aspx

- soziale Gewohnheiten und Neigungen der Menschen,
- Altersaufbau, Kinderzahl und Familienstrukturen,
- Arbeitsrecht, Kündigungsschutz und sozialstaatliche Regelungen,
- Bildung und Qualifikationen,
- Wirtschaftswachstum und Nachfrage der Unternehmen.

Die Arbeitslosenquote ist ein Indikator für den Grad der Auslastung des Erwerbspersonenpotentials, aber auch dafür, ob die Möglichkeiten, die der Arbeitsmarkt bietet, die Wünsche der Menschen treffen. Deutschland hat mittlerweile eine im internationalen Vergleich sehr niedrige Arbeitslosenquote von nur 4,9 Prozent gegenüber 11,5 Prozent im Durchschnitt des Euroraums. Das zeigt den Erfolg der deutschen Reformen am Arbeitsmarkt zwischen 2002 und 2005. Die niedrige Arbeitslosigkeit ist aber auch eine Folge der jetzt ins Erwerbsleben einrückenden geburtenschwachen Jahrgänge.

Der erreichte Wohlstand einer Gesellschaft spiegelt sich in der Produktion von Gütern und Dienstleistungen pro Kopf. Das Wohlstandsniveau ist also von der Größe der Bevölkerung und der Zahl der Beschäftigten ganz unabhängig. So wird Deutschland nicht dadurch reicher, dass es neunmal so viele Einwohner hat wie Schweden, denn beim BIP pro Kopf und bei der Produktivität liegen die beiden Länder sehr dicht beieinander. Ebenso vergrößert sich der Reichtum der USA nicht dadurch, dass das Land viermal so viele Einwohner hat wie

Deutschland. Darum gilt: Das Wachsen und Schrumpfen der Bevölkerung – sei es durch Geburten oder durch Wanderungsbewegungen – hat mit dem Wohlstand oder der Armut eines Landes gar nichts zu tun. Mehr oder weniger Geburten, Auswanderung oder Einwanderung machen weder reich noch arm. Wohlstandseffekte ergeben sich allenfalls dadurch, dass möglicherweise die Fähigkeiten, die Eigenschaften, der Bildungsgrad und der Fleiß der Bevölkerung durch Wanderungsbewegungen oder die natürlichen demografischen Entwicklungen beeinflusst werden. Automatisch sind solche Folgen aber nicht, und schon gar nicht weisen sie a priori zwingend eine bestimmte positive oder negative Richtung auf. Wohlstandsrelevant sind allein die Produktivität und Arbeitsintensität einer Bevölkerung, nicht ihre Zahl. So lässt sich der Wohlstandsunterschied zwischen Deutschland einerseits und der Schweiz oder den USA andererseits vor allem dadurch erklären, dass in beiden Ländern bei vergleichbarer Produktivität mehr gearbeitet wird als in Deutschland.

Wenn eine Gesellschaft die Erwerbsbeteiligung der Frauen im gebärfähigen Alter durch den Ausbau von Kindertagesstätten und andere Anreize steigert, dann tragen die zusätzlichen Arbeitsstunden dieser Gruppe natürlich auch zur Erhöhung der gesamtwirtschaftlichen Produktion bei. Aber auch dieser Effekt ist zwangsläufig mengenmäßig begrenzt. Soweit eine höhere Erwerbsbeteiligung der Frauen dazu führt, dass diese weniger Kinder haben, wird das höhere Sozialprodukt *jetzt* mit einem niedrigeren Sozialprodukt eine Generation später erkauft. Menschen, die nicht geboren wurden, können nämlich nicht ins Erwerbsleben eintreten. Auf der Zeitachse gerechnet, werden die Produktionsmöglichkeiten einer Gesellschaft weitaus stärker beeinträchtigt als gefördert, wenn Frauen zugunsten der Teilnahme am Arbeitsmarkt auf Kinder verzichten, als wenn Frauen zugunsten von Kindern ihre Teilnahme am Arbeitsmarkt einschränken. Diese Aussage richtet sich nicht gegen die Erwerbstätigkeit von Frauen, sondern nur gegen die Behauptung, ihre möglichst hohe Beteiligung am Arbeitsmarkt sei notwendig für Wohlstand und Wachstum.[71]

Einwanderung erhöht die Menge an Produktionsmöglichkeiten, wenn und soweit die Einwanderer am Erwerbsleben teilnehmen. Das bedeutet aber nicht unbedingt, dass Einwanderung den Wohlstand einer Gesellschaft erhöht. Das geschieht nur, wenn der Einwanderer mehr an Werten schafft, als er und die Angehörigen, die er nachzieht, sowie die Kinder, die er hat, die Gesellschaft kosten. Das ist nur bei Einwanderern der Fall, deren Produktivität und Erwerbsbeteiligung über dem Durchschnitt der Gesellschaft liegen. Einwanderer und Gruppen von Einwanderern, die weniger produktiv sind als der Durchschnitt der Gesellschaft, in die sie einwandern, und die möglicherweise auch noch eine niedrigere Erwerbsquote haben, senken das Sozialprodukt pro Kopf. Die Gesellschaft wird durch sie durchschnittlich ärmer, als sie anderenfalls gewesen wäre. Unterdurchschnittliche Erwerbsbeteiligung bedeutet zwangsläufig, dass die Sozialsysteme durch diese Einwanderergruppe netto nicht entlastet, sondern belastet werden.

Halten wir also fest: Die wesentlichste Quelle des Wohlstands ist die Produktivität der menschlichen Arbeit, nicht ihre Menge. Die beliebte Behauptung, die Menge an Arbeitskraft sei für den deutschen Wohlstand wichtig, deshalb brauche man Einwanderung, bleibt auch dann fragwürdig, wenn sie von einer bekannten Unternehmensberatung stammt. Hier wird das Rekrutierungsinteresse von Unternehmen mit den Bestimmungsgrößen des Wohlstands durcheinandergeworfen.[72] Zentral und entscheidend für den *heutigen* Wohlstand ist das *Niveau* der Arbeitsproduktivität. Entscheidend für den *künftigen* Wohlstand ist das *künftige Wachstum* der Arbeitsproduktivität.

Die Arbeitsproduktivität wird durch vier Faktoren bestimmt:

1. Arbeitsethik und Motivation der Arbeitskräfte,
2. akkumuliertes physisches Kapital,
3. akkumuliertes wissenschaftliches und technisches Wissen,
4. Intelligenz und Qualifikation der Arbeitskräfte.

Der erste Faktor hängt von der Kultur und Sozialisation in einer Gesellschaft und den in ihr verwirklichten ordnungspolitischen Rahmenbedingungen ab. Der zweite Faktor ist Ergebnis vergangener Entscheidungen über Sparen und Investieren und des früheren Wohlstandsniveaus. Der dritte Faktor ergibt sich aus dem früheren Wissenskapital einer Gesellschaft. Der vierte Faktor spiegelt das aktuelle

Wissenskapital beziehungsweise die aktuelle kognitive Kompetenz einer Gesellschaft. Letztlich ergeben sich Faktor 2 weitgehend, die Faktoren 3 und 4 vollständig aus der früheren beziehungsweise gegenwärtigen *kognitiven Kompetenz* in einer Gesellschaft.

Betrachtet man diese Faktoren einzeln oder im Zusammenhang, so wird der überragende Einfluss der Geschichte, der Zusammensetzung und der Sozialisation einer Gesellschaft auf die Arbeitsproduktivität deutlich. Unterschiedliche Gesellschaften generieren hier unterschiedliche Ausgangslagen:

- Die in einer Gesellschaft vorherrschende Arbeitsethik und Motivation ist zumeist mit dem Volkscharakter und kulturellen Einflüssen eng verbunden und ändert sich nur sehr langsam.
- Herkunft, Sozialisation und Bildung der Menschen in früheren Perioden bestimmen den Umfang und die Qualität des heute vorhandenen physischen Kapitalstocks.
- Der Umfang des technischen Wissens und des physischen Kapitals in einer Gesellschaft ist historisch determiniert.
- Die Intelligenz und Qualifikation in einer Gesellschaft wird durch die Herkunft der Menschen und die Qualität ihrer Bildung bestimmt. Die Herkunft hat einen erheblichen und generationsübergreifend nachhaltigen Einfluss auf die Bildungsaffinität. Das gilt unter ethnischen, kulturellen, religiösen und schichtspezifischen Aspekten.

Bei vergleichbaren institutionellen Bedingungen sind also Unterschiede in der Arbeitsproduktivität auf Unterschiede bei der Sozialisation, der Bildung, der Intelligenz und dem Fleiß der Menschen zurückzuführen. In Kenntnis dieser Zusammenhänge muss man sich schon sehr über die aktuellen Lebenslügen der Politik wundern. Ich nenne fünf, die häufig im Zusammenhang auftauchen:

1. Die natürliche Bevölkerungsbewegung (Zahl der Geborenen im Verhältnis zur Zahl der Gestorbenen) ist für den Wohlstand der Gesellschaft nicht von großer Bedeutung.
2. Wir brauchen eine höhere Erwerbsbeteiligung der Frauen, um unseren Wohlstand zu sichern.

3. Wir brauchen angesichts unserer Geburtenarmut eine höhere Einwanderung, um den künftigen Wohlstand Deutschlands zu sichern.
4. Bildung sorgt für Gleichheit.
5. Gleichheit sorgt für Gerechtigkeit.

Die erste Aussage ist noch am ehesten vertretbar, falsch ist allenfalls ihr pauschaler Charakter. In der zweiten Aussage wird jeder sachliche Zusammenhang zwischen Arbeitsmarktbeteiligung von Frauen und ihrer Geburtenrate implizit ausgeblendet, sodass sowohl der statistische Wissensstand als auch elementare lebenspraktische Erkenntnisse überhaupt nicht ins Gewicht fallen. In der dritten Aussage werden Arbeitsmenge und Arbeitsproduktivität logisch durcheinandergeworfen. Ein Einwanderer mit durchschnittlicher Produktivität und durchschnittlicher Entlohnung kostet und bringt definitorisch über seinen Lebenszyklus hinweg nicht mehr und nicht weniger als ein Einheimischer. Der Nettosaldo liegt dann bei null. Also steigert er auch nicht den Wohlstand der übrigen Gesellschaft, sondern verbraucht den Nettoertrag der von ihm beigesteuerten Arbeitsmenge vollständig selbst. Nur wenn er die Arbeitsproduktivität erhöht, weil er etwa einen Mangelberuf ausübt oder ein qualifizierter Ingenieur ist, leistet er einen Beitrag zum Wohlstand, der über seinen eigenen Verbrauch hinausgeht. Die vierte Aussage ist empirisch falsch. Die fünfte Aussage ist reine Ideologie.

Bildung

Der Wohlstand, das dürfte deutlich geworden sein, wird vor allem durch das Niveau der Arbeitsproduktivität bestimmt. Der Einfluss der eingesetzten Arbeitsmenge ist demgegenüber vergleichsweise gering.

Die Produktivität wiederum ist direkt oder indirekt ausschließlich das Resultat von Intelligenz, Bildung und Wissen, und zwar über drei Wege:

- Der vorhandene Bestand am Maschinen, Werkzeugen und anderem Sachkapital repräsentiert das geronnene technische Wissen und den Erfindungsgeist vergangener Perioden.

- Die laufende Verbesserung technischer Hilfsmittel und technischer Lösungen und alle neuen Erfindungen entstammen der Intelligenz und Tatkraft aktuell tätiger Ingenieure und Forscher auf den unterschiedlichsten Gebieten menschlichen Wissens.

- Die Intelligenz, die Qualifikation, der Fleiß, die Genauigkeit und die Tatkraft der Erwerbstätigen haben einen maßgeblichen Einfluss auf die Kosten und die Qualität der Produktion. Das ist ein maßgeblicher Grund, weshalb Hochlohnländer wie die Schweiz, Schweden oder Deutschland wettbewerbsfähig bleiben. Die Qualität der Arbeit wiegt häufig mehr als die Kosten der Arbeitsstunde. Daher ist es nicht verwunderlich, dass Intelligenz, Wissen und Bildung die zentralen Faktoren für den Wohlstand von Individuen und von Gesellschaften sind. Verwunderlich ist eher, wie oft diese Erkenntnis verdrängt und vernachlässigt wird. Es ist eben für viele bequemer und moralisch befriedigender, die Erklärung für Wohlstandunterschiede in Ausbeutung und vergangenen Ungerechtigkeiten als in der aktuellen Bildungsleistung einer Gesellschaft zu suchen.

Seit einem halben Jahrhundert gibt es in regelmäßigen Abständen international vergleichende Studien über Bildungssysteme und die Bildungsleistungen von Schülern und Studenten. Sehr renommiert ist die seit Mitte der 1960er Jahre durchgeführte TIMSS-Studie zu Mathematik und Naturwissenschaften (einschließlich ihrer Vorgänger), an der Deutschland aber nicht regelmäßig teilnahm.[73] Am bekanntesten ist die seit 2000 von der OECD durchgeführte PISA-Studie. Deren Ergebnisse lenkten erstmals die öffentliche Debatte in Deutschland auf die empirische Messung von Schulleistungen. Bei der PISA-Studie wird die Bildungsleistung 15-jähriger Schüler mit Hilfe standardisierter Tests in repräsentativen Stichproben international verglichen. Unabhängig von den gewählten Methoden und Unterschieden im Einzelnen ermitteln alle Studien übereinstimmend Spitzenleistungen in Ostasien, mittlere Leistungen in Europa und Nordamerika und schlechte oder sehr schlechte Leistungen im Nahen Osten, Afrika und Südamerika.

Tabelle 4.10: PISA-Ergebnisse 2012 im Lesen

| | Durchschnittlicher Testwert | Anteil in % | |
		Kompetenzstufe 1 und darunter	Kompetenzstufen 5 und 6
Shanghai (China)	570	2,9	25,1
Singapur	542	9,9	21,2
Japan	538	9,7	18,5
Korea	536	7,6	14,2
Finnland	524	11,3	13,5
Kanada	523	10,9	12,9
Polen	518	10,5	10,0
Deutschland	**508**	**14,5**	**9,0**
Frankreich	505	18,9	12,9
Großbritannien	499	16,7	8,8
Vereinigte Staaten	498	16,7	7,9
OECD	**496**	**17,9**	**8,5**
Italien	490	19,5	6,9
Griechenland	477	22,7	5,1
Türkei	475	21,7	4,3
Russland	475	22,3	4,6
Brasilien	410	49,2	0,5
Tunesien	404	49,3	0,2
Jordanien	399	55,2	0,1
Indonesien	396	53,4	0,1
Argentinien	396	53,5	0,6
Kasachstan	393	57,1	0,0

Quelle: OECD: *Pisa 2012 Results: What Students Know and Can Do. Student Performance in Mathematics, Reading and Science* (Volume I), 2014, S. 178ff., S. 376, URL: http://www.oecd.org/pisa/keyfindings/pisa-2012-results-volume-I.pdf

Die Tabellen 4.10 und 4.11 enthalten für ausgewählte Länder Leistungskennziffern in Lesen und Mathematik. Der durchschnittliche Testwert zeigt die Rangfolge der Länder. Außerdem ist jeweils angegeben, welcher Anteil der Schüler auf der untersten Leistungsstufe und darunter ist (bei solchem Leistungsniveau ist eine normale Ausbildungsfähigkeit für einen Lehrberuf kaum noch gegeben) und welcher Anteil der Schüler sich in den beiden obersten Leistungsstufen befindet (das ist das Potential für gute Studenten in anspruchsvollen Fächern). Sowohl in der Mathematik als auch bei der Fähigkeit, mit Texten umzugehen, liegt Deutschland genau wie andere Länder Nord- und Westeuropas leicht über dem OECD-Durchschnitt, allerdings weit hinter den Ländern Ostasiens, aber auch deutlich hinter

Tabelle 4.11: PISA-Ergebnisse 2012 in Mathematik

	Durchschnittlicher Testwert	Anteil in % Kompetenzstufe 1 und darunter	Anteil in % Kompetenzstufen 5 und 6
Shanghai (China)	614	3,8	55,4
Singapur	573	8,3	40,0
Korea	554	7,9	30,9
Japan	536	11,1	23,7
Finnland	519	12,3	15,3
Kanada	518	13,8	16,4
Polen	518	14,4	16,7
Deutschland	**514**	**17,7**	**17,5**
Frankreich	495	22,4	12,9
Großbritannien	494	21,8	11,8
OECD	**494**	**23,1**	**12,6**
Italien	485	24,7	9,9
Russland	482	24,0	7,8
Vereinigte Staaten	481	25,8	8,8
Griechenland	453	35,7	3,9
Türkei	448	42,0	5,9
Kasachstan	432	45,2	0,9
Brasilien	391	67,1	0,8
Argentinien	388	66,5	0,3
Tunesien	388	67,7	0,8
Jordanien	386	68,6	0,6
Indonesien	375	75,7	0,3

Quelle: OECD: *Pisa 2012 Results*, S. 48ff., S. 299

Finnland und Kanada. 15 beziehungsweise 18 Prozent der deutschen Schüler erreichen in Lesen und Mathematik nicht das Niveau, das für eine erfolgreiche Berufsausbildung nötig ist. Knapp 18 Prozent sind sehr gut in Mathematik, und knapp 9 Prozent können auf sehr hohem Niveau mit Texten umgehen. Umgekehrt heißt dies, dass bei einer Abiturquote von 40 Prozent und mehr der überwiegende Teil der deutschen Abiturienten keine Spitzenleistungen erbringt und mit einem anspruchsvollen Studium überfordert ist.

Während in Deutschland rund 14,5 Prozent der Schüler nicht oder nicht richtig lesen können, beträgt dieser Anteil in Finnland 11,1 Prozent, in Shanghai-China gar nur 2,9 Prozent. Umgekehrt zeigen dort 25,1 Prozent und in Finnland 13,5 Prozent der Schüler beim

Umgang mit Texten Spitzenleistungen. In Deutschland sind es nur 9,0 Prozent. Noch krasser ist der Unterschied in Mathematik: Zur untersten Gruppe zählen in Deutschland 17,7 Prozent der Schüler, in Finnland 12,2 Prozent und in Shanghai-China nur 3,7 Prozent. Umgekehrt sind in Shanghai-China 55,4 Prozent (!) der Schüler in den beiden obersten Leistungsgruppen, in Finnland 15,2 Prozent und in Deutschland 17,5 Prozent. Damit liegt Deutschland deutlich besser als die USA, wo nur knapp 8,8 Prozent in der Spitzengruppe sind, und weit vor der Türkei, wo die Spitzengruppe in Mathematik einen Anteil von nur 5,9 Prozent hat. 42,0 Prozent der türkischen Schüler können kaum oder gar nicht rechnen. In Tunesien gilt dies sogar für 67,8 Prozent der Schüler, und nur 0,8 Prozent befinden sich dort in der Spitzengruppe für Mathematik.

Es fällt auf, dass im internationalen Vergleich die Rangfolge für Lesen und Mathematik weitgehend identisch ist. Vier Gruppen lassen sich unterscheiden: China, Korea, Japan und Singapur spielen in einer Spitzengruppe für sich und stellen die Bildungsleistungen in Europa und Nordamerika weit in den Schatten.[74] Nur Finnland und Kanada können da noch teilweise mithalten. Die Länder Nord- und Zentraleuropas liegen in der Bildungsleistung sehr dicht beieinander, die USA folgen mit kleinem Abstand. Italien hat schlechtere Leistungen, Griechenland, Russland und die Türkei sind noch schlechter.

Die Leistungen in Südamerika, im Nahen Osten und in Afrika – aber auch in Südasien – reflektieren eine weltweite Bildungskatastrophe. Über die Hälfte der Schüler im Nahen Osten, in Südamerika und in Indonesien kann kaum oder gar nicht lesen und rechnen. Länder in Subsahara-Afrika nehmen am PISA-Test nicht teil. Sie würden noch schlechter abschneiden.

In Bezug auf die kulturelle und ethnische Diversität sind folgende Tendenzen interessant: In ethnisch homogenen Ländern sind die Bildungsleistungen unabhängig vom Niveau weniger gespreizt. Das zeigt sich am Vergleich von Finnland und Polen einerseits mit Deutschland und Frankreich andererseits. Der geringe Anteil schlechter Leistungen in Kanada ist wohl auch Ausfluss der selektiven Einwanderungspolitik der letzten Jahrzehnte. Die Ergebnisse in den USA sind nicht unerheblich geprägt durch die großen Unterschiede zwischen den ethnischen Gruppen (vgl. Tabelle 4.19).

Nach einer Daumenregel reflektieren 25 PISA-Punkte etwa den Lernfortschritt eines Schuljahrs. Demzufolge haben die 15-jährigen Schüler Singapurs gegenüber deutschen Schülern im Lesen einen Vorsprung von gut einem Jahr, in Mathematik einen Vorsprung von zwei Jahren. Umgekehrt haben deutsche Schüler gegenüber türkischen Schülern im Lesen einen Vorsprung von gut einem Jahr, in Mathematik einen Vorsprung von gut zweieinhalb Jahren.

Natürlich darf man die Aussagefähigkeit der regelmäßig durchgeführten PISA-Tests auch nicht überfordern. Getestet werden Schüler im Alter von 15 Jahren, die in vielen Ländern ihre Schullaufbahn noch gar nicht abgeschlossen haben. Es werden Kompetenzen gemessen, kaum dagegen das Wissen. PISA-Ergebnisse weisen eine sehr hohe Korrelation mit den Ergebnissen von Intelligenztests auf. So bleibt ein Stück weit offen, was ihre Ergebnisse eigentlich aussagen. In Ländern, wo die Schulpflicht früh endet oder nicht voll beachtet wird, können PISA-Ergebnisse in Bezug auf die Grundgesamtheit der Altersgruppe zu positiv sein.

Bei den PISA-Tests 2003 und 2006 wurden die deutschen Ergebnisse auch getrennt nach Bundesländern ausgewiesen. Dabei zeigte sich, dass die besten deutschen Länder auf dem Niveau von Kanada oder Japan lagen, die schlechtesten dagegen auf dem Niveau von Spanien oder den USA. Bei PISA 2006 streute »die durchschnittliche mathematische Kompetenz zwischen den Jugendlichen der Länder Deutschlands über einen breiten Bereich von 45 Punkten (zwischen Sachsen und Bremen). Vor dem Hintergrund … der durchschnittlichen Zuwächse von 25 Punkten pro Schuljahr … entspricht diese Differenz dem Kompetenzzuwachs von knapp zwei Jahren.«[75]

Bundesländer mit durchschnittlich hoher Bildungsleistung haben durchweg auch einen höheren Anteil an Spitzenleistungen und einen niedrigen Anteil an extrem schlechten Leistungen. Besonders die Stadtstaaten Berlin, Hamburg und Bremen fallen durch einen hohen Anteil von Schülern mit sehr schlechten Leistungen in der Kompetenzstufe 1 und darunter auf. Im Jahr 2006 betraf das in Berlin 26 Prozent der Schüler, in Hamburg 28 Prozent und in Bremen 29 Prozent. Dazu warnte das PISA-Konsortium: »Diese Jugendlichen werden aufgrund ihrer geringen mathematischen Kompetenzen im weiteren Ausbildungs- und Berufsleben wahrscheinlich erhebliche Probleme

Tabelle 4.12: PISA-Ergebnisse 2006 der deutschen Bundesländer in Mathematik

	Durchschnittlicher Testwert	Anteil in % Kompetenz- stufe 1 und darunter	Anteil in % Kompetenz- stufe 6
Sachsen	523	12,3	4,3
Bayern	522	15,5	5,3
Baden-Württemberg	516	16,8	5,8
Thüringen	509	17,4	4,3
Deutschland	**504**	**19,9**	**4,5**
Mecklenburg-Vorpommern	500	19,7	3,3
Brandenburg	500	22,9	5,3
Rheinland-Pfalz	500	22,0	3,2
Hessen	500	23,2	5,1
Sachsen-Anhalt	499	20,1	3,4
Saarland	498	20,5	2,7
OECD	**498**	**21,3**	**3,3**
Schleswig-Holstein	497	23,6	3,9
Berlin	495	25,8	4,5
Nordrhein-Westfalen	493	23,2	3,4
Niedersachsen	489	22,7	1,7
Hamburg	488	27,9	4,0
Bremen	478	29,0	2,6

Quelle: PISA-Konsortium Deutschland (Hrsg.): *PISA 2006 in Deutschland. Die Kompetenzen der Jugendlichen im dritten Ländervergleich*, Münster u. a. 2008, S. 135ff.

haben.«[76] Bei der Debatte in Deutschland gerieten die Bundesländer mit besonders schlechten PISA-Ergebnissen unter öffentlichen Druck. Die Kultusministerkonferenz entschied deshalb, letztmals für das Jahr 2006 die PISA-Ergebnisse nach Bundesländern zu differenzieren. Stattdessen gibt sie seit 2006 gemeinsam mit dem Bundesministerium für Bildung und Forschung einen Bericht *Bildung in Deutschland* heraus, der alle zwei Jahre erscheint, zuletzt 2014. Dieses umfangreiche Werk von 340 Seiten enthält zahlreiche Informationen zu Bildungsfragen und reicht von der Demografie über die sonderpädagogische Förderung, die Ausstattung mit Erziehern und Lehrern bis hin zu »Aktivitäten an außerschulischen Lernorten« und »sozialen Profilen von Weiterbildungsbeteiligung«. Die tatsächlich erbrachte Bildungsleistung und deren Messung wird unter dem Stichwort »kognitive Kompetenzen« auf lediglich 5 Seiten abgehandelt: 2 Seiten Text, 2 Grafiken und 6 Tabellen.[77]

Tabelle 4.13: IQB-Ländervergleich 2012 für die 9. Jahrgangsstufe in Mathematik

	Durchschnittlicher Testwert	Perzentile 5	Perzentile 95	95-5
Sachsen	536	373	688	315
Thüringen	521	365	670	304
Brandenburg	518	345	688	343
Bayern	517	354	685	331
Sachsen-Anhalt	513	345	670	325
Mecklenburg-Vorpommern	505	346	658	312
Rheinland-Pfalz	503	345	659	314
Schleswig-Holstein	502	337	663	325
Baden-Württemberg	500	335	669	334
Deutschland	**500**	**338**	**667**	**329**
Niedersachsen	495	352	648	296
Hessen	495	342	659	317
Saarland	489	336	643	306
Hamburg	489	326	650	324
Nordrhein-Westfalen	486	321	657	336
Berlin	479	308	648	341
Bremen	471	312	649	337

Quelle: Hans Anand Pant u. a. (Hrsg.): *IQB-Ländervergleich 2012. Mathematische und naturwissenschaftliche Kompetenzen am Ende der Sekundarstufe I*, Münster u. a. 2013, S. 127

Es ist eben angenehmer, sich über steigende Abiturientenquoten von 40 Prozent und mehr zu freuen, als darüber zu grübeln, weshalb in Deutschland nur 6 Prozent der Schüler in Mathematik Spitzenleistungen erbringen, während es in Korea 9 und in Singapur 17 Prozent sind.

Die PISA-Debatte hatte immerhin zur Folge, dass die Bundesländer ein »Institut zur Qualitätsentwicklung im Bildungswesen (IQB)« gründeten. Dieses führt, angelehnt an die PISA-Methodik, Ländervergleiche in Deutschland durch. Für den Mathematik-Vergleich 2012 der 9. Jahrgangsstufe ergab sich dabei ein ganz ähnliches Bild wie bei PISA 2006:

– Der Leistungsabstand zwischen den besten und den schlechtesten Bundesländern beträgt 50 bis 55 Punkte und entspricht zwei Schuljahren.

Tabelle 4.14: IQB-Ländervergleich 2011 für das Ende der 4. Jahrgangsstufe in Mathematik

	Durchschnittlicher Testwert	Perzentile 5	95	95-5
Bayern	519	349	667	318
Sachsen	517	354	668	314
Sachsen-Anhalt	517	333	671	338
Baden-Württemberg	512	345	669	324
Thüringen	502	343	661	318
Deutschland	**500**	**335**	**658**	**323**
Nordrhein-Westfalen	497	343	656	312
Niedersachsen	496	340	653	313
Großstädte	**495**	**322**	**660**	**337**
Mecklenburg-Vorpommern	494	317	652	336
Rheinland-Pfalz	494	330	651	321
Saarland	492	317	647	330
Brandenburg	491	330	648	319
Schleswig-Holstein	487	328	642	314
Hessen	484	319	638	320
Hamburg	470	303	634	331
Bremen	452	283	625	342
Berlin	451	282	616	314

Quelle: Petra Stanat u. a. (Hrsg.): *Kompetenzen von Schülerinnen und Schülern am Ende der vierten Jahrgangsstufe in den Fächern Deutsch und Mathematik. Ergebnisse des IQB-Ländervergleichs 2011*, Münster u. a. 2012, S. 119

- Besonders stark klaffen die Leistungen bei den untersten 10 Prozent (Perzentil 5 in Tabelle 4.13) auseinander. Die schwachen Schüler in Sachsen und Bayern leisten deutlich mehr als die schwachen Schüler in Berlin und Bremen. Der Unterschied beträgt hier zwei bis zweieinhalb Schuljahre.
- Die leistungsstärksten 10 Prozent (Perzentil 95 in Tabelle 4.13) lernen in den bildungsstarken Ländern deutlich mehr als in den bildungsschwachen. Der Vorsprung beträgt ein bis anderthalb Schuljahre.[78]
- An der Spitze liegen die ostdeutschen Länder und Bayern, am Ende liegen Nordrhein-Westfalen und die Stadtstaaten.

Erstmals führte das IQB zudem einen Vergleich für Schüler am Ende der Grundschule durch (vgl. Tabellen 4.14 und 4.15). Auch dieser Vergleich zeigt eine ähnliche Rangordnung der Bundesländer:

Tabelle 4.15: IQB-Ländervergleich für das Ende der 4. Jahrgangsstufe im Lesen

	Durchschnittlicher Testwert	Perzentile 5	95	95-5
Bayern	515	334	669	336
Sachsen	513	347	665	318
Sachsen-Anhalt	511	328	659	332
Thüringen	510	351	654	304
Baden-Württemberg	505	346	651	304
Niedersachsen	503	332	661	329
Bund	**500**	**329**	**655**	**325**
Brandenburg	497	326	650	324
Mecklenburg-Vorpommern	496	318	641	323
Schleswig-Holstein	495	324	651	327
Saarland	495	313	653	340
Nordrhein-Westfalen	494	332	651	319
Großstädte	**493**	**314**	**659**	**345**
Hessen	493	319	649	330
Rheinland-Pfalz	493	320	647	327
Hamburg	478	303	634	331
Berlin	467	289	632	343
Bremen	463	298	625	327

Quelle: Stanat u.a. (Hrsg.): *Kompetenzen von Schülerinnen und Schülern am Ende der vierten Jahrgangsstufe in den Fächern Deutsch und Mathematik*, a.a.O., S. 106

- Ostdeutsche Länder und Bayern liegen sowohl im Fach Mathematik als auch im Lesen an der Spitze.
- Die Stadtstaaten bilden das Ende.
- Der Unterschied zwischen den Ländern beträgt bei den 10 Prozent der besten und den 10 Prozent der schlechtesten Schüler sowohl im Lesen als auch im Fach Mathematik jeweils zwei bis zweieinhalb Schuljahre.
- In den leistungsschwachen Ländern werden schlechte Schüler offenbar besonders schlecht gefördert, und auch die guten entfalten ihr Potential nicht vollständig.
- Die Stadtstaaten haben eine deutlich schlechtere Bildungsleistung als der ebenfalls ausgewiesene Durchschnitt der deutschen Großstädte. Ihre Leistungsmängel reflektieren offenbar anderes als die Großstadtproblematik.

Die Ergebnisse der vielfältigen seit einem halben Jahrhundert durchgeführten Vergleichsstudien zu Bildungsleistungen gewinnen ihr Gewicht, wenn man sie im Zusammenhang mit den folgenden Feststellungen betrachtet:

– Sowohl das Wohlstandsniveau als auch das Wirtschaftswachstum einer Nation hängen elementar von den kognitiven Kompetenzen der Bevölkerung, gemessen an der Bildungsleistung, ab. Es gibt schlichtweg auf der Welt keine armen Länder mit durchschnittlich guter Bildungsleistung und keine reichen Länder mit durchschnittlich schlechter Bildungsleistung (Erdölproduzenten ausgenommen).

– Das Niveau der Bildungsleistung hat einen jahrzehntelangen zeitlichen Vorlauf zum Wohlstandsniveau und zur Wachstumsdynamik. Dies zeigt das Beispiel Ostasiens seit den 1960er Jahren. Die aktuell durchschnittlich sehr schlechte Bildungsleistung in Südamerika, Afrika und Nahost rechtfertigt keine gute Prognose für die künftige wirtschaftliche Entwicklung dieser Regionen. Der anhaltende Vorsprung der Bildungsleistung in Ostasien gegenüber Europa ist möglicherweise der Vorläufer für eine dauerhaft überlegene Wirtschaftsdynamik.

– Einwanderer bringen die Bildungsleistung ihrer Heimatländer in ihre Aufnahmeländer mit. Deshalb zeigen eingewanderte Inder, Chinesen, Japaner, Koreaner und Vietnamesen in den Aufnahmeländern von Anfang an überlegene Bildungsleistungen.[79] Umgekehrt schließen sich die Lücken in der Bildungsleistung von Einwanderern aus der Türkei, Afrika, und Nahost nur sehr langsam und setzen sich über Generationen fort. Durchweg erreichen Migrantenkinder in den PISA-Studien eine vergleichbare Punktzahl wie die Kinder in ihren Heimatländern.[80]

– In Deutschland wird in amtlichen Statistiken und in den meisten wissenschaftlichen Untersuchungen anders als in den USA nur nach dem Migrationshintergrund, nicht aber nach dem Herkunftsland unterschieden. Damit wird der unzutreffende Eindruck erweckt, der Migrationshintergrund als solcher stelle ein Bildungsproblem dar.[81] Das ist aber nicht der Fall. Polen oder Russlanddeutsche sind spätestens in der zweiten Generation ganz unauffällig. Ostasiaten zeigen auch in Deutschland überlegene Bildungsleistungen. Der Rückstand der Migranten in Deutschland bei der Bildungsleistung hängt vielmehr ab von der Herkunftsregion und der religiösen Orientierung, er konzentriert sich auf Zuwanderer aus der Türkei, Afrika, Nah- und Mittelost und deren Nachkommen, und unter diesen auf die Migranten mit muslimischem Glaubenshintergrund. Die weitgehende Vernachlässigung von Herkunft und Religion in der deutschen Statistik und in der Migrationsforschung bedeutet den Verzicht auf wertvolle empirische Erkenntnisquellen. Durch dieses Opfer im Namen der politischen Korrektheit werden die Probleme einiger Migrantengruppen übertrieben oder überhaupt erst herbeigeredet, während die Probleme anderer Gruppen systematisch unterschätzt werden.

–   In Australien und in Kanada bringen Migranten der zweiten Generation ebenso gute oder sogar bessere Schulleistungen als die einheimischen Schüler, zudem liegen die Migranten der ersten Generation trotz des Einwanderungshandicaps über dem OECD-Durchschnitt. Das ist die Auswirkung der selektiven Einwanderungspolitik dieser Länder, die sich vorwiegend auf Einwanderer aus Ostasien stützt. In den USA sind die Unterschiede immerhin kleiner als in Europa (hier kommt die Mischung der Einwanderung zwischen Hispanics und Ostasiaten zum Ausdruck). Dagegen sind in den europäischen Ländern mit starker, vorwiegend muslimischer Einwanderung aus der Türkei, Afrika, Nah- und Mittelost die Leistungsunterschiede zur einheimischen Bevölkerung auch noch in der zweiten Generation extrem groß, und sie bilden sich nur langsam zurück.[82]

–   Unter den deutschen Bundesländern erzielen jene besonders gute Ergebnisse, denen eine eher »konservative« Bildungspolitik nachgesagt wird. Dagegen haben Länder, die einer eher »fortschrittlichen« Bildungspolitik anhängen, besonders schlechte Ergebnisse vorzuweisen. Darüber hinaus sind die Ergebnisse offenbar umso schlechter, je höher der Migrantenanteil unter den Schülern ist.

Wenden wir uns nun den zentralen Irrtümern und Fehlern der Bildungspolitik in Deutschland zu. Die hier zu beobachtenden Tendenzen und Entwicklungen gleichen in unterschiedlichem Umfang denen außerhalb Deutschlands. Andererseits sind sie innerhalb der Bundes-republik von Bundesland zu Bundesland, von Bildungseinrichtung zu Bildungseinrichtung, ja sogar von Lehrperson zu Lehrperson unter-schiedlich ausgeprägt.

Kompetenz wird gegen Wissen ausgespielt
Leistungstests wie PISA sind auf sogenannte kognitive Kompetenzen ausgerichtet, also beispielsweise die Fähigkeit, einen Text sinnerfas-send zu lesen und strukturierte Informationen daraus zu gewinnen, oder die Fähigkeit, eine logisch-mathematische Aufgabenstellung zu lösen. Kognitive Kompetenzen haben natürlich zu tun mit Wissen – ohne die Kenntnis von Schriftzeichen oder die Beherrschung be-stimmter Rechentechniken kann man weder einen Text erfassen noch eine mathematische Aufgabe lösen. Aber sie sind auch bestimmt durch jenen Teil der kognitiven Fähigkeiten, der angeboren ist oder im Verlauf des Lebens durch Erfahrungen außerhalb von Bildungsein-richtungen erworben wird. Das ist der Einfluss von Abstammung, Familie und Gesellschaft im weitesten Sinne.

Intelligente Schüler können viele PISA-Aufgaben lösen, ohne dass sie sonderlich viel Schulwissen haben. Das hat zu dem Einwand ge-führt, solche Tests prüften eher die Begabungen der Schüler als die Fähigkeit der Schulen zur Wissensvermittlung. Leistungstests wie PISA zeigen Unterschiede nach Land, ethnischer Herkunft, Schul-system und einzelner Lehrkraft, die teilweise erheblich sind. Sie zeigen zudem sehr große Unterschiede in jeder beliebigen Schülerpopulation. Diese Transparenz löst Rechtfertigungsdruck aus und ist für viele un-erwünscht.[83] Wenn man einen Bildungspolitiker nachhaltig verärgern will, muss man ihn nur auf unerwünscht ungünstige Testergebnisse im Bereich seiner Zuständigkeit oder seines politischen Interesses ansprechen.

Die Erkenntnis, dass kognitive Kompetenz und Umfang des erlernten Wissens nur indirekt und teilweise auch gar nicht miteinan-der zusammenhängen, hat die Tendenz verstärkt, beides gegeneinan-der auszuspielen und die Kompetenz direkt anzusteuern, ohne groß ins Wissen zu investieren. Die Trennung von Kompetenz und Wissen ist natürlich künstlich. Kognitive Kompetenz kann man nur dann an realen Sachverhalten üben, wenn man über diese etwas weiß.[84] Der

Irrtum manifestiert sich in so dummen Aussprüchen wie: »Die Kinder müssen das Lernen lernen, aber nicht totes und zudem schnell veraltendes Wissen anhäufen.« Nach dieser beliebten Theorie ist das Hirn wie eine Besenkammer mit begrenztem Raum, in der man das Denken aufbewahrt, wo man aber verhindern muss, dass dem Denken durch einen übergroßen Wissensbestand der Raum genommen wird. So kommt es, dass der Umfang des für die Schullaufbahn erforderlichen Wissens, ob in Geschichte, Erdkunde, Literatur, Musik, Kunst oder in alten Sprachen, seit vielen Jahrzehnten abnimmt. Tiefer in die höhere Mathematik oder in die Naturwissenschaften eindringen müssen nur noch jene, die dies später für ihr Studium brauchen. Bei den neuen Sprachen nimmt der Anteil der Schüler ab, die neben Englisch eine weitere Fremdsprache lernen und am Ende auch beherrschen. Die Anforderungen an die Rechtschreibkenntnisse sinken. Es muss immer weniger gelesen werden, und man kommt mittlerweile auch mit sehr rudimentärer Allgemeinbildung zum Abitur.

Soweit im heutigen Deutschland solche Universalgenies wie Alexander von Humboldt oder Johann Wolfgang von Goethe noch geboren werden, erlangen sie ihr breites Bildungswissen bestimmt nicht mehr im staatlichen Schulsystem, das heute entsprechende Angebote gar nicht mehr macht. Folglich geht die Allgemeinbildung der künftigen Eliten in Deutschland auf breiter Basis zurück. Kritiker dieser Entwicklung greifen die Konzentration der Schulen auf kognitive Kompetenzen grundsätzlich an und sehen darin einen Kulturverfall: »Der Sinn von Kultur ist es gerade, Dinge zu lernen, die kein anstehendes Lebensproblem lösen müssen.« Wer zu wenig weiß, kann sich nicht einmal in einer Bibliothek richtig orientieren, und seit Nichtwissen behindert ihn auch bei einer intelligenten Internet-Recherche.[85]

Gleichheit wird gegen Leistung ausgespielt
Die Tendenz zur Senkung der schulischen Anforderungen setzte schleichend bereits Anfang der 1960er Jahre ein.[86] Sie war zunächst getragen von dem vernünftigen Ziel, Bildungshindernisse abzubauen, die weiterführenden Schulen für mehr Schüler zu öffnen und diesen die Konzentration auf das Wesentliche zu ermöglichen. Unmerklich wurde dieser Prozess ideologisiert, Bildungswege wurden als Klassenschranken wahrgenommen, das gegliederte Schulsystem wegen der

Privilegierung einer Minderheit kritisiert. Aus dem Kampf um die hessischen Rahmenrichtlinien Anfang der 1970er Jahre und den Versuchen, die Gymnasien zugunsten von Gesamtschulen abzuschaffen, erwuchs schließlich ein breiter Konsens, möglichst viele Schüler zum Abitur zu führen und den Unterrichtsstoff derart zu vereinfachen sowie in der Menge zu beschränken, dass möglichst wenige scheiterten oder Misserfolge erlebten.

Der Niveauverlust beginnt bereits in den Grundschulen.[87] Er hat bewirkt, dass die fachlichen Anforderungen sowohl für den Hauptschulabschluss als auch für das Abitur deutlich niedriger sind als in den siebziger Jahren des vergangenen Jahrhunderts. Teilweise wird dies kompensiert durch die längere Dauer der Bildungsbeteiligung (Hauptschulabschluss erst nach neun oder zehn statt nach acht Jahren) und den stark gewachsenen Anteil der Abiturienten. Diese lernen zwar durchschnittlich weitaus weniger als der durchschnittliche Abiturient vor einigen Jahrzehnten, aber immerhin hoffentlich mehr als die damaligen Hauptschüler. In der Grundschule war es bis in die 1970er und 1980er Jahre allgemeiner Standard, dass ein Kind am Ende des ersten Schuljahrs lesen konnte, dass es im vierten Schuljahr weitgehend sicher in der Rechtschreibung war, die vier Grundrechenarten beherrschte sowie schriftlich multiplizieren und dividieren konnte. Damit erbrachte ein zehn Jahre altes Kind am Ende der Grundschulzeit im Durchschnitt Leistungen, die heute beim Hauptschulabschluss nicht mehr selbstverständlich sind.

Das Absinken von Standards und Leistungen vollzieht sich unter dem Einfluss von Bildungspolitikern, Bildungsforschern, Schulverwaltungen und vielen Eltern. Durch immer neue Unterrichtsmethoden möchte man die Leistungsunterschiede zwischen den Kindern möglichst gering halten. Niveauangleichung nach unten nimmt man in Kauf in der Hoffnung, dadurch mehr »Chancengleichheit« herzustellen und Bildungserfolge unabhängig von der Herkunft des Kindes zu erzielen. Symptome für diese Tendenzen sind:

– das Herausschieben des Zeitpunkts, an dem ein Kind lesen können soll;
– der nur noch geringe Wert, der auf korrekte Rechtschreibung gelegt wird, und folgerichtig die sinkenden Rechtschreibleistungen;

- die schwindende Bedeutung von Übung und Wiederholung;
- die ungeübten Handschriften, die zunehmende feinmotorische Defizite der Kinder offenbaren;[88]
- das dürftige Quantum an Hausaufgaben und die unzureichende Hausaufgabenkontrolle;
- die Reduzierung der schriftlichen Klassenarbeiten bei geringeren Anforderungen und milderer Benotung.

Die Schulpolitiker des Landes Berlin trieben es auf dem Weg in die falsche Richtung besonders toll. Ich war als Finanzsenator ein skeptischer und ungern gehörter Zeitzeuge, als das Land auf Vorschlag des damaligen Bildungssenators Klaus Böger für die Grundschulen

- das bewährte Vorschuljahr abschaffte,
- die Schulpflicht um ein Jahr vorverlegte,
- den Klassenverband in der Grundschule auflöste, um »gemeinsames Lernen« in Gruppen einzuführen, die für jeweils drei Jahrgangsstufen zusammengestellt wurden,
- die Zahl der Förderschulen reduzierte und unter dem Stichwort »Inklusion« körperlich und geistig schwer behinderte Kinder in Regelklassen schickte.

Dieses »Reformpaket« der Grundschulpolitik in Berlin stammt aus dem Jahr 2005. Die bereits diskutierten verheerenden Testergebnisse Berlins beim IQB-Test für die 4. Jahrgangsstufe 2012 waren da nur folgerichtig. Berlin schaffte es durch seine »Reformen«, von einem schon vorher erschreckend niedrigen Niveau noch weiter abzusinken.

Die Schulpolitik, die in Berlin und ähnlich in Bremen sowie der Tendenz nach auch in vielen anderen Bundesländern betrieben wird, ist einzig und allein darauf ausgerichtet, durch Senkung von Anforderungen und Leistungsverzichte die soziale Gleichheit zu fördern und Bildungsziele einer auf Gleichheit gerichteten Gesellschaftspolitik unterzuordnen.[89] Christian Geyer schreibt dazu mit Bezug auf die Inklusion: »Hier ist ein Menschenbild berührt, das das Schlimmste befürchten lässt, weil es jeden positiven Begriff von Ungleichheit zum Verschwinden bringt.«[90] Tatsächlich führt diese Bildungspolitik dazu, dass die leistungsstarken wie die leistungsschwachen Schüler weniger lernen und die Unterschiede zwischen ihnen wachsen, anstatt zu schrumpfen. Auf diese Weise wird am unteren Ende der Bildungspyramide ein nicht ausbildungsfähiges Subproletariat herangezogen, während am oberen Ende die Begabten und Leistungsstarken gar nicht mehr herausgefordert werden, ihr Potential voll zu entfalten. Deren geistige Spitzenleistungen braucht das alternde Deutschland aber notwendig für seine Wohlstandssicherung.

Wie absurd die Tendenz ist, durch sinkende Anforderungen Leistungsunterschieden entgegenzuwirken, um gleiche Chancen beim Erwerb von Bildung zu fördern und das Zurückbleiben der Schwächeren zu verhindern, zeigt der Vergleich zwischen Ostasien und Deutschland beim Lesen und Schreiben. Im chinesischen Alphabet muss man zur Erlangung der Lesefähigkeit 3000 Schriftzeichen kennen. Chinesen mit Schulbildung kennen und benutzen etwa 6000 Schriftzeichen.[91] Das Erlernen von Lesen und Schreiben ist also geistig weitaus anspruchsvoller als mit einem Alphabet aus 26 Buchstaben. Gleichwohl ist der Anteil der Kinder, die nach vier Schuljahren keine ausreichenden Lesekenntnisse vorweisen, in Hongkong, Singapur und Taiwan weitaus kleiner als in Deutschland und um Lichtjahre von dem in deutschen Stadtstaaten entfernt. Der Anteil der Spitzenleser in der obersten Kompetenzstufe, in der sich knapp 10 Prozent der deutschen Grundschüler befinden, liegt in diesen Ländern bei 15 bis 25 Prozent. Bei den Grundschülern in Berlin, Hamburg und Bremen gibt es dagegen kaum Leser mit Spitzenleistungen.[92] Im internationalen Vergleich der Lesekompetenz in der Jahrgangsstufe 4 nimmt Deutschland zwar einen oberen Mittelplatz ein, liegt aber statistisch signifikant hinter den USA oder England und weit hinter Finnland, Hongkong und Singapur. Der Abstand beträgt ein bis anderthalb Schuljahre.[93] 15,4 Prozent der deutschen Kinder haben am Ende der Grundschule keine ausreichende Lesekompetenz.[94] In Hamburg, Berlin und Bremen können sogar 20 bis 30 Prozent der Kinder am Ende der Jahrgangsstufe 4 nicht ausreichend lesen.[95]

Offenbar ist gerade das Gegenteil von dem wahr, was die vorherrschende Richtung in der deutschen Pädagogik vertritt: Je höher die Anforderungen und die damit verbundenen Anstrengungen (3000 Schriftzeichen sind eine andere Herausforderung als 26 Buchstaben), umso höher der Anteil der Spitzenleister und umso geringer der Anteil der Schüler, die nicht ausreichend lesen können. Folgerichtig lässt sich in den Stadtstaaten und anderen Bundesländern mit »fortschrittlicher« Bildungspolitik beobachten, dass das Niveau sowohl der guten als auch der schlechten Schüler umso niedriger ist, je weiter man die Anforderungen herunterschraubt.

Bei der Abhängigkeit der Schulleistungen von der sozialen Stellung der Eltern liegt Deutschland international im Mittelfeld. Die Autoren des IQB-Ländervergleichs schreiben dazu: »Der Unterschied beträgt im Schnitt ein ganzes Schuljahr ... Die Vorstellung aber, dass Deutschland weltweit gesehen eines der ungerechtesten Bildungssysteme hat, kann mit IGLU [Internationale Grundschul-Lese-Untersuchung] und TIMSS [Trends in International Mathematics and Science Study] für den Primarbereich nicht belegt werden.«[96]

Selbstverständlich äußern sich die Autoren des IQB-Ländervergleichs nicht zur Ausrichtung der Bildungspolitik in den Bundesländern, damit würden sie das Mandat der Kultusministerkonferenz überschreiten. Sie rechtfertigen die stagnierenden Leistungswerte damit, »dass sich im letzten Jahrzehnt die Zusammensetzung der Schülerschaft im Grundschulbereich erheblich verändert hat. So hat der Anteil der Kinder aus Einwandererfamilien seit der ersten IGLU-Studie bis heute um etwa ein Viertel zugenommen. Vor diesem Hintergrund können die aktuellen Ergebnisse als ein ›Halten des Niveaus unter erschwerten Bedingungen‹ und somit als Erfolg des deutschen Bildungssystems gewertet werden.« Wenn man diese Erklärung für überzeugend hält, ist das Fehlen jeder Differenzierung unter den Einwanderern nach ihrer Herkunft umso bedauerlicher, denn die Einwanderer müssen ja als Begründung dafür herhalten, dass die deutschen Leistungen stagnieren. Deutliche Kritik üben die IQB-Forscher daran, »dass sich am anderen Ende des Leistungsspektrums, also bei den Schülern und Schülerinnen mit besonders hohem Potential, Iglu und Timss zufolge rein gar nichts tut. Nach wie vor ist in allen drei untersuchten Kompetenzbereichen diese Spitzengruppe in Deutschland ausgesprochen dünn besetzt; im Lesen zählen dazu knapp zehn Prozent, in Mathematik sogar nur fünf Prozent unserer Grundschulkinder. Zum Vergleich: In England liegen diese Anteile jeweils bei knapp 20 Prozent, beim weltweiten Spitzenreiter Singapur sogar bei

24 oder 43 Prozent.« Die IQB-Forscher wünschen sich, dass sich die »Verantwortlichen der Länder ... mit den Ergebnissen von Iglu, Timss und Co. auseinandersetzen ... und nach Wegen suchen, erfolgversprechende Projekte gemeinsam anzupacken.«[97]

*Formale Bildungsabschlüsse werden gegen
Bildungsleistung ausgespielt*
In dem bereits erwähnten, regelmäßig erscheinenden Bericht der Kultusministerkonferenz und des Bundesbildungsministeriums *Bildung in Deutschland* finden sich nur wenige Äußerungen zu kognitiven Kompetenzen. Im Übrigen werden die quantitativen Aspekte des Bildungswesens betont, wird über 300 Seiten hinweg die Hoffnung verbreitet, durch ein Mehr von allem ließen sich die Verhältnisse irgendwie verbessern. Nach wie vor ist die deutsche Bildungspolitik beherrscht von dem Wunsch, die Überwindung von Bildungshürden durch Senkung von Anforderungen zu erleichtern und die Anzahl formaler Bildungsabschlüsse zu steigern. Den Inhalten wird dabei eher wenig Beachtung geschenkt. Bildungserfolg lässt sich nach drei Kategorien messen, und es ist kennzeichnend für die deutsche Politik, dass sie in der Bildungsdebatte munter durcheinandergeworfen werden.

Erstens kann man nach den *kognitiven Kompetenzen* fragen, die das Bildungssystem vermittelt. Wie die nationalen und internationalen Tests zur Bildungsleistung zeigen, lassen sich diese recht zuverlässig ermitteln. Die so gemessene Bildungsleistung stagniert in Deutschland seit Jahrzehnten. Die kognitiven Kompetenzen sind aber auch abhängig von der Herkunft und der außerschulischen Sozialisation der Menschen[98] und den Unterschieden in ihrer angeborenen Intelligenz.[99] Zu welchem Grade reflektieren also die weitaus besseren Leseleistungen der Schüler in Singapur (sowohl bei den schlechten wie bei den guten Schülern) eine bessere Qualität der Schulen und des Unterrichts? Zu welchem Grade reflektieren sie Mentalitäts- und Sozialisationsunterschiede zwischen der deutschen und der chinesischen Gesellschaft? Sind sie zum Teil vielleicht auch dadurch erklärbar, dass die chinesischen Schüler möglicherweise im Durchschnitt intelligenter sind?

Zweitens kann man nach dem *Umfang und der Tiefe des erlernten Wissens* fragen. Hier sind zumindest die Anforderungen im deutschen Bildungssystem eindeutig rückläufig.

–   Schriftbild[100] und Rechtschreibung[101] haben sich dramatisch ver-
    schlechtert. Der Philosoph Konrad Paul Liessmann vermutet,
    dass hinter den neuen Methoden des Schreibenlernens, die eben
    das befördern, »Analphabetismus als geheimes Bildungsziel« ste-
    hen könnte.[102] Das »Schraibm nach gehöa« fördert die Ungleich-
    heit, statt sie zu senken.[103]
–   Das Erlernen einer zweiten Fremdsprache neben Englisch ist
    kaum noch üblich.[104]
–   Die Lektüre ganzer Bücher und längerer Texte wird auf dem Weg
    zum Abitur selten verlangt. Konrad Paul Liessmann schreibt
    dazu: »Wer in eine Schule geht, in der aufgrund vorgegebener Bil-
    dungsstandards und anwendungsorientierter Kompetenzen die
    Liebe zur Literatur nicht mehr vermittelt werden darf, wird zum
    Analphabetismus verurteilt.«[105]
–   Historisches, musikalisches oder literarisches Wissen wird nicht
    systematisch vermittelt, sondern allenfalls in Häppchen.[106]
–   Die überwiegende Mehrheit der Abiturienten erwirbt in der
    Schule nicht einmal die mathematischen und naturwissenschaftli-
    chen Kenntnisse, die für das Studium des Lehramts,[107] geschweige
    denn für ein Studium in den Ingenieur- und Naturwissenschaften
    nötig sind.

Drittens kann man sich an *der Zahl und der formalen Einstufung von
Bildungsabschlüssen* orientieren. Während die kognitiven Kompetenzen der Schüler in Deutschland allenfalls stagnieren und der Umfang
sowie die Tiefe des vermittelten Wissens zurückgehen,[108] nimmt
der Anteil »höherer« Bildungsabschlüsse beharrlich zu. Von 2006 bis
2012 fiel der Anteil der Schulabgänger ohne Hauptschulabschluss in
Deutschland von 8,0 auf 5,9 Prozent, und der Anteil der Absolventen
mit allgemeiner Hochschulreife stieg von 29,6 auf 42,3 Prozent.

Beim Wettbewerb um die Verteilung von Zertifikaten waren die
PISA-Schlusslichter besonders erfolgreich. Der Anteil der Schulabsol-
venten mit allgemeiner Hochschulreife stieg von 2006 bis 2012 in
Hamburg von 34,9 auf 50,9 Prozent, in Berlin von 36,5 auf 63,1 und in
Bremen von 35,4 auf 65,4 Prozent. Dagegen begnügten sich die beiden
Spitzenreiter unter den Bundesländern bei allen Vergleichstests, Sach-
sen und Bayern, mit einem Abiturientenanteil von 30,3 beziehungs-

weise 34,1 Prozent.[109] Die Schlussfolgerung, dass der Abiturientenanteil unter den Absolventen eines Bundeslandes umso höher ist, je niedriger die in Tests ermittelte durchschnittliche kognitive Kompetenz ist, könnte für polemisch gehalten werden. Sie reflektiert aber nur die nackte statistische Wahrheit.

Ein besonderes Mirakel sind die Abiturnoten. Sie werden durchweg besser, obwohl (oder weil) die Zahl der Abiturienten steigt. Die Durchschnittsnote in Berlin stieg von 2,76 im Jahr 2002 auf 2,44 im Jahr 2013, und die Zahl der Berliner Überflieger ist geradezu hochgeschossen: 2002 erzielten nur 17 Schüler die Durchschnittsnote 1,0, gut zehn Jahre später, 2013, waren es 144.[110] Dieser Anstieg ist darauf zurückzuführen, dass immer mehr schwache Schüler das Abitur ablegen. Damit wächst der durchschnittliche Abstand zu den früheren guten Schülern, die dann »Traumnoten« erhalten.[111] Die Ermittlung der Notengrundlagen schwankt von Bundesland zu Bundesland, so dass die Anforderungen, denen die Noten entsprechen, kaum noch vergleichbar sind. Auf der Grundlage nicht vergleichbarer Noten ist die Vergabe von Studienplätzen aber höchst ungerecht.[112] Auch der Vergleich der gemessenen Kompetenzen mit den Bildungsabschlüssen bestätigt, wie wenig aussagekräftig die Zertifikate sind. Zeugnisse in Deutschland nehmen, so der Erziehungswissenschaftler Heinz-Elmar Tenorth, »keineswegs die symbolische Garantiefunktion wahr, die wir ihnen zuschreiben … hier werden Kompetenzen vielmehr bescheinigt, die nicht existieren.«[113] Auch die Bildungsexpansion kommt eben nicht um die Tatsache herum, »dass Bildungsleistung ganz wesentlich an Intelligenz gekoppelt ist. Mit anderen Worten: Bildungserfolge sind in hohem Umfang ›erblich‹, denn Intelligenz wird vererbt«.[114]

Die Entwertung der Abschlüsse findet am oberen und am unteren Ende des Bildungssystems statt. Das Abitur vermittelt einem großen Teil der Abiturienten nicht die für ein anspruchsvolles Studium notwendigen Kompetenzen, und der Anteil leistungsstarker Schüler steigt auch nicht mit der Abiturientenquote.[115] Im Vergleich der OECD-Länder gilt sogar: »Je höher die Abiturientenquote, desto höher die Jugendarbeitslosigkeit und desto niedriger das Volkseinkommen.«[116] Und der Hauptschulabschluss ist – anders als noch vor einigen Jahrzehnten – keine Gewähr dafür, dass die erworbenen Kompetenzen in Lesen und Mathematik für eine berufliche Lehre ausreichen.[117] Diese liegen vielmehr bei einem großen Teil der Hauptschüler unter dem Niveau, das noch vor einigen Jahrzehnten beim Abschluss der Grundschule selbstverständlich erwartet wurde. Deshalb blühen die Sonderprogramme für junge Erwachsene, die nach Abschluss der zehnjährigen Schulpflicht an die Ausbildungsfähigkeit herangeführt werden sollen.

Die große Zahl der Absolventen mit allgemeiner Hochschulreife verändert den Markt für berufliche Bildung, wo Abiturienten zunehmend mit Absolventen der Haupt- und Realschulen in Wettbewerb treten, und sie verändert den Hochschulbereich, vor allem die Universitäten. Diese müssen sich mit einer wachsenden Zahl von Studierenden auseinandersetzen, welche die für ein anspruchsvolles Studium notwendigen Schlüsselqualifikationen nicht mitbringen.[118] Selbst bei Schülern mit guten Noten in Leistungskursen sind die für das Studium notwendigen Grundlagen oft nicht vorhanden. In Schleswig-Holstein etwa schaffen nur 31 Prozent der Abiturienten die angestrebte »voruniversitäre mathematische Bildung«.[119] Zahlreiche Fächer, vor allem die Geisteswissenschaften, reagieren darauf mit einer Absenkung des Niveaus. So können sich Studenten in Fächern halten, für die sie weder die Bildungsvoraussetzungen noch die geistigen Interessen mitbringen. Menschen, die niemals ganze Bücher lesen, schon gar nicht die sogenannten Klassiker, studieren Germanistik, und erfolgreichen Studenten der Medienwissenschaft fehlt historisches Basiswissen. Mit der Absenkung der Anforderungen und dem Niveauverfall ist – paradoxerweise – bei zahlreichen Fächern eine Noteninflation verbunden. Wer als Professor dem Trend nicht folgt, das Niveau der Lehre und der Anforderungen dem Niveau der Studenten anzupassen, kann in große Schwierigkeiten geraten.[120]

In vielen Fächern wird die Auswahl geeigneter Studenten (und später geeigneter Absolventen), die das Abitur nicht mehr bietet, auf andere Weise nachgeholt:

– In den Natur- und Ingenieurwissenschaften scheitert ein großer Teil der Studenten, soweit er nicht überhaupt diese Fächer scheut, an den mathematischen Propädeutika.[121] Wegen dieser Klippe wechseln viele nach kurzer Zeit vom Bauingenieur- zum Architekturstudium.

– In der Medizin sorgt ein absurd hoher Numerus clausus (der durch die Noteninflation beim Abitur immer noch höher wird) für eine Vorauswahl. Ein Berliner Studienbewerber muss im Abitur die Durchschnittsnote 1,0 haben und ein Wartesemester einlegen, um Medizin studieren zu dürfen. Kommt er aus Bayern, reicht die Durchschnittsnote 1,1 mit einem Wartesemester.[122]
– Jura kann man zwar weitgehend ohne Numerus clausus studieren, aber die Auswahl erfolgt dann eben beim 1. und 2. Staatsexamen. Nur wer zu den besten 20 Prozent gehört (9 von 18 Punkten beziehungsweise die Note »vollbefriedigend oder besser«), hat wirklich gute Berufsaussichten.

Eine Beraterin für akademische Berufe in der Bundesagentur für Arbeit formulierte es so: »›Die Betriebe suchen händeringend Lehrlinge, aber die Kandidaten hocken alle in den Gymnasien und Fachhochschulen rum.‹ Der rasante Aufschwung der gymnasialen Ausbildung sei ›eine Katastrophe‹ für die Bewerber. Denn die kommen von der Schule und sind bereits Anfang zwanzig. Weil sie die elfte und zwölfte Klasse zweimal gemacht haben. Mit einem Notendurchschnitt von 4,0 wollen sie nun trotzdem studieren.«[123]

2012 erwarben 479 000 Schüler in Deutschland die allgemeine Hochschulreife (42,3 Prozent aller Schulabgänger), und 2013 nahmen 495 000 ein Studium auf. Die sogenannte Studienanfängerquote eines Altersjahrgangs stieg von 27,2 Prozent im Jahr 1995 auf 57,5 Prozent im Jahr 2013.[124] Dagegen sank die Zahl der Neuzugänge im dualen System (Lehrverträge[125]) von 569 000 im Jahr 2007 auf 497 000 im Jahr 2013.[126] Unmittelbar sind diese Zahlen natürlich nicht vergleichbar, da viele nach Abschluss einer Lehre noch ein Studium anschließen. Die Schwierigkeiten der Betriebe bei der Suche nach Lehrlingen nehmen zu.[127]

Es stellt sich aber doch die grundsätzliche Frage, wie viele junge Menschen, die qualifizierte Elektroinstallateure oder Werkzeugmacher hätten werden können, später als Juristen mit der Note »ausreichend« oder als Germanisten ohne tiefere Literaturkenntnis die Universität verlassen. Und es stellt sich die weitere Frage, ob das für diese Menschen und für die Gesellschaft insgesamt gut ist. Solche Fragen muss zunächst jeder für sich beantworten. Zwar ist es richtig, dass mehr

Bildung im Durchschnitt auch mehr Einkommen bedeutet.[128] Sicher ist aber auch, dass ein qualifizierter Handwerker in Zukunft mehr Geld verdienen wird als ein mäßiger Jurist oder ein schlechter Germanist ohne inneres Interesse an Literatur. Zum Akademisierungswahn sage ich an dieser Stelle nichts, dazu gibt es bereits leidenschaftliche Äußerungen.[129] Die gezielte Massenproduktion von Abiturienten wird mittlerweile ergänzt durch finanzielle Anreize für die Hochschulen, möglichst viele Studenten zu einem Abschluss zu führen.[130] Das verstärkt die Tendenz, das Niveau der Hochschulen auszuhöhlen, um durch »erfolgreiche« Abschlüsse zusätzliche Mittel einzuwerben.[131] In Nordrhein-Westfalen hat das Wissenschaftsministerium schon über die Festschreibung von Höchstquoten für Studienabbrecher nachgedacht. Eigentlich sei es dann konsequent, so Jürgen Kaube, die Zahl der Studienabschlüsse politisch zu beschließen und die Bachelor-Urkunden gleich dem Abiturzeugnis beizulegen.[132]

Bildung wird mit utopischen Zielen belegt
Aus der Unterschiedlichkeit der Menschen und ihrer Begabungen folgt, dass jedes Bildungssystem, das gute wie das schlechte, individuelle Unterschiede in der Bildungsleistung hervorbringt und ein Anforderungsniveau, das den einen überfordert, für den anderen Langeweile bedeuten kann. Im deutschen Schulsystem wurde daher zu Beginn des 19. Jahrhunderts eine Dreiteilung verfügt. Die stufenweise eingeführte allgemeine Schulpflicht erfüllten über 90 Prozent der Schüler durch den Besuch der *Volksschule*. Die Dauer der Schulpflicht betrug zunächst sechs, dann acht und heute zehn Jahre. Die Realschule mit der mittleren Reife trat im späten 19. Jahrhundert ergänzend hinzu. Eine kleine Minderheit wechselte mit dem Beginn des 5. Schuljahrs auf das von Wilhelm von Humboldt konzipierte *Gymnasium*. Das Abitur berechtigte zum Studium an einer Universität. Traditionell besuchten 5 Prozent eines Jahrgangs ein Gymnasium. In den fünfziger Jahren des vergangenen Jahrhunderts waren es 10 Prozent. Seit den sechziger Jahren stieg der Gymnasialanteil bis auf das heutige Niveau kontinuierlich an. Für eine weitere kleine Minderheit von Kindern mit Lernbehinderung wurden spezielle Förderschulen geschaffen, die ursprünglich *Hilfsschulen* hießen. Dieses Bildungssystem legte die Grundlage für den Aufstieg Deutschlands

als Bildungs- und Wissenschaftsnation im 19. Jahrhundert mit der Folge, dass um 1910 über 50 Prozent der gesamten wissenschaftlichen Literatur in der Welt auf Deutsch veröffentlicht wurden. Offenbar waren Auswahl und Ausbildung der geistigen Eliten im damaligen Deutschland sehr erfolgreich.

Die Colleges in den USA mit Abschluss Bachelor wurden im 19. Jahrhundert mit dem Ziel eingeführt, eine Allgemeinbildung und Studierfähigkeit herzustellen, die dem deutschen Abitur vergleichbar waren und von den amerikanischen Highschools nicht geleistet wurden. Die Gleichsetzung dieser College-Ausbildung, die nur dazu dient, das traditionelle Niveau deutscher gymnasialer Oberstufen zu erreichen, mit einem Studium an der Universität nennt Julian Nida-Rümelin den »Bologna-Irrtum«. Hier liegt für ihn der Ursprung des Wahns, dass in einer Wissensnation mindestens 50 Prozent eines Altersjahrgangs studieren müssten.[133]

Ein Bildungssystem vermittelt nicht nur Wissen und fördert nicht nur die kognitiven Fähigkeiten. Der unterschiedliche Erfolg dabei beeinflusst vielmehr auch die Zuteilung von Lebenschancen und die gesellschaftliche Schichtung. Darum stehen Bildungsthemen im Fokus ganz unterschiedlicher Interessen:

1. Die Sicherung und Steigerung der Bildungsleistung hat eine große wirtschaftliche Bedeutung.
2. Bildung soll den Menschen urteilsstärker und geistig unabhängiger machen und überhaupt insgesamt verbessern.
3. Da Bildung und Bildungsabschlüsse Lebenschancen zuteilen, soll der Zugang zu Bildung möglichst frei sein, und es soll möglichst gerecht dabei zugehen.
4. Soweit Bildung Unterschiede zwischen den Menschen herausarbeitet und verfestigt, widersprechen ihre Ergebnisse der Gleichheitsidee. Wer die Ungleichheit in der Gesellschaft abschaffen will, stürzt sich deshalb gern auf Bildungsfragen.

Die ständige Konkurrenz dieser vier Interessenstränge führt zu dem bekannten permanenten Chaos in der Bildungsdebatte und zu immer neuen Missverständnissen. Konflikte wurden nur scheinbar gelöst, indem man Zugangskontrollen abschaffte (Wegfall von Aufnahmeprüfungen für weiterführende Schulen und der verbindlichen Laufbahnempfehlung der Lehrer), Anforderungen senkte, dem Gymnasium, wo immer es ging, das Wasser abgrub und den Zugang zu höheren Bildungsabschlüssen inflationierte.

Schleichend wird die Forderung nach Chancengleichheit von der Forderung nach Ergebnisgleichheit verdrängt. Viele wollen gar keinen Unterschied mehr machen zwischen anspruchsvollen und weniger anspruchsvollen Leistungen, zwischen niedriger und höherer Begabung. Das ist auch der Grundgedanke der Inklusion. Gleichzeitig macht der immer höhere Anteil der Schüler an weiterführenden Schulen die Hauptschulen zu Restschulen mit einer im Verhalten problematischen Klientel. So treibt alles auf eine Einheitsschule hin, in der geistig Behinderte gemeinsam mit Abiturienten lernen, wie man in Berlin anschaulich studieren kann. Die Ideologie der Inklusion führte dort zunächst zur Abschaffung der Förderschulen. Die Umstellung der Lehrerausbildung auf den Stufenlehrer beseitigte das Berufsbild und die Fähigkeiten des Gymnasiallehrers, der aufgrund seines tiefen fachlichen Wissens schon im 5. und 6. Schuljahr den Bogen ziehen kann zu größer angelegten Anforderungen und Fragestellungen, die in späteren Jahrgangsstufen wichtig werden. Die Probleme der Hauptschule als Restschule führten schließlich zu ihrer Abschaffung und zu den Sekundarschulen, die auch die mittlere Reife und das Abitur anbieten. Mangelhafte Akzeptanz hat Berlin inzwischen dazu veranlasst, in allen Berliner Sekundarschulen die gymnasiale Oberstufe anzubieten. Künftig wird es also in Berlin von der 7. Klasse an nur noch Schulen geben, an denen man auch das Abitur machen kann.[134]

Auf unterschiedlichen Wegen und mit unterschiedlichem Tempo geschieht das in allen Bundesländern in ähnlicher Weise.[135] Die Weiterentwicklung des Abiturs zum allgemeinen Schulabschluss – ähnlich dem Highschool-Abschluss in den USA – ist vorgezeichnet. Nur wird dann sein Inhalt mit dem alten deutschen Abitur Humboldt'scher Prägung gar nichts mehr zu tun haben. Die allgemeine Hochschulreife wird nur noch eine Worthülse sein. An ihre Stelle werden generell Tests und besondere Auswahlverfahren treten. Aber alle ehrgeizigen Eltern, die auf die Verpackung und nicht auf den Inhalt schauen, werden nach wie vor begeistert sein, wenn ihr Kind das »Abitur« geschafft hat.

Vielleicht gelingt es ja, in den Sekundarschulen mit dem Standardabschluss »Abitur für alle« durch innere Differenzierung Leistungskurse anzubieten, die auch die Begabten ausreichend fördern und fordern. Falls nicht, wird Deutschland einen Privatschulboom ohnegleichen erleben. Denn viele Eltern werden Wert darauf legen, dass ihre Kinder bei den künftig unvermeidlichen standardisierten Testverfahren für begehrte Fächer und renommierte Hochschulen gut abschneiden.[136] Das schafft neue soziale Ungerechtigkeiten. Da waren wir schon einmal weiter. Denn während den Hochbegabten unter den Volksschülern des 19. Jahrhunderts der Weg ins Gymnasium und zu einer Spitzenausbildung offenstand, werden solche Begabungen künftig im Mittelmaß der durch das Regionalprinzip verbindlich zugeteilten Sekundarschule verdorren. Das Grundprinzip dieser Art von Gleichheitsideologie in der Bildung ist nicht nur die Vermeidung von jedweder Selektion oder zumindest ihr Hinausschieben auf einen möglichst späten Zeitpunkt, sondern auch die konsequente geistige Verneinung jedweder Gründe dafür, Unterschiede zu machen. Alle traditionellen Hürden auf dem Bildungsweg werden beseitigt. Doch wenn die Absolventen das solcherart hürdenfrei gestaltete Bildungssystem dann als junge Erwachsene verlassen, erweisen sich viele plötzlich als nicht ausbildungsfähig[137] oder scheitern an der propädeutischen Mathematik der »harten« Studienfächer.

Besonders diskreditiert sind bei den Gleichheitsideologen alle Unterrichtsformen, bei denen sich eine Selektion nach der Intelligenz der Schüler und nach dem Bildungshintergrund der Eltern ergeben könnte. Darum hat die französische Bildungsministerin Vallaud-Belkacem 2015 die Abschaffung der Latein- und Altgriechisch-Angebote und der intensiven Deutsch- und Englischklassen vorangetrieben. Mit alten Sprachen und europäischer Kultur hat sie offenbar nichts am Hut, und sie findet anscheinend auch nichts dabei, wenn Frankreich bei der Beherrschung moderner Fremdsprachen wie Deutsch und Englisch internationales Schlusslicht bleibt. Für sie verschafften diese Angebote einer Minderheit von Schülern die Möglichkeit, sich vom Rest abzuheben. Das will sie im Namen der Gleichheit verhindern.[138]

In Deutschland richtet sich die Abneigung der Gleichheitsideologen seit jeher gegen das Gymnasium. Für die grüne Fraktionsvorsitzende im Niedersächsischen Landtag, Anja Piel, ist das Gymnasium der Ort, »an dem sich die Unternehmerkinder zusammenrotten«, und der Oberbürgermeister von Frankfurt, Peter Feldmann (SPD), will die Abiturientenquote seiner Stadt von 56 Prozent weiter steigern, »bis es kracht«.[139] Die Abneigung lässt sich kaum mit Kosten begründen, denn die Gymnasialausbildung ist besonders preisgünstig: Während meiner gesamten Zeit als Finanzsenator in Berlin waren im Sekundarbereich die Bildungsausgaben pro Gymnasiasten am niedrigsten, die Ausgaben pro Hauptschüler dagegen am höchsten.

Die Gleichheitsideologen möchten offenbar nicht, dass sich die Kinder der Gebildeten und Bessergestellten in ihren eigenen Kreisen bewegen. Sie befürchten anscheinend, dass sich Bildungsvorsprünge und Besserstellung quasi als soziale Ansteckung schichtenabhängig weiterverbreiten. Sie sind nicht zufrieden, wenn die Leistungsstarken aus unteren Schichten die Gelegenheit zum Aufstieg bekommen, sondern möchten vielmehr das allgemeine Tempo so drosseln, dass auch die Leistungsschwächeren aus unteren Schichten jede Hürde nehmen. Die Gleichheitsideologen interessieren sich vor allem dafür, wie man die Kinder der bildungsnahen Schichten in der Entfaltung ihrer Leistung behindern kann, und viel weniger dafür, wie man die Leistung der Schwachen aus bildungsfernen Schichten verbessern kann. Zuverlässig erkennt man diese Intention daran, dass die Schwachen aus bildungsfernen Schichten umso weniger leisten, je »fortschrittlicher« und gleichheitsorientierter die Ausrichtung der Bildungspolitik ist.

Die Gleichheitsideologen werden ihr Ziel nicht erreichen, sondern genau das Gegenteil bewirken: Das deutsche Bildungssystem wird den amerikanischen oder britischen Weg gehen, wo ein ausgedehntes Privatschulwesen die Kinder der Bessergestellten unter den Bildungsbürgern aufnimmt. Sozial gerecht ist das nicht. Aber überall auf der Welt denken Eltern zuerst an die Zukunft ihrer Kinder und erst dann an die allgemeine Gerechtigkeit, das wird man ihnen auch nicht austreiben können.

Man kann das allgemeine Niveau senken und die Engpass- und Lenkungsfunktion des Bildungswesens möglichst weit hinausschieben oder ganz aufgeben. Man wird aber nie verhindern können, dass jene, die begabter sind, die mehr Wissen ansammeln oder schlichtweg ehrgeiziger und fleißiger sind, im Leben auch mehr Erfolg haben. Und man wird auch nie den Umstand ausheben können, dass Begabungen und den Lebenserfolg fördernde Einstellungen in jeder Population ungleich verteilt und zu einem guten Teil erblich sind. Alle Versuche, die darauf beruhende Gliederung der Gesellschaft aufzuheben, endeten stets in spektakulären Misserfolgen. In China wie in Schweden sind die heute Erfolgreichen in erster Linie die Nachkommen der früher Erfolgreichen. Soziale Mobilität findet statt, aber sie ist heute nicht schneller als vor 200 Jahren. Das kann durch ein Gesellschaftssystem kaum geändert werden.[140]

Negative Folgen
Die Gleichheitsideologen unter den Bildungspolitikern werden ihr Ziel auch in ferner Zukunft niemals erreichen, aber sie richten schon heute erheblichen Schaden an.

- Das kulturelle Wissen wird nicht mehr ausreichend weitergegeben.
- Künftigen Eliten mangelt es an Allgemeinbildung, soweit sie diese nicht aus ihren Elternhäusern mitbringen oder eigenen Anstrengungen verdanken.
- Die Bildungslücken der politischen Führungsschichten sind heute schon erschreckend. Damit meine ich nicht Verständnisprobleme in Bezug auf die Relativitätstheorie oder die Feinheiten moderner Geldpolitik, sondern grobe Lücken etwa auf dem Gebiet der Geschichte oder der Evolution.
- Die politische und gesellschaftliche Debatte verliert an Niveau, wenn elementares Wissen nicht nur bei der Mehrheit der Bevölkerung, sondern auch bei den Vertretern von Medien, Politik und Wirtschaft fehlt.
- Unsere künftige Wettbewerbsfähigkeit wird beeinträchtigt und unser wirtschaftlicher und wissenschaftlicher Rang in der Welt gefährdet.

Leider üben die Gleichheitsideologen in den Medien und in der öffentlichen Debatte einen erheblichen Einfluss aus. Ihre starke Wirksamkeit wird unterstützt durch die fünf Erbsünden der Politik:

UNWISSENHEIT
Bildungspolitiker wissen durchweg wenig bis nichts über die Ergebnisse der Entwicklungspsychologie und der Bildungsforschung. Die Ergebnisse von PISA und Co. nehmen sie kaum zur Kenntnis.

ANMASSUNG
Weil sie zu wenig über sachliche Zusammenhänge wissen, täuschen sie sich fortwährend über ihre eigenen Handlungsmöglichkeiten.

BEDENKENLOSIGKEIT
Es ist üblich, für eine neue Utopie oder auch nur für eine bloße neue Mode funktionierende Strukturen zu zerstören. So kam es in Berlin zur Aufhebung der Vorschule und zum jahrgangsübergreifenden Unterricht. So kommt es im Exzess der Inklusion zur Auflösung funktionierender Förderschulen.

BETRUG
Um Misserfolge als Erfolge zu verkaufen, wird Unangenehmes unterdrückt und gerne die Unwahrheit gesagt. Unter den verlogenen Verwaltungen, die ich in meinem Leben kennengelernt habe, schoss die Berliner Schulverwaltung den Vogel ab.

SELBSTBETRUG
Bildungspolitiker sind von Haus aus Gläubige. Sie nutzen jede Gelegenheit, sich etwas vorzumachen, und geraten schnell in Rage, wenn man ihnen das nachweist.

Demografie und Einwanderung

Der säkulare Geburtenrückgang, den Deutschland seit mittlerweile 60 Jahren erfährt, und die nachhaltig niedrige Nettoreproduktionsrate von ca. 1,4 Kindern je Frau sind unter vielen Aspekten Anlass zu großer Sorge. Dies gilt vor allem dann, wenn der Rückgang der Geburten sich so auf die Bevölkerungsschichten verteilt, dass er sozioökonomisch nicht neutral ist, und wenn eine ungeplante und unter vielen Aspekten unerwünschte Einwanderung aus fremden Kulturkreisen hinzutritt. Mit diesen Fragen habe ich mich vor einigen Jahren in dem Buch *Deutschland schafft sich ab* befasst. Die dort beschriebenen Trends sind nach wie vor ungebrochen und wirkmächtig. Auch im Abstand eines halben Jahrzehnts habe ich dem nichts Wesentliches hinzuzufügen.

Hier betrachte ich die demografische Entwicklung ausschließlich aus einer sehr eingeschränkten Perspektive, nämlich unter dem Aspekt der Auswirkungen auf den Wohlstand. Soweit ich zu dem Schluss komme, dass solche Auswirkungen gering sind, weil der Wohlstand eben nicht von der schieren Bevölkerungszahl getrieben wird, bedeutet das nicht, dass ich der Kinderarmut, der Alterung und Schrumpfung des deutschen Volkes gleichgültig gegenüberstehe. Das Gegenteil ist der Fall. In der öffentlichen Debatte wird bei der besorgten Betrachtung der Geburtenarmut in Deutschland und anderen Ländern durchweg zuerst auf die Gefahr für den Wohlstand verwiesen. Das ist nur in Grenzen berechtigt und unterschätzt die eigentliche Wohlstandsquelle, nämlich Umfang und Qualität des in der Arbeitsproduktivität zum Ausdruck kommenden menschlichen Wissenskapitals. Genauso untauglich oder zumindest nicht wirksam in der gewünschten Weise ist dann auch das propagierte Heilmittel, nämlich der Ersatz ausfallender heimischer Geburten durch mehr Einwanderung (dazu später mehr).

Die Macht der natürlichen Bevölkerungsbewegung zeigt sich nicht in der Entwicklung des Wohlstands (dieser kann sinnvoll nur an den Realeinkommen pro Kopf gemessen werden), sondern im Anstieg und im Schrumpfen der Bevölkerung und der damit einhergehenden Verschiebung der relativen Gewichte zwischen Nationen, Kontinenten und ganzen Kulturkreisen. Die natürliche Bevölkerungsbewegung hat also einen erheblichen langfristigen Einfluss auf die Größe, Macht und Bedeutung eines Landes. Auch der weitaus größte Teil der Umweltprobleme in der Welt hängt mit dem Umfang und dem Wachstum der Bevölkerung zusammen. Nur mit dem Wohlstand hat die Bevölkerungsgröße gar nichts zu tun. Darum leisten jene einen Beitrag zur Vernebelung von Zusammenhängen, die – guten Glaubens oder nicht – behaupten, zur Sicherung und weiterer Verbesserung des Wohlstands sei eine bestimmte Menge an Geburten nötig oder – wenn diese fehlen – an Einwanderung,. Soweit ehrwürdige Einrichtungen wie die Bertelsmann-Stiftung, Arbeitgeberverbände oder Arbeitsmarktforscher eine solche Behauptung aufstellen, gilt das auch für sie.

Interessant ist, dass gerade jene, die eine Diskussion oder auch nur die Problematisierung der deutschen Geburtenarmut scheuen und jede besorgte Betrachtung demografischer Tendenzen gern in die rechte (oder am liebsten braune) Ecke schieben, besonders unermüdlich darauf hinweisen, dass Deutschland Einwanderung brauche, um seinen Wohlstand und seine künftige Bedeutung zu sichern. Dabei sagt doch die einfache Logik: Wenn fehlende deutsche Geburten kein Problem sein sollen, dann dürfte fehlende Einwanderung zum Füllen ebendieser Lücke noch viel weniger ein Problem sein. Es ist nämlich kein einziges demografisches Problem bekannt, das sich durch den natürlichen Nachwuchs der eigenen Bevölkerung nicht organischer, besser und friktionsfreier lösen ließe als durch Einwanderung. Dabei gibt es allenfalls diese eine Ausnahme: Die Eingewanderten sind intelligenter, besser ausgebildet und fleißiger als die einheimische Bevölkerung, deren fehlende Geburten sie ersetzen. Für die Einwanderung nach Deutschland gilt das in der Summe zweifelsohne nicht, zu großen Teilen wohl eher das Gegenteil.

Zu Beginn dieses Kapitels hatte ich aus der Analyse von Wohlstand, Produktivität und wirtschaftlichem Wachstum abgeleitet, dass das Wachsen und Schrumpfen der Bevölkerung – sei es durch Geburten oder durch Wanderungsbewegungen – mit dem Wohlstand oder der Armut eines Landes gar nichts zu tun hat. Wohlstandsrelevant sind vielmehr allein die Arbeitsproduktivität und die Arbeitsintensität einer Bevölkerung, nicht ihr Wachsen, nicht ihr Schrumpfen und auch nicht ihre absolute Zahl.

Ich hatte ferner gezeigt, dass sich bei vergleichbaren institutionellen Bedingungen Unterschiede in der Arbeitsproduktivität auf Unterschiede bei der Sozialisation, dem Fleiß, der Intelligenz und der Bildung der Menschen zurückführen lassen. Die kumulierte Wirkung der beiden letzten Faktoren zeigt sich in den »kognitiven Kompetenzen«, die man auch unter dem Begriff »Wissenskapital« zusammenfassen kann. Wie bereits in dem Abschnitt »Kognitives Kapital« dargestellt, ist beim internationalen Vergleich der Zusammenhang zwischen den in internationalen Schulleistungstests gemessenen kognitiven Kompetenzen einerseits und dem Wohlstandsniveau wie dem

Tabelle 4.16: Bildungsleistung und Wohlstand im internationalen Vergleich

	Durchschnittlicher Punktwert der mathematischen Kompetenz bei PISA 2012	Kaufkraftbereinigtes BIP pro Kopf Deutschland = 100
Shanghai (China)	613	28
Singapur	573	180
Korea	554	77
Japan	536	81
Finnland	519	88
Kanada	518	98
Polen	518	55
Deutschland	**514**	**100**
Frankreich	495	88
Großbritannien	494	86
Italien	485	77
Russland	482	54
Vereinigte Staaten	481	119
Griechenland	453	56
Türkei	448	43
Kasachstan	432	52
Brasilien	391	39
Argentinien	388	49
Tunesien	388	25
Jordanien	386	26
Indonesien	375	23

Quelle: OECD, *Pisa 2012 Results: What Students Know and Can Do*. Volume I, Paris 2014, S. 48ff., 298; IMF: World Economic Outlook Database vom 14. April 2015 und eigene Berechnungen

Wirtschaftswachstum andererseits schlagend und eindeutig. Dazu gilt die schon zitierte Aussage von Ludger Wößmann: »Ein Verständnis des Wohlstands der Nationen muss letztlich auf dem Wissenskapital der Nationen beruhen.«

Dieselbe Tendenz zeigt sich, wenn man aktuelle Daten zu PISA-Ergebnissen und zum Pro-Kopf-BIP nebeneinanderstellt (vgl. Tabelle 4.16). »Ausreißer« aus dem engen Zusammenhang zwischen Bildungsleistung und Wirtschaftsniveau sind ehemals kommunistische Staaten wie Polen und China, die sich noch im Aufholprozess befinden, oder rohstoffreiche Länder wie Kasachstan und Argentinien, deren Wohlstand aus dem Boden und nicht aus den Köpfen stammt. Für Deutschland lässt sich festhalten, dass die Tendenz

moderner Bildungspolitik, vor allem auf eine steigende Zahl formal
hoher Abschlüsse zu setzen, nicht zu einem entsprechenden Anstieg
der Bildungsleistung und der kognitiven Kompetenzen führt. Das
macht Bildungspolitik nicht weniger wichtig, aber unter den Aspekten
von Niveau und Wachstum des Wohlstands leidet sie – zumindest in
Deutschland, aber auch in vielen anderen Ländern – offenbar unter
einer falschen Zielsetzung.

Bildungsleistung und kognitive Kompetenzen hängen nicht nur
von der Qualität des Schulwesens, sondern auch von der Herkunft
der Schüler ab. Das gilt für den kulturellen Hintergrund, die ethnische Herkunft, aber auch die soziale Schicht und den Bildungshintergrund der Eltern. Bildungspolitik ist zu Recht aufgerufen, individuelle
Potentiale unabhängig von der Herkunft zu erschließen. Das ändert
aber nichts an der nachhaltigen, Generationen überdauernden Bedeutung der Herkunft für Bildungsleistung und kognitive Kompetenzen.
Deshalb gilt der folgende Zusammenhang: Soweit natürliche Bevölkerungsbewegung und Einwanderung die herkunftsbezogene Zusammensetzung der Bevölkerung verändern, wirkt dies auch auf die Bildungsleistung und die kognitiven Kompetenzen der Bevölkerung und
damit indirekt auf den Wohlstand. Steigen die kognitiven Kompetenzen durch die veränderte Zusammensetzung der Bevölkerung, hat dies
einen positiven Einfluss auf den Wohlstand, aber das Umgekehrte gilt
natürlich auch.

Im Folgenden beschränke ich mich auf die Fragestellung, wie sich
die natürliche Bevölkerungsbewegung und die Einwanderung auf das
Wohlstandsniveau und die künftige Wohlstandsentwicklung auswirken. Dabei wird sich zeigen, dass sich die Wohlstandsrelevanz von
natürlicher Bevölkerungsentwicklung und Einwanderung nicht aus
den schieren Zahlen und ihrem Wachsen oder Schrumpfen ergibt,
sondern allein durch ihre Auswirkungen auf die Zusammensetzung
der Bevölkerung: Soweit die natürliche Bevölkerungsbewegung und/
oder Einwanderung die durchschnittliche kognitive Kompetenz der
Bevölkerung erhöhen, wirkt sich dies positiv auf Niveau und Wachstum des Wohlstands aus. Das Umgekehrte gilt aber auch.

Der Einfluss der deutschen Geburtenarmut

Seit über 40 Jahren bekommen die Frauen in Deutschland durchschnittlich 1,3 bis 1,4 Kinder.[141] Für die Bestandserhaltung wären 2,1 Kinder pro Frau nötig. Jede Generation von Kindern ist also im Durchschnitt um 35 Prozent kleiner als die Generation der Eltern und bei unverändertem Trend um knapp 60 Prozent kleiner als die der Großeltern. Solange die Geburtenrate nicht steigt und man Einwanderung ausklammert, setzt sich dieser Schrumpfungsprozess zeitlich unbegrenzt fort. Bei einem weiter stabilen Trend würden nach sieben Generationen in Deutschland nicht mehr wie gegenwärtig 80 Millionen Menschen leben, sondern nur noch so viele wie bei der Entstehung des Deutschen Reiches vor 1100 Jahren, nämlich rund 4 Millionen. Diese Betrachtung ist einerseits sehr erhellend, andererseits aber ohne wirkliche Prognosekraft: Erstens ist es unwahrscheinlich, dass ein bestimmter Trend der Fruchtbarkeit über viele Generationen unverändert bleibt. Zweitens würde ein so weitgehend entleerter Raum in Mitteleuropa in der einen oder anderen Form immer zu Einwanderung einladen.

Die Geburtenarmut verändert die Zusammensetzung der Bevölkerung und erhöht ihr durchschnittliches Alter. Dieser Alterseffekt wird noch dadurch verstärkt, dass das durchschnittliche Alter der Eltern bei der Geburt steigt[142] und sich folglich die Überlappung der Generationen verringert.[143] Überdies steigt seit vielen Jahrzehnten die Lebenserwartung in der westlichen Welt. Wenn die Menschen länger leben, steigt auch der Anteil der Alten. Alterung und Schrumpfung der Bevölkerung sind miteinander kausal verbunden, beide Erscheinungen müssen jedoch logisch voneinander getrennt werden: Einwanderung könnte bei hinreichend großer Zahl nur den Schrumpfungs-, nicht aber den Alterungsprozess aufhalten. Eine wieder größere Zahl an Geburten pro Frau könnte die Altersstruktur zwar langfristig wieder normalisieren, das würde aber einige Jahrzehnte dauern. Der Effekt der steigenden Lebenserwartung auf die Alterung würde davon nicht betroffen sein.[144]

Der klassische Einstieg in die Bevölkerungsdebatte ist die Frage, wer künftig unsere Renten bezahlen soll, wenn der Gesellschaft die Kinder fehlen. Diese Frage hat ihre elementare Berechtigung, denn natürlich müssen im Umlageverfahren die Beitragssätze umso höher sein, je kleiner die aktive Generation im Verhältnis zur Rentnergeneration ist. Das zahlenmäßige Verhältnis der Rentnergeneration zur Generation im erwerbsfähigen Alter wird mit dem Begriff *Altenquotient* umschrieben. Der *Jugendquotient* beschreibt das Zahlenverhältnis der Kinder und Jugendlichen zur Bevölkerung im erwerbsfähigen Alter. Andauernde Geburtenarmut wirkt entlastend beim Jugendquotienten und belastend beim Altenquotienten. Der *Gesamtquotient* beschreibt die Kombination aus Be- und Entlastung.

Während die sinkende Kinderzahl zu einem fallenden Jugendquotienten führt, bewirkt die Verlängerung von Schul- und Ausbildungszeiten dessen Anstieg. Umgekehrt bewirkt die Erhöhung der Lebenserwartung einen Anstieg des Altenquotienten. Schiebt sich das Rentenalter infolge besserer Gesundheit und steigender Lebenserwartung hinaus, sinkt der Altenquotient. Wenn man auf die Belastbarkeit der Menschen im erwerbsfähigen Alter abstellt, muss man die Belastung durch die Jungen und die Alten gemeinsam betrachten. Das ist grundsätzlich auch gerechtfertigt. Im Falle der Alten bestehen die Kosten vor allem in den Rentenbezügen. Im Falle der Jungen bestehen sie – neben den Ausgaben in den Familien – vor allem in den Ausgaben für das staatliche Bildungssystem.

Will man die tatsächliche Belastung realistisch abbilden, bietet es sich an, bei der Abgrenzung der Bevölkerung im erwerbsfähigen Alter sowohl der verlängerten Ausbildungsdauer Rechnung zu tragen als auch der steigenden Lebenserwartung: Die verlängerten Schulbesuchszeiten und der hohe Akademisierungsgrad im Zuge der weiteren Ausbildung lassen künftig einen durchschnittlichen Eintritt ins Erwerbsleben mit Mitte zwanzig als nicht unrealistisch erscheinen. Ebenso lassen es die bessere durchschnittliche Gesundheit und die weiter steigende Lebenserwartung als realistisch erscheinen, auf längere Sicht von einer durchschnittlichen Verlängerung der Erwerbsphase bis zum Alter von 70 Jahren auszugehen.

Um die langfristigen Wirkungen unterschiedlicher Geburtenzahlen vergleichen zu können, habe ich einige Modellrechnungen angestellt und vergleiche die Eckwerte ihrer Ergebnisse miteinander. Dabei unterstelle ich einheitlich eine durchschnittliche Lebenserwartung von 85 Jahren. Ich vergleiche ein Modell, in dem jeder Altersjahrgang gleich stark besetzt ist, die Bevölkerung sich also langfristig weder

Tabelle 4.17: Modellrechnungen zur langfristigen Auswirkung der Geburtenhäufigkeit auf den Altenquotienten, den Jugendquotienten und den Gesamtquotienten

Altersgruppen	Bestandserhaltende Geburtenrate	Stetige Schrumpfung um ein Drittel pro Generation	Saldo zwischen Bestandserhaltung und Schrumpfung
	Anteil in %		
(1) Erwerbseintritt 15 Jahre, Rentenalter 65 Jahre			
0 bis 14	17,4	10,1	-7,3
15 bis 64	58,1	53,6	-4,7
65 und älter	24,4	36,3	+11,9
Jugendquotient	30,0	18,7	-11,3
Altenquotient	42,0	67,7	+25,7
Gesamtquotient	72,0	86,4	+14,4
(2) Erwerbseintritt 20 Jahre, Rentenalter 65 Jahre			
0 bis 19	23,3	13,9	-9,4
20 bis 64	52,3	36,3	-16,0
65 und älter	24,4	49,8	+25,4
Jugendquotient	44,4	27,9	-16,5
Altenquotient	46,7	72,9	+26,2
Gesamtquotient	91,1	100,8	+9,7
(3) Erwerbseintritt 26 Jahre, Rentenalter 70 Jahre			
0 bis 25	30,2	18,9	-11,3
26 bis 69	51,2	52,5	-1,3
70 und älter	18,6	28,6	+10,0
Jugendquotient	59,1	36,0	-23,1
Altenquotient	36,4	54,4	+18,0
Gesamtquotient	95,5	90,4	-5,1

Annahme: durchschnittliche Lebenserwartung 85 Jahre

vermehrt noch vermindert, mit einem Modell, in dem die Jahrgangs-stärke mit sinkendem Lebensalter immer weiter schrumpft. Die un-terstellte Schrumpfungsrate entspricht einer langfristigen Nettorepro-duktionsrate der Bevölkerung von 1,4. Das war recht stabil die Fruchtbarkeit in der Bundesrepublik über das letzte halbe Jahrhun-dert. Effekte durch Auswanderung und Einwanderung sind bei der Modellrechnung ausgeklammert. Außerdem variiere ich die Ergeb-nisse je nach dem durchschnittlichen Eintritt ins und dem Austritt aus dem Erwerbsleben. Die Ergebnisse der Modellrechnungen sind in Tabelle 4.17 zusammengefasst.

Demografische Wirkungen sind sehr langfristig. Eine sinkende Geburtenrate wirkt zunächst über Jahrzehnte ausschließlich entlastend. Die Belastungen beginnen sich erst zu zeigen, wenn die geburtenschwachen Jahrgänge ins Erwerbsleben eintreten. Dann dauert es wiederum Jahrzehnte, bis eine solche Entwicklung durch steigende Geburten korrigiert ist. Wenn eine bestimmte Geburtenrate auf ganz lange Sicht stabil bleibt, erreichen auch Alten- und Jugendquotient ein stabiles Niveau. Die Quotienten sind von der Geburtenrate abhängig und verändern sich nicht, solange diese unverändert bleibt.

Mit der Annahme einer durchschnittlichen Lebenserwartung von 85 Jahren habe ich in die Zukunft vorgegriffen. Aber wir sind auf dem Weg dorthin. Seit Jahrzehnten steigt die Lebenserwartung jedes Jahr um etwa zwei Monate. Der zu erwartende weitere Anstieg würde auch bei bestandserhaltender Geburtenzahl zu einer Anhebung des Altenquotienten von gegenwärtig 35 Prozent (Bevölkerung 65+ im Verhältnis zur Bevölkerung von 20 bis 64 Jahren)[145] auf 46,7 Prozent gemäß Variante (2) führen. Der in der Variante (2) ermittelte Anstieg des Altenquotienten von 46,7 auf 72,9 Prozent spiegelt die langfristigen Wirkungen der gegenwärtigen Nettoreproduktionsrate. Bei unverändertem Rentenniveau würde das zu einem Anstieg der durch Steuern und Abgaben zu finanzierenden Belastung für die Alterssicherung um etwa 56 Prozent führen. Damit würden bei den heutigen Finanzierungsstrukturen die Nettoeinkommen der Bevölkerung im erwerbsfähigen Alter um etwa 20 Prozent reduziert. Dieser Betrag würde sich erheblich verringern, wenn man die Entlastung beim Jugendquotienten gegenrechnet. Allerdings sind diese Entlastungen über die Jahrzehnte hinweg bereits weitgehend eingetreten und damit moralisch »verbraucht«. Auch reagiert der Altenquotient sehr stark auf eine Erhöhung des Rentenalters. Das zeigt die Variante (3) der Modellrechnung, wo der geburtenbedingte Anstieg des Altenquotienten deutlich niedriger ist.

Die zusätzliche Belastung durch die Veränderung der Altersstruktur führt einmalig zu einer entsprechenden Verschiebung der Belastungsrelationen. Selbst wenn man die Negativwirkung mit 20 Prozent der verfügbaren Einkommen der Erwerbstätigen annimmt und das künftige Wachstum der Arbeitsproduktivität auf nur 1 Prozent jährlich schätzt, ist der gesamte Effekt der Geburtenarmut auf den Lebensstandard der erwerbstätigen Bevölkerung in weniger als 20 Jahren kompensiert. Soweit die Arbeitsproduktivität in Zukunft überhaupt wächst, wird sie diesen Belastungsanstieg langfristig weit überkompensieren.

Der künftige Wohlstand wird also nicht durch eine (möglicherweise) auch künftig niedrige Nettoreproduktionsrate bedroht. Diese ist für sich genommen bedauerlich, vielleicht sogar tragisch, weil damit das Gewicht Deutschlands in der Welt sinkt und die Basis für die Weitergabe und die fernere Entwicklung des deutschen kulturellen Erbes kleiner wird. Dagegen kann der geburtenbedingte Wohlstandseffekt durch den Produktivitätszuwachs weniger Jahre ausgeglichen werden. Das bedeutet: Eine absolute Beeinträchtigung des Lebensstandards wird durch die niedrige Geburtenrate dann (und nur dann) bewirkt, wenn die Arbeitsproduktivität nicht mehr wächst. Insgesamt aber ist die positive Wirkung einer weiter steigenden Produktivität langfristig deutlich höher, als es die Wirkungen einer dauerhaften Fortschreibung der gegenwärtigen niedrigen Geburtenrate sind. Das macht die fortgesetzte Alterung und Schrumpfung der deutschen Bevölkerung nicht weniger unerfreulich, und die Risiken für die seelische Verfassung und das Lebensgefühl der Gesellschaft sind damit schon gar nicht abgegolten. Eines aber ist klar: Wenn es in Deutschland gelingt, die Produktivität der menschlichen Arbeit weiterhin Jahr für Jahr um 1 bis 2 Prozent zu steigern, dann ist die Geburtenarmut zuallerletzt ein Wohlstandsproblem. Modellmäßig gilt nämlich immer: Zu einer beliebigen Geburtenrate und einem beliebigen Rentenalter stellt sich im Laufe der Jahrzehnte ein dazu passender stabiler Belastungskoeffizient ein. Ein Absinken der Geburtenrate hebt diesen einmalig an, ihr Anstieg senkt ihn einmalig ab. Immer wieder neu und exponentiell wirksam ist dagegen das Wachstum der Arbeitsproduktivität.

Eine weit größere Bedrohung für den künftigen Wohlstand wäre es, wenn die durchschnittliche kognitive Kompetenz in Deutschland künftig zurückgeht beziehungsweise der Abstand zur internationalen Spitzengruppe weiter wächst. Künftige Risiken für das kognitive Kapital in Deutschland ergeben sich, wie bereits diskutiert, aus einer fehlgeleiteten Bildungspolitik. Aber sie können sich auch durch die demografische Entwicklung aufgrund von Veränderungen in der sozioökonomischen Zusammensetzung der Bevölkerung ergeben.

Die sozioökonomischen Aspekte der Geburtenentwicklung
in Deutschland

Die Geburtenhäufigkeit in Deutschland unterscheidet sich deutlich nach sozioökonomischen Gruppen: Je höher der Bildungsgrad, desto niedriger ist die Kinderzahl.

- 31,3 Prozent der Hochqualifizierten haben gar keine Kinder, nur 10,5 Prozent haben drei Kinder und mehr.
- Unter den Niedrigqualifizierten haben dagegen 24,9 Prozent drei Kinder und mehr und nur 17,4 Prozent keinen Nachwuchs.
- Frauen ohne beruflichen Abschluss haben im Durchschnitt 1,78 Kinder, Frauen mit (Fach-)Hochschulabschluss dagegen 1,28 Kinder.[146]

Auch der Migrationshintergrund spielt eine Rolle: Frauen mit Migrationshintergrund sind seltener kinderlos und haben häufiger drei Kinder und mehr. Für türkischstämmige Frauen gelten diese Aussagen in noch höherem Maß; unter ihnen haben 50 Prozent drei und mehr Kinder.[147]

Dauerhaft unterschiedliche Geburtenraten – selbst wenn die Unterschiede nicht sehr groß sind – führen innerhalb weniger Generationen zu sehr dynamischen Verschiebungen in der Bevölkerungsstruktur.[148] Auf das Wissenskapital der Gesellschaft kann dies erhebliche Auswirkungen haben, denn die kognitive Kompetenz, wie sie beispielsweise in Schulleistungstests gemessen wird, hängt nicht nur von der Qualität der Schule, sondern zu einem wesentlichen Teil von der Herkunft der Schüler ab. Da der sozioökonomische Status des Elternhauses mit dem bei den Kindern gemessenen IQ korreliert,[149] ist es kein Wunder, wenn die Kinder aus Elternhäusern mit höherem sozioökonomischen Status im Durchschnitt bessere Schulleistungen erbringen.[150]

Nur die künftige Arbeitsmenge wird durch das Geburtendefizit negativ beeinflusst. Die Arbeitsproduktivität künftiger Generationen hängt dagegen nicht von der Zahl der Geburten ab, sondern von der Sozialisation, der Intelligenz und der Bildung der Geborenen. Alle diese Einflussfaktoren werden wesentlich davon bestimmt, wie die Herkunftsgruppen und sozialen Schichten an den Geburtenzahlen

relativ beteiligt sind. Die dabei entstehenden Defizite sind eine besondere Herausforderung für das Bildungssystem. Eine Verschiebung zu
kulturfremden Gruppen und niedrigen sozialen Schichten beeinträchtigt das Qualifikationsniveau und die Produktivität künftiger Generationen. Solche Unterschiede erklären in Deutschland maßgeblich das
Zurückbleiben der Stadtstaaten bei den Bildungsergebnissen. Berlin,
Hamburg und Bremen würden einen dramatischen Abfall erleben,
wären sie in Zukunft auf ihre eigene Bildungsproduktion angewiesen.

Einwanderung und kognitives Kapital
Alle Studien zu den wirtschaftlichen Effekten von Einwanderung ver-
weisen auf die Bedeutung der Qualifikation relativ zur einheimischen
Bevölkerung. Auch wo dabei positive Effekte ermittelt werden, sind
diese recht niedrig und belaufen sich durchweg auf weniger als 1 Prozent der Nettorealeinkommen.[151] Soweit Einwanderer gering qualifiziert sind, kann diese positive Wirkung aber durch Mindestlöhne
eingeschränkt oder in ihr Gegenteil verkehrt werden.[152] Niedrig qualifizierte Einwanderung ist nur dann relativ wohlstandsneutral, wenn
es keinen Mindestlohn gibt und Einwanderer, die keine Arbeit finden,
keine Sozialleistungen beziehen, sondern von ihren erwerbstätigen
Familienmitgliedern versorgt werden. Beide Bedingungen sind im Sozialstaat deutscher Prägung nicht gegeben. Aber selbst wenn sie gegeben wären, würden die (marginalen) positiven Wirkungen der Einwanderung allein die Einkommen der Hochqualifizierten betreffen,
während die einheimischen Niedrigqualifizierten durchweg Einbußen
erleiden.[153]

Die Bedeutung so manchen Gedankens wird leicht übersehen,
weil seine Struktur sehr schlicht ist – so schlicht, dass ein gewisses
Abstraktionsvermögen nötig ist, um die zentrale Pointe zu erkennen.
So ist es auch bei der Überlegung, ob – und wenn ja, unter welchen
Bedingungen – Einwanderung wirtschaftlichen Nutzen stiftet. Zunächst gilt es da zu unterscheiden, ob der wirtschaftliche Nutzen für
den Einwanderer selbst oder für das Einwanderungsland betrachtet
werden soll. Geht es um den Einwanderer, so hat er selbst mit dem
Entschluss zur Einwanderung eine Antwort gegeben. Ob sie sich später als falsch oder richtig herausstellt, ist dabei sekundär. Der Nutzen
für das Einwanderungsland hängt davon ab, ob der Einwanderer oder

eine Gruppe von Einwanderern für das Einwanderungsland einen wirtschaftlichen Überschuss erwirtschaftet, der über den eigenen Ressourcenverbrauch hinausgeht.

Dazu zunächst eine generelle Überlegung: Im Leben eines jeden Menschen wechseln sich die Phasen, in denen er mehr Ressourcen verbraucht, als er schafft, mit jenen ab, in denen es umgekehrt ist: In der Kindheit und Jugend, im Alter, bei Phasen der Krankheit, Arbeitslosigkeit oder Erwerbsunfähigkeit kostet er mehr, als er an Werten schafft. In der mittleren Phase seines Lebens schafft er normalerweise mehr an Werten, als er kostet. Manche Menschen haben in der Summe für die Gesellschaft einen Überschuss erwirtschaftet, wenn sie sterben. Andere haben von der Gesellschaft mehr erhalten, als sie beigetragen haben. Wenn sich diese positiven und negativen Salden der Menschen über ihre Lebenszeit gerechnet ausgleichen, dann hat jeder im Durchschnitt so viele Werte geschaffen, wie er verzehrt hat. Menschen und Menschengruppen mit einem Überschuss der geschaffenen über die verzehrten Werte steigern den Wohlstand der übrigen Gesellschaft. Menschen und Menschengruppen, die über ihre Lebenszeit gerechnet mehr Werte verzehren als sie schaffen, senken ihn. Diesen einfachen logischen Zusammenhang sollte man verstanden haben, wenn man über den wirtschaftlichen Nutzen von Einwanderung mit Aussicht auf Erfolg nachdenken will.

Man kann den Gedanken auch etwas anders fassen: Wenn jemand erstens im Laufe seines Lebens so viel an Steuern zahlt, wie es der Belastung steuerfinanzierter Einrichtungen durch ihn und seine Familie entspricht, ob es sich um Schulen, Straßen oder die Polizei handelt, und wenn er zweitens im Laufe seines Lebens nur so viel Geld von den staatlichen Sozialsystemen bezieht, wie er dort an Sozialabgaben eingezahlt hat, dann ist sein Leben und Sterben für den Wohlstand der Gesellschaft finanziell neutral. In der Gesellschaft gibt es eine gewisse Querfinanzierung. Das entspricht dem Grundsatz eines solidarischen Ausgleichs: Menschen mit – über die Lebenszeit gerechnet – überdurchschnittlichen Einkommen und überdurchschnittlicher Erwerbstätigkeit subventionieren die Gesellschaft. Menschen mit – über die Lebenszeit gerechnet – unterdurchschnittlichen Einkommen und unterdurchschnittlicher Erwerbstätigkeit werden von ihr subventioniert.

Wichtig ist es, die Kosten und Erträge *über die Lebenszeit* im Blick zu haben und sich nicht einfach nur eine Zeitscheibe herauszusuchen: Natürlich haben die 700 000 türkischen Gastarbeiter, die Anfang der 1970er Jahre in Deutschland arbeiteten, damals einen Wertüberschuss geschaffen. Es handelte sich ja durchweg um junge und jüngere gesunde Männer in bezahlter Arbeit. Und natürlich sieht die Lebenszeitrechnung ganz anders aus: Familiennachzug, hohe Arbeitslosigkeit, frühe Erwerbsunfähigkeit, niedrige Einkommen, hohe Beanspruchung der öffentlichen Infrastruktur und hohe Sozialleistungen führen dazu, dass die 3,5 bis 4 Millionen türkischstämmigen Mitbürger in Deutschland in der Summe mehr an wirtschaftlichen Werten verzehren, als sie schaffen. Das darf nicht als moralisches Urteil missverstanden werden. Es handelt sich vielmehr um eine logisch ableitbare, ganz offenkundige Tatsache. Jede soziale Gruppe – wie immer sie abgegrenzt ist –, die über die Lebenszeit gerechnet unterdurchschnittliche Einkommen und unterdurchschnittliche Erwerbsbeteiligung mit überdurchschnittlichem Bezug von staatlichen Leistungen verbindet, wird in der Summe von der Gesellschaft subventioniert. Diese rein logische Tatsache hat nicht unbedingt etwas mit Missbrauch zu tun: Im Sozialstaat gehen unterdurchschnittliche Einkommen und unterdurchschnittliche Erwerbsbeteiligung mit überdurchschnittlicher Inanspruchnahme staatlicher Leistungen geradezu zwingend Hand in Hand.

Im Demografiebericht der Bundesregierung von 2012 findet man zwar grundsätzlich positive Äußerungen zu »qualifizierter Einwanderung«, aber es wird auch festgestellt, dass bei Personen mit Migrationshintergrund die Erwerbstätigkeit unterdurchschnittlich ist (65,1 Prozent gegenüber 76,3 Prozent bei Personen ohne Migrationshintergrund), die Beschäftigung überwiegend in einfacher Tätigkeit erfolgt und die Arbeitslosigkeit fast doppelt so hoch ist wie bei Personen ohne Migrationshintergrund. Einer der Gründe dafür liege »in fehlenden beruflichen Qualifikationen«.[154] Damit ist nach dem vorher Ausgeführten schon rein logisch klar: Die Migranten verzehren in der Summe in Deutschland mehr an wirtschaftlichen Werten, als sie schaffen.

Die fehlende Differenzierung in der deutschen Statistik wirft leider so unterschiedliche Gruppen wie Vietnamesen, Polen, Roma, Araber und Einwanderer aus Subsahara-Afrika in einen Topf. So wird vermieden, dass man über die je nach Herkunft enormen Unterschiede zwischen den verschiedenen Migrantengruppen sinnvoll diskutieren kann. Es fehlt ganz einfach ein aussagefähiger Ansatzpunkt für die künftige Zuwanderungspolitik. Hilfsweise zitiere ich an dieser Stelle die Ergebnisse einer aktuellen finnischen Studie, die für Finnland den fiskalischen Nettoeffekt aller im Ausland geborenen Personen im erwerbsfähigen Alter für das Jahr 2011 berechnet und nach der Herkunft aufschlüsselt. Es ergab sich folgendes Resultat:[155]

Herkunftsgebiet	Fiskalische Nettokosten 2011 (in Euro)
Naher und Mittlerer Osten	10 000
Südostasien	6 600
Subsahara-Afrika	5 900
Lateinamerika	3 800
Osteuropa	2 900
Ostasien	2 200
Südasien	1 300
Westliche Welt	100

Diese Zahlen zeigen klar, wie absurd und irreführend es ist, Aussagen zu Migranten ohne Differenzierung nach der Herkunft zu treffen. Dies führt – ob es nun absichtlich geschieht oder nicht – objektiv zu einer Verschleierung der tatsächlichen Wirkungen von Einwanderung, und dieser Schleier liegt über der gesamten deutschen Migrationsdebatte. Allerdings wird im Demografiebericht auf die »Grenzen der Zuwanderungssteuerung« hingewiesen, die sich ergeben durch die »unionsweite Arbeitnehmerfreizügigkeit«, den »Ehegatten- und Familiennachzug« und die »Zuzüge im Rahmen der humanitären Verpflichtungen«.[156] Damit ist relativ klar – wenn auch recht abstrakt – gesagt, dass in Deutschland eine Steuerung der Zuwanderung nach der Qualifikation in der Praxis kaum möglich ist.

Der beste Indikator für Qualifikation ist die kognitive Kompetenz. Dieses Merkmal prognostiziert national und international recht zuverlässig den wirtschaftlichen Erfolg von Einzelnen und von sozialen Gruppen. Die zentrale Bedeutung des kognitiven Kapitals für Wohlstand und Wachstum wurde im Abschnitt »Kognitives Kapital«

bereits behandelt. Einwanderung wirkt positiv auf den Wohlstand eines Landes, wenn sie die durchschnittliche kognitive Kompetenz erhöht, und sie wirkt sich negativ aus, wenn sie die durchschnittliche kognitive Kompetenz absenkt. Wandern also Gruppen ein, deren kognitive Kompetenz im Verhältnis zur aufnehmenden Gesellschaft unterdurchschnittlich ist, so ist die Wirkung auf den durchschnittlichen Wohlstand der Gesellschaft negativ und umgekehrt. Diese einfache Wahrheit wird aus unterschiedlichen Gründen nicht gerne gehört. Einwanderung berührt Interessen, und generell verzichten Interessenten lieber auf die Wahrheit, als eine Wahrheit zu akzeptieren, die ihren Interessen widerspricht.

Rund um die Wirtschaftlichkeit von Einwanderung hört man immer wieder dieselben Argumente.

– *Man darf Einwanderungsfragen nicht rein wirtschaftlich sehen.*
Über den Sinn und die Zweckmäßigkeit einer Fragestellung entscheidet allein der Fragesteller. Wer Einwanderung nicht rein wirtschaftlich sehen möchte, hat gleichwohl einen Lerngewinn, wenn er eine Antwort auf die Frage weiß, unter welchen Bedingungen Einwanderung den Wohlstand erhöht und unter welchen Bedingungen sie ihn belastet.

– *Die Einwanderung einer bestimmten Gruppe von Einwanderern ist wirtschaftlich vorteilhaft, solange deren Steuern und Abgaben über den von ihnen verursachten Ausgaben liegen.*
Das mag so sein, ist aber für sich genommen keine aussagefähige Erkenntnis. Die direkten und indirekten Kosten des Familiennachzugs und die langfristigen Folgen im Bildungs- und Sozialsystem müssen zumindest einbezogen werden. Wer das bei Aussagen zur Wirtschaftlichkeit von Einwanderung nicht berücksichtigt, begeht einen schweren Kunstfehler.

– *Selbst wenn eine bestimmte Gruppe von Einwanderern wenig qualifiziert und schlecht ausgebildet ist, können deren Kinder und Enkel diese Defizite aufholen und möglicherweise besser sein als der deutsche Durchschnitt.*
Das ist theoretisch nicht auszuschließen. Allerdings sagt die internationale Erfahrung, dass die kognitive Kompetenz von Einwanderern im Positiven wie im Negativen an die Nachfahren weiter-

gegeben wird und Unterschiede zur aufnehmenden Gesellschaft sich nur langsam abbauen. Es ist bisher kein Fall bekannt, dass eine Einwanderungsgruppe mit durchschnittlicher oder niedriger kognitiver Kompetenz im Verlauf späterer Generationen den Durchschnitt der aufnehmenden Gesellschaft überflügelt hätte. Auch hängen das Gelingen und das Tempo der kognitiven Anpassung von Einwanderern an die aufnehmende Gesellschaft von ihrer schieren Zahl ab. Bereits heute befinden sich 41 Prozent der Migrantenkinder in Schulklassen, in denen sie die Mehrheit bilden.[157] Künftig werden die Deutschen noch stärker als bisher in den Klassen mit Migranten lediglich Minderheiten sein, so dass sie eher von der Kultur und der kognitiven Kompetenz der muslimischen Migranten geprägt werden als umgekehrt.

– *Einwanderer sind in vielen Fällen eine positive Auslese und haben – gemessen an den Verhältnissen im Herkunftsland – eine überdurchschnittliche kognitive Kompetenz.*

Dies kann dann gelten, wenn Eliten auswandern oder aus politischen Gründen vertrieben werden: So war es bei den Juden, die in den 1930er Jahren Deutschland, Österreich und Ungarn verließen, oder bei der iranischen Oberschicht, die 1979 nach dem Sturz des Schahs den Iran verließ. Auch die in den letzten Jahren aus dem Irak oder Syrien vertriebenen Christen zählten in ihren Heimatländern zur Elite und haben eine entsprechende kognitive Kompetenz. Das muss aber für jede Gruppe gesondert geprüft werden. Für die Masse der Einwanderer aus Afrika und Nahost trifft das Argument nicht zu.

– *Ohne Einwanderer können Arbeitsplätze für Geringqualifizierte nicht mehr besetzt werden.*

Dieses Argument enthält eine Auslassung beziehungsweise einen Denkfehler. Es gilt nämlich nur für schlecht bezahlte einfache Arbeitsplätze. Sobald es nicht mehr möglich ist, eine preisgünstige Reservearmee über Einwanderung zu rekrutieren, werden die Löhne für einfache Arbeiten so weit steigen, dass ein wachsendes Angebot und eine sinkende Nachfrage den Markt zum Ausgleich bringen. Wird dagegen das Angebot an wenig qualifizierten Arbeitskräften durch Einwanderung erhöht, steigt der Druck auf die Entlohnung einfacher Arbeit. Die Lohnspreizung zu Lasten einfacher Tätigkeiten nimmt zu, und die Arbeitslosigkeit am unteren Ende des Arbeitsmarktes pendelt sich auf einem weit höheren Niveau ein, als es ohne entsprechende Einwanderung der Fall wäre. Die Einwanderung von gar nicht oder Geringqualifizierten erhöht die Ungleichheit in der aufnehmenden Gesellschaft und setzt die Schwächsten am Arbeitsmarkt besonders unter Druck.

– *Ohne Einwanderer können Arbeitsplätze für Qualifizierte nicht mehr besetzt werden.*

Die Einwanderung von Menschen mit sehr hoher kognitiver Kompetenz – etwa Mathematiker und Maschinenbau-Ingenieure – wirkt sich grundsätzlich positiv auf den Wohlstand aus, und zwar umso positiver, je mehr Einwanderer in die absolute Spitzengruppe gehören. Während Einwanderer mit unterdurchschnittlicher kognitiver Kompetenz die Benachteiligten am Arbeitsmarkt unter Druck setzen und die Verteilung ungleicher machen, bewirken Einwanderer mit hoher kognitiver Kompetenz das Gegenteil, denn sie erhöhen die Konkurrenz und verbessern die Konditionen am unteren Ende des Arbeitsmarktes.

Durch die Auswertung von Studien zur Bildungsleistung und von Intelligenztests ist es möglich, die Wirkung von Einwanderung auf das kognitive Kapital eines Landes zu quantifizieren. Je nach Herkunft der Einwanderer ist diese Wirkung sehr unterschiedlich. Heiner Rindermann und James Thompson haben in einer sehr breit angelegten Studie für 93 Länder die kognitiven Kompetenzen anhand vorhandener Untersuchungen zur Bildungsleistung und von Intelligenztests – getrennt nach einheimischer Bevölkerung und Einwanderern – untersucht.[158] Dabei wurden die verfügbaren Daten zur Einwanderung für den Zeitraum 1995 bis 2012 und die Ergebnisse der international bekannten Tests zur Bildungsleistung wie PISA und TIMSS in den Jahren 1995 bis 2012 zugrunde gelegt. Durchweg korrespondieren die Bildungsleistungen von Einwanderern mit der Bildungsleistung in den Herkunftsländern. Es gibt hier aber Variationen, die offenbar vom Bildungssystem des Aufnahmelandes abhängen. So sind die Bildungsleistungen türkischer Schüler in den Niederlanden zwar unterdurchschnittlich, aber besser als die Leistungen türkischer Schüler in Deutschland und Dänemark.[159]

Ein Auszug aus den Ergebnissen ist für 30 Länder in Tabelle 4.18 zusammengefasst. Die Länder sind in absteigender Reihenfolge nach der durchschnittlichen kognitiven Kompetenz der Einwanderer geordnet. Der Umfang der positiven und negativen Auswirkungen wird

Tabelle 4.18: Auswirkung von Einwanderung auf die kognitive Kompetenz 1995 bis 2012

Land	Kognitive Kompetenz der Einheimischen	Kognitive Kompetenz der Zuwanderer	Wirkung der Zuwanderung auf die durchschnittliche kognitive Kompetenz
Singapur	553	561	+2
Hongkong	547	542	−2
Australien	517	522	+2
Kanada	530	521	−2
Irland	518	518	0
Neuseeland	517	511	−1
Großbritannien	519	499	−3
Niederlande	535	490	−7
USA	517	489	−5
Schweiz	535	486	−15
Finnland	544	489	−4
Schweden	521	478	−7
Frankreich	514	472	−8
Deutschland	**526**	**471**	**−11**
Dänemark	517	469	−5
Belgien	520	468	−10
Italien	503	464	−3
Norwegen	497	459	−4
Griechenland	490	451	−5
Ver. Arab. Emirate	390	458	+49
Saudi-Arabien	388	393	+1
Türkei	446	385	−2
Algerien	396	369	−6
Brasilien	419	364	−2
Tunesien	405	347	−3
Ägypten	408	331	−12
Syrien	392	352	−4
Botswana	326	287	−4
Südafrika	297	227	−13
Ghana	277	215	−5

Quelle: Heiner Rindermann, James Thompson: »The cognitive competences of immigrant und native students around the world: An analysis of gaps, possible causes and impact«, *Journal of Biosocial Science* 2014 DOI: 10.1017/S0021932014000480, Table 1, S. 7ff.

durch drei Faktoren bestimmt: Die kognitive Kompetenz der einheimischen Bevölkerung, die kognitive Kompetenz der zuwandernden Bevölkerung und das Ausmaß der Zuwanderung. Zur Einordnung muss man wissen, dass die von Rindermann und Thompson errechnete Kompetenzskala in etwa der PISA-Skala vergleichbar ist. Sie wurde von den Autoren auch in die IQ- Skala umgerechnet (normiert auf den Durchschnitts-IQ der einheimischen britischen Bevölkerung, der auf 100 gesetzt wurde): Durch die Einwanderung stieg im Betrachtungszeitraum der durchschnittliche IQ in Singapur um 0,3 Punkte auf 105,4 Punkte. In Deutschland sank er dagegen um 1,6 Punkte auf 99,4 Punkte.[160] Offenbar gelingt es nur ganz wenigen Ländern, die Einwanderung so zu steuern, dass die kognitive Kompetenz der Zuwanderer die kognitive Kompetenz der Einheimischen übersteigt. Zu diesen zählen Singapur und Australien. Hongkong, Kanada, Irland und Neuseeland ziehen immerhin Einwanderer mit überdurchschnittlicher Kompetenz an und können so ihren internationalen Vorsprung halten. Ansonsten gilt für alle europäischen Länder und die USA, dass die kognitive Kompetenz der Einwanderer deutlich unter dem Durchschnitt der Einheimischen liegt. Durchweg beträgt in Europa der Unterschied zwischen Einheimischen und Migranten 40 bis 50, in Deutschland sogar 55 Punkte.

Die Unterschiede bei der kognitiven Kompetenz der Einwanderer werden sicherlich auch durch die Qualität des Schulsystems der Aufnahmeländer beeinflusst. In erster Linie aber reflektieren sie die Unterschiede in der Herkunft der Migranten.

– Nach Singapur und Hongkong wandern vorwiegend Chinesen ein. In Kanada, Australien und Neuseeland kommen die Einwanderer ebenfalls vorwiegend aus Ostasien. Diese Herkunft erklärt die überdurchschnittliche kognitive Kompetenz der Einwanderer.
– Irland und Großbritannien haben einen hohen Anteil osteuropäischer Einwanderer. Sie kommen zumeist aus Ländern, deren kognitive Kompetenz durchweg auf europäischem Niveau liegt.
– In den USA haben die Einwanderer aus Ostasien eine weit überdurchschnittliche und die Einwanderer aus Mittel- und Südamerika eine weit unterdurchschnittliche kognitive Kompetenz.

Damit ist die Mischung in den USA in Bezug auf die kognitive Kompetenz zwar ungünstiger als in Kanada und Großbritannien, aber deutlich günstiger als in den meisten europäischen Ländern.

– Für ganz Europa gilt: Die durchschnittliche kognitive Kompetenz der Migranten ist umso niedriger, je höher der Anteil der Zuwanderer aus der Türkei, dem arabischen Raum und Subsahara-Afrika ist.

Das ist auch nicht weiter erstaunlich: In Tabelle 4.18 wird die kognitive Kompetenz der einheimischen Bevölkerung in Mittel- und Nordeuropa durchweg mit einem Punktwert zwischen 520 und 540 ausgewiesen. Für die Türkei liegt der Wert bei 446. Die arabischen Staaten liegen zwischen 390 und 410, und in Subsahara-Afrika beläuft er sich auf 300 Punkte und weniger. Diese Unterschiede gewinnen für die Einwanderung nach Deutschland eine wachsende Bedeutung. Die in der Statistik des BAMF für 2015 ausgewiesenen 10 Hauptherkunftsländer der Asylbewerber fallen allesamt in die Kategorie der Staaten mit einer durchschnittlich niedrigen oder sehr niedrigen kognitiven Kompetenz.[161] Man muss hoffen und kann bis zu einem gewissen Grad davon ausgehen, dass ein leistungsfähiges Bildungssystem die kognitive Kompetenz der Einwanderer von Generation zu Generation erhöht. Die dazu notwendige kulturelle Akklimatisierung an die aufnehmende Gesellschaft fällt allerdings umso schwerer, je höher die Zahl der Einwanderer mit niedriger kognitiver Kompetenz ist, je geringer der Anteil der Deutschen an der Gesamtbevölkerung wird und je mehr der natürliche Zusammenhalt von kulturell ähnlichen Einwanderungsgruppen Tendenzen zur Segregation begünstigt.

Auf die Möglichkeit der Lenkung durch staatliche Politik muss man setzen, darf sich aber nicht zu viel davon erhoffen. Die historische Erfahrung zeigt nämlich ziemlich universell, dass sich leistungsstarke, umtriebige und ehrgeizige Einwanderer selbst dann durchsetzen und in Wirtschaft und Wissenschaft überlegene Positionen erringen, wenn ihnen die Gesellschaft mehrheitlich feindlich bis ablehnend gegenübersteht.[162]

Umgekehrt hat sich gezeigt, dass sich Unterschiede in der kognitiven Kompetenz zwischen ethnisch, kulturell oder religiös abgegrenzten Gruppen über Generationen hinweg als sehr hartnäckig erweisen.

Tabelle 4.19: Ergebnisse des SAT-Tests 2013 in Mathematik

Ethnische Zuordnung	Durchschnittlicher Punktwert	400 Punkte und weniger	Mehr als 650 Punkte
		Testteilnehmer (%)	
Asian, Asian American or Pacific Islander	597	6	40
White	534	8	16
American Indian or Alaskan	486	20	8
Mexican or Mexican American	464	24	4
Latin American, Central American, South American or Other Latino	461	27	5
African American or Black	429	37	2

Quelle: http://media.collegeboard.com/digitalServices/pdf/research/SAT-Percentile-Ranks-By-Gender-Ethnicity-2013.pdf

Das gilt umso mehr, wenn diese Gruppen kulturell relativ abgeschieden voneinander leben und sich kaum miteinander vermischen.[163]

Einen Begriff von der Größe und Hartnäckigkeit der herkunftsbedingten Unterschiede in der kognitiven Kompetenz vermitteln für die USA die Ergebnisse des jährlichen SAT-Tests der Highschool-Absolventen. Nach den Ergebnissen dieses landesweit durchgeführten Tests suchen die amerikanischen Colleges ihre Studenten aus. Im Jahr 2013 erbrachte dieser Test, an dem 1,7 Millionen College-Bewerber teilnahmen, für Mathematik die in Tabelle 4.19 wiedergegebenen Ergebnisse. Die ethnische Zuordnung erfolgte nach den Angaben der Testteilnehmer.

Die im SAT-Test reflektierten gruppenbezogenen Unterschiede sind auch im langfristigen Vergleich ziemlich stabil. Sie haben sich in den vergangenen Jahrzehnten nur geringfügig verringert.[164] Die Skalierung des SAT-Tests ist ähnlich wie bei PISA: 400 Punkte markieren die untere Grenze für die Fertigkeiten, die man in der modernen Arbeitswelt haben sollte.[165] An dieser Grenze oder darunter liegen 6 Prozent der asiatischen und 37 Prozent der schwarzen Testteilnehmer. Bei mehr als 650 Punkten kann man mit Aussicht auf Erfolg ein technisches oder naturwissenschaftliches Studium bewältigen. Diese Grenze überschreiten 40 Prozent aller asiatischen und 2 Prozent der schwarzen Testteilnehmer. Es wird vor diesem Hintergrund verständlich, dass viele wissenschaftlich-technische Berufe in den USA mittlerweile von den Asiaten dominiert werden, während die Schwarzen dort im Verhältnis zu ihrem Bevölkerungsanteil weit unterrepräsentiert sind. Bereits in den zwanziger Jahren des vergangenen Jahrhunderts fiel das überdurchschnittliche Abschneiden von Kindern japanischer und chinesischer Einwanderer bei IQ-Tests auf.[166] In den Schulleistungen sind Asiaten selbst dann besser als Weiße, wenn ihre Englischkenntnisse noch begrenzt sind.[167] Die Unterschiede der ethnischen Gruppen in der Bildungsleistung reflektieren später im Leben die berufliche Stellung, das Einkommen und die Lebenserwartung.[168]

Aus dem Vergleich des SAT-Tests und anderer nationaler Testergebnisse ist eine gewisse Korrespondenz der ethnischen Herkunft mit der gemessenen Bildungsleistung in den Herkunftsländern erkennbar. Die Bildungsforscher Hanushek und Wößmann haben die Bildungsleistung in Entwicklungs- und Schwellenländern geschätzt. Danach haben dort die 15- bis 19-Jährigen zu folgendem Prozentsatz keine Basiskompetenzen erworben:[169]

Ghana	94 Prozent
Südafrika	93 Prozent
Brasilien	92 Prozent
Marokko	87 Prozent
Albanien	83 Prozent
Türkei	77 Prozent
Ägypten	68 Prozent
Armenien	45 Prozent
Moldawien	37 Prozent

Hanushek und Wößmann schätzen, dass mit entsprechenden Anstrengungen die Bildungsleistung eines Schulsystems innerhalb von 20 Jahren um 25 Punkte angehoben werden kann.[170] Sie berechnen erhebliche Wohlstandsgewinne gerade für die Entwicklungsländer (und in geringerem Umfang auch für die Industriestaaten), sofern es gelingt, die Grundkompetenzen für alle Kinder auf ein Mindestniveau von 400 Punkten anzuheben.[171] Die kognitive Kompetenz ist, wie bereits erwähnt, der entscheidende Antrieb für den wirtschaftlichen Wohlstand. Es dauert allerdings Jahrzehnte, bis eine erfolgreiche Ertüchtigung der kognitiven Leistung sich in der Erwerbsbevölkerung und sodann im Wirtschaftswachstum und mit der Zeit auch im Wohlstandsniveau niederschlägt.[172]

Deutschland wird vom kognitiven Kapital seiner Einwanderer umso eher profitieren, je höher der Anteil des Zuzugs aus dem Fernen Osten ist, und der Profit wird umso geringer sein, je mehr Menschen aus Nah- und Mittelost sowie aus Afrika kommen. Positive Wohlstandseffekte erbringt nur die Einwanderung von Menschen mit überdurchschnittlicher kognitiver Kompetenz.[173]

Nach einer Untersuchung des Instituts für Arbeitsmarkt- und Berufsforschung (IAB) vom September 2015 gaben 13 Prozent der befragten Flüchtlinge und Migranten an, eine Hochschule besucht zu haben. Unter den Erwerbslosen »aus den Asylherkunftsländern« hatten »insgesamt 80 Prozent, aus den Kriegs- und Bürgerkriegsländern 87 Prozent keine abgeschlossene Berufsausbildung«.[174] Aber auch für diese Gruppe muss man beim Qualifikationsniveau große Abstriche machen. Wie eine im Sommer 2015 an der Universität Chemnitz durchgeführte Studie zeigt, weisen »Asylbewerber mit Universitätsstudium … in mathematischen und figuralen Aufgaben einen Durchschnitts-IQ von 93 auf, ein Fähigkeitsniveau von einheimischen Realschülern«.[175]

Der Einfluss von Einwanderung auf die Entwicklung
des Sozialkapitals

Demografie und Einwanderung sind Themen, die starke Emotionen auslösen, wie ich aus den Reaktionen auf *Deutschland schafft sich ab* erfahren habe. Fakten und Meinungen, Sein und Sollen, Ängste und Träume mischen sich bei diesem Thema stark. Hier beschränke ich mich auf den Wohlstandseffekt, zu dem eindeutige Analysen und ziemlich klare Aussagen möglich sind: Falsche Einwanderung bedroht den Wohlstand, richtige kann ihn fördern. Aber für die richtige Einwanderung fehlt es in der Welt an einer ausreichenden Zahl Hochqualifizierter, und die werden zudem in ihren Heimatländern dringend gebraucht. Dagegen gibt es Millionen Menschen mit geringer Bildungsleistung, die sich gern in jene Länder aufmachen würden, wo die kognitive Kompetenz der einheimischen Bevölkerung einen auf sie überaus anziehend wirkenden Lebensstandard geschaffen hat.

Unterschiede in der kognitiven Kompetenz von Ethnien gehen zumeist mit kulturellen Unterschieden und der Pflege ganz anderer

Traditionen einher. Häufig bedingen und erklären sich solche Unterschiede gegenseitig. Wer mit den formalen Anforderungen der modernen Welt fremdelt, wohl aber ihre Früchte genießen will, ist oft auch kulturell anders geprägt. Es geht hier nicht um das Falsch oder Richtig von Lebensstilen und kulturellen Traditionen, wohl aber um die Belastungen des Zusammenlebens und die Gefahren für die gesellschaftliche Harmonie, wenn große Gruppen in der Gesellschaft kulturell sehr verschieden vom Mainstream sind und nach anderen Regeln und in anderen Wertesystemen leben.

Das Sozialkapital einer Gruppe (vgl. »Gesellschaftliches Vertrauen und Sozialkapital«) und ihre kognitive Kompetenz sind hoch miteinander korreliert. Eine konsequente Auswahl von Zuwanderern nach ihrer kognitiven Kompetenz schützt deshalb auch das Sozialkapital der aufnehmenden Gesellschaft, so wie es umgekehrt durch ungeregelte Einwanderung kulturell fremder Gruppen und Ethnien gefährdet werden kann. Einwanderer sind durchschnittlich umso besser in den Arbeitsmarkt integriert, ihre Kriminalitätsbelastung ist umso niedriger, je größer ihre kognitive Kompetenz ist. Je mehr die kognitive Kompetenz zunimmt, desto geringer wird die Reibung zwischen unterschiedlichen Ethnien und Kulturen. Einwanderungsmilieus mit hoher Bildungsleistung und guter Arbeitsmarktintegration sind außerdem offenbar weniger anfällig für Radikalisierungen. Jedenfalls verweist der Bildungs- und Berufsweg islamistischer Terroristen in Europa eher auf Misserfolge in Bildung und Beruf und nicht auf hohe kognitive Kompetenz.

Die Einwanderung kulturell fremder Gruppen erfolgt üblicherweise als Kettenwanderung, bei der die »Pioniere« Familie, Nachbarn und häufig ganze Dörfer nach sich ziehen. Diese siedeln dann auch im Einwanderungsland gemeinsam, so dass sich ethnische Segregation herausbildet. Diese kann zu einem Integrationshindernis werden, wenn die Siedlungsgebiete der ethnischen Gruppen im Einwanderungsland eine gewisse Größe und Dichte erreichen. Die Tendenz dazu wird noch verstärkt, wenn die Eingewanderten eine niedrige Bildung haben und auch im Arbeitsleben vorwiegend einfache Tätigkeiten verrichten, soweit sie überhaupt ökonomisch eingegliedert sind. So kann es geschehen, dass die Integration in der zweiten oder dritten Generation zum Stillstand kommt oder sich sogar rückwärtsentwickelt. Dann werden aus den Wohnungsgebieten dieser kulturfremden Einwanderer mit durchweg niedriger kognitiver Kompetenz leicht Brennpunkte von Armut, Kriminalität oder, im Fall muslimischer Einwanderer, von islamistischer Radikalisierung. Unterstützt wird dies durch die Möglichkeit zum Familiennachzug von Ehepartnern. Diese lässt die Integration in jeder Generation beim Ausgangspunkt neu beginnen und unterläuft sie im Ergebnis.[176] Dies hat auch zur Folge, dass sich die kognitive Kompetenz der Einwanderer nur gering oder gar nicht angleicht.

Neben der unterdurchschnittlichen Bildungsleistung bereitet die überdurchschnittliche Kriminalitätsrate der muslimischen Einwanderer Sorge: So sind zum Beispiel in Frankreich 60 Prozent aller Gefängnisinsassen Muslime, obwohl sie nur 12 Prozent der Bevölkerung stellen. In Belgien sind Muslime achtmal, in Großbritannien viermal häufiger im Gefängnis als Nicht-Muslime.[177] Tania Tambouri, griechischstämmige Polizistin im Ruhrgebiet, meint dazu: »Mit Migranten aus muslimisch geprägten Ländern gibt es die größten Schwierigkeiten, allen voran mit jungen Männern.« In den Augen der meisten »straffälligen Migranten« aus dem muslimischen Kulturkreis seien Frauen Menschen zweiter Klasse.[178]

Die Ereignisse der Silvesternacht 2015 in Köln und vielen anderen Städten haben der deutschen Debatte über die Folgen massenhafter kulturfremder Einwanderung neuen Zündstoff verliehen. Ihre Ergebnisse und die Konsequenzen daraus waren bei Abschluss des Manuskripts zu diesem Buch noch offen. Samuel Schirmbeck, langjähriger Korrespondent der ARD in Nordafrika, berichtet aus seiner Erfahrung: »Sexuelle Übergriffe sind in islamischen Ländern die Regel und nicht Ausnahmen. Eine Muslimin kann in Deutschland den Bus nehmen, ohne befürchten zu müssen, begrabscht zu werden, eine Europäerin in Nordafrika kann das nicht.«[179] Die offene Diskussion solcher Fragen stellen Islamverbände, Linke, Linksliberale und Grüne in Deutschland gern unter den Verdacht der Islamophobie. Davon bleiben auch kritische Muslime nicht verschont, die, wie Necla Kelek, Hamed Abdel-Samad oder Ayaan Hirsi Ali, seit Jahren darauf hinweisen, welche Gefahren ein konservativer beziehungsweise fundamentalistischer Islam für Europa bedeutet.

Sehr robust ist die Erkenntnis, dass kulturfremde Einwanderung das soziale Kapital einer Gesellschaft vermindert: »Je mehr Einwanderer in einer Gemeinde leben, desto geringer wird das Vertrauen nicht nur zwischen den verschiedenen Gruppen, sondern auch *innerhalb der Gruppen*.«[180] Dies gilt umso stärker, je größer der kulturelle Abstand zwischen den ethnischen Gruppen ist. Ein gutes Maß zur Messung ist der Sprachenabstand: Die Gewaltneigung zwischen zwei ethnischen Gruppen ist umso größer, je größer der anhand eines Sprachenstammbaums gemessene Sprachenabstand ist.[181] Der Abbau sozialen Kapitals hinterlässt in Deutschland bereits Spuren. Nach Meinung der Polizeigewerkschaft gibt es im Ruhrgebiet heute schon Stadtviertel, in denen deutsches Recht nicht mehr gilt.[182] Der Journalist Olaf Gersemann meint dazu: »Ob man es gut findet oder nicht: Eine Multikulti-Gesellschaft wird im Zweifel eine unsolidarische sein … So gerät die Politik, soweit der Flüchtlingsstrom nicht gestoppt werden kann (oder gestoppt werden soll), in eine Zwickmühle, aus der sie kaum herauskommt.«[183]

Was schiefläuft

Politik und Medien haben seit den siebziger Jahren des vergangenen Jahrhunderts zwar die Tatsache des anhaltenden Geburtenrückgangs mehr oder weniger widerwillig zur Kenntnisse genommen, seine langfristigen Folgen aber übergangen, bisweilen auch tabuisiert und mehrheitlich mit Abscheu alles zurückgewiesen, was nach »Bevölkerungspolitik« aussieht. Überhaupt nicht diskutiert oder geradezu verdrängt wurde und wird der langfristig für das kognitive Kapital sehr bedenkliche Umstand, dass die Menschen umso weniger Kinder bekommen, je höher ihr Bildungsstand ist.

Obwohl sich die niedrige Nettoreproduktionsrate von nur 1,4 Kindern je Frau bereits Mitte der 1970er Jahre etabliert hatte, erstellte die Bundesregierung erstmals 2013, also vier Jahrzehnte später, eine Demografiestrategie.[184] Diese enthält aber keinerlei Auseinandersetzung mit den Ursachen des Geburtenrückgangs und nichts zum strategischen Umgang mit seinen Folgen. Weder die Ursachen der Geburtenarmut noch mögliche Gegenmaßnahmen werden benannt. Das Wort »Ehe« taucht im gesamten Text des Papiers überhaupt nicht auf. Familie ist da, wo Kinder sind, das muss genügen. Der Begriff »Paar« wird kaum verwendet. Auch Alleinerziehende scheint es nicht zu geben, allenfalls ist von Eltern die Rede.

Über Jahrtausende waren übermäßige Fruchtbarkeit und in deren Folge ungewollte Kinder das Problem von Familien. Dass mittlerweile viele Frauen ihre Kinder erst sehr spät bekommen, scheint für die Politik kein Problem darzustellen, eher schon, dass so viele dann bereits unfruchtbar sind. Als einzige konkrete Maßnahme zur Geburtensteigerung wird in der Demografiestrategie die »Gewährung von Zuwendungen zur Förderung von Maßnahmen der assistierten Reproduktion« zur Unterstützung der Kinderwünsche von »ungewollt kinderlosen Paaren« genannt.[185] Kein Gedanke wird darauf verschwendet, dass die Natur viele Dinge recht weise regelt. Dazu gehört auch die mit dem Alter abnehmende Fruchtbarkeit der Frauen. Darüber hinaus will die Bundesregierung laut Demografiestrategie »selbstbestimmtes Altern« ermöglichen, die »Attraktivität ländlicher Räume« bewahren, die »Zuwanderung gut qualifizierter ausländischer Fachkräfte verbessern und eine Willkommenskultur entwickeln«.[186] Wie man die Zuwanderung wirksam lenken und unerwünschte Einwanderung verhindern kann, dazu finden sich keine Hinweise.

»Bildungspotenziale entwickeln und ausschöpfen«, »Innovations- und Wettbewerbspotentiale stärken« und »die Arbeitsproduktivität steigern« sind durchaus erstrebenswerte Ziele. Steigern bedeutet, dass die Bürger mehr kognitive Kompetenz entwickeln müssen. Die Strategen scheinen gar nicht zu erkennen – oder sie verdrängen es –, dass die beiden zentralen demografischen Trends der Gegenwart – überdurchschnittliche Kinderarmut der Gebildeten und massenhafte Einwanderung von Unqualifizierten aus Herkunftsländern mit niedriger kognitiver Kompetenz – jeder für sich eher auf ein Sinken des kognitiven Kapitals in Deutschland hinwirken, also auf das Gegenteil des als notwendig Erkannten. Nach einem Sammelsurium von Selbstverständlichkeiten aus dem Werkzeugkasten der Tagespolitik endet die Demografiestrategie – und das ist zugleich ihr Höhepunkt – mit der Forderung nach einem »ebenenübergreifenden Dialog«.[187] Demnach akzeptiert die Bundesregierung bei Demografie und Einwanderung die Entwicklung offenbar so, wie sie sich nun einmal vollzieht, und nimmt sie passiv, ohne nennenswerte Versuche des Gegensteuerns, hin. Sie verhält sich letztlich wie jemand, der sich zum Nichtstun entschieden hat und das verschleiern will. Auch bei Demografie und Einwanderung wirken die fünf Erbsünden der Politik:

UNWISSENHEIT

Man will nicht hören, dass es langfristig für eine Gesellschaft abträglich ist, wenn die Menschen umso weniger Kinder bekommen, je klüger sie sind. Und man verdrängt gerne, dass kulturelle Diversität das Sozialkapital vermindert.

ANMASSUNG

Man überfordert das Bildungssystem mit Millionen kulturfremder Einwanderer von durchschnittlich niedrigerer kognitiver Kompetenz, eine Last, die es nicht tragen kann.

BEDENKENLOSIGKEIT

Man gibt den Bürgern die Schuld, wenn kulturfremde Einwanderung Ängste und Ablehnung weckt. Man vermengt zwei Themen, die miteinander nichts zu tun haben, nämlich Einwanderung und Geburtenarmut.

OPPORTUNISMUS UND BETRUG

Man schwimmt mit dem Strom des Zeitgeistes und erweckt den Eindruck, ein Einwanderer aus Albanien oder dem Senegal könne das nicht geborene Kind des Hausarztes oder der Buchhändlerin problemlos ersetzen.

SELBSTBETRUG

Nach einiger Zeit glaubt man tatsächlich, Herkunft sei unwichtig, kulturelle Einstellungen seien ohne Belang und Begabung werde in der Schule erzeugt. Dabei ist das intellektuelle Opfer doch sehr groß, wenn man einerseits meint, die Kinderwünsche der Frauen könne man durch Politik nicht ändern, andererseits aber hofft, Einwanderer aus Somalia in einer Generation zu deutschen Ingenieuren und Facharbeitern heranzubilden. Die erste Aufgabe ist sicherlich die leichtere von beiden. Gäbe man das aber vor sich und anderen zu, würde das gesamte intellektuelle und politische Gerüst der deutschen Demografie- und Einwanderungspolitik krachend in sich zusammenstürzen.

Gerechtigkeit

Über die Definition und den Inhalt von Gerechtigkeit brüten Theologen, Philosophen, Kolumnisten und politisch Interessierte seit Urzeiten. Die Frage nach der Gerechtigkeit ergibt sich immer aus einem sozialen Zusammenhang: Wenn sich Eingeborene auf einer unzugänglichen Südseeinsel um die Verteilung von Kokosnüssen streiten, fühlen wir uns nicht betroffen. Anders sieht das aus, wenn unter den Staaten der Welt die Rechte auf künftige CO_2-Emissionen aufgeteilt werden. Dann stehen wir in einem gemeinsamen Kampf um ein knappes Gut.

Gerne wird die Forderung nach Gerechtigkeit mit Fragen von Gleichheit und Ungleichheit verbunden. Das ist nur allzu menschlich, muss deshalb aber nicht sachlich sinnvoll sein. Soweit es um materielle Güter geht, hat Gerechtigkeit einerseits zu tun mit sehr edlen Gefühlen wie »Barmherzigkeit« und andererseits mit weniger edlen wie Stolz und Neid. Soweit es um wirtschaftliche Zusammenhänge geht, kann man Gerechtigkeit nicht nur an Verteilungsfragen messen, sondern muss vielmehr auch die Funktionsfähigkeit einer wirtschaftlichen und sozialen Ordnung im Blick haben.

Gerechtigkeitsdebatten werden schnell unfruchtbar. Das Streben nach Gerechtigkeit als solches ist steril. Andererseits ist das menschliche Bedürfnis nach Gerechtigkeit oder »Fairness« elementar. Eine gesellschaftliche Ordnung wird instabil, wenn sie nicht von der Mehrheit ihrer Mitglieder als halbwegs gerecht empfunden wird. Solche Empfindungen können von Tatsachen weitgehend unabhängig sein. So empfand wohl die Mehrheit der Bürger die ständische Gesellschaft des Mittelalters als gottgewollt und damit gerecht. Heute dagegen empfinden es viele als ungerecht, wenn nicht jeder Abitur machen kann und die Einkommensunterschiede ein gewisses Maß überschreiten. Dass niemand hungert und alle länger leben, wird dagegen als Selbstverständlichkeit verbucht.

Persönlich halte ich die menschliche Wohlfahrt für weitaus wichtiger als die Erfüllung von wie auch immer definierten Maßstäben der Gerechtigkeit. Darum endete mein erstes Kapitel auch mit der Erörterung von Jeremy Benthams Wohlfahrtsmaxime »das größte Glück der größten Zahl«. Aus demselben Grund habe ich in diesem Kapitel bei der Diskussion von Fehlern deutscher Politik zunächst die Quellen und Gefährdungen des Wohlstands behandelt, ehe ich nunmehr auf die Gerechtigkeitsfrage zu sprechen komme. Dabei geht es mir weniger um mein persönliches Gerechtigkeitsempfinden als vielmehr darum, an welchem Maßstab die deutsche Politik zu messen ist.

Ich beginne mit einer Feststellung, die als provokant erscheinen mag: Ein sehr guter globaler Maßstab für das in einem Land erreichte Maß an Gerechtigkeit ist das Wohlstandsniveau, gemessen als kaufkraftbereinigtes BIP pro Kopf. Länder, die ein nachhaltig hohes Pro-Kopf-Einkommen erzielen, verfügen durchweg über eine rechtsstaatliche Verfassung, kaum Korruption in der öffentlichen Verwaltung, ein breit angelegtes Bildungssystem, wenig absolute Armut, eine hohe Lebenserwartung und die Möglichkeit zum gesellschaftlichen Aufstieg. Sie sind in der Summe besser regiert und – welche Maßstäbe man auch immer anlegt – gerechter zu ihren Bürgern als ärmere Länder. Die gleichen Mentalitäten, Mechanismen und Eigenschaften, die den nachhaltigen Wohlstand in einem Land schaffen, erhöhen damit gleichzeitig nahezu linear das Niveau der praktizierten Gerechtigkeit. Natürlich sind selbst im reichsten Land nicht alle reich, und so ist auch im reichsten Land nicht alles gerecht, aber es ist mehr von allem da.

Dieser nahezu lineare Zusammenhang zwischen Wohlstandsniveau und internem Gerechtigkeitsniveau eines Landes gilt nicht für erdölreiche Länder. Die ehemals sozialistischen Staaten kann man (noch) nicht an ihrem aktuellen Sozialprodukt messen, sondern nur an ihren Fortschritten seit dem Übergang zur Marktwirtschaft. Sie brauchen noch einige Jahrzehnte, bis sie die durch den Sozialismus verursachte Wohlstandslücke aufgeholt haben. Papst Franziskus hätte mit dem Wohlstand als Maßstab der Gerechtigkeit sicherlich seine Schwierigkeiten. Aber auch er wird nach einigem Nachdenken zugeben, dass es in Dänemark gerechter zugeht als in Italien, dort wiederum gerechter als in seinem Heimatland Argentinien, welches wiederum mehr Gerechtigkeit verwirklicht als die Republik Kongo. Papst Franziskus wird feststellen, dass die absteigenden Linien des Wohlstands und die absteigenden Linien der Gerechtigkeit parallel verlaufen. Das passt zwar nicht zu seinem Widerwillen gegen Wohlstand und zu seiner in Gegensatz dazu stehenden Verherrlichung der Barmherzigkeit, aber es gäbe sicherlich genügend Stoff für seine nächste Enzyklika.

In modernen, demokratisch regierten Industriestaaten stellt sich angesichts des bereits erreichten Wohlstandsniveaus der größte Teil der Fragen gar nicht mehr, die ein Philosoph oder Sozialreformer vor 100 Jahren unter dem Aspekt der Gerechtigkeit diskutiert hätte. Stattdessen hat sich ein neues Grundsatzproblem entwickelt: Je mehr der großen und hautnahen Probleme beseitigt sind, umso stärker werden die kleinen und fernen empfunden. Probleme sind immer relativ. Wer genug zu essen und auch sonst wenig Sorgen hat, denkt eben intensiver über artgerechte Hühnerhaltung nach. Aus dieser Quelle fließt auch ein Teil der wachsenden Sensibilität für globale Umweltfragen sowie für Not und Ungerechtigkeit in fernen Weltgegenden.

Jede demokratisch gewählte Regierung (aber auch jeder rationale Diktator, der lange an der Macht bleiben will) wird sich in der Politik an den mehrheitlichen Empfindungen der Bürger zu Fragen der Gerechtigkeit orientieren und versuchen, ihnen zu entsprechen. Sie wird dabei Machtfragen, Interessengegensätze und Widersprüche abwägen, und wenn sie ihre Aufgabe ernst nimmt, wird sie bei der Verwirklichung widersprüchlicher Vorstellungen von Gerechtigkeit nach Kompromissen suchen. Dabei wird sie ihren eigenen Machterhalt, die kurz- und langfristigen Interessen des Landes und die Wünsche ganz unterschiedlicher Interessengruppen im Blick haben.

Eine verantwortungsbewusste Regierung kann Gerechtigkeitsfragen nicht nach Gefühlen entscheiden – auch dann nicht, wenn diese besonders edel und ihre Vertreter besonders stimmstark sind. Sie muss vielmehr die Auswirkungen aller nur denkbaren Handlungen im Zusammenhang sehen, Abwägungen vornehmen, Widersprüche, Umsetzbarkeit, Kosten und langfristige Folgen beachten. Oft kann es sogar nötig sein, Ungerechtigkeiten zu dulden oder gar zu verursachen, um größeren Zielen zu entsprechen oder Gefahren abzuwehren. Zur Beschreibung dieser Problematik traf Max Weber für das politische Handeln die Unterscheidung zwischen Gesinnungs- und Verantwortungsethik (vgl. im Anhang »Das Moralische in der Politik«). Im Folgenden diskutiere ich nicht die stets uferlose Frage der Gerechtigkeit im Prinzip und als solcher, sondern betrachte die deutsche Politik unter vier konkreten Blickwinkeln der Gerechtigkeit.

Chancengerechtigkeit

Mein Begriff von Chancengerechtigkeit enthält eine Wertung, und diese will ich offenlegen. Ich verstehe darunter, dass jeder Bürger durch die vom Staat geschaffenen Bedingungen eine faire Chance erhält, sein Wissen und seine Fertigkeiten zu entwickeln, so wie es seinen Fähigkeiten, Begabungen und Neigungen entspricht. Dazu gehört der Schutz vor unrechtmäßiger Gewalt, vor Hunger und Not, und dazu gehört ein ausreichend leistungsfähiges staatliches Bildungsangebot, das ihm diese Entwicklungsmöglichkeiten bietet. Chancengerechtigkeit setzt weder Gleichheit voraus, noch hat sie Gleichheit zum Ziel. Chancengerechtigkeit akzeptiert grundsätzlich, dass die Ergebnisse ungleich sind, es kommt vielmehr auf die Fairness der Ausgangslage an. Die Chancengerechtigkeit ist in verschiedener Hinsicht eingeschränkt. Das ist (nur) teilweise ein Fehler der Politik.

– Deutsche Politik ist zuständig für Bürger in Deutschland, nicht für den Rest der Welt. Insoweit sind die weitaus geringeren Chancen eines Kindes in Venezuela, Südafrika oder Afghanistan kein Gegenstand deutscher Innenpolitik, sondern allenfalls sehr indirekt eine Frage der Außen- und Entwicklungspolitik.
– Die kulturelle und familiäre Herkunft beeinflusst in vielfältiger Weise die individuellen Chancen. Das betrifft nicht nur die Unterschiede bei den von den leiblichen Eltern ererbten Anlagen und Eigenschaften, sondern auch die Sozialisation entsprechend der Herkunftskultur im Elternhaus und der sozialen Schicht, in die man hineingeboren wird. Der Besuch frühkindlicher Erziehungseinrichtungen für alle ist zu befürworten. Aber selbst die völlige Verstaatlichung der Kindererziehung von der Krippe an und die massive Benachteiligung der durch ihre Herkunft Begünstigten könnten allenfalls einen teilweisen Ausgleich schaffen, würden aber die aus politischen Gründen Benachteiligten um Chancen bringen.
– Je diverser eine Gesellschaft ist, je mehr sie in ethnische und kulturelle Gruppen zerfällt und je segregierter diese leben, umso mehr leidet die Chancengerechtigkeit. Das gilt für das von seiner Familie und seiner Religion in der Rolle beschränkte muslimische

Mädchen in Neukölln genauso wie für ihren deutschstämmigen Klassenkameraden, der durch den Wohnsitz seiner Familie zum Besuch einer Schule gezwungen ist, in der die Mehrheit nicht einmal richtig Deutsch spricht. Dieser möglicherweise begabte Schüler wird in Berlin zusätzlich um seine Chancen betrogen, weil man dort aus politischen Gründen das Niveau an sogenannten Brennpunktschulen so weit abgesenkt hat, dass er Kenntnisse gar nicht erst erwirbt, die für seine künftigen Lebenschancen elementar sind.

– Die Chancengerechtigkeit wird verletzt, wenn der Staat der natürlichen Ungleichheit durch künstliche Startvorteile für die einen oder künstliche Benachteiligungen der anderen entgegenwirken will. Einen interessanten Aspekt erhält hier die Frage, ob (und bis zu welchem Grad) man jemanden – quasi unter dem Aspekt höherer Einsicht – zu seinem Glück zwingen darf oder soll.[188]

Betrachten wir die Chancengerechtigkeit nun unter den Aspekten Herkunft, Begabung, Geschlecht und Gattung näher.

HERKUNFT

Unter dem Aspekt der universalen Menschenrechte ist es gleichgültig, ob man in Haiti, Schweden oder Oberbayern lebt. Aus der Sicht der deutschen Politik ist das aber keineswegs ohne Belang. Deutsche Politik wird sich um gleiche Chancen für Mecklenburger und Bayern bemühen. Ein Schwede genießt in Deutschland als EU-Bürger Aufenthaltsstatus und kann daraus bestimmte Ansprüche an den deutschen Staat ableiten. Ist es nicht ungerecht, dass wir diese dem Bürger aus Haiti vorenthalten und ihn im Zweifelsfall gar nicht erst einreisen lassen? Ist es nicht ungerecht, dass Deutschland die hohen Standards, die hier gelten, dem Rest der Welt quasi vorenthält und sich mit ein wenig Entwicklungshilfe freikauft? Würde nicht ein humanes Verständnis von Chancengerechtigkeit erfordern, dass wir unseren Überschuss an Reichtum freigiebig weitergeben, damit möglichst viele Menschen auf der Welt ähnliche Chancen haben wie wir Deutschen? Und müssten wir nicht zumindest möglichst viele Menschen einreisen lassen, um sie am deutschen Wohlstand, am deutschen Arbeitsmarkt, den deutschen Bildungsmöglichkeiten und der politischen Freiheit in Deutschland teilnehmen zu lassen?

Ja, unser Verhalten kann man mit guten Gründen als äußerst ungerecht empfinden. Gleichzeitig gilt aber ein anderes Prinzip: Jede menschliche Gemeinschaft hat grundsätzlich das moralische Recht, den Ertrag ihrer Arbeit, ihres Erfindungsgeistes, ihrer Kultur, ihrer Institutionen und gesellschaftlichen Organisationsprinzipien selbst zu vereinnahmen. Es besteht keine wie immer geartete moralische Pflicht, diesen Ertrag mit anderen Gesellschaften zu teilen, die eine andere Sozialisation haben, sich anders organisieren und deshalb möglicherweise weniger erfolgreich sind. Soweit zwischen unterschiedlichen Gesellschaften Handel getrieben wird oder es geistigen Austausch gibt, nimmt sowieso jede Gesellschaft, wenn sie dies möchte, bis zu einem gewissen Grad an den Erträgen anderer Gesellschaften teil. Daraus folgt: Chancengerechtigkeit muss sich zunächst und vor allem innerhalb der betroffenen Gesellschaft selber einstellen. Nur wo es einen sozialen Zusammenhang gibt, bildet sich überhaupt ein gemeinsamer Maßstab zur Gerechtigkeit heraus. Den Völkern beziehungsweise Gesellschaften in Nigeria, Südafrika oder auch in Griechenland ist es unbenommen, ihre Gesellschaften nach deutschen oder mitteleuropäischen Prinzipien zu organisieren und eine entsprechende Sozialisation ins Werk zu setzen. Wenn sie dabei erfolgreich sind, wird sich der in Mitteleuropa übliche Wohlstand überall auf der Welt ganz automatisch einstellen. Sind sie es nicht, wird ein Kind in Soweto, in den Sümpfen bei Lagos oder in einem Dorf auf dem Peloponnes nicht die gleichen Chancen haben wie ein Kind in Hamburg oder München. So einfach ist das, und die darin liegende Ungerechtigkeit fällt nicht auf Deutschland, sondern auf Griechenland, Nigeria und Südafrika zurück.[189]

Die Frage der Chancengerechtigkeit hat in zweierlei Hinsicht einen unmittelbaren Bezug zur Einwanderungsfrage: In Afrika, Nah- und Mittelost machen sich nicht jene auf den Weg nach Europa, deren Not am größten ist oder die aus anderen Gründen Hilfe besonders verdienen, sondern jene, die die Möglichkeit dazu bekommen. Sind sie schlecht qualifiziert, so schaden sie den Einwanderungsländern. Sind sie gut qualifiziert, so bedeuten sie einen schädlichen Braindrain für die Herkunftsländer. Wie im Abschnitt »Demografie und Einwanderung« gezeigt, beeinträchtigt die Einwanderung von wenig Qualifizierten die Chancen jener Einheimischen, die selber wenig qualifiziert sind oder eine andere persönliche Beeinträchtigung haben. Hier besteht ein klarer Trade-off. Richten wir die Bemühungen um Chancengerechtigkeit auf die einheimische Bevölkerung, so erhalten wir auch in moralischer Hinsicht andere Antworten zur Einwanderungsfrage als wir sie bekommen, wenn wir die ganze Welt ins Auge fassen.

BEGABUNG

Die Fähigkeiten des Menschen entwickeln sich aus Lernen, Übung und natürlicher Begabung. Begabte Menschen lernen schneller und müssen weniger üben. Gewisse Leistungen sind überhaupt nur mit entsprechender Begabung möglich. Unterschiedliche Begabungen schaffen Ungleichheit, wenn und soweit sie sich in Leistungsunterschieden niederschlagen. Diese Ungleichheit kann sich im gesellschaftlichen Rang, in der Popularität, im Einkommen, in der Summe der Lebenschancen ausdrücken. Wird die Chancengerechtigkeit grundsätzlich verletzt, wenn ungleiche Begabungen und – darauf aufbauend – ungleiche Leistungen zu fühlbaren Unterschieden im Lebenserfolg führen? Oder ist das keine Frage des Prinzips, sondern des Grades der daraus erwachsenden Ungleichheiten?

Es ist leicht zu erkennen, dass es hier keine objektiv nachvollziehbaren Maßstäbe gibt, sondern sich vielmehr ein weites Feld für begründbare, aber auch für rein willkürliche Wertungen darbietet. Für jeden praktisch denkenden Menschen ist unmittelbar einsichtig, dass es nicht ungerecht ist, wenn Begabungsunterschiede zu Ungleichheit führen. Ungerecht wäre vielmehr das Gegenteil. Andererseits kann nicht jede beliebige Ungleichheit bei Einkommen und Lebenschancen durch Unterschiede bei Begabung und Leistung gerechtfertigt werden. Auch das ist unmittelbar einleuchtend.

GESCHLECHT

Es gibt Unterschiede bei den Begabungen und Neigungen der Geschlechter, die auch die verbohrteste Genderdebatte nicht einfach leugnen kann. Richtig bleibt in jedem Fall der Grundsatz, dass gleiche Begabungen und Neigungen unabhängig vom Geschlecht zu vergleichbaren Lebenschancen führen sollten, wenn man ihnen folgt. Richtig bleibt auch der Grundsatz, dass man grundsätzlich die Möglichkeit haben muss, ihnen zu folgen.

Wie aber ist es zu bewerten, wenn ethnische Herkunft und religiöse Orientierung bei bestimmten Gruppen ein Frauenbild erzeugen, das die Wahlfreiheit der Frauen einengt? Welche Freiheit hat dann Vorrang, und was ist gerechter: Die Freiheit der betreffenden Gruppen, ihre traditionellen Lebensstile und Werthaltungen auch in Deutschland zu pflegen, wozu eben gehört, die Rolle der Frauen gemäß Herkommen und Tradition zu definieren und ihre Freiheit entsprechend einzuschränken? Oder die Freiheit der Frauen, auch wenn dies bedeutet, dass der Staat gegen bestimmte Unterdrückungstendenzen einschreitet? Und wie soll solch ein Einschreiten praktisch aussehen? Interessant ist, dass dieses grundsätzliche Problem, das Millionen Frauen in Deutschland betrifft, von der Genderdebatte kaum gestreift wird, im Gegenteil: Jene, die besonders genderfreundlich sind, bejubeln üblicherweise auch am stärksten die Aussage, dass der Islam zu Deutschland gehört.

GATTUNG

Der Begriff der Gerechtigkeit stellt die Subjekte, um die es geht, in einen moralischen Zusammenhang. So kann man fragen, warum höherstehende Tiere, die Gefühle haben, die intelligente Denkleistungen erbringen und leiden können, nicht auch unter einen allgemeinen Begriff der Gerechtigkeit fallen sollten.

Konsequent wäre es, allem, was auf der Erde lebt und sich dort bewegt, moralisch das gleiche Lebensrecht zuzusprechen. Dann kann sich aber jedes Lebewesen, das innerhalb der Nahrungskette sein Auskommen sucht, nur quasi mordend durch die Welt bewegen. Solch ein weit gespannter Moralbegriff, wie ihn beispielsweise radikale Veganer haben, führt die Moral selbst ad absurdum. Ein praktischer Wegweiser kann Moral nur sein, wenn sie Differenzierung ermöglicht. Der Ursprung der Moral und der aus ihr erwachsenden altruistischen Gefühle ist die Loyalität mit den Mitgliedern der eigenen Gruppe (vgl. »Zum religiösen Kern der Ideen von der menschlichen Gesellschaft«). Wenn diese Loyalität die ganze Menschheit oder vielleicht sogar alles umfasst, was auf der Welt lebt oder jemals leben wird, dann ist man entweder ein Heiliger oder ein Monster, wahrscheinlich Letzteres.

Verteilungsgerechtigkeit

Die meisten Gerechtigkeitsdiskussionen drehen sich um Verteilungs-fragen. Dabei entdeckt man immer wieder, dass es kaum wirklich ob-jektive Verteilungsmaßstäbe gibt, und darum erliegt man leicht der Versuchung, in materiellen Fragen den Grad der Gerechtigkeit am Grad der Gleichheit zu messen.

Bei Verteilungsfragen ist zunächst zu unterscheiden, ob es sich um Verteilung innerhalb oder außerhalb des Produktionsprozesses handelt. Bei der Verteilung innerhalb des Produktionsprozesses geht es darum, wie das Produktionsergebnis zwischen Kapital und Arbeit aufgeteilt wird. Beim Kapital geht es um die Aufteilung zwischen Zin-sen und Unternehmensgewinnen, bei der Arbeit um die Aufteilung der Entlohnung auf die Arbeitnehmer beziehungsweise den Arbeits-einsatz der Selbständigen. Schließlich geht es darum, wie sich der Staat durch Steuern und Abgaben am Produktionsergebnis beteiligt. Bei der Verteilung außerhalb des Produktionsprozesses geht es um staatliche Ausgaben für all jene, die (dauerhaft oder vorübergehend) nicht am Produktionsprozess beteiligt sind: Arbeitslose, Rentner und alle anderen Empfänger staatlicher Transferzahlungen. Schließlich geht es um weitere verteilungswirksame Zahlungen, die der Staat aus ganz unterschiedlichen Gründen leistet, ob es sich um Kindergeld, Elterngeld, Wohngeld oder anderes handelt. Daneben haben viele höchst unterschiedliche Eingriffe in den Wirtschaftsprozess immer auch Auswirkungen auf die Verteilung. Das gilt etwa für die Zins-politik der Notenbank, aber auch für alle staatlichen Eingriffe in die Preisbildung, beispielsweise bei der Energieerzeugung oder durch das soziale Mietrecht.

Bei der Verteilungsgerechtigkeit sind wie bei der Chancengerech-tigkeit die beiden Aspekte Funktionalität und Fairness zu beachten; Funktionalität bedeutet insbesondere, dass die Preissignale und ma-teriellen Anreize, die den marktwirtschaftlichen Leistungsprozess steuern, nicht im Übermaß beeinträchtigt oder gar zerstört werden. Funktionalität bedeutet aber auch, dass alle staatlichen Eingriffe aus-reichend transparent bleiben, sich gegenseitig möglichst wenig wider-sprechen und mit vertretbarem Aufwand überhaupt gemanagt werden können. Vor allem aber bedeutet Funktionalität, dass der Prozess der

Wohlstandsgenerierung nicht durch Lenkungseingriffe und Umverteilung nachhaltig gestört wird. Schon geringe Wachstumseinbußen beeinträchtigen den Wohlstand der wirtschaftlich Schwächeren langfristig viel mehr, als gut gemeinte, aber schlecht konzipierte Umverteilung ihn befördern kann. Für Fairness gibt es keinen exakten Maßstab. Sicherlich werden Hunger und Obdachlosigkeit in einer reichen Gesellschaft zu Recht als unfair empfunden. Aber man kann keine allgemein gültigen Aussagen darüber machen, welche Einkommens- und Vermögensunterschiede als fair anzusehen sind und welche nicht.

Je nach Blickwinkel führt die Spannung zwischen Funktionalität und empfundener Fairness von Verteilung zu ganz widersprüchlichen Einschätzungen.

– Volkswagen-Chef Martin Winterkorn verdiente 2014 einschließlich seiner Tantiemen rund 16 Millionen Euro. Seine 600 000 Mitarbeiter verdienten durchschnittlich nur 50 000 Euro. Kann es gerecht sein, dass ein Chef 300-mal so viel bekommt wie seine Mitarbeiter?

– Die Aktionäre von Volkswagen freuten sich für 2014 über einen Jahresgewinn von 12 Milliarden Euro. An Dividenden bekamen sie rund 2,3 Milliarden Euro. Allein die Familien Porsche und Piëch kassierten davon 723 Millionen. Kann es gerecht sein, dass eine reiche Familie ohne Arbeit, nur aufgrund ererbter Besitztitel, jährlich so viel verdient?

– Eine gute oder schlechte Unternehmensführung kann Gewinne und Dividenden leicht um Milliarden Euro in die eine oder andere Richtung bewegen. Ist es da nicht ganz rational, dass sich die Familien Porsche und Piëch, die bei Volkswagen das Sagen haben, einen gut bezahlten Vorstandschef leisten? Schließlich macht seine Entlohnung gerade mal 2 Prozent ihrer Dividendenbezüge aus. Wenn er seine Arbeit gut macht, ist das Geld hervorragend investiert. Genauso sehen das übrigens die Gewerkschaften und Betriebsräte bei Volkswagen. Darum neidet kein Arbeitnehmervertreter Winterkorn sein Einkommen. Nur erfolgreiche Unternehmensführung sichert dauerhaft Löhne und Arbeitsplätze.

– Mit dem Skandal um manipulierte Abgaswerte änderte sich natürlich auch die Bewertung der unternehmerischen Leistung Winterkorns. Wenn ihm hier grobe Fahrlässigkeit oder Vorsatz nachgewiesen werden, kann Volkswagen von ihm Schadensersatz fordern. Dann wird – unabhängig von den strafrechtlichen Folgen – sein Vermögen an sein ehemaliges Unternehmen zurückfließen.

Diese Logik kann man natürlich hinterfragen. Damit hinterfragt man Marktwirtschaft und Kapitalismus. Tut man das nicht, bleibt in Verteilungsfragen gar nicht mehr so viel zu diskutieren. Diese Erkenntnis hinterlässt bei vielen eine nagende Unzufriedenheit, sorgt für reichlich Stoff in den Feuilletons und für stetigen Nachschub an linken Wählern.

Die Summe staatlicher Instrumente bewirkt eine erhebliche Umverteilung. Diese kann je nach politischer Ausrichtung mal intelligenter, mal weniger intelligent angelegt sein, sie kann stärker oder schwächer sein. Auch gibt es immer Schwankungen. Aber über lange Zeiträume betrachtet ist die Verteilung der Einkommen zwischen Kapital und Arbeit erstaunlich stabil. Auch die personelle Einkommensverteilung ändert sich nur wenig, und die Vermögen sind traditionell noch viel ungleicher verteilt als die Einkommen. Es gibt also zu jedem beliebigen Zeitpunkt genügend statistisches Material, um die Ungleichheit der Einkommens- und Vermögensverteilung zu beklagen und dies je nach ideologischem Standort mehr oder weniger stark auf das »System« (wie die Marxisten) oder auf moralische Mängel (wie der Papst) zurückzuführen.

Die Globalisierung und die Richtung des technischen Fortschritts haben seit einigen Jahren die Ungleichheit der Einkommens- und Vermögensverteilung in den entwickelten Marktwirtschaften tendenziell vergrößert. Diese Entwicklung geht zwar über die üblichen langfristigen Schwankungen bislang nicht hinaus, aber sie traf zeitlich seit 2008 mit den Folgen der Weltfinanzkrise zusammen. Deshalb löste Thomas Piketty 2014 mit seinem monumentalen Werk *Das Kapital im 21. Jahrhundert*[190] Begeisterung unter vielen links stehenden Zeitgenossen aus, schien nun doch endgültig bewiesen, dass der Kapitalismus nicht nur ungerecht ist, sondern immer ungerechter wird und den Anteil der Kapitaleinkommen am Gesamteinkommen immer weiter steigen lässt. Zwar kann man diese Tendenz aus den Zahlen von Pikettys Buch gar nicht belegen, sie lässt sich zudem auch grundsätzlich widerlegen.[191] Aber das aus Pikettys Buch von vielen gezogene Substrat, dass der Kapitalismus nicht nur ungerecht sei, sondern auch immer ungerechter werde, ist eben schön.

Da bisher niemand einen Gerechtigkeits- oder auch nur Fairness-maßstab zur Verteilung von Einkommen gefunden hat, wird am Ende eben doch Gleichheit gemessen. Dabei geht leicht das Faktum unter, dass auch ein Armer in einer ungleichen Gesellschaft mit einem höheren Einkommen besser lebt als in einer »gleicheren« Gesellschaft, die zwar relativ reicher, dafür aber absolut ärmer ist.

Die Bundesregierung veröffentlicht alle drei Jahre einen Armuts- und Reichtumsbericht unter dem Titel »Lebenslagen in Deutschland«. Schon der schiere Umfang von zuletzt 507 Seiten zeigt, dass man sich zu Fragen von Verteilung und Gerechtigkeit offenbar nur schwer kurz-fassen kann. Da die Aspekte Wohlstand, Bildung, Erwerbsbeteiligung, Gesundheit, Alter, Familie, individuelle Aktivität und soziale Mobilität vielfältig ineinander übergehen und sich teilweise gegenseitig bedingen, ist die reine Verteilungsfrage dabei nur ein Aspekt unter vielen. Für Deutschland zeigen die verfügbaren Daten, dass

- die Wirkung staatlicher Umverteilung in der Summe erheblich ist,
- die Ungleichheit der Verteilung in den letzten Jahren bei den Ein-kommen im internationalen Vergleich nicht besonders hoch ist und auch nicht zugenommen hat,[192]
- Vermögen deutlich ungleicher verteilt sind als Einkommen.[193]

Ein Element von Verteilungsgerechtigkeit ist die Abgabengerechtigkeit. Der Staat erhebt Steuern und andere Abgaben zur Finanzierung unmittelbarer Staatsaufgaben wie zum Zwecke der Umverteilung. Die Einnahmen daraus sollen nachhaltig und ergiebig sein und die Ausweichmöglichkeiten der Abgabepflichtigen möglichst gering. Die Verwaltung der Gelder soll möglichst einfach sein, das Wirtschafts-leben dadurch möglichst wenig beschädigt werden und die Belastung der Bürger ausgewogen und möglichst gerecht. Im Laufe der Zeit hat sich in allen Industriestaaten eine Mischung aus spezifischen Ver-brauchssteuern, Zöllen, Umsatzsteuern, Besitzsteuern, Einkommen-und Kapitalertragssteuern sowie Sozialabgaben entwickelt. Durch diese Steuereinnahmen leiten die Staaten im Durchschnitt 25 bis

45 Prozent des BIP in ihre Kassen. Auch hier geht es um die richtige Mischung von Funktionalität und Fairness. Am Ende zahlen die Wohlhabenden und Reichen für den Sozialstaat.[194]

Steuergerechtigkeit: ein kleiner Exkurs zur deutschen Erbschaftsteuer

Die Erbschaftsteuer in Deutschland soll ihrem eigentlichen Steuerzweck folgen und einen dauerhaften fiskalischen Beitrag leisten, ausreichend einfach zu erheben sein sowie Gestaltungsmissbrauch und Umgehungsmöglichkeiten ausschließen. Sie soll Gerechtigkeit üben, indem

– unterschiedliche Vermögensarten gleich behandelt werden,
– mit Hilfe der Steuer Vermögen umverteilt wird,
– Verwandte ersten Grades steuerlich bevorzugt werden und so die Familie gestärkt wird,
– kleine und mittlere Vermögen gar nicht oder kaum besteuert werden,
– unternehmerisches Vermögen geschont wird, weil sein Einsatz ja dem Wohle aller dient und man das Unternehmertum nicht schwächen möchte.

Das jährliche Aufkommen aus der Erbschaft- und Schenkungssteuer beträgt in Deutschland rund 5 Milliarden Euro (2014 waren es 5,4 Milliarden).[195] Das jährliche Erbschaftsvolumen beträgt rund 250 Milliarden Euro.[196] Eigentlich würde also ein allgemeiner Erbschaftsteuersatz von nur 2 Prozent ausreichen, um das heutige Volumen zu realisieren. Dies wird aber unterlaufen durch die hohen Freibeträge für Verwandte sowie durch die in Deutschland traditionell sehr niedrige Bewertung von Immobilienvermögen. Das Bundesverfassungsgericht (BVerfG) erklärte 2007 diese Ungleichbehandlung der Vermögensarten für verfassungswidrig und forderte den Gesetzgeber zu einer Neuregelung auf. Diese Neuregelung trat zum 1. Januar 2009 in Kraft. Sie enthielt als neues Element umfangreiche Verschonungsregeln für betriebliches Vermögen. Wegen des Ausmaßes dieser Verschonungsregelungen und der darin liegenden Gestaltungsmöglichkeiten erklärte das Bundesverfassungsgericht die Erbschaftsteuer Ende 2014 erneut für verfassungswidrig und forderte den Gesetzgeber auf, die Verschonung auf kleine und mittelständische Unternehmen zu beschränken und dabei eine Bedürfnisprüfung unter dem Aspekt der Erhaltung von Arbeitsplätzen durchzuführen. Eine entsprechende Neufassung des Erbschaftsteuergesetzes soll zur Jahresmitte 2016 in Kraft treten.

Das eigentliche Problem des deutschen Erbschaftsteuerrechts besteht in Folgendem: Die hohen Freibeträge für nahe Verwandte stellen den größten Teil der Erbschaften von einer Besteuerung frei. Um dennoch das Aufkommen von rund 5 Milliarden Euro jährlich zu erzielen, sind bei großen Vermögen die Erbschaftsteuersätze sehr hoch und betragen zwischen 30 und 50 Prozent. Das wiederum erhöhte 2008 den Druck auf die Freistellung unternehmerischen Vermögens, nachdem das Schlupfloch der niedrigen Immobilienbewertung nach dem ersten BVerfG-Urteil von 2007 nicht mehr zur Verfügung stand. Nach dem ersten Verfassungsgerichtsurteil zur Erbschaftsteuer hatten Bund und Länder auf Ministerebene eine sechsköpfige Arbeitsgruppe eingerichtet, der ich als Berliner Finanzsenator angehörte. Sie sollte ein verfassungsfestes Reformkonzept erarbeiten.[197] Schnell wurde mir klar, dass die absehbaren Einigungslinien in dieser Arbeitsgruppe erneut auf eine verfassungswidrige Lösung hinausliefen. Nur würde diesmal das Zentrum der Verfassungswidrigkeit nicht bei der Ungleichbehandlung von Vermögensarten, sondern bei der übermäßigen Bevorzugung betrieblichen Vermögens liegen. Ich brachte diese Einschätzung auch wiederholt zum Ausdruck. Dafür interessierten sich aber höchstens die beteiligten Fachbeamten. Für meine beteiligten Ministerkollegen war entscheidend, dass ihnen ein politischer Kompromiss gelang, der das Aufkommen sicherte, den Wunsch nach Freistellung betrieblichen Vermögens befriedigte und zur Verabschiedung eines neuen Gesetzes führte. Das damit neu eingegangene verfassungsmäßige Risiko stand sehr klar im Raum, ich sprach es wiederholt an. Das neue Risiko schien aber außer mir niemanden zu interessieren. Die Kollegen rechneten mir vor, dass wegen der Länge des Instanzenwegs jetzt erst einmal für 5 Jahre Ruhe sei. Damit behielten sie Recht. Es dauerte nach Inkrafttreten des neuen Gesetzes exakt 5 Jahre und 11 Monate, bis das BVerfG das Erbschaftsteuerrecht erneut für verfassungswidrig erklärte.

Grenzüberschreitende Verteilungsgerechtigkeit

Für die Verteilungsgerechtigkeit zwischen Staaten oder Wirtschaftsregionen fehlt es an sinnvollen Maßstäben, wenn man auf Gewalt gegründete Ausbeutungsverhältnisse ausklammert. In Afrika, Asien und Südamerika ist das heutige Lebensniveau, wie unterschiedlich es auch sein mag, und insbesondere der heutige Bevölkerungsreichtum nur möglich geworden durch den von Europa und Nordamerika, später auch Ostasien in den letzten Jahrhunderten bewirkten wissenschaftlichen, technischen und medizinischen Fortschritt. Der Bevölkerungsreichtum und das weiterhin starke Bevölkerungswachstum in den wirtschaftlich weniger entwickelten Regionen ist zugleich aber die größte Bedrohung für die Umwelt, wie sich am Schwinden der Wälder und der Erosion von Ackerland zeigt. Eine verteilungspolitische Schuld gegenüber den weniger entwickelten Ländern haben sich die Industriestaaten weder aufgeladen, noch haben sie eine solche abzuzahlen. Gemeinsame Probleme wie die künftige CO_2-Entwicklung und die Möglichkeiten zu ihrer Begrenzung muss man natürlich gemeinsam lösen, aber das ist keine Frage der Verteilungspolitik oder der Verteilungsgerechtigkeit.

Ein ironisches Aperçu zur grenzüberschreitenden Verteilungsgerechtigkeit sind die Verteilungswirkungen der europäischen Währung. Die Befürworter der Gemeinschaftswährung hatten diese immer als einen Beitrag zur Angleichung der Lebensverhältnisse zwischen den Eurostaaten verklärt. Das Gegenteil ist eingetreten: Die gemeinsame Währung hat die Wohlstandsunterschiede zwischen den Mitgliedsstaaten der Währungsunion vergrößert und nicht verkleinert.[198] Den relativ begünstigten Staaten wie Deutschland hat sie wirtschaftlich nicht genützt, anderen wie Italien, Griechenland, Portugal und Spanien sogar geschadet, weil die Währung nicht zur Ordnungs-, Finanz- und Wirtschaftspolitik dieser Länder passte.

Zukunftsgerechtigkeit

Der unscharfe Begriff der Gerechtigkeit wird durch die Einbeziehung der Zukunftsdimension noch unschärfer. Andererseits wird die eigentliche Dimension vieler Fragen zur Gerechtigkeit erst aus dieser weiteren Perspektive deutlich. Besonders trifft das auf alle Umweltfragen zu. Wer knappe Umweltressourcen wie Wasser oder Atmosphäre durch heutigen Verbrauch bedroht oder dauerhaft schädigt, erwirbt in der Gegenwart Vorteile, die zu Lasten künftig lebender Generationen gehen. Wer heute keine Kinder bekommt und diese also auch nicht zu produktiven Mitgliedern des Gemeinwesens heranzieht, maximiert seinen Gegenwartswohlstand, indem er Lücken im künftigen gesellschaftlichen Potential hinterlässt. Wird die heute vorhandene Infrastruktur nicht kontinuierlich modernisiert, erneuert und ergänzt, werden Abschreibungen nicht sachgerecht ermittelt und erneut investiert, so sinkt das für künftige Generationen nutzbare Produktionspotential.

Man sollte sich jedoch klarmachen, dass es auch hier keine Mechanismen gibt, die quasi automatisch zu bedienen wären. Wer den Horizont des eigenen Lebens mit dem Horizont der Welt gleichsetzt, wird sich ganz zu Recht über den Klimawandel keine Gedanken machen. Wer nicht die Absicht hat, Schulden zurückzuzahlen, sollte möglichst viele Schulden machen.[199] Und wo die Bevölkerungsentwicklung entleerte Räume schafft, ist es sachlich ganz richtig, die dortige Infrastruktur auf Verschleiß zu fahren und ihren Ersatz auszublenden.

Die Politik in der Gerechtigkeitsfalle

Die meisten politischen Fragen drehen sich in der einen oder anderen Form um Gerechtigkeit, oder sie haben zumindest ein Element davon. Wie hoffentlich deutlich geworden ist, kann es perfekte Gerechtigkeit nicht geben, graduelle dagegen schon. Aber auch graduelle Gerechtigkeit kann aus einer anderen Perspektive ganz unsinnig, sogar krass ungerecht wirken. Weltsicht und Perspektive haben einen enormen Einfluss auf alle Einschätzungen zur Gerechtigkeit. Menschen können zum selben Sachverhalt je nach Fragestellung ganz unterschiedliche Standpunkte einnehmen, und diese Widersprüchlichkeit der Wähler färbt auch auf Politiker ab.[200]

Politik hat aus Gerechtigkeitsgründen schon die unsinnigsten Entscheidungen getroffen. Allerdings wurde und wird in Deutschland auf dem Gebiet der Gerechtigkeit auch viel Unsinn dadurch abgemildert und entschärft, dass sich widersprüchliche Gerechtigkeitsvorstellungen quasi gegenseitig blockieren und behindern. Schrecklich wäre eine Welt, in der ein bestimmter Begriff von Gerechtigkeit – egal welcher – alle Politikfelder durchgehend beherrscht. Das politische Streben nach Gerechtigkeit wird nur dadurch erträglich, dass es sich durch die Widersprüchlichkeit der Ziele fortlaufend selbst behindert.

Die fünf Erbsünden der Politik wirken auch bei der politischen Suche nach Gerechtigkeit. Für jede will ich abschließend ein Beispiel aus der aktuellen deutschen Politik benennen.

UNWISSENHEIT

Jeder Begriff von Gerechtigkeit zielt auf eine Norm, ohne sie ist er inhaltsleer. Bei der Einkommensteuer gibt es die Norm der »Besteuerung nach der Leistungsfähigkeit«. Sie dient als Rechtfertigung für einen progressiven Einkommensteuertarif: Die Steuerlast steigt stärker als das Einkommen, weil man ja mit höherem Einkommen auch leistungsfähiger ist. Hat man Kinder zu unterhalten, so werden die Kosten dafür durch einen steuerlichen Freibetrag pauschaliert. Im Umfang dieser Kosten sinkt nämlich die steuerliche Leistungsfähigkeit. Der progressive Steuersatz bringt es mit sich, dass ein Freibetrag umso mehr Einkommensteuer »spart«, je höher das Einkommen ist. Das empfinden viele Politiker als ungerecht. Es könne doch nicht sein, dass man mit einem Kinderfreibetrag umso mehr Steuern »spart«, je reicher man ist. Zwar wird die Progressionslogik akzeptiert, dass die steuerliche Leistungsfähigkeit schneller steigt als das Einkommen und deshalb auch der Steuerverlauf progressiv gestaltet werden kann, aber nicht die Logik, dass ein Absinken des zu versteuernden Einkommens um beispielsweise 5000 Euro dieselben steuerlichen Folgen haben muss wie ein Anstieg des Einkommens um diesen Betrag, nur eben mit umgekehrtem Vorzeichen.

Der Umstand, dass bei progressiver Einkommensteuer auch die Entlastungswirkung des steuerlichen Kinderfreibetrags progressiv steigt, dient seit Jahrzehnten vielen als Ausweis schreiender Ungerechtigkeit. Darum wurde auch das einkommensunabhängige Kindergeld möglichst so festgesetzt, dass seine Höhe der Entlastungswirkung des steuerlichen Kinderfreibetrags entspricht. Damit wurde etwas vermischt, was miteinander gar nichts zu tun hat: Der Kinderfreibetrag sichert das verfassungsrechtliche Gebot, dass das Existenzminimum eines Kindes nicht beim Einkommen der Eltern besteuert werden kann. Er ist also keine staatliche Leistung. Das Kindergeld ist dagegen eine staatliche Leistung. Seine Verrechnung mit der Steuerersparnis des Kinderfreibetrags bedeutet nichts anderes, als dass Eltern, die wenig oder keine Einkommensteuer zahlen, für ihre Kinder vom Staat subventioniert werden, Eltern mit höherem Einkommen dagegen nicht. Ist das »gerecht«, oder müsste man nicht auch berücksichtigen, dass Eltern mit höherem Einkommen weitaus mehr zur Finanzierung des Gemeinwesens beitragen und ihre Kinder in einigen Jahrzehnten vermutlich ebenfalls einen durchschnittlich höheren Leistungsbeitrag erbringen werden? Der Versuch, so etwas im politischen Raum zu diskutieren, scheitert mit großer Regelmäßigkeit bereits am mangelhaften systematischen Wissen der beteiligten Politiker.

ANMASSUNG

Im Abschnitt über den Wohlstand wurde bereits deutlich, wie stark die kognitive Kompetenz durch die Herkunft im weitesten Sinne, aber auch durch ererbte Fähigkeiten bestimmt wird. Das mindert nicht die Bedeutung von Bildung und Erziehung, doch es zeigt ihre Grenzen auf. Es ist politische Anmaßung, wenn man darauf setzt, dass Bildung und Erziehung die Herkunft voll ausgleichen können. Sowohl die gegenwärtige Familien- als auch die Zuwanderungspolitik gründen aber offenbar auf dieser Annahme.

BEDENKENLOSIGKEIT

Die Politik hatte Ende 2014 entschieden, die Gerechtigkeit in Deutschland durch einen Mindestlohn zu verbessern. Arbeitsmarktforscher und Ökonomen äußerten damals mehrheitlich die Einschätzung, dass dies die Beschäftigungschancen von Randgruppen des Arbeitsmarktes eher beeinträchtigen werde. Anhand der verfügbaren Arbeitsmarktdaten kann man Anfang 2016 noch nicht beurteilen, ob diese Einschätzung und die auf ihr beruhende kritische Distanz zum Mindestlohn berechtigt waren. Das hat die Politik aber sowieso nicht interessiert. Sie setzte nahezu einhellig auf den Mindestlohn und klammerte in ihren Überlegungen offenbar alle Risiken aus.

OPPORTUNISMUS UND BETRUG

Krasser noch war es bei der Rente mit 63 und bei der Mütterrente. Beide widersprechen der Erkenntnis, dass aus demografischen Gründen das durchschnittliche Renteneintrittsalter steigen und das Rentenniveau sinken muss. Beides sind Entscheidungen, welche die heutige ältere Generation begünstigen, während die finanziellen Folgen die künftigen Rentner und Beitragszahler treffen werden. Die Politik schielte hier opportunistisch nach dem gegenwartsbezogenen Wählerwillen und scheute auch nicht davor zurück, in Bezug auf die Auswirkungen die Wahrheit kräftig zu strecken beziehungsweise gleich ganz unter den Tisch fallen zu lassen. Die Rente mit 63 hat bereits im ersten Jahr nach ihrem Inkrafttreten 100 000 Arbeitskräfte in den Ruhestand gelockt.[201]

SELBSTBETRUG

Viele Politiker möchten uns glauben machen und glauben es offenbar selber gerne, dass die Aufnahme von Flüchtlingen aus Nah- und Mittelost und Afrika nicht nur ein Akt der Barmherzigkeit ist, sondern Deutschland hilft, seine demografischen Lücken zu füllen, den Arbeitsmarkt funktionsfähiger und die Renten sicherer zu machen, so dass die geübte Gerechtigkeit uns am Ende selber nutzt. Dass dies nur unter extrem eingeschränkten Bedingungen zutrifft, habe ich im Abschnitt »Demografie und Einwanderung« erläutert.

In Deutschland wird der demografische Trend der infolge Geburtenarmut sinkenden Bevölkerung durch regionale Wanderungen überlagert: Die junge und gut gebildete Bevölkerung ballungsferner Gebiete wandert in die großen Zentren ab. Wo solche Abwanderung trotz Geburtenarmut stattfindet, wäre sie bei Geburtenreichtum noch stärker gewesen. Wanderungen sind eben eine Sache, der Einfluss der Geburtenentwicklung auf die Bevölkerungszahl eine andere. Der Bürgermeister der von Abwanderung betroffenen Stadt Goslar wurde in den Medien durch sein Bestreben bekannt, Flüchtlinge und Asylbewerber in Goslar anzusiedeln und so den Bevölkerungsverlust wettzumachen. Die so gewonnenen Einwohner werden aber wohl wieder abwandern, sobald ihnen das möglich ist, denn eine Region, die für die eigene Bevölkerung nicht genügend Arbeitsplätze bereithält, kann auch den Einwanderern keine bieten.

Klima und Umwelt

Preisgünstige und verlässliche Energie, die in großen Mengen hergestellt wird, machte nach der Erfindung der Dampfmaschine das
Wachstum von Wohlstand und Produktion seit Beginn der Industrialisierung überhaupt erst möglich. Gleichzeitig verursachte die Energieproduktion große Umweltbelastungen und -schäden. Dabei standen zunächst die Belastungen von Wasser und Luft im Vordergrund.
In jungen Industriestaaten wie China oder in der Dritten Welt ist das
heute noch der Fall. Die Großtechnik der Kernenergie schont zwar
Wasser und Luft, findet aber in Teilen der Welt keine soziale Akzeptanz, weil man ihre spezifischen Risiken fürchtet.

Das CO_2-Problem

Die fossilen Energieträger setzen bei ihrer Verbrennung Kohlen-
dioxyd frei. Die meisten Klimaforscher sind mittlerweile der Auffassung, dass die Belastung der Atmosphäre durch CO_2 und andere
Treibhausgase zur Erhöhung der durchschnittlichen Temperatur auf
der Erde führt. Bei einem weiter ungebremsten Anstieg der CO_2-
Emissionen – so die Schätzungen des Weltklimarats – könnte sich die
Durchschnittstemperatur auf der Erde bis Ende dieses Jahrhunderts
um 3,2 bis 5,4 Grad Celsius erhöhen.[202] Wenn aber die kumulierten
weiteren Kohlendioxyd-Emissionen auf rund 600 Milliarden Tonnen
beschränkt werden könnten, dann – so die Hoffnung – könne der Anstieg der Durchschnittstemperatur auf 2 Grad beschränkt werden.[203]
Gegenwärtig beträgt der weltweite jährliche CO_2-Ausstoß 36 Milliarden Tonnen. In den letzten 35 Jahren hat er sich verdoppelt, und er
wächst weiter kräftig. Angespornt von den regelmäßigen Berichten des
Weltklimarats bemüht man sich auf der Ebene der Vereinten Nationen, durch Beschlüsse der Weltklimakonferenzen den Zuwachs des
CO_2-Ausstoßes abzusenken. Dieses technisch und wirtschaftlich sowieso äußerst schwierige Vorhaben kommt bisher nicht recht voran,
weil einerseits der größte Teil des Ausstoßes auf die mächtigen Industriestaaten entfällt, die keine Abstriche machen wollen, und andererseits der noch nicht oder erst weniger entwickelte Teil der Welt

nicht möchte, dass seine Chancen auf Wohlstand durch globale Vereinbarungen zur Begrenzung des CO_2-Ausstoßes vermindert werden.
Beim vielfach gefeierten globalen Klimaschutzabkommen, das im Dezember 2015 von der Pariser Weltklimakonferenz beschlossen wurde,
gelang zwar die Einigung auf das Ziel, die Durchschnittstemperatur
auf der Welt bis zum Ende des Jahrhunderts um nicht mehr als 2 Grad
(möglichst nur um 1,5 Grad) ansteigen zu lassen. Es blieb aber offen,
wie dies geschehen soll. Das ist den Klimaschutzplänen vorbehalten,
die die Staaten ab 2020 alle fünf Jahre vorlegen sollen. Für den voraussehbaren Fall, dass diese in der Summe nicht zum Klimaziel passen,
wurde nichts beschlossen.[204]

Zeitlich vorgelaufen war dem Klimaschutzabkommen der Beschluss des G7-Gipfels im Juni 2015 in Elmau, »Treibhausgase bis
2050 im Vergleich zu 2010 entsprechend dem oberen Ende der jüngsten IPCC-Empfehlungen von 40 bis 70 % zu reduzieren. Hierbei erkennen wir an, dass diese Herausforderung nur durch eine globale
Vorgehensweise gemeistert werden kann.«[205] Wenn das gelingt, würde
die weltweite Kohlendioxyd-Emission im Jahr 2050 bei nur 10 bis
20 Milliarden Tonnen liegen. Nach der UNO-Bevölkerungsvoraus-
schätzung leben im Jahr 2050 etwa 9,2 Milliarden Menschen auf der
Erde. Die mit dem Klimaziel verträgliche Emission läge dann bei 1 bis
2 Tonnen pro Mensch. Welche Herausforderung das bedeutet, zeigt
die Aufstellung der heutigen Emissionen pro Kopf.[206]

Deutschland sieht sich seit dem im Jahr 2000 verabschiedeten
Erneuerbare-Energien-Gesetz (EEG) als Vorreiter einer weltweiten

Tabelle 4.20: Das Klimaziel und die Wirklichkeit

CO_2-Emission pro Kopf	in Tonnen
Klimaziel 2050 der G7 für die Welt	1,5
Klimaziel 2050 der Bundesregierung für Deutschland	max. 3,5; min. 0,9
Ist 2013	
Welt	4,6
USA	17,4
Russland	12
Deutschland	11,6
China	6,4
Indien	1,9

Energiewende. Mit den Instrumenten Annahmezwang und garantierte Einspeisevergütung löste das Gesetz – finanziert durch die EEG-Umlage des Endverbrauchers – einen Boom bei Solarzellen und Windkraftanlagen aus. Deutschland setzte sich ehrgeizige Klimaziele, die es auch nicht revidierte, als sich die Bundesregierung im Frühling 2011 unter dem Eindruck der Katastrophe von Fukushima zu einem beschleunigten Ausstieg aus der Kernenergie entschied: Bis 2030 sollen die Treibhausgasemissionen in Deutschland auf 750 Millionen und bis 2050 gar auf maximal 250 Millionen Kohlendioxyd-Äquivalente fallen. Dies will man erreichen durch eine Kombination von sinkendem Energieverbrauch und Umstieg auf erneuerbare Energien.

Gegenwärtig wachsen die weltweiten CO_2-Emissionen jährlich um 2 Prozent – so viel wie Deutschland insgesamt ausstößt. Der Anteil Chinas am weltweiten Ausstoß beträgt 27,6 Prozent, der Anteil der USA 14,5 und derjenige der EU 9,6 Prozent. Indien mit seinen 1,2 Milliarden Einwohnern hat nur einen Anteil von 6,7 Prozent.[207] Sein »vorbildlicher« CO_2-Ausstoß von nur 1,9 Tonnen je Einwohner ist allerdings Ausdruck seiner extremen Armut, und im chinesischen Ausstoß von »nur« 6,4 Tonnen je Einwohner kommt auch der immer noch beachtliche Entwicklungsrückstand gegenüber den traditionellen Industriestaaten zum Ausdruck. Solange man nicht gänzlich neue Entwicklungsmuster erfindet, wird die wünschenswerte Industrialisierung der ärmeren und armen Regionen der Welt auch die örtlichen CO_2-Emissionen nach oben treiben. Sollen die gesamten CO_2-Emissionen, wie von den G7 angestrebt, bis 2050 um 70 Prozent sinken und dann weltweit pro Kopf etwa gleich verteilt sein, so müssten die USA ihre CO_2-Emissionen um 91 und Deutschland seine um 87 Prozent senken.

Die gesamte Logik der Energiewende ist in einen fragilen Zusammenhang eingebunden, bei dem sich Wissenschaft, Ideologie und quasi religiöse Glaubensinhalte mit einem sehr selektiven Blick auf die Wirklichkeit verbinden. Nach dem Stand der wissenschaftlichen Erkenntnis sind der Anstieg der durchschnittlichen Temperaturen auf der Erde und seine Verursachung durch die wachsende Menge von Treibhausgasen in der Atmosphäre ziemlich unbestreitbar. Einem Nicht-Experten wie dem Verfasser bleibt hier nur, auf die weit überwiegende Expertenmeinung zu vertrauen.[208] Ziemlich unbestreitbar ist auch die naheliegende Folgerung, die Emission von Treibhausgasen möglichst zu begrenzen. Offen bleibt, wie die Schaden-und-Nutzen-Bilanz des Klimawandels aussieht und bis zu welchem Grad er rein praktisch gesehen überhaupt noch verhindert werden kann. National und international zeigt das praktische Verhalten der meisten Politiker und Bürger, dass sie an wirklich harte Konsequenzen des Klimawandels nicht glauben.

Weitgehend vernachlässigt wird der Druck der fortgesetzt wachsenden Weltbevölkerung auf die Umwelt und die knappen örtlichen Ressourcen und ebenso der allgemein verbreitete Wunsch nach einem besseren Lebensstandard. Praktische Lebensklugheit folgert daraus, dass die angestrebte Reduktion der CO_2-Emissionen nur teilweise oder gar nicht gelingen wird – auch dann nicht, wenn ehrgeizige Industriestaaten wie Deutschland ihre Ziele teilweise erreichen.[209] Man muss sich also auf die Folgen des Klimawandels einrichten und sich gleichzeitig um sinkende CO_2-Emissionen bemühen. Die Beiträge dazu kommen neben der Energieeinsparung aus einem verstärkten Einsatz von Kernkraft zur Stromerzeugung und aus Innovationen zur Stromspeicherung.

Zur CO_2-Strategie

Um die ökonomischen Anreize für CO_2-Einsparung zu maximieren, wäre es richtig, ein weltweites System von Lizenzen für den CO_2-Ausstoß aufzubauen und diese Lizenzen zu versteigern. Dabei müsste man sie Jahr für Jahr so verknappen, dass sich die CO_2-Emissionen allmählich der Zielmarke annähern. Natürlich ist die Vorstellung irreal, man könnte sich weltweit auf solch ein System einigen und es auch noch umsetzen. Konzeptionell gibt es aber keinen besseren Weg. Ersatzweise wird man versuchen müssen, nationale Reduktionsziele vertraglich zu vereinbaren. In Europa gibt es bereits einen Handel mit CO_2-Zertifikaten, wobei die Summe der Zertifikate aus den europäischen Klimazielen abgeleitet ist. Will man in Europa mehr CO_2 einsparen, sollte man sich darauf einigen, die Summe der Zertifikate in Europa schneller zu verringern.

Den wesentlichen Kohlendioxyd-Ausstoß verursachen die Industrie, die Raumheizung und der Verkehr. CO_2 kann grundsätzlich eingespart werden, indem man weniger Energie verbraucht oder indem die Energie durch CO_2-freie Energiequellen erzeugt wird. Der Energieverbrauch hängt ab von den Konsumgewohnheiten und von der technischen Energieeffizienz. Er wird damit beeinflusst durch die Energiepreise, durch die Ausgaben für Maßnahmen zur passiven Energieeinsparung wie Gebäudedämmung etc. und durch Innovationen wie Wärmepumpen, sparsamere Motoren etc.

CO_2-freie Energiequellen sind Kernenergie, Wasserkraft, Wind und Sonne, aber auch Wärme, die aus Erde, Wasser und Luft gewonnen wird. Will man wirklich den weltweiten CO_2-Ausstoß senken und zugleich dem Rest der Welt eine wachsende Energieproduktion ermöglichen, damit er zum Lebensstandard der westlichen Welt aufschließen kann, dann wird man weltweit möglichst schnell und möglichst vollständig alle Endgeräte des Energieverbrauchs auf Strom umstellen und die Erzeugung von Strom möglichst schnell und möglichst vollständig CO_2-frei gestalten müssen. Nicht die Steigerung der Erzeugung von Energie aus Wind und Sonne wird sich dabei als Engpass erweisen, sondern vielmehr die Entwicklung geeigneter Methoden zum Transport und zur Speicherung von Energie. Ob die Energiewende gelingt, ist am Ende eine Frage von Tempo und Richtung des technischen Fortschritts.

Auf dem Weg zur neuen Energiewelt sind auch noch ein paar Nebenziele und Rahmenbedingungen zu beachten:

– Deutschlands Industrie muss in jeder Phase über ausreichende und ausreichend preiswerte Energie verfügen, um konkurrenzfähig zu bleiben.
– Die Belastung der Endverbraucher muss verträglich bleiben.
– Die wirtschaftlichsten Wege zur CO_2-Vermeidung sollten jeweils Vorrang haben.
– Solange Deutschland in den europäischen Markt für CO_2-Zertifikate eingebunden ist, ergeben nationale Alleingänge keinen Sinn. Man muss Zertifikate so verknappen, dass ihr Preis steigt und ihre Kosten die CO_2-Vermeidung wirklich attraktiv machen.

Das ist alles ziemlich kompliziert, aber so kompliziert nun auch wieder nicht. Ziehen wir aus dem bisher Gesagten einige wesentliche Schlüsse:

- Der unmittelbare Beitrag Deutschlands zur weltweiten CO_2-Produktion ist mit 2 Prozent ziemlich gering. Der Klimawandel würde kaum beeinflusst, wenn Deutschland mitsamt seiner CO_2-Produktion über Nacht von der Weltkarte verschwände. Entsprechend minimal ist der direkte Beitrag, den Deutschlands Verhalten zur Rettung des Weltklimas leisten kann.

- Schon wichtiger ist das Vorbild, das Deutschland als reiches Industrieland in der Welt geben und womit es das Verhalten anderer beeinflussen kann.

- Am wichtigsten aber ist der Beitrag, den der Technologiestandort Deutschland für die nötigen technischen Innovationen bei CO_2-freier Energieerzeugung, beim Transport und bei der Speicherung elektrischer Energie leisten kann. Dies kann indirekt auch eine Investition in die zukünftige deutsche Wettbewerbsfähigkeit sein.

Prognoserechnungen

Die Internationale Energieagentur (IEA) hat den Versuch unternommen, dem Dilemma zwischen CO_2-Reduktion einerseits und weltweiter wirtschaftlicher Entwicklung andererseits mit einem Brückenszenario zu begegnen: Dabei soll bis 2030 der weltweite Verbrauch von Kohle leicht sinken und der Verbrauch von Öl nicht mehr weiter steigen. Gas, Kernenergie und erneuerbare Energien sollen die Lücken füllen. Diese ehrgeizige Strategie führt bis 2030 zu einem leichten Rückgang der CO_2-Emissionen, bleibt aber hinter den Zielen des Weltklimarates oder des G7-Gipfels deutlich zurück. Sie wirkt immerhin deutlich realistischer. Ihre Eckwerte sind in Tabelle 4.21 zusammengefasst. Im Brückenszenario der IEA wächst der Anteil der Kernenergie und übersteigt auch 2030 deutlich den Beitrag von Sonne und Wind. Das Absinken der CO_2-Emissionen ergibt sich allein aus dem abnehmenden Einsatz von Kohle. Der Beitrag der Kernenergie zum Primärenergieverbrauch entspricht im Jahr 2030 ziemlich exakt dem Rückgang des Kohleanteils. Mit einem Satz: In der CO_2-Vermeidungsstrategie der IEA spielt der Beitrag der Kernenergie eine zentrale Rolle.

Tabelle 4.21: Eckwerte des Welt-Brückenszenarios der IEA

	2013	2020	2030
Primärenergieverbrauch (Mio. Tonnen Rohöleinheiten)	**13.579**	**14.623**	**15.370**
Kohle	29,3 %	27,1 %	22,4 %
Öl	31,6 %	30,2 %	28,1 %
Gas	21,2 %	21,6 %	23,1 %
Kernenergie	4,8 %	5,8 %	6,8 %
Wasser	2,4 %	2,6 %	3,1 %
Bioenergie	10,1 %	10,6 %	11,9 %
Andere erneuerbare Energien (Sonne, Wind)	1,2 %	2,2 %	4,6 %
CO$_2$-Emissionen (Mio. Tonnen)	**32.192**	**32.861**	**30.897**
Kohle	44,5 %	42,8 %	37,8 %
Öl	35,1 %	35,3 %	36,1 %
Gas	20,4 %	21,9 %	26,1 %

Quelle: https://www.iea.org/publications/freepublications/publication/WEO2015SpecialReportonEnergyandClimateChange.pdf, S. 154f.

Tabelle 4.22: Primärenergieverbrauch und Treibhausgasemissionen in Deutschland 2015 bis 2050

		Ist	Referenzprognose		Trendszenario
		2014	2020	2030	2050
Primärenergieverbrauch (Mio. Tonnen Rohöleinheiten)		314	284	251	201
Energieträger	Steinkohle	12,6 %	11,5 %	12,7 %	9,0 %
	Braunkohle	12,0 %	12,0 %	12,0 %	3,2 %
	Öl	35,0 %	31,8 %	30,8 %	27,4 %
	Gas	20,4 %	20,0 %	19,8 %	24,2 %
	Kernenergie	8,1 %	5,8 %	0	0
Erneuerbare Energien, darunter		11,1 %	18,4 %	24,0 %	35 %
Biomasse		5,6 %	11,8 %	14,1 %	18,0 %
Windkraft		1,5 %	3,1 %	4,9 %	8,9 %
Photovoltaik		1,0 %	1,7 %	2,3 %	3,1 %
Treibhausgasemissionen (Mio. Tonnen)		912	633	564	346

Quelle: http://www.bmwi.de/BMWi/Redaktion/PDF/Publikationen/entwicklung-der-energiemaerkte-energiereferenzprognose-endbericht,property=pdf,bereich=bmwi2012,sprache=de,rwb=true.pdf, S. 79 und 86, https://www.bmwi.de/BMWi/Redaktion/PDF/E/energiestatistiken-energiegewinnung-energieverbrauch,property=pdf,bereich=bmwi2012,sprache=de,rwb=true.pdf, S. 1

Wie die Entwicklung für Deutschland konkret aussehen könnte, zeigt eine im Auftrag des Bundeswirtschaftsministeriums erstellte Energiereferenzprognose.[210] Eckwerte daraus sind in Tabelle 4.22 zusammengestellt.

Die Mängel der deutschen Energiewende

Die offiziöse langfristige Projektion des Primärenergieverbrauchs, der Energiequellen und der Treibhausgasemissionen in Deutschland offenbart in erstaunlicher Weise die Risiken und inneren Widersprüche der deutschen Energiewende und widerlegt geradezu ihre zentralen Annahmen:

– Der entscheidende Beitrag zum Gelingen der deutschen Energiewende liegt in der Absenkung des Gesamtverbrauchs an Primärenergie, der bis 2030 gegenüber 2014 um 20 Prozent, bis 2050 sogar um 36 Prozent sinken soll. In den vergangenen 20 Jahren sank der Energieverbrauch in Deutschland um 8,6 Prozent. Das Tempo der jährlichen Einsparungen müsste sich also in etwa verdreifachen, wenn der Verbrauch im unterstellten Umfang sinken soll. Das Ziel soll nicht als irreal abgetan werden, aber es ist sehr risikobehaftet.

– Die beiden Hoffnungsträger der Energiewende, Windkraft und Photovoltaik, haben trotz des forcierten Ausbaus 2014 lediglich 2,5 Prozent zum Primärenergieverbrauch beigetragen. Der Beitrag der vollständig emissionsfreien Kernenergie war dagegen mit 8,1 Prozent mehr als dreimal so hoch.

– Im Jahr 2030 soll der kombinierte Anteil von Wind und Sonne an dem dann um 20 Prozent gesunkenen Energieverbrauch bei 7,1 Prozent liegen. Demgegenüber hätten die Kernkraftwerke des Jahres 2014 im Jahr 2030 einen Beitrag von 10 Prozent leisten können. Im Jahr 2050 sollen Wind und Sonne nach dem Trendszenario einen Beitrag von 12 Prozent zu dem dann um 36 Prozent reduzierten Primärenergieverbrauch liefern. Das ist in absoluter Leistung exakt die Kernenergieleistung des Jahres 2010. Die beiden Lieblingsziele der deutschen Umweltpolitik – Verzicht auf

die Kernenergie und Ausbau von Energie aus Sonne und Wind –
heben sich also in ihrer Wirkung auf die Treibhausgasemissionen
gegenseitig auf. Kurz- und mittelfristig ist der Saldo sogar negativ:
Der Verzicht auf Kernenergie verursacht in Deutschland mehr
zusätzliche Treibhausgasemissionen, als durch Energie aus Wind
und Sonne verhindert werden.

– Bis 2050 soll der absolute Verbrauch von Kohle, Öl und Gas in
  Deutschland halbiert werden. Sein Anteil am Gesamtverbrauch
  wäre dann von 80 auf 64 Prozent gesunken. Von einer CO_2-freien
  Wirtschaft ist Deutschland also auch 2050 noch weit entfernt.

– Im Trendszenario liegen die deutschen Treibhausgasemissionen
  2050 bei 346 Millionen Tonnen. Das sind 4,6 Tonnen pro Einwohner. Sie sind dann immer noch dreimal so hoch wie die gemäß
  dem G7-Beschluss zulässigen Emissionen pro Kopf der Erdbevöl-
  kerung.

An dieser Stelle werde ich der Versuchung nicht nachgeben, die deutsche Kernkraftdebatte erneut aufzunehmen. Es darf aber doch festgestellt werden:

– Gemessen an Verlusten von Menschenleben ist Kernkraft weitaus
  sicherer als alle fossilen Energiequellen. Noch niemand kam in
  Deutschland durch Kernkraft um, und in Fukushima kostete
  ausschließlich der Tsunami Menschenleben, nicht die durch die
  Flutwelle verursachte Kraftwerkshavarie.

– 2011 betrug der deutsche Anteil an den weltweiten Kernkraft-
  kapazitäten 4,4 Prozent. Bis 2030 wird allein der internationale
  Zubau an Kernkraft nach der IEA-Brückenstrategie 14-mal so
  hoch sein wie die gesamte in Deutschland stillgelegte und noch
  stillzulegende Kernkraftwerkskapazität. Die weltweite Gesamt-
  kapazität wird dann 37-mal so hoch sein wie die ehemalige deutsche Kapazität.

– Risiken der Kernkraft machen, soweit sie existieren, nicht an nationalen Grenzen halt. Deutscher Verzicht auf Kernkraft bedeutet also keinen entsprechenden Schutz vor ihren Risiken. Wenn
  überhaupt, dann hat der deutsche Ausstieg aus der Kernkraft die
  weltweite Risikosituation eher verschlechtert als verbessert. Deut-

sche Firmen waren in der Kernkraft technologisch weltweit führend. Wegen der fehlenden heimatlichen Akzeptanz haben sie sich aus dem Markt zurückgezogen.

Politik kann man an ihren Proklamationen, ihren Handlungen und ihren Wirkungen messen. An starken Proklamationen mangelt es der deutschen Klimapolitik seit vielen Jahren nicht. Bei den Handlungen wurde durch den Verzicht auf Kernkraft ein sehr wirksames Instrument zur Vermeidung von Treibhausgasen ausgeschlossen. Bei den Wirkungen ist das Bild widersprüchlich und gemischt. Die beabsichtigte Wirkung der Energiewende – nachhaltige Absenkung von Treibhausgasemissionen – ist bisher nicht eingetreten, weil sie durch den Verzicht auf Kernkraft konterkariert wurde und weiter konterkariert wird. So gesehen war bislang der Beitrag der deutschen Energiewende zur Abwendung des Klimawandels negativ. Ohne Abschaltung der Kernkraft wäre er marginal gewesen, aber für diesen marginalen Beitrag sind die Kosten unverhältnismäßig. Deutschland hat sich hier massive Verschwendung geleistet. Es gab aber eine Reihe von unbeabsichtigten Wirkungen:

– Der Strompreis für die Endverbraucher ist stark gestiegen.
– Schwankungen in der Energieversorgung nahmen zu. Der europäische Emissionshandel wurde stark gestört. Französische Kernkraft und polnische Kohle springen ein, wenn in Deutschland die Sonne nicht scheint oder der Wind nicht weht.
– Solange groß angelegte Speichermöglichkeiten fehlen, wird man auch 2050 noch den potentiellen Beitrag der Wind- und Sonnenenergie in wolkigen und windarmen Zeiten durch die Produktion konventioneller Kraftwerke aufstocken müssen.

Auf der Habenseite der deutschen Strategie stehen die starken Anreizwirkungen für Innovation und neue Techniken. Letzteres betrifft die Möglichkeiten der lokalen Energieproduktion und -einspeisung, insbesondere aber die unterschiedlichen Möglichkeiten der Pufferung und Speicherung von Energie. Der künftigen Batterietechnik kommt hier allergrößte Bedeutung zu. Aber auch in der Nutzung von Überschussproduktion aus Wind und Sonne für die Elektrolyse zur Erzeugung von Wasserstoff kann Zukunftsträchtiges liegen. Es ist nicht ausgeschlossen, dass die Energiewende in einigen Jahrzehnten als Auslöser einer neuen technischen Revolution gesehen wird. Hier tun sich auch neue Geschäftsmodelle[211] auf, was unter anderem zur Aufspaltung der Energieerzeuger EON und RWE in zwei Unternehmen[212] geführt hat.

Die erhofften Zukunftserträge sollten nicht über die bittere Wahrheit hinwegtäuschen, dass die deutsche Variante der Energiewende – also Verzicht auf Kernkraft plus forcierter Ausbau von Wind- und Sonnenenergie – ihrem wichtigsten Ziel prinzipiell im Wege steht: der möglichst schnellen Reduktion der weltweiten Treibhausgasemissionen. In diesem Sinne muss man bei der deutschen Energiewende ein verheerendes Versagen attestieren. Dieses spezifische deutsche Versagen ist ganz unabhängig von den bisherigen und zukünftigen Bemühungen, die Staaten der Welt auf verbindliche Klimaziele und eine gemeinsame Umsetzungsstrategie festzulegen.[213]

Auf der Suche nach den Gründen für dieses Versagen stoßen wir wieder auf die fünf Erbsünden der Politik und halten hier sogar besonders reiche Ernte. Dabei ist es für die Energiewende kennzeichnend, dass auf dieselben Sachverhalte mehr oder weniger alle fünf Ursünden gleichzeitig passen. Aus diesem chaotischen Sittengemälde greife ich nur einige Aspekte heraus.

UNWISSENHEIT

Die gesamte Debatte um die Kernenergie war jenseits ihrer ideologischen Überhöhungen davon geprägt, dass die theoretischen Risiken eines GAUs ausgespielt wurden gegen die konkreten Risiken konventioneller Energieerzeugung. Die einen wurden ins Mystische überhöht, die anderen – Tote durch Bergwerksunfälle, Staublunge und Luftverschmutzung, CO_2-Emissionen etc. – nicht zur Kenntnis genommen, oder der Vergleich als solcher galt als inakzeptabel. Menschen neigen dazu, die Risiken von selten auftretenden, schrecklichen Ereignissen zu überschätzen und die kumulierten Risiken vieler kleinerer Ereignisse zu unterschätzen. Darum findet ein Flugzeugabsturz mit 250 Toten ungleich mehr Aufmerksamkeit als der Umstand, dass auf deutschen Straßen bei 2,1 Millionen Verkehrsunfällen jährlich 3400 Menschen getötet und 375 000 verletzt werden, 65 000 davon schwer (Zahlen von 2013). Dieser in das menschliche Denken eingebaute Wahrnehmungsfehler kann nur durch solide Information und Schulung im statistischen Denken überwunden werden. Die Politik hat es in der Frage der Kernenergie aber mehrheitlich vorgezogen, die Gefühle der Öffentlichkeit und der Medien zu bedienen, anstatt aufklärend zu wirken und auf die tatsächlichen Risikoproportionen hinzuweisen.

Diesen Weg ging auch die studierte Physikerin Angela Merkel, als sie im Frühjahr 2011 die durch den Tsunami verursachte Havarie im Kernkraftwerk Fukushima zum deutschen Ausstieg aus der Kernkraft nutzte. Der Tsunami selber hinterließ 20 000 Tote und Vermisste, daneben gab es konventionelle Unfälle bei den Rettungsarbeiten am Kraftwerk. Todesfälle durch die unfallbedingt erhöhte Strahlenbelastung sind dagegen bis heute nicht bekannt. Die von der Weltgesundheitsorganisation beauftragte international zusammengesetzte unabhängige Expertenkommission kam 2013 zu dem Ergebnis »that, for the general population inside and outside of Japan, the predicted risks are low and no observable increases in cancer rates above baseline rates are anticipated«.[214] Die angeblichen Nukleartoten von Fukushima erwiesen sich als Legende, die von Umweltorganisationen ins Spiel gebrachte Zahl von 120 000 als reine Phantasie. Kein einziges Strahlungsopfer der Fukushima-Katastrophe konnte bisher nachgewiesen werden. Dagegen starben in Deutschland allein 2013 an der für Bergarbeiter typischen Berufskrankheit Silikose 320 Menschen.[215]

Unwissenheit herrscht auch über den Beitrag, den Energie aus Sonne und Wind beim gegenwärtigen und absehbaren Stand der Technik zur Energiewende leisten kann. Gegenwärtig ist er minimal, und auch 2050 wird er selbst dann bescheiden sein, wenn man den in ihren Annahmen fragwürdigen Projektionen der Bundesregierung ansonsten Glauben schenkt. Verfolgt man die öffentlichen Äußerungen der zuständigen Politiker, könnte man annehmen, dass ihnen die Daten und Fakten, die ihre eigenen Beamten zusammengestellt haben, gar nicht bekannt oder gleichgültig sind.

ANMASSUNG

Die bei der deutschen Energiewende zutage tretende politische Anmaßung liegt gar nicht in dem Bestreben, Energie einzusparen und den Bedarf möglichst umweltfreundlich und emissionsfrei zu decken.

Sie liegt auch nicht darin, dass zu diesem Zweck erhebliche lenkende Eingriffe vorgenommen werden, die teilweise falsch und teilweise richtig sein mögen. Sie liegt in der Unbedenklichkeit, mit der bekannte Fakten und tatsächliche Zusammenhänge übergangen werden, weil man einem Wunschbild nachhängt, vom dem man nicht lassen möchte.

BEDENKENLOSIGKEIT

Die Energiewende plus Atomausstieg hat die traditionellen Geschäftsmodelle der deutschen Stromerzeuger zerstört, erhebliche Werte vernichtet und die deutsche Stromversorgung weniger stabil und zuverlässig gemacht. Diese negativen Trends werden sich noch verstärken.[216] Sie haben zudem dem deutschen Verbraucher von elektrischer Energie eine erhebliche finanzielle Bürde auferlegt: Aus der EEG-Umlage flossen seit 2000 rund 140 Milliarden Euro, 2014 lagen die Einnahmen daraus bei knapp 20 Milliarden Euro.[217] Trotz dieser gewaltigen Geldmengen, die eingesetzt wurden, um viele Quadratkilometer Dachfläche mit Solarpanels zuzudecken und deutsche Landschaften mit Windkraftanlagen zu überziehen, lag der Beitrag von Wind und Sonne zur Deckung des Energiebedarfs in Deutschland im Jahr 2014 lediglich bei 2,5 Prozent, und er wird 2050 auch nur bei 12 Prozent liegen.

Nur selten wurde mit so viel Aufwand so wenig erreicht. Das hätte noch hingehen können, wenn damit wenigstens ein Beitrag zur Vermeidung von Treibhausgasemissionen geleistet worden wäre. Das ist aber nicht der Fall. Auch 2050 wird der Fortfall der deutschen Kernkraft durch den Beitrag von Wind und Sonne nicht voll kompensiert werden. Den Ertrag der Energiewende hat die deutsche Politik damit vollständig verbraucht, um den Lieblingsfeind der Umweltfreunde vom Netz zunehmen. Nichts bleibt übrig für den internationalen Kampf gegen die CO_2-Emissionen. Diese Prioritätensetzung bezeichne ich als bedenkenlos.

OPPORTUNISMUS UND BETRUG

Verständige Politiker, die Akten und Expertisen lesen und ein Gefühl für Zahlen haben, wissen natürlich um diese Zusammenhänge. Das mögen nicht alle sein, aber doch eine ganze Menge. Vielleicht hielten sie es für aussichtslos, in der Öffentlichkeit für den Einsatz von Kernkraft zu werben. Vielleicht folgten sie einfach ihren Emotionen. Vielleicht dachten sie an aktuelle und künftige politische Mehrheiten. Im Ergebnis war der unvermittelte Ausstieg aus der Kernenergie opportunistisch. Bis heute werden die Folgen für den deutschen Beitrag zur Bekämpfung des Klimawandels gerne verschwiegen.

SELBSTBETRUG

Es ist durchaus verständlich, dass Politiker in dieser verfahrenen Situation zur letzten Waffe greifen und sich einreden, es sei alles in Ordnung, wie es gekommen ist. Die Lasten der Energiewende seien gerecht verteilt, die Kernkraft sei sowieso entbehrlich, und das Weltklima werde durch deutsche Windmühlen und Solarpanels gerettet. Mit dieser Botschaft treten sie dann vor den besorgten Bürger, und in den meisten Fällen wird ihnen offenbar geglaubt.

Metagründe des Versagens

Die hier im Zusammenhang mit politischen Fehlern analysierten Politikbereiche stellen nur einen Ausschnitt des deutschen politischen Gesamtgeschehens dar. Ich habe versucht, mich der inneren Logik eines jeden Gebiets von den Sachfragen und den tatsächlichen Zusammenhängen her zu nähern und meine Meinung erst einmal zurückzustellen. Historisch, fachlich und grundsätzlich habe ich dabei immer so weit ausgeholt, wie mir dies zum Verständnis des Problems geboten schien. Die inneren Widersprüche und daraus folgenden Fehlleistungen dürften ausreichend zutage getreten sein. Diese habe ich in ihrem objektiven Charakter herauszuarbeiten versucht und mich dabei nicht auf bloße Meinungen und Wertungen zurückgezogen. Auch habe ich mich bemüht, dem Laster der Besserwisserei nicht nachzugeben. Schließlich müssen Politiker, die schwere Fehler machen und diese durch Folgehandlungen noch verstärken, nicht gleich Idioten sein. Sie handeln aus einer bestimmten Zielsetzung heraus und nehmen die Folgeschäden mehr oder weniger bewusst auf sich, sofern diese sich nicht mit Erfolg vor sich und anderen leugnen lassen.

Die untersuchten Politikbereiche habe ich nach einem subjektiven Maßstab ausgewählt, nämlich nach dem Gefährdungspotential, das die politischen Fehler auf dem jeweiligen Gebiet nach meiner Einschätzung haben. Bei der Suche nach Gemeinsamkeiten der in den verschiedenen Politikbereichen beschriebenen Fehler stieß ich auf zwei Elemente, nämlich

– Transzendenz der Zielsetzung und
– Überwindung des Seins durch das Sollen.

Warum Fehler? Natürlich ist der politische Wunsch berechtigt, die Welt zu einem besseren Ort zu machen und eine mängelbehaftete Gegenwart durch eine bessere Zukunft zu ersetzen. Das meine ich aber nicht. Vielmehr meine ich mit *Transzendenz* das politische Bestreben, nicht (nur) die Probleme in einem Politikbereich möglichst gut zu lösen, sondern diese Lösung als Mittel zu sehen und einem höheren Zweck unterzuordnen; unter *Überwindung des Seins durch das Sollen* verstehe ich die Tendenz, beim politischen Handeln die realen Zusammenhänge ganz oder teilweise auszublenden und Wünsche an die Stelle der Wirklichkeit zu stellen. Beide Elemente sind Ausdruck utopischen Denkens. Das wirkt sich, wie wir in Kapitel 2 gesehen haben, in der Politik höchst gefährlich aus, wenn eine bestimmte Dosis überschritten wird (vgl. im Anhang »Das Moralische in der Politik«, dort die Unterabschnitte »Politik und Utopie« sowie »Politik und Verbrechen«). Auf beide stoßen wir

– bei den fatalen Versuchen, einen Staat ohne Grenzen einzurichten und mit den Folgen der daraus resultierenden ungeregelten Einwanderung fertigzuwerden;
– bei der Installation einer Währungsunion ohne politische Union und dem daraus folgenden Zwang, souveräne Staaten von außen zu entmündigen;
– beim Versuch, Bildungsleistung der Gleichheit unterzuordnen, demografische Lücken durch kulturfremde und bildungsferne Einwanderung zu füllen und so tatsächlich den Wohlstand zu gefährden, anstatt ihn, wie proklamiert, zu sichern und zu fördern;
– bei der Verwechslung von Gleichheit mit Gerechtigkeit;
– beim kräftigen Sowohl-als-auch einer zutiefst widersprüchlichen Energiewende.

5
Wie ich die Weltlage sehe und was ich mir für Deutschland wünsche

Der Schweizer Schriftsteller Thomas Hürlimann klagt über die Gegenwart und die absehbare Zukunft: »Heimat … ist das Auge, durch das wir die Welt anschauen, und zweihundert Jahre nach Pestalozzi, hundert Jahre nach Nietzsche, kann man ohne prophetische Gaben feststellen, dass das Abendland den Abend seiner Zeit erreicht hat. Mit den Vaterhäusern sind auch die Kathedralen eingestürzt; die Nationen bemühen sich, ihre Transformation in eine europäische Sowjetunion zu organisieren; das Sittengesetz diffundiert in Menschenrechte. So frei war der Ausblick noch nie. Alle Grenzen sind geschleift, die Mauern gefallen, die Vorhänge zerrissen, aber die Horizonte umwirbeln das Auge wie ein Taifun.«[1]

Hürlimanns Klage zeigt: Die Kraft des menschlichen Verstandes, also die menschliche Vernunft, ist ein Instrument, das uns hilft, die Welt zu gestalten und über sie zu urteilen. Aber die Maßstäbe und Ordnungsprinzipien, die wir dabei anlegen, sind in ihrem Ursprung selbst nicht rational ableitbar. Sie ergeben sich aus unseren Antrieben und Gefühlen. Das meinte David Hume, als er vor 275 Jahren schrieb: »Reason is, and ought only to be the slave of the passions, and can never pretend to any other office than to serve and obey them.«[2] Das macht es unmöglich, wertgesteuerte Überzeugungen und Antriebe eines anderen Menschen oder einer anderen politischen Meinung mit Vernunftgründen zu widerlegen. Man kann allenfalls ihre logischen Konsequenzen und tatsächlichen Folgen diskutieren und die Widersprüche aufzeigen, die sich daraus ergeben. In Bezug auf die Ordnung der Gesellschaft und die Aufgaben von Politik habe ich das in diesem Buch ausführlich getan und dabei das sehr komplexe Bedingungsgefüge beschrieben, das wir beachten müssen, wenn wir die Wirklichkeit mit Aussicht auf Erfolg gestalten und nicht von den unbeabsichtigten Nebenwirkungen unserer politischen Aktionen überrannt werden wollen. Wenn der Leser mir hierhin gefolgt ist, wird er mir – egal

ob er meine Meinungen teilt oder nicht – weder Naivität noch Blau-
äugigkeit unterstellen können.

In diesem Kapitel nehme ich natürlich nicht Abschied von der
Vernunft. Aber ich mache sie im Sinne Humes zum Instrument
(*slave*) meiner Gefühle (*passions*) und beschreibe aus dieser Perspektive das Land, in dem ich leben möchte. Weil ich das historische und
methodische Grundwissen für dieses Unterfangen im Verlauf dieses
Buches umfangreich erörtert habe, kann ich mich dabei in einer Weise
kurzfassen, wie es ohne diesen Vorlauf nicht möglich wäre.

Sehr bewusst bin ich mir der Gefahr des Gestaltungswahns. Jeder
Mensch ist sterblich, sein Intellekt ist begrenzt. Er wird gesteuert von
Antrieben und Gefühlen, die er kaum selbst versteht und letztlich akzeptieren muss. Im Beruf, in der eigenen Firma, in der Familie, unter
Freunden kann man vielleicht noch am ehesten etwas ändern. In der
Kommunalpolitik ist das schon schwieriger. Noch schwieriger ist es
auf nationaler Ebene oder in Europa. Und fast unmöglich ist es, wenn
es um den Lauf der Welt geht. Aber wenn wir die Welt schon nicht
ändern können, so können (und müssen) wir uns doch in ihr orientieren, und damit fange ich an.

Deutschland in der Welt

Was wir uns und anderen schulden

Wir schulden uns selber, dass wir die Verhältnisse in unserem Land
zum bestmöglichen gegenseitigen Vorteil seiner Bürger regeln. Selbstverständlich sollte sein, dass wir dabei demokratische Regeln achten
und zu Kompromissen fähig sind. Anderen Ländern schulden wir,
dass wir ihnen nicht auf der Tasche liegen und dass wir sie nicht bedrohen. Sonst schulden wir ihnen grundsätzlich nichts, ebenso wenig
wie sie uns. Natürlich brauchen wir mit anderen Ländern vertragliche
Regeln über den Handel, den Reiseverkehr, die internationale Luft-
fahrt, die grenzüberschreitende Besteuerung, Interpol, den Umweltschutz und vieles andere mehr. Aber das tun wir zum gemeinsamen
Vorteil, nicht weil wir dazu moralisch verpflichtet wären. Ich möchte
in einem Land leben, das seine moralische Pflicht gegenüber der Welt

erfüllt. Aber was ist diese Pflicht, und woraus ergibt sie sich? Jedes Mal, wenn wir Handlungen unternehmen, die andere betreffen, bildet sich eine Kette von Ursache und Wirkung. Daraus kann Verantwortung erwachsen, möglicherweise auch Schuld. Aber letztlich sind alle Handlungsketten auf der Welt multikausal und vielfältig verflochten. Sie haben selten einen klaren Anfang und kaum je ein natürliches Ende. Im Scheidungsrecht hat man deshalb das Schuldprinzip durch das Zerrüttungsprinzip abgelöst. Nach dem willkürlich vom Zaun gebrochenen Zweiten Weltkrieg und dem Großverbrechen des Holocaust ist Deutschland in Fragen nationaler Schuld ein sehr sensibles Land, und das ist auch gut so.

Deutschland war mit seiner lokalen Schifffahrt in Nord- und Ostsee nie eine große Seefahrernation. Zu einer bedeutenden Handelsmacht wurde es erst im späten 19. Jahrhundert. Seine kolonialen Besitzungen, letztlich ein paar Krümel, die vom Tisch der großen Kolonialmächte England und Frankreich abfielen, hatte es erst spät erworben, und schon 30 Jahre später hatte der Erste Weltkrieg der kolonialen Herrlichkeit ein Ende gesetzt. Am großen moralischen Schuldkomplex, der in der westlichen Welt unter dem Stichwort »Kolonialismus« abgearbeitet wird, hatte Deutschland also allenfalls einen minimalen Anteil. Aber es war spätestens seit dem 15. Jahrhundert ein zentraler Standort der von Europa ausgehenden wissenschaftlich-technischen Revolution und leistete für deren Grundlagen neben England und den USA den wohl quantitativ und qualitativ größten nationalen Beitrag. Insofern trägt es – nicht im moralischen aber im tatsächlichen Sinn – maßgebliche Mitverantwortung für die radikale Umgestaltung der Welt durch die wissenschaftlich-technische Revolution.

Der wesentliche Einfluss Europas und Nordamerikas auf den Rest der Welt bestand nicht in Kolonialkriegen und wirtschaftlicher Ausbeutung. Er bestand in der kolossalen Ausweitung der Ernährungsbasis und der Lebenserwartung durch die wissenschaftlich-technische Revolution. Dies führte überall auf der Welt zu einem erheblichen Bevölkerungsanstieg. Diesem folgte in den meisten Regionen früher oder später ein erheblicher Rückgang der durchschnittlichen Kinderzahl. Mittlerweile ist auf der ganzen Welt mit Ausnahme von Afrika und dem westlichen Asien (Nah- und Mittelost) die Geburtenrate in die Nähe eines bestandserhaltenden Niveaus (oder sogar darunter) gesunken. Während aber in Nordafrika und in den meisten Ländern des westlichen Asien ein Absinken der Geburtenraten immerhin begonnen hat, ist das in Subsahara-Afrika nicht der Fall. Dort ist die Geburtenrate 2015 sogar noch deutlich höher als 1950.[3]

Von 1800 bis 2015 stieg die Bevölkerung in
- Europa auf das 4-Fache,
- der Welt auf das 7,3-Fache,
- Asien auf das 7,3-Fache,
- Afrika auf das 13-Fache.

Nach der aktuellen UNO-Bevölkerungsprognose von 2015 wird bis 2100 die Bevölkerung in
- Europa um 13 Prozent fallen,
- Asien um 11 Prozent steigen,
- der Welt um 53 Prozent steigen,
- Afrika um 369 Prozent steigen.

Afrika hatte im Jahr 1800 rund 90 Millionen Einwohner (halb so viele wie Europa), gegenwärtig sind es knapp 1,2 Milliarden (60 Prozent mehr als in Europa), und 2100 sollen es 4,4 Milliarden sein (etwa das 7-Fache von Europa). Dabei ist in der UNO-Prognose für Afrika unterstellt, dass die Geburtenrate dort zügig absinkt und 2100 ein bestandserhaltendes Niveau erreicht. (Bei weiterhin unveränderter Geburtenrate errechnet die UNO für Subsahara-Afrika im Jahr 2100 eine Bevölkerungszahl von 17 Milliarden. Diese absurde Zahl ist natürlich ein theoretisches Konstrukt, weil irgendwann Hunger und höhere Sterberaten das Wachstum zum Stillstand bringen würden.) Es gibt also zur Weltbevölkerung zwei gute und eine schlechte Nachricht:

ERSTE GUTE NACHRICHT
Die vom westlichen Abendland ausgehende wissenschaftlich-technische Revolution hat durch bessere Ernährung und sinkende Sterberaten einen Anstieg der Weltbevölkerung auf das 7-Fache ermöglicht.

ZWEITE GUTE NACHRICHT

In großen Teilen der Welt hat die gesunkene Sterberate eine Modernisierung der Lebensstile ausgelöst, die zu sinkenden Kinderzahlen führte. Das Fassungsvermögen der Erde ist ja nicht unbegrenzt.

SCHLECHTE NACHRICHT

In Subsahara-Afrika hat diese Modernisierung bisher nicht oder nicht ausreichend stattgefunden: Von der Sahara bis Kapstadt gebiert jede Frau durchschnittlich zwei Mädchen, was rein mathematisch heißt, dass sich die Bevölkerung dort in jeder Generation verdoppelt. In Nordafrika und im westlichen Asien ist die Geburtenrate auch noch zu hoch, aber sie ist immerhin im Sinken begriffen.

Vom Ende der Kolonialzeit (1965) bis 2015 – also in nur 50 Jahren – hat sich die Bevölkerung in Subsahara-Afrika nahezu vervierfacht, und bis 2100 wird sie sich nach der zitierten UNO-Prognose erneut vervierfachen. Subsahara-Afrika mit dem höchsten Bevölkerungswachstum der Welt ist gleichzeitig die Region mit den blutigsten Kriegen, der größten Korruption, den meisten *failed states*, den größten Hungersnöten und dem Löwenanteil an den weltweiten Leistungen der Entwicklungshilfe.

Zu den Ursachen dieser Entwicklung und den Heilungsmöglichkeiten verweise ich auf das erste Kapitel »Weshalb einige Gesellschaften Erfolg haben und andere nicht«. Dort wurde auch das umfassende Scheitern der Entwicklungshilfe deutlich. Natürlich kann man nicht einen ganzen Kontinent über einen Kamm scheren. Auch die Klage, dass die ehemaligen kolonialen Grenzen, die heute Staatsgrenzen sind, ethnische Gliederungen missachten, führt nicht weiter. Indien ist ein Vielvölkerstaat, China ist es auch, und ein großer Teil der europäischen Bevölkerung lebte bis 1918 und teilweise noch bis 1990 in Vielvölkerstaaten. Nicht nur die Geschichte der Entwicklungshilfe in Afrika, auch die Geschichte militärischer Interventionen ist eine Geschichte des Scheiterns.

Was ist vor diesem Hintergrund unsere moralische Pflicht?

Erst die Medikamente und die Landwirtschaftstechnik, die durch die wissenschaftlich-technische Revolution des westlichen Abendlandes einen großen Aufschwung nahmen, haben ja die Existenz so vieler

Menschen auf der Welt ermöglicht. Das sollte für die Länder Europas und Nordamerikas Anlass zum Stolz sein, nicht aber für Schuldgefühle. Es bleibt genügend übrig, worüber sich jedes Land individuell ein schlechtes Gewissen machen kann oder sollte.

Dieses Geschenk des Abendlandes an die Welt löste überall einen starken Bevölkerungsanstieg aus, der nur durch gesellschaftliche Modernisierung – nämlich deutlich weniger Kinder je gebärfähige Frau – abgebremst werden kann. Der größte Teil der Welt hat diesen Wandel bewältigt, oder die Regionen sind – wie das westliche Asien und Nordafrika – auf dem Weg dorthin. In den meisten Staaten Subsahara-Afrikas fiel die notwendige begleitende Modernisierung dagegen weitgehend aus. Die durchschnittliche Bildungsleistung in Subsahara-Afrika ist weiterhin sehr niedrig (vgl. »Institutionelle Rahmenbedingungen« und »Einwanderung und kognitives Kapital«), die Kinderzahl der Frauen dagegen hoch. Müssen wir deshalb als westliche Länder im Allgemeinen und Deutschland im Besonderen gegenüber den Ländern Afrikas ein schlechtes Gewissen haben? Haben wir in irgendeiner Weise moralische Schuld an den teilweise schrecklichen Verhältnissen in diesen Ländern auf uns geladen?

Meine wertende, aber klare Antwort ist nein. Wir tragen keine moralische Verantwortung für die objektiven Ursache-Wirkung-Verhältnisse, die zu dem starken Bevölkerungswachstum führen. Und wir tragen auch keine Verantwortung dafür, dass die gesellschaftliche Modernisierung in den meisten afrikanischen Ländern unzureichend blieb, dass das Schulsystem schlecht und die Verwaltung wenig funktionsfähig ist und die Eliten korrupt sind. Die Verantwortung dafür, dass es so ist, und alle Hebel, es besser zu machen, liegen ausschließlich in den betroffenen Ländern selber.

Wie wir zum Weltfrieden beitragen können

Seit 1955 ist Deutschland Mitglied der NATO. Das verhinderte nicht nur jede Versuchung zu sicherheitspolitischen Aktivitäten auf eigene Faust, es war auch eine wesentliche Voraussetzung dafür, dass die deutsche Einheit überhaupt möglich wurde. Die NATO war immer dann am stärksten, wenn sie sich auf die Sicherung des Territoriums ihrer Mitglieder beschränkte. Ihre Einsätze in Afrika, Afghanistan, dem ehemaligen Jugoslawien und in Libyen habe ich in der Summe eher skeptisch gesehen. Es ist aber das Wesen eines Militärbündnisses, dass man gemeinsam handeln muss. Leichtfertig war es, die konventionellen Kapazitäten in Mittel- und Osteuropa so stark abzubauen. Das zeigen die Ereignisse in der Ukraine.

Menschen und Gesellschaften werden geprägt durch Vorbild und Propaganda. Internationale Legalität ist auch eine Frage der Bewusstseinsbildung. Der Internationale Gerichtshof in Den Haag hat sicherlich eine unsichere Legitimation. Er hat aber auch dazu beigetragen, dass sich entmachtete Gewaltherrscher heutzutage unsicherer fühlen als früher. Wenn sie und alle anderen potentiellen Übeltäter in hohen Staatsämtern die Erfahrung machen, dass sie gestohlenes Geld nicht mehr sicher im Ausland anlegen können, wird auch der Anreiz zu illegitimer Staatsgewalt und persönlicher Bereicherung kleiner.

An die Legitimität von Regierungen wird man in internationalen Beziehungen noch auf lange Zeit nicht die Forderung nach demokratietheoretischer Perfektion stellen können. Erfahrungsgemäß ist auch eine gewalttätige Regierung, die tatsächlich Herrschaft auszuüben imstande ist, dem Bürgerkrieg – wie in Libyen oder Syrien – oder dem staatsfreien Chaos – wie in Somalia – vorzuziehen.

Nahezu regelmäßig ist eine militärische Nicht-Intervention der Intervention vorzuziehen. Was wäre denn alternativ geschehen, wenn die Amerikaner schon auf den ersten Irakkrieg 1990 verzichtet hätten und es Irak, Iran, Saudi-Arabien, Syrien und der Türkei überlassen hätten, ihre Angelegenheiten – mit oder ohne Gewalt – untereinander zu regeln? Den IS gäbe es vermutlich nicht, wahrscheinlich auch keine Kriegsflüchtlinge aus Syrien in europäischen Unterkünften. Der Irak wäre noch ein intakter Staat, wenn auch mit einem Diktator an der Spitze. Und wenn Gaddafi oder seine Nachfolger noch in Libyen herrschten, wäre auch die Route für die Bootsflüchtlinge aus Subsahara-Afrika blockiert.

Nach den Terroranschlägen in Paris ist die Versuchung groß, dass sich die NATO beziehungsweise Deutschland an der Bekämpfung des IS in Syrien und im Irak beteiligt. Eine erfolgreiche Bekämpfung ist aber nur mit Bodentruppen möglich. Die Bundeswehr kommt dafür sicherlich kaum in Frage, da Deutschland nach Meinung der Bundeskanzlerin nicht einmal die eigenen Grenzen schützen kann. Wir haben die paradoxe Situation, dass etliche Kämpfer des IS aus den muslimischen Minderheiten Europas stammen.[4] Umgekehrt sind die jungen Männer aus Syrien und dem Irak, die eigentlich dazu berufen wären, ihre Heimat gegen Feinde zu verteidigen, in die Nachbarstaaten des Irak oder nach Europa geflohen. Das ist einigermaßen pervers und stellt die natürliche Ordnung auf den Kopf. Wenn junge Männer nicht für ihre Heimat und ihr Vaterland kämpfen, kann es auch sonst niemand für sie tun.

Wie wir anderen Ländern am besten helfen können

Schon in Deutschland und mehr noch in Europa merken wir die große Kraft kultureller Unterschiede. Bremen funktioniert offenbar anders als Bayern, und die Bremer Politik empfände es als Beleidigung, wenn sie sich an dem süddeutschen Vorbild orientieren sollte. Offenbar fehlt in der bremischen Gesellschaft das Sensorium dafür, dass bremische Probleme etwas zu tun haben mit bremischem Politikstil und bremischen Lösungswegen.

England, Frankreich und Deutschland ticken politisch jeweils anders, und es ist richtig, sich nicht allzu sehr in die Probleme und Lösungswege der anderen einzumischen. Die Briten leben ganz zufrieden in ihren zugigen Häusern und ihrer bröckligen Infrastruktur. Die Franzosen schätzen offenbar ein verstaubtes Arbeitsrecht, das Beschäftigung kostet, ebenso hoch wie ihre zahlreichen Käsesorten, und beide, Engländer wie Franzosen, belächeln den deutschen Hang zur finanziellen Vorsicht und die Angst vor ein bisschen Inflation.

In Mailand hat man längst aufgehört, Sizilien zu verstehen, und betrachtet ganz Süditalien als ein fremdes Land, mit dem man nur durch einen unglücklichen historischen Zufall staatlich verbunden ist, das man aber ansonsten durch noch so viel Geld nicht vor sich selbst retten kann. Und allenthalben in Europa ringt man die Hände über das Verhalten der Griechen, die von ihren orientalischen Wegen, ihrer Korruption und ihrem Klientelismus einfach nicht lassen wollen und ihre Euromitgliedschaft in Geiselhaft genommen haben, damit der Rest der Eurozone für ihre Defizite zahlt.

Noch weitaus geringer ist der deutsche oder europäische Einfluss auf Mentalitäten, Politikstil und tatsächlich betriebene Politik in der Türkei, Iran, Syrien, Afghanistan, Ägypten, Libyen oder gar Sudan, Nigeria, Kongo, Eritrea und Somalia. Das heißt nicht, das man nichts tun könnte.

Hier ist die Liste dessen, was man tun und was man lassen sollte, um anderen Ländern bestmöglich zu helfen.

- Man soll die Korruption korrupter Regime nicht durch staatliche Zahlungen fördern.
- Man soll es den eigenen Unternehmen verbieten, Entscheidungsträger in anderen Ländern zu bestechen.
- Man soll Verbrechen gegen die Menschlichkeit international verfolgen.
- Geldzahlungen an Staaten und ihre Institutionen darf es nur in Ausnahmefällen und für ganz eng begrenzte Zwecke geben. Da dies nicht ausreichend beherzigt wurde, diente der größte Teil der internationalen Entwicklungshilfe unbeabsichtigt vor allem dem Zweck, den nationalen Eliten ein günstiges Renteneinkommen aus dem Ausland zu verschaffen.
- Man darf niemals aufhören, miteinander zu reden, mag das Regime noch so abscheulich sein.
- Man soll Beratungshilfe geben beim Aufbau stabiler Institutionen.
- Man soll Handel treiben und die eigenen Märkte ausreichend für Exporte der Entwicklungsländer öffnen.
- Man soll die Ausbildung der Eliten dieser Länder unterstützen.

Grundsätzlich sollte gelten: Wir sind jederzeit bereit, überall in der Welt durch guten Rat und durch fachliche Expertise zu helfen. Wir lehnen es aber grundsätzlich ab, den Bevölkerungsüberschuss aus geburtenreichen schlecht regierten Staaten bei uns siedeln zu lassen. Auch den Auswanderungsländern selber leistet man damit allenfalls eine fragwürdige Hilfe.[5]

Letztlich muss man sich immer wieder vor Augen führen, dass Heilung und Verbesserung der Verhältnisse nur aus dem jeweiligen Land selber kommen können. Das zeigt jedenfalls die historische Erfahrung: Jedes einzelne Land in Europa hat seine Entwicklung fast ausschließlich aus eigener Kraft bewältigt. Auf der ganzen Welt gibt es kein einziges wirtschaftlich erfolgreiches und mit stabilen Institutionen versehenes Land, das von außen entwickelt wurde. Natürlich werden Technologien importiert und Wissen transferiert, aber die Rahmenbedingungen für deren Entfaltung zum Nutzen der Landesentwicklung können nur im jeweiligen Land selbst hergestellt werden. Das gilt, so traurig es ist, auch für alle Staaten Subsahara-Afrikas, der größten Problemregion der Erde. Und wir erkennen auch dort, je nach dem herrschenden Regime, deutliche Unterschiede bei der Entwicklung einzelner Länder.

Der in Äthiopien geborene deutsche Schriftsteller Prinz Asfa-Wossen Asserate weist auf den kulturellen Unterschied zwischen Europa und Afrika hin: »Widerstreitende Ansichten werden in Afrika oft nur schwer ertragen. Afrikaner kennen nur die Begriffe ›Freund‹ und ›Feind‹. In den mehr als zweitausend afrikanischen Sprachen gibt es kaum ein Wort, das dem Begriff für einen ›Gegner‹ entspricht, dessen gegensätzliche Meinung man zwar nicht teilt, aber respektiert.« Asserate lehnt es ab, die Kolonialzeit zum Schuldigen für heutige Probleme zu erklären. »Die Europäer können zu den heutigen Herrschern mit Recht sagen: ›Ihr seid viel schlimmere Unterdrücker eures eigenen Volkes geworden, als wir das jemals gewesen sind.‹« Er fordert: »Um in Afrika glaubwürdig zu bleiben, müssen die europäischen Staaten auf allen Kanälen, politischen wie wirtschaftlichen, versuchen, auf die afrikanischen Diktatoren einzuwirken. Zusammen mit den UN-Gremien muss es ihr Ziel sein, dass in Afrika zumindest gewisse Grundstandards im Zusammenleben von Menschen eingehalten werden … Europas Ziel muss es sein«, den ambitionierten jungen Menschen »eine menschenwürdige Zukunft auf dem eigenen Kontinent zu ermöglichen. Sonst werden sie weiterhin mit den Füßen abstimmen.«[6]

Wie wir mit den Flüchtlingsströmen aus Vorderasien und Afrika umgehen sollten

Im Juli 2015 befragte das Meinungsforschungsinstitut Allensbach 500 Spitzenkräfte aus Wirtschaft, Politik und Verwaltung zum Flüchtlingsproblem. 77 Prozent meinten, dass das Problem der Flüchtlingsströme aus Afrika in absehbarer Zeit nicht lösbar sei. 55 Prozent glaubten nicht, dass man durch Ausweitung legaler Einwanderung Schlepperbanden erfolgreich bekämpfen könne. 77 Prozent waren dagegen, ähnlich wie Australien Flüchtlingsboote abzufangen und zurückzuschicken. Knapp 70 Prozent hofften, dass eine Politik, die die Lebensverhältnisse in den Herkunftsländern verbessert, am Ende erfolgreich sein und die Flüchtlingsströme absenken könnte.[7]

Das Umfrageergebnis zeigt das tragische Ausmaß der geistigen Hilflosigkeit im Umgang mit dem Thema auch unter den Eliten. Um die Verbesserung der Verhältnisse in Afrika muss man sich selbstverständlich bemühen. Aber das Schicksal Afrikas liegt nicht in unserer Hand. Es liegt in der Hand der dortigen Völker und Eliten. Man muss auf Verbesserung hoffen. Beeinflussen kann man sie kaum. Und falls sie nicht oder nur sehr langsam eintritt, muss man das eigene Land und den eigenen Kontinent vor den Folgen der dortigen ungelösten Probleme schützen.

An dieser Stelle fehlt es vielen und offenbar auch großen Teilen der deutschen Elite am Gefühl für Proportionen und für die quantitativen Dimensionen dieses Problems. Auf diese will ich näher eingehen, nehme aber einen Teil des Resümees schon vorweg: Selbst Flüchtlingsströme aus Afrika, die das dortige demografische Problem allenfalls im niedrigen einstelligen Prozentbereich – also gar nicht fühlbar – entlasten, sind in ihrer Dimension schon groß genug, um die kulturelle Identität Europas grundlegend zu verändern und seine wirtschaftliche Zukunft zu gefährden. Wir haben hier einen klassischen Gegensatz zwischen Gesinnungs- und Verantwortungsethik. Gesinnungsethisch mag es moralisch entlastend sein, jeden einzelnen Flüchtling aus Afrika in Europa (das heißt überwiegend in Deutschland) aufzunehmen, ihm zunächst ein Aufenthaltsrecht und später auch die Staatsbürgerschaft zu gewähren. Aber aus verantwortungsethischer Sicht schaden wir damit der Zukunft des eigenen Landes und lösen kein einziges Problem in Afrika.

In den Tabellen 5.1 bis 5.6 sind einige Eckwerte aus der UNO-Bevölkerungsprognose von 2015 für den Zeitraum 2050 bis 2100 zusammengestellt. Sie illustrieren neben dem starken Wachstum der Weltbevölkerung die stark schrumpfenden Anteile von Europa und Deutschland und vor allem die gewaltige Verschiebung der Gewichte zwischen Europa einerseits und den benachbarten Regionen Afrika und westliches Asien andererseits. In meiner Kommentierung greife ich die Relationen zu Subsahara-Afrika heraus:

- 1950 lebten in Europa dreimal so viele Menschen wie in Subsahara-Afrika. Heute leben dort 30 Prozent mehr Menschen als in Europa, 2050 werden dort dreimal so viele und 2100 sechsmal so viele Menschen wie in ganz Europa leben (Tabelle 5.1). Das gilt allerdings nur, wenn das für die Zukunft erhoffte und bislang ausgebliebene Absinken der dortigen Geburtenraten auch eintritt, sonst werden die Zahlen noch höher sein.
- Im Verhältnis zu Deutschland betrug die Bevölkerung Subsahara-Afrikas 1950 das 2,5-Fache, 2015 bereits das knapp 15-Fache, 2050 werden dort annähernd 29-mal und 2100 62-mal so viele Menschen leben wie in Deutschland.
- 1950 wurden in Subsahara-Afrika achtmal so viele Menschen geboren wie in Deutschland, 2015 lag die dortige Geburtenzahl bereits beim 52-Fachen Deutschlands, und 2100 wird sie das 98-Fache betragen. Dann werden dort jährlich neunmal mehr Menschen geboren als in ganz Europa (Tabelle 5.2).
- Wegen der hohen Geburtenzahl sind die meisten Menschen in Subsahara-Afrika sehr jung. Ihr mittleres Alter lag 2015 bei nur 18,3 Jahren, in Deutschland dagegen bei 46,2 Jahren. Auch im Jahr 2100 wird Subsahara-Afrika durchschnittlich noch jünger sein als Deutschland im Jahr 1950 (Tabelle 5.3).
- Die meisten Menschen, die Subsahara-Afrika verlassen, sind junge und sehr junge Erwachsene, die dann später nach erfolgreicher Zuwanderung in ein europäisches Land versuchen, Heiratspartner und Verwandte nachzuziehen. Der besonders mobilen Gruppe der 15- bis 24-Jährigen gehören weit über 90 Prozent aller afrikanischen Flüchtlinge an. 190 Millionen Menschen in diesem Alter gab es 2015 in Subsahara-Afrika, mehr als das Doppelte der entsprechenden Altersgruppe in Europa und 23-mal so viele wie die entsprechende Altersgruppe in Deutschland. Diese Altersgruppe wird sich nach der UNO-Prognose bis 2100 noch verdreifachen und dann gut 100-mal so groß wie die entsprechende Altersgruppe in Deutschland sein (Tabelle 5.4).

– Noch 1950 war Subsahara-Afrika mit nur sieben Menschen pro Quadratkilometer extrem dünn besiedelt. 2015 sind es schon 44 Menschen pro Quadratkilometer, Regenwälder und Wüsten eingeschlossen, und 2100 wird Subsahara-Afrika mit 180 Menschen pro Quadratkilometer dichter besiedelt sein als Asien (Tabelle 5.6). Regenwälder, frei lebende Kolonien von Schimpansen, Löwen und Elefanten wird es dort dann wohl nicht mehr geben.

– Zur künftigen Entwicklung der Fruchtbarkeit in der Welt enthält die UNO-Prognose zwei optimistische Annahmen: Sie unterstellt erstens, dass sich die Nettoreproduktionsrate in Regionen mit besonders niedriger Fruchtbarkeit, wie Deutschland und Europa, bis 2100 wieder stärker dem Bestandserhaltungsniveau nähert, und sie unterstellt zweitens, dass diese Rate bis 2100 überall sonst auf der Welt, vor allem aber in Subsahara-Afrika, auf das Bestandserhaltungsniveau absinkt (Tabelle 5.5). Geschieht das nicht oder nur teilweise, stellen sich die oben beschriebenen Relationen noch viel dramatischer dar.

Keine Region der Welt war in den letzten 50 Jahren so reich an dramatischen Katastrophen wie Subsahara-Afrika nach dem Ende der Kolonialzeit: Die wiederholten Bürgerkriege im Kongo, der Bürgerkrieg in Nigeria mit dem Völkermord in Biafra, Völkermord in Ruanda, Völkermord in Darfur, die wiederkehrenden Hungersnöte in der Sahelzone, das Auseinanderfallen Somalias, brutale Massenmörder als Diktatoren wie Bokassa in der Zentralafrikanischen Republik, Idi Amin in Uganda oder Mengistu in Äthiopien, die schreckliche Misswirtschaft unter Mugabe in Zimbabwe, die Aids-Katastrophe, die Ebola-Seuche – das ist nur eine zufällige Auswahl aus einer schier endlosen Liste.

Erstaunlicherweise haben alle diese Katastrophen auch nicht die kleinste statistisch wahrnehmbare Delle in der steil aufwärts verlaufenden Bevölkerungskurve bewirkt.[8] Das unterscheidet sie von europäischen Katastrophen wie dem Dreißigjährigen Krieg, der Deutschlands Bevölkerung halbierte. Der afrikanische Kinderreichtum, der sich unter den Bedingungen der aus Europa importierten modernen Technik entfalten konnte, hat alles eingeebnet. Seine dramatischen

Tabelle 5.1: Entwicklung der Weltbevölkerung von 1950 bis 2100 (Zahl der Menschen in Millionen)

	1950	2015	2050	2100
Welt	2.525,8	7.349,5	9.725,1	11.213,3
Entwickelte Regionen	812,9	1.251,4	1.286,4	1.277,4
Europa	549,0	738,4	706,8	645,6
Deutschland	70,1	80,7	74,5	63,2
Afrika	228,8	1.186,2	2.477,5	4.386,6
Subsahara-Afrika	179,5	962,3	2.132,2	3.934,8
Asien	1.395,7	4.393,3	5.266,8	4.888,7
Westliches Asien	70,7	257,2	395,5	485,7

UN-Bevölkerungsprognose von 2015. Quelle: *Population Division of the Department of Economic and Social Affairs of the United Nations Secretariat, World Population Prospects: The 2015 Revision*; http://esa.un.org/unpd/wpp/index.htm

Tabelle 5.2: Entwicklung der Geburten von 1950 bis 2100 (Angabe in Millionen)

	1950	2015	2050	2100
Welt	97,8	140,6	141,6	132,0
Entwickelte Regionen	18,8	13,7	13,3	12,9
Europa	12,1	7,8	7,0	6,4
Deutschland	1,1	0,7	0,6	0,6
Afrika	11,6	42,4	59.5	64,4
Subsahara-Afrika	8,9	36,8	53,6	59,2
Asien	61,6	71,0	58,7	48,4
Westliches Asien	2,6	5,7	6,0	5,7

UN-Bevölkerungsprognose von 2015. Quelle: *Population Division of the Department of Economic and Social Affairs of the United Nations Secretariat, World Population Prospects: The 2015 Revision*

Tabelle 5.3: Entwicklung des mittleren Alters von 1950 bis 2100 (Angaben in Jahren)

	1950	2015	2050	2100
Welt	23,5	29,6	36,1	41,7
Entwickelte Regionen	28,5	41,2	45,1	46,6
Europa	28,9	41,7	46,2	47,2
Deutschland	35,3	46,2	51,4	50,8
Afrika	19,2	19,4	24,8	34,9
Subsahara-Afrika	19,1	18,3	23,6	34,2
Asien	22,0	30,3	39,9	46,5
Westliches Asien	19,2	26,3	34,3	41,7

UN-Bevölkerungsprognose von 2015. Quelle: *Population Division of the Department of Economic and Social Affairs of the United Nations Secretariat, World Population Prospects: The 2015 Revision*

Tabelle 5.4: Verteilung der Altersgruppe 15 bis 24 Jahre auf die Weltregionen (Angaben in %)

	1950	2015	2050	2100
Welt	100	100	100	100
Entwickelte Regionen	30,2	12,0	11,1	10,4
Europa	20,8	6,9	5,7	5,1
Deutschland	2,2	0,7	0,5	0,4
Afrika	9,5	20,0	34,2	44,6
Subsahara-Afrika	7,3	15,7	21,2	38,8
Asien	56,8	60,2	50,3	38,8
Westliches Asien	2,2	3,8	3,9	33,4

UN-Bevölkerungsprognose von 2012. Quelle: *Population Division of the Department of Economic and Social Affairs of the United Nations Secretariat, World Population Prospects: The 2012 Revision;* eigene Berechnungen

Tabelle 5.5: Entwicklung der Nettoreproduktionsrate von 1950 bis 2100 (Angaben: pro Frau geborene Mädchen)

	1950	2015	2050	2100
Welt	1,66	1,09	1,03	0,95
Entwickelte Regionen	1,24	0,81	0,89	0,91
Europa	1,15	0,78	0,87	0,90
Deutschland	0,97	0,69	0,79	0,84
Afrika	1,85	1,86	1,36	1,03
Subsahara-Afrika	1,81	1,97	1,40	1,04
Asien	1,8	0,96	0,89	0,88
Westliches Asien	2,0	1,28	1,03	0,94

UN-Bevölkerungsprognose von 2015. Quelle: *Population Division of the Department of Economic and Social Affairs of the United Nations Secretariat, World Population Prospects: The 2015 Revision*

Tabelle 5.6: Entwicklung der Bevölkerungsdichte von 1950 bis 2100 (Angabe: Zahl der Einwohner pro Quadratkilometer)

	1950	2015	2050	2100
Welt	19	57	75	86
Entwickelte Regionen	15	26	26	26
Europa	24	33	32	29
Deutschland	196	232	214	181
Afrika	8	40	84	148
Subsahara-Afrika	7	44	97	180
Asien	44	142	170	158
Westliches Asien	11	54	82	101

UN-Bevölkerungsprognose von 2015. Quelle: *Population Division of the Department of Economic and Social Affairs of the United Nations Secretariat, World Population Prospects: The 2015 Revision*

Folgen können allerdings nur in Afrika selber aufgefangen werden. Nirgendwo sonst, schon gar nicht in Europa.

Als ein Beispiel mag Eritrea dienen: Asfa-Wossen Asserate klagt – sicherlich völlig zu Recht –, es sei »eine der schlimmsten Diktaturen der Welt. Es gibt keine Pressefreiheit, keine Religionsfreiheit, keine Versammlungsfreiheit. Der gesamte private Sektor wurde de facto abgeschafft. Es gibt keine Verfassung, keine unabhängige Justiz, keine Rechtsstaatlichkeit.« Er verlangt von den Europäern, die »Ursachen der unermesslichen Menschenflucht zu begreifen«, anstatt die »Symptome des Problems zu behandeln«.[9] Er weiß aber offenbar auch nicht, wie man die *Ursachen* von außen behandeln soll. Die UNO-Bevölkerungsstatistik erwähnt Asserate nicht. Diese zeigt nämlich, dass sich die Bevölkerung von Eritrea seit 1990, also in nur 25 Jahren, auf 6,7 Millionen verdoppelt hat. Die Lebenserwartung bei der Geburt stieg im selben Zeitraum von 50 auf 65 Jahre. Sie ist so hoch wie im Deutschland des Jahres 1950 und im Russland des Jahres 2005 und soll sich nach der UNO-Prognose bis 2030 auf 71 Jahre erhöhen. Das zeigt nicht gerade ein Land im Katastrophenmodus. Nur die Nettoreproduktionsrate ist in Eritrea in vormodernen Zeiten stecken geblieben. Die Frauen Eritreas sind genauso fruchtbar wie die Frauen des deutschen Kaiserreiches um 1880 und gebären durchschnittlich 2,1 Mädchen. So ist es kein Wunder, dass sich nach der UNO-Prognose die Bevölkerung Eritreas bis Ende des Jahrhunderts auf 21 Millionen Menschen verdreifachen wird.

Tatsächlich kann man die Probleme Eritreas wie die jedes anderen afrikanischen Landes nur von innen lösen, es sei denn, man überzieht es mit Krieg und übernimmt auch die politische Macht. Viele unrühmliche Beispiele westlicher Interventionen haben in den letzten Jahrzehnten gezeigt, dass dies grundsätzlich niemals funktioniert, sondern alles nur verschlimmert. Wenn sich aber in einem Land etwas zum Besseren ändern soll, dann dürfen diejenigen, die das wollen, es nicht verlassen. Es ist im Interesse gerade der schlecht regierten Länder Afrikas, dass die besonders unzufriedenen und hoffentlich auch besonders aktiven Menschen im Lande bleiben und die Verhältnisse dort verbessern, anstatt es zu fliehen. Solche Verbesserungen wären beispielsweise die Anhebung der Bildung bei den Frauen und die Aufklärung über Geburtenkontrolle. Ohne den Druck einer wachsenden

Bevölkerung gäbe es dann für die nächste Generation auch mehr Arbeitsplätze. Die erfolgreiche Flucht der Afrikaner nach Europa mag also im Interesse der Fliehenden sein, aber sie widerspricht dem objektiven Interesse ihrer schlecht geführten und miserabel verwalteten Heimatländer.

Nach der UNO-Prognose nimmt die Bevölkerungszahl in Subsahara-Afrika allein in den nächsten 15 Jahren um 434 Millionen Menschen zu, das sind 29 Millionen Menschen pro Jahr.[10] Wenn nur ein Drittel dieser Menschen ihr Heil in der Auswanderung sucht, dann sind das knapp 10 Millionen jährlich, bei nur 10 Prozent immer noch 2,9 Millionen jährlich. Unterstellen wir weiter, dass davon 90 Prozent nach Europa streben und davon wiederum ein Drittel nach Deutschland, dann ergeben sich schnell Zuwanderungszahlen aus Subsahara-Afrika, die pro Jahr zwischen 2 und 8 Millionen für Europa liegen und damit so hoch sein könnten wie die Zahl der Geburten. Angesichts der Beliebtheit Deutschlands bei den Flüchtlingen können sie bei uns sogar die Zahl der Geburten übersteigen. Das würde in wenigen Jahrzehnten die demografische Gewichtsverteilung in Europa auf den Kopf stellen und die Kultur der Länder Europas grundlegend verändern.

Das alles würde keineswegs geschehen, um echte, bis dahin unbekannte Not in Afrika zu verhindern. Überall in Afrika steigt die Lebenserwartung und sinkt die Sterberate. Es würde ausschließlich geschehen, weil sehr viele afrikanische Staaten schlecht regiert sind, die gesellschaftliche Modernisierung, die zu sinkenden Geburtenraten führt, weitgehend ausgefallen ist und diese Länder nicht imstande sind, oder ihre Völker zu ungeduldig und zu ungebildet sind, ihre Volkswirtschaften aus eigener Kraft zu entwickeln.

Im Interesse Europas ist das nicht. Die Europäer haben alles moralische Recht, die Einwanderung aus Afrika nach ihren Wünschen zu steuern. Dazu müssen sie allerdings über die nötigen Instrumente verfügen.

Deutschland in Europa

Wenn ich an dieser Stelle von Europa spreche, so meine ich die Europäische Union. Sie hat wesentliche staatliche Funktionen übernommen. Ihre künftige Gestaltung ist in vielerlei Hinsicht offen. Ihre gegenwärtige Konstruktion enthält konzeptionelle Irrtümer und offene Flanken (vgl. »Der souveräne Staat und seine Grenzen« und »Staat und Währung«), die nicht nur die Gemeinschaft selber, sondern auch die Souveränität und das Wohlergehen ihrer Mitgliedsstaaten bedrohen.

Die Zukunft Europas braucht sichere Grenzen

Bei der Erörterung wichtiger und kontroverser politischer Fragen kann man Konfusion vermeiden und Irrtümer begrenzen, wenn man diszipliniert vorgeht und die elementare Rangordnung des Denkens und Handelns beachtet: Zuerst müssen wir wissen, was wir politisch wollen. Auf dieser Grundlage müssen wir festlegen, wie wir das Wollen in Können umsetzen und welche Maßnahmen dazu nötig sind. In diesem Rahmen müssen wir auch eine Güterabwägung vornehmen. Sodann muss das Recht dem politischen Wollen angepasst werden.

Das Recht – ob Völkerrecht, Europäisches Recht, nationales Verfassungsrecht oder einfach gesetzliches Recht – ist ein Diener des Politischen und muss gegebenenfalls entsprechend geändert werden. In einer Demokratie braucht man für Rechtsänderungen eine Mehrheit in den befugten Organen. Diese ist oft schwierig und bisweilen gar nicht zu erreichen. Dann muss man das akzeptieren. Niemals aber kann man einer vernünftigen und gebotenen Maßnahme *inhaltlich* mit dem Argument begegnen, sie widerspräche dieser oder jener gesetzlichen Grundlage. Eine gesetzliche Regelung per se kann weder Wahrheit noch Vernunft für sich geltend machen. Sie wirkt auf die tatsächlichen Verhältnisse dadurch ein, dass sie gilt, nicht mehr und nicht weniger. Aus diesen Gründen ist der Hinweis auf die geltende Rechtslage in jeder grundsätzlichen Debatte über das Richtige, Gebotene und Vernünftige prinzipiell fehl am Platz. Auch das Einwanderungs- und Aufenthaltsrecht (einschließlich der Genfer

Flüchtlingskonvention und des deutschen Asylrechts) muss sich in diesem Sinn politischen Zielen unterordnen und eben notfalls geändert werden.

Wie im Abschnitt »Der souveräne Staat und seine Grenzen« näher ausgeführt, bestehen der Ursprung und Kern jeder Staatlichkeit in der Kontrolle über das Staatsgebiet. Damit ist nicht die Markierung durch Grenzpfähle und das Vorzeigen des Staatswappens an den Grenzübergängen gemeint. Auch die Kleidsamkeit der Uniformen der Grenzbeamten ist ohne Belang. Entscheidend ist allein, ob der Staat wirksam kontrollieren kann, wer die Grenze übertritt und sich auf dem Staatsgebiet aufhält, und ob er unerwünschte Personen an den Grenzen aufhalten und aus dem Staatsgebiet entfernen kann. Wohlgemerkt: Es geht an dieser Stelle um das Vermögen dazu, nicht um die tatsächliche Politik. Politik, in welche Richtung sie auch immer geht, setzt tatsächliches Vermögen dazu voraus. Ohne das wird sie lächerlich und allenfalls belanglos.

Der amerikanische Journalist und Autor Thomas Friedman sagt zum Einwanderungsdruck auf Europa: »Besonders die arabische Welt wird ein Desaster sein, was menschliche Entwicklung anbelangt. Keine Türken mehr wie im Osmanischen Reich, die das regeln. Keine Engländer oder Franzosen. Keine Diktatoren oder Könige mehr. Die Antwort kann nur aus dem Innersten dieser Länder kommen, aber ich sehe da keine … Es wäre völlig verfehlt, von Europa zu verlangen, Millionen Menschen aufzunehmen. Die Einwanderer, die nach Amerika kamen, haben unsere Identität geteilt. Heute aber kommen Menschen mit ihrer Identität im Gepäck nach Europa … Der Kontext, in dem sich Menschen bewegen und leben, formt ihre Religion. Theoretisch könnte man den Islam reformieren. Wenn er jedoch in Armut, mangelnder Bildung und extremer Benachteiligung von Frauen verwurzelt ist?«[11] Ja. was dann?

Es entspricht der Logik des Schengen-Raums, dass das Grenzregime einschließlich aller begleitenden rechtlichen Grundlagen europäisch ist. Tatsächlich hat die Flüchtlingskrise gezeigt, dass Europa weder politisch noch administrativ, noch militärisch für ein wirksames Grenzregime gerüstet ist. Die Mitgliedsstaaten des Schengen-Raums haben souveräne Rechte ja auch nicht aufgegeben, sondern lediglich teilweise an die europäische Ebene delegiert. Soweit die nachfolgenden

Vorschläge auf europäischer Ebene nicht umsetzbar sind – sei es, weil es dort die notwendigen Mehrheiten nicht gibt, sei es wegen europäischer oder nationaler Vollzugsdefizite –, müssen die Nationalstaaten in deren Umsetzung eintreten.

Im Folgenden skizziere ich die Eckwerte eines Grenzregimes, das elementare Voraussetzungen von Staatlichkeit erfüllt und zugleich geeignet ist, dem in den nächsten Jahren und Jahrzehnten voraussichtlich weiter stark steigenden Einwanderungsdruck aus dem Nahen und Mittleren Osten – insbesondere aber aus Afrika – standzuhalten. Zum Grenzregime zählt auch die Summe des Einwanderungs-, Asyl- und Aufenthaltsrechts. Die vorgeschlagenen Maßnahmen halte ich in der Substanz für alternativlos. Die wirksame Kontrolle über den Zuzug aus Afrika und dem westlichen Asien entscheidet über die Zukunft Europas. Sie entscheidet über unsere kulturelle und ethnische Identität, unser Zivilisationsmodell, die Sicherung unseres Wohlstands und des europäischen Sozialmodells. Das Unterbinden von Wanderungsbewegungen schadet den Auswanderungsländern überhaupt nicht. Im Gegenteil: Es schafft dort die unbedingt notwendigen Anreize, es endlich dem europäischen Zivilisationsmodell gleichzutun und die Dinge aus eigener Kraft anzugehen, wie dies in Ostasien in den letzten Jahrzehnten geschehen ist. Es liegt vor allem in der Hand der Eritreer, Nigerianer oder Afghanen, in ihren Ländern ein Staatswesen, eine Gesellschaft und eine Zivilisation zu schaffen, deren Leistung jener in Irland, Finnland oder Schweden gleichkommt. Wir Europäer können ihnen dabei durch Handel, Beratung und Ausbildung helfen, soweit sie dies wünschen.

Ein neues europäisches Asylrecht
Der größte Teil der Welt ist weitaus ärmer als die Länder der Europäischen Union, und allenfalls 20 Prozent der Menschheit leben in Demokratien, die dem abendländischen Standard einigermaßen entsprechen. Mithin kommen 80 Prozent der Erdbewohner grundsätzlich aus Ländern, deren Zustände für ein Gericht in Europa einen Asylgrund liefern könnten, wenn es der Antragsteller bei der Schilderung des eigenen Falls nur etwas geschickt anstellt. In jedem Fall gilt dies für den größten Teil Afrikas und des Nahen und Mittleren Ostens. So war das Asylrecht aber nicht gemeint. Es sollte deshalb

beschränkt werden auf jene, die nachweislich wegen ihrer *aktiven* politischen Tätigkeit verfolgt und bedroht werden.

Nicht jedwede Form von Unterdrückung und jedwede ethnisch und religiös motivierte Unruhe kann ein Asylgrund sein. Menschen, die wegen kriegerischer Auseinandersetzungen fliehen, sollten unmittelbar in ihren Ländern oder in den Nachbarstaaten humanitäre Unterstützung finden. Wenn Kriege ein Asylgrund sind, so müssen wir befürchten, dass irgendwann halb Afrika und der halbe Nahe Osten in Europa asylberechtigt sind. Wirtschaftliche Unzufriedenheit oder Not im Heimatland darf ebenfalls kein Asylgrund sein. Grundsätzlich darf die Asylpolitik nicht mit der Einwanderungspolitik vermischt werden. Wenn ein Land glaubt, dass es Einwanderung braucht, so soll es die am besten geeigneten Kandidaten dort einwerben, wo ihm dies zweckmäßig erscheint. In diesem Sinne müssen das Asylrecht und die Regelungen zur Aufnahme von Flüchtlingen in der Europäischen Union reformiert und möglichst einheitlich in nationales Recht aller Mitgliedsstaaten umgesetzt werden. Dabei müssen die Regeln so eng und so eindeutig sein, dass sie nicht durch wildwüchsiges Richterrecht umdefiniert und ungeplant ausgeweitet werden können. Eckwerte sollen sein:

- Der Kern des Dublin-Übereinkommens wird wieder in Kraft gesetzt. Einen Asylantrag oder einen Antrag auf Bleiberecht als Flüchtling kann nur stellen, wer sich dort registrieren lässt, wo er mit Überschreiten der Staatsgrenze erstmals den Boden der EU betritt. Wer dies missachtet, hat den Bleibeanspruch per se verwirkt und wird abgeschoben.
- Der Begriff des Asyls wird enger gefasst: Die schiere Herkunft aus einer Diktatur, einem Unrechtsstaat oder einem armen, schlecht regierten Land gilt nicht als Asylgrund.
- Asylanträge dürfen in allen Botschaften und Konsulaten der Europäischen Union oder auch schriftlich gestellt werden. Das erspart umständliche und möglicherweise gefährliche Anreisen.
- Für die Bearbeitung aller Asylanträge ist eine bei der EU einzurichtende zentrale Stelle zuständig. Diese Stelle entscheidet verbindlich. Sie umfasst eine Beschwerde-Instanz, ein weiterer Rechtsweg ist ausgeschlossen. Die Bearbeitung der Asylanträge

wird grundsätzlich in 30 Tagen abgeschlossen. Während der Bearbeitungszeit ist der Aufenthalt in einer Transitzone Pflicht. Wer sich an diese Residenzpflicht nicht hält, verliert seinen Asylanspruch.

– Alle Asylbewerber, Flüchtlinge und illegal Eingereisten, auch die minderjährigen, werden in einer zentralen Datenbank der Europäischen Union erfasst. Dazu gehören fälschungssichere Merkmale wie Fingerabdrücke und ein Bild der Iris, sowie die elektronische Erfassung der DNA. Auch das Herkunftsland des Betroffenen wird erfasst. Soweit Auskünfte dazu verweigert werden, bedeutet dies für den Betreffenden den Verlust aller Ansprüche auf Geld- und Sachleistungen. Handydaten, Sprache und DNA werden aber in vielen Fällen gleichwohl eine Zuordnung ermöglichen. Die Behörden der betreffenden Herkunftsstaaten werden zur Zusammenarbeit bei der Identifikation ermuntert. Diese Zusammenarbeit wird gegebenenfalls materiell honoriert. Wird die Zusammenarbeit verweigert, so hat dies Einbußen bei der Entwicklungshilfe und andere Sanktionen zur Folge.

– Anerkannte Asylbewerber werden in den Ländern der EU nach dem Bevölkerungsschlüssel verteilt. Über die Verteilung im Rahmen des Bevölkerungsschlüssels entscheidet ein Zufallsgenerator.

– Der anerkannte Asylbewerber hat in den ersten fünf Jahren seines Aufenthalts eine Residenzpflicht in dem Mitgliedsland, dem er zugeteilt wurde, und dort an dem Ort, der ihm zugewiesen wurde. Eine Verletzung der Residenzpflicht – davon sind Geschäfts-, Besuchs- und Urlaubsreisen üblicher Länge ausgenommen – hat den Verlust des Aufenthaltsrechts zur Folge.

– Kriminelle Gewalthandlungen (einschließlich sexueller Nötigung), aber auch wiederholte Eigentumsdelikte führen zum Verlust des Asylrechts und zur Abschiebung in den Herkunftsstaat.

– Die Gewährung des Asylrechts löst nicht automatisch Nachzugsrechte für Angehörige aus.

Alle abgelehnten Asylbewerber und alle illegalen Einwanderer werden unverzüglich in ihr Heimatland – ersatzweise in das letzte Herkunftsland vor dem Betreten der EU – abgeschoben. Dabei muss man die Kooperation mit den Herkunftsländern suchen, darf sich von dieser

Zusammenarbeit aber nicht abhängig machen. Schließlich ist, wenn Ausweise nicht vorhanden oder gefälscht sind, mit Hilfe der DNA-Analyse die regionale Herkunft dennoch feststellbar.

Für viele Staaten Afrikas sind die Wirtschaftsflüchtlinge eine gutes Geschäft. Ihre Überweisungen bringen häufig mehr Devisen als der gesamte Export des Landes. Für diese Länder ist es attraktiv, Europa mit ihrem Bevölkerungsüberschuss unter Druck zu setzen. An der Rücknahme der Wirtschaftsflüchtlinge haben sie zumeist gar kein Interesse und verweigern daher regelmäßig die Zusammenarbeit bei der Rückführung. Deshalb muss grundsätzlich gelten: Illegale Einwanderer werden auch dann in die Region ihrer Herkunft verbracht, wenn die Herkunftsstaaten die Zusammenarbeit verweigern. Falls notwendig, erfolgt die Rückführung gegen den erklärten Willen der Herkunftsländer unter militärischem Schutz.

Eine wirksame Kontrolle der EU-Außengrenzen

Wenn man etwas nicht will, behauptet man gern, es sei technisch nicht möglich. So etwas hört man auch bisweilen über die Kontrolle der EU-Außengrenzen. Das ist natürlich Unsinn. Die befestigte Außengrenze des Römischen Reiches, der Limes, schützte das Reich 400 Jahre lang bis zur Völkerwanderung vor den Angriffen barbarischer Völker. In Germanien allein war der Limes 550 Kilometer lang.

Die Chinesische Mauer war sogar bis zu 8800 Kilometer lang und erfüllte ihren Zweck – Schutz vor den Angriffen nomadischer Völker – 1700 Jahre lang. Die 800 Kilometer lange Mauer zwischen Israel und dem Westjordanland hat die Zahl der Selbstmordattentate in Israel drastisch verringert.

Im Zeitalter moderner Ortungstechniken und moderner Satellitenaufklärung ist es selbstverständlich möglich, im Mittelmeer jedes einzelne Boot mit Flüchtlingen rechtzeitig zu entdecken und abzufangen. Es ist nur eine Frage der eingesetzten Aufklärungs- und Marinekapazitäten. Das rechtzeitige Abfangen unmittelbar nach Verlassen der afrikanischen oder asiatischen Küste wäre die zuverlässigste Vorgehensweise, Opfer durch Schiffsunglücke zu vermeiden. Über die Aufklärungsmittel ist zudem bekannt, an welcher Stelle das jeweilige Boot in See gestochen ist. An genau dieser Stelle sollten die Insassen wieder an Land gebracht und das Boot anschließend zerstört werden.

Wenn niemand auf illegalen Routen über das Mittelmeer nach Europa gelangen kann, wird das lukrative Schleppergeschäft finanziell austrocknen und automatisch zum Erliegen kommen. Das wäre auch der beste Schutz der Flüchtlinge vor dem Ertrinken.

Die Mitgliedsstaaten des Schengen-Raums sollten intensiv dazu angehalten werden, ihre Verpflichtungen im Rahmen des europäischen Grenzregimes zu erfüllen und illegale Eintritte zu unterbinden. Das gilt vor allem für Griechenland und Italien.[12] Alle dennoch Eingewanderten müssen in grenznahen Transitzonen verbleiben, bis ihr Antrag bearbeitet ist und sie entweder einreisen dürfen oder abgeschoben werden.

Wenn es nicht schnell gelingt, die Funktionsfähigkeit des Schengen-Abkommens wiederherzustellen, muss Deutschland, insoweit dem Beispiel Schwedens folgend, die Grenzen für Flüchtlinge und illegale Einwanderer schließen und zu einem nationalen Grenzregime zurückkehren. Italien, Griechenland und alle Staaten auf der Balkanroute würden dem unverzüglich folgen. Der damit verbundene Rückschlag für die europäische Einheit ist bedauerlich, aber gegenüber dem Anhalten des Zustroms von Flüchtlingen und illegalen Einwanderern das kleinere Übel.

Deutschland darf sich bei der Bewahrung seiner Souveränität nicht weiter von der Funktionsfähigkeit des Schengen-Abkommens abhängig machen und den Folgen des Funktionsversagens schutzlos ausgeliefert sein: Die Grenze Deutschlands muss deshalb so überwacht und gesichert werden, dass eine unerwünschte Einreise nicht möglich ist. Grenzanlagen müssen entsprechend ausgelegt werden. Bundespolizei und Bundeswehr sollten bis auf weiteres vorrangig für die Grenzsicherung eingesetzt werden. Flüchtlinge, Asylbewerber und illegale Einwanderer, die sich zuletzt in einem sicheren Herkunftsstaat aufgehalten haben, müssen wir an der Einreise hindern. Diese Maßnahmen können auch schon bei geltendem Recht unmittelbar umgesetzt werden. Sie werden dazu führen, dass der Zustrom der illegalen Einwanderer und Flüchtlinge über das Mittelmeer und den Balkan sehr schnell und radikal abnimmt. Die Länder des Balkans werden diese Entwicklung durch eigene Grenzanlagen unterstützen, und das Eigeninteresse Italiens und Griechenlands, ihre Seegrenzen besser zu schützen, wird schnell steigen.

Wirkungen und moralische Bewertung

Durch eine wirksame und weitgehend vollständige Blockade der illegalen Einwanderung an den EU-Außengrenzen werden nicht nur Menschenleben gerettet. Den Staaten in Afrika und Vorderasien bleiben auch jene aktiven Menschen erhalten, die sie dringend brauchen, um sich selbst zu entwickeln. Wer auswandern will, muss das über die legalen Wege tun, die die Nationalstaaten je nach der Ausrichtung ihrer Politik anbieten. Die Länder Europas behalten so die Freiheit, über ihre Einwanderungspolitik selbst zu entscheiden. In den Ländern Subsahara-Afrikas und im westlichen Asien wachsen die Anreize, die eigenen Gesellschaften nachhaltig zu entwickeln und Wohlstand durch stabilere Institutionen und bessere Bildung aufzubauen.

Eine solche Politik ist nicht nur langfristig erfolgreicher, sondern im Sinne der Verantwortungsethik auch moralisch überlegen. Leider hat die Politik Schwierigkeiten damit, sich den ungeschminkten Tatsachen und ihren inneren kausalen Zusammenhängen zu stellen und die dabei zu gewinnenden Erkenntnisse auch auszudrücken.[13] Zu groß ist offenbar die Angst, als herzlos oder gar rassistisch abgestempelt zu werden. Ich zitiere nur zwei Stimmen von ungezählten ähnlichen Kommentierungen:

– Als Antwort auf gewalttätige Szenen zwischen französischer Polizei und afrikanischen Flüchtlingen am Eurotunnel in Calais forderte Klaus-Dieter Frankenberger in der *FAZ*: »Es bedarf einer fairen Flüchtlingspolitik in Europa und einer vernünftigen Praxis gegenüber illegaler Einwanderung. Versiegen wird der Flüchtlingsstrom aber auch so natürlich nicht.«[14] Frankenberger präzisierte nicht, was er unter einer »fairen Flüchtlingspolitik« und einer »vernünftigen Praxis« versteht. Er scheute sich, das Offenkundige auch nur anzudeuten: Afrikanische Flüchtling müssen aufgehalten werden, bevor sie Europas Grenzen überwinden können. Dann gibt es weder Bootsunglücke im Mittelmeer noch Gewalt am Eurotunnel.

– Die *Wirtschaftswoche* legte noch eine Schippe drauf. Sie beklagte ertrunkene Migranten an der Küste Tunesiens und sprach von einer »Erzählung des Versagens, der Überforderung. Sie wird an den tödlichen Rändern eines Kontinents geschrieben, der sich doch im Vertrag von Lissabon – dem Grundgesetz der Europäischen Union – damit brüstet, das ›Erbe Europas‹ zu bewahren, dessen Werte und Grundrechte. Genau dieses Erbe ersäuft im Mittelmeer, es verdurstet in Lkws irgendwo auf dem Balkan oder kollabiert in notdürftigen Zeltlagern. Täglich.«[15]

Es offenbart ein grundlegendes Missverständnis vom Wesen und von den Aufgaben eines Staates und ist Ausfluss eines verkitschten Weltbildes, wenn man irgendeine staatliche Entität, sei es Deutschland, sei es Europa, für die Behebung von Unglück und Misswirtschaft im Rest der Welt verantwortlich machen will. Staaten haben vor allem den Interessen ihrer eigenen Bürger zu dienen. Sie leisten viel, wenn sie dabei andere Länder und Völker nicht beschädigen. Man kann sie nicht verantwortlich machen für die Nöte und ungelösten Probleme anderer. Die Versuche der Politik, eine grundsätzliche Analyse vorzunehmen, die sich vor der Formulierung entsprechender Konsequenzen nicht scheut, sind äußerst zaghaft. Roger Köppel meint dazu: »Die Politiker selber machen mit beim großräumigen Missbrauch des Asylrechts, indem sie es auf alle illegalen Wirtschaftsmigranten ausdehnen. Die schwarzen Passagiere, die am Mittelmeer oder an der türkischen Grenze an Bord gehen, sind einer direkten Verfolgung und Bedrohung an Leib und Leben längst entkommen. Es sind keine Flüchtlinge mehr nach Genfer Konvention.«[16]

Weder der Gesinnungs- noch der Verantwortungsethiker darf sich vor der Tatsache drücken, dass der Unterschied zwischen beiden rational nicht auflösbar ist. Die wirksame Sperrung des Mittelmeers und der Rücktransport der Passagiere aufgebrachter Schiffe sind der beste Weg zur Vermeidung von Todesopfern und entziehen den Schleppern den Boden für ihr todbringendes Geschäft. Solange aber die Rettung von Flüchtlingen in die erfolgreiche Einreise nach Europa mündet, wird jeder gelungene Rettungsakt dazu führen, dass sich noch mehr Menschen auf diesem Weg in Gefahr begeben. Dies zu akzeptieren und entsprechend politisch zu handeln, kostet allerdings Kraft. Es ist viel einfacher und wird in den Medien eher belohnt, dem spontanen Helferimpuls den Lauf zu lassen, egal welche Konsequenzen das hat.[17]

Tschechen, Slowaken, Balten und Polen sind besonders stolz auf ihre Mitgliedschaft in der Europäischen Union. Sie fühlen sich als Gleiche unter Gleichen. Ihre Volkswirtschaften machen Fortschritte, die Lücke zu den Mitgliedern westlich des ehemaligen Eisernen Vorhangs wird kleiner. Natürlich bekommen sie Investitionsmittel aus den Europäischen Strukturfonds. Aber deren Ergiebigkeit ist begrenzt. Im Wesentlichen profitieren sie von den Möglichkeiten des Handels und des wirtschaftlichen Austauschs, die mit der Mitgliedschaft in der EU verbunden sind. Zwar sind die Esten ärmer als die Niederländer und Dänen. Aber sie arbeiten daran, dass sich das in den nächsten 20 Jahren ändert, und so soll es auch sein. Bis zur Einführung des Euro funktionierte die gesamte Europäische Union nach diesem Prinzip, und das war grundsätzlich gut so. Es dämpft den Neid und schützt die eigene Würde, wenn man weiß, dass vor allem die eigene Leistung über den eigenen Erfolg entscheidet.

Die romanischen Länder, die mit ihrer eigenständigen Geldpolitik mehr Inflation produzierten als die nördlichen Staaten und deshalb schwächere Währungen hatten, wollten in den 1990er Jahren eine gemeinsame Währung, um auf diese Art die Geldpolitik der Bundesbank quasi kapern zu können. Das ist ihnen gelungen. Aber aus den Gründen, die in Abschnitt »Staat und Währung« näher dargelegt sind, gereichte ihnen diese Politik schließlich zum wirtschaftlichen Schaden. Jetzt möchten sie im Ergebnis permanente Zahlungen aus den nördlichen Ländern, vor allem aus Deutschland, um damit ihre eigene Schwäche zu finanzieren.

Der Kampf um das dritte Rettungspaket für Griechenland im Sommer 2015 war quasi ein Stellvertreterkrieg um die deutsche oder die französische Konzeption zur Währungsunion. Er ging unentschieden aus. Sein Opfer war das griechische Volk. Es bekam Gelder mit strengen Auflagen, was zwar sachlich richtig ist, aber als unwürdig empfunden wird. Doch die griechische Wirtschaft wird nicht ausreichend in Gang kommen, solange sie im teuren Euro gefangen ist.

Seit der Gründung der EWG im Jahr 1958 hat es mehrere wesentliche Reformen gegeben. Mit der Einheitlichen Europäischen Akte (1987) sowie den Verträgen von Maastricht (1993), Amsterdam (1999) und Nizza (2003) näherte sich die EU stufenweise allmählich einem »unvollendeten Bundesstaat« an. 2004 unterzeichneten die Mitgliedsstaaten in Rom einen Verfassungsvertrag. Dessen Ratifizierung scheiterte jedoch 2005 bei Referenden in Frankreich und den Niederlanden. Einen Ausweg stellte der 2009 abgeschlossene Vertrag von Lissabon (EUV) dar, der alle bisherigen Verträge in einem einheitlichen Werk zusammenfasst.[18] Er nahm einerseits wesentliche Elemente des gescheiterten Verfassungsvertrages auf, andererseits kodifizierte er erstmals formell eine Austrittsmöglichkeit aus der EU.[19]

Ich gehe davon aus, dass die gemeinsame Währung bleibt, auch wenn ihre ökonomischen und politischen Nachteile immer deutlicher werden.[20] Die Währungsunion wird erst zerbrechen, wenn Frankreich sie verlässt. Aber Frankreich ist zu stolz, um das je zu tun, ohne in allerhöchster Not zu sein. Die Abhängigkeiten aber, die der Euro schafft, sind wie ein nagender Wurm in dem bis dahin grundsätzlich gesunden Gebälk der Europäischen Union. Ich sehe aus diesem Dilemma zwei langfristig in Betracht kommende Auswege, von denen ich den ersten bevorzuge, nämlich die Rückkehr zum No-Bail-out-Prinzip durch Abschirmung des Bankensektors. Zweitens und alternativ könnte man die Fortentwicklung er EU zu einer bundesstaatlichen Finanzverfassung anstreben. Die nachfolgenden Erörterungen dazu umfassen nicht die ganze Breite des Themas. Ich beschränke mich auf die Aspekte, die für die Funktionsfähigkeit der Währungsunion relevant sind.

Rückkehr zum No-Bail-out-Prinzip

Wie im Abschnitt »Staat und Währung« ausgeführt, ist das von einer Zentralbank verwaltete staatliche Privileg, Geld zu schaffen, immer auch eine wesentliche staatliche Finanzierungsquelle. Deshalb ist die Zuständigkeit für die Währung von der Zuständigkeit für die staatlichen Finanzen kaum zu trennen. Der Vertrag von Maastricht versuchte hier gleichwohl eine Scheidewand aufzubauen, indem erstens der finanzielle Bail-out nationaler Staatshaushalte durch andere Mitgliedsländer der Währungsunion oder durch die EU verboten wurde und zweitens der EZB die Finanzierung von Staatshaushalten untersagt wurde. Wie ebenfalls bereits dargestellt, sind diese Bestimmungen seit der ersten Griechenlandkrise 2010 de facto suspendiert worden. Sie wurden einerseits durch ein kompliziertes, stufenweise und ad hoc zustande gekommenes Regelwerk von Rettungsschirmen und Haushaltsüberwachung ersetzt. Zum anderen sind sie durch die Selbstermächtigung der EZB zum beliebigen Ankauf von Staatsanleihen (EZB-Präsident Draghi: »Whatever it takes.«) gegenstandslos geworden.

Die Ereignisse um das im Sommer 2015 verabschiedete dritte Rettungspaket für Griechenland haben exemplarisch die Risiken und Nebenwirkungen dieses Weges vorgeführt. Die eigentlich gebotene Insolvenz des griechischen Staatshaushalts und die damit verbundene weitgehende Streichung von Staatsschulden wurden zum dritten Mal verschleppt. Dabei hätte eine solche Insolvenz einen doppelten positiven Effekt gehabt:

1. Eine drückende Zukunftslast für die griechische Volkswirtschaft, die nur aus irreal hohen künftigen Handelsbilanzüberschüssen bezahlt werden könnte, wäre beseitigt worden.
2. Eine Insolvenz hätte die Kreditfähigkeit des griechischen Staates für Jahrzehnte beseitigt oder stark eingeschränkt. So wäre die griechische Politik gezwungen worden, die Staatsausgaben an die nachhaltig erzielbaren Einnahmen des Staates anzupassen. Das hätte der Einnahmen- wie der Ausgabenseite des Staatshaushalts gutgetan.

Auf dem mit dem dritten Griechenlandpaket erneut eingeschlagenen Weg der Insolvenzverschleppung kann die Eurozone nicht zu Stabilität gelangen. Es wurde aber auch deutlich, dass die Politik nur wenige tatsächliche Handlungsalternativen hat, wenn jede größere nationale Haushaltskrise wegen der Folgen für den Bankensektor gleich die Frage der Mitgliedschaft in der Währungsunion aufwirft.

In der Währungsunion muss die Insolvenz eines nationalen staatlichen Haushalts grundsätzlich möglich sein, ohne dass damit die

Mitgliedschaft des betreffenden Landes in der Währungsunion in Frage gestellt wird. Die Schwachstelle ist hier das Bankensystem. Wenn der Zahlungsausfall eines Mitgliedsstaates der Währungsunion dazu führt, dass das Bankensystem des betreffenden Staates generell in Gefahr gerät oder die Banken anderer Mitgliedsländer übermäßige Verluste erleiden, dann schlägt die Haushaltskrise eines Mitgliedslandes immer gleich um in die Frage nach dem Sein oder Nichtsein der Währungsunion.

Um dies zu vermeiden, ist die Einführung der nachfolgenden Regeln für die Anlagepolitik der Banken und Versicherungen im gemeinsamen Währungsraum notwendig und hinreichend:

- In den staatlichen Regulierungen für Banken und Versicherungen wird die Privilegierung der Staatsanleihen bei der Kapitalanlage abgeschafft.
- Die Anlage in Staatsanleihen muss von den Banken grundsätzlich mit Eigenkapital unterlegt werden. Im Zusammenhang mit dieser Reform wird generell die bisherige nach Risikoklassen differenzierte Unterlegung mit Eigenkapital aufgegeben und über alle Risikoklassen hinweg eine einheitliche Unterlegung mit Eigenkapital festgelegt. Dadurch werden kurzfristig zwar Rentabilität und Geschäftsmöglichkeiten des Bankensektors eingeschränkt, langfristig aber gewinnt er erheblich an grundsätzlicher Stabilität.
- In die von der Bankaufsicht simulierten Stresstests für die Geschäftsbanken muss regelmäßig auch der Ausfall großer staatlicher Schuldner einbezogen werden. Dies hätte zur Folge, dass Geschäftsbanken erstens den Anteil an Staatanleihen oder anderen staatlichen Schuldtiteln in ihrem Anlagebestand stark vermindern würden und zweitens den reduzierten Bestand über möglichst viele öffentliche Schuldner, möglichst aus unterschiedlichen Staaten und unterschiedlichen Währungsgebieten, streuen würden.

Wahrscheinlich würde durch diese Maßnahmen die staatliche Kreditaufnahme im Durchschnitt verteuert und erschwert werden. Aber sie würde für Staatshaushalte guter Bonität genauso möglich bleiben wie sie seit jeher trotz Insolvenzrisiko für Unternehmen guter Bonität möglich ist. Bezogen auf die Griechenlandkrise des Jahres 2015 wäre dann zwar die Folge eines griechischen Zahlungsausfalls das Austrocknen jedweden Neukredits an den Staat gewesen. Aber die Banken wären offen geblieben – und die Rentner hätten dort ihre Renten abheben können, soweit diese vom Staat trotz Insolvenz noch bezahlt wurden.

Einstieg in einen Bundesstaat der Eurozone
Wie die historische Erfahrung zeigt, brechen Währungsunionen letztlich auseinander, wenn sie nicht eingebettet sind in einen ausreichend starken Zentralstaat.[21] Dabei ist dessen genaue institutionelle Gestalt nicht so wichtig.

In den USA war seit ihrer Gründung 1776, in der Schweiz seit ihrem Umbau zum Bundesstaat 1848 und im Deutschen Reich seit seiner Gründung 1871 der Zentralstaat trotz ganz unterschiedlicher staatlicher Konstruktionen jeweils stark genug, um die gemeinsame Währung dauerhaft zu tragen und zu sichern. Ein vages Gefühl, dass solch ein Risiko den Euro betreffen könnte, führte in den letzten Jahren ja immer wieder zu Forderungen nach einer »europäischen Wirtschaftsregierung«, einem »europäischen Finanzminister« oder »Eurobonds«.

Ein Bundesstaat der Eurozone muss für die gemeinsame Zentralbank ein ausreichend starker Partner sein. Dazu muss er in etwa die folgenden Bedingungen erfüllen:

- Er braucht ein jährliches Budget von etwa 10 Prozent des gemeinsamen Sozialprodukts (also rund 900 Milliarden Euro).
- Er braucht originäre staatliche Zuständigkeiten, die zum Umfang des Budgets passen und von den Mitgliedsländern der Eurozone abgegeben werden müssen.
- Er braucht ein originäres Recht zur Besteuerung, zunächst in Form von Zuschlägen zum örtlichen Steueraufkommen.
- Er braucht das Recht, Kredite aufzunehmen.
- Soweit die EZB staatliche Anleihen hält, müssen diese Anleihen des Eurostaates sein. Von Anleihen der Mitgliedsländer muss sie sich trennen und darf sie künftig nicht mehr kaufen.
- Eine gemeinsame Insolvenzordnung des Eurostaates ermöglicht Insolvenzen der Haushalte aller Mitgliedsländer und von deren staatlichen Untergliederungen.

– Beim Übergang zu einem Bundesstaat der Eurozone wird aus jedem Mitgliedsland ein bestimmter Bestand staatlicher Anleihen an die neue bundesstaatliche Ebene übertragen und zu Bundesschulden umgewandelt. Das könnte ein Bestand sein, der einheitlich 40 Prozent des jeweiligen BIP der Mitgliedsländer entspricht. So erfahren alle eine erhebliche einheitliche Entlastung, und vergangene Misswirtschaft wird gleichwohl nicht belohnt.

– Die klassische »Sovereign Debt« würde dann bei der bundesstaatlichen Ebene der Eurozone liegen. Diese Papiere wären britischen oder amerikanischen Staatsanleihen vergleichbar. Anleihen der Mitgliedsstaaten würden dagegen denselben Regeln und Bonitätsrisiken wie Unternehmensanleihen unterliegen.

Solch ein Bundesstaat der Eurozone gewinnt seine Kompetenzen aus erheblichen Einschnitten in die Souveränität und die Zuständigkeiten der Mitgliedsstaaten. Dafür besteht gegenwärtig nirgendwo ein gemeinsamer Wille. Ja, es würde sofort Streit darüber ausbrechen, welche staatlichen Kompetenzen über das bisherige Maß hinaus an den neuen Bundesstaat abgegeben werden sollen. Er wird deshalb für viele Jahrzehnte voraussichtlich nicht verwirklicht werden. Vielleicht wird man Wege finden, ihn in einem fließenden Übergang einzuführen. Ich halte das allerdings für unwahrscheinlich.

Außerdem wird ein Bundesstaat der Eurozone den Charakter der Europäischen Union entscheidend verändern. Es erscheint nur schwer vorstellbar, dass die Europäische Union und der neue Bundesstaat der Eurozone dann noch durch gemeinsame Institutionen regiert werden können.[22] Ich persönlich halte es deshalb für realistischer, durch die von mir skizzierten neuen Anlageregeln den Bankensektor von Staatsinsolvenzen abzuschirmen und diese künftig in der Währungsunion zu ermöglichen.

Einen der beiden von mir skizzierten Wege wird man allerdings gehen müssen, sonst wird die Europäische Währungsunion irgendwann auseinanderbrechen.

Deutschland bei sich zu Hause

Unsere Identität entwickelt sich historisch mit der Gesellschaft, in der wir leben, und unserer persönlichen Geschichte. Sie ist zumindest teilweise ein soziales Konstrukt. Deshalb ist sie aber nicht beliebig formbar. Zum einen werden wir alle geformt durch die gemeinsame menschliche Natur und durch unser individuelles genetisches Erbe. Zum anderen können wir den Einfluss von Familie, Religion und Kultur nicht beliebig an- und abschalten und nach unserem Willen steuern. Unterschiedliche Zeitalter, Völker, Kulturen, Religionen, Unterschiede bei Bildung, Herkunft und Schichtzugehörigkeit bewirken unterschiedliche Identitäten. Auch unser Gefühl beziehungsweise unser Stolz darauf, Weltbürger, Muslim, Schwede, Deutscher, Franzose, Bayer oder Berliner zu sein, gehört dazu.

Jede Identität, die sich nicht aggressiv nach außen richtet oder sonst wie anderen schadet, trägt ihre Würde in sich selbst und ist grundsätzlich bewahrenswert. Gemeinsame Identitäten, ob als Staatsbürger, Vereinsmitglied, Angehöriger einer Berufsgruppe etc., stiften Verbundenheit und sind in ihrer Fülle und Differenzierung der soziale Kitt einer Gesellschaft und Teil ihres sozialen Kapitals. Nicht alle Identitäten und Mentalitäten sind miteinander vereinbar. Es gibt Anziehung und Abstoßung, und nicht alle passen zu jeder Zeit in jede Gesellschaft. Spannungen können niemals ausbleiben. Sie ergeben sich

- sozusagen naturnotwendig aus dem Altersunterschied und dem jeweiligen Erfahrungshorizont der Generationen;
- aus Änderungen im geistigen, kulturellen und religiösen Zeitgeist, die die einen mehr, die anderen weniger erfassen;
- aus den Einflüssen der wirtschaftlichen und technischen Entwicklung, die – wie einst das Auto und heute das Internet – Lebensstile von Grund auf revolutionieren und Mentalitäten ändern können;
- aus demografischen Einflüssen, dem Kinderreichtum oder der Kinderarmut, der Alterung, dem Wachsen und Schrumpfen einer Gesellschaft;
- aus dem Umfang von Einwanderung sowie dem ethnischen, kulturellen und religiösen Hintergrund der Einwanderer.

Politik kann den mit diesen Spannungen und Veränderungen einhergehenden gesellschaftlichen Wandel nur begrenzt steuern. Am ehesten geht dies noch bei der Zahl und Herkunft der Einwanderer und über das staatliche Bildungssystem. Schon bei der zentralen Frage der Demografie, wer Kinder bekommt – und wenn ja, wie viele –, stößt Politik an Grenzen, die teils objektiv, teils selbst gesetzt sind.

Staat und Gesellschaft funktionieren umso besser, je mehr die Menschen die gleichen Werte teilen, sich zueinander konstruktiv verhalten sowie anderen Menschen und den staatlichen und gesellschaftlichen Institutionen grundsätzlich vertrauen. Wie wir gesehen haben, ist der Umfang dieses Sozialkapitals ganz wesentlich für den Erfolg und den Wohlstand einer Gesellschaft (vgl. »Positive Regierungsziele«). Sozialkapital ist wie guter Mutterboden. Es ist leicht verbraucht oder zerstört, aber nur langfristig wieder aufzubauen und kaum künstlich herzustellen. Bei der Verwaltung des gesellschaftlichen Sozialkapitals hat die Politik also eine große Verantwortung. Wenn Bürger nachhaltig das Gefühl haben, dass der Staat nicht ihre Interessen und nicht die Interessen ihrer Gruppe vertritt, sondern womöglich ganz anderen Interessen dient, die sich vom Land und seinem Volk teilweise oder weitgehend gelöst haben, lockern sie ihr inneres Loyalitätsverhältnis zu Staat und Gesellschaft.[23] Sie konzentrieren sich dann stärker auf ihr persönliches Wohlergehen, ihre Familie, ihre gesellschaftliche Schicht, ihre Ethnie oder ihre Religion und vermindern so das Sozialkapital.

Das kulturelle Erbe achten und pflegen

»Kulturelles Erbe« klingt ein wenig verstaubt, und die Aufforderung, es zu »pflegen«, wirkt geradezu spießig. Aber ich stehe zu dieser Begrifflichkeit. Ich meine damit nicht die Staatsgelder für das deutsche Subventionstheater und nicht die steuerliche Gemeinnützigkeit der bayerischen Trachtenvereine. Solche Maßnahmen können natürlich Teil eines größeren Ganzen sein. Das kulturelle Erbe hat auch nichts Abgeschlossenes. Neues tritt hinzu, Altes verblasst. Für jeden Einzelnen kann kulturelles Erbe ganz Unterschiedliches bedeuten: die Tradition des rheinischen Karnevals, die Pflege der alten Sprachen,

Literatur oder Musik, das Bauhaus oder die romanischen Dome des Mittelalters, die aktuelle Filmkunst oder die Literatur des 18. Jahrhunderts.

Die Menschen haben unterschiedliche Interessen, und ihre Köpfe haben ein unterschiedliches Fassungsvermögen. Aber immer gilt Goethes Wort: »Was du ererbt von deinen Vätern hast, erwirb es, um es zu besitzen.« Um unser kulturelles Erbe in vollem Umfang zu bewahren, brauchen wir ein Bildungssystem, das es den besonders Begabten möglich macht, eine breite kulturelle Allgemeinbildung zu erwerben, und sie gleichzeitig dazu anhält, das auch zu tun. Das deutsche Abitur erfüllt diese Aufgabe nicht mehr. Um es zu bestehen, braucht man keine nennenswerten historischen oder literarischen Kenntnisse (vgl. den Abschnitt »Bildung«).

Ich habe die Hoffnung, dass kluge und erfolgreiche Menschen Auswege finden. Die Kunst der Renaissance und die Musik des Barock entwickelten sich ja auch ohne staatliche Schulpflicht, und der junge Goethe erfuhr seine breite Bildung im Privatunterricht, den sich sein steinreicher Vater leisten konnte. Schade ist, dass der geistige Schmalspurcharakter des deutschen staatlichen Schulsystems die Eliten nicht mehr auf solche Inhalte verpflichtet.

Die europäisch-abendländische Prägung unserer Kultur, die Neugier und offene Flexibilität fördert, halte ich für bewahrenswert. Weil aber *Menschen* Kulturen tragen und weitergeben, fließen hier in vielerlei Hinsicht kulturelle, ethnische und demografische Aspekte ein. Die ethnisch und kulturell fremde Einwanderung darf daher ein gewisses Maß nicht überschreiten, so dass eine Entwicklung mit entsprechender Anpassung und Absorption möglich ist. Nur so ist unsere kulturelle Identität auf Dauer zu wahren. Wie heikel dieses Thema ist, habe ich 2010 bei der Veröffentlichung von *Deutschland schafft sich ab* erfahren, als sich großer Zuspruch aus breiten Bevölkerungsschichten mit scharfer Kritik und ätzender Häme aus einem Teil der Medien kombinierte. Für besondere Aufregung hatten meine kritischen Anmerkungen zur Kultur des Islam gesorgt. Nach den Ereignissen der letzten Jahre und Monate sind die damals von mir geäußerten Sorgen fast schon banal zu nennen.

Die Kopenhagener Zeitung *Berlingske* formulierte es im Juli 2015 wie folgt: »Europa erlebt eine Völkerwanderung, die den Druck für

Islamisierung erhöht. Um diese Entwicklung zu bekämpfen, sind zwei grundlegende Dinge notwendig: Erstens muss nicht allein Terrorismus bekämpft werden. Man muss gegen das gesamte Gedankengut vorgehen, auf das sich eine religiöse Gesellschaft stützt, die den Anweisungen des Korans folgt. Zweitens muss man viel konsequenter reagieren, um eine Völkerwanderung nach Europa völlig unkontrollierbaren Ausmaßes zu verhindern. Setzt man nicht auf diese beiden entscheidenden Punkte, wird das Ergebnis eine Zerstörung des Europas sein, das wir kennen.«[24] Dieses Gefühl der Bedrohung der eigenen Kultur durch den Islam wächst seit Jahren in ganz Europa. Nur noch 37 Prozent der Briten meinen, dass der Multikulturalismus das Königreich zu einem besseren Ort gemacht hat, und 15 Prozent glauben, dass »›ein großer Anteil britischer Muslime‹ ... bereit sei, Terroranschläge ›zu billigen oder sogar auszuführen‹«.[25] Der deutsch-türkische Schriftsteller Zafer Senocak beklagt, »die Muslime von Marokko bis Malaysia und in der durch die Migration anwachsenden Diaspora« seien »immun gegen einen intellektuellen Diskurs, der sie zu einer kritischen Sichtung der eigenen Positionen anleiten könnte«.[26] Trüge Zafer Senocak einen deutschen Namen, so würde er in den deutschen Medien der Islamfeindlichkeit, der Rechtsabweichung und des Fremdenhasses bezichtigt werden. Als der Schriftsteller Botho Strauß Anfang Oktober 2015 in wohlgesetzten, wenn auch etwas dunklen Dichterworten seine Präferenz äußerte, lieber als Deutscher unter Deutschen als in einem durch Einwanderung kulturell fremden Land leben zu wollen, fielen die Journalisten des deutschen Feuilletons in kollektive Schnappatmung und hielten seine Äußerungen für »ein Dokument des Wahns«,[27] »perfide« sei »der rein ästhetische Begriff der Überlieferung«.[28] So soll bereits im Ansatz jeder Versuch tabuisiert werden, wertvolle Elemente der eigenen Kultur gegen unerwünschte und gefährliche Elemente einer fremden Kultur zu schützen.

Einwanderer richtig auswählen und integrieren

Jeder Einzelne, der an die Türen Deutschlands und Europas klopft und Aufnahme begehrt (und meistens auch seine Angehörigen nachholen will), ist ein Mensch mit Hoffnungen und Bedrängnissen und häufig einem schweren Schicksal. Der Umgang damit macht die Einwanderungsdebatte so emotional, so leisetreterisch und auch so verlogen. Rein moralisch haben wir aber gegenüber jenen Menschen aus fernen Ländern und Kontinenten, die es bis an unsere Grenzen geschafft haben, keine andere Verpflichtung als gegenüber allen anderen 6 Milliarden Menschen auf der Welt, die nicht in den entwickelten Ländern und zumeist auch nicht in einer Demokratie leben. Häufig genug kommen ja gerade die Jüngeren, Stärkeren und Bessergestellten zu uns.[29] Zum Thema Flüchtlinge und Asyl ist das Notwendige gesagt im Abschnitt »Deutschland in Europa«. Mit dieser Maßgabe und den dortigen Einschränkungen muss die deutsche Einwanderungspolitik den deutschen Interessen, so wie wir sie sehen und definieren, dienen.

Im Abschnitt »Wohlstand« habe ich dargelegt, dass es kein rationales Interesse Deutschlands an einem bestimmten numerischen Umfang der deutschen Bevölkerung gibt, dass die Bevölkerungsgröße für Wohlstand und soziale Sicherheit ganz unerheblich ist und dass diese auch von der Geburtenrate nur sehr bedingt abhängen. Ferner hatte ich detailliert belegt, dass Einwanderung nur dann den Wohlstand fördert, wenn das Qualifikationsniveau und die kognitive Kompetenz der Einwanderer mindestens so hoch, möglichst aber höher sind als die, die bei der aufnehmenden Bevölkerung im Durchschnitt nachzuweisen sind. Wie darüber hinaus im Abschnitt »Kognitives Kapital« näher ausgeführt und im Einzelnen belegt, ist die durchschnittliche kognitive Kompetenz in den Ländern und Regionen der Welt sehr unterschiedlich. Sie liegt in vielen Ländern Ostasiens deutlich über dem europäischen und nordamerikanischen Niveau, in anderen Regionen der Welt aber darunter. Durchschnittlich besonders niedrig ist sie in Subsahara-Afrika, der Region mit dem weltweit größten Bevölkerungswachstum.

Quantitative Steuerung
Wie bereits mehrfach erwähnt, ist die Bevölkerungszahl eines Landes kein vernünftiger Maßstab: Von 1950 bis 1972 hatte Deutschland jährliche Überschüsse von rund 350 000 Geburten. Seitdem hat es ein allmählich anwachsendes jährliches Geburtendefizit gegeben. Im Jahr 2012 betrug das Defizit 212 000 Geburten. Nach der jüngsten Bevölke-

rungsvorausberechnung des Statistischen Bundesamtes wird es in den nächsten 30 Jahren auf jährlich rund eine halbe Million ansteigen. Die absolute Zahl der Geburten hat sich von 1965 bis heute bereits auf rund 700 000 jährlich halbiert, sie wird bis 2060 weiter auf rund 500 000 jährlich abnehmen.[30] Das Statistische Bundesamt kalkuliert bei seiner jüngsten Vorausberechnung, dass die gegenwärtige starke Einwanderungswelle bis 2020 abklingt und danach jährlich 100 000 bis 200 000 Zuwanderer zu erwarten sind. In diesem Rahmen kann die Zuwanderung weder die Schrumpfung noch die Alterung der Bevölkerung nachhaltig stoppen. Dafür müssten auf die Dauer jährlich so viele Menschen einwandern, wie geboren werden. Das ist erstens illusorisch und wäre zweitens auch verderblich.

Die kulturelle Identität Deutschlands wird nämlich umso stärker verändert, je höher die Zahl der Einwanderer im Verhältnis zu den sinkenden Geburtenzahlen ist und je mehr von ihnen aus ethnisch und kulturell fremden Regionen stammen. Bis 2013 kam ein großer Teil der Einwanderer – auch der Flüchtlinge und Asylanten – aus Europa.[31] Infolge der Geburtenarmut und Alterung in Ost- und Südeuropa wird sich dies – sieht man von den Roma ab – aus rein demografischen Gründen ändern. Nur die Roma haben in Ost- und Südeuropa noch eine über der Bestandserhaltung liegende Geburtenrate und einen entsprechend starken Zuwachs vorzuweisen. Sie stellen bereits heute einen wachsenden Anteil der Asylbewerber aus dem Balkan. Der Einwanderungsdruck aus dem westlichen Asien und aus Subsahara-Afrika ist seit 2014 stark angestiegen. Die verantwortungslose Politik der offenen Grenzen hat dazu wesentlich beigetragen. Ein strikteres Grenzregime, sei es in Deutschland, sei es in Europa, wird das Bevölkerungswachstum in Afrika und im westlichen Asien zwar kaum beeinflussen, aber es kann verhindern, dass dessen Folgen nach Deutschland und Europa überschwappen. Um Kulturbrüche in Deutschland zu vermeiden, muss die Einwanderung aus ethnisch und kulturell fremden Regionen daher auch unabhängig von Qualifikationsvoraussetzungen quantitativ gesteuert werden.

Qualitative Steuerung

Die reine Alterung aufgrund der niedrigen Geburtenrate in Deutschland bedeutet zwar eine erhebliche Anspannung für den Geldbeutel des Staates und der Sozialversicherung und eine entsprechend höhere Abgabenbelastung für die wirtschaftlich aktive Generation. Diese Herausforderung kann aber auch ohne Einwanderung bewältigt werden, wie bereits dargelegt. Sie ist keine langfristige Gefahr für den Wohlstand. Falsche Einwanderung gefährdet den Wohlstand dagegen durchaus: Soweit Einwanderer eine (im Vergleich zu den Deutschen) unterdurchschnittliche kognitive Kompetenz haben, wird durch ihren Zuzug langfristig mehr Wohlstand verbraucht als sie schaffen. Deshalb tragen sie in Wahrheit gar nicht zur Minderung der demografischen Lasten aus Alterung und Geburtenarmut bei – ganz im Gegenteil. Das tatsächliche Qualifikationsprofil der Asylbewerber in Deutschland steht zum Qualitätsanspruch einer rationalen Einwanderungspolitik in krassem Widerspruch.[32]

Einwanderung aus Regionen, in denen eine durchschnittlich niedrige kognitive Kompetenz vorherrscht, darf also nur sehr selektiv erfolgen, wenn sie Deutschland nicht wirtschaftlich schaden soll. Auch formale Bildungsabschlüsse der Heimatländer sind meist kein zuverlässiger Indikator (vgl. »Kognitives Kapital« sowie »Einwanderung und kognitives Kapital«). Deshalb sollte die kognitive Kompetenz potentieller Einwanderer systematisch getestet werden und ein positives Testergebnis zur Voraussetzung der Einwanderung gemacht werden. Dabei bietet sich ein Test der Bildungsleistung ähnlich dem amerikanischen SAT-Test (vgl. Tabelle 4.19) an. Es werden dann nur Einwanderer zugelassen, die besser abschneiden als der deutsche Durchschnitt. So kann Deutschland durch Auswahl einen ähnlichen Effekt erreichen wie heute schon Singapur und Australien. Entsprechende Tests sollten im Heimatland unter Aufsicht absolviert und erst danach entschieden werden, ob dem Einwanderungswunsch stattgegeben wird.

In ihrer »Demografiestrategie« von 2013, die letztlich gar keine ist, fordert die Bundesregierung von ihren Bürgern mehr kognitive Kompetenz (vgl. Abschnitt »Was schiefläuft«), scheut sich aber, die daraus resultierenden konkreten Konsequenzen für die Einwanderungspolitik zu benennen, geschweige denn umzusetzen. Ein großer Teil künftiger Einwanderer wird voraussichtlich dauerhaft in Deutschland oder

Europa bleiben, hier Familien gründen und so auch demografisch zur Zukunft in diesem Teil der Welt beitragen. Deshalb ist ja die Erkenntnis so wichtig, dass die Prognose für die kognitive Kompetenz von Kindern umso besser ausfällt, je höher die kognitive Kompetenz ihrer Eltern ist.

Integration

Die Menschen haben ein natürliches Bedürfnis, sich zu ihresgleichen zu gesellen. Darum spielen Muttersprache und Religion, regionale und ethnische Herkunft immer eine Rolle für die sozialen Beziehungen und den Lebenszusammenhang überhaupt. Es wäre falsch und auch nicht erfolgversprechend, sich diesem natürlichen Bestreben entgegenzustellen. Der richtige Kern der Forderung nach einer *Willkommenskultur* besteht unter diesen Prämissen darin, kulturelle, ethnische und religiöse Unterschiede zu akzeptieren und Menschen nicht danach einzustufen, wie ähnlich sie einem selber sind. Der richtige Kern der Forderung nach *Integration* und *Assimilation* besteht darin, dass Einwanderer die Gesetze des aufnehmenden Landes respektieren, seine Sprache lernen, ihren Unterhalt durch eigene Arbeit und Leistung verdienen und nicht versuchen, in Parallelgesellschaften quasi zum Staat im Staate zu werden.

Staatliche Politik fördert Integration und erschwert sozial unerwünschte Segregation, indem sie sich wie folgt ausrichtet:

– *Keine Einwanderung in den Sozialstaat*
  Einwanderer haben in den ersten zehn Jahren ihres Aufenthalts keinen Rechtsanspruch auf staatliche Transferzahlungen, dazu zählt auch das Kindergeld. Soweit deutsche Gesetze einschließlich des Grundgesetzes dem entgegenstehen, werden sie geändert.
– *Keine Einwanderung bildungsferner Gruppen*
  Nur Einwanderer mit einer im Verhältnis zu Deutschland überdurchschnittlichen kognitiven Kompetenz werden zur Einwanderung zugelassen. Solche Einwanderer integrieren sich schneller in den Arbeitsmarkt, haben mehr Erfolg im Bildungssystem, und die Leistungsfähigsten unter ihnen ergänzen und stärken die deutschen Eliten.

- *Keine Kettenwanderung, Beschränkung des Familiennachzugs*
Ethnische Exklaven wie Bradford in England oder Neukölln in Berlin mit ihren unerwünschten sozialen Folgen werden begünstigt durch ungesteuerten Familiennachzug. Besonders negativ sind die Folgen bei bildungsfernen und kulturell fremden Gruppen, die sich in jeder Generation durch Heiratspartner aus der fernen Heimat ergänzen, so dass die Integration immer wieder am Anfang steht. Partner des Familiennachzugs müssen deshalb grundsätzlich dieselben Qualifikationskriterien erfüllen wie andere Einwanderer. Sie erhalten in diesem Punkt keine besonderen Vorrechte.

Mehr Kinder aus stabilen Familien

Deutschland hat ein Geburtendefizit. Dieses Schicksal teilt es mit vielen anderen entwickelten Ländern. Wie eine Reihe anderer Staaten hat es sich mit dem Umstand auseinanderzusetzen, dass die durchschnittliche Kinderzahl umso niedriger ist, je gebildeter und wirtschaftlich erfolgreicher die Eltern sind. Für die Zukunftsaussichten dieser Länder ist das nicht günstig. Der Anstieg der menschlichen Intelligenz ergab sich einst daraus, dass die Klügeren im Durchschnitt mehr Kinder hatten, die sich ihrerseits wieder fortpflanzen konnten (vgl. »Zur Entwicklung des Menschen«). Diese Entwicklung kennt aber nicht nur eine Richtung. Und so verliert, wenn die Klugen relativ weniger Kinder haben, die Klugheit in künftigen Generationen relativ an Boden.[33] Das kann sich schon aus wirtschaftlichen Gründen niemand wünschen, denn der menschliche Geist ist der wichtigste Produktionsfaktor, und er wird in Zukunft noch wichtiger. Staat und Gesellschaft müssen alle Kinder willkommen sein, und alle müssen nach ihren Möglichkeiten gefördert werden. Dazu steht nicht im Widerspruch, sich nicht nur insgesamt mehr Kinder, sondern vor allem auch mehr Kinder von den Klugen, Gebildeten und Erfolgreichen zu wünschen.

Für eine Familienpolitik, die gesamtgesellschaftlich richtige Anreize setzt, sehe ich vier Ansatzpunkte:

Ausbau der Kinderbetreuung

Die allermeisten Frauen in entwickelten Gesellschaften wollen heute nicht mehr vor die Wahl zwischen Beruf und Familie gestellt werden. Deshalb ist die Frage theoretisch, welches Familienbild man selber bevorzugt: Je besser Frauen ausgebildet werden und je größer ihre Chancen am Arbeitsmarkt sind, desto schwerer wiegen die Opportunitätskosten eines Kinderwunsches. Die Schwangerschaft wird hinausgeschoben, bis es zu spät ist. Und immer öfter bleibt es bei nur einem oder zwei Kindern.[34] Umfassende Angebote zur Kinderbetreuung auch im Krippenalter sind noch das beste Mittel gegen diese Entwicklung. Länder mit entsprechender Tradition wie Frankreich und Schweden bringen es daher auch auf mehr Geburten als Deutschland. Für die Zukunftschancen von Kindern aus sozial schwierigen Verhältnissen und mit Eltern, deren Bildungsstand gering ist, können früh einsetzende und umfassende Angebote zur Betreuung ein Mittel sein, durch die Herkunft bedingte Nachteile auszugleichen und so die Chancengerechtigkeit zu erhöhen. Der sachliche und finanzielle Schwerpunkt künftiger Familienpolitik sollte deshalb auf dem umfassenden Ausbau der Kinderbetreuung auch im Krippenalter liegen. Unter den verschiedenen Feldern der Familienpolitik hat die staatlich unterstützte Kinderbetreuung im internationalen Vergleich der Industriestaaten die größten positiven Auswirkungen auf die Geburtenrate.[35]

Reduktion direkter Geldleistungen

Direkte staatliche Zahlungen an Eltern beziehungsweise alleinerziehende Mütter dürfen keinen Anreiz setzen, Kinder deshalb zu bekommen, weil die dadurch ausgelösten Zahlungen einen Beitrag zum eigenen Lebensunterhalt liefern. Solche Wirkungen hat das heutige deutsche System des Familienlastenausgleichs aber zumindest teilweise.[36] Im Sozialrecht müssen außerdem sämtliche Anreize beseitigt werden, die den Status der Alleinerziehenden in irgendeiner Weise begünstigen. Die Entwicklungsprognose für Kinder, die aus unvollständigen Familien kommen, ist auch dann erheblich ungünstiger, wenn man schichtspezifische Faktoren ausklammert.[37]

Familiensplitting

Soweit die Kosten des Kindesunterhalts nicht durch staatliche Zahlungen ausgeglichen oder gar überkompensiert werden, bedeuten Kinder immer eine Einschränkung des Lebensstandards der Eltern. Diese ist tendenziell umso fühlbarer, je höher das Einkommen der Eltern ist. Zwar sind die notwendigen Kosten des physischen Kindesunterhalts nicht abhängig vom Einkommen der Eltern. In der Praxis lassen Eltern ihre Kinder aber am gemeinsamen Lebensstil teilhaben. Das gilt für Wohnen, Kleidung, Freizeitgestaltung, Urlaube.

Die Einkommensteuer sollte deshalb in Richtung auf ein Familiensplitting umgestaltet werden. Wenn solch eine Umgestaltung aufkommensneutral erfolgt, dann steigt die Einkommensteuerschuld für die Kinderlosen in dem Umfang, in dem sie für die Einkommensteuerpflichtigen mit Kindern sinkt. Man kann solch ein Modell mit Kappungsgrenzen ausstatten, und man kann über die Gewichtung der Kinder in der Steuerformel den gewünschten Effekt erreichen. Man kann auch alternativ die steuerlichen Kinderfreibeträge erhöhen. Es gibt eine breite Palette an Möglichkeiten. Im Ergebnis könnte für Bezieher höherer Einkommen die Anzahl der Kinder zu einem Steuersparmodell werden. Das mag sozial nicht sehr gerecht sein, aber es wäre allemal gerechter als beispielsweise die steuerliche Privilegierung von Schiffsfinanzierungen. Es wäre jedenfalls möglich, auf diese Weise etwas gegen die langfristig bedenkliche sozioökonomische Schieflage in der Geburtenhäufigkeit zu tun.

Die Lasten von Kindern und Alten besser verteilen

Eigene Kinder, die das Erwachsenenalter erreichen, waren von jeher die wichtigste, oft die einzige Altersversorgung und zudem eine Versicherung für die Wechselfälle des Lebens. Zugleich stellt die enge Verwandtschaft die verlässlichste Form von sozialer Bindung dar. Dieser Zusammenhang wurde durch den modernen Sozialstaat aufgelöst. Soziale Sicherheit im Allgemeinen, insbesondere aber die Sicherung im Alter, ist heute abgekoppelt von der Zahl und dem wirtschaftlichen Erfolg der eigenen Kinder. Damit entfällt ein machtvolles Motiv für die Zeugung und Erziehung eigener Kinder. Diese sind heute objektiv weder notwendig noch zweckmäßig, sondern nur noch ein subjektives Element der eigenen Lebensgestaltung, das man sich nach

Belieben zulegt oder auch nicht, wie etwa einen Hund. Die USA haben traditionell keinen so stark ausgebauten Sozialstaat wie die Staaten in Europa. Es mag auch mit dem dadurch geprägten Sozialklima zusammenhängen, dass Amerikanerinnen über alle Bildungsschichten hinweg mehr Kinder bekommen als ihre Geschlechtsgenossinnen in weiten Teilen Europas.

Einen Vorrat an Sozialprodukt kann sich die Gesellschaft nicht zulegen, da alle Güter und Dienste, die Rentner und Pensionäre in Anspruch nehmen, von der wirtschaftlich aktiven Generation produziert und zur Verfügung gestellt werden. Die Generation der Kinder sorgt so gesehen nicht nur für die eigenen Eltern, sondern auch für jene in der Elterngeneration, die kinderlos oder kinderarm geblieben sind. Unter diesem Aspekt ist es gerechtfertigt, die Lastenverteilung zu ändern. Die Kinderlosen sollen eine relativ höhere Last der Altersversorgung übernehmen, sie ersparen sich ja auch die Kosten und Mühen, die mit dem Unterhalt und der Erziehung von Kindern verbunden sind, während Eltern diese auf sich nehmen. 2013/14 wurde bei der Einführung der sogenannten Mütterrente deutlich, wie populär die Berücksichtigung von Erziehungszeiten in der Rentenversicherung ist.

Systematisch richtig wäre es, die Gesamtkosten für die Erziehung und Bildung der jungen Generation, egal ob sie staatlich oder privat finanziert werden, gleichmäßig auf die erwerbstätige Generation aufzuteilen. Das stößt aber auf eine Fülle methodischer und technischer Schwierigkeiten, allein schon deshalb, weil es sowohl bei den Menschen mit Kindern als auch bei den Kinderlosen große Unterschiede im Einkommen, in der Produktivität etc. gibt. Ein pragmatischer Ansatz ist dagegen bei der Rentenversicherung möglich, wo sich die Belastung der Beitragszahler aufkommensneutral umverteilen lässt. Das könnte wie folgt aussehen: Jedes zum Unterhalt berechtigte Kind führt bei den unterhaltspflichtigen Eltern zu einem prozentualen Abschlag beim Arbeitnehmeranteil zur Rentenversicherung. Endet die Unterhaltspflicht, lebt die volle Beitragspflicht wieder auf. Der Rentenanspruch wird durch diese Beitragssenkung nicht berührt. Die Rentenbeiträge der nicht unterhaltspflichtigen Beitragszahler werden durch eine aufkommensneutrale Umlage entsprechend erhöht. In diesem Modell werden das gesamte Beitragsaufkommen und die Summe der Rentenansprüche nicht berührt, aber die Lasten werden zwischen

Beitragszahlern mit Unterhaltspflicht für Kinder und Beitragszahlern ohne eine solche Unterhaltspflicht verschoben.[38] Die Wirkung solch einer Umverteilung ist wegen der Kombination von Entlastung bei den einen und Belastung bei den anderen erheblich. Der darin liegende Subventionseffekt wird aber nur bei jenen wirksam, die auch tatsächlich erwerbstätig sind und Beiträge zahlen. Es entsteht dadurch also kein familienpolitisch falscher Anreiz bei Transferempfängern ohne oder mit nur geringem Erwerbseinkommen.

Kann Familienpolitik die Geburtenrate erhöhen?
Unter den erfolgreichen Ländern dieser Erde gibt es eine Willensnation besonderer Art. Das ist der Stadtstaat Singapur. Der beispiellose Erfolg dieses Landes seit seiner Unabhängigkeit im Jahr 1963 hat gezeigt, was kluge, rigorose und konsistente Politik vermag. Premierminister Lee Kuan Yew, der lange an der Spitz der Regierung stand, und seine beiden Nachfolger führten und führen das Land nach den Maßstäben erfolgreicher Unternehmensleitung. Diese Politik wurde mit Spitzenwerten bei allem, was messbar ist, belohnt: Die Kriminalität ist extrem niedrig, das BIP pro Kopf extrem hoch, die Umweltbelastungen sind extrem niedrig, die PISA-Werte der Schüler extrem hoch etc., etc. Über viele Jahrzehnte machte sich der Staatsgründer Lee Sorgen wegen der Geburtenarmut, der Staat investierte viel in die Familienpolitik.[39] Aber es half alles nichts. Die Chinesen und Inder unter den Bewohnern bekommen durchschnittlich nur noch 1,1 Kinder pro Frau. Die wirtschaftlich weniger erfolgreichen Malaysier unter den Bürgern des Stadtstaats bringen es immerhin auf 1,8 Kinder.[40]

Staatliche Familienpolitik erhöht offenbar nur dann die Kinderzahl, wenn sie auf ein entsprechendes Klima in der Bevölkerung trifft. Ist das Klima aber da, so ist sie vielleicht gar nicht mehr nötig. Das zeigt das Beispiel der USA. Dort liegt die Geburtenrate auf dem Bestandserhaltungsniveau von 2,1 Kindern pro Frau, obwohl es eine Familienpolitik im Sinne des europäischen Sozialstaats gar nicht gibt. Auch die gebildete Amerikanerin findet offenbar ihr Leben unvollständig, wenn sie keine Kinder hat, und so sorgt sie auch ohne staatliche Nachhilfe für das Entstehen einer Familie. In Deutschland ist dieser Wunsch offenbar weniger ausgeprägt. Können politische

Maßnahmen dies ändern? Ihre notwendige Ausrichtung habe ich beschrieben. Ihre Wirkung bleibt offen, solange sich das gesellschaftliche Klima nicht ändert.

Ein Thema habe ich ausgeklammert: die fortschreitenden Möglichkeiten der Pränataldiagnostik und der Implantationsmedizin sowie deren Nutzung.[41] Der Erfinder der Antibabypille, Carl Djerassi, prognostiziert: »Es wird bald gang und gäbe sein, dass Männer und Frauen ihre Spermien und Eizellen in jungen Jahren einfrieren und sich danach sterilisieren lassen. Ihre ein bis zwei Kinder würden sie einfach später mithilfe künstlicher Befruchtung bekommen.«[42] Technisch wird es immer einfacher, die Fortpflanzung vom physischen Zeugungsakt und der Geburt durch die leibliche Mutter zu lösen und Föten mit unerwünschten Eigenschaften rechtzeitig auszusortieren. Letzteres geschieht ja bereits in wachsendem Umfang bei bestimmten angeborenen Behinderungen wie dem Down-Syndrom. Am Horizont wird die Möglichkeit einer Menschheit sichtbar, die die Entstehung des Menschen aus den traditionellen körperlichen Vorgängen befreit und die freie Menschenzucht auf bestimmte Eigenschaften bezieht, etwa Intelligenz, Aussehen oder besondere Eignung zum Basketballspielen. »Bis zum Designerbaby, aufgerüstet mit Genen, die klug, schön und gesund machen, scheint es nicht mehr weit zu sein.«[43] Die Möglichkeiten des genetischen Engineering wachsen in einem noch vor wenigen Jahren kaum vorausgesehenen Tempo.[44] Der Verwirklichung der dystopischen Satire *Schöne neue Welt* von Aldous Huxley aus dem Jahr 1932 steht 80 Jahre später rein technisch gesehen kaum noch etwas im Wege. Offen bleibt, ob die Menschheit bei der Ablösung des biologischen Zufalls durch gezielte Optimierung nicht von den unbeabsichtigten Folgen ihrer Eingriffe überholt wird. Christian Geyer spricht vom »Betriebsfehler der Optimierer ... die das Mängelwesen Mensch dadurch auf Vordermann bringen wollen, dass sie an seinen Eigenschaften herumdoktern: Sie denken nur bis zur nächsten Ecke.«[45]

Begabungen nutzen und entwickeln

Der Neurobiologe und Schulkritiker Gerald Hüther meint, dass die Schule schuld sei, wenn ein Kind keine entsprechenden Leistungen erbringe. Sein Buch *Jedes Kind ist hochbegabt*[46] verkaufte sich sehr gut, denn verzagte Eltern und idealistische Reformpädagogen lieben diese Botschaft. Richtig daran ist, dass jeder Mensch Gaben mitbringt, die man entwickeln kann. Falsch ist der Unterton, es gebe unter den angeborenen geistigen Gaben keine nennenswerten Unterschiede. Ohne angeborene Ungleichheiten hätte die Evolution weder in der Vergangenheit stattfinden können, noch könnte sie in Zukunft weitergehen. In der Wissensgesellschaft werden zudem im Rahmen der genetischen Fitness die geistigen Fähigkeiten immer wichtiger. Die Begabungen der Menschen sind nicht gleich, aber die Gesellschaft sollte dafür Sorge tragen, dass alle sie nach ihren Fähigkeiten und Neigungen bestmöglich entwickeln können.

Vorschulische Erziehung

Der Staat trägt für ein umfassendes Angebot an Krippen und Kitas Sorge. Eltern mit niedrigem Einkommen zahlen dafür keine Gebühren. Eine Kindergartenpflicht besteht nicht. Familienbezogene staatliche Leistungen, auch das Kindergeld, sind aber mit der Vollendung des dritten Lebensjahres daran geknüpft, dass das Kind einen Kindergarten besucht. Neben dem freien Spiel hat die Erziehung im Kindergarten die Schwerpunkte Sprechen, Zuhören, Singen, Basteln, Bewegen, Turnen, Einübung kindgemäßer Disziplin. Damit sollen gezielt die typischen Sozialisationsdefizite und Leistungsrückstände vieler Kinder aus bildungsfernen Schichten und schwierigen sozialen Verhältnissen behoben oder kompensiert werden.[47]

Grundschule

In der Grundschule werden die im Kindergarten gepflegten Fähigkeiten und Fertigkeiten weiterentwickelt. Dabei wird durch Schreiben, Malen, Basteln besonderer Wert auf die Entwicklung der Feinmotorik gelegt. Die Lesefähigkeit ist grundsätzlich am Ende des ersten Schuljahrs vorhanden. Spätestens Ende des zweiten Schuljahrs können alle Kinder unbekannte altersgemäße Texte fließend lesen. Weitgehend sichere Rechtschreibung ist spätestens ab Ende des dritten Schuljahrs Standard. Bis Ende des zweiten Schuljahrs beherrschen die Kinder sicher den Zahlenraum bis 100 und können das kleine Einmaleins auswendig. Das große Einmaleins beherrschen sie spätestens im Verlauf des dritten Schuljahrs. Bis Ende des vierten Schuljahrs beherrschen sie das ganze Dezimalsystem und können schriftlich multiplizieren und dividieren. Dies war bis vor wenigen Jahrzehnten Standard am Ende des vierten Schuljahrs. Dieser Standard wird heute aber selbst nach zehnjährigem oder längerem Schulbesuch von vielen Schülern mit Hauptschulabschluss nicht mehr erreicht.

Lernschwäche und geistige Behinderung
Wissbegier, Auffassungsgabe, Lerntempo und Lernwille sind unter den Menschen unterschiedlich verteilt. Der Kern des Bildungswissens ist hierarchisch aufgebaut. Das bedeutet, dass derjenige, der die Grundlagen nicht sicher beherrscht, auch später keine richtigen Fortschritte machen kann. Wer die Grundschulmathematik nicht sicher beherrscht, wird weder einen ungleichnamigen Bruch enträtseln noch eine Gleichung mit zwei Unbekannten lösen können. Der Mathematikunterricht späterer Jahre ist bei ihm ohne diese Grundlagen verschwendet. Wer Texte nicht fließend und sinnverstehend lesen kann, kann auch eine schwierige Textaufgabe nicht verstehen oder geistig dem Deutschunterricht ausreichend folgen.

Solchen Schülern hilft es nicht, wenn sie durch formale Versetzung von Schuljahr zu Schuljahr weitergereicht werden. Sie müssen den Grundschulstoff in Lesen, Schreiben, Rechnen sicher beherrschen, ehe sie im Unterrichtsstoff voranschreiten können. Es hilft auch den Mitschülern nichts, wenn sie dem Unterricht nicht folgen können und den Klassenverband belasten. Die modische Ideologie der Inklusion deckt solche Unterschiede zu, ohne inhaltlich eine Lösung anzubieten (vgl. »Bildung«). Soweit man das formale Sitzenbleiben scheut oder eine Brandmarkung durch Absonderung fürchtet, müssen andere Vorkehrungen getroffen werden, die Schülern mit ernsthaften Rückständen im von der Grundschule vermittelten Basiswissen die Chance eröffnen, dieses zunächst sicher zu erlernen, ehe ihnen weiterer Lernstoff angeboten wird.

Weiterführende Schule

Das klassische Gymnasium ist tot, und das Abitur ist auf dem Weg zum überwiegenden Schulabschluss, ähnlich dem französischen Baccalaureat oder dem amerikanischen High School Diploma. Dieser wohl unvermeidlichen Richtung muss man eine positive, leistungsorientierte Wendung geben. In der sich an die Grundschule anschließenden Sekundarschule muss eine ausreichende innere Differenzierung möglich sein. Gleichzeitig müssen alle Schüler auch praktische Fertigkeiten erlangen, die für die private Lebensführung oder für einen Lehrberuf zweckmäßig sind: In allen Sekundarschulen gibt es ein verbindliches Unterrichtsfach Arbeit und Technik (in der DDR war das der polytechnische Unterricht). Neben Basteln und Werken werden dort Grundlagen handwerklicher Arbeitstechnik eingeübt. In diesem Rahmen werden auch Grundkenntnisse der Haushaltswirtschaft vermittelt, dazu zählen Kochunterricht, Lebensmittelkunde, Umgang mit Geld. Besonders die Kinder aus bildungsfernen Schichten sollen hier die elementaren Lebenstechniken erlernen, die ihnen zu Hause häufig nicht mehr vermittelt werden. Die Schüler werden für jedes Fach – außer in Sport, polytechnischem Unterricht und Ethik/Religion – in Leistungsgruppen eingeteilt und entsprechend unterrichtet. In der untersten Gruppe werden die Basisfertigkeiten vertieft und eingeübt, die sie eigentlich aus der Grundschule hätte mitbringen sollen. Die oberste Gruppe entspricht dem Niveau des früheren deutschen Gymnasiums. Die Sekundarschulen sind so groß, dass in jeder Jahrgangsstufe nach mindestens vier Leistungsstufen differenziert werden kann.

Qualitätssicherung, Leistungsbewertung

Wie bereits im Abschnitt »Bildung« dargelegt, haben Noten ihre Aussagefähigkeit im heutigen Bildungssystem weitgehend verloren. Zu ausgeprägt ist die Inflation guter Noten, zu unterschiedlich – von Land zu Land, von Schule zu Schule, teilweise von Klasse zu Klasse und von Lehrer zu Lehrer – sind die Maßstäbe. Zu groß ist auch der Druck ehrgeiziger Eltern und opportunistischer Schulbehörden im Hinblick auf gute Noten. Diese Inflationswährung setzt zudem falsche Anreize für das Verhalten aller Beteiligten. Sie sollte abgeschafft oder doch zumindest wesentlicher Funktionen entkleidet werden.

Wie den Schülern, die keine rechte Rückmeldung erhalten, weil ihre Leistungen heutzutage mittels der Noten teilweise falsch, teilweise unzuverlässig gemessen werden, ergeht es auch den Lehrern, die ebenfalls keine Rückmeldung erhalten. Maßstäbe für den Unterrichtserfolg und die Qualität des Unterrichts, mithin Maßstäbe für die Qualität der Schule und des Lehrers, gibt es nicht. Schlechte Lehrer verschönern ihre Leistung mit guten Noten, und gute Lehrer erfahren nicht die nötige Anerkennung. Deshalb soll es für jedes Fach und jede Jahrgangsstufe an jeder Schule einmal jährlich eine Erhebung des Leistungsstands der Schüler geben. Diese Tests werden bundeseinheitlich konzipiert und durchgeführt. Ihr Beaufsichtigung und Auswertung liegt nicht in der Hand der zuständigen Lehrer. Die Tests sind so ausgelegt, dass sie eine ausreichende Differenzierung ermöglichen und auch die allerbesten Schüler niemals die volle Punktzahl erreichen. Die anonymisierten Testergebnisse werden – getrennt nach Jahrgangsstufe, Fach, Schule, Landes- und Bundesdurchschnitt – im Internet veröffentlicht. Damit haben Schüler und Eltern für jedes Fach einmal im Jahr eine zuverlässige Rückmeldung, wie der Leistungsstand ist und wie sie selber im Vergleich einzuordnen sind. Dabei werden auch gruppenbezogene Unterschiede in der Bildungsleistung offen und transparent dargestellt.

Zusätzlich werden die Testergebnisse für jede Schule und Jahrgangsstufe mit einem sozioökonomischen Index gewichtet. Diesen braucht man, um neben dem Lernerfolg auch die pädagogische Leistung der Schule und der Lehrer bewerten zu können. Schülerleistungen, die an einer Schule in Berlin-Neukölln wegen der Struktur der Schülerschaft ein großer Erfolg sind, können nämlich im bildungsbeflissenen Berlin-Frohnau eher von einer schwachen Leistung des Lehrers zeugen.

Die Lehrer werden nach dem Lernerfolg ihrer Schüler alljährlich von den Schulleitern schriftlich beurteilt, die Schulleiter nach dem Lernerfolg an ihrer Schule von der Schulaufsicht. Ein fühlbarer Teil ihrer Gehälter bemisst sich nach diesen Erfolgen. Wiederholt schlechte Leistungen können zur Kündigung führen. Da die Lehrer am Lernerfolg ihrer Schüler gemessen werden, ist es sinnvoll, ihnen bei der Wahl der Methoden weitgehende Freiheiten zu gewähren: Ob Frontalunterricht, ob Gruppenarbeit, ob mehr oder weniger Hausaufgaben, mehr oder weniger Übungen, entscheidend ist allein, was der Schüler lernt.

Ein solches System entzieht dem Chaos widerstreitender didaktischer Methoden auf Dauer den Boden. Darüber hinaus wird es in kürzester Frist die Anreize und Maßstäbe völlig ändern. Gute Lehrer erfahren eine Bestätigung ihrer Leistung und können daraus Autorität ziehen und Selbstbewusstsein schöpfen. Mäßige und schlechte Lehrer, die häufig das große Wort führen, werden auf ihre Plätze verwiesen. Gleiches gilt für Schulleiter und jeden Verantwortlichen in der Kultusbürokratie bis hin zum jeweiligen Bildungsminister.

Nebenbei wird die Diskussion über die Integration von Migranten in Richtung der Verursacher von Integrationsdefiziten gelenkt und gewinnt dadurch an Tiefe. Die türkischen Familien in Berlin-Neukölln werden dann mit der Frage konfrontiert, was an ihrem Erziehungsstil nicht stimmt, wenn ihre Kinder auch in der dritten Generation noch schlechte Leistungen bringen. Die vietnamesischen Eltern in Berlin-Lichtenberg bekommen dagegen die öffentliche Anerkennung für die guten Schulleistungen ihrer Kinder und können andere daran teilhaben lassen, wie es ihnen gelingt, ihre Kinder zu Lernbereitschaft und Ehrgeiz erziehen.

Noten auf den Zeugnissen kann es ruhig weiterhin geben. Aber die Schulleitungen sind gehalten, die durchschnittlichen Schulnoten am Niveau der durchschnittlich erbrachten Testleistungen zu orientieren und unter dieser Maßgabe dafür Sorge zu tragen, dass die Verteilung der Schulnoten schulübergreifend in etwa der Gauß'schen Normalverteilung entspricht.

Hochschulen

Zum Abschluss der Sekundarschule machen alle Schüler einen Test, der dem amerikanischen SAT-Test nachgebildet ist. Mit dem Abiturzeugnis dient er den Hochschulen als Grundlage für die Auswahl der Bewerber. Je nach Attraktivität und Renommee der Hochschulen wird sich der Leistungsstand der Bewerber einpendeln. Die unterschiedliche Einstufung der Hochschulen wird sich natürlich herumsprechen. Sie bedienen mit ihrem Angebot quasi unterschiedliche Segmente des intellektuellen Anspruchsniveaus. Entsprechend wird sich in der Wirtschaft die Nachfrage nach Absolventen bestimmter

Hochschulen herausbilden. Für bestimmte akademische Berufe, die in ganz besonderem Maße im Dienst der Allgemeinheit stehen – Arzt, Apotheker, Jurist, Lehrer –, ist eine einheitliche Wertigkeit der Abschlüsse unbedingt geboten. Bei ihnen soll es bundesweit ein zentrales Verfahren der Bewerberauswahl zum Studium geben, das wesentlich auf dem SAT-Test beruht, der im Zusammenhang mit dem Abitur erfolgt ist. Die Abschlussprüfung in diesen Fachbereichen soll weiterhin ein Staatsexamen sein – aber nach bundesweit einheitlichen Kriterien. Die Vergütung des Lehrers ist so zu gestalten, dass niemals Mangel an guten Bewerbern herrscht.

Hochschulen können Studiengebühren einführen. Sie müssen dann aber – in Abhängigkeit von der durchschnittlichen Höhe der Studiengebühren – für einen bestimmten Teil ihrer Studenten Stipendien vergeben und die Kriterien für deren Vergabe offenlegen.

Private Bildungseinrichtungen
Auf allen Stufen des Bildungssystems sind private Kindergärten, Schulen und Hochschulen willkommen. Soweit sie sich nicht durch Gebühren finanzieren, erhalten sie pro Kind, Schüler oder Student 90 Prozent der Mittel, die vergleichbare staatliche Einrichtungen im Schnitt erhalten.

Arbeit für alle!

Das Versprechen des Sozialstaats ist eine staatliche Ordnung, die jedem Bürger die Sicherheit vor Not und extremer Armut gibt. Das Versprechen der sozialen Marktwirtschaft ist eine gesellschaftliche und wirtschaftliche Ordnung, die das Eigentum schützt und jedem, der willens und fähig ist zu arbeiten, die Früchte seiner Arbeit lässt, aber auch Wohlstand ermöglicht. Beide Versprechen beflügelten die Mindestlohndebatte. Beide Versprechen haben mit der Würde des Menschen zu tun: Der Sozialstaat verspricht, dass niemand als Almosenempfänger von der Gnade anderer abhängig sein soll. Die soziale Marktwirtschaft verspricht, dass jeder Gesunde und halbwegs Tüchtige für seinen Unterhalt selbst sorgen kann. Beide Versprechen sind so verlässlich wie die staatliche und gesellschaftliche Ordnung, die ihre

Einlösung möglichst weitgehend garantieren soll. Grundsätzlich wird der Sozialstaat umso stärker entlastet, je besser die soziale Marktwirtschaft funktioniert. Natürlich ist es der Würde des Menschen allemal zuträglicher, wenn er durch eigene Arbeit leben kann und nicht aus staatlichen Kassen subventioniert werden muss.

Die Rolle der Einwanderung
Menschen finden umso eher Arbeit, und die Arbeit ist umso besser bezahlt, je qualifizierter sie sind und je knapper die Qualifikationen sind, die sie anbieten können. Die niedrigsten Entgelte und das höchste Risiko für Arbeitslosigkeit finden sich durchweg am unteren Ende der Qualifikationsskala. Da die gesellschaftliche Entwicklung, Innovationen und technischer Fortschritt einem ständigen Wandel unterliegen und bisweilen sogar disruptive Wirkung entfalten, ändern sich Menge und Struktur der nachgefragten Qualifikationen ebenfalls permanent. So entstehen immer neue Ursachen für Arbeitslosigkeit und immer neue Engpässe am Arbeitsmarkt. Die Menschen werden damit umso eher fertig, je intelligenter, qualifizierter und besser ausgebildet sie sind.

Naturgemäß sind die Probleme am unteren Ende des Arbeitsmarktes stets relativ größer. Dort ballen sich die weniger Intelligenten, weniger gut Ausgebildeten, weniger Belastbaren und alle Menschen mit – in der Sprache der Arbeitsmarktpolitiker – subjektiven und objektiven Vermittlungshemmnissen. Für das Schicksal dieser Problemgruppen hat die Einwanderung eine besondere Bedeutung. Wenn Einwanderer wenig qualifiziert und ihre kognitiven Kompetenzen eher niedrig sind, dann erhöhen sie vor allem die Konkurrenz am unteren Ende des Arbeitsmarktes. Junge und gesunde Einwanderer verdrängen dann weniger qualifizierte Einheimische und besetzen auch jene Tätigkeiten, die sonst für Menschen mit Vermittlungshemmnissen zur Verfügung stünden.

Ist Einwanderung – soweit sie überhaupt stattfindet – dagegen auf hohe Qualifikationen beschränkt, löst dies noch am ehesten Impulse für Innovation und technischen Fortschritt und damit für künftigen Wohlstand aus. Darüber hinaus wird der Arbeitsmarkt am unteren Ende der Qualifikationsskala in mehrfacher Hinsicht positiv beeinflusst und so der Sozialstaat entlastet:

- Das Angebot an weniger qualifizierten Arbeitskräften wird beschränkt, Menschen in dieser Gruppe finden deshalb leichter Arbeit.
- Die Löhne am unteren Ende des Arbeitsmarktes werden durch entsprechende Knappheit tendenziell erhöht.
- Durch steigende Produktion von hochwertigen Gütern und Diensten fällt auch ein gewisser Anteil an Arbeiten für Geringqualifizierte an.

Falsche Einwanderung senkt die Löhne und erhöht die Arbeitslosigkeit am unteren Ende des Arbeitsmarktes. Außerdem beansprucht sie erhebliche Ressourcen des Sozialstaats, die für die einheimischen Schwachen und Bedürftigen nicht mehr zur Verfügung stehen. Deshalb gilt: Wer Arbeit für alle will, muss falsche Einwanderung unterbinden.

Die Rolle des technischen Fortschritts und
künftiger Innovationen
Jeder technische Fortschritt ist arbeitssparend, was heißt, dass dieselbe Leistung mit weniger menschlichem Arbeitseinsatz erbracht wird. Jeder technische Fortschritt verändert aber auch Kosten, Preise, Nachfrage- und Angebotsverhältnisse. Durch Innovationen treten neue Produkte, neue Anwendungsfelder und neue Projektionsflächen menschlichen Begehrens hinzu. Wir können halbwegs zuverlässig abschätzen, dass mindestens die Hälfte aller heutigen Arbeitsplätze irgendwann durch den absehbaren weiteren technischen Fortschritt, insbesondere die digitale Revolution, bedroht ist.[48] Wir können dagegen nicht abschätzen, welche neuen Anwendungsfelder sich ergeben, welche neuen Märkte entstehen, wie sich relative Preise verändern und wie sich das alles in der Summe auf die Nachfrage nach bezahlter menschlicher Arbeit auswirkt.[49]

Jede Prognose auf diesem Gebiet ist in Gefahr, in Prophetie abzugleiten. Ich sehe mich persönlich für Prophezeiungen nicht gerüstet und versuche davon Abstand zu halten. Aus heutiger Sicht kann man halbwegs zuverlässig feststellen:

– Automation und digitale Revolution bedrohen viele Tätigkeiten, vor allem aber weniger qualifizierte. Andererseits werden Produktionen, die wegen hoher Lohnkosten aus den Industriestaaten abgewandert sind, dort künftig wieder rentabel.

– Produktive Wertschöpfung wird immer aus einer Mischung von physischen Gütern und Dienstleistungen bestehen, und in der Wertschöpfungskette wird menschliche Arbeitskraft immer eine Rolle spielen.

– Die kognitive Kompetenz – und darauf gründend die technisch-wissenschaftliche Intelligenz – wird als Produktionsfaktor immer wichtiger. Staaten, Gesellschaften und Volkswirtschaften, die relativ mehr davon besitzen, werden relativ reicher sein. Menschen, die mehr davon besitzen, werden am Arbeitsmarkt die besseren Chancen haben. Und Unternehmen, die mehr davon anziehen, werden andere Unternehmen verdrängen, denen das weniger gelingt.

Die ganze Welt wird auf beispiellose Weise umgewälzt werden. Für Deutschland kommt es darauf an, in diesem Prozess ganz vorne zu bleiben. Je besser das gelingt, umso mehr bezahlte Arbeit und umso mehr Wohlstand wird es in Deutschland geben.

Soweit man rein linear denkt, muss man befürchten, dass es einem großen Teil der Menschen in der künftigen Arbeitswelt so geht wie vor 150 Jahren den Pferden bei der allmählichen Verbreitung von Eisenbahn und Automobil. Zwar wurde die Motorkraft noch für lange Zeit in Pferdestärken (PS) gemessen, aber auch 100 Pferde können einen VW Golf nicht so beschleunigen, wie 100 PS das tun. Technische und wirtschaftliche Entwicklungen vollziehen sich jedoch nicht linear. Mit neuen Techniken entstehen auch neue Dienste. Eine Wirtschaftswelt, die sich völlig automatisiert, ohne wesentliche menschliche Beteiligung vollzieht, ist schlechterdings nicht vorstellbar.

Wie kann staatliche Politik vor diesem Hintergrund auch langfristig das Versprechen einlösen, dass jeder, der arbeiten kann, auch eine bezahlte Arbeit findet, von der er leben kann? Das wird nur möglich sein mit einer Mischung von Marktwirtschaft und Sozialstaat:

- Die Bildung und Ausbildung der Menschen muss so qualifiziert und breit angelegt sein, wie es die geistigen Gaben und die Lernbereitschaft des Individuums erlauben.
- Das Berufs- und Arbeitsrecht muss durch Zugangsvoraussetzungen Mindestqualifikationen festlegen, wie sie zum Schutz und im Interesse der Gemeinschaft geboten erscheinen. Auch muss es Bestimmungen zum Arbeitsschutz und für Mindestlöhne geben. Ansonsten müssen die Arbeitsmärkte möglichst frei und flexibel sein. Das gilt auch für den Kündigungsschutz.
- Die staatliche Grundsicherung wird so niedrig angesetzt, dass ein ausreichender Arbeitsanreiz erhalten bleibt.
- Soweit Empfänger von Grundsicherung im Erwerbsalter und arbeitsfähig sind, müssen sie – wenn sie Grundsicherung empfangen wollen – auf dem zweiten Arbeitsmarkt ihrer Arbeitspflicht nachkommen. Kommen sie dieser Arbeitspflicht nach, erhalten sie einen Zuschlag zur Grundsicherung. Der Staat sorgt – vorzugsweise auf kommunaler Ebene – für eine ausreichende Größe des zweiten Arbeitsmarktes. Ziel dieses zweiten Arbeitsmarktes ist nicht nur eine produktive Leistung, sondern auch die fortlaufende Beschäftigung, Sozialisation und – soweit möglich – Ertüchtigung aller Menschen im Erwerbsalter, die im ersten Arbeitsmarkt ihren Platz (noch) nicht gefunden haben. Die Bedingungen am zweiten Arbeitsmarkt sollen würdig sein und durchaus auch fordernd. Niemand, der arbeitsfähig ist, soll das Gefühl haben, dass er dem Sozialstaat auf der Tasche liegen kann.

Die explosionsartige Zunahme der Einwanderung aus Afrika und aus dem westlichen Asien seit 2015 führt zu einem erheblichen Anstieg des Angebots am unteren Ende des Arbeitsmarktes. Sollte sich diese Entwicklung fortsetzen – sei es auch abgeschwächt –, wird die Arbeitslosigkeit bei den wenig Geringqualifizierten und bei Menschen mit Vermittlungshemmnissen erheblich ansteigen und sich zudem auf Jahrzehnte verfestigen. Diese Tendenz wird noch verstärkt, wenn man am Mindestlohn für alle festhält und diesen zu hoch ansetzt.

Freie Bahn dem Tüchtigen

Es ist stets nur eine kleine Minderheit von Menschen, die den wissenschaftlichen und technischen Fortschritt treibt, die großen Kulturleistungen erbringt, Neues entdecken möchte und auf unterschiedlichste Weise die Entwicklung voranbringt. Davon profitiert dann die ganze Gesellschaft. Gesellschaften, die ihren Talenten und unabhängigen Geistern mehr Raum geben zur Entfaltung, sind innovativer, wohlhabender und letztlich glücklicher. Das geistige Klima hierfür lässt sich nicht künstlich erzeugen, es erwächst aus der Kultur und der Mitte der Gesellschaft. Es muss ein Geist von Freiheit und Toleranz herrschen und geistigen Leistungen hoher Respekt gezollt werden. Das gelingt eher, wenn es ein rigoroses Bildungssystem gibt, das auf Spitzenleistungen zielt, und die gleiche Würde aller Menschen nicht mit ihrer Gleichheit verwechselt wird. Die Natur hat die geistigen Gaben unter den Menschen unterschiedlich verteilt. Niemals hätte ein Flugzeug fliegen, niemals eine Steckdose Strom spenden können ohne jene Menschen, die andere in ihren geistigen Gaben weit hinter sich lassen und die in Gesellschaften leben, wo sie diese nutzen und entwickeln können.

Zu den Hobbys der Gesinnungsfetischisten

Ich habe deutlich gemacht, dass sich Deutschlands Zukunft an den Themen Einwanderung, Demografie und Bildung entscheiden wird. An drei beliebten Themen der Gegenwart wird sich Deutschlands Zukunft dagegen nicht entscheiden, und zwar an

- Gleichheitsfragen,
- Genderfragen,
- Fragen des Klimawandels.

Viele Medien und die öffentlichen Äußerungen verschiedener Meinungsführer vermitteln allerdings den gegenteiligen Eindruck. Natürlich nehme ich gleiche Bürger- und Menschenrechte, die Gleichberechtigung der Geschlechter und die Reduktion von Treibhausgasen sehr ernst. Das dürfte in diesem Buch ausreichend deutlich geworden sein. Ihre Ideologisierung gehört indes zu den angesprochenen »Utopien der Gegenwart«. Ihre besondere Konjunktur interpretiere ich zum großen Teil als eine Ersatzhandlung der Gesinnungsfetischisten. Über viele Jahrzehnte standen die Kritik am kapitalistischen Wirtschaftssystem und das Anpreisen tatsächlicher oder vermeintlicher Alternativen im Fokus von allerlei Systemkritik aus dem linken Spektrum der Gesellschaft. Diese Alternativen wurden aber seit den siebziger Jahren des vergangenen Jahrhunderts durch die Erfahrungen im real existierenden Sozialismus immer mehr diskreditiert. Schließlich führte der Zusammenbruch der kommunistischen Herrschaft in Osteuropa auch zum Zusammenbruch der auf dem Marxismus und ähnlichen Lehren beruhenden Hoffnungen. Der damit frei gewordene utopische Überschuss verschwand aber nicht einfach aus der Gesellschaft. Er suchte sich Ersatzobjekte.

Der *Gleichheitswahn* tobt sich vor allem in der deutschen Bildungspolitik aus. In seiner logischen Konsequenz bestreitet er die Erblichkeit menschlicher Eigenschaften. Damit wendet er sich implizit gegen die Darwin'sche Lehre und die Grundlagen der Evolution. Er hinterlässt aber auch in Fragen der Einwanderung seine Spuren und reagiert feindselig auf jegliche Ausführung, dass es zwischen Ethnien und Kulturen wesentliche Unterschiede gibt.

Der *Genderismus* ist eine besondere Spielart des Gleichheitswahns. Er überhöht die normative Feststellung, dass Männer und Frauen gleichwertig sind und in jeder Beziehung gleichberechtigt sein sollen, zu der Behauptung, es gebe außer den primären und sekundären Geschlechtsmerkmalen keine Unterschiede zwischen ihnen. Die Vertreter des Genderismus behaupten, dass das soziale Geschlecht, also das Mann- oder Frau-Sein, unabhängig vom biologischen Geschlecht zum Ausdruck kommt und als gesellschaftliches Konstrukt interpretiert werden kann. In der Evolutionsbiologie findet diese Behauptung keine Stütze, ganz im Gegenteil.[50] Der Genderismus ist ein Versuch der Geisteswissenschaften, sich von der faktenbasierten naturwissenschaftlichen Analyse zu emanzipieren. Die geistige Verwandtschaft zur Anti-Darwin-Bewegung und zum Kreationismus ist unübersehbar. Der Evolutionsbiologe Ulrich Kutschera spricht in dem Zusammenhang bereits von einer »kreationistischen Unterwanderung des deutschen Biologieunterrichts«.[51]

Wahnhaften Charakter hat auch die Überhöhung des Klimawandels. Es ist ja richtig, dass die Emissionen an Treibhausgasen zunächst langsamer steigen und dann sinken sollten. Alle internationalen Anstrengungen auf dieses Ziel hin sind der Unterstützung wert. Aber die deutsche Klimawende hat mit ihrer Kombination von Atomverzicht, Wind- und Sonnenenergie die Reduktion des deutschen CO_2-Ausstoßes tatsächlich ans Ende der Prioritätenskala gestellt. Vorrangig kommt es der deutschen Politik offenbar darauf an, Gefühle zu bedienen. Wollte man dem Klimawandel tatsächlich zu Leibe rücken, so müsste man zunächst den weiteren Bevölkerungsanstieg, vor allem die fortgesetzte Bevölkerungsexplosion in Afrika, stoppen und weltweit neben Sonnen- und Windenergie den Ausbau der Atomenergie forcieren. Mit einem Anteil von nur 2 Prozent am weltweiten CO_2-Ausstoß ist auch der größte theoretisch denkbare Beitrag Deutschlands zur Reduktion von Klimagasen für das Weltklima ohne Belang. Wir müssen vor allem lernen, mit den Folgen des Klimawandels umzugehen, so wie die Niederlande, die bereits vorrangig die Deiche erhöhen.

Die kollektive Unvernunft, die sich im Umgang mit solchen und anderen Themen zeigt, ist schon verstörend genug. Geradezu intolerant und böswillig sind die Reaktionen, wenn man anderer Meinung ist. Damit habe ich meine eigenen Erfahrungen gemacht. Viele linke Kritiker greifen gern »das System« an, mancher konservative Kritiker tut es ihnen gleich.[52] Das Kollektiv der Gegner und Andersdenkenden ist dann jeweils das feindliche System. Dem habe ich mich stets zu entziehen versucht. Man muss nicht gleich selbst eine Verschwörungstheorie haben, wenn man am guten Willen oder am Verstand so mancher Diskutanten zweifelt und bei vielen Themen eine bedauerliche Einseitigkeit der veröffentlichten Meinung entdeckt.[53]

Grenzen der Erkenntnis – offene Zukunft

Im Verlauf dieses Kapitels habe ich die Eckwerte einer Politik beschrieben, die aus meiner Sicht im Interesse Deutschlands vernünftig, geboten und richtig ist. Weder habe ich die Illusion, noch hege ich die Hoffnung, dass sich die tatsächliche Politik an diesen Vorstellungen ausrichten wird. Weder Deutschland noch die Welt werden deshalb untergehen. Die Entwicklung wird andere Pfade nehmen. Für den

Wohlstand, das Glück und die Sicherheit der Deutschen wird das ungünstig sein. Das wird am ehesten die Schwachen treffen. Die Starken werden für sich schon günstige Lösungen finden. Sie werden sich weniger um Politik und Gesellschaft und mehr um das eigene Wohlergehen kümmern. In einer globalisierten Welt ohne Grenzen, in der die Eliten sowieso vorwiegend Englisch (oder in Zukunft Mandarin) sprechen, sind das Kapital und der Reichtum mobil, und die Bildungs- und Vermögenseliten sind es auch. Geld und Geist können Deutschland jederzeit räumen und sich irgendwo in der Welt ansiedeln, wo die Verhältnisse für sie günstiger sind als bei uns. Dann können ja die Alten, die Rentner und »der kleine Mann« – also all jene, die nicht die Option haben, Deutschland den Rücken zu kehren – gemeinsam mit den – zahlenmäßig dann überwiegenden – Nachfahren der Wirtschaftsflüchtlinge aus Afrika und dem Nahen Osten die deutsche Zukunft gestalten. Wer Bildung und Vermögen hat, weidet längst auf grüneren Wiesen. Wenn die Politik versagt, werden die Eliten zu Libertären werden und mit Goethe sagen:

> Eines schickt sich nicht für alle.
> Sehe jeder, wie er's treibe,
> sehe jeder, wo er bleibe,
> und wer steht, dass er nicht falle!

Deutschland und die Deutschen werden ihnen dabei gleichgültig sein. Jeder Mensch, überhaupt jedes Lebewesen, trägt sein eigenes Universum in sich. Solange wir leben und überleben, machen wir etwas richtig. Wir kennen unsere Wünsche und Gefühle. Fraglich ist aber schon, ob wir unsere Antriebe und Motive richtig einschätzen können. Vom freien Willen will ich gar nicht reden, auch nicht von Sinnfragen und letzten Zwecken. Mit unserem Verstand haben wir einiges von der Welt, die uns umgibt, durchdrungen – der eine mehr, der andere weniger. Wir alle kennen die undurchdringliche Mauer der Grenze unseres eigenen Intellekts, die für jeden woanders aufgerichtet ist.[54]

Vor 350 Jahren, zur Zeit Isaac Newtons, glaubte man noch, dass die Welt 6000 Jahre alt sei, und hatte gerade erst entdeckt, dass die Erde sich um die Sonne dreht und nicht umgekehrt. Erkenntnisfortschritt findet statt durch die Verbindung von Empirie und Logik. Rein logisch kann nicht ausgeschlossen werden, dass es noch andere Universen gibt außer dem unseren, in denen ganz andere physikalische Gesetze gelten. Empirisch überprüfbar ist dies aber nicht.[55] So denken und handeln wir innerhalb der uns gezogenen Grenzen. Wir sind Teil der Wirklichkeit. Fraglos wahr sind unsere Erlebnisse und Gefühle, denn sie stoßen uns zu. Wahr sind auch die Gesetze der Logik und der Mathematik, alles andere ist Vermutungswissen.

Wie Karl Popper in *Das Elend des Historizismus* aufzeigte, folgt der Gang der Geschichte – anders als der Gang der Gestirne – keiner Gesetzmäßigkeit. Weder aus der Vergangenheit noch aus der Gegenwart lassen sich künftige Entwicklungen zuverlässig prognostizieren (vgl. »Politik als Problem der Erkenntnistheorie«). Zwar spielt die menschliche Geschichte immer mit denselben Elementen, aber sie setzt sie immer wieder anders zusammen, und so entsteht, was die Zukunft angeht, ein Kaleidoskop unendlich vieler Möglichkeiten. Natürlich lehrt uns die Vergangenheit den Nutzen und die Risiken bestimmter Merkmalskombinationen, aus denen wir zum Beispiel Rezepte für gutes Regieren ableiten können. Auch bestimmte Wenn-dann-Schlüsse sind zulässig und fördern die Erkenntnis: Wenn Deutschland weiterhin so wenige Geburten hat wie in den letzten 50 Jahren, wird seine Bevölkerung in drei Generationen ohne Einwanderung auf ein Drittel geschrumpft sein und dann noch 27 Millionen betragen. Wenn die Frauen in Subsahara-Afrika weiter so viele Kinder bekommen wie in den letzten 50 Jahren, wird die Bevölkerung dort ohne Auswanderung im selben Zeitraum von einer Milliarde auf 17 Milliarden steigen. Beides wird so nicht eintreten. In Deutschland wird es Einwanderer geben, die möglicherweise mehr Kinder haben als die Einheimischen und in wenigen Jahrzehnten die ethnischen Deutschen zur Minderheit im eigenen Land machen. Auf Afrika werden heute noch ungeahnte Katastrophen zukommen, falls dort die Geburtenrate in naher Zukunft nicht deutlich sinkt.

Erhellend sich solche Betrachtungen gleichwohl. Weder können wir uns zurücklehnen, weil der Gang der Geschichte uns sowieso ans richtige Ziel führt, noch müssen – oder dürfen – wir verzagt beiseitetreten, weil sich sowieso nichts ändern lässt. Unser Schicksal liegt zum großen Teil in unserer Hand. Das gilt für unser individuelles Leben, es gilt aber auch für die Gemeinschaften, denen wir angehören, von der Familie bis zum Staat. Von unseren Ideen, unseren Einsichten und unseren Handlungen hängt ab, was wir daraus machen. Speziell für die Politik konnte ich hoffentlich zeigen, was richtig und was falsch ist und worauf es ankommt.

ANHANG

Erläuterungen zur Politik

Das Politische wirkt in viele Bereiche hinein, und so entsteht in seinem Umfeld eine verwirrende Vielfalt von Bezügen. Diese ähneln einem Spinnennetz, und man würde sie stellenweise zerstören, wenn man sie nach Belieben oder streng nach einer vorgegebenen Idee anordnete. Auf diese Vielfalt der Blickwinkel und Bezüge gehe ich nachfolgend ein und bringe sie (nur teilweise) in einen Zusammenhang.

Das Moralische in der Politik

Für die Moral politischen Handelns traf Max Weber die Unterscheidung zwischen Gesinnungs- und Verantwortungsethik: Es »ist ein abgrundtiefer Gegensatz, ob man unter der gesinnungsethischen Maxime handelt – religiös geredet –: ›der Christ tut recht und stellt den Erfolg Gott anheim –‹, *oder* unter der verantwortungsethischen: daß man für die (voraussehbaren) *Folgen* seines Handeln aufzukommen hat«.[1] Mit dieser Unterscheidung zeigt er die Grenzen moralischer Betrachtung in der Politik auf: »Keine Ethik der Welt kommt um die Tatsache herum, dass die Erreichung ›guter‹ Zwecke in zahlreichen Fällen daran gebunden ist, dass man sittlich bedenkliche oder mindestens gefährliche Mittel und die Möglichkeit oder auch die Wahrscheinlichkeit übler Nebenerfolge mit in Kauf nimmt, und keine Ethik der Welt kann ergeben: wann und in welchem Umfang der ethisch gute Zweck die ethisch gefährlichen Mittel und Nebenerfolge ›heiligt‹.«[2]

Im April 2015 forderte der Präses der Evangelischen Kirche in Deutschland, Bischof Heinrich Bedford-Strohm, die Staaten der EU zum Handeln auf und erklärte konsequent gesinnungsethisch, »dem Schleuserwesen könnte man durch legale Wege in die EU schnell und effektiv den Boden entziehen … Flüchtlinge« sollten »in Europa in großem Umfang neu angesiedelt werden«. Der unvermeidbaren Konsequenz, dass sich damit noch mehr Menschen aus Afrika auf den Weg machen und sich auf gefährliche Boote begeben, entzog er sich.[3]

Seine Perspektive zielte nicht auf die Folgen des von ihm vorgeschlagenen Handelns, war also nicht verantwortungsethisch. Die Empörung, die er wie viele andere artikulierte, weiß keinen inhaltlichen Rat, sie »macht sich ein gutes Gewissen, indem sie anderen ein schlechtes macht«.[4]

In Fragen der Moral lässt der Mensch nicht mit sich spaßen. Humor hat er meist nur dort, wo es um die Moralvorstellungen anderer, nicht aber um die eigenen geht. Unter Moral verstehe ich dabei nicht nur ethische Verhaltensvorschriften und ethische Urteile im engeren Sinn, sondern die gesamte Bandbreite der werthaften und auf Werturteile gestützten Haltung zur Welt, zum Mitmenschen, zur Gesellschaft und zur eigenen Rolle und Aufgabe im Leben. Moral kann religiös begründet sein, zwingend ist das aber nicht. Auch ein Atheist kann starke moralische Gefühle haben. Moralische Einstellungen lassen sich weder beweisen noch rational hinterfragen. Sie beruhen auf Werturteilen, die im vorrationalen Raum entstehen und rational allenfalls im Hinblick auf ihre logische Vereinbarkeit oder Widersprüchlichkeit hinterfragt werden können. Natürlich bewegen sich Werturteile und die auf ihnen gründende Moral nicht im luftleeren Raum. Sie ergeben sich einerseits aus der angeborenen teils identischen, teils individuell unterschiedlichen Natur des Menschen und andererseits aus dem Gesamtfeld der sozialen, kulturellen und religiösen Einflüsse, die von Geburt an auf ihn einwirken.

Moralische Einstellungen in einer Gesellschaft können sich im Laufe der Zeit ändern. Sie unterscheiden sich zudem nach sozialer Gruppe, Stamm, Volk, Kulturkreis und Religion, und diese Unterschiede können sehr stark und langlebig sein. Die Ansichten zur Nachhaltigkeit und Verwurzelung solcher Unterschiede gehen weit auseinander:

– Universalisten, zu denen viele linke Journalisten, Ökonomen, aber auch Theologen zählen, halten solche Unterschiede zwischen Kulturen, Völkern und Gesellschaften eher für einen dünnen Firnis, unter dem nach einiger Anpassung dann doch die Einheit der menschlichen Natur hervortritt. Zudem halten sie solche Unterschiede für historisch überholt und glauben, dass ihre Bedeutung in der modernen Welt schnell zurückgeht. Thomas Friedman kleidete diese Auffassung in das schöne Bild, dass die Welt durch immer neue Schübe von Globalisierung immer flacher wird. Er glaubt, dass sich Kulturen und Gesellschaften aufgrund dieser Kräfte universal angleichen.[5]

– Viele Historiker, Kulturwissenschaftler und Politikwissenschaftler meinen dagegen, dass kulturelle, ethnische und religiöse Unterschiede ein großes Beharrungsvermögen haben und dass die Kräfte der Globalisierung und der technischen Entwicklung eher zu lang anhaltenden verschärften Gegensätzen entlang kultureller und religiöser Grenzen führen werden. Samuel Huntington schrieb dazu: »Für Menschen, die ihre Identität suchen und ihre Ethnizität neu erfinden, sind Feinde unabdingbar, und die potentiell gefährlichsten Feindschaften begegnen uns an den Bruchlinien zwischen den großen Kulturen der Welt.«[6]

Die Diskussion zu Bedeutung und Nachhaltigkeit solcher Unterschiede ähnelt unter sachkundigen und verständigen Diskussionspartnern ein bisschen der Diskussion darum, ob ein Glas halb voll oder halb leer ist. Schaut man sich die aktuellen Ereignisse in der islamischen Welt und deren Zusammenstoß mit der westlichen Kultur an, so gewinnt Huntingtons pessimistische Sicht gegenwärtig allerdings eher an Gewicht. Es ist der rational weder zu begründende noch zu widerlegende Charakter solcher Unterschiede, ihre rein emotionale oder (vom religiösen Standpunkt) metaphysische Sicht, die zahlreiche Debatten so fruchtlos wie hitzig macht, was zudem oft dazu führt, dass diese Debatten gar nicht erst stattfinden oder nur zum Schein ausgetragen werden. Damit sind wir bereits am vorrationalen Kern der moralischen Begründung von Politik angelangt

Im Sinne eines Werturteils habe ich zwei moralische Prinzipien eingeführt, die ich meinen Betrachtungen zugrunde lege. Das sind die utilitaristische Maxime Jeremy Benthams, es gehe darum, das »größte Glück der größten Zahl« zu verwirklichen, und der kategorische Imperativ Immanuel Kants, wonach jeder sein individuelles Handeln so ausrichten soll, dass es jederzeit als allgemeiner Maßstab gelten kann.

Auch diese Entscheidung ist weder beweisbar noch widerlegbar und in diesem Sinne vorrational.

Zum vorrationalen Charakter moralischer Einstellungen bemerkte der schottische Philosoph David Hume 1739: »Morals excite passions and produce or prevent actions. Reason of itself is utterly impotent in this particular. The rules of morality, therefore, are not conclusions of our reason.«[7] Darum könne man Moral auch nicht mit Vernunft begründen. Vernunft bewege sich in den Kategorien von wahr oder falsch, Moral dagegen in den Kategorien von gut oder böse. »Thus upon the whole, 'tis impossible, that the distinction betwixt moral good and evil, can be made by reason.«[8]

Hume gesteht der rationalen Vernunft keine eigenständige Rolle für das menschliche Handeln zu, er sieht sie vielmehr als eine Art Vollzugsorgan der menschlichen Gefühle und Leidenschaften: »Reason is, and ought only to be the slave of the passions, and can never pretend to any other office than to serve and obey them.« Als Diener der Gefühle ist die rationale Vernunft für den Menschen allerdings unverzichtbar: »We have … no choice left but betwixt a false reason and none at all.«[9]

Der 29 Jahre alte David Hume veröffentliche sein Werk *A Treatise of Human Nature* 1740 unter Pseudonym und bekannte sich (wohl aus Sorge vor einer Skandalisierung durch Theologen und Moralphilosophen) erst Jahrzehnte später dazu. Er hätte sich nicht sorgen müssen, denn es fand zunächst kaum Beachtung, und die zweite Auflage erschien erst 1817, vier Jahrzehnte nach seinem Tod. Indem Hume zeigte, was die menschliche Vernunft nicht vermag, wies er ihr zugleich den Platz zu, wo sie fruchtbar sein kann: die Welt mit den Mitteln von Empirie und Logik im steten Bewusstsein der eigenen Grenzen kritisch zu erforschen.[10] Humes Denken ist ein Vorläufer der modernen Erkenntnistheorie, wie sie einige Jahrzehnte später von Immanuel Kant entwickelt und schließlich von Karl Popper zum Kritischen Rationalismus fortgeführt wurde.[11]

Vereinfacht ausgedrückt, treffen die menschlichen Passionen und Gefühle eine Entscheidung oder fällen ein Urteil, und die Aufgabe, Entscheidung oder Urteil rational nachvollziehbar zu begründen, wird dann an den Verstand quasi delegiert. Wegen dieser Gefühlsbindung löst es bei manchen eine geradezu atavistische Wut aus, wenn man mit rationalen Argumenten gegen Positionen angeht, deren Begründung auf der Gefühlsebene liegt. Auch die klassische Positionierung der menschlichen Ansichten zu Politik und Gesellschaft auf der Skala von links bis rechts – bei denen es sich ja im Kern um moralische Ansichten handelt – folgt grundsätzlich vorrationalen Entscheidungen auf der Gefühlsebene und sucht jeweils die passenden, dem menschlichen Verstand zumutbaren Rationalisierungen, die aber nicht die tatsächlichen Gründe darstellen. Einem schönen Bild von Jonathan Haidt folgend ist der bewusste Verstand wie der Reiter auf einem Elefanten: Der Elefant (unsere Gefühle und Leidenschaften) geht, wohin er will. Der Reiter auf dem Elefanten erfindet die rationalen Gründe für die vom Elefanten eingeschlagene Richtung und glaubt am Ende sogar, er habe den Elefanten in diese Richtung gelenkt.[12]

Die moralischen Gefühle haben sich im Verlauf der menschlichen Evolution entwickelt; in ihrer Widersprüchlichkeit zwischen Individualität und Gruppenbezug sowie zwischen Egoismus und Altruismus sind sie ein Ergebnis des Prozesses der natürlichen Selektion. Diese belohnt als *Individualselektion* individuelle Fitness, aber auch Egoismus, sofern er Überlebenswert hat,[13] und als *Gruppenselektion* belohnt sie altruistisches, gruppenbezogenes Verhalten, soweit dies relative Überlebensvorteile für die eigene Gruppe mit sich bringt.[14] Entsprechende Selektionsmechanismen können bei der Änderung von Rahmenbedingungen sehr schnell wirksam werden und sind deshalb auch schon für relativ kurze Zeiträume der menschlichen Geschichte relevant.[15]

Charles Darwin fasste 1871 den evolutionären Ursprung der Moral wie folgt zusammen: »Schließlich entsteht unser moralisches Gefühl, oder unser Gewissen; ein äußerst kompliziertes Empfinden, entsprungen den sozialen Instinkten, geleitet von der Anerkennung unserer Mitmenschen, geregelt von Verstand, Eigennutz und, in späteren Zeiten, von tiefen religiösen Gefühlen, und befestigt durch Erziehung und Gewohnheit.«[16]

Diese seherische Einschätzung ist auch heute noch gültig.[17] Genetisch vorgegeben sind die Tatsache moralischer Gefühle und ihr Spektrum. Ihre Gewichtung ist dagegen ferner bestimmt durch Erziehung und Gewohnheit. So werden Unterschiede zwischen Kulturen und Gesellschaften und Änderungen im Zeitablauf erklärlich.

Die Skala moralischer Werte lässt sich in Gegensatzpaaren abbilden, die die Extrempunkte einer breiten Skala von Abstufungen darstellen. Jonathan Haidt entwickelt sechs Gegensatzpaare auf der Skala moralischer Werte:[18]

- Fürsorge (*care*) / Schaden (*harm*)
- Freiheit (*liberty*) / Unterdrückung (*oppression*)
- Fairness (*fairness*) / Betrug (*cheating*)
- Loyalität (*loyalty*) / Verrat (*betrayal*)
- Autorität (*authority*) / Umsturz (*subversion*)
- Heiligkeit (*sanctity*) / Herabwürdigung (*degradation*)

Der zuletzt genannte Wert ist vielleicht am wenigsten aus sich heraus verständlich. Er umfasst heilige Güter, zunächst das Göttliche und Religiöse, aber auch klassische Tabus wie das Inzesttabu oder die Verehrung nationaler Symbole, bei konservativen Royalisten beispielsweise die Verehrung der Queen oder bei Nationalisten die Verehrung nationaler Symbole wie die Nationalflagge. Wo Kulturen und Religionen diesen letzten Werten eine besondere Bedeutung zumessen, kann es gewalttätige Auseinandersetzungen geben, wenn andere sich die Freiheit nehmen, sich zu »heiligen« Werten kritisch oder gar spöttisch zu äußern.

Die Einstellungen zu diesen Werten weisen einen inneren Zusammenhang auf. Ihre Gewichtung ändert sich kontinuierlich mit der Einstufung von Befragten zwischen links (im amerikanischen Wortsinn von »liberal«) und konservativ. Die Werte für Fürsorge und Fairness fallen leicht ab, wenn eine Person konservativ ist. Auf der anderen Seite fallen die Werte für Loyalität, Autorität und Heiligkeit noch viel krasser ab, wenn eine Person links (im amerikanischen Wortsinne also »liberal«) ist. Im Ergebnis werden auf der linken Seite des Meinungsspektrums Fürsorge und Fairness weitaus höher gewertet als Loyalität, Autorität oder Heiligkeit. Auf der konservativen Seite des Meinungsspektrums liegen dagegen alle Werte wesentlich enger zusammen.

»Linke« (»liberale«) und »konservative« beziehungsweise »rechte« Grundeinstellungen unterscheiden sich dadurch, dass sie diesen sechs Werten unterschiedliches Gewicht beimessen:

- Amerikanische »Liberals« achten die Werte *Fürsorge*, *Freiheit* und – nicht ganz so stark – *Fairness* sehr hoch. Dagegen ist ihre Wertschätzung der konservativen Werte *Loyalität*, *Autorität* und *Heiligkeit* eher lau.[19]
- Amerikanische Radikalliberale (Libertarians) halten einseitig den Wert *Freiheit* und ein wenig auch den Wert *Fairness* hoch. Zu allen übrigen Werten verhalten sie sich lau.[20]
- Sozial Konservative dagegen geben allen sechs Werten ein in etwa gleiches Gewicht.[21]

Das Wertesystem jeder Gesellschaft (und eines jeden Individuums) ist stets eine Mischung aus den sechs Werten. Tatsächlich beobachten wir in den westlichen und den vom Westen kulturell beeinflussten Gesellschaften eine säkulare Verschiebung in Richtung liberaler Werte, teilweise auf Kosten konservativer Werte. Dies hat den Ausbau bürgerlicher Freiheiten und die Entwicklung des Sozialstaats begünstigt. Eine funktionierende Gesellschaft bedarf allerdings stets einer situationsbezogenen und historisch angemessenen Balance zwischen allen Werten. Diese immer wieder neu zu finden und in die Wirklichkeit umzusetzen ist auch eine Aufgabe von Politik.[22]

Steven Pinker hat anhand unterschiedlicher Werteskalen, darunter auch jener von Haidt, gezeigt, dass der von ihm vielfältig dokumentierte Rückgang von Gewalt seit vielen Jahrhunderten mit der Ausbreitung liberaler, humanistischer Werte einhergeht. Er hofft, dass sich diese Entwicklung als Megatrend auch in Zukunft fortsetzt.[23] Im Durchschnitt sind Linke (im amerikanischen Wortsinn Liberals) gebildeter und intelligenter als Konservative. Pinker hat die Hoffnung, dass künftige Intelligenzgewinne, die durch bessere Erziehung erreicht werden, die heute zwischen Völkern und Gruppen gemessenen Intelligenzunterschiede (die er auf Umweltfaktoren zurückführt) verschwinden lassen und es zur weiteren Ausbreitung vernünftigen Denkens (*abstract reasoning*) kommt, was wiederum friedliebenden freiheitlichen Einstellungen und einer entsprechenden Politik förderlich ist.[24] Dieser Optimismus ist Steven Pinker zu gönnen. Er hat ihn sich am Ende seines stupenden Werks über den Rückgang von Gewalt und die Ursachen dieses Rückgangs quasi verdient. Ich teile seine Hoffnung allerdings nur begrenzt. Es bleibt für mich grundsätzlich offen, wie sich eine Balance der Werte in einer konkreten Gesellschaft künftig entwickelt. Schließlich müssen Staaten, Gesellschaften und Wirtschaftssysteme ja auch »funktionieren«. Es kann niemals ausgeschlossen werden, dass die wirtschaftlichen und sozialen Fundamente einer Gesellschaft beschädigt oder gar zerstört werden, wenn sich die herrschenden Werte anders entwickeln, als es den Funktionsbedingungen der aktuellen Gesellschaft entspricht.

Ich habe mich in diesem Abschnitt mit der Prägung politischer Einstellungen durch moralische Werte befasst und den vorrationalen Ursprung dieser Werte erörtert. Eine ganz andere (hier nicht behandelte) Frage ist es, ob sich Politiker moralisch verhalten und welchen Anreiz sie dazu haben. Auch handelnde Politiker sind Teil der Gesellschaft und keine höheren Wesen. Erich Fromms Klage, »dass die vom System hervorgebrachte Selbstsucht Politiker veranlasst, ihren persönlichen Erfolg höher zu bewerten als ihre gesellschaftliche Verantwortung«, ist also einerseits berechtigt, stößt aber andererseits ins Leere.[25]

Politik und Religion

Unter dem Eindruck wiederkehrender Akte gewalttätigen Terrors drängt sich die Frage nach der künftigen Rolle des fundamentalistischen Islam in den Vordergrund. Möglicherweise trifft es zu, was der Historiker Heinrich August Winkler vermutet: »Im Rückblick scheint der Terrorangriff auf die USA vom 11. September 2001 die Inhaltsanzeige des 21. Jahrhunderts zu sein.«[26] Politisches Handeln kann aus unterschiedlichsten religiösen Überzeugungen legitimiert und kritisiert werden. Das ist Teil des demokratischen Prozesses. In endlosen Religionskämpfen haben westliche demokratische Gesellschaften letztlich eine weitgehende Trennung der politischen und der religiösen Sphäre erreicht und damit die friedliche Koexistenz unterschiedlichster religiöser Überzeugungen in einer Gesellschaft ermöglicht. Diese Trennung ist in keinem Land mit muslimischer Mehrheit verwirklicht. Heinrich August Winkler weist darauf hin, dass es solch eine Trennung selbst in der relativ demokratischen Türkei nicht gibt, sondern dass dort »eine Verstaatlichung des Islam durch eine

Behörde« erfolgt, »die inzwischen unter die Kontrolle der regierenden AKP gekommen ist«.[27] (Diese Behörde, die DITIB – Türkisch-Islamische Union der Anstalt für Religion e.V. –, verwaltet auch die meisten Moscheen in Deutschland und stellt ihre Imame.)

Eine Trennung der staatlichen und religiösen Sphäre lässt sich aus den Texten des Islam nicht ableiten. Dort bildet vielmehr die Gemeinschaft der Gläubigen – die Umma – auch die staatliche Gemeinschaft; und das religiöse Gesetz – die Scharia – ist auch das weltliche Gesetz. Die historische Wurzel für Gewalt und Unterdrückung im Namen der Religion findet sich im Koran selbst. Es gab und gibt zwar immer wieder Versuche, den Islam durch eine textkritische Interpretation des Korans mit pluralistischen, demokratischen Werten zu versöhnen und insofern mit der modernen, demokratischen Industrie- und Wissensgesellschaft kompatibel zu machen. Allerdings waren solche Versuche für die entsprechenden Denker schon immer sehr gefährlich, wozu Abdel-Hakim Ourghi (Professor für islamische Theologie an der Pädagogischen Hochschule Freiburg) einige Beispiele liefert: »Am 18. Januar 1985 wurde der sudanesische Mystiker Mahmud Taha im Alter von 75 Jahren vor Tausenden Zuschauern gehängt. Die Anklage des Obersten Gerichts des Sudan lautete ›Apostasie‹. Die Empörung darüber in der westlichen Welt war einvernehmlich. Muslimische Gelehrte hingegen beglückwünschten die Machthaber im Sudan zur Exekution des ›Ketzers‹ und ›Gottesfeindes‹.« Für Taha war nur ein Teil des Korans »zeitlos, weil er universal sinnstiftende Lehren im ethischen Sinne beinhaltet«. Andere Teile dagegen, in denen zur Gewalt aufgerufen wird, seien nur aus dem historischen Kontext der Entstehungszeit zu erklären. Es sind jene Teile, die bis heute Extremisten als Legitimationsgrundlage dienen.

Der islamistische Terror, so Ourghi, »beruft sich … auf eine gewalttätige, theologisch gut fundierte Ideologie, die als eine Rezeption der Ideengeschichte der Gewalt gelten muss«. Deshalb sei »die Gefahr des gewalttätigen politischen Islam im Namen Allahs nicht durch die Unterscheidung zwischen muslimischen Extremisten auf der einen und dem friedfertigen Islam auf der anderen aus der Welt zu schaffen«. Auch »die bequeme Betrachtung, dass die Extremisten keine Muslime seien«, hält er für naiv.[28] Diese Einschätzung teilen viele islamische Wissenschaftlicher und Schriftsteller in Deutschland und

Europa. Man kann nur hoffen, dass diese Debatte die Mehrheit der Muslime in Europa ergreift und sie selber den Sumpf austrocknen, in dem der muslimische Extremismus gedeiht.[29] Sicher ist das nicht, zu lange hat die Mehrheitsgesellschaft in Europa verharmlost und weggesehen.[30]

Politik und Gefühl

Großen und kleinen politischen Fragen wie auch den meisten politischen Debatten liegt immer (auch) ein Freund-Feind-Schema zugrunde, denn entweder geht es um Interessen, um Ideen, um Macht oder um eine Mischung von allem. Das Freund-Feind-Schema geht einher mit Gruppenbildung, was mit der Tendenz zu emotional begründeter Anziehung wie ebenso begründeter Abstoßung zu tun hat. So entstehen »Parteien« im ursprünglichen Wortsinn, nämlich als vom Ganzen abgeschiedene Teile. Das ist bei der umstrittenen Schließung eines Kreiskrankenhauses nicht anders als beim Kampf um die Einrichtung einer verkehrsberuhigten Zone und beim Streit um die Zulassung von Genmais geradeso wie beim Streit um »Neurussland« in der Ukraine.

Gefühle sind sowohl Antrieb von Politik als auch ihr Ausdruck, und wenn es besonders emotional zugeht, reicht oft schon das Vorzeigen von Symbolen, um Reflexe emotionaler Zustimmung oder Ablehnung auszulösen. Ist die Auseinandersetzung über ein politisches Thema erst einmal in Gang gekommen und haben sich die Parteien geformt, dann suchen die Verstandeskräfte der Beteiligten weniger nach Wahrheit als nach dem passenden Argument, um den Gegner zu schwächen oder zu besiegen. Man nennt das dann Diskurs. Aber ein echter Diskurs findet eher am Rande der politischen Auseinandersetzung statt, wo Menschen miteinander reden, die sich einer Causa noch nicht vollständig verschrieben haben. Solange Beteiligte nicht völlig verbohrt sind, kann man bisweilen mit schlüssigen, einfach nachvollziehbaren Argumenten den Gefühlspanzer durchbrechen, mit dem sie ihre Position abgesichert haben.

Wo immer ich politisch tätig war, verwendete ich besonders viel Energie darauf, solche Argumente zu finden und einzusetzen. Wenn sie auch den eigentlichen Gegner nicht zu überzeugen vermochten (das geschieht eher selten), so konnte ihr Einsatz doch die Reihen seiner Unterstützer lichten und über veränderte Kräfteverhältnisse zu einem Kompromiss oder gar zu einem Sieg führen.

Je gefühlsbesetzter ein Thema ist, desto mehr folgt die Debatte dem Freund-Feind-Schema. Besonders hautnah habe ich selbst dies im Herbst 2010 erlebt, als *Deutschland schafft sich ab* erschien und sich offenbar niemand um die darin enthaltenen Analysen und Sachargumente scherte, sondern alles in »Freund« und »Feind« aufgeteilt wurde. Trotz beträchtlicher politischer Erfahrung hätte ich so etwas niemals erwartet. Einer meiner größten Feinde – wenn man Feindschaft an Ton und Inhalt seiner Debattenbeiträge misst – war damals Jakob Augstein, der Herausgeber des *Freitag*. Er war mir persönlich ganz unbekannt, und ich hatte auch noch nie eine Zeile von ihm gelesen. Aber die Wut und der Hass auf mich, die aus seinen Beiträgen sprachen, stachen hervor, und das wollte in der damaligen Debatte etwas heißen. Persönlich begegnete ich ihm erstmals im März 2014 bei der ZDF-Talkshow mit Peter Hahne. Es ging um mein gerade erschienenes Buch *Der neue Tugendterror*. In dieser Diskussion ließ Augstein die Katze aus dem Sack. Meine Argumente interessierten ihn gar nicht, er machte auch keinen ernsthaften Versuch zu ihrer Widerlegung. Sein Vorwurf war, ich würde den falschen Leuten, nämlich Konservativen und Reaktionären, für ihre kritikwürdigen Positionen jene Argumente liefern, auf die sie von alleine gar nicht gekommen wären. Kurzum, aus seiner Sicht war ich objektiv nützlich für eine schlechte Sache, und damit war ich verdammenswert. Da war es völlig gleichgültig, ob ich in der Sache recht hatte oder nicht. So ist das mit Gefühlen in der Politik. Dazu passt ein anderes Erlebnis: Am 29. Dezember 2013, also über drei Jahre nach dem Erscheinen von *Deutschland schafft sich ab*, saß ich mit weihnachtlichen Gefühlen und Blick auf die verschneiten Berge an meinem Urlaubsort und las die *Frankfurter Allgemeine Sonntagszeitung*. Dort schrieb ein mir bis dahin unbekannter M. Walid Nakschbandi zum Thema Heimatgefühl: »Doch dann kam Thilo Sarrazin. Seitdem verbinde ich dieses Gefühl nicht mehr mit Deutschland. Das zutiefst rassistische Gedankengut dieses sonderbaren Sozialdemokraten ... hat unsere Gesellschaft gespalten und tiefe Gräben entstehen lassen ... Ich wurde emotional ausgebürgert.«[31] Die Fußnote zum Artikel besagte, dass es sich um einen Politikwissenschaftler und Fernsehproduzenten handelt. Seine Aussage offenbarte, dass er mein Buch niemals aufgeschlagen hatte. Gefühle – auch das ist ein politisches Gesetz – können eben umso reiner lodern, je weniger ihnen Fakten und Argumente in die Quere kommen.

Gefühle sind in der Politik unentbehrlich. Aber sie können in die Irre leiten und sogar gefährlich sein, wenn sie nicht immer wieder von den eigenen Verstandeskräften mit kritischer Vernunft hinterfragt, relativiert, geordnet und gerichtet werden. Das unterscheidet den Schreihals vom mündigen Bürger, den Mob vom verständigen Wähler und den unkritischen Opportunisten, der mit den Wölfen heult, vom denkenden Individuum mit Zivilcourage. Gefühle sagen uns, wen wir mögen und wen nicht, sie leiten unser Vertrauen und unser Misstrauen. Sie sagen uns, was wir wollen und was wir fürchten. Sie informieren uns über unsere eigenen Interessen und formen unser Bild von der Gesellschaft, in der wir leben wollen, und von den Zuständen, die wir zu vermeiden suchen, weil wir sie verabscheuen. Gefühle haben etwas Machtvolles, und sie können Angst einjagen, wenn sie sich ins Negative wenden und von vielen Menschen geteilt werden. Darum gibt es in Diktaturen keine Versammlungs- und Demonstrationsfreiheit, und darum wurden in Deutschland die Politik und viele Medien von einem moralischen Unwohlsein befallen, als sich um die Jahreswende 2014/15 mit Pegida eine gefühlsgesteuerte Macht erstmals auf den Straßen zeigte. So wollte man sich in den Büros der Politiker und den Redaktionen der Journalisten Politik lieber nicht vorstellen.

Dieses Unwohlsein hat auch einen rationalen Kern: Die Grundsätze rationaler Herrschaft und die Organisationsprinzipien einer modernen Gesellschaft sowie die aus ihnen erwachsenden Handlungskonsequenzen verstoßen nämlich häufig auch dort, wo sie berechtigt oder geboten sind, gegen die menschliche Intuition. So zeigt sich in Umfragen mit großer Konstanz, dass die Menschen die Früchte eines freiheitlichen Wirtschaftssystems zwar gerne genießen, seine Funktionsweise aber mehrheitlich nicht verstanden haben. Es käme eine ziemliche Planwirtschaft heraus, wenn man Märkte nach den Gefühlen einer Mehrheit der Bürger regulieren würde.[32] Auf ganz vielen Gebieten gibt es eine objektive Gefühlslücke zwischen den authentisch empfundenen Wünschen der Bürger und dem nach rationaler Abwägung gebotenen staatlichen Handeln. Der Sinn der repräsentativen Demokratie soll es sein, dass der Bürger seine Repräsentanten nach Gefühl auswählt, diese aber dann die Möglichkeit haben, in ihre Entscheidungen rationale Erwägungen einfließen zu lassen. Diese Freiheit umschließt denknotwendig auch die Möglichkeit, dass die Repräsentanten nicht nur die Gefühle, sondern auch die Interessen der Wähler vernachlässigen und stattdessen unter dem Vorwand des Gemeinwohls eigene Interessen verfolgen. Um dieses Risiko einzudämmen, muss es systematisch immer möglich sein, die Herrschenden durch einen Gefühlsausbruch ihrer Bürger (der sich bevorzugt an der Wahlurne äußern sollte) von der Macht zu entfernen. Diese Möglichkeit ist der Hauptvorzug demokratischer Regierungsformen.

Politik und Philosophie

Jeder Mensch, der sich nicht weitgehend verstandesfrei nur von seinen persönlichen Wünschen und spontanen Trieben steuern lässt, hat irgendeine Art von Philosophie, nämlich ein Konzept von der Welt und eine Auffassung von seiner Rolle und seinen Aufgaben darin. Auch Religion gehört in diesem Sinne zur Philosophie. Diese Alltagsphilosophie des Menschen spiegelt die Summe seiner angeborenen Natur, seiner schon wieder halb vergessenen Bildung und aller Einflüsse, die auf ihn sonst eingewirkt haben. Legt er sich Rechenschaft ab und denkt er nach, kann aus der Alltagsphilosophie sogar eine richtige Philosophie werden. In seinem privaten Handeln wird der Mensch umso erfolgreicher sein, je mehr sein so geformtes Weltbild mit der Wirklichkeit übereinstimmt. Für sein politisches Handeln kann er aus dem philosophischen Überbau seiner Weltanschauung langfristige Orientierungslinien gewinnen. Diese Orientierungslinien können falsch oder richtig, verderblich oder gedeihlich, moralisch oder unmoralisch sein. Sie sind niemals irrelevant. Hitler hatte seine Weltanschauung ebenso wie Lenin, Churchill hatte sie auch und Adenauer ebenso. Ajatollah Khomeini hat nach seiner Weltanschauung einen ganzen Gottesstaat gegründet, Ludwig Erhard hat danach die deutsche soziale Marktwirtschaft geformt, und in Schweden hat man nach Vorgaben Gunnar

Myrdals in den 1930er Jahren das Volksheim errichtet und die Geistesschwachen sterilisiert.

Es ist also durchaus wichtig, welche Philosophie einen Politiker trägt, dem man traut oder misstraut, und wenn gar keine Philosophie erkennbar ist, sollte man ihn nicht wählen, denn dann handelt es sich um eine machthungrige Betriebsnudel. Andererseits sollte man philosophische Bekundungen eines Politikers auch nicht überschätzen. Entweder will er sich aus Eitelkeit schmücken, oder es handelt sich um Rationalisierungen seiner persönlichen Weltsicht. Es gab nur wenige wirkliche Philosophen unter den bekannten Herrschern der Welt. Um 170 nach Christus wäre der römische Kaiser Mark Aurel zu nennen und 1600 Jahre später der preußische König Friedrich II. Bei englischen oder französischen Königen oder russischen Zaren sind philosophische Neigungen nicht bekannt geworden. Dagegen waren die Väter der amerikanischen Unabhängigkeitserklärung sämtlich hoch gebildet, und sie hatten die Philosophie der englischen Aufklärung verinnerlicht.

Anfang der 1970er Jahre hatte ich für mich persönlich Karl Poppers Philosophie des Kritischen Rationalismus entdeckt. Bei der SPD gab es damals außer spätmarxistischem Gedankengut keine wirkliche philosophische Begründung von Politik, und so veröffentlichte ich 1975 zusammen mit einigen Freunden einen Sammelband *Kritischer Rationalismus und Sozialdemokratie*.[33] Wir konnten den damaligen Bundeskanzler Helmut Schmidt für ein Vorwort gewinnen. Er schrieb darin: »Die letzte sittliche Grundlage seines politischen Handlungswillens mag einer in seiner religiösen Vorstellung vom Sinne des Menschen gefunden haben oder in der Philosophie oder anderswo: Sie allein reicht für konkretes politisches Handeln in keinem Falle aus.« Dazu gehören – so Helmut Schmidt – auch die geistige Durchdringung der Handlungsmöglichkeiten und Handlungsfolgen sowie ausreichende Übung im praktischen Handeln. Deshalb sei »kritische Grundhaltung demjenigen nötig, der politisch handeln will«. Zum Widerspruch zwischen Politik und Philosophie meinte Helmut Schmidt: »Kritische Haltung und der Wunsch, andere zu überzeugen, sind zwei entgegengesetzte Antriebe. Aber kritische Menschen werden – auf diese Hoffnung gründet sich mein Vertrauen in die Demokratie – auf die Dauer nur den kritischen Geist auch überzeugend finden. Deshalb ist ein theoretischer, d. h. ein kritischer Geist eine notwendige Voraussetzung für eine erfolgreich verändernde, d. h. fortschrittliche Politik.«[34] Die Volte ist geschickt, aber es knirscht doch vernehmlich im Gebälk der Argumentation. Es stünde schlecht um die Demokratie, wenn sie nur mit aufgeklärten, kritischen Zeitgenossen als Wählern und mit zur Selbstkritik fähigen, also reflektierenden Politikern funktionieren würde.

Ich vermute eher, dass philosophische Ideen dort ihre größte Macht entfalten, wo sie von den Handelnden gar nicht mehr reflektiert, sondern quasi unbewusst und voraussetzungslos angewendet werden. John Maynard Keynes hat mal gespottet, hinter jedem Politiker, der eine wirtschaftlich falsche Entscheidung treffe, stehe eine von ihm selbst längst vergessene und überholte ökonomische Theorie. Das gilt nicht nur für ökonomische Theorien, sondern auch für philosophische Ideen. Wenn sich ein Politiker, was selten genug geschieht, zu Äußerungen von allgemeinem Gehalt herbeilässt, sehen wir dahinter schnell die Ideenwelt, in der er aufwuchs und erzogen wurde oder die er sich in den prägenden Jahren des jungen Erwachsenen angeeignet hat.[35] Je bewusster ihm die geistigen Einflüsse auf sein eigenes Handeln sind, umso eher kann er sie kritisch reflektieren und sich, wenn es nottut, auch davon emanzipieren. Ein kritischer, philosophisch geschulter Geist macht ohne Frage den besseren Politiker. Es gilt aber auch Kants Einschätzung: »Daß Könige philosophieren, oder Philosophen Könige würden, ist nicht zu erwarten, aber auch nicht zu wünschen; weil der Besitz der Gewalt das freie Urteil der Vernunft unvermeidlich verdirbt. Daß aber Könige oder königliche (sich selbst nach Gleichheitsgesetzen beherrschende) Völker die Klasse der Philosophen nicht schwinden oder verstummen, sondern öffentlich sprechen lassen, ist beiden zur Beleuchtung ihres Geschäfts unentbehrlich.«[36]

Politik und Freiheit

Nur wenige politische Begriffe schillern so wie der Begriff der Freiheit, und nur wenige sind so emotional besetzt. Aber nur wenige Begriffe sind auch so konkret mit handfestem politischen Handeln verbunden. Menschen sind keine Monaden, sondern leben in Gesellschaft. Darum stoßen alle ihre Handlungen, die über den Bereich der ganz privaten Lebensgestaltung hinausgehen, ständig mit den Handlungen anderer Menschen zusammen. Aus diesem banalen Grund gibt es Verkehrsregeln. Jene für den gesellschaftlichen Verkehr sind die des guten Benehmens – also der »Knigge« in seiner aktuellen Ausgabe –, und jene für den Straßenverkehr sind die der Straßenverkehrsordnung, nachzulesen im Bundesgesetzblatt. Weder haben wir die Freiheit, im Büro grußlos am Chef vorbeizugehen, noch sollten wir uns erlauben, auf dem Weg zum Büro die Vorortstraßen mit 80 Kilometern pro Stunde zu durchfahren.

Abstrakt gesprochen besteht das ganze Regelwerk einer Gesellschaft in Freiheitsbeschränkungen, die gerade durch ihren beschränkenden Charakter andere Freiheiten oder die Freiheit anderer sichern sollen. Auch in der liberalsten Gesellschaft stößt die Ausübung sexueller Freiheit an die Grenzen von Gewaltverbot und Kinderschutz. Und auch in der liberalsten Marktökonomie, soll sie denn funktionieren, bleiben Diebstahl, Raub und Betrug verboten und werden entsprechend geahndet. Grundsätzlich kann man das Wesen und den Inhalt von Freiheit ganz unterschiedlich abgrenzen:

– Im traditionellen Islam gibt es nicht die Freiheit des Gläubigen, den Glauben an Allah aufzugeben. Es gibt auch nicht die Freiheit der Ungläubigen, den Islam zu kritisieren. So kann es dazu kommen, dass Menschen in der U-Bahn angegriffen oder Kioskbesitzer bedroht werden, weil sie die falsche Zeitung lesen oder zum Kauf anbieten.[37] Darum ist diese Form des Islam inkompatibel mit einer Demokratie.

– In Schweden gibt es nicht die Freiheit des Mannes, sich eine sexuelle Dienstleistung zu kaufen, dafür wird er bestraft. Dort hat ein Arzt auch nicht die Freiheit, seine Dienstleistung auf dem freien Markt anzubieten. Möchte ein Schwede eine ärztliche Dienstleistung kaufen, die der staatliche Gesundheitsdienst nicht bereitstellt, so muss er ins Ausland gehen. In schöner Konkretheit sehen wir hier das Wirken des Gegensatzes von Freiheit und Gleichheit.

– Aktuell wird in vielen Ländern diskutiert, ob Frauen die Freiheit haben sollen, ihre Gebärmutter an homosexuelle Kunden zu vermieten, die dann wie leibliche Eltern behandelt werden sollen.[38]

– Auf dem Platz des Himmlischen Friedens in Peking war 1989 die freie Demonstration ein Verstoß gegen die öffentliche Ordnung, der mit dem Tode bestraft wurde. In Dresden waren um die Jahreswende 2014/15 die Demonstrationen von Pegida versammlungsrechtlich zwar erlaubt, aber sie wurden von der Mehrheit der Medien und der Politiker als Verstoß gegen die moralische Ordnung angesehen. Die Teilnehmer wurden von der Bundeskanzlerin und von der damaligen SPD-Generalsekretärin Yasmin Fahimi in scharfen Worten verurteilt.

Bezogen auf die westlichen Industriegesellschaften und ihre Marktökonomie stehen vor allem zwei Freiheitsverständnisse im Widerstreit: Das klassische *liberale Verständnis*, wonach die staatliche Ordnung den Raum für das individuelle Handeln möglichst groß und vorschriftenarm zu gestalten hat. Freiheit wird hier vor allem verstanden als die Freiheit des Einzelnen, möglichst unbehindert seine Ziele anzustreben und sein Leben nach eigenen Vorstellungen zu gestalten. Auch Not und Scheitern sind in diesem Verständnis grundsätzlich eine Privatangelegenheit. Der Sozialstaat stellt lediglich ein Notnetz gegen den Absturz bereit. Im Gegensatz dazu steht das *sozialistische Verständnis*, wonach der Staat den Schutz des Einzelnen vor existentiellen Gefahren möglichst umfassend zu sichern hat, also: Freiheit von materieller Not, Hunger, Krankheit, Freiheit zu umfassender Teilhabe. Zu Ende buchstabiert bedeutet das sozialistische Freiheitsverständnis den weitgehenden Vorrang der Gleichheit vor der Freiheit.

Generell stellt sich die Frage der Freiheit im Verhältnis von Individuum und Gruppe. Menschen lieben Gruppen, weil sie sich in ihnen angenommen und beschützt fühlen. Innovationen kommen andererseits zumeist von Einzelgängern und werden eher im Widerspruch zum Gruppendenken entwickelt. Gruppen richten sich gern im Mittelmaß ein. Wer Kreativität und Innovation will, muss Freiraum für den Einzelnen schaffen.[39]

Auch die Zuwanderungsdebatte lässt sich unter dem Freiheitsaspekt betrachten und offenbart so den eigentlichen Kern des Konflikts: Menschen aus ärmeren und armen Regionen richten ihr Wanderungsverhalten danach aus, wie sie ihr eigenes Wohlergehen einschätzen, und beanspruchen die Freiheit, in das Land ihrer

Wünsche einzuwandern. Und Menschen in Zuwanderungsländern beanspruchen die Freiheit, selbst zu entscheiden, wen sie unter welchen Bedingungen bei sich aufnehmen.

Dahinter steht die Frage, wem die Welt eigentlich gehört: Ist sie eine große Allmende, die allen Menschen gehören muss und wo sich nur – vorübergehend und eigentlich unberechtigt – Gruppen und Völker bestimmte Claims abgesteckt haben? Oder verleihen die Besiedlung und Kultivierung eines Landes und der Aufbau einer entwickelten Gesellschaft unveräußerliche, vererbliche Rechte an die dortigen Einwohner, von denen man andere ausschließen kann?

Der politische Ruf nach mehr »Freiheit« ist rein emotional für viele eine Verlockung, für weitaus mehr Bürger aber offenbar eine Bedrohung. Eine politische Partei oder eine Bewegung, die das Wort »Freiheit« in den Mittelpunkt stellt und das auch so meint, wird in der Demokratie der Gegenwart zuverlässig scheitern. Umfragen zeigen mit großer Stabilität, dass die Bundesbürger über die Notwendigkeit wirtschaftlicher Freiheit als Voraussetzung für das Funktionieren der Marktwirtschaft so gut wie gar nichts wissen.[40] Das Drama des Niedergangs der FDP lag daher nicht nur an den Mängeln ihres Spitzenpersonals, es ist auch strukturell begründet.[41]

Politik und materielle Güter

Am Ursprung von Politik stand der Kampf von steinzeitlichen Horden um Jagdgründe und Ernährungsmöglichkeiten. Und am Ursprung der Entstehung staatsähnlicher oder staatlicher Verbände standen die Organisationserfordernisse aus dem fortschreitenden Übergang zur landwirtschaftlichen Produktionsweise. Politik mag sich im Religiösen rechtfertigen, ihre Entstehung und Geltung ergibt sich aus der Sicherung und Entwicklung materieller Lebensgrundlagen. Deshalb heißt es in der *Dreigroschenoper* von Bert Brecht: »Erst kommt das Fressen, dann kommt die Moral.« Deshalb sagte der Präsidentschaftskandidat Bill Clinton im amerikanischen Präsidentschaftswahlkampf 1992: »It's the economy, stupid!« – und gewann die Wahl. Die amerikanische Unabhängigkeitserklärung hatte ihren Ursprung im Streit um die Zölle, die die britische Krone den Importen in die Kolonien auferlegte. Und die Französische Revolution hatte ihren Ursprung in der Unzufriedenheit der Pariser Bürger mit ihrer Versorgungslage. Im Zweiten Weltkrieg war die Versorgungslage im Deutschen Reich niemals wirklich schlecht, darauf achtete Hitler persönlich und bestand sogar darauf, dass der Bierausstoß in Bayern ein bestimmtes Niveau nicht unterschritt, weil er um die Zufriedenheit der Arbeiter besorgt war. Dafür war nicht Menschenfreundlichkeit der Grund, sondern die Erfahrungen aus dem Ersten Weltkrieg, als zermürbende Ernährungsmängel zur allgemeinen Demoralisierung beigetragen hatten. Noch Jahre nach dem Zweiten Weltkrieg waren die Einschätzungen der nationalsozialistischen Herrschaft bei einem überraschend hohen Teil der Bevölkerung relativ günstig. Wie Umfragen zeigten, wurde dieses schöne Bild wesentlich durch die Verbesserung der Wirtschaftslage seit 1933 bewirkt. Da war es den Menschen offenbar egal, ob dahinter Autobahnen oder Rüstungsprojekte standen.

In der jungen Bundesrepublik bewirkte wahrscheinlich der schnelle Wirtschaftsaufschwung durch Ludwig Erhards soziale Marktwirtschaft mehr für die Legitimation der noch ungefestigten Demokratie als alle Umerziehungsversuche der Alliierten. Und bei der ersten Nachkriegsrezession 1966/67 war die Sorge allgemein, dies könnte zur Radikalisierung führen und die junge Demokratie gefährden. Schließlich schien es ziemlich klar, dass Hitler ohne die Auswirkungen der Weltwirtschaftskrise auf Deutschland niemals an die Macht gekommen wäre. Angela Merkels Regierung sitzt gegenwärtig (Januar 2016) trotz der verfehlten Flüchtlingspolitik noch relativ fest im Sattel, weil es der deutschen Bevölkerung bei weiter sinkender Arbeitslosigkeit materiell gut geht. Umgekehrt führten die ungelösten Wirtschaftsprobleme der Südländer im Euroraum zu Regierungswechseln und darüber hinaus zu tektonischen Verschiebungen in der Parteienstruktur mit ungewissen Konsequenzen für die Zukunft Europas. Nicht nur westliche Demokratien haben die Lektion gelernt: Man kann den Bürgern viel zumuten, gefährlich wird es für die Herrschenden erst, wenn die Einkommen fallen und die Arbeitslosenzahlen steigen. Der Untergang der DDR wurde nicht zuletzt dadurch beschleunigt, dass die SED-Führung den systembedingten Rückstand im Lebensstandard im Vergleich zum Westen immer mehr mit Krediten aus ebendiesem Westen überbrücken musste. Honecker und sein

Politbüro wussten genau, dass die DDR-Bürger ihr Wirtschaftssystem nur respektieren würden, solange der Abstand zur Bundesrepublik nicht zu groß wurde.

Der seit Jahrzehnten beispiellose Expansionskurs der amerikanischen Geldpolitik, der die internationale Finanzkrise 2008 maßgeblich verursacht hat, ist vor allem auf die Angst der Politik vor den Konsequenzen einer größeren Rezession zurückzuführen. Der Lebensstandard breiter Schichten in den USA wird nämlich durch eine Rezession viel stärker getroffen als in Deutschland, weil die sozialstaatliche Absicherung geringer ist. Im antiken Rom hieß das Prinzip »panem et circenses« – Brot und Spiele. Die unruhige Plebs der Hauptstadt stellte man durch eine günstige Versorgungslage auf Kosten der Provinzen zufrieden und hielt sie so gleichzeitig unter Kontrolle. Wenn es um das materielle Wohlbefinden geht, ist den meisten das Hemd durchaus näher als der Rock, sprich: die Gegenwart näher als die Zukunft. Dieses Gefühl siegt sogar über die bessere Einsicht. Wie Umfragen zeigen, ist der Mehrheit durchaus klar, dass die Verschiebungen im Altersaufbau der Bevölkerung einen späteren Renteneintritt und ein niedrigeres Rentenniveau unvermeidlich machen. Den Bundesbürgern ist auch klar, dass sie auf Kosten künftiger Generationen leben, wenn sie diese Konsequenz nicht akzeptieren. Gleichwohl war Ende 2014 das Rentenpaket der Bundesregierung, das die Generation der jetzigen Rentner und Rentenanwärter auf Kosten der Jüngeren begünstigt, sehr populär, und darum kam es auch ins Gesetzblatt.

Mit wachsendem Wohlstand werden bei einem Teil der Bevölkerung materielle Wünsche durch sogenannte postmaterielle Werte ergänzt. So kam es seit den späten 1970er Jahren zur Konjunktur von Umweltfragen, und darum erwecken große Bauprojekte immer größere Empfindlichkeiten. Wenn Grundbedürfnisse gestillt sind, werden weitere menschliche Bedürfnisse eben komplexer. Etwas voreilig sind Analysen, die hier ein »postmaterielles« Zeitalter heraufdämmern sehen. Was ist eigentlich »postmateriell« daran, wenn der Preis eines BMW den Preis eines funktional vergleichbaren Opel nur deshalb um 30 Prozent übersteigt, weil der Markenwert höher ist? Der Kunde gibt offenbar gern ein materielles Gut (Geld) für ein immaterielles (Prestige) hin. An dieser Stelle sind wir bei der komplexen

Hierarchie menschlicher Bedürfnisse, die im Hinblick auf die Politik das Materielle stets umschließen, aber eben auch weit darüber hinausgehen. Darum interessiert sich Angela Merkel für Indikatoren von Glück und Wohlfahrt und hat sogar ein Referat im Bundeskanzleramt eingerichtet, das Kriterien für »gutes Leben« und »nationale Wohlfahrt« zusammenstellen und für die Politik aufbereiten soll.[42]

Unter dem Aspekt der Balance hat die Politik auch ein legitimes Interesse an Verteilungsfragen. Der Grad der Verfügung über materielle Güter entscheidet ja nicht nur über Hunger und physische Armut, sondern beeinflusst auch die soziale Einordnung und die eigene Akzeptanz in der Gesellschaft. Balanciert ist eine gesellschaftliche Einkommensverteilung dann, wenn sie Leistungsanreize gibt und Anstrengungsbereitschaft unterstützt, wenn sie Erfolg belohnt und in der Summe von der Mehrheit als fair empfunden wird. Über die »richtige« Balance gibt es nicht nur innerhalb von Gesellschaften große Meinungsunterschiede. Vielmehr ist ihre Akzeptanz als Ganzes schon Ausdruck von unterschiedlichen Leitbildern. So wird materielle Ungleichheit in den individualistischen USA eher akzeptiert als in Europa, wo die Menschen mehr dazu neigen, die Ursache für Misserfolg nicht bei sich, sondern bei widrigen Umständen zu suchen,[43] die der Staat verändern oder ausgleichen soll.

Das Thema Ungleichheit beziehungsweise Verteilungsgerechtigkeit streift auch die Einwanderungsfrage. Weltweite Wohlstandsunterschiede liegen ja nicht an einer »Ausbeutung« der einen Länder durch die anderen, sondern »an den Institutionen der Länder oder den sozialen Normen oder den dominanten Verhaltensweisen oder der Kultur oder den Traditionen oder der Sicherheit der Eigentumsrechte und dem Ausmaß der wirtschaftlichen Freiheit«, wie der Soziologe Erich Weede schreibt. Gerade die Gesellschaften, die dem Westen kulturell besonders fernstehen, sind besonders arm, und gerade dort bestehen die stärksten Migrationsanreize. Ungeregelte Massenzuwanderung könnte aber gerade jene Institutionen der reichen Länder des Westens gefährden, die für ihren Wohlstandsvorsprung verantwortlich sind.[44]

An dieser Stelle muss man wohl über Armut und Moral reden. Wohl bei keinem Thema prallen Verantwortungs- und Gesinnungsethik stärker aufeinander. Den strikten Moralisten geht es nicht primär um die Bekämpfung der Ursachen von Armut durch eine entsprechende Organisation der Gesellschaft, sondern um Vorurteile gegen Reichtum, um Umverteilung und im Ergebnis deshalb leider um eine Verfestigung von Armut durch Barmherzigkeit. Rainer Hank zitiert dazu Papst Franziskus: »Die eigenen Güter nicht mit den Armen zu teilen bedeutet, diese zu bestehlen. Die Güter, die wir besitzen, gehören nicht uns, sondern ihnen.« Hank kommentiert das in polemischer Zuspitzung mit der Feststellung, der Marxist Deng Xiaoping, der China in die Marktwirtschaft führte und 700 Millionen Menschen den Ausweg aus der Armut bot, habe mehr für die Armen getan als Mutter Teresa.[45]

Oft wird beklagt, Politiker verdienten in Deutschland zu wenig Geld – da ist etwas dran. Es fällt auch deshalb nicht leicht, die wirklich Begabten in die Politik zu locken. Auf der anderen Seite sollte man diese Klagen auch nicht übertreiben. Politik gibt eine andere knappe Währung aus: Beachtung und Aufmerksamkeit für die eigene Person. Als junger Mann und Protokollant der schier endlosen Wochenendsitzungen der SPD-Langzeitkommission rätselte ich darüber, was die 30 Kommissionsmitglieder (29 Männer, eine Frau, die Quote war noch fern) eigentlich an einen Tisch trieb und dort so lange festhielt. Das konnte ja nicht nur Idealismus sein. Irgendwann wurde mir klar: Die große Attraktion bestand eben auch darin, dass die eigenen Wortbeiträge, mochten sie auch noch so lang sein, jeweils 29 geduldige Zuhörer hatten, von uns, den Protokollanten, einmal abgesehen. Das Gemeinderatsmitglied findet sich bisweilen in der Lokalzeitung; auch der kleine Abgeordnete ist in seinem Wahlkreis ein großer Mann, der anderen die Welt erklärt. Das Prestige hoher politischer Ämter und die damit verbundene Sichtbarkeit ist auf viel besser bezahlten Positionen in der Wirtschaft kaum zu erreichen, wenn man nicht gerade Chef von Siemens oder der Deutschen Bank ist. Die Mächtigen in der Politik beneiden die Reichen in der Wirtschaft ums Geld, und die Reichen in der Wirtschaft beneiden die Mächtigen in der Politik um Macht und Prestige. Politiker in Staatsämtern müssen selbstverständlich mehr verdienen als die Beamten, denen sie Weisungen erteilen. Sie sollen einen angemessenen Lebensstandard haben und eine Altersversorgung, die den Brüchen und Unberechenbarkeiten einer politischen Laufbahn Rechnung trägt. Aufgrund ihrer materiellen Verhältnisse muss es ihnen objektiv zumutbar sein, ihr Amt unbestechlich wahrzunehmen (vgl. »Politik und Korruption«). Wem das nicht genug ist, der sollte von der Politik Abstand halten und sich einen ertragreicheren Brotberuf suchen.

Politik und Utopie

Wir alle stellen uns in unseren Tagträumen bisweilen vor, wie die Welt aussehen sollte, wenn es nach unseren Wünschen ginge. Papst Franziskus träumt möglicherweise davon, dass die Reichen die Barmherzigkeit entdecken und den Armen so viel Geld geben, dass sie nicht mehr arm sind. Ein junger Mann mag davon träumen, dass die Hübschen unter den jungen Mädchen williger sind, als er es tatsächlich erlebt. Der Investmentbanker träumt von einer Welt ohne hinderliche Regulierungen. Der existenzgefährdete Einzelhändler träumt von einem Gesetz, das Handelsketten und den Internethandel verbietet. So hat jeder seine Träume, und das ist gut so, denn unser Blick auf das Leben und die Gesellschaft erwächst aus unseren Gefühlen.

Gut ist es auch, wenn wir versuchen, den uns zugänglichen Teil der Gesellschaft in unserem Sinne zu verändern. Wollen wir dabei unseren Wirkungskreis vergrößern, so können wir uns entscheiden, in die Politik zu gehen, Soziologieprofessor zu werden oder als Priester den Armen zu dienen. Ganz ohne Tagträumerei können wir versuchen, Konzepte zu entwerfen, wie sich die Welt beziehungsweise der kleine Ausschnitt, um den es uns geht, verbessern lässt. Das könnte in der Gemeinde ein Fahrradweg, eine Geschwindigkeitsbegrenzung oder eine Fußgängerampel sein. Man könnte überlegen, wie man generell den Anteil des Individualverkehrs verringern kann. Oder man fängt an, eine Welt ohne Auto zu entwerfen. Das wäre dann eine Utopie.

Utopien zeichnen sich dadurch aus, dass sie bestimmte Maximen auf Kosten des Rests der Welt ins Absolute steigern. Wer als gläubiger Muslim das weltweite Kalifat errichten will, verfolgt zweifellos eine Utopie. Wer als Ernährungswissenschaftler den Menschen zu fettes und zu salzreiches Essen verbieten will, verfolgt auch eine Utopie. Genauso utopisch agiert der Philosoph oder Theologe, der das menschliche Gewinnstreben unterbinden will.

Nahezu jedes überwölbende, absolut gesetzte gesellschaftliche Ziel ist letztlich utopisch und hätte zumindest eine zentral geleitete Diktatur als notwendige, wenn auch nicht hinreichende Bedingung. Die Grenze vom gesellschaftlichen Veränderungswillen zur Utopie ist fließend. Sie wird tendenziell schon überschritten, wenn Ziele ihre Balance verlieren. Politik als Ausgleich zwischen widersprüchlichen Zielen sollte eigentlich utopiekritisch sein. Tatsächlich waren politische Utopien immer wieder Treiber großer gesellschaftlicher Veränderungen, aber auch die Quelle von viel Unglück (vgl. »Träume und Phantasien vom glücklichen Zusammenleben«). Der Fanatiker hängt einer Utopie an. Der Pragmatiker möchte dagegen sicherstellen, dass die Welt funktioniert. Christopher Clark sagt dazu: »Pragmatische Gestalten bringen die Welt nach jenen Katastrophen in Ordnung, für die Fanatiker gesorgt haben. Was für ein wunderbarer Pragmatiker war doch Gustav Stresemann und welch schrecklicher Fanatiker dann Adolf Hitler.«[46] Allerdings brauchen auch Pragmatiker eine Idee, die sie leitet, ein gesellschaftliches Ordnungsbild. Jede Gesellschaft, soll sie nicht in Gewalt und Chaos stürzen, braucht eine innere Ordnung, die unzählige Ziele und Aktivitäten tatsächlich abgleicht, unabhängig davon, ob diese Ordnung eher gut oder eher schlecht ist. (vgl. »Gegenstand, Regeln und Prinzipien guten Regierens«).

Politik und Verbrechen

Hans Magnus Enzensberger wägt in der fulminanten Einleitung seines Buches *Politik und Verbrechen* die Vorbereitung des Holocaust gegen die Vorbereitung des Atomkriegs ab und stellt Adolf Eichmann, der im Reichsinnenministerium den Judenmord plante, dem amerikanischen Militärtheoretiker Herman Kahn gegenüber. Dieser entwarf in den 1950er und 1960er Jahren im Auftrag der amerikanischen Regierung Strategien für Szenarien des Atomkriegs und argumentierte, dass selbst große Verluste der amerikanischen Bevölkerung von 60 Millionen Menschen oder mehr durch die natürliche Vermehrung schnell wieder aufgeholt und später lebende Amerikaner nicht in ihrem Lebensglück behindert würden. Die Konsequenzen eines Atomkriegs seien also, bei Lichte besehen, gar nicht so katastrophal, wenn nur der Sieg über die Kommunisten gesichert sei. In dem von Enzensberger angestellten Vergleich wirkt Adolf Eichmann recht normal.

Enzensbergers fühlbare Verzweiflung kreist um den Umstand, dass der Ursprung von Politik im Übergesetzlichen liegt, und zwar in der ursprünglichen Souveränität des Herrschenden, die auf Gewalt gründet. Er verweist auf Sigmund Freuds Analyse zum Zusammenhang zwischen Vatermord und Politik und beklagt: »Zwischen Mord und Politik besteht ein alter, enger und dunkler Zusammenhang. Er ist in der Grundstruktur aller bisherigen Herrschaft aufbewahrt: Sie wird von demjenigen ausgeübt, der die Beherrschten töten lassen kann.«[47] Carl Schmitt hatte es anders ausgedrückt: »Souverän ist, wer über den Ausnahmezustand entscheidet.«[48] Der Ursprung von Politik steht deshalb über dem Gesetz, weil es der Politik bedarf, um ein Gesetz zu formulieren. Erst wenn dieses erlassen ist, kann man überhaupt definieren, was gegen das Gesetz verstößt und somit eine Straftat, vielleicht sogar ein Verbrechen ist. Deshalb kreisen, wie Enzensberger ausführt, alle Definitionen einer Straftat um sich selbst. »Was bestraft wird, ist ein Verbrechen, was ein Verbrechen ist, wird bestraft.«[49]

Thomas Hobbes schrieb vor 360 Jahren: »Ein *Verbrechen* ist eine Sünde, die im Begehen dessen (durch Tat oder Wort) besteht, was das Gesetz verbietet, oder in der Unterlassung dessen, was es befohlen hat.«[50] Ohne Gesetz gibt es also kein Verbrechen, und das Gesetz entstammt dem vorgesetzlichen Raum politischen Handelns. Der Herrscher eines souveränen Staates steht über dem Gesetz, das er selber erst schafft, und kann deshalb quasi definitorisch kein Verbrecher sein – es sei denn, er untersteht selber einem höheren Gesetz, das sich aus der Religion oder dem Naturrecht herleitet.

Politik und Legitimation

Zur Begründung staatlicher Legitimität zitiert Carl Schmitt den jungen Friedrich Engels: »Das Wesen des Staates wie der Religion ist die Angst der Menschheit vor sich selber.«[51] Damit ist die innere Verbindung zwischen Religion und staatlicher Legitimität auf den Punkt gebracht. Weltliche Herrscher, die über dem Gesetz stehen, weil sie es selber erlassen haben und jederzeit ändern können, sind zumeist bemüht, ihren Herrschaftsanspruch von einer höheren Macht herzuleiten, die unsichtbar noch über ihnen steht. Hitler rief die Vorsehung an, und Stalin stellte sich dar als Vollstrecker der Gesetzmäßigkeiten des historischen Materialismus. Der französische König Ludwig XIV. sagte vor 350 Jahren »L'État, c'est moi!«, aber dieses Recht zur absoluten Herrschaft hatte er eben »von Gottes Gnaden«. Herrscher benutzen die Referenz auf höhere, zumeist himmlische Mächte, um gegenüber den Untertanen die Legitimität ihrer Herrschaft zu begründen. Und die Untertanen gehorchen ihrem Herrscher lieber, wenn sie das Gefühl haben, Teil einer guten Ordnung zu sein, die ebendiesen Herrscher an die Spitze stellte.

Legitimität bedeutet, dass der Beherrschte das Recht des Herrschenden zur Herrschaft nicht hinterfragt, die bestehende politische und gesellschaftliche Ordnung akzeptiert und sich entsprechend ihren Regeln verhält. Das Legitimationsniveau in einer Gesellschaft kann sehr unterschiedlich sein, es kann sich im Laufe der Zeit ändern und unterscheidet sich von Staat zu Staat und von Gesellschaft zu Gesellschaft. Aus Gründen der Machtfestigung und -sicherung bemüht sich die Politik kontinuierlich, die Legitimation ihres Regiments bei den Regierten zu steigern. Sie versucht, deren Erwartungen zu erfüllen, und kommt dabei stets in Versuchung, die Opportunität über Logik und Sachgerechtigkeit zu stellen.[52] Zur Herstellung von Legitimität dienen Rituale und Wohltaten, aber auch die Demonstration von Macht und unter Umständen sogar die Ausübung von Gewalt. In einem System des Terrors wie dem Stalinismus dient sogar dessen Fortsetzung und Steigerung als Legitimationsmittel, weil die Ausweglosigkeit des Widerstands den Überlebenswilligen in die Richtung des bedingungslosen Gehorsams drängt.

Legitimationsverfall setzt ein, wenn nennenswerte Mengen der Beherrschten sich dem Herrschaftsanspruch entziehen. Dies kann zu einem Dauerzustand werden, wie man an *failed states* wie Haiti oder Somalia sieht. Aber schon die Verhältnisse in Süditalien oder Griechenland, wo großes Misstrauen zwischen Regierenden und Regierten, geringe Gesetzestreue usw. verbreitet sind, zeigen, dass es in diesen Gesellschaften große Legitimationsprobleme gibt. Die letzte

Phase eines Legitimationsverfalls hat eine politische Herrschaft erreicht, wenn Polizisten und Soldaten nicht mehr gehorchen. Dann ist der Zeitpunkt für eine Revolution gekommen. So geschah es beim persischen Schah 1979, beim rumänischen Präsidenten Ceauşescu 1989 und beim ägyptischen Präsidenten Mubarak 2011.

Nach Max Weber kann Herrschaft – in der von ihm formulierten Definition »die Chance, Gehorsam für einen bestimmten Befehl zu finden« – »auf verschiedenen Motiven der Fügsamkeit beruhen«: auf der Interessenlage der Gehorchenden, auf Gewöhnung, auf Neigung. »Eine Herrschaft, welche *nur* auf solchen Grundlagen ruhte, wäre aber relativ labil. Bei Herrschenden und Beherrschten pflegt vielmehr die Herrschaft durch *Rechtsgründe*, Gründe ihrer ›Legitimität‹, innerlich gestützt zu werden, und die Erschütterung dieses Legitimitätsglaubens pflegt weitgehende Folgen zu haben.«[53] Max Weber unterscheidet drei reine Typen der Herrschaft:

– Die *legale Herrschaft* kraft Satzung ist in ihrer reinsten Form die bürokratische Herrschaft, sei es bei der staatlichen Verwaltung, sei es im Unternehmen. Aber solch eine Herrschaft ist natürlich niemals rein bürokratisch. An der Spitze der Verwaltung stehen Monarchen, gewählte Politiker oder kollegiale Körperschaften wie etwa Stadträte.

– Die *traditionale Herrschaft* kraft Glaubens hat vormodernen Charakter. Mit ihren vielfältigen Bindungen ist sie unflexibel, durch das Fehlen formalen Rechts und die fehlende fachliche Personalauslese gekennzeichnet. Soweit sie als Adelsherrschaft sich aber fachlich gebildete Bedienstete zulegte, kann sie als Vorläufer des modernen Staates gelten.

– Die *charismatische Herrschaft* durch einen befehlenden Führer, der Jünger oder Gefolgschaft an sich bindet, hat in reiner Form kaum dauerhaften Bestand, sondern braucht einen loyalen Verwaltungsstab, der die tatsächliche Fügsamkeit der Beherrschten kontinuierlich erzwingt.[54]

Die Übergänge zwischen den drei Herrschaftsformen sind gleitend. Die beiden letzteren sind in der modernen Welt umso stabiler, je mehr sie sich auf einen fachlich qualifizierten loyalen Verwaltungsstab stützen können, der den Bedürfnissen der Beherrschten Rechnung trägt und ihnen letztlich dient.

Der Verlust der monarchischen Legitimität und das Vordringen des demokratischen Legitimitätsgedankens gipfeln in dem Satz: »Alle Gewalt geht vom Volke aus.« Das bedeutete den »Verlust des metaphysischen Kerns aller Politik«. Mit Thomas Hobbes folgert Carl Schmitt daraus, es gebe »keine Legitimität im überlieferten Sinne«: »Auctoritas, non veritas facit legem.« (Die Macht, nicht die Wahrheit macht das Gesetz.)[55] Dem kann wohl jeder von Herzen zustimmen, der sich mit dem Zustandekommen von Gesetzen näher befasst hat.

Politik und Recht

Das von Enzensberger beklagte Paradox steht am Anfang jeder Rechtsordnung. Carl Schmitt bringt es wie folgt auf den Punkt: »Der Staat, das heißt die Rechtsordnung, ist ein System von Zurechnungen auf einen letzten Zurechnungspunkt und eine letzte Grundnorm.« Die höchste Kompetenz kommt darin nicht Personen oder Machtstrukturen zu, sondern – in Schmitts abstrakter juristischer Sicht – »nur der souveränen Ordnung selbst in der Einheit des Normensystems«, denn »der Grund für die Geltung einer Norm kann wiederum nur eine Norm sein; der Staat ist daher für die juristische Betrachtung identisch mit seiner Verfassung, das heißt der einheitlichen Grundnorm.«[56]

Der politische Prozess im weitesten Sinne schafft das Recht. Je demokratischer es dabei zugeht, umso weniger gibt es allerdings die von Carl Schmitt auf der Ebene abstrakten rechtlichen Denkens eingeforderte »einheitliche Grundnorm«. Vielmehr steht in der Wirklichkeit des Rechtsstaats eine Fülle wildester Widersprüche aus ganz unterschiedlichen Rechtsgebieten ziemlich unaufgelöst nebeneinander. Bei der »fragilen Gestalt« des modernen Verfassungsstaates handelt es sich um Menschenwerk. »Die letzte Instanz: das sind in weltlichen Dingen, wie es der moderne Staat nun einmal ist, wir selbst.«[57]

Im Verfassungsstaat westlicher Prägung ist es immerhin gelungen, der Politik Fesseln anzulegen – durch Aufgabenteilung zwischen den staatlichen Gewalten, durch parlamentarische Zustimmungsvorbehalte für exekutives Handeln, durch einklagbare richterliche Kontrolle, durch historisch entwickeltes Richterrecht, durch eine geschriebene Verfassung etc. Alle gefestigten, westlich geprägten Demokratien haben so ein System von *checks und balances* entwickelt, das politischer Willkür und Selbstermächtigung Grenzen setzt, politische und wirtschaftliche Freiheiten der Bürger schützt, zahlreiche wirtschaftliche und gesellschaftliche Vorgänge rechtlich regelt und im Ergebnis die staatliche Gesetzgebung zu einem langwierigen, ermüdenden und sehr formalisierten Prozess macht.

Der »rasende Stillstand«, der dabei häufig entsteht und vielfach beklagt wird, hat oft eher wohltätige Wirkung. Er sorgt dafür, dass ganz unterschiedliche Blickwinkel zur Geltung kommen, und kann Übertreibungen in jedwede Richtung vorbeugen. Nur ganz selten ist das Ergebnis staatlicher Gesetzgebung rational, intellektuell befriedigend oder gar ästhetisch ansprechend. In den meisten Fällen weiß lediglich eine kleine Zahl von Interessenten und Experten, worum es wirklich geht. Wenn es gut geht, wissen zumindest die Urheber eines Referentenentwurfs in den zuständigen Ministerien und die Berichterstatter in den parlamentarischen Ausschüssen im Zusammenhang über Absichten, Hebel und Wirkungen eines Gesetzentwurfs Bescheid. Die Regel ist das aber keinesfalls. Staatliche Gesetzgebung auf allen Gebieten ist auch immer ein großes Spiel von Versuch und Irrtum.

Eine gefestigte staatliche Demokratie westlicher Prägung haben nur ganz wenige Staaten auf der Welt vorzuweisen. Nur in diesen Staaten gibt es eine einigermaßen verlässliche Herrschaft des Gesetzes (*rule of law*). Das bedeutet nicht, dass dort die Vernunft herrscht, ganz im Gegenteil: Wenn im Gesetz Unvernünftiges steht, dann herrscht eben die Unvernunft. Das ist aber auch nicht der Punkt. Entscheidend ist vielmehr, dass sich in Ländern mit einer verlässlichen *rule of law* die Bürger im Durchschnitt darauf verlassen können, dass die Gesetze so angewandt werden, wie es ihrem Sinn und ihrem Wortlaut entspricht, und dass sie solch eine Anwendung notfalls gerichtlich erzwingen können, wenn sie selbst betroffen sind. Überdies haben sie die Gewähr, dass die gerade regierenden Politiker Gesetze nicht willkürlich ändern können, sondern dabei durch Gesetz an bestimmte Verfahren gebunden sind. Auch können Politiker nicht alles in Gesetze schreiben, selbst wenn sie eine parlamentarische Mehrheit haben, da sie beispielsweise die Verteilung der Zuständigkeiten im Bundesstaat, die Einschränkungen durch europäisches und internationales Recht und die von der Verfassung gezogenen Grenzen beachten müssen.

Jeder demokratische Rechtsstaat offenbart bei Lichte besehen eine Fülle von Mängeln in der inneren Logik des Rechtssystems, bei seinem Vollzug, bei seiner Effizienz oder seiner Gerechtigkeit (je nach dem Maßstab, den man anlegt). Aber das ist nicht das Entscheidende, denn das demokratische System bietet ja grundsätzlich Wege zur gewaltfreien Änderung. Wichtiger ist die *Abstufung* zwischen den Systemen. Der dänische Rechtsstaat funktioniert mit Sicherheit besser als der italienische und dieser wohl besser als der griechische. Aber wahrscheinlich ist selbst das griechische System immer noch besser als die »lupenreine Demokratie« von Wladimir Putin. Was die tatsächliche Geltung einer *rule of law* und deren Schutz vor politischer Willkür und Gewalt angeht, gibt es auf der Welt zwischen Nordkorea auf der einen und den skandinavischen Ländern auf der anderen Seite ganz viele Zwischenstufen.

Es geht ja nicht nur um rechtliche Inhalte. Entscheidend ist die *Durchsetzung* des Rechts durch den Staat und die Möglichkeit des Bürgers, sich gegen Rechtsverletzungen zu wehren. Das variiert von Staat zu Staat und von Rechtsgebiet zu Rechtsgebiet:

– Im Zivilrecht kommt es darauf an, ob der Bürger gegen Rechtsverletzungen, die ihn betreffen, grundsätzlich klagen kann, und wie leistungsfähig und gesetzestreu die Gerichtsbarkeit bei der Bearbeitung solcher Klagen ist. Ähnlich ist es beim Verwaltungs- und Steuerrecht, soweit es das Verhältnis zum Bürger betrifft.

– Im Strafrecht steht dem Bürger grundsätzlich nur eine Strafanzeige zu, der Rest ist die Angelegenheit von Polizei und Staatsanwaltschaft.

– Gesetzliche Vorschriften, die sich an den Staat selber richten, bieten ihrer Natur nach häufig gar keine rechtlichen oder tatsächlichen Ansatzpunkte für Klagen der Bürger. Das gilt zum Beispiel für die meisten Bestimmungen des Haushaltsrechts und der Finanzverfassung. Es gilt aber auch für zahlreiche Normen der EU, die die Mitgliedsstaaten zu einem bestimmten Verhalten verpflichten, ohne dass sich daraus individuelle Rechtsansprüche von Bürgern ergeben.

In den letzten Jahren ist die Menge und Bedeutung europäisch gesetzten Rechts stark angestiegen. Dessen teilweise extrem unterschiedliche Anwendung in den Mitgliedsstaaten (die bis zu glattem Rechtsbruch reichen kann) wird geduldet und kann kaum sanktioniert werden. Das ist gegenwärtig bei zwei grundsätzlichen Übereinkünften besonders augenfällig: Zentrale Vorschriften des Maastricht-Vertrags zur Europäischen Währungsunion wurden in umfangreicher Weise verletzt und ergänzende Bestimmungen und Verträge, die der Heilung von Mängeln dienen sollten, weitgehend nicht beachtet. Vereinbarungen und Regelungen zur Kontrolle der gemeinsamen Außengrenzen des Schengen-Raums sowie zum Umgang mit Asylbewerbern haben versagt. Die Vorkommnisse rund um diese beiden Kernprobleme Europas haben durchaus das Zeug, das Vertrauen vieler Bürger in den Rechtsstaat grundsätzlich zu erschüttern.

Europäisches Vertragsrecht ist zum großen Teil politisches Recht, es bindet in erster Linie die Politiker. Diese Bindungswirkung wird offenbar in Ländern wie Griechenland, Italien und selbst Frankreich anders interpretiert als in Deutschland. Vertragsinhalte, die in Deutschland ernst genommen wurden, hatten und haben bei vielen Vertragspartnern allenfalls den Charakter unverbindlicher Absichtserklärungen. Die Sache wird nicht einfacher dadurch, dass die rechtliche Gemengelage zwischen Vertrags- und Gesetzestexten, widersprüchlichen politischen Zielsetzungen, der nationalen und der europäischen Ebene und dort wiederum zwischen der Gerichtsbarkeit und der Politik die unterschiedlichsten rechtlichen Interpretationen desselben Sachverhalts ermöglicht. Das Recht und seine Interpretation trägt hier selber zum Chaos bei, anstatt Ordnung zu schaffen.[58] Die europäische Politik rund um den Euro und seine Rettung verhindert die Anwendung geltenden Rechts – bis hin zum glatten Rechtsbruch – und entzieht sich so der Beschränkung durch das Recht. Hier gilt wieder das Wort von Carl Schmitt: »Souverän ist, wer den Ausnahmezustand ausrufen kann«, mithin das Recht suspendieren kann.

Politik, Konformität und Opportunismus

Auch Politik unterliegt den universalen Gesetzmäßigkeiten menschlichen Verhaltens, und das erzeugt den Druck zur Konformität überall dort, wo sich eine soziale Gruppe bildet. Menschen wollen in einer Gruppe, der sie sich zugehörig fühlen, nicht unangenehm auffallen. Sie nehmen als Preis für die Geborgenheit in der Gruppe in Kauf, unliebsame Meinungen für sich zu behalten und gegebenenfalls sogar zu lügen. Das gilt insbesondere bei politischen Diskussionen und in digitalen sozialen Netzwerken, wo sich die Betroffenen gar nicht persönlich kennen.[59] Auch die internationalen Eliten bilden in gewissem Sinn eine soziale Gruppe, die durch einen eigenen Meinungskonformismus geprägt ist, z. B. was die bejahende Haltung zur Globalisierung angeht.[60]

Politik steht stets im Spannungsfeld zwischen politischer Willensbildung, Konkurrenz um die Macht und Machtausübung. Diese drei Elemente lassen sich zwar rein logisch voneinander unterscheiden, sind aber in der politischen Wirklichkeit untrennbar miteinander verwoben:

– *Politische Willensbildung* findet im vorpolitischen Raum am Stammtisch, im Freundeskreis oder in der Familie statt. Sie setzt sich fort in der gesellschaftlichen Diskussion, in den Medien, auf Parteiversammlungen, bei der Aufstellung von Parteiprogrammen, bei Wahlkämpfen, bei der Erarbeitung eines Koalitionsvertrages, bei der Erarbeitung von Gesetzentwürfen, bei Haushaltsberatungen, bei Sitzungen des Europäischen Rates, in der UNO-Vollversammlung und bei vielen anderen Gelegenheiten.

– *Konkurrenz um die Macht* findet statt bei der politischen Diskussion in den Medien, bei Wahlen für Parteiämter, beim Streit um das Parteiprogramm, bei der Aufstellung von Kandidaten für Stadträte und Parlamente, bei Wahlen, bei Koalitionsverhandlungen, bei der Auswahl für Ämter in den Parlamenten und für Regierungen. Sie setzt sich fort im Streit um Gesetzentwürfe und andere Maßnahmen der Regierungspolitik.

– *Politische Machtausübung* findet statt, wo politische Entscheidungen getroffen, wirksam interpretiert und durchgesetzt werden.

Rein theoretisch sollten in der politischen Willensbildung das Ursprüngliche und das Individuelle aufeinanderprallen und sich im freien Wettbewerb der Meinungen bewähren. Dann sollten die so zum Profil gewordenen unterschiedlichen Meinungsbilder in einem organisierten Prozess um die Macht streiten. Am Ende sollten jene, die sich dabei durchgesetzt haben, die gewonnene politische Macht dazu nutzen, ihre Ankündigungen umzusetzen. Das funktioniert aber nur in Ausnahmefällen und nur bei ganz wenigen großen Themen. Normalerweise geht es in der Politik stets um ganz viele Themen gleichzeitig. Diese haben schon rein sachlich teilweise gar nichts miteinander zu tun, sind stellenweise aber dennoch eng miteinander verwoben. Zudem haben die meisten Themen eine Geschichte mit zahlreichen Vorfestlegungen. Fast nirgendwo in der Politik kann man je bei null anfangen. In der praktischen Politik kommt es am Ende auf die richtige Balance zwischen zahlreichen Themen und ihren widersprüchlichen Maximen an. Bei näherem Nachdenken ergibt sich fast nichts mit eindimensionaler Schlüssigkeit. Wenn politische Willensbildung adäquat ist, bildet sie genau diese Komplexität ab. Sie verliert deshalb häufig jede schöne, ästhetisch befriedigende Eindeutigkeit und ist deshalb auch nur selten transparent.

Der Mangel an Transparenz macht es bereits objektiv schwer, opportunistische und sachliche Argumente voneinander zu unterscheiden. Hinzu tritt aber noch die Motivlage der an der Willensbildung Beteiligten. Es geht in der politischen Debatte ja nicht nur darum, das Wahre und Richtige zu finden, sondern eben auch um Machtkonkurrenz: Bei der Diskussion um Sachfragen werden Bündnisse geschlossen, Gegnern wird eine Abstimmungsniederlage zugefügt. Geht es um ein wichtiges Thema, sind damit die unterlegenen Gegner auch generell in ihrer Durchsetzungsfähigkeit beschädigt oder werden plötzlich als schwach und ohnmächtig wahrgenommen.

Eine politische Auseinandersetzung dreht sich selten nur um die Sache und ist darum objektiv stets auch mit Opportunitätserwägungen verbunden. Für jene, die politische Macht erringen und verteidigen wollen, ist jede Diskussion um Sachfragen stets auch ein Loyalitätstest für Verbündete und Mitstreiter und eine Möglichkeit, potentielle Konkurrenten auszuspähen und ihnen eine Niederlage zuzufügen. Politische Debatten wirken oft deshalb so irritierend, weil erkennbar nicht die Sache, sondern der Sieg über den Gegner im Mittelpunkt steht.

Bei der Konkurrenz um die Macht gibt es stets Parteiungen. Formalisierte politische Parteien sind hier quasi nur die Spitze des Eisbergs. Sobald es um die Macht geht, ist eine gewisse Einheitlichkeit des Argumentierens und Handelns nötig. Diese wird durch eine Einheitlichkeit des Denkens erleichtert, und wenn schon nicht durch die Einheitlichkeit des Denkens, dann zumindest durch die Konformität der geäußerten und wahrnehmbaren Kommunikation. Deshalb ist dem politischen Prozess ein gewisser Zwang zur Konformität immanent.[61] Dieser Zwang wird psychologisch unterstützt durch die Eigendynamik der Gruppenbildung. Bei der Auseinandersetzung um politische Macht geht es immer um »wir« und »die«, um »uns« und die »anderen«. So wie Fußballmannschaften einheitliche Trikots tragen, vertreten die Mitglieder politischer Gruppierungen gemeinsame Meinungen. Da mag sich der eine oder andere mal durch einen Farbtupfer abheben, aber das geht immer nur innerhalb eines engen Rahmens. Wer zu stark abweicht, wird mit Ausstoßung aus der Gruppe bestraft.

Machtbewusste und erfolgreiche politische Führer vergewissern sich, dass ihre Gefolgsleute sich in jenen Fragen konform äußern, konform handeln und möglichst auch konform denken, die sie für ihre Macht als zentral erachten. Wer das nicht beachtet, wird mit Machtverlust bestraft oder auf mindere Positionen abgeschoben. Wer sich nicht beugt, muss mit jenen Aggressionen rechnen, die Außenseitern in einer Gruppe drohen. So lässt sich die Äußerung des Kanzleramtsministers Pofalla erklären, der 2011 seinen Parteifreund, den Parlamentskollegen Wolfgang Bosbach, anfitete: »Ich kann deine Fresse nicht mehr sehen.« Bosbach hatte sich erdreistet, Angela Merkels Politik zur Eurorettung mit Sachargumenten zu kritisieren.

In der Summe gilt: Konformes Verhalten ist in der Politik der Karriere förderlich. Ein konformes Verhalten ist dann opportunistisch, wenn es nicht der eigenen Überzeugung entspricht. Da aber dieser Unterschied nach außen gar nicht sichtbar ist und häufig sogar den Opportunisten selber – infolge ihres Wunschdenkens – verborgen bleibt, gilt leider auch: Opportunistisches Verhalten ist in der Politik der Karriere förderlich.

Der Hang zum Opportunismus ergibt sich nicht aus besonderen moralischen Defiziten der Politiker, sondern unmittelbar aus der Grundmechanik von Politik. Selbstverständlich gibt es überall opportunistisches Verhalten, wo Menschen tätig sind und persönliche Ziele verfolgen. Allerdings halten sich in der modernen Leistungsgesellschaft die Vorteile in Grenzen, die durch opportunistisches Verhalten zu erzielen sind, da die berufliche Leistung vielfältig messbar ist, ob es sich nun um einen Maurer, Buchhalter, Anwalt oder Ingenieur handelt. Die Leistung eines Politikers ist dagegen kaum zu messen, wenn man nicht Wahlerfolge als Maßstab nimmt. Die Leistungsauslese für Politiker ist deshalb ein grundsätzliches Strukturproblem. Goldene Zunge und Opportunismus können hier weiter führen als in den meisten anderen Berufen.

»Kant machte einmal die Bemerkung, dass sich der Satz ›Ehrlichkeit ist die beste Politik‹ als sehr fragwürdig erweisen könne; der Satz ›Ehrlichkeit ist besser als jede Politik‹ sei jedoch über jeden Zweifel erhaben.«[62]

Das Menschliche in der Politik

Der sich aus der Struktur von Politik objektiv ergebende Konformitätszwang und der subjektive Opportunismus des menschlich agierenden Individuums sorgen gemeinsam dafür, dass das Verhalten von Politikern sich nur schwer an Idealen messen lässt. Formal ist der gewählte Abgeordnete nur seinem Gewissen verpflichtet, so wie es im Grundgesetz steht. Tatsächlich wirkt eine Vielzahl von Zwängen auf ihn ein, und so ist er oft doch nur ein Rädchen im Getriebe. Das ist nicht neu, sondern war schon vor 100 Jahren überall dort Realität, wo es gewählte Parlamente gab.[63] Im Übrigen ist der Politiker primär nicht Typus, sondern Mensch, und das prägt auch sein So-Sein als Politiker.

Politische Betätigung umfasst ein weites Feld: Sie reicht von kleineren und größeren Ehrenämtern in Verbänden und Parteien über die Betätigung in Bürgerinitiativen oder die Teilnahme an Demonstrationen bis zur Leitung eines Staates. In unterschiedlichem Umfang leben die Politiker »für« die Politik. Sobald die Tätigkeit einen gewissen Umfang übersteigt und sie kein anderes Einkommen haben, müssen sie auch »von« ihr leben. Abgeordnete und Inhaber von Staatsämtern müssen für ihre Tätigkeit angemessen entgolten werden, sonst gäbe es nur Vermögende in solchen Ämtern. Damit ist für viele Politiker die Tätigkeit in der Politik auch Brotberuf, und sie sollten in politischen Ämtern objektiv in der Lage sein, ihr Brot nicht durch Gefälligkeiten oder durch Korruption erwerben zu müssen.

Für die Besten unter den Politikern ist Politik auch Berufung. Ihnen gilt die Warnung Max Webers, nur der habe den »Beruf« zur Politik, der »daran nicht zerbricht, wenn die Welt, von seinem Standpunkt aus gesehen, zu dumm oder zu gemein ist für das, was er ihr bieten will«.[64] Man könnte auch sagen: Politiker brauchen eine extrem hohe Frustrationstoleranz. Das gilt nicht nur, wenn sie in Ämtern sind, es gilt erst recht, bis sie in wichtige Positionen kommen. Die »Ochsentour«, bis man einmal Abgeordneter ist oder gar ein Regierungsamt hat, ist ermüdend, risikoreich und intellektuell oft wenig herausfordernd. Sie erfordert auch nicht unbedingt jene Qualifikationen, die man braucht, um später in Ämtern zu bestehen.

Max Weber nannte »drei Qualitäten vornehmlich entscheidend ... für den Politiker: Leidenschaft – Verantwortungsgefühl – Augenmaß«.

- »Leidenschaft im Sinn von *Sachlichkeit*«, nämlich »leidenschaftliche Hingabe an eine ›Sache‹«,
- »*Verantwortlichkeit* gegenüber ebendieser Sache«, indem man sie »zum entscheidenden Leitstern des Handelns macht«,
- *Augenmaß* als Fähigkeit, »die Realitäten mit innerer Sammlung und Ruhe auf sich wirken zu lassen, also: der Distanz zu den Dingen und Menschen«.[65]

In modernem Managementdeutsch würde ich das so ausdrücken: Ein guter Politiker braucht erstens den Willen und die Fähigkeit, sich – trotz aller Ablenkungen, die der politische Betrieb mit sich bringt – zu fokussieren. Er braucht zweitens den Willen und die Fähigkeit, die Sache, auf die er sich fokussiert, intellektuell und politisch möglichst tief zu durchdringen. Und er braucht drittens Distanz und Überblick, um die Sache, der seine Leidenschaft gilt, richtig einzuordnen, damit er kompromissfähig bleibt und den Gesamtzusammenhang von Politik im Blick behält.

Anders als bei vielen anderen Berufen ist es beim Politiker schwierig, ihn an den Ergebnissen seiner Arbeit zu messen. Diese sind ja oft das Resultat kollektiver Prozesse, die nur schwer konkret zurechenbar sind. Und noch schwieriger ist es, ihn für das Ergebnis seiner Arbeit zu belohnen. Auf Wahlkreiskonferenzen ist oft gar nicht bekannt, was der gewählte Abgeordnete geleistet hat oder auch nicht. Listenplätze werden nach Gesichtspunkten des Proporzes und der parteiinternen Machtverteilung vergeben. Wahlergebnisse hängen von allerlei Faktoren ab, mit denen der Kandidat wenig oder gar nichts zu tun hat. Wer in seine Sichtbarkeit investiert und vielen nach dem Mund redet, kommt oft weiter als der fleißige »Experte für …«. So viel Ungerechtigkeit, Leerlauf und Zufall auszuhalten ist nicht jedermanns Sache. Am ehesten aushalten können dies Idealisten, Wichtigtuer und Betriebsnudeln, alles drei nicht unbedingt Qualifikationsmerkmale für wichtige öffentliche Ämter.

Politik und Intelligenz

Man unterschätze nicht die sozialen Fähigkeiten und die praktische Intelligenz, die man braucht, um sich – beginnend im Ortsverein der Partei – auf der Ochsentour von Wahlamt zu Wahlamt hochzuarbeiten, in der Sache tätig zu sein, Bündnisse zu schließen, die Wettbewerber nicht aus den Augen zu verlieren und gegebenenfalls auszuschalten etc. Hilfreich fürs Weiterkommen sind Beredsamkeit, soziale Kompetenz, situatives Gespür und ein gutes Gedächtnis für Personen. Analytische Fähigkeiten, fachliches Wissen, Allgemeinbildung, Urteilskraft und generell eine sehr gute Allgemeinintelligenz schaden beim politischen Aufstieg zwar nicht, sind aber auch nicht unbedingt notwendig. Allerdings wirken sie indirekt auf die Selbstauswahl der politischen Klasse. Wer besondere Fähigkeiten und eine hohe Intelligenz hat, entscheidet sich nämlich allzu oft gegen die politische Laufbahn, weil er seine knapp bemessene produktive Lebenszeit anders nutzen möchte. Deshalb offenbart sich immer wieder ein eklatanter Mangel, wenn man in Parlamenten nach kompetenten, erfahrenen Kandidaten für hohe Regierungsämter sucht. Es ist nämlich ein großer Unterschied, ob man der innenpolitische Sprecher der XY-Fraktion ist oder das Amt des Innenministers kompetent verwaltet.

Natürlich muss ein gewählter Politiker nicht die gesamte Kompetenz mitbringen, die in der Bürokratie des Ministeriums steckt, das er leiten soll. Darum müssen an den Spitzen der staatlichen Bürokratien Leitungskräfte stehen, die den Sachverstand ihrer Verwaltungen anleiten und nutzen können, andererseits aber auch die Maximen und Vorgaben der Politik verstehen und in kompetentes Verwaltungshandeln umsetzen können (siehe »Zur Rolle der staatlichen Bürokratie«).

Politik und Eitelkeit

Wer die Gabe der guten Rede besitzt und damit Menschen für sich gewinnen kann, hat in der Politik einen großen Vorteil. Im Juni 1991 drehte Wolfgang Schäuble mit einer eindringlichen Rede die Stimmung im Bundestag, sodass sich überraschend eine knappe Mehrheit für den Umzug der Bundesregierung nach Berlin fand. 1995 schaffte es Oskar Lafontaine mit einer einzigen – so gar nicht geplanten – Rede auf dem Bundesparteitag der SPD in Mannheim, Rudolf Scharping zu stürzen und selbst Parteivorsitzender zu werden. 2005 hielt Gerhard Schröder auf dem Wahlparteitag der SPD eine improvisierte Rede zum »Professor aus Heidelberg«. In wenigen Minuten schwenkte die längst auf Niederlage eingestellte Stimmung im Saal um, der Wahlkampf der SPD nahm Fahrt auf, und Angela Merkel wäre der schon sicher geglaubte Wahlsieg um ein Haar entglitten.

Hitlers Aufstieg seit den frühen 1920er Jahren wurde nicht zuletzt durch seine große Redegabe ermöglicht, und die Rede von Joseph Goebbels im Berliner Sportpalast nach der Niederlage von Stalingrad ist auch bei der Lektüre im Rückblick noch ein Meisterwerk der Demagogie (und Pflichtlektüre für jeden professionellen Redenschreiber). Zum Sowjetkommunismus ist zu sagen, dass Trotzki ein sehr guter Redner war, Stalin dagegen ein ziemlich schlechter.

Der politische Alltag stellt den politischen Amtsträgern (und jenen, die es werden wollen) immer wieder größere und kleinere Bühnen zur Verfügung. Die damit verbundene Aufmerksamkeit freut jeden in der Politik Tätigen und gehört praktisch zum Entlohnungssystem in der Politik. Wer zur Eitelkeit neigt, kommt hier leicht in Versuchung.

Eitelkeit an der falschen Stelle hat schon viele politische Karrieren beendet oder gar nicht erst Fahrt gewinnen lassen. Schauen wir uns die Riege der längst vergessenen jungen Männer der CDU an, die sich einstmals informell im »Andenpakt« zusammengeschlossen hatten – darunter Roland Koch, Friedrich Merz, Christian Wulff. Eine unauffällige Frau aus Ostdeutschland sitzt jetzt statt ihrer im Kanzleramt. Meistens schwieg sie. Aber ein einziger Artikel von ihr in der *FAZ* genügte, um das Denkmal Helmut Kohl vom Sockel zu stürzen und Wolfgang Schäuble als Parteivorsitzenden zu beerben. All die schönen und zahlreichen öffentlichen Auftritte haben ihren Konkurrenten nicht ins Kanzleramt verholfen. Merkels Vorteil war, dass sie keine Eitelkeit hatte, die ihr im Wege stand, oder dass sie diese eisern zähmte, indem sie einfach schwieg, wenn sie nichts sagen konnte, was wirklich nützlich für sie war. So ist es bis heute geblieben.

Politik und Erotik

Politiker sehen in der Regel nicht aus wie Filmstars oder Fußballspieler. Henry Kissinger, Anfang der siebziger Jahre des vergangenen Jahrhunderts amerikanischer Außenminister, ist recht klein und ein bisschen rundlich. Dennoch fiel er durch seine zahlreichen Frauenbekanntschaften auf. Dazu befragt, antwortete er: »Macht ist das beste Aphrodisiakum.« Der Reichspropagandaminister Joseph Goebbels hieß in den Filmstudios wegen seines Klumpfußes und seines großen Verbrauchs an Filmschauspielerinnen »der Bock von Babelsberg«. Als Bonner Beamter mit Nähe zur Macht kam ich in den 1970er und 1980er Jahren nicht umhin zu beobachten, dass eheliche Treue zu den absoluten Ausnahmesachverhalten gehörte. Heute fällt das nicht mehr so auf, weil das bürgerliche Leben ganz allgemein mehr Anschluss an solche Verhältnisse gefunden hat. Damals schien mir wahr zu sein, dass die politische Macht als solche erotische Anziehungskraft entfaltet, unabhängig davon, wie ihr Träger gerade aussehen mag, und diese Vermutung habe ich noch heute. Dabei will ich es nun aber auch belassen.

Politik und Sucht

Den weitaus größten Teil seiner Arbeitszeit befasst sich der Politiker nicht mit Sachfragen, sondern er nimmt an Gremiensitzungen teil, er hat Auftritte unterschiedlichster Art, oder er pflegt Kontakte. Dabei muss er ununterbrochen zu Menschen freundlich sein, die er entweder nicht kennt oder verabscheut. Er muss Interesse an Fragen heucheln, die ihn langweilen. Er darf die wirkliche eigene Meinung (im Unterschied zur gerade angesagten Meinung der Partei, des Gremiums oder des eigenen Parteiflügels) allenfalls in vorsichtiger Dosierung äußern, und er muss ständig den Eindruck erwecken, als sei er in der Sache des Gemeinwohls, nicht aber in eigenen Angelegenheiten unterwegs. Dadurch wird eine fortdauernde Distanz zum eigenen Ich erzwungen, die sehr anstrengend ist – wenn er sie überhaupt durchhält – und auf die Dauer im Wortsinn erschöpft. Eine kurzfristige Kompensation ist die Befriedigung der eigenen Eitelkeit durch die Aufmerksamkeit, die er auf sich zieht, und durch das Vergnügen, den eigenen Reden zu lauschen. Die Hoffnung auf Belohnung durch spätere Ämter tritt hinzu. Die größte nachhaltige Belohnung erfährt man als Politiker, wenn man in Sachen Erfolg hat, denen man sich innerlich verpflichtet fühlt. Das setzt aber voraus, dass man entsprechende politische Sachinteressen überhaupt hat und dort auch kurzfristige Erfolge erfährt. Da zehren meistens die sprichwörtlichen Mühen der Ebenen viel mehr als der kurzfristige (und seltene) Gipfelsturm.

Um dies auszuhalten, ist es wichtig, sich »gut drauf« zu fühlen und den politischen Freunden, den Wettbewerbern und dem Publikum denselben Eindruck zu vermitteln. Dabei können Sucht- und Rauschmittel jedweder Art kurzfristig helfen. Das geht im Alltag relativ leicht, weil ein Politiker – anders als ein Zahnarzt, ein Installateur, ein Ingenieur oder ein Buchhalter – kaum daran gemessen wird, ob er seine tägliche Arbeit hinreichend schnell, präzise und mängelfrei erledigt. Der Alkoholkonsum in der Politik war schon immer eine Art Berufskrankheit. Er betraf Willy Brandt und Franz Josef Strauß gleichermaßen. Über Walter Wallmann ging zu seiner Zeit als hessischer Ministerpräsident der Spruch um: »Der Tag geht, Walter Lallmann kommt.« Der FDP-Bundestagsabgeordnete Detlef Kleinert, langjähriger Vorsitzender des Finanzausschusses, hielt unter Alkoholeinfluss seine besten Reden. Der Insider erkannte Kleinerts aktuellen Promillewert an dem Neigungswinkel, mit dem sich der großgewachsene Mann nach vorne aus dem Rednerpult lehnte. 45 Grad wurden dabei ohne weiteres erreicht, und oft befiel mich der Gedanke: »Gleich fällt er heraus.«

Meine ersten Jahre als Finanzstaatssekretär in Rheinland-Pfalz überschnitten sich mit den späten Amtsjahren des Rechnungshofpräsidenten Wolfgang Brix. Dieser hochintelligente, vom politischen Leben gesundheitlich schwer gezeichnete Mann erzählte mir, wie er von Helmut Kohl, damals Vorsitzender der CDU-Fraktion im Landtag, auf ein Bewerbungsgespräch beim Stadtrat für das Amt des Oberbürgermeisters von Neustadt an der Weinstraße vorbereitet wurde. Nachdem Kohl mit ihm alles, Sachfragen und Personen, sorgfältig durchgesprochen hatte, gab er ihm am Ende die Empfehlung: »Eine Stunde vor dem Gespräch setzen Sie sich ins Lokal und trinken eine Flasche Wein. Das nimmt Ihnen Nervosität und hilft Ihrer Überzeugungskraft vor dem Stadtrat.« Brix befolgte den Ratschlag und wurde nach einer offenbar überzeugenden Vorstellung mit einer Stimme Mehrheit gewählt. Er bekleidete das Amt des Oberbürgermeisters für 16 Jahre.

Viele sogenannte politische Kompromisse erfordern, damit sie überhaupt möglich sind, eine gewisse Unschärfe des Blicks. Dabei treten große Konturen und denkbare Einigungslinien deutlicher hervor, während die mit ihnen verbundenen inneren Widersprüche als »Details« stärker zurücktreten oder ganz unsichtbar werden. Diese Blickweise erleichtert den Kompromiss. Diese politische Sicht auf Probleme, die den Kompromiss befördert, ist oft dem alkoholisierten Blick gar nicht so unähnlich. Es ist kein Zufall, dass viele unrühmliche politische Kompromisse so aussehen, als seien sie unter Alkoholeinfluss zustande gekommen.

Während meiner Zeit als Berliner Finanzsenator war ich unter der Woche an zahlreichen Abenden – in meinen ersten Amtsjahren sogar an den meisten Abenden – irgendwo in der Stadt unterwegs. Schließlich musste ich ja für eine unpopuläre Sparpolitik werben und, wo immer ich konnte, meine Überzeugungskraft einbringen, ohne dabei aufdringlich oder fanatisch zu wirken. Meine zahlreichen Auftritte änderten allmählich die Sichtweisen in der Stadt, erhöhten so meine Durchsetzungsfähigkeit und waren sehr wichtig für die Verwirklichung des Konsolidierungskurses. Regelmäßiger Alkoholgenuss war dabei eingeschlossen, und ich sah quasi täglich die Gefährdungen, die das für viele bedeutete. Aus den Augenwinkeln zählte ich die Weingläser anderer und zeichnete mir so eine persönliche Alkoholkarte Berlins. Natürlich behielt ich die Ergebnisse für mich und gebe sie auch an dieser Stelle nicht preis.

Dem Gewohnheitstrinker in der Politik merkt man seinen Alkoholpegel nicht an, aber seine Urteilskraft und Geistesschärfe werden gleichwohl davon beeinflusst. Noch weniger merkt man den Einfluss von Drogen, ob es sich um Antidepressiva, Tranquilizer, Aufputschmittel oder Designer-Drogen handelt. Aus eigener Erfahrung kann ich keine verlässlichen Aussagen zum Umfang ihrer Verbreitung unter Politikern machen, noch habe ich solche in Zeitungen und Zeitschriften gefunden. Sie haben zahlreiche Vorteile des Alkohols, können aber viele seiner Nachteile scheinbar vermeiden. Ihr Missbrauch ist für lange Zeit weniger sichtbar als bei Alkohol. Ihre große Verbreitung in der Gesellschaft macht sie auch für Politiker attraktiv, zumal die Beschaffung viel einfacher ist als früher. Es hat auch mich schockiert, als im Sommer 2014 öffentlich bekannt wurde, dass der damalige innenpolitische Sprecher der SPD im Bundestag, Michael Hartmann, zumindest für kurze Zeit die gefährliche Designer-Droge Christal Meth konsumiert hatte. So etwas wünscht man sich nicht bei einem Abgeordneten, der damals im parlamentarischen Kontrollausschuss für die Geheimdienste saß und dessen Rolle als Informant in der Affäre um seinen Parlamentskollegen Sebastian Edathy auch heute noch immer nicht vollständig geklärt ist.

Politik und Treue

Für den Aufbau, das Funktionieren und die Stabilität des Staates spielen Treueverhältnisse gegenüber Institutionen und Amtsinhabern eine kaum zu überschätzende Rolle. Sie sind quasi der Zement des Staatsgebäudes, der eine stabile Statik erst ermöglicht. Im modernen Rechtsstaat ist diese Treue in weiten Bereichen aber nicht mehr die Gefolgschaftstreue, wie sie der Vasall dem Lehnsherrn schuldete, und auch nicht die Gefolgschaftstreue gegenüber einem charismatischen Führer. Es ist vielmehr die Treue des Staatsdieners gegenüber dem Gesetz und daraus folgend der Gehorsam gegenüber Institutionen und ihren Amtsträgern.

Das ist in diesem Abschnitt nicht gemeint. Zum Erringen und zur Sicherung politischer Macht bedarf es Treueverhältnisse anderer Art: Unter den Politikern, die sich zwecks Erreichung bestimmter Ziele generell und im Einzelfall zusammenschließen, muss sich eine Hierarchie an Kompetenzen und Personen herausbilden, wenn man erfolgreich arbeiten will. Diese kann sich aber auch wieder auflösen, sie ist grundsätzlich kündbar. Die Dynamik solcher Treueverhältnisse wird gesteuert durch Erfolg, Misserfolg und persönlichen Ehrgeiz. Erfolgreiche politische Zusammenarbeit, mit welchem Ziel auch immer, setzt Vertrauen voraus und dieses wiederum Treue. Loyalität ist ein anderes Wort dafür.

Loyalität unter Politikern gilt nicht absolut. Sie ist – auch wenn das so nicht ausgesprochen wird – stets pragmatisch und zweckgebunden. Für die CDU-Generalsekretärin Angela Merkel war eben irgendwann der Zeitpunkt gekommen, an dem es richtig schien, sich ohne Vorankündigung aus einem überholten Loyalitätsverhältnis zu lösen und selbst Parteivorsitzende zu werden. Politisch bedingte Interessenbündnisse können sich täglich auflösen, wenn sich die Interessen ändern. Partner in politischen Interessenbünden nennen sich oft Freunde, und sie mögen das sogar selber glauben, wenn sie einander länger kennen. Tatsächlich können sie keine Freunde sein, denn das Funktionieren von Politik erfordert die permanente Bereitschaft zur Aufkündigung von Bündnissen, die ihren politischen Zweck nicht mehr erfüllen.

Wenn man so will, kann man hinter dieser Mechanik sogar eine sachliche Erklärung (nicht moralische Rechtfertigung) für den stalinistischen Terror sehen: Stalin brachte neben den Feinden des Sozialismus ganz einfach alle um, bei denen er Gefahr witterte, dass sie ihre Rolle politisch verstanden oder in Zukunft so verstehen würden.

Politik und Freundschaft

»Freundschaft« in der Politik trägt meist den Charakter einer Proklamation oder politischen Demonstration, sie ergibt sich aus einem politischen Zweck und ist mit persönlicher Freundschaft nicht zu verwechseln. Gleichwohl ist es für einen Politiker sehr wichtig, vertrauensvolle Arbeitsbeziehungen zu anderen, für seinen Erfolg wichtigen Politikern herzustellen, die von psychologischer Einfühlung, verständigem Eingehen auf die Interessen des anderen und generell von einem Geist des Gebens und Nehmens bestimmt sind. So etwas kann die politischen Transaktionskosten ungemein senken. Für die Außenpolitik hat man dazu die Diplomatie und mit dem »Diplomaten« auch einen ganzen Berufsstand erfunden.

Die Außenpolitik des amerikanischen Präsidenten Barack Obama wurde lange Zeit offenbar auch dadurch behindert, dass es ihm nicht gelang (oder er nicht daran interessiert war), zu den Führern anderer Staaten ein persönliches Vertrauensverhältnis herzustellen. Helmut Kohl dagegen veranstaltete mit seinem Freund Boris Jelzin ausgiebige Saunabesuche, und Gerhard Schröder verband mit Wladimir Putin eine »Männerfreundschaft«. Angela Merkel fand nach einigem Anlauf ein gutes persönliches Verhältnis zu Nicolas Sarkozy, dagegen lange Zeit nicht zu seinem Nachfolger François Hollande.

Mussolini und Hitler waren miteinander befreundet, soweit unter solchen Menschen Freundschaft möglich ist. Als aber 1943 die Alliierten von Nordafrika nach Sizilien übersetzten, hatte Mussolini im Faschistischen Großrat plötzlich keine Freunde mehr. Er wurde umstandslos abgesetzt und durch Marschall Pietro Badoglio ersetzt. Italien schied aus dem Achsenbündnis aus und bot einen Waffenstillstand an. Dieser »Verrat« erhitzte die deutschen Gemüter. Sie hätten es besser wissen müssen: Staaten haben keine Freunde, sie haben Interessen.

Das »Allgemeinwohl« oder das »Wohl des deutschen Volkes«, wie es im Grundgesetz heißt, ist eine abstrakte Größe. Ein einheitliches Gesamtinteresse der Bürger einer politischen Einheit gibt es nur in Bezug auf ganz wenige Fragen. Dazu mag die Erhaltung des Friedens zählen, die Bekämpfung von Seuchen oder generell die Verbesserung der Volksgesundheit. Schaut man näher hin, ist es aber auch hier mit der Interessenidentität schnell vorbei. Bedeutet die Erhaltung des Friedens, dass man einen pazifistischen Standpunkt einnimmt, oder bedeutet sie, dass man daran mitwirkt, Friedensstörer überall in der Welt militärisch zu bekämpfen? Wer entscheidet eigentlich, was den Frieden stört? Bedeutet Friedenserhalt mehr oder weniger Militärausgaben? Bedeutet die Erhaltung von Volksgesundheit das Verbot von Alkohol und Zigaretten? Oder soll man nicht auch – wegen der allgemein zunehmenden Fettleibigkeit – Fertigpizza, Fischstäbchen und Hamburger verbieten?

Der sogenannte öffentliche Wille fällt sofort in Teilinteressen auseinander, sobald man die allerhöchste Ebene idealer Ziele verlässt. In der Wirklichkeit der politischen Auseinandersetzung suchen sich die Vertreter der Teilinteressen Ansprechpartner in der Politik, und die tatsächliche Auseinandersetzung ist dann weniger von hohen Zielen als vom politischen Kampf um diese Teilinteressen geprägt. Verbände und Interessengruppen suchen sich Politiker, die ihnen nahestehen, um diese zu ihrem Sprachrohr zu machen, und die Fachleute in den Parlamenten haben häufig ein offenes Ohr für jene Verbände, deren Belangen sie nahestehen. Das geht auch gar nicht anders, egal ob es gerade um die Belegungsdichte in Schweineställen, um die Erstattungsfähigkeit der Kosten bestimmter Medikamente durch die Krankenkassen oder um familienrechtliche Fragen der Leihmutterschaft geht. So gibt es in der Politik die Bauernlobby, die Autolobby, die Rüstungslobby, die Gleichstellungslobby etc. Die jeweilige Klientel sucht sich ihre Politiker, und diese versuchen die Interessen ihrer »Klienten« bestmöglich zu vertreten. Natürlich hatte die katholische Kirche traditionell die relativ größte Lobby in der CDU, die Gewerkschaften können sich traditionell auf die SPD verlassen, während sich Biobauern und Freunde von mehr Fahrradwegen am besten bei den Grünen aufgehoben fühlen. Insofern haben Politiker ganz unvermeidlich immer »Klienten«, für deren Interessen sie sich besonders engagieren. Zwischen dem erstrebenswerten Abgleich ganz unterschiedlicher Interessen, die alle ihre Stimme brauchen im politischen Konzert, und einer einseitigen Politik zugunsten bestimmter Interessen und zulasten anderer auf Kosten des Allgemeinwohls gibt es einen langen, langen Übergang. Ein tatsächlich erzielbares politisches Ergebnis wird regelmäßig vielen berechtigten Ansprüchen nicht gerecht werden können. Oft werden auch die falschen Interessen obsiegen, dann hat sich die falsche Klientel durchgesetzt. Reale Politik kann Interessen nicht vernachlässigen, auch die beste Politik unterscheidet sich von der übelsten Klientelwirtschaft immer nur graduell. Der Politiker, der die Interessen einer starken Klientel mit Erfolg vertritt, hat davon auch meist Nutzen für seine politische Karriere: Er wird bekannt, erhält lobende Erwähnungen in den Zeitungen, wird zu Verbänden eingeladen, um dort zu reden, kommt auf interessante Veranstaltungen und Empfänge und darf auf Spenden für seine Wahlkreisarbeit hoffen. Damit ist er noch lange nicht korrupt, aber auch dieser Übergang ist fließend.

Politik und Korruption

Es ist unvermeidlich, dass der Politiker Interessen dient. Damit nimmt er zunächst nur seine Aufgaben wahr. Unvermeidlich ist auch, dass er bei allen seinen Handlungen an die Sicherung und den Ausbau seiner Macht denkt. Ohne über Macht zu verfügen, kann er ja keine Politik betreiben. Schließlich ist es unvermeidlich, dass er in vielen Fragen opportunistisch und wider besseres Wissen handelt, weil er Zusagen aus Tauschgeschäften einlöst, weil er bestimmte Verbündete nicht verprellen will, weil er unter Fraktions- und Gruppenzwang steht oder weil er ganz einfach an seinen eigenen langfristigen Vorteil denkt. Dieser persönliche Vorteil kann darin bestehen,

- dass sich seine Chancen auf Wiederwahl verbessern,
- dass er sich andere gewogen stimmt, die ihm ein begehrtes Amt verschaffen sollen,
- dass er Aussicht auf persönliche materielle Vorteile sieht.

Hier beginnt der schleichende Übergang zur Korruption. Der bayerische Ministerpräsident Horst Seehofer handelte sicher nicht korrupt, als er im Frühling 2015 die zweite Trasse für Windstrom nach Bayern in Frage stellte und damit einen Eckpfeiler der »Energiewende« gefährdete. Sehr moralisch war das aber auch nicht, sondern eher ein derbes Lehrstück in politischem Zynismus, so dreist waren die dabei verwendeten Argumente. Aber was tut man nicht alles für das Ziel, die CSU als geborene Regierungspartei quasi für ewig in Bayern an der Macht zu halten. Vielleicht hat sogar die klare Positionierung der CSU bei der Verhinderung von Trassen, mit denen Windstrom ins Land kommen könnte, bestimmten wirtschaftlichen Interessen gedient und den Spendenfluss für die CSU begünstigt. Auch das wäre noch nicht korrupt. Anders wäre es, hätte ein erwünschtes politisches Verhalten kausal zu Geldflüssen an Personen geführt.

Die korruptionsfreie Ausübung von Ämtern nach Recht und Gesetz sowie nach Weisungen von dazu Befugten und die Nutzung von Entscheidungsermessen allein nach den Maßstäben sachgerechter Abwägung ist historisch gesehen immer eher die Ausnahme als die Regel gewesen. Voraussetzung dafür war stets, dass sich in einem Herrschaftssystem Bürokratien entwickelten, die strikt nach ihnen vorgegebenen Regeln verfuhren. Soweit Politik über den Regeln stand, diese für ihre Zwecke aufstellen und nach Belieben ändern konnte, war die Anwendung des Begriffs Korruption ohne Sinn: Politik nahm sich das, wozu sie die Macht hatte, und gerechtfertigt war das, weil sie die Macht dazu hatte. Nach solchen Maximen werden heute noch Staaten wie Haiti regiert. Aber sehr viele Staaten in der heutigen Welt, die unter der korrupten Herrschaft von Diktatoren, Clans oder Familien stehen, sind nicht weit davon entfernt. Das aus der osmanischen Herrschaft überkommene politische System Griechenlands hat immer noch Anflüge davon.

Korruption ist grundsätzlich schädlich, aber aus der Natur von Politik ergibt sich, dass die Übergänge zwischen korrupten und legitimen Verhaltensweisen fließend sind. Wesensmäßig gibt es allenfalls einen graduellen Unterschied zwischen korruptem Verhalten und dem politischen Einsatz für Interessen und Entscheidungen, von denen man sachlich nicht überzeugt ist.

Das Handeln in der Politik

Alles Politische treibt dem Handeln zu, wobei in jeder Situation, in der man handeln kann, auch das Unterlassen ein Handeln ist. In der Politik entfaltet jedes wesentliche Handeln eine Fülle von Wirkungen, die meisten davon unbeabsichtigt, und der Umgang mit diesen Wirkungen erfordert neues Handeln. Bezogen auf die Ergebnisse des Handelns kommt es auf die Motive nicht mehr an. Wer politische Verantwortung hat und handelnd ausübt, bewirkt damit fast immer eine Mischung von Gutem und Schlechtem. Er muss das Ergebnis vor sich und – in einer Demokratie – auch vor anderen verantworten. Legt der Politiker sein Handeln gesinnungsethisch an, wird er damit meist mehr Schlechtes als Gutes bewirken. Legt er es verantwortungsethisch an, muss er die Kosten seiner Handlungen abwägen und darf es sich nicht zu leicht machen mit einfachen Ausreden.

Politiker – oder auch Parteien – nehmen im Wesentlichen Strömungen auf, die in der Gesellschaft vorhanden sind. Nur begrenzt kann Politik Grundströme der Meinungsbildung selber erzeugen, sie kann sie allenfalls verstärken. Zumeist aber lässt sich Politik von Strömungen tragen und handelt insofern opportunistisch. Das ergibt sich aus ihrem auf Machterwerb gerichteten Charakter: Politiker geben Strömungen eine Stimme, wenn sie diese für sich selbst als chancenreich ansehen. Insofern ist das Mitläufer- und Opportunistentum in den Machttrieb der Politik quasi fest eingebaut und kein besonderer Defekt. Ein Politiker, der nicht opportunistisch handelt, sondern seine Aktionen originären Sachzielen unterordnet, kann Außerordentliches leisten, wenn er eine entsprechende Machtposition errungen hat. Er ist aber auch potentiell gefährlich, weil er erstens durch die klassischen politischen Anreize nicht so leicht lenkbar ist und weil er zweitens auch viel Schaden anrichten kann, wenn er mit Fanatismus und ohne Rücksicht auf den eigenen Vorteil falsche Ziele verfolgt. Bei führenden Politikern ist ein gemäßigter Opportunismus auch eine vorteilhafte Eigenschaft, weil er die Gefährdungen radikalen, eigenwilligen Handelns begrenzt, mögen die Motive dazu auch noch so lauter sein.

Machtgewinn und Machterhalt sind gleichzeitig Ziel und Voraussetzung jedweder Politik. Ein großer Teil der Faszination von Politik für Akteure, Zuschauer, Journalisten und später für die Historiker ergibt sich nicht aus Sachfragen, die zu entscheiden sind, sondern aus dem Kampf um die Macht als solchem und die menschlichen Tugenden und Abgründe, die dabei sichtbar werden. Das zeigen die Königsdramen von Shakespeare ebenso wie Friedrich Schillers Dramentrilogie zu Wallenstein.

Politische Macht polstert das Gefühl der eigenen Bedeutung, ihr Besitz als solcher verschafft bereits Genuss. Besitz und Ausübung von Macht sind somit für viele Politiker ein Ziel an sich, unabhängig von den damit verfolgten Zwecken. Missbrauch der Macht für egoistische Ziele – aber auch im Namen höherer Zwecke – bleibt deshalb eine ständige Versuchung. Stabilität, Erfolg und Zukunftsfähigkeit eines politischen Systems erweisen sich daran, ob ihm die richtige Mischung aus notwendiger Machtballung (um Handlungsfähigkeit sicherzustellen) und Machtbegrenzung (um Missbrauch zu verhindern) gelingt, und zwar nicht nur zufällig, sondern quasi institutionell durch die Konstruktion des Systems.

Niemals kann Politik die ganze Macht in einem Staat oder einer Gesellschaft haben. Solche Systeme waren immer nur instabile Grenzfälle in der Geschichte der Menschheit. Politische Stabilität erwächst aus geschickter Machtverteilung.

- Die Politik bedarf der Unterstützung durch Bürokratie, Polizei und Militär, deren Kompetenzen abgegrenzt werden müssen.
- Die Rechte der Familien, der Clans oder Stämme sind zu beachten.
- Eigentumsrechte und die aus ihnen folgende wirtschaftliche Verfügungsmacht sind zu definieren und zu garantieren.[66]
- Die Sphäre der Religionen, seien es Medizinmänner oder Staatskirchen, ist im Verhältnis zur staatlichen Macht zu bestimmen.
- Die Freiheitsrechte des Einzelnen sind abzugrenzen.

Das tatsächliche Maß politischer Macht ergibt sich zunächst institutionell aus den Zuständigkeiten des jeweiligen Amtes, dann aber vor allem aus der Kompetenz und dem Geschick des Amtsinhabers. Es gab und gibt unter den amerikanischen und französischen Präsidenten wie den deutschen Bundeskanzlern im Vergleich zu den Möglichkeiten ihres Amtes immer wieder besonders machtlose und besonders mächtige Amtsträger. Fortune, Weitsicht und Geschick – oder ihr Gegenteil – machen aus politischer Macht eine sehr individuelle Angelegenheit.[67]

Politik und Demokratie

In diesem Buch geht es nicht um die Geschichte politischer Systeme. Jede politische Herrschaft beruht im Ursprung auf Gewalt; und auch das denkbar mildeste staatliche Regiment funktioniert nur, wenn der Staat grundsätzlich auf Gewaltmittel zurückgreifen kann und im Zweifelsfall stark genug ist, sich gegen innere und äußere Gegengewalt durchzusetzen. Ein funktionierendes politisches System muss für zwei Fragen eine Lösung haben: Nach welchen Verfahrensweisen kommt jemand – eine Person, eine Partei, eine irgendwie abgegrenzte Gruppe – an die Macht? Und mit welchem Verfahren können die Machthaber wieder entfernt werden?

Im Laufe der Geschichte waren, wenn es um Macht ging, Gewalt und Mord eher die Regel als die Ausnahme. 40 Prozent der römischen Kaiser verloren ihr Amt, indem sie umgebracht wurden. Im Osmanischen Reich war es üblich, dass der Sultan seine Brüder und Halbbrüder tötete, wenn er den Thron bestieg, damit seine Nachkommen die einzigen legitimen Thronerben waren.

Demokratische Regierungsformen unterwerfen sowohl den Gewinn der Macht als auch ihren Verlust einer wie auch immer gearteten Mehrheitsregel.[68] Damit ist nicht unbedingt gesichert, dass die jeweils Besten in politische Ämter kommen. Es ist nur gesichert, dass dies gewaltfrei geschieht. Durch den Verzicht auf Gewalt werden der Gesellschaft große soziale Kosten in Form von politischem Mord, Unterdrückung, Verlust von Meinungsfreiheit, Bürgerkriegen etc. erspart. Erweist sich die durch ein Wahlverfahren vorgenommene Personal auswahl als falsch, so kann sie gewaltfrei korrigiert werden. Kaum je ist Demokratie die Herrschaft der Besten. Sie muss aber auch nicht die Herrschaft der Schlechtesten sein. Demokratie ist nicht notwendigerweise die in jeder Situation überlegene Regierungsform. Sie findet aber eine überlegene Lösung für die Gewaltfreiheit bei Machtgewinn und Machtverlust, und sie schützt in gewissem Maß die Beherrschten vor den Herrschenden – unter Umständen allerdings um den Preis des Mittelmaßes und der gegenseitigen Machtblockade der Herrschenden.

Politik und Strategie

Carl von Clausewitz formulierte 1830 die Einsicht, »dass der Krieg nur ein Teil des politischen Verkehrs sei, also durchaus nichts Selbständiges«.[69] Dieser Satz zielte nicht auf die Verharmlosung des Krieges, sondern auf die notwendige Einheit politischen Handelns in Bezug auf einen bestimmten Zweck. Seine Beschreibung des Krieges passt vorzüglich zur Politik als solcher: Die tatsächliche Entwicklung beruht »auf einem Spiel von Möglichkeiten, Wahrscheinlichkeiten, Glück oder Unglück ... in dem sich die strenge logische Folgerung oft ganz verliert und wobei sie überhaupt ein sehr unbehilfliches, unbequemes Instrument des Kopfes ist«.[70] Dabei herrscht oft die situative Taktik, diese muss aber eingebunden sein in eine »Strategie ... um das Einzelne an Ort und Stelle anzuordnen und für das Ganze die Modifikationen zu treffen, die unaufhörlich erforderlich werden. Sie kann also ihre Hand in keinem Augenblick von dem Werke abziehen.«[71] Erfolgsfaktoren des Handelns sind »gute Vorbereitung, Ruhe, Sicherheit, Einheit und Einfachheit«.[72] Clausewitz bezog diese Anforderungen auf die intelligent geführte Verteidigung, aber sie gelten genauso für jede kluge Politik.

Leider sagt mir meine Erfahrung, dass strategisches Handeln in der Politik eher die Ausnahme als die Regel ist. Unter strategischem Handeln verstehe ich die Unterordnung der getroffenen Maßnahmen und eingesetzten Mittel unter einen Zweck und die ständige intelligente Anpassung des Vorgehens an diesen Zweck. In der Politik wird dies zwar dadurch erschwert, dass oft mehrere Zwecke gleichzeitig zu verfolgen sind. Dann braucht man eben eine übergeordnete Strategie. Die Verschiedenartigkeit, zuweilen sogar Unvereinbarkeit der Zwecke darf aber kein Grund dafür sein, sich einfach nur perspektivlos durchzuwursteln und sich nicht mehr kritisch zu fragen, ob die einmal eingeschlagenen Pfade überhaupt zum Ziel führen.

Politik und Torheit

Barbara Tuchman nennt politisches Handeln dort töricht, »wo uneinsichtig an einer Politik festgehalten wird, die nachweislich unwirksam ist oder direkt gegen die eigenen Ziele arbeitet«.[73] Sie analysiert schlagende historische Beispiele aus Kriegführung und Außenpolitik.

Ich greife als eines ihrer Beispiele die Entscheidung Deutschlands für den uneingeschränkten U-Boot-Krieg am 9. Januar 1917 heraus.[74] Diese führte zum Eintritt der USA in den Ersten Weltkrieg und besiegelte damit die militärische Niederlage Deutschlands. Der Reichskanzler Bethmann-Hollweg und der deutsche Botschafter in Washington, Graf Bernstorff, waren strikt gegen diese Entscheidung, weil sie den Kriegseintritt der USA nach ihrer Einschätzung unvermeidlich machen würde. Die deutsche Militärführung war strikt dafür, weil sie davon überzeugt war, das wankende England vollständig von Einfuhren abschneiden und so seinen Zusammenbruch innerhalb weniger Monate erzwingen zu können.

Die Gegner verfügten weder über Zahlen noch Fakten. Wie sich herausstellen sollte, hatten sie aber ein richtiges Gefühl für die politischen Folgen der Entscheidung. Die Befürworter hatten anscheinend alles durchgerechnet und belegten dies mit umfangreichen Zahlenwerken. Wenn England, wie von ihnen prognostiziert, innerhalb weniger Monate aus dem Krieg ausschied, würde der Kriegseintritt der USA, der frühestens nach einem Jahr militärisch wirksam werden konnte, irrelevant sein.

Gegner wie Befürworter sahen zwei Dinge nicht voraus: Erstens dass die Alliierten mit dem Geleitzugsystem ein wirksames Gegenmittel gegen U-Boot-Angriffe entwickeln würden, zweitens dass wenige Wochen nach der Entscheidung die russische Revolution ausbrechen und in deren Folge Russland binnen Jahresfrist aus dem

Krieg austreten würde. Damit war ein Sieg Englands und Frankreichs ohne die militärische Unterstützung der USA sowieso unmöglich.

Den Ausschlag für den uneingeschränkten U-Boot-Krieg gab Kaiser Wilhelm. Er entschied als Oberbefehlshaber zugunsten der Militärs, weil er seine Offiziere nicht alleine lassen wollte. Letztlich schlugen die Militärs die Warnung von Clausewitz in den Wind, »dass der Krieg nur ein Teil des politisches Verkehrs sei, also durchaus nichts Selbständiges«. Der gebotene Vorrang der Politik wurde missachtet und insoweit nicht strategisch, sondern taktisch gehandelt. Man wollte militärisch gewinnen, statt sich politisch aus dem Krieg zu lösen. Der Tor im Spiel war der Kaiser. Er hatte im deutschen Herrschaftssystem eine Rolle inne, der er geistig und charakterlich nicht gewachsen war. Die Militärs waren keine Toren, ganz im Gegenteil. Im deutschen Kaiserreich waren Generalstabsoffiziere zweifelsohne eine geistige Elite. Die Militärs waren etwas viel Schlimmeres, sie waren Fachidioten und schlugen nur Lösungen vor, die sich aus ihrer engen Systemlogik ergaben.

Politik und Verblendung

Ein Fachidiot, unpolemisch auch Experte genannt, sieht eine Sache aus einer bestimmten Perspektive. So kann der Betriebsingenieur eines Werkes feststellen, dass eine Maschine der Überholung oder des Austauschs bedarf, und er kann das vermutlich besser beurteilen als der Werksleiter oder der Unternehmensvorstand. Der Werksleiter wiederum kann besser beurteilen, ob diese Maschine im künftigen Produktionszusammenhang überhaupt noch gebraucht wird. Dem Vorstand obliegt schließlich die Beurteilung, ob man im Rahmen der künftigen Unternehmensstrategie das ganze Werk noch braucht. Je nach Blickwinkel kann es deshalb zur selben Sache ganz unterschiedliche Entscheidungen geben.

Eine extreme und entscheidungserhebliche Verengung des Blickwinkels nenne ich eine Verblendung. Der enge Blickwinkel des Fachidioten kann Verblendungscharakter haben, weil er nicht jener Perspektive entspricht, die aus dem höheren Zweck des Ganzen geboten wäre. In der Politik können sich an vielen Stellen aus einer unbalancierten Expertenherrschaft gefährliche Verblendungen ergeben. Das gilt beispielsweise, wenn man in Fragen der inneren Sicherheit dem Datenschutz zu viel Raum gibt, umgekehrt aber genauso, wenn der Datenschutz der inneren Sicherheit geopfert wird.

Politische Einstellungen, Motivationen und Antriebe sind vorwiegend gefühlsgesteuert. Das erleichtert Fokussierung, Gewichtung und politisches Urteil, ist aber stets mit der Gefahr verbunden, dass die politische Sicht – wie die Expertensicht – sie unzuträglich verengt, was sich am Ende bis zur Verblendung steigern kann. Dazu zwei Beispiele: Die Weltfinanzkrise 2008 ergab sich aus einer unbedachten Deregulierung der Kapitalmärkte und der Banken, die in den USA den Boom der Subprime-Kredite auslöste, die wiederum die Basis für toxische Wertpapiere aller Art waren. Ermöglicht wurde dies durch eine verengte, unkritische Marktgläubigkeit, die die intelligente Regulierung der institutionellen und rechtlichen Rahmenbedingungen vernachlässigte.

Der islamistische Terror – bis hin zum Schreckensregime des Islamischen Staates in Teilen von Syrien und dem Irak – findet seine Rechtfertigung in der wörtlichen Interpretation der Texte des Korans. Jeder Fundamentalismus entspringt einer Verengung der Perspektive mit fließendem Übergang zur Verblendung.

Politik und Krise

Die Krise ist eine Situation, in der ein Zustand oder eine Entwicklung unhaltbar geworden ist und mithin einem Umbruch der Verhältnisse und/oder einer entsprechenden Entscheidung zutreibt. Das gilt für Ehekrisen, Unternehmenskrisen, Wirtschaftskrisen, Koalitionskrisen und außerpolitische Krisen gleichermaßen. Die Krise ist der geeignete Moment politischen Handelns (wozu auch das Nichthandeln gehört). Verhältnisse nämlich, die sich im Umbruch befinden, können viel eher in die eine oder andere Richtung grundsätzlich geändert werden, als dies bei festgefügten Zuständen möglich wäre.

Die Krise, egal welche, ist also die eigentliche Stunde der Politik, zugleich aber Projektionspunkt und Ziel aller Fundamentalisten und Fanatiker. Während meiner Studienzeit von 1967 bis 1971 vernahm ich täglich neue hoffnungsvolle Nachrichten von der Krise des Spätkapitalismus. Es kam mir 40 Jahre später sehr bekannt vor, wie sich die Kommentatoren in den deutschen Feuilletons von 2008 bis 2012 erneut an der Krise des kapitalistischen Systems labten. 2012 und 2013 dann leuchteten die Augen der Kommentatoren bei der Arabellion, die nun endlich das Licht von Aufklärung und parlamentarischer Demokratie in den Nahen Osten und nach Nordafrika bringen würde. Als Ende Januar 2015 die linksradikale Syriza die griechischen Parlamentswahlen gewann, jubelten viele in Südeuropa, weil nun der Vorrang der deutschen Wirtschaftsideologie im Euroraum endlich gebrochen werden würde.

Der politische Kairos

Der politische Kairos tritt ein, wenn sich für einen Augenblick die politischen Konstellationen so zusammenfinden, dass politisches Handeln von großer Wirkung möglich wird. Soweit dies innerhalb demokratischer Strukturen stattfindet, werden dabei häufig die gewählten Organe bis auf ganz wenige Hauptakteure de facto auf eine notarielle oder symbolische Funktion reduziert (siehe auch »Über den Einfluss des Einzelnen«). Dazu einige Beispiele aus meiner eigenen Praxis.

Das Konsolidierungsprogramm zum Bundeshaushalt 1982
Anfang 1978 war ich beruflich aus dem Bundesfinanzministerium in das Bundesarbeitsministerium gewechselt und Redenschreiber beim damaligen Bundesarbeitsminister Herbert Ehrenberg geworden. Meine Redeentwürfe und sonstigen Ratschläge gefielen ihm, und alsbald leitete ich das Planungsreferat in der Grundsatzabteilung. Ehrenberg war 1976 Arbeitsminister geworden, um die Finanzlücken in den verschiedenen Zweigen der Sozialversicherung zu schließen. Das gelang ihm auch recht gut. Aber der Widerstand der Gewerkschaften, Sozialverbände und Sozialpolitiker zermürbte ihn, und am Sparen verlor er allmählich den Spaß. Er wollte geliebt werden von den Schafen, die er scheren sollte, und so legte er schließlich die Schere ganz weg. Ich dagegen meinte, dass beim Umbau des Sozialstaats erst der kleinste Teil des Weges zurückgelegt sei. Durch die Zuarbeit aller

Fachabteilungen für meine Redeentwürfe, meine übergreifende Zuständigkeit und eigene Neugier hatte ich einen ziemlich guten Überblick erworben und wusste, worum es ging. Das nützte mir aber kaum, denn der Minister hörte immer weniger auf mich.

Einige glückliche Zufälle halfen mir, und am 1. April 1981 fand ich mich wieder in der Grundsatzabteilung des Bundesfinanzministeriums. Dort leitete ich ein neu gegründetes Kleinreferat »Finanzfragen der Sozialpolitik« mit nur zwei Mitarbeitern. Dieses Referat verdankte seine Existenz dem Umstand, dass der Finanzminister Hans Matthöfer mit der Haushaltsabteilung unzufrieden war, die aus seiner Sicht keine ausreichenden Ideen gegen das Ausufern der Sozialetats entwickelte. Diese Ideen sollte ich jetzt produzieren.

Ideen hatte ich viele. Die konkreten Zahlen zu den Ideen waren aber alle bei der Haushaltsabteilung. Ich machte bei deren Leiter, dem Ministerialdirektor Eberhard Hubrich, einen Antrittsbesuch und bot ihm gute Zusammenarbeit an. Er erklärte mir, dass er seinen Mitarbeitern jedwede Zusammenarbeit mit mir verboten habe. Sie dürften keine Auskünfte geben und schon gar keine Zahlen liefern. Er werde mich austrocknen. Man werde ja sehen, wie sich alles entwickle, antwortete ich und verabschiedete mich höflich. Den Gedanken, mich beim Minister oder beim Haushaltsstaatssekretär Günter Obert zu beschweren, verwarf ich. Damit hätte ich Schwäche gezeigt. Das Gespräch behielt ich für mich.

In diesem Frühjahr 1981 zeigte sich, dass im Haushalt 1982 eine zweistellige Milliardenlücke klaffen würde. Vom Koalitionspartner FDP, der sich für den Absprung warmlief, kamen zunehmend drohende Untertöne. Die großen Einsparungen konnten nur aus dem Sozialbereich kommen. In der SPD war es aber fast unmöglich, darüber offen zu reden. Matthöfer gab an die Haushaltsabteilung den streng geheimen Auftrag, ein Sparkonzept zu erarbeiten. Und sein Büroleiter bat mich, parallel dazu meine Gedanken aufzuschreiben. Das tat ich an einem langen Wochenende anhand von Daten, die ich aus dem Arbeitsministerium mitgebracht hatte oder die öffentlich zugänglich waren. In meinem Papier konzentrierte ich mich auf die wesentlichen Strukturfragen, auf gute Lesbarkeit und auf Schlüssigkeit. Es konnte in einer Lektüre von 30 Minuten mitsamt seinem Zahlenwerk gut verarbeitet werden.

Es wurde eine große Besprechung mit etwa 30 Teilnehmern unter Leitung des Ministers anberaumt. Beim Betreten des Besprechungsraums pfiff Hubrich mich halblaut an: »Ihr Papier gehört ja in die Abteilung Lyrik, damit kann man gar nichts anfangen.« Er war beleidigt, dass ich überhaupt geladen war. Vor dem Minister lagen ein dicker Leitzordner der Haushaltsabteilung mit Dutzenden von Fächern und Anlagen, daneben mein schlankes etwa 15-seitiges Papier. Der Minister sagte: »Ich schlage vor, wir gehen nach dem Papier von Herrn Sarrazin vor«, und erteilte mir das Wort. Das war mein Kairos, und ich hatte mit den ersten Sätzen einen glücklichen Start.

Mein Konzept ergab sich aus wenigen Prinzipien, die dann schlüssig weiter in die Tiefe des Stoffes zu den unterschiedlichsten Einsparungen führten. Aber es vermied die Beliebigkeit letztlich willkürlicher Streichvorschläge. Der Haushaltsstaatssekretär Obert, Hubrichs Chef, erkannte die neue Lage und schloss konstruktiv an meinen Vortrag an. Es folgten noch viele Besprechungen, bis das Maßnahmenpaket stand, aber das Eis war gebrochen. Von der Haushaltsabteilung bekam ich ab sofort alle Zahlen und wurde stets auf das Höflichste behandelt. Speziell die Zusammenarbeit mit dem Abteilungsleiter Hubrich war ausgezeichnet.

Das große Konsolidierungsbegleitgesetz zum Haushaltsentwurf 1982 atmete den Geist meiner ursprünglichen Vorschläge, und ich empfand eine tiefe Befriedigung. Einige Wochen später wurde ich bei Hans Matthöfer Leiter des Ministerbüros.

Die Vorbereitungen für das große Konsolidierungspaket verliefen im Bundesfinanzministerium unter strikter Geheimhaltung ohne jede Beteiligung anderer Ressorts, erst recht des Bundesarbeitsministeriums. Geheim hieß damals auch geheim. Obwohl bestimmt 50 Beamte an den Vorbereitungen beteiligt waren, drang kein Wort nach außen. Nur mit dem Bundeskanzler Helmut Schmidt stimmte Matthöfer sich eng ab und vereinbarte mit ihm, dass er das Konzept auf einer Sondersitzung der SPD-Fraktion vortragen würde.

Die Sondersitzung fand kurz vor der Sommerpause an einem Sonntag statt. Matthöfer unterstützte seinen Vortrag mit Folien. Er hatte mich mitgenommen, damit ich sie auflege. Die Folien hatte ich nach seinen Vorgaben ausgearbeitet. (In den Tagen vor der Erfindung von PC und Powerpoint war das recht aufwendig und geschah mit

Hilfe des hauseigenen Grafikers.) Nach dem Vortrag herrschte zunächst Stille. Mein ehemaliger Chef Herbert Ehrenberg, in dessen Haushalt die vorgeschlagenen Einsparungen vorwiegend stattfanden, funkelte mich quer durch den Raum vom Tisch der Bundesminister wütend an. Aufkommendes Gemurmel und der Versuch von Wortmeldungen wurden vom Fraktionsvorsitzenden Herbert Wehner niedergebrüllt. Helmut Schmidt erhob sich und teilte dem schweigenden Saal mit, dass dieses Einsparkonzept alternativlos sei. Die Sitzung war beendet. Ich war stolz wie Oskar.

15 Monate später brach die sozialliberale Koalition auseinander. Beim Haushaltsentwurf für das Jahr 1983, der weitere Einsparungen enthielt, hatte die SPD-Fraktion rebelliert. Der neue Finanzminister hieß Gerhard Stoltenberg und kam von der CDU. Er hatte auch einen neuen Büroleiter mitgebracht, und ich war zunächst ohne Beschäftigung. Nach wenigen Tagen im Amt bestellte Gerhard Stoltenberg mich zu sich. Er bat mich um ein Papier »Stellung und Aufgaben des Bundesministers der Finanzen«. Ich hätte doch jetzt Zeit, das zu schreiben. Vorsichtig antwortete ich: »Herr Minister, ich bin kein Jurist. Ich kann Ihnen höchstens aufschreiben, was mir wichtig scheint und worauf Sie achten müssten.« – »Dann tun Sie das.«

In dem kahlen Übergangszimmer, das mir zugewiesen worden war, machte ich mich ans Werk. Ich beschrieb den aus meiner Sicht gebotenen Umgang mit dem Bundeskanzler, den anderen Ministerien, warnte vor den parlamentarischen Staatssekretären und ging dann jede der neun Abteilungen des Hauses bis auf die Ebene der 145 Referate im Einzelnen durch, wobei ich Einschätzungen zu Personen mit institutionellen Hinweisen vermischte. Es war viel Mühe. Nach 14-tägiger Arbeit gab ich das Papier im Vorzimmer Stoltenbergs ab. Ich erhielt nie eine formelle Rückmeldung, doch seine Sekretärin erzählte mir nach einigen Wochen, er bewahre das Papier in seiner Schreibtischschublade auf, und jedes Mal, wenn ihn jemand aus dem Hause besuche, lese er zuvor in dem Papier nach.

Offenbar hatte sich die Mühe gelohnt. Es war ein kleiner Kairos für mich, und ich hatte die Gelegenheit ergriffen. In den kommenden sieben Jahren schrieb ich als Referatsleiter für Finanzfragen des Verkehrs zahllose Ministervorlagen, die von Stoltenberg grundsätzlich zustimmend abgezeichnet wurden. Das machte mich innerhalb und außerhalb des Hauses stark. Für viele blieb es ein Rätsel, weshalb ich beim Minister Stoltenberg anscheinend immer Recht bekam. Und ich schwieg dazu.

Die Schuldenbremse bei der Deutschen Bundesbahn
Einige Wochen nach der Amtsübernahme von Gerhard Stoltenberg wurde ich Leiter des Referats »Finanzfragen des Verkehrs, Verkehrsbeteiligungen, Bundesbahn, Bundespost«. Ich stand noch voll unter Adrenalin durch meine Tätigkeit als Leiter des Ministerbüros und ging die neue Aufgabe mit einer Verve an, die für meine neuen Mitarbeiter und Gesprächspartner im Verkehrsministerium, bei der Bundesbahn, der Post und anderswo sicherlich ungewohnt war.

Die Deutsche Bundesbahn hatte sich im Verlauf der 1970er Jahre zu einem riesigen Haushaltsrisiko entwickelt. Ihr jährlicher Zuschussbedarf war geradezu explosionsartig von 3,9 Milliarden D-Mark 1970 auf 13,7 Milliarden D-Mark 1982 gestiegen, und ihre Verschuldung hatte sich zugleich kräftig erhöht. Zusammen mit dem Verkehrsministerium erarbeitete ich »Leitlinien zur Konsolidierung der Deutschen Bundesbahn«, die im November 1983 von der Bundesregierung verabschiedet wurden, und begegnete dabei erneut einem Kairos.

Nach dem Bundesbahngesetz wurde der Wirtschaftsplan der Bundesbahn »vom Bundesminister für Verkehr im Einvernehmen mit dem Bundesminister der Finanzen genehmigt«. Das Bundesfinanzministerium hatte diese Machtstellung jahrelang nicht mit Leben erfüllt. Das wollte ich ändern. Die Vertreter der Bahn und des Verkehrsministeriums fanden das zunächst recht amüsant und merkten erst im Verlauf einiger Monate mit wachsender Irritation, wie die Forderungen, die ich vortrug, regelmäßig bis in die Spitze des Finanzministerium gedeckt wurden. Das hatte es so noch nie gegeben. Der Durchbruch gelang mir nur, weil meine neue Zuständigkeit mit dem politischen Neubeginn der Bundesregierung zusammenfiel und ich die haushaltsrechtlichen Hebel radikal nutzte, wobei ich sie zugleich inhaltlich untermauerte.

Im Ergebnis wurden
- die jährlichen Bundesleistungen an die Bahn auf 13,5 Milliarden D-Mark gedeckelt,

- die jährlich zulässige Neuverschuldung der Bahn auf 2,5 Milliarden begrenzt,
- die jährlichen Neueinstellungen auf 1500 festgesetzt,
- alle Investitionen einem nachprüfbaren betriebswirtschaftlichen Rentabiliätsnachweis unterworfen.

Die Bundesbahn blieb damit teuer, aber sie war kein Haushaltsrisiko mehr. Das blieb so, bis ich sieben Jahre später die Zuständigkeit für Verkehrsfragen abgab und mich der Währungspolitik zuwandte. In den 1990er Jahren schrieben die deutsche Einheit und die Bahnreform dann eine andere Geschichte, die zu erzählen an dieser Stelle aber zu weit führt.

Die deutsche Währungsunion

Die kommunistische Herrschaft, die mit Lenins Vorsitz im Rat der Volkskommissare begonnen hatte, währte 74 Jahre. Ihr Ende wurde am 9. November 1989 durch den Fall der Berliner Mauer eingeleitet. An diesem Tag fand auch meine stärkste persönliche Begegnung mit dem politischen Kairos statt.

Ich leitete damals seit einigen Monaten das Referat »Nationale Währungsfragen« im Bundesministerium der Finanzen. Horst Köhler war mein Abteilungsleiter und vom 1. Dezember 1989 an mein Staatssekretär (er folgte Hans Tietmeyer nach, der zur Bundesbank ging). In diesen ersten Wochen mit offener Grenze zeichnete sich der wirtschaftliche Zusammenbruch der DDR immer deutlicher ab. Die außenpolitische Situation war unklar, das Wort »Einheit« zunächst ein politisches Tabu. Dank Horst Köhler wurde ich in alle Finanz- und Währungsfragen, die die DDR betrafen, eingeschaltet und erlebte die bis dahin arbeitsreichsten Wochen meines Beamtenlebens.

Mir wurde immer klarer, dass eine wirtschaftliche Stabilisierung der DDR unmöglich war, wenn die Grenzen nicht wieder geschlossen wurden, und ich ahnte allmählich, dass man vollendete Tatsachen schaffen musste, die die politische Einheit unvermeidlich machten. So entstand bei mir die Idee für eine deutsche Währungsunion zweier unabhängiger Staaten. Ich arbeitete daran in vollständiger Abgeschiedenheit, kein einziger Kollege oder Mitarbeiter bekam etwas mit, schon gar nicht die Bundesbank. Horst Köhler wollte zunächst gar nichts davon hören, auch keine Papiere sehen. Er ließ mich jedoch gewähren und schwor mich auf strengste Geheimhaltung ein. Am Freitag, dem 26. Januar 1990, ließ er mich zu sich kommen und sagte recht lapidar: »Schreiben Sie doch mal über das Wochenende auf, wie Sie sich das denken. Aber ganz geheim, nur für mich. Am Montag Morgen brauche ich das Papier.«

Ich hatte schon viel Vorarbeit geleistet, aber ein Wochenende ist kurz, also hieß es fleißig ans Werk gehen. Am Montag früh übergab ich Horst Köhler den 14-seitigen Vermerk. Er enthielt die Blaupause für eine Währungsunion beider deutscher Staaten: Umtauschverhältnisse, Altschuldenregelung, technische Vorgehensweise, begleitende ordnungspolitische Reformen in der DDR, Auswirkungen auf den Arbeitsmarkt (ich schätzte 1,4 Millionen Arbeitslose in der DDR-Industrie) – es war ein recht vollständiges Konzept.

Zunächst erhielt ich keine Rückmeldung. Erst am folgenden Dienstag gegen 19 Uhr bat Horst Köhler mich erneut zu sich: Er habe das Papier Minister Waigel gegeben und mit ihm durchgesprochen. Dieser habe es an das Kanzleramt weitergereicht. Der Bundeskanzler habe entschieden, der DDR eine Währungsunion anzubieten. Im Bundesfinanzministerium werde eine abteilungsübergreifende Arbeitsgruppe eingerichtet zur Vorbereitung der Währungsunion. Ich solle sie leiten. Mir wankte der Boden unter den Füßen. Lenin kann sich auch nicht anders gefühlt haben, als er unerwartet Vorsitzender des Rats der Volkskommissare wurde.

Fünf Monate später war die Währungsunion Wirklichkeit und folgte im Wesentlichen meinem Konzept. Wie konnte es so kommen? Schließlich war ich doch nur ein relativ einflussloser Beamter in der mittleren Führungsebene des Bundesfinanzministeriums, noch dazu mit einem SPD-Parteibuch in einer unionsgeführten Bundesregierung.

Die Antwort ist eigentlich ganz einfach: Mein Konzept geriet zur richtigen Zeit aus der richtigen Quelle in die richtigen Hände. Für die Einheit war es zu früh, für jahrelange Reformen in einer selbständigen DDR zu spät. Die westdeutsche Politik brauchte einen unwiderruflichen Schritt in Richtung deutsche Einheit, aber es durfte nicht wie Abenteurertum aussehen. Von der stolzen Bundesbank oder aus der Wirtschaftswissenschaft wäre solch ein Konzept niemals gekommen, denn dort dachte man allenfalls in langjährigen Stufenplänen. Wenn das Konzept jedoch im fachlich zuständigen Währungsreferat des

Bundesfinanzministeriums entwickelt worden war, dann mochte es riskant und umstritten sein, es war jedenfalls kein Abenteurertum, und die Politik durfte sich fachlich abgesichert fühlen.

Unbeantwortet bleibt die Frage, was genau geschehen wäre, hätte ein anderer am 9. November 1989 auf meinem Platz im Referat »Nationale Währungsfragen« gesessen.

Jede Entwicklung hängt eben von ganz vielen unterschiedlichen Einflüssen ab. Das nennt man Kontingenz, früher hieß es Zufall. Der Kontingenz, nicht einer historischen Gesetzmäßigkeit, war es geschuldet, dass Lenin im November 1917 Vorsitzender des Rats der Volkskommissare wurde. Und ein Ergebnis von Kontingenz war es auch, dass am 1. Juli 1990 die deutsche Währungsunion begann.

Der Berliner Solidarpakt

Am Sonntag, dem 29. Januar 2002, exakt zwölf Jahre nachdem ich den Vermerk zur deutschen Währungsunion Horst Köhler übergeben hatte, begegnete ich dem politischen Kairos erneut, und zwar um kurz vor Mitternacht im Gästehaus des Senats von Berlin. Ich war seit zehn Tagen Berliner Finanzsenator, und der Regierende Bürgermeister Wowereit hatte den Senat zu einer sonntäglichen Klausurtagung gebeten. Ich hatte meine ersten Tage im Amt genutzt, um mich etwas in den Berliner Haushaltssumpf einzuarbeiten, und soeben einige rabenschwarze (also tiefrote) Folien zur Haushalts- und Finanzplanung aufgelegt. Die Stimmung war schlecht. Alle stocherten lustlos und latent aggressiv in meinen Zahlen herum, weil sie deren Konsequenzen fürchteten. Plötzlich sagte Wowereit: »Da fehlen ja 500 Millionen!« Ich widersprach. Doch, so Wowereit, es fehlten die Einsparungen aus dem Solidarpakt. In der Tat hatte ich bei Amtsantritt in der Finanzplanung eine rätselhafte Zahlenreihe vorgefunden, die die Überschrift »Solidarpakt« trug. Mein Staatssekretär hatte mir die Zahlenreihe so erklärt: Während der Koalitionsgespräche im Oktober habe die FDP mehr Einsparungen bei den Personalkosten gefordert. Da habe man pauschal eine Einsparung von jährlich 500 Millionen eingesetzt und diese »Solidarpakt« genannt. Als später die Verhandlungen mit der FDP scheiterten, habe Wowereit darauf bestanden, diese Zeile in der Planung zu belassen. Damit waren alle einverstanden, denn nun sahen die Zahlen nicht ganz so schrecklich aus.

Ich fragte meinen Staatssekretär, ob es irgendeine Idee zur inhaltlichen Untermauerung dieses Betrags gebe. Er verneinte, und so ließ ich die Zahlen aus dem Planungswerk entfernen. Das fand Wowereit gar nicht gut. Er stellte sich einen freiwilligen Lohnverzicht der Mitarbeiter vor, der mit den Gewerkschaften auszuhandeln sei. Ich hielt das für illusorisch und erklärte vorsorglich, in einer von mir vorgelegten Planung werde es keine Zahlen geben, die nicht unterlegt sind. Die Stimmung sank unter den Nullpunkt. Ein Wort gab das andere, Wowereit ereiferte sich immer mehr. Nach weiteren 15 Minuten lag mein Rücktritt in der Luft.

Während ich stritt, dachte ich fieberhaft über einen Ausweg nach und sagte schließlich: »O.k., unter einer Bedingung stelle ich die 500 Millionen als Einsparung ein: Wir verhandeln bis zum Herbst mit den Gewerkschaften, und wenn die Verhandlungen bis dahin nicht erfolgreich waren, wird das Land Berlin erstens in den Bundesrat einen Gesetzentwurf einbringen, mit dem die Landesbeamten von der bundesweiten Beamtenbesoldung abgekoppelt werden, und zweitens wird Berlin aus dem Kommunalen Arbeitgeberverband austreten und die Tariflöhne für Arbeiter und Angestellte einfrieren.«

Mehrere Senatoren öffneten den Mund zum Protest. Aber Wowereit stimmte sofort zu. Er war offenbar froh, nicht schon nach zehn Tagen einen neuen Finanzsenator suchen zu müssen. Meine Verwaltung lieferte einen entsprechenden rechtsfesten Text für das Senatsprotokoll. Dort wurde er zunächst »vergessen«, nach zweimaliger Ermahnung doch eingefügt, aber niemand nahm ihn ernst.

Die Verhandlungen mit den Gewerkschaften schleppten sich hin und führten erwartungsgemäß zu gar nichts. Neun Monate später, im Oktober 2002, blieb nach einer letzten symbolischen Verhandlungsrunde nichts anderes übrig, als ihr Scheitern festzustellen. Die einzige »Gegenleistung,« die wir den Gewerkschaften hatten anbieten können, war der Verzicht auf betriebsbedingte Kündigungen. Das hatte nur symbolischen Wert, denn im öffentlichen Dienst wird nie jemand betriebsbedingt gekündigt. Mit der Botschaft des Scheiterns marschierten die Gewerkschaftsvorsitzenden (vier an der Zahl) und die Senatsvertreter (Regierender Bürgermeister, Finanz-, Innen-, und Wirtschaftssenator) zur angesetzten Pressekonferenz, und da ergab sich der politische Kairos.

In den Monaten zuvor waren harte Zeiten über die Berliner Medien hinweggegangen. Es hatte überall riesige Stellenkürzungen, betriebsbedingte Kündigungen und Lohnkürzungen gegeben. Kaum einer der Journalisten im Saal hatte nicht um seinen Arbeitsplatz gezittert und Einkommensverluste erlitten. Die selbstbewusst vorgetragene Erklärung der Gewerkschaftsvorsitzenden, auch der Verzicht auf betriebsbedingte Kündigungen könne sie nicht zu zeitlich begrenzten Lohnkürzungen bewegen, geriet zum psychologischen Desaster. Auf die Frage der Journalisten, was denn nun geschehen solle, erläuterte ich den bisher unbeachteten neun Monate alten Vorratsbeschluss des Senats: Streichung des Weihnachtsgelds für Beamte, Ausstieg aus dem Bundesbesoldungsgesetz, Austritt aus dem Kommunalen Arbeitgeberverband. Die Pressevertreter waren begeistert. Der Regierende Bürgermeister und die anderen Senatoren fühlten sich durch die Begeisterung ermutigt und bestätigten in der Pressekonferenz diese harte Linie. So kam es dann auch. Den Berliner Beamten wurde bis auf einen kleinen Restbetrag das Weihnachtsgeld gestrichen, und ihre Gehälter wurden für die nächsten acht Jahre eingefroren. Berlin war so pleite, dass das entsprechende Bundesgesetz, das uns die Freiheit dazu gab, anstandslos den Bundestag und den Bundesrat passierte. Die Gewerkschaften hatten solche Angst vor dem Austritt Berlins aus dem Arbeitgeberverband, dass sie schließlich einlenkten: Für Arbeiter und Angestellte wurde die Arbeitszeit um durchschnittlich 10 Prozent ohne Lohnausgleich gekürzt, und für acht Jahre gab es keinen Anstieg der Tariflöhne und -gehälter.

Eine glückliche Eingebung an einem Sonntagabend kurz vor Mitternacht im Streit mit meinem Chef Klaus Wowereit hatte das alles möglich gemacht. Sonst wäre ich schon geschlagen gewesen, ehe ich meine Arbeit richtig aufgenommen hatte, oder wäre eben nach zehn Tagen zurückgetreten. In jedem Fall wäre die Berliner Finanzgeschichte anders verlaufen.

Die Berliner Wohnungsbauförderung
Im subventionsverwöhnten Berlin der Mauerzeit hatte sich eine besonders absurde Art der Förderung des sozialen Wohnungsbaus breitgemacht: Es wurden Wohnungen zu den damals in Berlin üblichen überhöhten Kosten erstellt, die vorwiegend mit Krediten finanziert

waren. Deren absurd hohe Kostenmiete wurde dann durch laufende Zuschüsse des Landes Berlin auf das niedrige Niveau der Sozialmieten heruntersubventioniert. Diese Förderung wurde für 15 Jahre gewährt, und im Anschluss wurde sie als sogenannte Anschlussförderung für weitere 15 Jahre genehmigt. Mir fiel das auf, als ich kurz nach meinem Amtsantritt 2002 eine Vorlage für den Haushaltsausschuss des Abgeordnetenhauses unterzeichnen sollte, die die Gewährung der Anschlussförderung für den Förderjahrgang 1988 zum Inhalt hatte. Ich nutzte den Kairos meines Neubeginns und verweigerte die allererste Unterschrift in dieser Sache. Es begann ein elf Monate währender Kampf mit dem Bausenator Peter Strieder. Am Ende setzte ich mich in der SPD-Fraktion durch, weil ich die Unterstützung des Regierenden Bürgermeisters Klaus Wowereit und des Fraktionsvorsitzenden Michael Müller hatte.

Es ging um ungeheure Beträge: Die gesamte Wohnungsbauförderung verschlang im Landeshaushalt jährlich (!) 1,2 Milliarden Euro und betraf ausschließlich bereits geförderte Wohnungen. Durch den Verzicht auf die Anschlussförderung war es möglich, diese Ausgaben bis 2019 stufenweise auf null herunterzuführen. Natürlich wurde die Entscheidung von Investoren auf dem Klageweg angefochten. Erst im Jahr 2006 entschied das Bundesverwaltungsgericht endgültig zugunsten des Landes Berlin. Ungezählte Stunden verbrachte ich als Finanzsenator mit den Anwälten, die das Land Berlin vertraten. Eigentlich wäre das die Angelegenheit der fachlich zuständigen Senatsbauverwaltung gewesen. Die aber stand mitsamt der Sozialwohnungslobby innerlich auf der Gegenseite und erwartete freudig die Niederlage des Landes Berlin auf dem Gerichtsweg. Sie täuschte sich.

Entscheidend für meinen politischen Sieg waren nicht etwa inhaltliche Argumente. Jeder kannte seit langem den Wahnsinn dieser Art von Wohnungsbauförderung. Wichtig war sicherlich der Wunsch, alternativ nötige Einsparungen an anderer Stelle zu vermeiden. Noch wichtiger aber war der verdeckte Machtkampf in der Führung der Berliner SPD: Unter den drei führenden Leuten – Klaus Wowereit als Regierender Bürgermeister, Michael Müller als Fraktionsvorsitzender, Peter Strieder als Parteivorsitzender – war einer zu viel. Darum hatte ich bei der Abschaffung der Anschlussförderung die Unterstützung von Wowereit und Müller, und ich konnte mich letztlich durchsetzen.

Nach der Niederlage in einer so entscheidenden Frage war Strieder als Bausenator und Landesvorsitzender entscheidend geschwächt und verließ ein Jahr später aus Anlass eines Skandälchens (die sogenannte Tempodrom-Affäre) die Politik.

Erfolg hatte ich letztlich nur, weil mein Kampf um die Streichung der Anschlussförderung sich zeitlich mit dem verdeckten Machtkampf in der Parteiführung überschnitt. Auch das muss man wissen beim Handeln in der Politik: Argumente allein genügen nur selten.

Die Hartz-IV-Reform

Im September 2002 hatte Gerhard Schröder mit Mühe die Bundestagswahl gewonnen. Er ahnte wohl, dass dies seine letzte Periode als Bundeskanzler sein würde, und er machte sich an die Arbeitsmarktreformen der sogenannten Agenda 2010.

Die historische Entwicklung des deutschen Sozialstaates hatte es mit sich gebracht, dass es einerseits die Sozialhilfe gab, die finanziell und organisatorisch in den Händen der Gemeinden lag, und andererseits die Arbeitslosenhilfe. Diese lag in der Hand der Bundesanstalt für Arbeit, und da rutschten alle hinein, die mal beschäftigt gewesen waren, deren Anspruch auf Arbeitslosengeld aber ausgelaufen war. Die Arbeitslosenhilfe war praktisch eine Sozialhilfe erster Klasse.

Das System war aus verschiedenen Gründen dysfunktional. Das Ziel der Reform war unter anderem, die Bemühungen der Bundesanstalt für Arbeit (heute Agentur für Arbeit) auf die leichter zu vermittelnden »arbeitsmarktnäheren« Empfänger von Arbeitslosengeld zu konzentrieren und gleichzeitig die Bezugsdauer von Arbeitslosengeld zu kürzen. Für alle übrigen sollte es eine neue Sozialleistung geben, die Grundsicherung, deren arbeitsfähige Empfänger sollten fortan in Jobcentern betreut werden, die bei den Gemeinden zu gründen waren.

Die Reform rief ungeheure ideologische Widerstände hervor, stieß innerhalb der SPD auf erheblichen Widerstand und musste zudem gegen einen mehrheitlich von der CDU beherrschten Bundesrat durchgesetzt werden. Weshalb gelang es trotzdem, dafür die notwendigen Mehrheiten zu finden?

Das lag an der Ausgestaltung der finanziellen Lastenverteilung, die für die Reform geplant war. Der Bund übernahm die Kosten der Grundsicherung für die Erwerbsfähigen und entlastete damit in großem Umfang gerade Gemeinden mit besonders vielen Sozialhilfe-empfängern. Damit gerieten alle Bundesländer unter großen Druck ihrer Gemeinden und Gemeindeverbände, der Reform zuzustimmen. Für Berlin errechnete ich im Verlauf des Jahres 2004 schier unglaub-liche Einsparbeiträge von über einer Milliarde Euro im Jahr. Auch unseren Koalitionspartner PDS konnte ich angesichts solcher Sum-men – wenn schon nicht vom Inhalt der Reform, so doch von den fi-nanziellen Vorteilen für den Landeshaushalt – überzeugen. Im Ver-lauf der Arbeit am Reformpaket schrumpfte der finanzielle Vorteil allerdings, weil zwar nicht die Grundsicherung, wohl aber die Kosten der Unterkunft prinzipiell den Gemeinden auferlegt wurden.

Es folgten endlose Nachsitzungen im Vermittlungsausschuss. Diese drehten sich zum allergrößten Teil um die voraussichtliche fi-nanzielle Lastenverteilung. Es gab dort einen klaren Interessengegen-satz, und zwar nicht nach den politischen Farben, sondern zwischen den Ländern, je nachdem wie hoch die Sozialhilfelast ihrer Gemein-den war. In allen diesen Wochen war ich unerschütterlich bundestreu. Kein Land wurde durch die Reform finanziell so begünstigt wie Ber-lin, und jede noch so sinnwidrige Änderung des Bundes in dem sehr unübersichtlichen Gesetzeswerk schrieb ich grundsätzlich quer. Das Gesetz kam schließlich durch, und es leistete – abgesehen von seinem grundsätzlichen Erfolg bei der Reduzierung der Kosten – einen we-sentlichen Beitrag zur Konsolidierung des Berliner Landeshaushalts. Noch heute erinnere ich mich aber daran, wie nachts um halb zwei im Vermittlungsausschuss meiner Kollegin Sigrid Keeler aus Mecklen-burg-Vorpommern die Tränen des Zorns in den Augen standen, weil ich einen bestimmten Änderungsantrag der SPD-Länder nicht mit-trug, der ihr Land begünstigt, Berlin aber benachteiligt hätte.

Die Hartz-IV-Reformen waren inhaltlich nötig und richtig, aber ihre Durchsetzung im Bundesrat war politisch geradezu genial. Sie fand nämlich nicht über die Inhalte, sondern über die Verteilungswir-kungen in den Haushalten der Länder und Gemeinden statt. Der Bundeskanzler Schröder nutzte den Kairos, der sich daraus ergab, dass er die Hoffnung auf eine Wiederwahl aufgegeben hatte, für eine radikale Reform, und ich nutzte den Kairos für eine deutliche Ent-lastung des Landeshaushalts, deren wahres Ausmaß ich so gut wie möglich verborgen hielt.

Der Verkauf der Berliner Landesbank

Im Sommer 2001 zerbrach der von Eberhard Diepgen geführte Senat der CDU/SPD-Koalition an der drohenden Insolvenz der Berliner Bankgesellschaft. Diese hatte gerade eine Kapitalerhöhung von 3,5 Milliarden D-Mark aus der Berliner Landeskasse erhalten, da taten sich schon wieder neue Bilanzlöcher auf. Als ich ein halbes Jahr später Finanzsenator wurde, ging ein wesentlicher Teil meiner Arbeitskraft in die Lösung dieses Problems. Für das Geschäft der Bank mit Immobilienfonds gab es eine Landesbürgschaft von 21,5 Milliarden Euro. Es wurde abgespalten, die Bank wurde saniert. Teile des Unternehmens mussten gemäß den Auflagen der Beihilfegenehmigung schon während der Sanierung verkauft werden. Nach den Beihilfe-Auflagen der EU-Kommission, die ich verhandelt hatte, musste die sanierte Bank bis Ende 2007 privatisiert werden. Die Sanierungsfortschritte waren gut, die Bank machte wieder Gewinne. Aber ihr Kern, die Landesbank mit der Berliner Sparkasse, war ja öffentlich-rechtlich und konnte also nur von Landesbanken und Sparkassen erworben werden.

Unterstützt von gutem Rechtsrat, änderten wir im Jahr 2005 das Berliner Sparkassengesetz und wandelten die Berliner Landesbank in eine Aktiengesellschaft um, in der die Berliner Sparkasse als teilrechtsfähige Anstalt öffentlichen Rechts integriert war. Das war ein ganz übler Trick. So konnten auch private Interessenten die Landesbank samt Sparkasse kaufen. Und wir zogen das Gesetzgebungsverfahren in wenigen Wochen durch. Der Deutsche Sparkassen- und Giroverband war noch gar nicht richtig aufgewacht, die Lobby dagegen noch gar nicht mobilisiert, als das neue Gesetz am 18. Juni 2005 im Landesgesetzblatt veröffentlicht wurde.

Anfang 2007 starteten wir das Privatisierungsverfahren. Die deutschen Landesbanken und Sparkassen waren hochgradig nervös. Sie wollten um jeden Preis verhindern, dass eine Landesbank in private Hände geriet und so ein Präzedenzfall geschaffen wurde. Alle legten zusammen, und so verfügte Heinrich Haasis, der Präsident des Deutschen Sparkassen- und Giroverbandes (DSGV), über eine stattlich gefüllte Kriegskasse zum Ankauf der Berliner Landesbank. Leider war das Interesse privater Investoren gar nicht so hoch, wie ich gehofft hatte, aber das Verfahren war ja zum Glück vertraulich. Die Commerzbank hatte ein Gebot von 3,5 Milliarden Euro abgegeben. Aber wie mir ihr damaliger Chef Klaus-Peter Müller unter vier Augen sagte, war das Angebot nicht wirklich ernst gemeint. Er wollte mir nur eine Handhabe geben, um den Preis hochzutreiben. So ging ich dann in die letzte Verhandlungsrunde mit Heinrich Haasis. Im abschließenden Vieraugengespräch im Juni erhöhte er sein Angebot nochmals um einen nennenswerten Betrag. Ich hatte nämlich meine Absicht bekundet, das Verfahren zu unterbrechen und im Herbst 2007 an den Kapitalmarkt zu gehen. Wir einigten uns auf einen Kaufpreis von 4,62 Milliarden Euro. Außerdem kaufte der DSGV die stille Einlage des Landes Berlin für 723 Millionen Euro. Zusammen machte das 5,343 Milliarden Euro. Am 15. Juni 2007 unterschrieben wir den Vertrag. Ich fühlte mich wie auf Wolken.

Fünf Jahre zuvor hatte ich dem damaligen DSGV-Präsidenten Heinrich Hoppenstedt die gesamte Berliner Bankgesellschaft für einen Euro angeboten. Er hatte abgelehnt. Solch ein Risiko sei den Landesbanken und Sparkassen nicht zumutbar. Ein ausverhandeltes Angebot privater Investoren (Bonderman, Flowers), die Bank für einen negativen Kaufpreis (also eine Zuzahlung des Landes Berlin) von 2 Milliarden Euro zu übernehmen, hatte der Berliner Senat abgelehnt, wozu ich geraten hatte. Daraufhin hatte mich die deutsche Wirtschaftspresse des Größenwahns bezichtigt, weil ich der Illusion erläge, das Land Berlin könnte besser sanieren als private Investoren.

Nur wenige Wochen nach der Unterschrift unter den Kaufvertrag begann am 9. August 2007 in den USA mit dem Platzen der ersten Subprime-Kredite die Weltfinanzkrise. Das Vertrauen unter den Banken brach zusammen. Die Berliner Landesbank wäre für Jahre unverkäuflich gewesen. Vor dem Verkauf hatten unsere internen Schätzungen der Berliner Landesbank einen Wert von 2 bis 2,5 Milliarden Euro zugewiesen. Wir erzielten mehr als das Doppelte. Heute haben die Sparkassen und Landesbanken den Wert dieser Beteiligung auf unter 2 Milliarden Euro abgeschrieben.

Dreimal war mir in dieser Sache der Kairos für glückhaftes Handeln begegnet, und ich hatte ihn genutzt:

–   Das erste Mal, als ich 2002 den ernsthaften Versuch machte, die unsanierte Bank zu verkaufen, und bei einem negativen Kaufpreis von 2 Milliarden Euro endete. Damit war unstreitig, dass das

Land das Risiko der Sanierung übernehmen musste, und ich bekam dafür die entsprechende politische Unterstützung.

- Das zweite Mal, als wir 2005 quasi in einer Nacht-und-Nebel-Aktion die Rechtsform der Berliner Landesbank änderten, so dass sie auch an Private verkauft werden konnte. Damit schufen wir die Konkurrenzsituation, die den DSGV in ein hohes Gebot trieb.
- Das dritte Mal, als ich das Verfahren im Juli 2007 zu einem schnellen Abschluss brachte. Dadurch erzielte das Land Berlin für seine ehemalige Pleitebank einen um 150 Prozent überhöhten Kaufpreis.

Das Beispiel der Berliner Landesbank zeigt besonders deutlich: Der Kairos kündigt sich nicht an, es gibt keine diesbezügliche Meldung in der Zeitung. Man muss ein Gespür für ihn entwickeln. Dieses Gespür entwickelt sich nur aus dem intensiven Interesse an der Sache und entsprechender Expertise. Das Expertenwissen allein macht es aber auch nicht. Man braucht ein Gespür für die innere Bewegung der Gesamtverhältnisse und dann die Kraft zur schnellen Entscheidung.

Als Knabe habe ich die *Hornblower*-Romane von C. S. Forester mit Begeisterung gelesen und jeden dieser drei dickleibigen Wälzer mindestens dreimal verschlungen. Der Romanheld Horatio Hornblower war britischer Marineoffizier zur Zeit der napoleonischen Kriege. Bei den dort geschilderten zahlreichen Seegefechten war höchste Segelkunst gefragt. Man musste so segeln, dass man dem Gegner die feuerbereite Breitseite zuwandte, wenn dieser noch nicht in Gefechtsposition war. Wenn man dann im nahen Vorbeigleiten zur richtigen Sekunde feuerte, war das Gefecht entschieden. So ist das auch mit dem Kairos in der Politik.

Leider beherrschen das nur wenige Politiker.

Politik und Gewalt

Jedwede staatliche Herrschaft gründet auf Gewalt. Der funktionierende moderne Staat hat innerhalb seiner Grenzen das Monopol auf Gewalt und kann die Gewaltanwendung unter Bürgern mehr oder weniger wirksam verhindern. Wer unbefugt Gewalt anwendet, wird verfolgt und bestraft. Im Rechtsstaat ist aber auch die Gewaltanwendung des Staates durch Gesetze geregelt und begrenzt. So ist dem politisch Handelnden der unmittelbare Zugriff auf Gewaltmittel nicht möglich. Er muss sich der dazu befugten staatlichen Organe bedienen, die wiederum an Recht und Gesetz gebunden sind und nur in deren Rahmen Weisungen der zuständigen Politiker befolgen dürfen. So weit die Theorie. Die politische Wirklichkeit ist weitaus variantenreicher:

– Auch im deutschen Rechtsstaat werden muslimische Mädchen zwangsweise verheiratet, ohne dass der Rechtsstaat eingreift, und in manchen Großstädten haben sich Justiz und Polizei vor der organisierten Kriminalität kurdischer und arabischer Großfamilien längst zurückgezogen.

– Wie in Großbritannien 2014 bekannt wurde, hatte die von der Labour-Partei beherrschte Gemeindeverwaltung der Stadt Rotherham jahrelang vertuscht, dass pakistanische Banden über Jahre Tausende blutjunger Mädchen systematisch missbrauchten und in die Prostitution zwangen. Dies kommt offenbar auch in anderen englischen Gemeinden vor.[75]

– Im türkischen Parlament prügelten sich im Februar 2015 Abgeordnete der AKP und der Opposition so sehr, dass einige ärztlich behandelt werden mussten. Es ging um ein Gesetz, mit dem die regierende AKP die Versammlungsfreiheit einschränken wollte.

– In großen Teilen Süditaliens bewegt sich die Mafia nach wie vor in einem rechtsfreien Raum, in dem sie Gewalt fast nach Belieben einsetzt.

– In Frankreich ist es offenbar üblich, dass sich die Inhaber der Regierungsmacht der Justiz und der Polizei bedienen, um politische Gegner in großem Stil abzuhören.

– In den USA kann der Präsident nach eigenem Ermessen weltweit durch Geheimdienst oder Drohnen Staatsfeinde oder Terroristen töten lassen und macht davon auch reichlich Gebrauch.

– In Russland ist es dem Präsidenten Putin offenbar möglich, jeden ins Gefängnis zu bringen, der sich seinen politischen Absichten widersetzt, selbst wenn sich der Oppositionelle gesetzestreu verhält.

Aber auch dort, wo die Maximen und Grenzen des Rechtsstaats penibel beachtet und strikt durchgesetzt werden, ist die Verbindung zwischen Politik und Gewalt eng und elementar: Für exekutives staatliches Handeln muss man die Ämter an den Spitzen der Exekutive besetzen. Für legislatives politisches Handeln braucht man parlamentarische Mehrheiten und für die Umsetzung der so beschlossenen Gesetze wiederum die Exekutive. Ohne die Herrschaft über die Quellen der staatlichen Gewalt geht also gar nichts in der Politik.

Politik und Wahrheit

Wie unter anderen Menschen auch, gibt es unter Politikern ehrliche und weniger ehrliche Charaktere, Freunde der Wahrhaftigkeit und notorische Lügner. Politische Ziele kommen aus dem vorrationalen Raum und beanspruchen daher eine subjektive Geltung jenseits des Wahrheitsbegriffs. Wer erfolgreich Politik machen will, tut zwar gut daran, sich an der Wirklichkeit zu orientieren, damit er nicht an ihr scheitert. Er sollte also ein Eigeninteresse daran haben, die Wahrheit über jene Sachverhalte und Zusammenhänge zu erfahren, mit denen er politisch umgehen muss. Dieses Eigeninteresse endet aber häufig dort, wo die Kenntnis der Wahrheit geeignet ist, seine Grundeinstellungen und Zielsetzungen in Bezug auf eine bestimmte Sache in Frage zu stellen. Dann ziehen es viele Politiker vor, wegzuschauen oder unübersehbare Tatsachen einseitig im Lichte ihres Weltbildes und ihrer politischen Ziele zu interpretieren. Das ist kaum jemals böse Absicht, sondern geschieht ganz unbewusst. Generell gilt: Je mehr sich ein Politiker mit einem Ziel verbunden hat, umso selektiver ist sein Blick auf die damit verbundene Wirklichkeit.

Die Grundeinstellungen und Wertungen, die seine politischen Zielsetzungen bestimmen, wirken gleichzeitig als Filter bei der Betrachtung der Realität. Wo der Islamkritiker lauter Kopftücher, Ehrenmorde und dumpfe Radikalisierung sieht, fallen dem wohlmeinenden Liberalen nur stabile Familienstrukturen, niedrige Scheidungsraten und traditionale Lebensformen auf. Wo der Freund der Marktwirtschaft sich am gesunden Wettbewerb, an Innovation und wachsenden Realeinkommen erfreut, wittert der linke Systemkritiker

Ausbeutung, ungerechte Verteilung und Angst vor dem sozialen Abstieg.

Die vollständige Wahrheit über gesellschaftliche Sachverhalte ist meist sehr komplex und facettenreich. Wer sich in sie vertieft, ist schnell »von des Gedankens Blässe angekränkelt« und wird zum Zweifler. Zweifel und Handeln vertragen sich aber schlecht. Der Politiker möchte gern den Zweifel hinter sich lassen und muss das auch tun, wenn er mit Energie handeln soll. Um den Zweifel zu besiegen, tendiert politisches Handeln zu binären Lösungen: Ja oder nein, gut oder böse, Freund oder Feind, nützlich oder schädlich – das sind die Alternativen, die die Politik liebt. »Wahrheit« wird da schnell zum philosophischen Begriff.

Natürlich ist Politik langfristig umso erfolgreicher, je mehr sie die komplexe Ganzheit der Gesellschaft zur Kenntnis nimmt und in ihrem Handeln berücksichtigt. Aber nur sehr bedeutende Politiker schaffen den geistigen und moralischen Spagat zwischen einer wahrheitsorientierten Betrachtung der komplexen Wirklichkeit und der Notwendigkeit, beim entschiedenen politischen Handeln in ganz klaren Alternativen zu denken und entsprechend vorzugehen. Wenn sich ein Politiker für die Wahrheit interessiert (was immer gut ist), bedeutet das noch lange nicht, dass er die Wahrheit sagt. Ein Politiker sagt das, was ihm politisch nützlich erscheint. Nutzt ihm die Verschleierung der Wahrheit beziehungsweise die Lüge, wird er sich um die Wahrheit drücken. So war es früher in den Rentendebatten, und so ist es gegenwärtig in den deutschen Debatten zur Demografie, zur Einwanderung, zum Islam oder zur Griechenland-Rettung im Rahmen der Europäischen Währungsunion.[76] Konsequent leugneten die Finanz- und Währungspolitiker Europas im Frühjahr 2015 einen Plan B für den Fall, dass eine Einigung mit Griechenland nicht zustande komme.[77] Die Unwahrheit wird dabei meist gar nicht als Lüge, sondern als Propaganda für eine richtige Sache verstanden.

Putins unverfrorene Erklärungen zur Ukraine-Politik seines Landes im Verlauf der Jahre 2014 und 2015 gehören in dieselbe Kategorie. Sie erfüllen ihren Zweck, die westlichen Staaten hinzuhalten und immer wieder das eigene Volk hinter sich zu bringen.[78]

Politik und Wissenschaft

Das Verhältnis von Politik und Wissenschaft kann – technologisch neutral – als instrumentell bezeichnet werden. Politiker möchten Ziele erreichen – persönliche Ziele, sachliche Ziele –, denen sie sich aus irgendeinem Grunde verschrieben haben. Soweit sie wissenschaftliche Erkenntnisse überhaupt wahrnehmen, nutzen sie diese, sofern sie den angestrebten Zielen dienlich sind, und ignorieren den Rest. Sollte die Wissenschaft ihren Zielen nicht dienlich sein, werden deren Vertreter bekämpft, sobald sie nicht mehr ignoriert werden können, und zwar nicht inhaltlich, sondern politisch und persönlich. Diese grundsätzlich bestehende Tendenz wird abgemildert oder verschärft durch die allgemeine kulturelle Prägung einer Gesellschaft, die auch die Sozialisation und Erziehung ihrer Politiker beeinflusst. Die Durchdringung der Welt im Geiste der Wissenschaft, die seit der Renaissance das kulturelle Geschehen im europäischen Abendland bestimmte, hat in den letzten 500 Jahren mehr und mehr auch die politisch Handelnden geformt, ganz besonders wenn sie eine sorgfältige Erziehung mit breiter Grundbildung genossen.

Auch heute noch merken wir den Politikern die Qualität ihrer Bildung an. Wer sein Studium – gleich welcher Fachrichtung – an einer anspruchsvollen Hochschule in der Spitzengruppe seines Jahrgangs abgeschlossen hat und dann trotz anderer beruflicher Chancen den Weg in die Politik wählte, ragt unter den aktiven Politikern gewöhnlich heraus, weil seine Neugier weiter reicht, seine Stoffbeherrschung tiefer geht und er sich bei der Begründung seines politischen Handelns vor sich und der Welt mehr Mühe gibt. Das macht ihn nicht unbedingt zum besseren Politiker. Wenn er sich in die falsche Sache verbeißt, kann er auch viel mehr Schaden anrichten als andere, weniger Befähigte. Im Durchschnitt aber steigern das geistige Niveau, die Breite der Bildung und die wissenschaftliche Neigung eines Politikers die Qualität seiner Politik. Allerdings kann man immer wieder beobachten (und in den letzten Jahren immer öfter), wie die fehlende systematische Schulung des kritischen Geistes zu unsystematischen und stümperhaften politischen Entscheidungen führt. Praktische Politik ist leider immer ganz unvermeidlich ein Stück weit widersprüchlich und insoweit auch unsystematisch. Diese immanenten Schwächen des politischen Prozesses kommen aber noch viel mehr zum Tragen, wenn die handelnden Politiker wenig gebildet und geistig unbedeutend sind.

Noch nie hat es geschadet, wenn ein Fachpolitiker auch Fachmann ist: Ein Jurist mit zwei sehr guten Prädikatsexamen gibt nun mal den besseren Justizminister ab und ein qualifizierter Ökonom mit geschultem Zahlenverständnis den besseren Finanzminister, *wenn* beide auch etwas von Politik verstehen. Leider ging in den vergangenen Jahrzehnten der Anteil der Politiker mit formaler Schulung, breiter Bildung und fachlicher Expertise immer weiter zurück zugunsten einer immer größeren Zahl gefühlsgesteuerter Dilettanten und gesichtsloser Opportunisten. Ich erinnere mich an zahlreiche Gespräche, bei denen ich schlicht am mangelhaften Abstraktionsvermögen meines Gegenübers scheiterte. Dieser Mangel war den Betroffenen häufig ganz willkommen, weil er es ihnen leichter machte, ihren opportunistischen Impulsen zu folgen.

Vor den Naturwissenschaften haben Politiker noch den meisten Respekt. Deren Ergebnisse werden einfach ignoriert, wenn sie nicht ins Weltbild passen. Tendenziell aggressiver fällt die politische Reaktion aus, wenn wissenschaftliche Erkenntnisse zur eigenen Ideologie in Widerspruch geraten. Das zeigt sich besonders anschaulich in der Intelligenz- und Bildungsforschung. Hier setzt allmählich und gleitend das Phänomen ein, dass gewisse Forschungsrichtungen und Forschungsfelder einen affirmativen Charakter annehmen und zur Magd bestimmter politischer Grundeinstellungen oder bestimmter politischer Ziele werden. Auch Wissenschaftler sind Menschen aus Fleisch und Blut und verfolgen nicht selten opportunistische Ziele: Sie möchten Anerkennung finden, Forschungsgelder einwerben oder an die Spitze eines bestimmten renommierten Instituts berufen werden. Dafür leisten sie schon mal einen politischen Lippendienst. Gerade die Gesellschaftswissenschaften sind für politische Korruption dieser Art anfällig. Nicht die Wahrheit ist dann das Ziel, sondern der Wunsch, einer bestimmten Lesart Geltung zu verschaffen. Ein typisches Beispiel dafür sind die herrschenden Trends in der sogenannten Genderforschung.[79]

Jeder Wissenschaftler, der sich aus seiner fachlichen Sicht zu politischen Tagesfragen äußert, steigt damit ganz unvermeidlich in die

Arena des politischen Kampfes und wird ein Stück weit selbst zum Politiker. So ergeht es häufig prominenten Historikern, Politikwissenschaftlern und Ökonomen. Die so eingebrachte Fachautorität kann politische Kalküle stören, und dann kommt es zum Gegenschlag. Das fällt meist gar nicht auf: Eine Berufung scheitert, Forschungsmittel werden nicht gewährt oder abgebaut. Bei Kommissionen und Beiräten wird der betreffende Wissenschaftler übergangen etc. So wirkt die Steuerung und Zensur der politisch missliebigen Wissenschaftler ganz unauffällig. Deshalb tut man gut daran, bei jeder Äußerung eines Wissenschaftlers zu einer gesellschaftspolitisch relevanten Frage zunächst einmal zu fragen »Cui bono« und die betreffende Äußerung bis zum Beweis des Gegenteils nicht zum Nennwert zu nehmen.

Hans-Werner Sinn, der ehemalige Präsident des Münchner ifo-Instituts, ist seit Jahrzehnten ein produktiver Ökonom mit einer Vorliebe für Forschungsfelder, die nah an aktuellen politischen Debatten liegen. Er hat zudem die Gabe der anschaulichen, prägnanten Formulierung. Besonders lästig wurde er der Politik offenbar durch seine wiederholte, gut begründete Kritik an den diversen Maßnahmen zur Rettung der Europäischen Währungsunion seit 2010. Hier kam es im Januar 2015 zu einem organisierten »Gegenschlag«, dem das *Handelsblatt* breiten Raum einräumte. Angeführt von dem in der Berliner Bundespolitik sehr beliebten DIW-Präsidenten Marcel Fratzscher versuchte eine Reihe von Ökonomen aus der zweiten Reihe, Sinns wissenschaftliches Renommee in Misskredit zu bringen. Der Versuch geriet zum politischen Rohrkrepierer, aber bei einem weniger bekannten und renommierten Wissenschaftler wäre ihm wahrscheinlich Erfolg beschieden gewesen.[80]

Politik und Logik

Politik tut sich nicht nur mit der Wissenschaft schwer. Aus ganz ähnlichen Gründen hat sie auch Schwierigkeiten mit der Logik. Logik ist ihrem Wesen nach unteilbar. Die ganze Welt, ob belebt oder unbelebt, ordnet sich ihren Gesetzen unter:

- Man kann nicht an zwei Orten zugleich sein.
- Man kann nicht ausschlafen und um 6 Uhr aufstehen.
- Man kann nicht den Kuchen essen und ihn zugleich behalten.
- Man kann nicht denselben Euro zweimal ausgeben.
- Man kann nicht das vierte Glas Wein genießen und danach den Porsche sicher steuern.
- Man kann nicht seiner Frau treu sein und gleichzeitig eine Geliebte haben.

Die Beispiele zeigen: Die menschlichen Motive und Gefühle, unsere ursprünglichen Antriebe, folgen nicht den Gesetzen der Logik. Wir wollen fortlaufend Widersprüchliches, objektiv Unvereinbares. Darum scheitert das Leben vieler Menschen bereits auf der persönlichen Ebene.

Das macht die Logik für unser Leben nicht belanglos oder ungültig, ganz im Gegenteil: Je mehr wir die Gesetze der Logik bei der Gestaltung unseres Lebens beachten und zugleich auf unsere Motive und Gefühle hören, umso glücklicher wird unser Leben verlaufen, aber es wird aus Kompromissen bestehen:

- Wir werden öfters mal verreisen, meist aber zu Hause bleiben.
- Wir werden werktags früh aufstehen und am Wochenende lang schlafen.
- Wir werden des dritte und vierte Glas Wein zu Hause trinken oder ein Taxi nehmen.
- Wir werden auf manche Ausgabe verzichten.
- Wir werden entweder unsere Moral oder unser Verhalten ändern.

Der Mensch ist so widersprüchlich, und die Realitäten seiner Umwelt sind so widerborstig, dass Politik nicht einmal dann ohne innere Widersprüche gestaltbar wäre, wenn sie nur einem einzigen Menschen auf der Welt dienen müsste. Ihr Wesen besteht aber gerade darin, dass sie ganz unterschiedlichen Menschen und Gruppen dienen muss, deren Wünsche und Bedürfnisse zueinander in Widerspruch stehen. Daher kommt die Neigung der Politiker, ganz Widersprüchliches zu versprechen. Gute Politik findet eine im Lichte des gesellschaftlichen Gesamtinteresses ausgewogene (und in einer Demokratie mehrheits-

fähige) Balance widersprüchlicher Ziele und entsprechender Maßnahmen. Schlechte Politik findet diese Balance nicht oder nicht in
ausreichendem Maße.

Politische Einstellungen und gewählte oder anderswie an die
Macht gelangte Politiker kommen ja nicht aus dem luftleeren Raum,
sie sind immer auch Produkte der Gesellschaft und der dort herrschenden widersprüchlichen Wünsche und Motive. Griechische Politiker
verhalten sich anders als holländische Politiker, weil sie eine andere
Gesellschaft und andere Menschen repräsentieren. Deshalb war es
falsch, beide Staaten unter das Dach derselben Währung zu zwingen.
Man muss vielmehr ganz kühl die Holländer den Folgen ihrer guten
und die Griechen den Folgen ihrer schlechten Politik überlassen. Alles
andere führt nur zu Streit und am Ende dazu, dass schlechte Politik
gute Politik infiziert. Die Gesetze der Logik kann man predigen, aber
man kann sie nicht oktroyieren. Das hat jeder im Leben bitter gelernt,
der einmal versucht hat, einem Verschwender den verantwortungs-
bewussten Umgang mit Geld beizubringen.

Politik und Komplexität
Jeder nennenswerte Eingriff in die Wirklichkeit durch politisches
Handeln wirkt nicht nur in die erhoffte Richtung, sondern erzeugt
eine Fülle direkter und indirekter Nebenwirkungen, die häufig noch
tiefgreifender sind als die Wirkung in der Hauptsache. Gute Politik
schätzt solche Nebenwirkungen vorher ab und versucht sie zu begrenzen. Das erfordert nicht nur politisches Gespür, sondern auch fachliche Expertise. Politisches Handeln wird erfolgreicher und die unerwarteten Nebenwirkungen nehmen ab, wenn man sich an empirisch
bewährte und theoretisch fundierte Handlungsregeln hält, aus einem
Gesamtkonzept arbeitet und in überschaubaren Stufen vorgeht.
Gleichwohl bleibt ein Grundproblem: Der handlungsorientierte Typus des Politikers schätzt Komplexität überhaupt nicht. Sie sät Zweifel in sein Handeln und ist geistig unnötig anstrengend. So lehrt uns
die Geschichte immer wieder, dass komplexe politische Probleme mit
einer verderblichen Mischung aus Tatkraft, Gedankenlosigkeit und
Opportunismus angegangen werden. Barbara Tuchman hat dies in *Die
Torheit der Regierenden* wunderbar mit Beispielen aus der gesamten
Menschheitsgeschichte unterlegt.

Während dieses Buch entstand, las ich mit großer Faszination und wachsendem Entsetzen *The Gatekeepers* von Dror Moreh. Das Buch enthält in wörtlicher Wiedergabe ausführliche Gespräche mit den sechs noch lebenden Chefs des israelischen Inlandsgeheimdienstes Schin Bet. Ihre Erzählungen decken die gesamte Geschichte Israels seit der Staatsgründung 1948 ab. Sie helfen, die Natur und Auswegslosigkeit des israelisch-palästinensischen Konflikts besser zu verstehen, und sie offenbaren auch das geradezu systemische Versagen der israelischen Politik, sich mit den Ursachen und Heilungsmöglichkeiten dieses für Israel existenzbedrohenden Konflikts grundsätzlich und ohne Wunschdenken auseinanderzusetzen. Die führenden israelischen Politiker der letzten fünfzig Jahren waren ja keine Dummköpfe, aber am Ende entschieden sie sich meistens für die kurzfristig wirksame opportunistische Alternative und vernachlässigten darüber langfristig wirksame kausale Lösungen.[81]

Politik und Zeitpräferenz
Politik hat zum Faktor Zeit ein widersprüchliches Verhältnis. Für das individuelle und politische Leben und Überleben ist grundsätzlich immer richtig, dass derjenige die Zukunft nicht erreichen wird, der die Probleme des Tages nicht löst. Schon der steinzeitliche Bauer musste abwägen zwischen der Ernährung im Winter und der Vorhaltung von Saatgut und vermehrungsfähigem Vieh für das nächste Frühjahr. Bei Moses im alten Ägypten wurde daraus die Vorsorge für die sieben schlechten Jahre aus dem Überfluss der sieben guten Jahre. Eine moderne Regierung muss abwägen zwischen der Versorgung der heutigen Rentner und der Ausgestaltung des Rentensystems für künftige Generationen. Generell gilt es abzuwägen zwischen Konsum und Investition, zwischen Beifall heute und haltbaren Lösungen für morgen, zwischen dem Festhalten an langfristig tragfähigen Prinzipien und der opportunistischen Befriedigung aktueller Wünsche. Schlechte Politik ergibt sich nicht nur aus Inkompetenz und Böswilligkeit, Egoismus und Korruption, sondern zu einem ganz großen Teil aus der Unfähigkeit oder dem Unwillen zum sachgerechten Umgang mit dem Faktor Zeit und den sich daraus ergebenden Abwägungsprozessen.

Die Unfähigkeit zum Umgang mit dem Faktor Zeit ist nicht selten das Ergebnis von Opportunismus oder schierer Gleichgültigkeit gegenüber dem Morgen, solange nur der eigene Vorteil gewahrt scheint. In dieser Hinsicht unterscheiden sich nicht nur einzelne Politiker und politische Parteien, sondern ganze Völker, Gesellschaften und Kulturen. Wer mit platten materiellen Vorteilen winkt oder das offenbar Unmögliche heute verspricht, wer die Notwendigkeit vorübergehender Härten verneint, wer Illusionen predigt, wird in jedem Staat und jeder Gesellschaft Gefolgschaft und Wähler finden, aber sein Erfolg wird je nach Kultur sehr unterschiedlich ausfallen. Die Probleme der Europäischen Währungsunion rühren auch daher, dass sie politische Kulturen mit ganz unterschiedlicher Zeitpräferenz vereint. Der Gegensatz zwischen Griechenland auf der einen und Irland oder Estland auf der anderen Seite könnte größer kaum sein.

Opportunistisches Verhalten in Bezug auf den Faktor Zeit führt leicht zur logischen Inkonsistenz der eigenen Strategie mit der Folge eines absoluten Wohlstandsverlustes.

Dazu ein Beispiel aus eigenem Erleben: Von 1997 bis 2000 leitete ich die bundeseigene Treuhandliegenschaftsgesellschaft (TLG). Ihre Aufgabe war es, ehemaligen Grundbesitz der volkseigenen Unternehmen der DDR bestmöglich zu verwerten. Dazu gehörten Verkauf, Sanierung und Entwicklung der Liegenschaften, was einen mittel- und langfristigen Planungs- und Entscheidungshorizont erforderte. 1999 wollte das Bundesfinanzministerium aus der Gesellschaft jedoch unvermittelt eine Milliarde D-Mark Kapital entnehmen, um ein aktuelles Loch im Bundeshaushalt zu stopfen. Damals betrug der Zinssatz für zehnjährige Bundesanleihen 5,7 Prozent. Unsere Entwicklungsstrategie verhieß aber eine weitaus höhere Verzinsung des eingesetzten Kapitals. In einer epischen Auseinandersetzung mit dem damaligen Haushaltsstaatssekretär Manfred Overhaus konnte ich die Entnahme verhindern und die weitere Strategie für die TLG verbindlich festschreiben. Dieser Kampf gehörte zu den über die Maßen kräftezehrenden meines Berufslebens und hatte meinen Wechsel zur Deutschen Bahn zur Folge. Die Belohnung für den Bund kam, als er die sanierte TLG anderthalb Jahrzehnte später für 1,57 Milliarden Euro, also umgerechnet 3,07 Milliarden D-Mark, verkaufen konnte. Die Investoren haben die TLG mittlerweile erfolgreich an der Börse platziert und damit weitere Gewinne gemacht.

Politik, Experten, Orakel und Prognosen

Die Ansprüche, die das Bundesfinanzministeriums 1999 unvermittelt stellte, sind für mich ein klassisches Beispiel zur Zeitinkonsistenz von Politik: Der beamtete Staatssekretär Overhaus wollte seinem neu ins Amt gekommenen Minister Hans Eichel die Aufstellung des neuen Bundeshaushalts erleichtern. Für dessen bessere Optik musste die Frage zurücktreten, was für den Bund auf längere Sicht das finanziell günstigste Verhalten war. Natürlich hat mich seine Motivation beschäftigt. Zuerst glaubte ich, es ginge um eine Informationslücke. Dann hielt ich den Staatssekretär vorübergehend für beschränkt. Schließlich kam ich zum Ergebnis, dass beides nicht zutraf. Ihm war ganz einfach die Milliarde D-Mark *jetzt* wichtiger als eine ungewisse, wenn auch wahrscheinlich höhere Einnahme zu einem viel späteren Zeitpunkt, an dem er längst in Pension sein würde. Außerdem hatte er schon so viele Prognosen kommen und verschwinden sehen, dass ihn eine Einschätzung aus meinem Munde selbst dann nicht interessierte, wenn er sie nicht durch ein Sachargument entkräften konnte. Als ich das verstanden hatte, hörte ich auf, beleidigt zu sein, stoppte alle Versuche, ihn zu überzeugen, und setzte mein Ziel, die Entnahme aus der TLG zu verhindern, erfolgreich auf eine andere Weise um, gegen die er machtlos war.[82]

Das ist eine Grundregel der Politik: Wenn du deinen eigenen Standpunkt ausreichend geklärt hast, wenn du die Möglichkeiten zur Überzeugung des Gegners mit negativem Ergebnis ausgelotet hast, wenn du die Risiken abgewogen hast, dann suche nach Umwegen, über die du vollendete Tatsachen schaffen kannst. Überraschend häufig wirst du sie finden.

Gegen die Überzeugung des politischen Opponenten – wo immer er gerade steht – kommt man mit Sachargumenten, mit mehr oder weniger fundierten Prognosen oder mit Gutachten von Experten meistens leider nicht sehr weit. Auch die abseitigste Meinung findet heutzutage einen Experten; auch die ausgefallenste Prognose ist möglich, wenn man nur die Annahmen entsprechend setzt. Ist zu viel Expertenwissen – das sich zudem noch gegenseitig widerspricht – im Spiel, kommt sowieso sehr schnell die Phase, in der kein Entscheidungsträger mehr richtig zuhört. Deshalb muss man alles verfügbare Wissen nutzen, um zu einer fest gegründeten eigenen Position zu kommen. Dann muss man alle Zweifel begraben und sich nur noch auf die Taktik konzentrieren, wie man sein Ziel erreicht. Daher der leere Blick vieler Politiker, wenn sie in einer schon länger kontroversen Frage mit Argumenten zur Sache konfrontiert werden. Sie haben die Sachebene bereits überwunden. Problematisch ist das, wenn sie die Sachebene gar nicht erst betreten haben.

Politik und Risiko
Wo Entscheidungen getroffen werden, da muss es auch Zweifel geben. Risiken gibt es sowieso überall. Die falsche Art, mit Risiken umzugehen, ist ihre Vermeidung durch Inaktivität. Besonders falsch aber ist es, durch unbedachtes Handeln oder durch Aktivitäten, die zu große Schritte umschließen, funktionierende Strukturen zu beschädigen, ohne sich über die Risiken und Nebenwirkungen der zu entscheidenden Maßnahmen zuvor ausreichend Rechenschaft abzulegen. Derartig Unbedachtes oder Falsches geschieht in der Politik allerdings fortlaufend. Über die so verursachten Fehlschläge und unzuträglichen Nebenwirkungen lässt sich kaum bis gar nicht diskutieren – und zwar nicht nur, weil ihre politischen Verursacher solche Diskussionen meist nicht wollen und zu behindern versuchen, sondern auch weil in der Interdependenz der sozialen und ökonomischen Wirklichkeit ganz vieles miteinander zusammenhängt und Einfluss ausübt, ohne dass hinreichend eindeutige kausale Zuordnungen möglich sind.

Die fraglos wachsende Interdependenz in der modernen Welt gibt immer wieder Anlass für allerlei Krisenszenarien. Der Soziologe Ulrich Beck sprach sogar generalisierend von der modernen »Risikogesellschaft«. Für politisches Handeln ist das schwierig, denn Politik als System kann mit Interdependenzen nicht sehr gut umgehen. Wegen dieser zunehmenden Interdependenz wächst die Notwendigkeit guter und stabiler Regulierung auf den unterschiedlichsten Gebieten, gerade auch mit dem Ziel, die Freiheitsgrade politischen Handelns einzuschränken. Denn was der Politiker nicht darf, kann er auch nicht falsch machen.

Politik und Gesellschaft

Politisches Handeln bedarf eines Gefäßes beziehungsweise einer Bühne. Diese Begriffe werden hier in ihrer ganzen Unschärfe benutzt. Das Gefäß kann eine Gebietskörperschaft oder ein Staat sein, genauso gut aber auch ein Verband oder eine internationale Organisation. Auch für Fachpolitiken gibt es spezielle Gefäße oder Bühnen, beispielsweise die Kassenärztliche Vereinigung oder die Internationale Arbeitsorganisation in Genf. Tatsächlich überschneiden sich die zahllosen nationalen und internationalen Gefäße beziehungsweise Bühnen für politisches Handeln auf die vielfältigste Art. Ihre Existenz ist historisch bedingt, sie ergibt sich aus Zufällen oder der Bündelung bestimmter Interessen.

Nehmen wir als Beispiel die Umweltpolitik: Ein deutscher Umweltminister agiert in Deutschland auf der Bundesebene, verantwortet die Gesetzgebung, hat mit den Ländern, den Gemeinden und den vielfältigsten Verbänden zu tun, fährt regelmäßig zu den Treffen der Umweltminister der EU, tritt bei verschiedenen Organisationen der UNO auf und muss Deutschland beim jeweils aktuellen Weltklimagipfel vertreten. Die wichtigsten Normen der Umweltschutzgesetzgebung – ob es sich um den Schutz der Verbraucher vor gefährlichen Stoffen handelt, die Reinhaltung von Wasser und Luft, den Umgang mit genveränderten Pflanzen, die Begrenzung von CO_2 etc. – erhöhen ihre Wirksamkeit erheblich mit entsprechender internationaler Abstimmung oder können überhaupt nur bei international abgestimmtem Vorgehen wirksam werden. In ähnlicher Form gilt dies für immer mehr Politikbereiche.

Von den vielfältigen Gefäßen und Bühnen der Politik betrachte ich zwei etwas näher: den Nationalstaat und die Weltgesellschaft.

Politik und Nation

Nationen sind historische Produkte. Sie sind in der Vergangenheit zusammengewachsen oder zerfallen und werden sich auch in Zukunft verändern. Nationale Grenzen fallen oft – aber keineswegs immer – mit den Grenzen zwischen Ethnien und Völkern zusammen. Einwanderung und unterschiedliche Fruchtbarkeit von Ethnien in einer Nation führen dazu, dass sich in vielen Nationen die ethnische Zusammensetzung kontinuierlich verschiebt. Teilweise entsteht daraus, quasi in einem Schmelztiegel, ein neues ethnisches Amalgam. Oft ist das aber keineswegs der Fall, und dann leben unterschiedliche Ethnien, Religionen und Kulturen nebeneinander her. Das kann sehr friedlich stattfinden, wie in der Schweiz der Gegenwart, oder mit großen Spannungen verbunden sein, wie zwischen Juden und Arabern in Palästina.

Infolge der Verwerfungen des Zweiten Weltkriegs fallen in Europa seit 1945 die ethnischen und nationalen Grenzen weitgehend zusammen. Selbst der Austausch von Gastarbeitern innerhalb Europas hat hieran kaum etwas geändert, da die Gastarbeiter größtenteils entweder in ihre Heimatländer zurückgingen oder mit den Gastvölkern verschmolzen. Es ist gegenwärtig unklar, ob dies bei der Einwanderung aus der Türkei, Afrika, Nah- und Mittelost (in Großbritannien auch aus den ehemaligen Kolonien) ebenso sein wird oder ob in Europa durch die Einwanderung in den nächsten Jahrzehnten innerhalb der Nationalstaaten ein neuer Flickenteppich unterschiedlicher Ethnien und Kulturen entstehen wird, der auch zum Untergang heutiger Nationen führen kann.

Das alles ändert aber nichts daran, dass die Basis für politische Macht und der Ort für politische Debatten nach wie vor in erster Linie der Nationalstaat ist. Dort wachsen Politiker heran, dort werden sie gewählt und abgewählt. Die Europäische Union ist auf manchen Gebieten den Weg zu einer neuen Staatlichkeit gegangen, auf anderen aber stecken geblieben. Ob der eingeschlagene Weg langfristig zum Erfolg führt, ist noch ungewiss. Es dürfte eher unwahrscheinlich sein, dass sich die unterschiedlichen Mentalitäten und Prägungen der europäischen Völker, die zum größten Teil 1000 Jahre und älter sind, künftig weitgehend angleichen oder ganz verschwinden werden. Den Italienern ist es in 150 Jahren staatlicher Einheit nicht einmal gelungen, die kulturelle Kluft zwischen Nord- und Süditalien zu überwinden. Und nur ein sehr oberflächlicher Betrachter könnte aus der gemeinsamen Sprache und der mentalen Ähnlichkeit zwischen Deutschschweizern und Deutschen folgern, dass es zwischen ihnen keine nennenswerten Unterschiede der nationalen Identität gibt.[83]

Die Nation wird also auf absehbare Zeit die wesentliche Bühne für Politik bleiben. Die internationalen Aktivitäten der nationalen Politiker werden weiter an Bedeutung zunehmen. Sie werden auch das Bild dieser Politiker national und international immer mehr bestimmen. Aber das eigene Land wird die Bühne bleiben, wo der Daumen gehoben oder gesenkt, über ihre weitere Karriere oder ihre Abwahl entschieden wird.

Politik und Weltgesellschaft

Wirtschaftlich und gesellschaftlich relevante Entwicklungen vollziehen sich zunehmend global. Darüber hinaus nehmen Ausmaß und Geschwindigkeit des internationalen Austauschs überdurchschnittlich zu. Auf dieser Tatsache gründen viele Prognosen zum Absterben von Staaten und Nationen beziehungsweise zum Rückgang ihrer Bedeutung. Darin könnte ein Irrtum liegen. Schon seit der Römerzeit und der Völkerwanderung waren in Europa alle wesentlichen kulturellen und gesellschaftlichen Entwicklungen transnational, und doch änderte das nichts an der Ausbildung und Verfestigung von Völkern und Nationen. Solche transnationalen Entwicklungen galten für

- geistige und religiöse Strömungen (Christianisierung, Renaissance, Reformation, Aufklärung, Demokratisierung),
- Epochen der Baustile, der Malerei und der Mode,
- wissenschaftlich-technische Entwicklungen,
- wirtschaftliche Entwicklungen (Fernhandel, Zeitalter der Entdeckungen, Kolonien).

Gleichwohl blieben sich Dänen und Schweden, Polen und Tschechen, Flamen und Wallonen, Iren und Engländer weiterhin ihrer Eigenheiten bewusst. Aktuell besteht eher eine Tendenz zur Aufspaltung bestehender Staaten längs ihrer ethnischen Grenzen als zum Zusammenschluss neuer Gebilde. Dazu steht nicht im Widerspruch, dass der internationale Kooperationsbedarf gewaltig zunimmt und sich auf immer mehr Politikfeldern wesentliche Entscheidungen zu internationalen Gremien und Zusammenschlüssen verlagern. Dieser unvermeidliche Prozess erzeugt aber auch gewaltige Widerstände, die sich teils antikapitalistisch äußern (gegen das internationale Finanzkapital, gegen TTIP etc.), teils Formen von nationaler und regionaler Nostalgie annehmen.

In Demokratien hören Politiker am Ende auf die grundsätzlichen Gefühle jener, die ihre Wähler sein sollen. Die wachsende Zerklüftung des Wähler- und Parteiengefüges in den meisten europäischen Staaten begreifen viele als Warnung, es mit dem Abschied vom Nationalstaat nicht zu übertreiben und dessen Zuständigkeiten gegebenenfalls sogar auszubauen oder zu verteidigen. Ein klarer Trend zu weniger Nationalstaat und mehr Weltgesellschaft ist für mich deshalb gegenwärtig nicht erkennbar. Auch die universale Verbreitung von Smartphone und Internet ändert daran nichts. Diese können schließlich genauso zur Verbreitung der neuen Taschenkollektion von Prada wie zur Verbreitung von Enthauptungsvideos des Islamischen Staates benutzt werden.

Der Soziologe Ulrich Beck – Freund des Weltstaates und der Weltgesellschaft – hörte sich einigermaßen hilflos an, als er am Ende eines langen Forscherlebens forderte: »Wir brauchen eine transnationale Erfindung von Politik und Demokratie, die die Möglichkeit eröffnet, gegen die Dominanz der völlig verselbständigten Kontrollmonopole demokratische Grundrechte wiederzubeleben und durchzusetzen.«[84] Repräsentative Demokratie und Herrschaft des Gesetzes können nur auf staatlicher Ebene umgesetzt werden, sie sind von der Existenz des Staates gar nicht trennbar.[85] Sollen supranationale Einrichtungen unwiderruflich bestimmte Souveränitätsrechte auf höherer Ebene bündeln, so erfordert dies eine neue staatliche Ebene mit entsprechenden Durchgriffsrechten, eigener Gesetzgebung und eigener demokratischer Legitimation. Soll dies weltweit geschehen, so setzt das einen Weltstaat mit entsprechenden Kompetenzen voraus. Diesen kann es nicht geben, solange noch nicht einmal die Europäische Union den Weg in die eigene Staatlichkeit gefunden hat.

Egal ob traditionale Herrschaft, charismatische Herrschaft, nackte Diktatur oder Demokratie: In allen Herrschaftsformen kann die richtige Kommunikation den Gewinn, den Erhalt und den Ausbau von politischer Macht erleichtern, und die falsche Kommunikation kann ebendiese Ziele beschädigen. Darum stand die Redekunst bei den Römern und Griechen so hoch im Kurs. Wo gewählt wurde, gab es Wahlgeschenke. Es gab religiöse Riten, die die Herrschaft stützen sollten. Allerlei Riten, Symbole und Gepränge dienten zu allen Zeiten der Erhöhung der Herrschenden und als Stütze ihrer Legitimation. Die Herrschaft über die Kommunikation war dabei selbstverständlich, politische Zensur folgerichtig, soweit sie überhaupt als solche empfunden wurde. Es war gar nicht vorgesehen, dass sich die Ideen und das Denken der Beherrschten von den Zielen der Herrschenden lösten.

Selbstverständlich stritt man um Macht. Es gab Aufstände gegen Hunger, Unterdrückung und Fremdherrschaft. Wo neue Ideen siegten, wie etwa bei der Christianisierung des Römischen Reiches, führte dies aber nicht zu mehr Liberalität, sondern zur Unterdrückung alter Ideen. Selbst die Reformation vollzog sich noch nach diesem Muster. Das spiegelt sich sehr schön im Kernsatz des Augsburger Religionsfriedens von 1555: »Cuius regio, eius religio.« Der Fürst konnte bestimmen, was seine Untertanen glauben sollten. Und doch beginnt die moderne Mediengeschichte mit der Reformation: Martin Luther war nach heutigen Maßstäben ein Medienstar. Die junge Kunst des Buchdrucks verbreitete seine systemsprengende Glaubenslehre in großer Geschwindigkeit. Andere folgten ihm nach. Die Geschichte von Philosophie und Aufklärung war auch weitgehend eine Reibung an bestehenden Verhältnissen und überkommener politischer Macht.

Allmählich brach sich die Erkenntnis Bahn, dass sich die freie Diskussion der unterschiedlichsten Ideen sowieso nicht unterdrücken lässt und zudem auch für die Entwicklung der Gesellschaft und den Fortschritt von Wirtschaft und Wissenschaft förderlich sein kann. So wurde die Freiheit der Meinungsäußerung schließlich auch formal gesichert und die staatliche Zensur abgeschafft. Nach dem Augsburger Religionsfrieden dauerte dieser Prozess in Europa noch drei bis vier Jahrhunderte. Er kam unter vielfältigen Rückschlägen erst mit dem

Zusammenbruch der kommunistischen Herrschaft in Osteuropa zu einem halbwegs endgültigen Abschluss.

Politiker tun alles in ihrer Macht Stehende, um Einfluss auf die Medien zu nehmen – unabhängig davon, ob es eine staatliche Zensur gibt oder nicht, ob man in einer Demokratie lebt oder nicht. Durch die Medien sprechen sie nicht nur die Bevölkerung als Ganzes, sondern gezielt ihre Wähler an. Die Darstellung von politischen Streitigkeiten, von Erfolgen und Misserfolgen und von Debattenverläufen in den Medien ist für den Erfolg von Politik und die handelnden Politiker oft viel wichtiger als die tatsächlichen Verläufe. Nicht Wahrheit, sondern Geltung ist gefragt. Darum ist für Max Weber der »›Demagoge‹ … seit dem Verfassungsstaat und vollends seit der Demokratie der Typus des führenden Politikers im Okzident … und der politische Publizist und vor allem der *Journalist* der wichtigste heutige Repräsentant der Gattung«.[86] Die »journalistische Laufbahn«, so stellte er 1919 fest, bleibe »einer der wichtigsten Wege der berufsmäßigen politischen Tätigkeit«.[87] Politische Journalisten sind schreibende Politiker.

»Die Medien« gibt es genauso wenig wie »die Politik«. Auf beiden Seiten gibt es Personen und Institutionen, Gewinner und Verlierer, Machtballung und erlebte Machtlosigkeit, Interessen, Lügen, Idealismus, Dummheit, Klugheit und jede Menge Chaos. Medien wachen nicht über irgendwelche Ideale, sondern sind die Wächter ihrer eigenen Ideen. Wie Werner Patzelt schreibt, entstand so in den Medien »ein gefühlt klarer Kanon dessen, was an Betrachtungsweisen, Begriffen, Sprachformeln und Argumenten in Deutschland ›geht‹ oder eben ›nicht geht‹. Wer sich daran hält, darf am öffentlichen Diskurs teilnehmen. Wer sich gegen diesen Kanon vergeht, ist auszugrenzen.«[88] Regelmäßig gehen Medienvertreter sehr weit, um Ideen zu propagieren, die sie teilen, und Ideen zu diffamieren und zu unterdrücken, die sie ablehnen. Es mag Fälle geben, in denen das so entstehende publizistische Meinungsspektrum der Wahrheit nahekommt oder die Meinungsbildung in der Gesellschaft adäquat widerspiegelt. Zwingend ist das nicht, sondern eher die Ausnahme als die Regel. Das liegt daran, dass der klassische Medienvertreter sich häufig vor allem als Meinungsmacher und weniger als Wahrheitssucher versteht. So färben sich in seinen Berichten die Fakten entsprechend, auch wenn sie nicht unbedingt falsch sind. In Deutschland stehen Medienvertreter im

Durchschnitt deutlich links von der Gesellschaft. Sie haben für ein Klima gesorgt, in dem gegen »rechts« zu sein als allgemeine Bürgerpflicht gilt, während selbst radikales Linkssein eher als eine harmlose Neigung eingestuft wird.[89] Diese Grundeinstellung prägt die Auswahl der Themen und die Färbung der Berichterstattung. Man sah das Ende 2014/Anfang 2015 sehr anschaulich an den Schwerpunkten der Medienberichterstattung über Pegida.[90] Der aus Dresden stammende CDU-Politiker und frühere DDR-Bürgerrechtler Arnold Vaatz meint dazu: »Die ganze westliche Szene der 70er und 80er Jahre war von der Propaganda aus Moskau und Ost-Berlin unterwandert, und bei westdeutschen ›Alt-68ern‹ schwingt dies bis heute nach.«[91]

Wichtige Erkenntnisse zur Verhaltensdynamik deutscher Medien gewann ich bei einem Sozialexperiment, das ich selber vornahm: In meinem Buch *Der neue Tugendterror* hatte ich 2014 in einem 70 Seiten langen Kapitel im Detail anhand konkreter Zitate nachgewiesen, dass deutsche Medien 2010 und 2011 über *Deutschland schafft sich ab* in großem Stil nicht nur tendenziös, sondern schlicht sachlich falsch berichtet hatten. Alles war sorgfältig belegt, und es wurde klar, dass die Fehler nicht versehentlich, sondern systematisch erfolgten. Das reichte bis zu gezielt gefälschten Zitaten. Der Medienforscher Hans Mathias Kepplinger stellte fest, dass »diese substantielle Kritik an den Medien in keiner Besprechung seines neuen Buches seriös diskutiert, sondern, wenn sie überhaupt erwähnt wurde, als ›Medienschelte‹ abgetan« wurde.[92] Offenbar wollte man die Verfehlungen weder bestätigen noch sich mit ihnen auseinandersetzen.

Seit dieser eigenen Erfahrung weiß ich genau, was ich bis dahin nur vermutet hatte:

– Eine Tatsache oder eine Sichtweise muss nicht schon deshalb stimmen, weil die Leitmedien mehr oder weniger übereinstimmend darüber berichten.

– Die Neigung der Medien zu verschleiernder, tendenziöser und falscher Berichterstattung ist umso größer, je mehr die Berichtenden oder die Medien in der Sache, über die sie berichten, selbst Partei ergriffen haben.

Die Medien sind nicht unbedingt ein unabhängiger und kritischer Kontrolleur von Politik, sondern selbst Teil des politischen Prozesses und darin auch Partei. Das gilt nicht nur für die bekannten Scharfrichter des Meinungsjournalismus, wie den 2014 verstorbenen *FAZ*-Herausgeber Frank Schirrmacher oder den *Tagesspiegel*-Herausgeber Lorenz Maroldt, sondern auch für die vielen weniger bekannten Namen und auch die kleinen Schreiberlinge, die sich im täglichen Kampf zwischen objektiver Berichterstattung und subjektiver Parteinahme zu oft für Letzteres entscheiden, ohne dass dies dem ahnungslosen Leser oder Fernsehzuschauer deutlich wird. Am schönsten ist es für Medien und Politik, wenn man sich ungeliebter Meinungen auf quasi administrativem Weg, über die Auswahl und Präsentation dessen, was man (nicht) veröffentlicht, entledigen kann. So begünstigt man die erwünschte und diskreditiert die unerwünschte Meinung. Ein Meister dieser Praxis ist in Deutschland der öffentlich-rechtliche Rundfunk.[93]

Es mag so sein, dass im Medienkampf manchmal das bessere Argument siegt. Dies ist aber nicht zwingend so, noch ist es unbedingt wahrscheinlich. Es ist sogar durchaus möglich, dass eine verzerrte Medienberichterstattung die Politiker wie die Mehrheit der Bürger in die Irre führt. So können durch mediale Wirkung Entscheidungen zustande kommen, die die meisten gar nicht wollten. Dieser Fall kann eintreten, wenn die Mehrheit eine Norm oder eine Maßnahme insgeheim ablehnt, unter dem Einfluss der Medien aber annimmt, die Mehrheit sei dafür, und sich aufgrund dieser falschen Annahme zu dieser Ablehnung nicht bekennt. In der Sozialpsychologie ist dieses Phänomen als pluralistische Ignoranz bekannt.[94] Es ähnelt der von Elisabeth Noelle-Neumann entdeckten und beschriebenen Schweigespirale.[95]

Während in den letzten Jahren die politischen Unterschiede zwischen Union, SPD und Grünen immer geringer wurden, nahm in den Medien die Neigung zu, jene moralisch auszugrenzen oder zumindest in der Sache nicht ernst zu nehmen, die sich außerhalb dieses Spektrums bewegen. Erst allmählich setzt infolge der generell sinkenden Reichweite der Medien (die wohl nicht nur auf das Internet, Facebook, und Twitter zurückzuführen ist) eine Entwicklung ein, die bei den Medien eine gewisse Verunsicherung auslöst. Dort dämmert die Einsicht, dass nicht alle, die außerhalb des »Konsensbogens« einer »schwarz-rot-grünen Koalition« stehen, linke oder rechte Populisten sind. In der *Zeit* formulierten Matthias Geis und Bernd Ulrich wenige Wochen nach den Pegida-Demonstrationen: »Man kann nicht länger das Falsche so ahnden wie das Böse, das Unsinnige nicht ausgrenzen wie das Gefährliche.«[96]

Üblicherweise zieht Politik aus der Fülle der in einem Politikbereich gegebenen Handlungsalternativen nur ein relativ enges Spektrum in Betracht, weil der Rest nicht als politisch akzeptabel gilt. Dieses Fenster politisch akzeptabler Möglichkeiten ist weitgehend nicht durch das definiert, was Politiker sich vorstellen könnten, sondern durch die in einer Gesellschaft vorherrschenden Ideen. Wenn sich diese Ideen ändern, ändern sich auch die Optionen der Politik. Der Einfluss der Medien auf die in einer Gesellschaft vorherrschenden Ideen ist zugleich der wichtigste Kanal ihrer Einflussmöglichkeiten auf die Politik. Eine geschickte mediale Strategie kann für ursprünglich gar nicht mehrheitsfähige, vielleicht sogar als abseitig erachtete Ideen ein Fenster der Möglichkeiten eröffnen.[97] Die hierin liegende wechselseitige Dynamik ist eine Quelle der Faszination von Politik und Medien füreinander.

Der Einfluss der Medien auf die Meinungsbildung von Politik und Gesellschaft ist eine Tatsache. Eine moralische Instanz sind die Medien damit nicht. Vielmehr verursachen sie mit ihren wechselnden Meinungsmoden und Ideologien häufig erst die Probleme, die später gelöst werden müssen. Manchmal, wenn sie einen politischen Skandal ans Licht bringen oder falsche Tatsachen richtigstellen, mögen sie auch selber Problemlöser sein. Zwingend ist das nicht. Leider gilt auch das Wort von Karl Kraus: »Was Redaktionen beschlossen haben, vergelten und büßen Nationen.«[98]

Politik überall

Jeder Bürger, der einen Leserbrief an die Zeitung schreibt, eine Wahlveranstaltung besucht, sich am Stammtisch über politische Fehlentscheidungen ereifert, in einem Verband Funktionen innehat, sich an einer Bürgerinitiative beteiligt, ein Volksbegehren unterschreibt etc., etc., nimmt teil am politischen Prozess. Interessenverbände der unterschiedlichsten Art tun dies schon qua Satzung. Sie identifizieren dabei regelmäßig das Wohl ihrer Verbandsmitglieder mit dem öffentlichen Interesse oder nehmen gar in Anspruch, eine moralische Instanz zu sein.[99] Daraus entsteht im Verbund mit den Medien ein mehr oder weniger dissonanter Chor, der für das politisch sensible Ohr als öffentliches Grundrauschen wahrnehmbar ist – vergleichbar dem Dauerrauschen einer hinter der nächsten Anhöhe gelegenen Autobahn an einem warmen Sommerabend, wenn die Luft nach oben steigt. Dieses alles umspülende Geräusch hört nie auf, und es kann sehr nerven, wenn man auf der Terrasse in Ruhe das Feierabendbier genießen will.

Für den politisch Sensiblen ist Politik überall, sie kriecht quasi durch jede Ritze. Wenn man mit dem Gang der politischen Geschäfte nicht einverstanden ist, erhitzt das die Gefühle. So entsteht politisches Engagement, aber auch Fanatismus und Frustration.

Es stimmt ja nicht, dass der viel bescholtene »Wutbürger« ein unpolitischer Charakter ist, der die Regeln einfach nicht verstanden hat. Nein, er ist jemand, der politisch erzeugte Ergebnisse – sei es der fehlende Lärmschutzwall bei der nahen Autobahn, sei es das neu eingerichtete Roma-Lager in der Nachbarstraße – nicht einfach dulden will. Er hinterfragt die Vernunft der Regeln, die zu solchen Ergebnissen führen, und hat dabei natürlich, was nur allzu menschlich ist, vor allem die eigenen Interessen im Blick.

Es ist für die persönliche Zufriedenheit häufig einfacher – und für viele Sachergebnisse nicht unbedingt schlechter –, wenn man die Entscheidungen der Obrigkeit quasi als Schicksal nimmt und sich dem Beruf und dem Privatleben widmet. Nicht jede Bürgerbeteiligung führt zu einer besseren Sachwaltung öffentlicher Interessen. Aber es ist auch nicht jeder Bürgerunmut nur fragwürdig, der das eigene Interesse in den Mittelpunkt stellt.

Es hätte viele Vorteile, wenn über wirklich grundlegende Fragen auf allen staatlichen Ebenen Volksentscheide möglich wären. Die Schweiz ist daran nicht zugrunde gegangen, und es würde der Politik schwererfallen, sich über grundlegende Werthaltungen und Interessen der Bürger einfach hinwegzusetzen. Weder der Maastricht-Vertrag noch der Lissabon-Vertrag hätten in Deutschland bei einer Volksabstimmung eine Mehrheit bekommen, und auch nicht die bedingungslose Öffnung der deutschen Grenzen für Flüchtlinge und illegale Einwanderer.

Anmerkungen

Einleitung

1 Das trifft sogar bei großen Dichtungen zu: Dantes *Göttliche Komödie*, vor
700 Jahren entstanden, enthält unübertroffene Schilderungen der Höllen-
qualen. Vergleichsweise langweilig ist dagegen die Beschreibung des Paradie-
ses. Leo Tolstoi begann *Anna Karenina*, seinen großen Roman über den Ehe-
bruch, mit den Worten:»Alle glücklichen Familien ähneln einander, jede
unglückliche Familie ist auf ihre Weise unglücklich.« Das Ergreifende in seiner
Literatur ist – wie bei den meisten bewegenden Geschichten – die Beschreibung des Unglücks, nicht des Glücks. Die lähmende Langeweile des Sozialismus ergab sich auch, weil die Wege zum Glück und zum richtigen Leben
staatlich vorgezeichnet waren. Die offiziellen Reden zeichneten sich folgerichtig durch überwältigende Fadheit aus, die Aufmärsche und überhaupt alles
Leben verliefen in den immer gleichen, vorgeschriebenen Bahnen.

2 In Wahrheit lagen die Dinge ganz anders: Im Falle des Müllers Arnold im
Oderbruch, um den es damals tatsächlich ging, hatte der König wohl das
Recht gebrochen und die Richter, die ihm nicht folgen wollten, auf der Festung
Spandau eingesperrt. Vgl. Jürgen Luh: *Der Große. Friedrich II. von Preußen*,
München 2012, S. 182ff.

3 Barbara Tuchman: *Die Torheit der Regierenden. Von Troja bis Vietnam*, Frankfurt am Main 2001, S. 11.

4 Vgl. dazu Alexander Armbruster:»Die Börse darf unsere Demokratie nicht
gefährden!«, *FAZ* vom 6. Dezember 2014, URL: http://blogs.faz.net/fazit/
2014/12/06/die-boerse-darf-unsere-demokratie-nicht-gefaehrden-5039.

5 Vgl. Hans Monath:»»Dann ist das nicht mein Land‹«, Tagesspiegel.de vom
15. September 2015, URL: http://www.tagesspiegel.de/politik/angela-merkel-
rechtfertigt-fluechtlingspolitik-dann-ist-das-nicht-mein-land/12325248.html.

1 Weshalb einige Gesellschaften Erfolg haben und andere nicht

1 Vgl. Brendan Simms: *Kampf um Vorherrschaft. Eine deutsche Geschichte Europas
1453 bis heute*, München 2014, sowie ders.:»Deutschland, Europas schwierige
Mitte«, *Der Hauptstadtbrief* 126, Dezember 2014, S. 24ff.

2 Vgl. Martin E. P. Seligman: *What You Can Change and What You Can't: The
Complete Guide to Successful Self-Improvement*, New York 2007; Steven Pinker:
The Blank Slate: The Modern Denial of Human Nature, New York 2002.

3 Vgl. Gregory Cochran und Henry Harpending: *The 10 000 Year Explosion:
How Civilization Accelerated Human Evolution*, New York 2009.

4 Vgl. António Damásio: *Selbst ist der Mensch: Körper, Geist und die Entstehung
des menschlichen Bewusstseins*, München 2011.

5 Dies ergibt sich aus der Analyse von Funktionsdefiziten nach Hirnverletzun-
gen. Ein bekanntes Beispiel ist der amerikanische Eisenbahnarbeiter Phineas
P. Gage. Bei einem Unfall waren Teile seines Stirnhirns zerstört worden. Gage

hatte nach wenigen Wochen seine intellektuellen Fähigkeiten wiedergewonnen. »Aber aus dem besonnenen, freundlichen und ausgeglichenen Gage war ein kindischer, impulsiver, unzuverlässiger und respektloser Mensch geworden, der nicht mehr als Vorarbeiter tragbar war. Seither wissen die Hirnforscher, dass soziales Verhalten und sittliches Urteil schwerpunktmäßig dem orbitofrontalen Cortex zugeordnet werden können, und wissen die Neurologen, wo sie Störungsursachen bei solchen Wesensänderungen suchen können.« Johannes Dichgans: »Können wir Gehirne kurieren?«, *FAZ* vom 20. August 2014, S. N2.

6 Edward O. Wilson: *Die soziale Eroberung der Erde. Eine biologische Geschichte des Menschen*, München 2013, S. 206.

7 Zur damaligen Debatte und den begleitenden Vorfällen vgl. Pinker: *The Blank Slate*, a.a.O., S. 108ff.

8 Wilson: *Die soziale Eroberung der Erde*, a.a.O., S. 344.

9 Ebenda.

10 Ebenda, S. 345.

11 Ebenda, S. 347.

12 Ebenda, S. 347f.

13 Vgl. den Überblicksaufsatz des Mittelalterhistorikers Jörg Feuchter: »Die DNA der Geschichte«, *FAZ* vom 5. November 2014, S. N4.

14 Der Wissenschaftsjournalist Nicholas Wade beschreibt in faszinierender Weise, wie man heute anhand der DNA-Analyse die Stammbäume von Rassen, Ethnien und Völkern bis zum einzelnen Menschen nachvollziehen kann. Das führt zu vertieften Erkenntnissen über Sprache, Sozialität, Rasse, Siedlungsverhalten und natürliche Evolution. Wades Aussagen zur zeitlichen Abfolge der Ausbreitung der Menschen auf der Welt lassen sich wie folgt zusammenfassen: Nach dem Auszug einer kleinen Gruppe aus Afrika spalteten sich die Menschen bei ihrer weiteren Verbreitung in drei Gruppen auf, die den Kontakt untereinander weitgehend oder ganz verloren und sich folglich getrennt entwickelten. Eine Gruppe erreichte vor etwa 45 000 Jahren Australien und Guinea, die damals über eine Landbrücke mit Asien verbunden waren, und lebte dort bis zur Ankunft der Engländer in Australien fast völlig isoliert. Eine andere Gruppe zog von Indien aus nach Westen und besiedelte vor 35 000 bis 45 000 Jahren Europa, wo sie den Neandertaler verdrängte, der schließlich ausstarb. Eine dritte Gruppe besiedelte von Indien aus Ostasien und Sibirien. Entsprechende Spuren von vor 25 000 bis 40 000 Jahren finden sich in Sibirien und am Baikalsee. Das Vorrücken der Gletscher in der letzten Eiszeit beendete diese Besiedlung. Man vermutet, dass die heutigen Ostasiaten weitgehend von jenen Menschen abstammen, die damals nach Süden abgedrängt wurden. Aus der letzten Gruppe stammen auch die Ureinwohner Amerikas, die über eine damals bestehende Landbrücke an der Beringstraße vermutlich erstmals vor 14 000 Jahren Nord- und Südamerika besiedelten. Eine weitere Welle besiedelte später Nordamerika. Nicholas Wade: *Before the Dawn. Recovering the Lost History of Our Ancestors*, New York 2006, S. 1ff. und 74ff.

15 Die Anthropologen Gregory Cochran und Henry Harpending haben gezeigt, dass sich der genetische Wandel in der menschlichen Gattung in den letzten 10 000 Jahren stark beschleunigt hat. Bezogen auf das, was in historisch relativ

kurzer Zeit möglich ist, befassen sie sich besonders mit dem Beispiel der aschkenasischen Juden. Cochran/Harpending, *The 10 000 Year Explosion*, a.a.O.

16 Wade nennt als Beispiele für solche genetischen Anpassungen, die erst in historischer Zeit auftraten: Erstens die in großen Teilen Europas und kleineren Teilen Afrikas verbreitete Laktose-Toleranz (übrigens auf genetisch unterschiedlichen Wegen erreicht), die es auch Erwachsenen erlaubt, Milch und Milchprodukte zu verzehren. Sie entwickelte sich, als mit der Viehzucht die Milchwirtschaft aufkam. Zweitens den Rückgang der menschlichen Riechfähigkeiten mit dem Übergang zum Ackerbau. Ferner die Entwicklung eines genetischen Schutzes gegen Malaria zu unterschiedlichen Zeiten und mit unterschiedlichen Varianten in Afrika, dem Mittelmeerraum und Nordeuropa sowie die evolutionsbedingten Änderungen des kognitiven Vermögens. Beispiele sind die Ausbildung einer überdurchschnittlichen Intelligenz bei den aschkenasischen Juden während ihrer tausendjährigen Isolation in Europa sowie die bei unterschiedlichen Bevölkerungen unterschiedlich starke Verbreitung zweier Gehirngene, die im cerebralen Cortex des embryonalen Hirns gebildet werden und die Zahl der Neuronen bestimmen. Vgl. Wade: *Before the Dawn*, a.a.O., S. 268ff.

17 Für die Bevölkerung Islands ist das Erbgut besonders umfassend untersucht worden: Regionale Unterschiede sind dort ausgeprägt, weil Familien über viele Generationen am selben Ort gelebt haben. Der isländische Genetiker Kári Stefánsson erklärt: »Es gibt sogar Biomarker, die charakteristisch für den Südwesten der Insel sind, und andere, die vor allem im Nordosten vorkommen. Solche Varianten bilden sich im Lauf der Zeit in einem dynamischen Verhältnis zur natürlichen Umgebung aus.« Für die Herausbildung solcher Unterschiede war die Zeit seit der ersten Besiedlung vor 1100 Jahren offenbar ausreichend. Die heutigen Isländer stammen väterlicherseits zu etwa 75 Prozent von Norwegern und zu etwa 65 Prozent von Frauen keltischer Herkunft ab. Das zeigt, dass die männlichen nordischen Siedler sich ihre Frauen in Schottland gesucht haben. Weil Island sonnenarm ist, haben sich Rothaarigkeit und sonnenempfindliche Haut dort mit 26 Prozent Anteil an der Bevölkerung deutlich stärker ausgebreitet als in Norwegen, wo der Anteil der Rothaarigen mit empfindlicher Haut 17 Prozent beträgt. Sebastian Balzter: »Wissen ist niemals böse«, Interview mit Kári Stefánsson, *FAS* vom 24. Januar 2014, URL: http://www.faz.net/sonntagszeitung/interview-mit-einem-wikinger-wissenist-niemals-boese-12769540.html.

18 Wade: *Before the Dawn*, a.a.O., S. 272.

19 Ders.: *A Troublesome Inheritance: Genes, Race and Human History*, New York 2014, S. 249. Wades neues und wegen der Verwendung des Rassebegriffs hoch umstrittenes Werk untersucht, ob die jüngere menschliche Entwicklung auch Unterschiede im Sozialverhalten und damit in der Natur der menschlichen Gesellschaft verursacht hat. Er bejaht diese Frage und setzt sich damit auseinander, dass dies unterschiedliche Populationen recht unterschiedlich betroffen hat.

20 In diesem Buch verzichte ich auf die nähere Beschreibung und Diskussion der ungeheuren Rolle, die die Sprache für das Denken, die Kommunikation sowie die kulturelle und zivilisatorische Entwicklung des Menschen spielt. Die kom-

plexen Codes des sprachvermittelten Denkens und die dadurch entstehenden Gedankenwelten entziehen sich auch den Untersuchungen der Hirnforscher. Vgl. Angela D. Friederici: »Denn das Wort ist im großen Netz verborgen«, *FAZ* vom 21. Mai 2014, S. N2.

21 Vgl. David S. Landes: *Wohlstand und Armut der Nationen. Warum die einen reich und die anderen arm sind*, München 2009.

22 Vgl. ebenda, S. 222ff.

23 Vgl. Niall Ferguson: *Der Westen und der Rest der Welt. Die Geschichte vom Wettstreit der Kulturen*, Berlin 2011, S. 44f.

24 Vgl. Daron Acemoğlu und James A. Robinson: *Why Nations Fail. The Origins of Power, Prosperity, and Poverty*, New York 2012, S. 182ff.

25 Zugrunde gelegt wurden die Daten der Weltbank für das in Kaufkraftparitäten berechnete BIP pro Kopf 2013. Nicht in den Vergleich einbezogen wurden die Öl produzierenden Länder der Arabischen Halbinsel und kleine Inselstaaten mit nur wenigen Einwohnern. Es verbleiben 146 Länder.

26 Vgl. Davide Cantoni, Franziska Kugler und Ludger Wößmann: »Der lange Schatten der Geschichte. Mechanismen der Persistenz in der Wirtschaftgeschichte«, *ifo Schnelldienst* 67 (2/2014), S. 13–22.

27 Vgl. Landes: *Wohlstand und Armut der Nationen*, a.a.O., S. 20ff.

28 Vgl. ebenda, S. 33–38.

29 Vgl. ebenda, S. 38–43.

30 Vgl. Jared M. Diamond: *Kollaps. Warum Gesellschaften überleben oder untergehen*, Frankfurt am Main 2005.

31 Offenbar sind Erfolgsfaktoren wie Impulskontrolle, Fleiß und Ehrgeiz, Stolz und Überlegenheitsgefühl in den einzelnen ethnischen Gruppen selbst dann sehr unterschiedlich ausgeprägt, wenn diese schon über Generationen in den USA leben. Vgl. Amy Chua und Jed Rubenfeld: *Alle Menschen sind gleich – erfolgreiche nicht. Die verblüffenden kulturellen Ursachen von Erfolg*, Frankfurt am Main 2014.

32 Vgl. Gregory Clark: *The Son Also Rises. Surnames and the History of Social Mobility*, Princeton und Oxford 2014, S. 19ff.

33 Vgl. ebenda, S. 9ff.

34 Clark formuliert vorsichtig, aber bestimmt: »The evidence of similarly slow rates of social mobility in modern Sweden, preindustrial Sweden, medieval England, modern England, and the United States is thus at variance with the human-capital account of intergenerational mobility. Instead it seems that social status is transmitted within families independently of the resources available to parents. This raises the possibility that it is nature, much more than nurture, that propagates social status so persistently across the generations.« Ebenda, S. 131f.

35 William Easterly: *The Tyranny of Experts. Economists, Dictators and the Forgotten Rights of the Poor*, New York 2014, S. 347.

36 Vgl. Landes: *Wohlstand und Armut der Nationen*, a.a.O., S. 359–399.

37 So hat Andalusien mittlerweile dank der EU-Subventionen eine hervorragende Infrastruktur, einen blühenden Tourismus, gute Bedingungen für die Landwirtschaft, trotzdem aber 29 Prozent Schulabbrecher, 30 Prozent Arbeitslosigkeit, 60 Prozent Jugendarbeitslosigkeit und einen überdimensio-

nierten Staatssektor mit 25 Prozent aller Beschäftigten, dazu einen Anteil der Schattenwirtschaft von 30 Prozent und jede Menge Korruptionsskandale. Vgl. Leo Wieland: »Europas Milliarden versickern in Spaniens Süden«, *FAZ* vom 24. März 2015, S. 17.

38 In den USA gibt der seit Jahrzehnten stabile Leistungsrückstand schwarzer Schüler Rätsel auf. Der amerikanische Bildungsökonom Roland Fryer erklärt das Phänomen mit dem Verhältnis von Bildungsleistung und ethnischer Identität: Weiße Schüler sind im Durchschnitt umso populärer, je besser ihre Schulleistungen sind. Bei schwarzen Schülern ist es umgekehrt: Wer gute Schulleistungen vorweist, gilt als Streber und ist »acting white«. Cool ist es unter schwarzen Schülern, sich auf ganz anderen Feldern als im Unterricht zu bewähren. Wer als schwarzer Schüler in der Schule Ehrgeiz zeigt und gut sein möchte, wird von seinen Peers entmutigt. So führt die schwarze Gegenkultur zu einer Verfestigung der Bildungslücke, was sich später in der beruflichen Stellung und im Einkommen niederschlägt. Vgl. Roland Fryer: »From the Hood to Harvard«, *The Economist* vom 2. Mai 2015, URL: http://www.economist. com/news/united-states/21650164-hotshot-economist-lessons-baltimore-and-other-trouble-spots-hood.

39 So lässt sich für Europa zeigen, dass Städte, die die Druckerpresse früh eingeführt haben, zwischen 1500 und 1600 besonders schnell gewachsen sind. Das kann daran liegen, dass gedruckte Schriften Wissen und Innovation besonders schnell verbreitet haben. Die frühe Einführung der Druckerpresse mag aber auch lediglich der Ausdruck einer sowieso vorhandenen überdurchschnittlichen Dynamik sein, die zu höherem Wirtschaftswachstum führte. Vgl. Jeremiah Dittmar: »Information Technology and Economic Change: The Impact of the Printing Press«, *The Quarterly Journal of Economics* 2011, Bd. 126, Heft 3, S. 1133–1172.

40 Vgl. Max Weber: *Die protestantische Ethik und der »Geist« des Kapitalismus*, München 2013, S. 73ff.

41 Vgl. Ferguson: *Der Westen und der Rest der Welt*, a.a.O., S. 385–393.

42 Vgl. Markus Wehner: »Luther regiert«, *FAS* vom 29. März 2015, S. 11.

43 Vgl. Rainer Hank: »Katholiken sind nicht blöd«, *FAS* vom 22. März 2015, S. 20. Hank zitiert eine Studie, nach der die Bildungsneigung zwischen Protestanten und Katholiken nicht unterschiedlich ist, wenn man die Daten um die soziale Schichtung bereinigt. Damit wird aber das Problem nur verschoben, und die Frage bleibt unbeantwortet, warum Katholiken in der sozialen Schichtung anders angesiedelt sind als Protestanten. Auch im Hinblick auf das bildungsmäßige Zurückbleiben der Muslime in Deutschland und Europa hilft es nicht, mit der sozialen Schichtung zu operieren. Andere Gruppen von Migranten haben sich nach allen Indikatoren in weit stärkerem Maße aus den unteren sozialen Schichten befreit.

44 Vgl. Cantoni/Kugler/Wößmann: »Der lange Schatten der Geschichte«, a.a.O., S. 17.

45 Dazu zwei Beispiele: Im byzantinischen Kaiserreich hatten die koptischen Christen den niedrigsten Status in der Gesellschaft. Im muslimischen Ägypten des 19. Jahrhunderts war dagegen der Beschäftigungsstatus der Kopten höher als jener der Muslime. Im Iran ergab der Zensus von 1966, dass in Teheran

10 Prozent der Gesamtbevölkerung, aber zwei Drittel der Christen und Juden Persiens lebten. Sie stellten dort die Ärzte, Ingenieure und Vertreter anderer angesehener Professionen. Vgl. Clark: *The Son Also Rises*, a.a.O., S. 238.

46 Vgl. ebenda, S. 239.

47 Nach einer Studie des Wissenschaftszentrums Berlin vom April 2014 sind 44 Prozent der europäischen Muslime fundamentalistisch eingestellt, 45 Prozent glauben, dass der Westen den Islam zerstören möchte, vgl. Michael Ley: »Fundamentalismus-Studie: Homo, Jud und Christ«, *Die Presse* vom 2. Mai 2014, URL: http://diepresse.com/home/spectrum/zeichenderzeit/3800386/ FundamentalismusStudie_Homo-Jud-und-Christ.

48 Die Schauspielerin Sibel Kekilli, Kind eines nach Deutschland eingewanderten türkischen Ehepaars, fragt zur Unterdrückung der Frau in ihrer Kultur: »Hat das noch mit Tradition zu tun? Oder mit Religion? Dieser verschobene Kulturbegriff, gepaart mit traditionellen Vorstellungen, hat eine unglaubliche Zerstörungskraft ... Ist es das wert? Die eigene Identität, die Familie und den Kulturkreis einzutauschen gegen ein freies Leben? ... Wer zwischen diesen beiden Welten wandert, unterliegt einem fast unmenschlichen Druck. Es macht einen buckelig, traurig, depressiv.« Dies.: »Was macht euch Angst, ihr Väter, Brüder, Ehemänner?«, *FAZ* vom 10. März 2015, URL: http://www.faz.net/aktuell/ feuilleton/debatten/sibel-kekilli-gegen-gewalt-im-namen-der-ehre-13470898. html.

49 Heinz Buschkowsky, der ehemalige Bezirksbürgermeister von Berlin-Neukölln, sieht in seinem Bezirk überall Islamisten auf dem Vormarsch und beklagt, in einigen Kindergärten Neuköllns gebe es jetzt schon Dreijährige mit Kopftuch. Ders.: »Schon Dreijährige tragen jetzt Kopftuch«, *Berliner Morgenpost* vom 8. März 2015, S. 11.

50 Vgl. Ralph Bollmann: »Wirtschaft auf Polnisch«, *FAS* vom 5. Oktober 2014, S. 24f.

51 Vgl. Internationaler Währungsfonds (IWF): World Economic Outlook Database, April 2015.

52 Die amerikanische Entwicklungsökonomin Anne Krueger spricht von der »rent seeking society« und zeigt, dass Wohlfahrtsverluste durch Monopolisierungs- und Ausbeutungsstrategien politisch herrschender Gruppen viel größer sind als herkömmlich geschätzt. Vgl. Britta Berger: »Die ›Grand Old Lady‹ in der Ökonomie«, in: Lisa Nienhaus (Hrsg.): *Die Weltverbesserer*, München 2015, S. 85ff.

53 Vgl. Acemoğlu/Robinson: *Why Nations Fail*, a.a.O., S. 302ff.

54 Ebenda, S. 432.

55 Vgl. Transparency International: Corruption Perceptions Index 2015.

56 Vgl. Cordula Tutt: »Mit Handschuhen und Faden«, *Wirtschaftswoche* vom 20. April 2015, S. 44ff.

57 Vgl. Thomas Scheen: »Der weiße Fleck auf der Konsumweltkarte«, *FAZ* vom 10. Mai 2013, URL: http://www.faz.net/aktuell/feuilleton/wirtschaft-in-afrika-der-weisse-fleck-auf-der-konsumweltkarte-12178347.html.

58 Vgl. ders.: »Fremdenhass in Südafrika: Wenn der Mob wütet«, *FAZ* vom 18. April 2015, URL: http://www.faz.net/aktuell/politik/ausland/afrika/ fremdenhass-in-suedafrika-wenn-der-mob-wuetet-13544381.html.

59 Der führende deutsche Entwicklungsökonom Axel Dreher sagt dazu: »Es gibt mehr als 200 Studien zu dem Thema, aber robuste empirische Belege dafür, dass Entwicklungshilfe das Wirtschaftswachstum nachhaltig fördert, gibt es nicht.« Jedenfalls seien die etwaigen positiven Effekte »nicht sonderlich groß und stabil«. Selbst positiv evaluierte Projekte wie Brunnen oder neue Schulen hätten möglicherweise keinen Effekt, weil sie vielleicht sowieso gekommen wären. Durch die externen Mittel konnte die nationale Regierung das frei gewordene Geld aber anders ausgeben. Johannes Pennekamp: »Milliardenrätsel Entwicklungshilfe«, *FAZ* vom 22. April 2015, URL: http://www.faz.net/aktuell/wirtschaft/wirtschaftspolitik/entwicklungshilfe-helfen-die-milliarden-ueberhaupt-13551128.html?printPagedArticle=true#pageIndex_2.

60 Vgl. Volker Seitz: *Afrika wird armregiert oder Wie man Afrika wirklich helfen kann*, München 2012.

61 Vgl. Heiner Rindermann und James Thompson: »Cognitive Capitalism: The Effect of Cognitive Ability on Wealth, as Mediated Through Scientific Achievement and Economic Freedom«, *Psychological Science* 22 (6/2011), S. 754–763.

62 Vgl. Heiner Rindermann: »Was messen internationale Schulleistungsstudien? Schülerleistungen, Schülerfähigkeiten, kognitive Fähigkeiten, Wissen oder allgemeine Intelligenz?«, *Psychologische Rundschau* 57 (2/2006), S. 69–86.

63 Vgl. ders.: »The G-Factor of International Cognitive Ability Comparisons: The Homogeneity of Results in PISA, TIMSS, PIRLS and IQ-Tests Across Nations«, *European Journal of Personality* 21 (5/2007), S. 667–706.

64 Vgl. ders. und James Thompson: »Ability Rise in NAEP and Narrowing Ethnic Gaps?«, *Intelligence* 41 (2013), S. 821–831, hier S. 822.

65 Vgl. als »Klassiker« Richard Lynn und Tatu Vanhanen: *IQ and the Wealth of Nations*, Westport 2002.

66 Das so definierte geistige Niveau der Elite ist viel entscheidender für den Wohlstand eines Landes als das ermittelte durchschnittliche Intelligenzniveau, vgl. Rindermann/Thompson: »Cognitive Capitalism«, in: *Psychological Science* (2011) DOI: 10.1177/0956797611407207, S. 3.

67 Vgl. ebenda, S. 2.

68 Vgl. ebenda, S. 9.

69 Vgl. Eric A. Hanushek und Ludger Wößmann: *The Knowledge Capital of Nations. Education and the Economics of Growth*, Cambridge (Mass.) 2015, S. 82.

70 Vgl. ebenda, S. 189.

71 Vgl. ebenda, Tabelle S. 8.

72 Ludger Wößmann: »Wissen und Wohlstand der Nationen«, *FAZ* vom 18. Mai 2015, S. 16.

73 Hanushek/Wößmann: *The Knowledge Capital of Nations*, a.a.O., S. 107.

74 Noch heute gibt es in Norditalien mehr Sozialkapital, gemessen an der Anzahl und Aktivität gemeinnütziger Organisationen oder an der Wahlbeteiligung. Dies hängt offenbar mit der mittelalterlichen Tradition freier Stadtstaaten zusammen. »Diese Kultur der Unabhängigkeit und der eigenen Verantwortung für soziale Belange ist persistent und wirkt bis heute durch das höhere Sozialkapital fort.« Cantoni/Kugler/Wößmann: »Der lange Schatten der Geschichte«, a.a.O., S. 18.

75 Vgl. David Signer: »Flüchtlingsdrama im Mittelmeer. Eine Bankrotterklärung Afrikas«, *Neue Zürcher Zeitung* vom 27. Februar 2015, URL: http://www.nzz. ch/meinung/kommentare/eine-bankrotterklaerung-afrikas-1.18492075.

76 Zu Konzepten und Definitionen von Sozialkapital siehe United Nations Commission for Europe: *Conference of European Statisticians Recommendations on Measuring Sustainable Development*, Genf/New York 2014, S. 45ff.

77 So fordern in Deutschland die oberen wie die unteren Schichten vom Staat, dass die sozialen Unterschiede nicht zu groß werden sollen. Gleichzeitig meinen sie aber, dass der Staat diesen Ausgleich recht wirksam vornimmt, und haben das Vertrauen, dass dies auch in Zukunft geschieht. Vgl. Renate Köcher: »Das Verantwortungsgefühl der Oberschicht«, *FAZ* vom 16. Februar 2015, S. 10.

78 Als im April 2015 in Baltimore der Schwarze Freddie Gray nach einer Genickverletzung im Polizeigewahrsam starb, wurde die Stadt von schweren Unruhen und gewalttätigen Plünderungen erschüttert. In Baltimore sind zwei Drittel der Bevölkerung schwarz, die Wahlbeteiligung betrug bei der letzten Bürgermeisterwahl nur 13 Prozent. Die Stadt hat eine schwarze Bürgermeisterin. Auch die Oberstaatsanwältin und der Vorsitzende des Stadtrats sind schwarz. Mehr als ein Drittel der Neun- bis Zwölfjährigen sind chronische Schulschwänzer. Knapp ein Drittel der Erwachsenen über 25 Jahre hat keinen Schulabschluss. Die Arbeitslosigkeit liegt im Durchschnitt der Stadt bei 37 Prozent. Vgl. Andreas Ross: »Weckruf der Ungehörten«, *FAZ* vom 30. April 2015, S. 3. Meines Erachtens sind diese Zustände nicht darauf zurückzuführen, dass Schwarze in Baltimore diskriminiert werden. Es fehlt vielmehr offenbar an sozialem Kapital. Wer als Ursache dafür Ausbeutung, Unterdrückung und Diskriminierung der Schwarzen in der Vergangenheit ausmacht, verhält sich politisch korrekt, wirft aber eine delikate Frage auf: Kann es sein, dass sich unter Amerikas Schwarzen ein aufgrund von Unterdrückung sozial erworbener Mangel an Ehrgeiz und sozial konstruktivem Verhalten über sechs Generationen seit Abschaffung der Sklaverei einfach immer weiter »sozial vererben« kann?

79 In Italien gibt der für die staatliche Verwaltung zuständige Staatssekretär öffentlich zu: »Die Zahl unserer öffentlichen Beschäftigten entspricht Europas Durchschnitt, aber die Produktivität ist extrem niedrig.« Anlass war eine im Sommer 2014 im ganzen Land diskutierte Meldung aus der kalabrischen Kleinstadt Locri. Nach einem offenen Brief des Bürgermeisters findet sich unter den 125 Beschäftigten der Stadtverwaltung »nur ein verstreutes Häuflein von 20 oder 25, die etwas tun«. Arbeitsaufforderungen beantworten die Bediensteten mit Krankschreibungen. Es funktioniert nichts, aber die Arbeitslosenquote in der Stadt beträgt 50 Prozent. Vgl. Tobias Piller: »Wenn der Bürgermeister um Wunder bittet«, *FAZ* vom 4. September 2014, S. 20.

80 Vgl. Robert D. Putnam: »*E Pluribus Unum*. Diversity and Community in the Twenty-first Century«, *Scandinavian Political Studies* 30 (2/2007), S. 137–174.

81 Ebenda, S. 138.

82 Vgl. ebenda, S. 154.

83 Ebenda, S. 165.

84 Ebenda, S. 138f.

85 »It is the greatest happiness of the greatest number that is the measure of right and wrong.« Jeremy Bentham: »A Fragment on Government«, in: J. H. Burns

und H.L.A. Hart (Hrsg.): *A Comment on the Commentaries and A Fragment on Government* (= *The Collected Works of Jeremy Bentham*), London 1997, S. 391–551, hier Vorwort.

86 Immanuel Kant: *Kritik der praktischen Vernunft*, Berlin 2013, S. 36.

2 Träume und Phantasien vom glücklichen Zusammenleben

1 Vgl. Jochen Buchsteiner: »Wenn die Idole Waffen und lange Bärte tragen«, *FAZ* vom 26. Februar 2015, S. 2.

2 Vgl. Heiner Rindermann: »Schlechte Bildung kann tödlich sein«, *Neue Zürcher Zeitung am Sonntag* vom 18. Januar 2015, S. 59.

3 Max Webers entsprechende These wurde zwar oft angefeindet und auch relativiert, aber letztlich nicht widerlegt. Zur theoretischen Begründung Max Webers, über die man streiten mag, passt nach wie vor die empirische Evidenz. Vgl. Weber: *Die protestantische Ethik und der »Geist« des Kapitalismus*, a.a.O.

4 Aufschlussreich ist die gegenwärtig starke Ausbreitung des Christentums in China. Der christliche Glaube scheint hier emotionale Lücken zu schließen, die seit der Gründung Rotchinas und des damit verbundenen Abschneidens überkommener religiöser Traditionen entstanden sind. Vgl. Hendrik Ankenbrand: »Chinas neu bekehrte Christen«, *FAS* vom 4. Januar 2015, S. 18.

5 Wilson, *Die soziale Eroberung der Erde*, a.a.O., S. 350.

6 Eine ideologische Radikalisierung des Liberalismus führte zum Libertarismus, der die gesamte Moral auf rationales Selbstinteresse zurückführen will und einen uneingeschränkten Kapitalismus befürwortet. Heute zeigen sich Vertreter solch libertärer Tendenzen in den USA nicht vor der Versuchung gefeit, ein radikales Konzept von freier Marktwirtschaft in die Rolle einer neuen Diesseits-Religion zu setzen. Sie vertragen sich übrigens sehr gut mit der wachsenden Gruppe evangelikaler Kreationisten – ja sind teilweise sogar mit ihnen identisch –, die ein quasi steinzeitliches Konzept der christlichen Religion haben. So schließt sich ein Kreis.

7 Vgl. Platon: *Der Staat. Über das Gerechte*, übersetzt und erläutert von Otto Apelt, Einleitung von Paul Wilpert, Hamburg 1989.

8 Vgl. Christian Meier: *Kultur, um der Freiheit willen. Griechische Anfänge – Anfang Europas?*, München 2009.

9 Meier zeigt dies an dem Eunomie-Gedicht, in dem Solon, der Staatsmann und große Reformer Athens, um 600 vor Christus sein Bild der guten Ordnung entwarf. Vgl. ebenda, S. 263ff.

10 Einleitung von Paul Wilpert in: Platon, *Der Staat*, a.a.O., S. IX.

11 Ebenda S. 64.

12 Ebenda, S. 66.

13 Ebenda, S. 71.

14 Ebenda, S. 75.

15 Ebenda, S. 137.

16 Ebenda, S. 154.

17 Ebenda, S. 198f.

18 Ebenda, S. 126.

19 Ebenda, S. 77.

20 Vgl. ebenda, S. 175ff.

21 Ebenda, S. 191.
22 Vgl. ebenda, S. 183ff.
23 Ebenda, S. 308.
24 Vgl. ebenda, S. 313ff.
25 Ebenda, S. 339.
26 Ebenda, S. 338.
27 Ebenda, S. 346.
28 Vgl. Aurelius Augustinus: *Vom Gottesstaat*, aus dem Lateinischen übertragen von Wilhelm Thimme, München 2007.
29 Vgl. Christoph Horn (Hrsg.): *De civitate Dei*, Berlin 1997, S. 4f.
30 Vgl. Augustinus: *Vom Gottesstaat*, a.a.O., S. 418f.
31 Vgl. ebenda, S. 515f.
32 Vgl. Ernest L. Fortin: »Justice as the Foundation of the Political Community. Augustine and his Pagan Models«, in: Horn (Hrsg.): *De civitate Dei*, a.a.O., S. 41–62.
33 Vgl. Donald X. Burt: »Cain's City: Augustine's Reflections on the Origins of the Civil Society«, in: Horn (Hrsg.): *De civitate Dei*, a.a.O., S. 195–210.
34 Vgl. Fortin: »Justice as the Foundation of the Political Community«, a.a.O., S. 57.
35 Vgl. Horn (Hrsg.): *De civitate Dei*, a.a.O., S. 15.
36 Thomas Morus: *Utopia*, übersetzt von Gerhard Ritter, Stuttgart 2003.
37 Vgl. ebenda, S. 59ff.
38 Vgl. ebenda, S. 83.
39 Vgl. hierzu und zum Nachfolgenden ebenda, S. 65ff.
40 Vgl. ebenda, S. 63.
41 Vgl. ebenda, S. 106.
42 Vgl. ebenda, S. 111f.
43 Ebenda, S. 105.
44 Ebenda, S. 79.
45 Ebenda, S. 80.
46 Ebenda, S. 127.
47 16 Familienangehörige Poppers kamen im Holocaust um.
48 Der bisweilen scharfe Ton und die Anflüge von Polemik in diesem Werk spiegeln die tiefe Verzweiflung des in der Ferne in Sicherheit Weilenden über das Unheil, das Faschismus und Kommunismus in Europa angerichtet hatten.
49 Popper zitiert Arthur Schopenhauer, der Hegel persönlich kannte und als Motto für dessen Philosophie Shakespeares Worte »solches Zeug, wie Tolle verstandlos plaudern« vorgeschlagen hatte: »Hegel, von oben herunter zum großen Philosophen gestempelt, ein platter, geistloser, ekelhaft-widriger unwissender Scharlatan, der, mit beispielloser Frechheit, Aberwitz und Unsinn zusammenschmierte, welche von seinen feilen Anhängern als unsterbliche Weisheit ausposaunt und von Dummköpfen richtig dafür genommen wurden, und so entstand ein völliger Chorus der Bewunderung, wie man ihn nie zuvor vernommen hatte. Die einem solchen Menschen gewaltsam verschaffte, ausgebreitete geistige Wirksamkeit hat den intellektuellen Verderb einer ganzen gelehrten Generation zur Folge gehabt.« Karl R. Popper: *Die offene Gesellschaft*

und ihre Feinde, Bd. II: *Falsche Propheten. Hegel, Marx und die Folgen*, Bern 1970, S. 43. Schopenhauer war nicht nur ein großer Philosoph, sondern auch ein begnadeter Polemiker. Heute wäre er als Leserbriefschreiber im Internet bei der *Süddeutschen Zeitung* oder der *taz* wegen seiner Wortwahl von Sperrung bedroht. Zu Lebzeiten hatte er es aber auch nicht leicht. Hegel und seine einflussreiche Schule rächten sich für seine scharfe Kritik, und es gelang ihnen, durch Totschweigen Schopenhauers Ruhm für etwa 30 bis 40 Jahre aufzuhalten. (Die erste Fassung von Schopenhauers Hauptwerk *Die Welt als Wille und Vorstellung* war 1819 erschienen. Sie war erst nach 30 Jahren vergriffen.)

50 Vgl. Popper: *Falsche Propheten*, a.a.O., S. 36ff.

51 Ebenda, S. 60.

52 Ebenda, S. 79.

53 Vgl. den aufschlussreichen Bericht von Mainhardt Graf von Nayhauß über seine Schulzeit auf der Napola, in: ders.: *Chronist der Macht. Autobiographie*, München 2014, S. 60ff.

54 Michel Houellebecq: *Unterwerfung*, Köln 2015.

55 Johann Wolfgang Goethe: *Maximen und Reflexionen*, hrsg. v. Helmut Koopmann, München 2006 (*Kleine Bibliothek der Weltweisheiten*, Bd. 14).

56 Vgl. Heike Schmoll: »Rechtschreibung lehren!«, *FAZ* vom 10. März 2015, S. 1.

57 Vgl. dies.: »Rechtschreibtest für Grundschüler. Kultusminister einigen sich«, *FAZ* vom 14. März 2015, S. 4.

58 Katja Knoch formuliert das in einem Leserbrief in der *FAZ* vom 22. August 2015 folgendermaßen: »Gesellschaftliche Verantwortung und Mitgefühl werden dadurch nicht ausreichend entwickelt, wenn Wissen als isolierte Fächer [sic!] und losgelöst vom praktischen Nutzen vermittelt wird. Respekt vor Menschen, die anders sind und anders denken, kann nicht ausreichend gelernt werden, wenn in unseren Schulen möglichst homogene Gruppen gebildet werden und den Kindern im Alter von zehn Jahren mitgegeben wird, dass es im Leben darum geht, besser zu sein als andere und dass kognitive Fähigkeiten und Begabungen mehr wert sind als andere. Die Selektion steht der Inklusion im Weg.« URL: https://de.groups.yahoo.com/neo/groups/Steb-FFM/conversations/messages/517.

59 Vgl. Michaela Wiegel: »Deutsch oder Getto«, *FAZ* vom 30. April 2015, S. 3.

60 So ist es eine seit Jahrzehnten unveränderte Tatsache, dass Frauen in den Studiengängen Informatik, Mathematik und Ingenieurwissenschaften mit einem Anteil von etwa 20 Prozent weit unterrepräsentiert sind, obwohl sie in keiner Weise benachteiligt werden. Für die Frauenbeauftragte einer Berliner Universität ist aber schon allein die Tatsache, dass Frauen in diesen Fächern und natürlich auch bei Abschlüssen in diesen Fächern unterrepräsentiert sind, Ausdruck einer strukturellen Diskriminierung. Vgl. dazu Birgit Kelle: »Die Gleichstellungslüge«, *The European* vom 5. März 2015, URL: http://www.theeuropean.de/birgit-kelle/9764-das-einseitige-verstaendnis-von-gleichstellung.

61 Vgl. »Arabische Länder weit abgeschlagen«, *Stern* vom 6. Oktober 2004, URL: http://www.stern.de/kultur/buecher/buchproduktion-arabische-laender-weit-abgeschlagen-3541056.html.

62 Vgl. Jens Lubbadeh: »Forschung in islamischen Ländern: Wissenschaft im Namen Allahs«, *Spiegel Online* vom 16. November 2007, URL: http://www.spiegel.de/wissenschaft/mensch/forschung-in-islamischen-laendern-wissenschaft-im-namen-allahs-a-517117.html.

63 Vgl. Gegenüberstellung jüdischer und muslimischer Nobelpreisträger, URL: http://www.israelnet.de/nobelpreis.html.

64 Vgl. dazu Dieter Dürand und Benjamin Reuter: »Was rettet das Klima – Wachsen oder Schrumpfen? Streitgespräch zwischen Niko Paech und Ottmar Edenhofer«, *Wirtschaftswoche* vom 4. April 2015, S. 58ff., URL: http://green.wiwo.de/wachsen-oder-schrumpfen.

65 Vgl. die profunde Gesamtdarstellung von Yuval Noah Harari: *Eine kurze Geschichte der Menschheit*, München 2013.

66 Jürgen Osterhammel: »Weltgeschichte. Ein Propädeutikum«, *Geschichte in Wissenschaft und Unterricht* 56 (2005), S. 452–479, hier S. 460.

67 Sebastian Conrad: *Globalgeschichte. Eine Einführung*, München 2013, S. 17.

68 Vgl. Landes: *Wohlstand und Armut der Nationen*, a.a.O., S. 515.

69 Der 2014 verstorbene Journalist Peter Scholl-Latour hat sein letztes zu Lebzeiten erschienenes Buch den Konflikten in der islamischen Welt von Nah- und Mittelost gewidmet und dabei die verheerenden Fehleinschätzungen der westlichen Politik und deren fatale Folgen beschrieben. Diese Fehleinschätzungen entspringen einer universalistischen Ideologie ohne kulturelles Verständnis für die Motivationen und Triebkräfte der Beteiligten. Vgl. Peter Scholl-Latour: *Der Fluch der bösen Tat. Das Scheitern des Westens im Orient*, Berlin 2014.

70 Mark Mazower: *Die Welt regieren. Eine Idee und ihre Geschichte von 1815 bis heute*, München 2013, S. 428.

71 Vgl. dazu die profunde Analyse bei Thierry Baudet: *The Significance of Borders. Why Representative Government and the Rule of Law Require Nation States*, Leiden/Boston 2012, S. 127ff.

72 Vgl. Landes: *Wohlstand und Armut der Nationen*, a.a.O., 520.

73 Vgl. Paul Krugman: *Pop Internationalism*, Cambridge (Mass.) 1996, S. 70.

74 Paul Collier: *Exodus. Warum wir Einwanderung neu regeln müssen*, München 2014, S. 245.

75 Ebenda, S. 258.

76 Paul Scheffer: *Die Eingewanderten. Toleranz in einer grenzenlosen Welt*, München 2008, S. 473.

77 So im Gespräch mit Anne Will am 7. Oktober 2015.

78 Christian Geyer: »Klare Linie?«, *FAZ* vom 9. Oktober 2015, URL: http://www.faz.net/aktuell/feuilleton/debatten/die-gespensterstunden-mit-angela-merkel-haeufen-sich-13846299.html.

79 Alexander Kissler: »Ihre verdammte Pflicht«, *Cicero* vom 8. Oktober 2015, URL: http://www.cicero.de/berliner-republik/angela-merkel-bei-anne-will-ihre-verdammte-pflicht/59956.

80 Ralph Bollmann: »Es ist verrückt, was heute geschieht«, Interview mit Knut Borchardt, *FAS* vom 1. Juni 2013, URL: http://www.faz.net/sonntagszeitung/es-ist-verrueckt-was-heute-geschieht-12204689-p3.html?printPagedArticle=true#pageIndex_4.

81 Zur Kausalität und kausalen Erklärung in der Geschichte vgl. Thilo Sarrazin:

Ökonomie und Logik der historischen Erklärung, Bonn/Bad Godesberg 1974, insbesondere S. 103ff.

82 Karl R. Popper: *Gesammelte Werke in deutscher Sprache*, Bd. 4: *Das Elend des Historizismus*, 3. verb. Aufl., Tübingen 1971, S. XI.

83 Ders.: *Falsche Propheten*, a.a.O., S. 19.

84 Ebenda, S. 21. Vgl. ausführlicher ders.: *Logik der Forschung*, 4. verb. Aufl., Tübingen 1971, S. 207ff.

85 Ders.: »Zwei Mitteilungen über Induktion und Abgrenzung (1933–1934)«, in ders.: *Logik der Forschung*, 8. verb. u. verm. Aufl., Tübingen 1984, S. 256.

86 Nassim Nicholas Taleb, *Der schwarze Schwan. Die Macht höchst unwahrscheinlicher Ereignisse*, München 2008.

87 Karl R. Popper: *Vermutungen und Widerlegungen. Das Wachstum der wissenschaftlichen Erkenntnis*, 2. Aufl., Tübingen 2009, S. 278f.

88 Ders.: »Immanuel Kant. Der Philosoph der Aufklärung. Eine Gedächtnisrede zu seinem hundertfünfzigsten Geburtstag«, in ders.: *Die offene Gesellschaft und ihre Feinde*, Bd. I: *Der Zauber Platons*, Bern 1957, S. 15.

89 Zitiert ebenda.

90 Vgl. Dennis L. Meadow u. a.: *Die Grenzen des Wachstums*, Stuttgart 1972.

91 Popper: *Der Zauber Platons*, a.a.O., S. 214.

92 Allen marxistischen Theorien, auch den neueren, wohnt noch das Denken in historischen Stufen und darauf aufbauenden Prophezeiungen inne. Das zeigt sich schon bei der Verwendung des Begriffs »Spätkapitalismus« bei Jürgen Habermas. Siehe dazu und zur weitergehenden Analyse des Historizismus im marxistischen Denken: Thilo Sarrazin: »Historische Analyse und Zukunftsplanung«, in: Georg Lührs (Hrsg.): *Beiträge zur Theoriediskussion II*, Bonn/Bad Godesberg 1974, S. 169ff.

93 Popper: *Der Zauber Platons*, a.a.O., S. 215.

94 Ebenda.

95 Ebenda, S. 218.

96 Vgl. ebenda, S. 215.

97 Vgl. ebenda, S. 222ff.

98 Ebenda, S. 224.

99 Ebenda, S. 176f.

100 Ebenda, S. 177.

101 Ebenda, S. 188.

102 Ders.: *Falsche Propheten*, a.a.O., S. 344.

103 Ders.: *Der Zauber Platons*, a.a.O., S. 233.

104 Vgl. ebenda, S. 264.

105 Ebenda, S. 230.

106 Vgl. Amnesty International: »Artikel 301: Das Gesetz über die ›Verunglimpfung des Türkentums‹ ist eine Beleidigung der Freiheit der Meinungsäußerung«, URL: http://www2.amnesty.de/internet/deall.nsf/51a43250d61caccfc1256aa1003d7d38/ED0453F26B07B33EC12571540043E990/$FILE/tuerkei443306.pdf.

107 Vgl. Katarzyna Chawryło: »Patriarch Kirill's Game over Ukraine«, *OSW* vom 14. August 2014,URL: http://www.osw.waw.pl/en/publikacje/osw-commentary/2014-08-14/patriarch-kirills-game-over-ukraine.

108 Nach Schätzungen vom März 2015 gibt es beim IS 3000 Kämpfer aus Tunesien. Vgl. Christoph Ehrhardt: »An einem der ersten Sonnentage«, *FAZ* vom 20. März 2015, URL: http://www.faz.net/aktuell/politik/ausland/afrika/terror-in-tunesien-anschlag-auf-den-tourismus-in-tunis-13493869.html?printPagedArticle=true#pageIndex_2.

109 Das passt zur Einstellung vieler Linker, dass Gewalt gegen den Staat und seine demokratisch legitimierten Institutionen gerechtfertigt ist, wenn dadurch das verhasste kapitalistische System beschädigt werden kann. Siehe dazu Timo Frasch: »Warum die Linke zur Gewalt stehen sollte«, *FAS* vom 29. März 2015, S. 12.

110 Popper: *Der Zauber Platons*, a.a.O., S. 234.

111 Ebenda, S. 235f.

112 Beschluss des Bundesverfassungsgerichts vom 27. Januar 2015, 1 BvR 471/10 –, 1BvR 1181/10, URL: https://www.bundesverfassungsgericht.de/SharedDocs/Entscheidungen/DE/2015/01/rs20150127_1bvr047110.html.

113 Christian Geyer: »Kopftuch – na und?«, *FAZ* vom 13. März 2015, URL: http://www.faz.net/aktuell/feuilleton/karlsruher-beschluss-kopftuch-na-und-13481717.html.

114 Patrick Bahners: »Störung. Über das Kopftuchurteil«, *FAS* vom 15. März 2015, S. 37.

115 Regina Mönch: »Eine Gefahr für die offene Gesellschaft«, *FAZ* vom 16. März 2015, URL: http://www.faz.net/aktuell/feuilleton/kopftuch-urteil-eine-gefahr-fuer-die-offene-gesellschaft-13484485.html.

116 Reinhard Müller, »Nur die Neutralität schafft Freiheit«, *FAZ* vom 26. März 2015, URL: http://www.faz.net/aktuell/politik/inland/bverfg-kopftuchurteil-lehrer-als-bannertraeger-der-religion-13489034.html.

117 David Hume: *A Treatise of Human Nature*, London 1985, S. 509.

118 Dazu schrieb Harald Berger in einem Leserbrief an die *FAZ*: »Sarrazin hatte im letzten Kapitel seines berühmten Buches Absurditäten des Islam-Appeasement in Deutschland weitgehend ironisch und überspitzt dargestellt und so um 2045–2050 datiert. Damit lag er falsch, denn 1. ist es mit dem BVG-Urteil schon 2015 losgegangen und 2. ist es keine Ironie mehr, sondern jetzt schon bittere Realität. Ich befürchte, der Kulturkampf wird nicht erst 2050 im Gange sein, sondern viel früher«, *FAZNET* vom 16. März 2015.

119 Friedrich A. Hayek: *Der Weg zur Knechtschaft*, München 1971.

120 Ebenda, S. 15f.

121 Zitiert bei Philip Plickert: »Der Verräter des Sozialismus«, *FAS* vom 28. Dezember 2013, URL: http://www.faz.net/aktuell/wirtschaft/wirtschaftswissen/die-weltverbesserer/janos-kornai-der-verraeter-des-sozialismus-12722093.html.

122 Hayek: *Der Weg zur Knechtschaft*, a.a.O., S. 17.

123 Vgl. Rainer Hank: »Thatchers Revolution der Ideen«, *FAS* vom 14. April 2013, S. 33.

124 Die Grundlagen der modernen Ökonomie legte der griechische Philosoph Aristoteles um 340 v. Chr. in seiner Schrift *Politik*. Er trat dort für das Privateigentum ein und zeigte den Zusammenhang zwischen Markt und wirtschaftlicher Freiheit auf. Auch der Begriff Ökonomie (zu übersetzen als Gesetzmäßigkeit des häuslichen Wirtschaftens) stammt von ihm. Im 18. Jahrhundert

hat dann Adam Smith den Mechanismus der dezentralen Steuerung durch den Markt systematisch und schlüssig beschrieben. Vgl. ders.: *Der Reichtum der Nationen*, Leipzig 1910 (neuere Ausgaben: *Der Wohlstand der Nationen*).

125 Hayek beschreibt die Rolle des Staates wie folgt: »Die Schaffung von Bedingungen, unter denen der Wettbewerb den größtmöglichen Nutzen stiftet, seine Ersetzung in Fällen, in denen kein echter Wettbewerb möglich ist, die Bereitstellung von Leistungen, die, um mit Adam Smith zu reden, ›zwar der Gesellschaft als Ganzem höchst nützlich, doch der Art sind, dass sie [sich] für einen einzelnen oder eine geringe Zahl von einzelnen nicht rentieren‹ – das alles sind Aufgaben, die in der Tat ein weites und unumstrittenes Gebiet für die Betätigung des Staates darstellen. Kein vernünftiger Mensch kann sich ein Wirtschaftssystem vorstellen, in dem der Staat ganz untätig ist. Ein reibungslos arbeitendes Konkurrenzsystem braucht so gut wie jedes andere einen klug durchdachten und seinen Erfordernissen fortlaufend angepassten rechtlichen Rahmen.« Hayek: *Der Weg zur Knechtschaft*, a.a.O., S. 62.

126 Sie bekämpfen lieber einen Popanz, den es so gar nicht gibt. So erhebt Axel Honneth, ein prominenter Vertreter der Frankfurter Schule, den unsinnigen Vorwurf, der ökonomische Mainstream suggeriere, »dass der beste Markt ein von staatlichen Einflüssen und Voraussetzungen freier Markt ist«, und klagt weiter: »Es ist mir ein Rätsel, wie man überhaupt auf so einen Gedanken kommen kann. Und ein noch größeres, dass der Gedanke bis heute wirkmächtig ist.« Dieter Schnaas: »Der Markt ist längst außer Kraft gesetzt«, Interview mit Axel Honneth, *Wirtschaftswoche* vom 24. Mai 2014, URL: http://www.wiwo. de/politik/deutschland/gleichheitsdebatte-der-markt-ist-laengst-ausser-kraft-gesetzt/9935042-all.html.

127 Die weitgehende Einführung der Marktwirtschaft in einer marxistischen Diktatur braucht eine besondere theoretische Basis. Vgl. Gerhard Schwarz über den »Ludwig Erhard« Rotchinas: »Chinas Mister Marktwirtschaft. Wu Jinglian ist der bedeutendste Ökonom Chinas und der Wegbereiter von Reformen«, *FAS* vom 7. September 2014, S. 36.

128 Bei politisch bedingten Eingriffen in die Preisbildung konzentriert man sich gern auf die *Verteilungsfunktion*, indem man etwa Preise aus sozialen Gründen niedrig festsetzt, und vernachlässigt die *Lenkungsfunktion* der Preise, die ja auch Art und Menge der Produktion steuern. Ein schönes Beispiel dafür ist die Anfang 2014 für Wohnungsmärkte in Ballungsgebieten eingeführte Mietpreisbremse. Vgl. Kronberger Kreis: »Richtige und falsche Preise«, *FAZ* vom 13. März 2015, S. 18.

129 Hayek: *Der Weg zur Knechtschaft*, a.a.O., S. 58f.

130 Dies kann etwa durch sehr einfache und sehr strikte Vorschriften für das Eigenkapital der Banken geschehen, durch die Beschränkung von Geschäftsfeldern für bestimmte Typen von Banken etc.

131 Hayek fordert die »Sicherung gegen schwere körperliche Entbehrungen« und die »Sicherheit eines Mindesteinkommens« für alle. Dies könne »allen … ohne Gefahr für die allgemeine Freiheit« gewährt werden. Auch spricht er sich »für die staatliche Hilfe bei der Organisierung einer umfassenden Sozialversicherung« aus. Ders.: *Der Weg zur Knechtschaft*, a.a.O., S. 157f.

132 Vgl. Daniel Kahneman: *Schnelles Denken, langsames Denken*, München 2010.

133 Richard H. Thaler und Cass R. Sunstein: *Nudge. Wie man kluge Entscheidungen anstößt*, Berlin 2009.

134 Vgl. Dieter Schnaas: »Gütiger Himmel!«, *Wirtschaftswoche* vom 23. März 2015, S. 38f.

135 Vgl. Jan Dams u. a.: »Merkel will die Deutschen durch Nudging erziehen«, *Die Welt* vom 12. März 2015, URL: http://www.welt.de/wirtschaft/article13832 6984/Merkel-will-die-Deutschen-durch-Nudging-erziehen.html.

136 Daniel Mohr: »Anleger überschätzen sich selbst. Martin Weber versucht zu ergründen, warum die Menschen anders handeln, als es vernünftig wäre«, *FAZ* vom 23. März 2015, S. 18.

137 Vgl. Joseph Vogl: *Der Souveränitätseffekt*, Berlin 2015, sowie die Rezension von Werner Plumpe: »Bleibt also nur noch die Revolte?«, *FAZ* vom 11. März 2015, URL: http://www.faz.net/aktuell/feuilleton/buecher/rezension-joseph-vogls-souveraenitaetseffekt-13475172.html.

138 Die einst bei einem Vulkanausbruch des Vesuv verschüttete und seit dem 18. Jahrhundert wieder ausgegrabene römische Stadt Pompeji verliert durch Diebstahl und Verfall immer mehr Monumente, weil die Museumsverwaltung und die ortsansässigen Museumswächter korrupt sind und sich selbst an Diebstählen beteiligen. In sechs verschiedenen Gewerkschaften organisiert, sind sie zudem unkündbar. Der italienische Staat hat offenbar vor der Aufgabe kapituliert, dieses Problem zu lösen, und hofft jetzt auf die Hilfe und das Management privater Spender bei der Sanierung. Vgl. Simon Strauß: »Pompeji geht unter, schon wieder«, *FAS* vom 26. April 2015, S. Vif.

139 Heinrich August Winkler spricht vom »normative(n) Projekt« des Westens »in Gestalt der unveräußerlichen Menschenrechte, der Herrschaft des Rechts, der Gewaltenteilung, der Volkssouveränität und der repräsentativen Demokratie«. Vgl. Daniela Münkel: »Ende der weltumspannenden Hegemonie«, *FAZ* vom 10. März 2015, S. 7.

3 Gegenstand, Regeln und Prinzipien guten Regierens

1 Zitiert zum Stichwort Politik in der Brockhaus Enzyklopädie, Wiesbaden 1972.

2 Zur Begleitung der Kommission während ihrer Programmarbeit wurde bei der Friedrich-Ebert-Stiftung ein »Planungsstab« mit vier Mitarbeitern eingerichtet. Ich entdeckte im Juli 1973 die entsprechende Stellenanzeige in der *Zeit*, fühlte mich als junger Volkswirt angesprochen und bewarb mich. Die letzte Entscheidung trafen die drei Kommissionsvorsitzenden. Das Gespräch mit ihnen prägte sich mir nachhaltig ein, denn ich war 28 Jahre jung und fasziniert von der Aura der Macht, die mir gegenübersaß: Peter von Oertzen als Kommissionsvorsitzender diskutierte mit mir seine Einwände zur Geschichtsphilosophie Karl Poppers. Der stellvertretende Vorsitzende Klaus Dieter Arndt (damals Präsident des Deutschen Instituts für Wirtschaftsforschung – DIW) befragte mich zu den Schwächen der keynesianischen Globalsteuerung, und der weitere stellvertretende Vorsitzende Horst Ehmke (damals unter Willy Brandt Chef des Kanzleramts) führte mich aufs Glatteis. Er wollte wissen, wie ich denn als parteiloser Mitarbeiter vor Parteigremien agieren würde. Ich antwortete: »Ach, Herr Minister, ich denke, die Wahrheit ist überparteilich.« Das löste bei allen dreien große Heiterkeit aus, und ich wurde eingestellt. Die etwa zwei Jahre

während Arbeit an dem SPD-Langzeitprogramm »Orientierungsrahmen '85« war für mich ein Intensivkurs in Politikwissenschaft, Grundsatzdebatten, Meinungskämpfen, im Schmieden von echten Kompromissen und im Erfinden von verbalen Brücken, im Knüpfen von Freundschaften und Pflegen von Feindschaften. Wir alle, auch die Kommissionsmitglieder mit hohen politischen Ämtern, nahmen die Programmarbeit schrecklich ernst und glaubten wirklich, sie sei wichtig für Deutschlands Zukunft. Das war eben der Geist der 1970er Jahre. Während endloser Wochenendsitzungen von Plenum und Arbeitsgruppen protokollierten wir Mitarbeiter lange Debatten und entwarfen unter der Woche Programmtexte, die in neuen Debatten wieder verändert wurden. Damals erkannte ich: Wer schreibt, der bleibt, und ich freue mich noch heute darüber, dass der marktwirtschaftliche Touch meiner Beiträge zu Wirtschaft und Finanzen es trotz vielfältiger Verstümmelungsversuche bis in die Endfassung schaffte.

3 Peter von Oertzen, Horst Ehmke und Herbert Ehrenberg (Hrsg.): *Orientierungsrahmen '85. Text und Diskussion*, Bonn/Bad Godesberg 1976, S. 54.

4 Peter von Oertzen: »Rede auf dem Bundesparteitag der SPD in Mannheim am 12. November 1975«, abgedruckt ebenda, S. 82.

5 Ebenda, S. 6.

6 Carl Schmitt: *Der Begriff des Politischen*, Berlin 2009, S. 25. Hervorhebung im Original.

7 Ebenda, S. 29. Hervorhebung im Original.

8 Vgl. Roger Willemsen: *Das Hohe Haus. Ein Jahr im Parlament*, Frankfurt am Main 2014.

9 EU, OECD und UNO vereinigen ihre methodischen Anstrengungen und haben einen Satz von 60 Indikatoren für die zeitliche Dimension sowie von 90 Indikatoren für die thematische Dimension und 24 Indikatoren für die Kommunikation mit der Politik und der Öffentlichkeit ins Auge gefasst. Vgl. United Nations Economic Commission for Europe: *Conference of European Statisticians Recommendations on Measuring Sustainable Development*, New York/Genf 2014, S. XIV.

10 Vgl. Steven Pinker: *The Better Angels of Our Nature. Why Violence Has Declined*, New York 2011.

11 Siehe dazu United Nations Economic Commission for Europe: *Conference of European Statisticians Recommendations*, a.a.O., S. 49ff. Aus der dortigen Diskussion entsprechender Bemühungen der Weltbank wird deutlich, dass ein methodisch vertretbarer monetärer Ansatz für einen weitgefassten Wohlstandsbegriff nicht existiert und in absehbarer Zeit auch nicht zu erwarten ist.

12 Vielfältig und ehrwürdig sind die Bemühungen, aus verfügbaren Daten einen Glücksindikator zu entwickeln. Glück und Lebenszufriedenheit haben viele Dimensionen. Sie können die Messung des materiellen Wohlstands ergänzen, aber nicht ersetzen. Vgl. Sven Prange und Bert Losse: »Der bessere Kapitalismus«, *Wirtschaftswoche* vom 4. April 2015, S. 20–25.

13 Die zitierten Daten des IWF beziehen sich auf das Jahr 2013 und sind kaufkraftbereinigt.

14 Vgl. Übersicht über den Korruptionswahrnehmungsindex (*Corruption Perceptions Index*) in den Jahren 1995 bis 2014, URL: http://www.transparency.org/research/cpi/.

15 Vgl. Pinker: *The Better Angels of Our Nature*, a.a.O., S. 394ff.

16 Im November 2008 hielt ich in Rom vor einem Kreis von Senatoren und hohen Verwaltungsbeamten einen Vortrag über die finanzielle Konsolidierung
des Landes Berlin. Die nachfolgende Diskussion driftete in Richtung Reform-
fähigkeit und landete schließlich bei den regionalen und nationalen Eigenheiten politischer Strukturen. Die italienischen Gesprächspartner stimmten darin
überein, dass der Gesetzesvollzug in Italien regional unterschiedlich gehand-
habt werde, und zwar im Norden mehr oder weniger nach Sinn und Wortlaut
der Gesetze, in der Mitte allenfalls nach der ihnen zugrundeliegenden Idee
und im Süden zufalls- und interessenbestimmt.

17 Steven Pinker schildert unter Bezugnahme auf Kant und den Soziologen Nor-
bert Elias den Prozess der Zivilisierung der europäischen Gesellschaft seit dem
Mittelalter durch Kommerzialisierung und friedlichen Handel. In dem Maße,
in dem die Mentalität des Kaufmanns jene des Ritters und des Kriegers verdrängte, nahm die Gewalt ab und der Geltungsbereich friedlicher Vereinbarungen und staatlicher Gesetze zu. Das war ein über viele Jahrhunderte sich allmählich vollziehender Prozess, der Mentalitäten änderte, Selbstkontrolle,
Empathie und rationales Denken förderte und dadurch neue Entwicklungen
ermöglichte. Vgl. ders.: *The Better Angels of Our Nature*, a.a.O., S. 59ff. und
571ff.

18 Das ist der Kern liberalen Gedankenguts. Vgl. dazu Philip Plickert: »Die Liberalen und der Staat«, *FAZ* vom 21. April 2012, URL: http://www.faz.net/aktu-
ell/wirtschaft/ideengeschichte-die-liberalen-und-der-staat-11715508-p5.html.

19 Schon Ludwig Erhard, »Vater des deutschen Wirtschaftswunders«, trieb die
Sorge um, wie man aus dem optimierten Ordnungsrahmen Elemente der Unordnung künftig heraushalten könne. Deshalb prägte er in seinen späten Jahren das oft polemisch missverstandene Wort von der »formierten Gesellschaft« und formulierte Maßhalteappelle.

20 In der Europäischen Union hatten von 1995 bis 2013 unterschiedliche wirtschaftspolitische Konzeptionen keinen statistisch nachweisbaren Einfluss auf
das BIP-Wachstum und nur einen eingeschränkten Einfluss auf den Primär-
saldo, die Arbeitslosen- und Jugendarbeitslosenquoten. Vgl. Niklas Potrafke,
Markus Reischmann, Marina Riem, Christoph Schinke und David Streich:
»Wirtschaftslage und Regierungsideologie in Europa«, *ifo Schnelldienst* 67
(2014), Nr. 2, S. 18–25.

21 Innerhalb der EU entspricht die Rangfolge der Lebenszufriedenheit ziemlich
genau der Reihenfolge nach dem Wohlstand: Die Dänen stehen an der Spitze
und die Bulgaren am Ende. Seit der Wirtschafts- und Finanzkrise hat die
Lebenszufriedenheit in Deutschland stark zugenommen, in den Euro-Krisen-
ländern dagegen abgenommen. Vgl. Bernd Raffelhüschen und Manfred Güll-
ner: *Deutsche Post Glücksatlas*, München 2014.

22 Vgl. Easterly: *The Tyranny of Experts*, a.a.O., S. 24f.

23 Easterly zitiert Bill Gates, dessen Stiftung sich stark in der Entwicklungshilfe
engagiert. Gates vertritt die Auffassung, man könne in der Entwicklungspolitik
erstaunliche Fortschritte erreichen, wenn man klare Ziele setzt und Maßnahmen trifft, mit denen diese Ziele erreicht werden können. Gates behandelt
Fragen der Entwicklungspolitik wie die Lösung eines Problems der Unterneh-

mensführung. Als erfolgreiches Beispiel führt er den Kampf gegen die Kindersterblichkeit in Äthiopien an. Die UNO hatte sich die Reduzierung der Kindersterblichkeit in Äthiopien um zwei Drittel von 1990 bis 2015 zum Ziel gesetzt. Im Jahr 2000 hatte sich Äthiopien auf dieses Ziel verpflichtet und 2004 ein von der Gates-Stiftung unterstütztes entsprechendes Programm umgesetzt. Angeblich war daraufhin 2010 die Kindersterblichkeit in Äthiopien gegenüber 1990 um 59 Prozent gesunken, was in Medienberichten gebührend gefeiert wurde. Eine genaue Analyse der angeblichen Erfolgsdaten zeigt freilich ein ganz anderes Bild: Bereinigt um statistische Irrtümer und Ungenauigkeiten sank die Kindersterblichkeit in Äthiopien von 1990 bis 2010 ziemlich genau im Trend der übrigen Länder im subsaharischen Afrika, die kein durch die Gates-Stiftung unterstütztes vergleichbares Programm aufgelegt hatten. Vgl. ebenda, S. 123ff.

24 Ebenda, S. 339.

25 So führte in Äthiopien ein groß angelegtes Programm der Weltbank, das Basisdienste in Dörfern fördern sollte und gemeinsam mit der äthiopischen Regierung durchgeführt wurde, tatsächlich zu Landraub in großem Stil und zur gewaltsamen Umsiedlung von 1,5 Million Menschen. Vgl. dazu und zu anderen Beispielen ebenda, S. 3ff. und 341ff.

26 Vgl. ebenda, S. 344.

27 Interessant ist die Beobachtung, dass gerade im »Mutterland der Demokratie«, in Großbritannien, die Bereitschaft der Bürger besonders groß ist, für ihre Sicherheit einen Überwachungsstaat zu akzeptieren und allerlei Beschränkungen ihrer Freiheit auf sich zu nehmen. Jochen Buchsteiner führt dies darauf zurück, dass die Briten ihren Staat nie als Feind der Bürger erlebt haben. Vgl. ders.: »Big Brother und die kleinen Briten«, *FAZ* vom 2. Mai 2015, URL: http://www.faz.net/aktuell/politik/ausland/europa/ueberwachungswahn-big-brother-und-die-kleinen-briten-12920687.html.

28 Im Altgriechischen ist der Kairos der glückhafte Zeitpunkt zum richtigen Handeln, im Unterschied zu Chronos, der verstreichenden Zeit.

29 Der britische Historiker Andrew Roberts zitiert Stendhal, der vom *Code civil* sagte, »er sei stilistisch so bewundernswert, dass er täglich darin lese«. Streitigkeiten konnten mit dem *Code civil* so erfolgreich entschieden werden, dass er nach 1815 in vielen der eroberten Länder beibehalten wurde. Er prägt auch heute noch die »Rechtsordnung von vierzig Ländern auf fünf Kontinenten« und ist das »geistige Fundament der Gesetze der Europäischen Union«. Andrew Roberts: »Napoleon und die moderne Welt«, *Die Weltwoche* 4/2015, URL: http://www.weltwoche.ch/ausgaben/2015-04/napoleon-und-die-moderne-welt-die-weltwoche-ausgabe-042015.html.

30 Anders als oft dargestellt ist Preußen nach dem Tod Friedrichs II. nicht in Stagnation verfallen. Die Niederlage gegen Frankreich offenbarte aber gewaltige innere Schwächen. Die seit 1807 eingeleiteten Reformen bauten auf der Entwicklung auf, die Frankreich seit 1789 genommen hatte, und verliefen in weiten Teilen analog zu den Reformen in West- und Süddeutschland. Zu den preußischen Reformen und ihrem Umfeld vgl. die Darstellung bei Horst Möller: *Fürstenstaat oder Bürgernation. Deutschland 1763 bis 1815*, Berlin 1989, S. 611ff.

31 Zitiert bei Werner Plumpe: »Lob der Preußen«, *FAS* vom 19. Oktober 2014, S. 28.

32 Der gesamte Aufstieg Preußens vom unbedeutenden Kurfürstentum Brandenburg zur europäischen Großmacht verdankt sich dem historischen Glücksfall, dass über beinahe anderthalb Jahrhunderte – von 1640 bis 1786 – bedeutende Herrscher mit sehr langen Regierungszeiten und ungewöhnlicher Tatkraft aufeinanderfolgten, und zwar der Große Kurfürst und die drei Könige Friedrich I., Friedrich Wilhelm I. sowie Friedrich II., der Große.

33 Vgl. »Das Grauen vor der Rückkehr der Drachme«, *Handelsblatt* vom 1. Oktober 2011, URL: http://www.handelsblatt.com/politik/international/zurueck-auf-los-staatsbankrotte-sind-griechische-normalitaet/4629730-6.html.

34 Vgl. Michael Martens: »Probleme mit der Zahlungsmoral«, *FAS* vom 15. März 2013, S. 2.

35 Der griechische Ökonom George Bitros, der eine entsprechende Studie veröffentlichte, meint dazu: »Was Griechenland braucht, kommt einem Wechsel des Wirtschaftssystems gleich … Die konservative griechische Regierung von Ministerpräsident Antonis Samaras hat die Troika an der Nase herumgeführt, weil er keine tiefgreifenden, echten Reformen wollte und durchsetzte.« Tobias Piller: »Griechenland ist in der Staatswirtschaft gefangen«, *FAZ* vom 9. April 2015, URL: http://www.faz.net/aktuell/wirtschaft/eurokrise/griechenland/ oekonom-george-bitros-ueber-reformversprechen-griechenlands-13526151.html.

36 Vgl. Gregor von Kursell: »Deutschbalten in Russland. 200 Jahre zwischen Abgrenzung und Integration«, *Russland heute* vom 6. Juli 2012, URL: http://de. rbth.com/articles/2012/07/07/deutschbalten_in_russland_200_jahre_zwischen_abgrenzung_und_integrat_14617.

37 Beamtenanwärter für den gehobenen Dienst werden zum größten Teil an speziellen Fachhochschulen der Verwaltung ausgebildet. Das gilt beispielsweise für die Finanzverwaltung, den Polizeidienst und auch für den gehobenen Dienst der Bundesbank. Hier ist die Bewerberlage meist so gut, dass eine relativ strenge Auswahl unter den Abiturienten möglich ist. Das habe ich der Qualität des gehobenen Dienstes in der Finanzverwaltung immer angemerkt.

38 Als ich im Januar 2002 Berliner Finanzsenator wurde und mit der finanziellen Katastrophe des Landeshaushalts und der Unternehmensbeteiligungen des Landes umgehen musste, merkte ich in wenigen Wochen, dass nahezu alle Referate der Haushaltsabteilung und der Beteiligungsabteilung mit ungeeigneten Leitern besetzt waren. Durch eine Unternehmensberatung ließ ich ein Assessment aller Referatsleiter der Senatsfinanzverwaltung durchführen und startete danach groß angelegte Umbesetzungen. Nach einem Jahr hatten nahezu alle Referate in der Haushalts- und Beteiligungsabteilung neue Leiter. Das ging weitgehend ohne Neueinstellungen vor sich. Im Haus gab es genügend gute Leute. Sie saßen nur an den falschen Stellen. Diese radikale Umbesetzung war eine wichtige Voraussetzung für die Sanierungserfolge in den kommenden Jahren bis 2009. Allmählich wurde mir klar, dass alle Senatsverwaltungen in Berlin ein ähnliches Problem hatten. Dieses war über die Jahrzehnte herangewachsen, weil die Berliner Politik regelmäßig nicht genügend qualifizierte Führungsleute für die Exekutive hervorbrachte. Leider konnte ich das Problem nur in meiner Verwaltung, nicht in anderen Verwaltungen lösen.

39 Max Weber, *Politik als Beruf*, Berlin 2010, S. 27. Hervorhebung im Original.

40 Stand Juni 2015, URL: http://www.doingbusiness.org/rankings.

41 Vgl. *Folgekosten ernst nehmen – Chancen nutzen,* Jahresbericht 2014 des Natio-
    nalen Normenkontrollrats, Berlin, Oktober 2014.
42 Vgl. Angaben des Statistischen Bundesamtes zum Bürokratiekostenindex,
    URL: https://www.destatis.de/DE/ZahlenFakten/Indikatoren/Buerokratie-
    kosten/Ergebnisse/Buerokratiekostenindex/Buerokratiekostenindex.html.
43 Vgl. »Amtlicher Bürokratie-Index sinkt trotz Mindestlohns auf Tiefststand«,
    FAZ vom 22. April 2015, S. 17.
44 Eine Regierung mit »konservativer« Ideologie neigt tendenziell zu geringeren
    Schuldenständen und Finanzierungssalden, eine eher »linke«, die den »akti-
    ven« Staat bevorzugt, tendiert zu höheren Verschuldungszahlen. In der EU ist
    aber für die Jahre 1995 bis 2013 kein Zusammenhang zu erkennen zwischen
    der so definierten Regierungsideologie einerseits und den wirtschaftlichen
    Wachstumsraten und Arbeitslosenquoten andererseits. Vgl. Potrafke u. a.:
    »Wirtschaftslage und Regierungsideologie in Europa«, a.a.O.
45 Ein erfolgreiches Lieblingsprojekt von mir war die Einführung eines Mieter-
    Vermieter-Modells für die Verwaltungsliegenschaften des Landes Berlin. Dazu
    wurden 1056 Gebäude der Berliner Verwaltung an die neu gegründete Berliner
    Immobilienmanagement GmbH (BIM) übertragen. Diese schloss mit allen
    betroffenen Verwaltungen marktgerechte Mietverträge ab und übernahm die
    Bewirtschaftung der Gebäude einschließlich der Sanierung. Die Budgets der
    Verwaltung wurden um den Betrag der Mietkosten einmalig erhöht. Durch die
    entsprechenden Zuflüsse bei der BIM war das haushaltsneutral. Schon nach
    kurzer Zeit beliefen sich die jährlichen Einsparungen für den Haushalt auf
    über 100 Millionen Euro. Die Verwaltungen entdeckten nämlich plötzlich, dass
    sie Geld sparen konnten, wenn sie Flächen abgaben. Die BIM optimierte die
    Besetzung der Gebäude über die Verwaltungsgrenzen hinweg. Erstmals wur-
    den die Energiekosten transparent. Durch gezielte Sanierung und Zusammen-
    legungen wurden einzelne Gebäude frei. Durch deren Bezug konnten angemie-
    tete Gebäude aufgegeben werden etc. Für die Betreuung und Sanierung der
    Gebäude baute die BIM eigens ein effizientes Baumanagement auf. So entstand
    eine belebende interne Konkurrenz zur durchweg sehr funktionsschwachen
    Berliner Bauverwaltung. Anders als in Rheinland-Pfalz, wo ich gleichzeitig
    Bau- und Finanzstaatssekretär war und die Verbindung beider Funktionen
    produktiv nutzen konnte, unterstand mir die Bauverwaltung in Berlin leider
    nicht.
46 Vgl. Senatsverwaltung für Finanzen, Beteiligungsbericht 2009.
47 Mit Ausnahme der Berliner Flughafengesellschaft, dort herrschte Klaus Wo-
    wereit.

4 Wie politische Fehler entstehen und was sie bewirken

1 Regierungserklärung vom 19. März 2015; Günter Bannas: »Merkels europa-
   politisches Pathos«, *FAZ* vom 20. März 2015, S. 2.
2 Vgl. Thilo Sarrazin: »Die Krise war vorhersehbar«, *Der Spiegel* 13/1983,
   S. 102–113.
3 Vgl. Jasper von Altenbockum: »Putinome – wenn aus Sprache eine Waffe
   wird«, *FAZ* vom 30. August 2014, URL: http://www.faz.net/aktuell/politik/
   russische-propaganda-putinome-13125229.html.

4 Friedrich Schiller, *Wallensteins Tod*, II, 2.

5 Zur ausführlichen Erörterung von Souveränität vgl. Baudet: *The Significance of Borders*, a.a.O., S. 39ff.

6 Dabei ging die Weimarer Verfassung von 1919 mehr in eine zentralstaatliche, das Grundgesetz von 1949 mehr in eine bundesstaatliche Richtung. Wiederholte Eingriffe, beispielsweise durch die Finanzreform von 1948, durch die unterschiedlichen Verfassungsänderungen als Folge der deutschen Einheit, durch Änderungen des Finanzausgleichs zwischen Bund und Ländern und durch die beiden Föderalismuskommissionen I und II betrafen im Wesentlichen Finanzen und alle damit verbundenen Fragen. Vgl. Christian Kastrop, Gisela Meister-Scheufelen und Margaretha Sudhof (Hrsg.): *Die neuen Schuldenregeln im Grundgesetz. Zur Fortentwicklung der bundesdeutschen Finanzbeziehungen (Schriften zur öffentlichen Verwaltung und öffentlichen Wirtschaft 219)*, Berlin 2010.

7 Vertrag über die Europäische Union (Konsolidierte Fassung), Amtsblatt der Europäischen Union C 326/13.

8 Siehe u.a. Katharina James: »Innenminister will Armutsflüchtlinge stoppen«, *Die Welt* vom 25. April 2013, sowie Stefan Simons und Carsten Volkery: »Einwanderung aus Rumänien und Bulgarien: Westeuropas Angst vor dem Ansturm«, *spiegel.online* vom 20. Februar 2013.

9 Großbritannien, Irland, Kroatien, Bulgarien und Rumänien gehören als EU-Mitglieder nicht zum Schengen-Raum. Dagegen gehören die Schweiz und Norwegen als Nicht-EU-Mitglieder dazu.

10 Vgl. »Council Regulation (EC) No 2007/2004 of 26. October 2004«, *Official Journal of the European Union* vom 25. November 2004, URL: http://frontex.europa.eu/assets/About_Frontex/frontex_regulation_en.pdf.

11 Vgl. zu Aufgaben, Aktivitäten und Zuständigkeiten von Frontex: URL: http://frontex.europa.eu/about-frontex/mission-and-tasks.

12 Vgl. »Zahl der Asylbewerber erreicht neues Allzeithoch«, Nachrichten des Bundesministeriums des Innern vom 19. August 2015, URL: https://www.bmi.bund.de/SharedDocs/Kurzmeldungen/DE/2015/08/neue-asylprognose-vorgelegt.html. Ein Konzept, wie man die Probleme lösen könne, blieb Bundesinnenminister de Maizière bei dieser Pressekonferenz allerdings schuldig.

13 Man hätte Schutzzonen in Syrien einrichten und die regionale Flüchtlingshilfe über die UN-Hilfsorganisation UNHCR schneller ausbauen müssen. Vgl. Kurt Pelda: »Die Folgen der Untätigkeit«, *Die Weltwoche* 37/2015, URL: http://www.weltwoche.ch/ausgaben/2015-37/syrien-die-folgen-der-untaetig-keit-die-weltwoche-ausgabe-372015.html.

14 Diese Entwicklung ist hervorragend dokumentiert in dem journalistischen Meisterwerk von Stefan Aust, Wolfgang Büscher u.a.: »Herbst der Kanzlerin. Geschichte eines Staatsversagens«, *Welt am Sonntag* vom 9. November 2015, URL: http://www.welt.de/politik/deutschland/article148588383/Herbst-der-Kanzlerin-Geschichte-eines-Staatsversagens.html.

15 Bundesamt für Migration und Flüchtlinge (BAMF): »476.649 Asylanträge im Jahr 2015«, URL: http://www.bamf.de/SharedDocs/Meldungen/DE/2016/201610106-asylgeschaeftsstatistik-dezember.html (siehe »Registrierte Zugänge im EASY-System«).

16 Errechnet aus dem Vergleich der Easy-Statistik von August und Dezember 2015, vgl. BAMF: »Sehr hoher Asyl-Zugang im September«, URL: http://www.bamf.de/SharedDocs/Meldungen/DE/2015/20151007-asylgeschaefts-statistik-september.html.

17 Vgl. BAMF: Asylgeschäftsstatistik Dezember 2015, S. 2, URL: http://www.bamf.de/SharedDocs/Anlagen/DE/Downloads/Infothek/Statistik/Asyl/201512-statistik-anlage-asyl-geschaeftsbericht.pdf?__blob=publicationFile.

18 Vgl. ebenda.

19 Eigene Schätzung. Nach Pressemeldungen haben bis September 2015 rund 22.400 Personen die Möglichkeit zur finanziellen Förderung der freiwilligen Rückkehr genutzt. Nach einer Aufstellung des Bundesinnenministeriums wurden bis Ende November 18.363 Personen abgeschoben. Vgl. »Diese Bundesländer schieben besonders viele Asylbewerber ab«, *Focus Online* vom 21. Dezember 2015, URL: http://www.focus.de/politik/deutschland/zahl-der-abschiebungen-steigt-rasant-diese-laender-schieben-besonders-viele-asylbewerber-ab_id_5167757.html; »So viel Geld bekommen Asylbewerber, wenn sie gehen«, *Die Welt Online* vom 22. Oktober 2015, URL: http://www.welt.de/politik/deutschland/article147939473/So-viel-Geld-bekommen-Asylbewerber-wenn-sie-gehen.html.

20 Vgl. Sigmar Gabriel und Frank-Walter Steinmeier: »Für eine europäische Antwort in der Flüchtlingspolitik«, *FAS* vom 23. August 2015, URL: http://www.faz.net/aktuell/politik/inland/fluechtlingspolitik-zehn-punkte-plan-von-gabriel-und-steinmeier-13763882.html.

21 Vgl. Eckart Lohse und Majid Sattar: »Ein paar Sätze zum falschen Zeitpunkt«, *FAZ* vom 9. November 2015, S. 2.

22 Holger Münch, der Präsident des Bundeskriminalamts, stellte Ende Oktober 2015 fest: »In der Nähe vieler großer Flüchtlingsunterkünfte registrieren wir beispielsweise einen Anstieg von Eigentumskriminalität, zum Teil auch von Gewaltdelikten.« Hinzu kämen mehrere »tausend Täter insbesondere aus Georgien, die das Asylverfahren nutzen, um nach Deutschland zu gelangen, nur um Straftaten zu begehen«. »BKA erwartet Anstieg der Kriminalität durch Flüchtlingszuzug«, *RP online* vom 30. Oktober 2015, URL: http://www.rp-online.de/panorama/deutschland/migration-bka-erwartet-anstieg-der-kriminalitaet-durch-fluechtlingszuzug-aid-1.5522260.

23 Vgl. Jasper von Altenbockum: »Das Grundgesetz gilt auch im Lager. Das DRK zieht Konsequenzen aus untragbaren Zuständen in Flüchtlingseinrichtungen«, *FAZ* vom 5. November 2015, S. 10.

24 Am Morgen nach der gewalttätigen Silvesternacht gab die Kölner Polizei eine Pressemeldung heraus, dass die »Feiern weitgehend friedlich verlaufen« seien. Nach zahlreichen Presseanfragen aufgrund von Opferberichten und einem erschütternden Protokoll dieser Nacht, das von einem Einsatzleiter der Bundespolizei verfasst wurde, dauerte es noch einmal zwei Tage, bis der Kölner Polizeipräsident über das Ausmaß der Gewalttaten unterrichtete und von »Straftaten einer völlig neuen Dimension« sprach. Auch in dieser Phase versuchten noch Politik und viele Medien, den Zusammenhang zur Flüchtlingsfrage zu leugnen. Es bedurfte erst erneuter Zeitungsberichte, dass es sich bei

den festgestellten Personalien weit überwiegend um Flüchtlinge handelte. Vgl. Rainer Burger: »In der Höllenhitze der Nacht«, *FAZ* vom 8. Januar 2016, S. 2; Frank Schneider: »Das geheime Polizeiprotokoll!«, *Bild* vom 7. Januar 2016, URL: http://www.bild.de/news/inland/silvester/das-geheime-polizei-proto-koll-44048000.bild.html.

25 Bei den Personenkontrollen am Kölner Hauptbahnhof zeigte sich, dass es sich bei den Gewalttätern zumeist um Asylbewerber handelte. Die Aussagen der Beamten vor Ort straften die Behauptungen der Polizeiführung und vieler Medien Lügen. Vgl. Wolfgang Büscher und Martin Lutz: »Die meisten waren frisch eingereiste Asylbewerber«, *Die Welt* vom 7. Januar 2016, URL: http://www.welt.de/politik/deutschland/article150735341/Die-meisten-waren-frisch-eingereiste-Asylbewerber.html. Siehe auch die vom WDR zusammen-gestellten Fakten zur Silvesternacht in Köln: http://www1.wdr.de/themen/aktuell/vorfaelle-hauptbahnhof-koeln-fakten-100.html.

26 Dabei spielen kriminelle libanesische Clans, deren Familien bereits Ende der 1970er und zu Beginn der 1980er Jahre im Zuge der damaligen Libanon-Krise als Kriegsflüchtlinge nach Deutschland kamen, eine zentrale Rolle. Vgl. Rein-hard Bingener und Reiner Burger: »Gute Geschäfte auf neuen Feldern«, *FAZ* vom 5. November 2015, S. 5.

27 Vgl. »Es sind Zivilisationsschranken gefallen«, Interview mit Thomas de Mai-zière, *Berliner Morgenpost* vom 9. Oktober 2015, S. 3.

28 In der Außenstelle Suhl der Thüringer Erstaufnahmestelle wurde ein Asyl-bewerber von 20 anderen Heimbewohnern verfolgt, weil er mit dem Koran »unflätig« umgegangen sei. 100 Personen beteiligten sich an dem Streit. Als der Bedrängte Schutz in der Wache der Einrichtung suchte, wurde diese an-gegriffen. Erst nach dem Einsatz von 125 Polizeibeamten konnte die Ordnung wiederhergestellt werden. »Krawalle im Flüchtlingsheim in Suhl«, *FAZ* vom 20. August 2015, URL: http://www.faz.net/aktuell/politik/inland/krawalle-in-fluechtlingsheim-im-thueringischen-suhl-13759362.html. Zu ähnlichen Zwischenfällen kam es auch in Ellwangen und Esslingen.

29 Zahlreiche Fälle aus ganz verschiedenen Flüchtlingsheimen werden geschildert bei Freia Peters: »Islamisten bedrohen Christen in Flüchtlingsheimen«, *Die Welt* vom 27. September 2015, URL: http://www.welt.de/politik/deutschland/article146919471/Islamisten-bedrohen-Christen-in-Fluechtlingsheimen.html.

30 »Zahl der Asylbewerber erreicht neues Allzeithoch«, a.a.O.

31 Erich Hanushek und Ludger Wößmann haben aufgrund standardisierter Schülertests ermittelt, »dass ca. 65 Prozent der syrischen Schulabgänger nicht über Basiskenntnisse in Mathematik, Textverständnis und Logik verfügen«. Michele Battisti und Gabriel Felbermayr, »Migranten im deutschen Arbeits-markt: Löhne, Arbeitslosigkeit, Erwerbsquoten«, *ifo Schnelldienst* 68 (20/2015), S. 39–47, hier S. 40.

32 Rund 60 Prozent der Flüchtlinge in den Lagern sind Analphabeten oder ha-ben nur einen Grundschulabschluss, 20 Prozent einen Hauptschulabschluss, 20 Prozent Abitur oder eine Hochschulausbildung. Dabei ist zu beachten, dass das Niveau der formalen Abschlüsse nicht mit dem in Deutschland vergleich-bar ist. Vgl. ebenda.

33 Die amtliche Politik verschließt vor den Implikationen des Familiennachzugs

in geradezu erschreckender Weise die Augen. Zur Frage, wie hoch der Anteil allein reisender Männer unter den Asylanten sei (bei denen ein Familiennachzug besonders wahrscheinlich ist), erklärte das BAMF gegenüber der *FAZ*: »Diese Daten erheben wir leider nicht.« – »Niemand weiß, ob die Flüchtlinge allein kommen, ob sie in der Heimat noch Familie haben, ob sie gedenken, diese nachzuholen. Danach wird schlicht nicht gefragt.« Oliver Georgi, Eckart Lohse, Majid Sattar und Julian Staib: »Wer zuletzt lacht, lacht am besten«, *FAZ* vom 7. November 2015, S. 4.

34 Vgl. Reinhard Bingener, Majid Sattar und Matthias Wyssuwa: »Wo steht die SPD in der Flüchtlingskrise? «, *FAZ* vom 9. November 2015, URL: http://www.faz.net/aktuell/politik/fluechtlingskrise/wo-steht-die-spd-in-der-fluechtlingskrise-13901184.html.

35 Ralph Bollmann: »Traumfrau«, *FAZ* vom 9. November 2015, URL: http://www.faz.net/aktuell/wirtschaft/menschen-wirtschaft/angela-merkel-ver-wirrt-freunde-und-feinde-gleichermassen-13899576.html.

36 Vgl. Jochen Buchsteiner: »Wer zu früh kommt«, *FAZ* vom 31. Oktober 2015, S. 10.

37 Vgl. Jacques Schuster: »Der Vermittler macht Druck«, *Die Welt* vom 8. November 2015, URL: http://www.welt.de/print/wams/politik/article14856 3204/Der-Vermittler-macht-Druck.html.

38 »Wir schaffen es nicht«, Interview mit Hans-Georg Lorenz, *Berliner Morgenpost* vom 11. Januar 2016, URL: http://www.morgenpost.de/berlin/article 206906365/Berliner-Anwalt-Fluechtlingskrise-gefaehrdet-Integration.html.

39 Weber: *Politik als Beruf*, a.a.O., S. 56.

40 Ebenda, S. 57.

41 Jörg Baberowski: »Deutschland verwandelt sich soeben per Dekret zur Tugendrepublik«, *Neue Zürcher Zeitung am Sonntag* vom 27. September 2015, S. 19.

42 In dem Bericht über den Einsatz wollte der Einsatzgruppenleiter die Herkunft der Übeltäter benennen. Der Dienstgruppenleiter entschied offenbar dagegen, weil dies »politisch heikel« sei. Bereits den Polizeipräsidenten erreichte offenbar also ein politisch geschönter Bericht. Wo die Wahrheit nicht genannt wird, kann sie auch nicht als Grundlage der Urteilsbildung dienen. Vgl. »Übergriffe in Köln: Ermittlungen gegen 16 Verdächtige«, *Berliner Morgenpost* vom 8. Januar 2016, S. 1.

43 »Syrer sollen Mädchen vergewaltigt haben«, *FAZ* vom 8. Januar 2016, S. 7.

44 Vgl. Renate Köcher: »Kontrollverlust – die Besorgnis der Bürger wächst«, *FAZ* vom 21. Oktober 2015, S. 8.

45 Berthold Kohler, Klaus-Dieter Frankenberger und Jasper von Altenbockum: »Ich werde keine Scheinlösungen vorschlagen«, Interview mit Angela Merkel, *FAZ* vom 18. Oktober 2015, URL: http://www.faz.net/aktuell/politik/fluechtlingskrise/angela-merkel-im-interview-ich-werde-keine-scheinloesungen-vorschlagen-13860676.html?printPagedArticle=true#pageIndex_2.

46 Nach § 27 a Asylverfahrensgesetz ist ein Asylantrag in Deutschland unzulässig, wenn ein anderer Staat aufgrund von Gemeinschaftsrecht oder Völkerrecht für die Durchführung des Verfahrens zuständig ist, wie dies im Dubliner Übereinkommen geregelt ist. Damit sind Anträge von Asylbewerbern, die über

ein anderes Land der EU nach Deutschland kommen, in Deutschland unzulässig. Die Anwendung dieser Bestimmung wurde von der Bundesregeierung jahrelang nicht durchgesetzt und Anfang September 2015 de facto suspendiert. Udo di Fabio schreibt in seinem Gutachten für die Bayerische Staatsregierung zur rechtlichen Bewertung des Verhaltens der Bundesregierung: »Das geltende europäische Recht nach Schengen, Dublin und Eurodac wird in nahezu systematischer Weise nicht mehr beachtet, die einschlägigen Rechtsvorschriften weisen ein erhebliches Vollzugsdefizit aus.« Udo di Fabio: Migrationskrise als föderales Verfassungsproblem. Gutachten im Auftrag des Freistaats Bayern, Januar 2016, S. 82.

47 Heiko Maas: »Wer das Recht wirklich schwächt«, *FAZ* vom 30. Januar 2016, S. 10.

48 Die Problematik zeigte sich in symbolischer Zuspitzung, als ein Richter in Passau als Begründung für die milde Bestrafung eines Schleusers die »Willkommenskultur« der Bundesregierung anführte. Der Richter erklärte dazu: »Angesichts der Zustände an den Grenzen ist die Rechtsordnung von der deutschen Politik ausgesetzt, deshalb wird keine unbedingte Haftstrafe erteilt. Asylsuchende werden von der deutschen Bundeskanzlerin eingeladen, nach Deutschland zu kommen.« – »Richter bestraft Schleuser wegen Regierungspolitik milde«, *Die Welt* vom 8. November 2015, URL: http://www.welt.de/politik/deutschland/article148562388/Richter-straft-Schleuser-wegen-Regierungspolitik-milde.html.

49 Vgl. Hans-Hermann Tiedje: »Merkeldämmerung«, *Neue Zürcher Zeitung* vom 2. November 2015, URL: http://www.nzz.ch/meinung/merkeldaemmerung-1.18639497.

50 Vgl. dazu ausführlich Thilo Sarrazin: *Europa braucht den Euro nicht. Wie uns politisches Wunschdenken in die Krise geführt hat*, München 2012, S. 29ff.

51 Diese Frage wurde vor allem durch die Weltfinanzkrise 2008 aufgeworfen. Da zeigte sich, dass Geldwertstabilität nicht automatisch eine Stabilität finanzieller Institutionen mit sich bringt und dass die Sicherung der Finanzstabilität als eigenständiger Politikbereich neben der Geldpolitik an Bedeutung gewinnt. Dabei kommt es auf eine enge Abstimmung mit der Geldpolitik an. Dies hatte ja auch zu der Entscheidung geführt, die EZB mit der europäischen Finanzaufsicht zu betrauen. Vgl. Deutsche Bundesbank: »Die Bedeutung der makroprudenziellen Politik für die Geldpolitik«, *Monatsbericht*, März 2015, S. 41ff.

52 Vgl. Deutsche Bundesbank: »Inflationserwartungen: neuere Instrumente, aktuelle Entwicklungen und wesentliche Einflussfaktoren«, *Monatsbericht*, Juni 2015, S. 45.

53 Vgl. Sarrazin: *Europa braucht den Euro nicht*, a.a.O., S. 106ff.

54 Beim Euro-Beitritt hatte die von Griechenland jährlich an das Ausland zu zahlende Zinslast 2 Milliarden Euro betragen. Sie war trotz fallender Zinsen wegen der stark gewachsenen Auslandsverschuldung bis 2007 auf 11 Milliarden gestiegen und hätte bei einer Rendite wie im Jahr 2007 im Jahr 2014 rund 20 Milliarden Euro betragen. Tatsächlich musste Griechenland 2014 nur 3 Milliarden Euro Zinsen ans Ausland zahlen. Die Entlastungen durch die unterschiedlichen Rettungspakete führten von 2007 bis 2014 zu einer

Gesamtentlastung Griechenlands von 69 Milliarden Euro. Vgl. Hans-Werner Sinn: »Die griechische Tragödie«, *ifo Schnelldienst* 68 (Sonderausgabe Mai 2015), S. 19f.

55 Zu den Details siehe den Beschlussantrag des BMF vom 17. August 2015 an den Deutschen Bundestag, URL: http://dip21.bundestag.de/dip21/btd/18/057/1805780.pdf.

56 Zum Gesamtumfang der bereits gewährten Hilfen siehe ebenda, S. 6.

57 Vgl. Deutscher Bundestag, 18. Wahlperiode, Drucksache 18/5780 vom 17. August 2015, Anlage 2: Memorandum of Understanding für ein dreijähriges ESM-Programm. Auf Arbeitsebene vereinbarter Entwurf – 11. August 2015.

58 Folgerichtig hat der IWF seine Beteiligung am dritten Hilfsprogramm abhängig gemacht vom erfolgreichen Abschluss der ersten Programmprüfung im Herbst 2015, siehe ebenda, S. 7.

59 Vgl. Benjamin Born u. a.: »Austritt Griechenlands aus der Europäischen Währungsunion: Historische Erfahrungen, makroökonomische Konsequenzen und organisatorische Umsetzung«, *ifo Schnelldienst* 65 (2012), Nr. 10, S. 9ff.

60 Vgl. Sarrazin: *Europa braucht den Euro nicht*, a.a.O., S. 215ff.

61 Thilo Sarrazin: *Der Euro: Chance oder Abenteuer?*, Neuausgabe Bonn 1998, S. 306f.

62 Aus didaktischen Gründen zielte ich auf die Arbeitsproduktivität. Natürlich ist die Produktion das Ergebnis des Einsatzes von Arbeit *und* Kapital. Je nach den konkreten Verhältnissen ist dabei das Einsatzverhältnis von Arbeit und Kapital komplementär oder auch (ganz oder teilweise) substitutiv. Als dritter Faktor kommt der technische Fortschritt hinzu. Dieser ist jedoch nicht isoliert zu sehen, sondern bedarf zu seiner Umsetzung im Regelfall entsprechender Kapitalgüter (Maschinen oder Software) und eines entsprechenden Trainings der Arbeitskräfte. Produktionstheoretisch wird das Produktionspotential (also der maximale Umfang der möglichen Produktion) erklärt aus dem Wachstum des Kapitalstocks und des Arbeitsvolumens, ergänzt um eine Restkomponente (Solow-Residuum), die mit technischem Fortschritt erklärt wird. Siehe dazu anschaulich die Erläuterung zur Schätzung des deutschen Produktionspotentials in: »Gemeinschaftsdiagnose Frühjahr 2015«, *ifo Schnelldienst* 68 (2015), Nr. 8, S. 42ff.

63 Zum Phänomen des selbständigen deutschen Mittelstandes, der den deutschen Wohlstand maßgeblich trägt, schreibt Bernd Freytag: »Mittelstand ist nicht in Größe zu messen, Mittelstand ist eine Haltung … Ohne diese Masse an manischen Schaffern, Tüftlern, Visionären, Knorzern und Strippenziehern würde Deutschland nicht derart prosperieren. Fast die Hälfte der Weltmarktführer kommt aus diesem Land, unglaublich. Es gibt Unternehmerfamilien, deren Vorväter haben in China schon Geschäfte gemacht, da war Mao noch Hilfsbibliothekar.« – »Mythos Mittelstand«, *FAZ* vom 2. November 2013, URL: http://www.faz.net/aktuell/wirtschaft/wirtschaftspolitik/kern-der-deutschen-wirtschaft-mythos-mittelstand-12644823.html.

64 Interessant ist hier ein Blick auf die internationale Patentstatistik. Im Verhältnis zur Größe der Bevölkerung nehmen hier die Länder Zentral- und Nordeuropas neben Japan und Südkorea vor den USA und weit vor Großbritannien und Frankreich einen Spitzenplatz ein. Internationale Patentanmeldungen 2013:

USA: 57.239, Japan: 43.918, China: 21.516, Deutschland 17.927, Frankreich 7.899, Großbritannien 4.865, Schweiz 4.367, Niederlande 4.198, Schweden 3.960. Vgl. Katharina Wagner: »Deutschland blüht«, *FAS* vom 1. Juni 2014, S. 4.

65 Beliebt ist ein Ranking von Volkswirtschaften anhand von Investitionsquoten am Sozialprodukt. Daraus leitet man dann gerne Investitionslücken ab. So etwas kann global aber gar nicht beurteilt werden, sondern nur aus der Logik des jeweiligen Unternehmens beziehungsweise der jeweiligen Infrastruktur. Hohe Investitionsquoten sind nicht automatisch gut und niedrige nicht automatisch schlecht. Dem Lebensstandard der Menschen und der künftigen Produktivitätsentwicklung ist am besten gedient, wenn alle Investitionen nach ihren spezifischen Maßstäben wirtschaftlich sind. Zum Unsinn von Investitionsrankings und kennzahlenbezogenen Rankings anderer Art vgl. Thomas Bauer: »Statistisches Unkraut«, *Wirtschaftswoche* vom 3. November 2014, S. 47.

66 Vgl. Deutsche Bundesbank: »Zur Produktivitätsentwicklung im Euro-Raum«, *Monatsbericht*, Mai 2015, S. 23ff.

67 Vgl. Deutsche Bundesbank, »Neuschätzung des Produktionspotentials der deutschen Wirtschaft«, *Monatsbericht*, Dezember 2014, S. 28ff.

68 Vgl. zu Italien Tobias Piller: »Italiens unproduktiver Arbeitsmarkt«, *FAZ* vom 24. September 2014, URL: http://www.faz.net/aktuell/wirtschaft/wirtschaftspolitik/reformstau-an-italiens-unproduktivem-arbeitsmarkt-13169785.html.

69 Der Versuch, einen Wachstumsimpuls über die Staatsverschuldung zu erzeugen, hat zwar einen einmaligen Niveaueffekt, erhöht aber dauerhaft die Staatsverschuldung, denn die zusätzlichen Steuereinnahmen sind stets kleiner als die Erhöhung der Staatsausgaben. Vgl. Hans-Werner Sinn: »Eine Anmerkung zur Selbstfinanzierungsthese und zum keynesianischen Modell«, *ifo Schnelldienst* 67 (2014), Nr. 23, S. 3f.

70 Diese Debatte war 2014 von Marcel Fratzscher, dem Präsidenten des DIW, losgetreten worden. Er diagnostizierte eine gefährliche Investitionslücke in Deutschland. Vgl. ders.: *Die Deutschland-Illusion. Warum wir unsere Wirtschaft überschätzen und Europa brauchen*, München 2014, S. 74ff. Die vom DIW mitverfasste »Gemeinschaftsdiagnose Herbst 2014« äußerte sich zur angeblichen Investitionslücke aber nur in einem recht lauen Text, der in dem Satz gipfelte: »Vor diesem Hintergrund wäre es verfehlt, ein breit angelegtes öffentliches Investitionsprogramm aufzulegen.« Stattdessen wurde die Verbesserung der »Effizienz der Mittelverwendung im Staatssektor« empfohlen, das habe einen »wesentlichen Einfluss auf die Wachstumseffekte von staatlichen Infrastrukturinvestitionen«. Projektgruppe Gemeinschaftsdiagnose: »Deutsche Wirtschaft stagniert – Jetzt Wachstumskräfte stärken«, *ifo Schnelldienst* 67 (2014), Nr. 20, S. 3–61, hier S. 40.

71 Für die geistige Engführung in diesem Punkt steht der renommierte Arbeitsmarktforscher Holger Bonin vom Mannheimer ZEW, der die heutige Arbeitsmarktbeteiligung von Frauen durch mehr Tagesbetreuung für Kinder, Streichung der beitragsfreien Mitversicherung von Ehegatten in der Sozialversicherung und Abbau des Ehegattensplittings erhöhen will. Auch will er Minijobs einschränken, weil diese für Frauen so attraktiv sind. Der langfristige Arbeitsmarktbeitrag durch Zeugung und Aufzucht von Kindern ist ihm

keinen Gedanken wert. Vgl. ders.: »Fachkräfte braucht das Land«, *FAZ* vom 11. April 2014, S. 18.

72 Boston Consulting misst seine Behauptung von der drohenden Arbeitskräftelücke an dem Arbeitskräftebedarf, der sich ergeben würde, wenn die deutsche Wirtschaft wie in den vergangenen zehn Jahren wächst. Das ist aber ein verkürzter Maßstab. Entscheidend ist vielmehr die Produktion pro Kopf. Vgl. Stephanie Heise: »Bis 2030 fehlen rund 6,1 Millionen Arbeitskräfte«, *Wirtschaftswoche* vom 29. Mai 2015, URL: http://www.wiwo.de/politik/ deutschland/bcg-experte-strack-bis-2030-fehlen-rund-6-1-millionen-arbeitskraefte/11833184.html.

73 Vgl. Ina V.S. Mullis, Michael O. Martin, Pierre Foy und Alka Arora: *TIMSS 2011 International Results in Mathematics*, Chestnut Hill (Mass.) 2012, URL: http://timssandpirls.bc.edu/timss2011/downloads/T11_IR_Mathematics_ FullBook.pdf.

74 Matthias Ludwig, der Didaktik der Mathematik an der Universität Frankfurt lehrt, kritisiert den Leistungsdruck und den hohen Lerndrill an den chinesischen Schulen. Er beklagt den Verlust an »Kindheit« und an »Kreativität« bei chinesischen Schülern. Das Erste ist eine Wertung, für das Zweite sind mir keine Belege bekannt. Vgl. ders.: »Erschöpfte Schüler. Chinas täglicher Lerndrill«, *FAZ* vom 3. Januar 2014, S. 7.

75 PISA-Konsortium Deutschland: *PISA 2006 in Deutschland*, Münster 2008, S. 134.

76 Ebenda, S. 145.

77 Vgl. Autorengruppe Bildungsberichterstattung (Hrsg.): *Bildung in Deutschland 2014. Ein indikatorengestützter Bericht mit einer Analyse zur Bildung von Menschen mit Behinderungen*, Bielefeld 2014, S. 87ff. und 270ff.

78 Das IQB schreibt dazu: »Am unteren Ende der Leistungsverteilung, hier markiert durch das 5. Perzentil, werden die höchsten Kompetenzwerte in Sachsen und Thüringen erreicht (373 und 365 Punkte auf der *Globalskala*). Diesen beiden Ländern gelingt es im Vergleich mit den anderen Ländern im Fach Mathematik offenbar besonders gut, nicht nur im Durchschnitt hohe Kompetenzwerte zu erzielen, sondern gleichzeitig auch den Anteil von Schülerinnen und Schülern mit schwach ausgeprägten Kompetenzen gering zu halten. Die niedrigsten Werte für das 5. Perzentil weisen die Stadtstaaten Berlin und Bremen auf (308 und 312 Punkte auf der *Globalskala*). Am unteren Ende des Kompetenzspektrums sind die Unterschiede zwischen den Ländern mit 65 Punkten zudem deutlich größer als am oberen Ende.« Alexander Roppelt, Christiane Penk, Claudia Pöhlmann und Elke Pietsch: »Der Ländervergleich im Fach Mathematik«, in: Hans Anand Pant u.a.: *IQB-Ländervergleich 2012. Mathematische und naturwissenschaftliche Kompetenzen am Ende der Sekundarstufe I*, Münster u.a. 2013, S. 123–140, hier S. 132.

79 Bei einer Auswertung aller Schüler des Schuldistrikts von San Diego zeigte sich, dass die eingewanderten Kinder aus Ostasien in allen Fächern bis auf Englisch selbst dann bessere Schulleistungen als die Weißen erbringen, wenn sie das Englische noch nicht voll beherrschen. Vgl. Alejandro Portes und Rubén G. Rumbaut: *Immigrant America. A Portrait*, 3. erw. und revidierte Aufl., Berkeley 2006, S. 213ff. In diesem fulminanten Standardwerk gibt es eine

Fülle von Material, anhand dessen die Leistungen und Beiträge der unterschiedlichen Migrantengruppen bis in die Tiefe analysiert werden.

80 Vgl. Mark Levels, Jaap Dronkers und Gerbert Kraaykamp: »Immigrant Children's Educational Achievement in Western Countries: Origin, Destination, and Community Effects on Mathematical Performance«, *American Sociological Review* 73 (2008), S. 835–853.

81 Der in Deutschland bei PISA gemessene Kompetenzunterschied zwischen Schülern mit und ohne Migrationshintergrund liegt beim Lesen und im Fach Mathematik zwischen 70 und 40 Punkten. Vgl. *Bildung in Deutschland 2014*, a.a.O., S. 272.

82 Vgl. die entsprechende Auswertung von PISA 2003 in: Konsortium Bildungsberichterstattung (Hrsg.): *Bildung in Deutschland. Ein indikatorengestützter Bericht mit einer Analyse zu Bildung und Migration*, Bielefeld 2006, S. 306.

83 Als 2005 in Berlin der erste VERA-Test für Grundschüler im 3. Schuljahr durchgeführt wurde, schnitt die damalige Klasse meiner Frau Ursula Sarrazin, die sie seit dem 1. Schuljahr unterrichtet hatte, unter den drei Parallelklassen der Grundschule am besten ab, obwohl sie die sozioökonomisch ungünstigste Zusammensetzung der Schülerschaft aufwies. Als die Rektorin ihr die Ergebnisse pflichtgemäß eröffnete, verband sie dies mit der Ermahnung, darüber nicht im Kollegenkreis zu sprechen, damit klimatische Belastungen vermieden würden.

84 Vgl. Klara Keutel und Jan Grossarth: »Der Kompetenz-Fetisch«, *FAZ* vom 18. Februar 2015, URL: http://www.faz.net/aktuell/beruf-chance/campus/der-kompetenz-fetisch-wissen-wird-in-schulen-immer-unwichtiger-13425660.html.

85 Vgl. Markus Schär: »Gestohlene Lebenszeit«, Interview mit Konrad Paul Liessmann, *Die Weltwoche* 40/2014, URL: http://www.weltwoche.ch/ausgaben/2014-40/gestohlene-lebenszeit-die-weltwoche-ausgabe-402014.html.

86 1961 gab es in Nordrhein-Westfalen an den Gymnasien die erste Oberstufenreform, und ich wurde in Klasse 11 beziehungsweise 12 die von mir nicht geliebten Fächer Physik, Chemie, Biologie und Musik los.

87 Der Niveauverlust wird sichtbar, wenn man Schulbücher über einige Jahrzehnte hinweg vergleicht. In Deutsch und Mathematik sind die Aufgabenstellungen in allen Klassenstufen fortlaufend einfacher, die Texte kürzer und schlichter geworden. Umfang und Niveau der Übungen sind deutlich gesunken. Dieser kontinuierliche Niveauverlust wird erschreckend deutlich, wenn man die Schulbücher der letzten 45 Jahre in Deutsch und Mathematik nebeneinanderlegt.

88 Die Nürnberger Bildungsforscherin Stephanie Müller stellt diese Defizite mittlerweile selbst bei jungen Lehramtsanwärtern fest: »Und wenn schon die Lehrerin den Stift falsch hält, wie soll es dann der Schüler lernen?« Früher habe man im Kindergarten gespielt, gemalt, gekritzelt und in der ersten Klasse monatelang Schwungübungen gemacht, bevor es richtig ans Schreiben ging. Das falle heute aus. Vgl. »Bildungsforscherin: Handschrift wird immer seltener«, *Süddeutsche Zeitung* vom 16. Juni 2014, URL: http://www.sueddeutsche.de/news/bildung/bildung-bildungsforscherin-handschrift-wird-immer-seltener-dpa.urn-newsml-dpa-com-20090101-140616-99-05856.

89 Der aberwitzige Höhepunkt dieser Debatte wurde erreicht, als Eltern in Baden-Württemberg ihr Down-Kind Henri erst auf das Gymnasium und dann auf die Realschule schicken wollten, obwohl sie zugeben mussten, dass es am Ende der 4. Klasse noch nicht einmal die Buchstaben beherrschte. Vgl. Heike Schmoll: »Grenzen der Inklusion«, *FAZ* vom 20. Mai 2014, URL: http://www.faz.net/aktuell/politik/inland/bildungspolitik-grenzen-der-inklusion-12947379.html.

90 Christian Geyer: »Alle einschließen, wollen wir das?«, *FAZ* vom 10. Juni 2014, URL: http://www.faz.net/aktuell/feuilleton/debatten/inklusion-alle-einschliessen-wollen-wir-das-12980560.html?printPagedArticle=true#pageIndex_2.

91 Vgl. »Der Mandarin-Code 3: Von Schriftzeichen und Wörtern«, URL: http://www.sinonerds.com/infopool/chinesisch-lernen/chinesische-schriftzeichen-und-wortern.

92 Bei der Internationalen Grundschul-Lese-Untersuchung (IGLU) 2011 liegt die Grenze zwischen Leistungsstufe 2 und 3 bei 475 Punkten, die höchste Leistungsstufe 5 beginnt bei 630 Punkten. Diese erreichten knapp 10 Prozent der deutschen Schüler. Bezogen auf den IQB-Ländervergleich liegt diese Grenze bei 640 Punkten. Nur etwa ein Prozent der Schüler in Berlin schaffte diesen Wert. Noch weniger waren es in Bremen. Wilfried Bos, Albert Bremerich-Vos, Irmela Tarelli und Renate Valtin: »Lesekompetenzen im internationalen Vergleich«, in: Wilfried Bos u. a. (Hrsg.): *IGLU 2011. Lesekompetenzen von Grundschulkindern in Deutschland im internationalen Vergleich*, Münster 2012, S. 91–136.

93 Vgl. ebenda.

94 Vgl. ebenda, S. 13.

95 In *IGLU 2011* ist der deutsche Mittelwert mit 541 Punkten ausgewiesen, vgl. ebenda, S. 97. Im IQB-Ländervergleich 2011 ist der deutsche Mittelwert auf 500 normiert, bezogen auf diese Norm hat die Leseleistung in Hamburg 478, in Bremen 467 und in Berlin 463 Punkte, vgl. Petra Stanat u. a. (Hrsg.): *Kompetenzen von Schülerinnen und Schülern am Ende der vierten Jahrgangsstufe in den Fächern Deutsch und Mathematik: Ergebnisse des IQB-Ländervergleichs 2011*, Münster 2012, S. 106. Anders als der IGLU-Test nimmt der IQB-Ländervergleich keine Einteilung in Kompetenzstufen vor, sondern weist die Leistungsunterschiede nur nach Perzentilbändern aus. Die Grenze zwischen den Kompetenzstufen II und III liegt, übersetzt auf den IQB-Vergleich, bei etwa 375 Punkten. Die genannten Zahlen für die Lesekompetenz unterhalb der Leistungsstufe III gemäß IGLU habe ich bei den IQB-Daten anhand der ausgewiesenen Perzentilbänder geschätzt. Die Autoren haben sich redlich bemüht, einen Vergleich der nationalen IQB-Daten mit den internationalen IGLU-Daten zu erschweren, um so eine internationale Einordnung der Bildungsleistungen der Bundesländer zu vermeiden.

96 Hans Anand Pant und Petra Stanat: »Was können deutsche Grundschüler eigentlich?«, *FAZ* vom 20. Dezember 2012, S. 8.

97 Ebenda.

98 Die Fähigkeit zur Konzentration, zur fortgesetzten Aufmerksamkeit und zur Ansteuerung von Zielen ist bei Kindern der Mittelschicht ausgeprägter als bei

Arbeiterkindern. Vgl. Till Kaiser und Martin Diewald: »Ordentliche Arbeiterkinder, konzentrierte Mittelschichtkinder? Die ungleiche Entwicklung von Gewissenhaftigkeit im frühen Kindesalter«, *Kölner Zeitschrift für Soziologie und Sozialpsychologie*, Juni 2014, S. 243–265.

99 Vgl. dazu Dieter E. Zimmer: *Ist Intelligenz erblich?*, Hamburg 2012. Zur politischen Debatte um Intelligenz und Erziehung siehe auch Thilo Sarrazin: *Der neue Tugendterror*, München 2014, S. 260ff. Die Primatenforschung hat übrigens auch bei den Schimpansen festgestellt, dass Intelligenz teilweise erblich ist. »Etwa die Hälfte der individuellen Intelligenzunterschiede geht nach Angaben von US-Forschern auf genetische Unterschiede zurück.« Umwelteinflüsse spielten für die Entwicklung der Intelligenz offenbar eine kleinere Rolle als bisher angenommen. Vgl. »Intelligenz liegt in der Familie – auch bei Schimpansen«, *Hamburger Abendblatt* vom 11. Juli 2014, URL: http://www.abendblatt.de/ratgeber/wissen/article130028951/Intelligenz-liegt-in-der-Familie-auch-bei-Schimpansen.html.

100 Vgl. Heike Schmoll: »Handschrift von Schülern immer schlechter«, *FAZ* vom 1. April 2015, URL: http://www.faz.net/aktuell/politik/inland/deutsche-schueler-haben-eine-immer-schlechtere-handschrift-13518233.html.

101 In einem Leserbrief an die *FAZ* klagte ein deutscher Universitätsprofessor, dass in seinem Seminar Germanistikstudenten, die das Lehramt anstreben, in Klausuren statt Krise *Kriese* oder statt Mythos *Myhtos* schreiben und, darauf angesprochen, das Problem gar nicht erkennen. Vgl. Reinhard Hahn: »Nur die Grundschüler?«, *FAZ* vom 16. April 2015, S. 25.

102 Konrad Paul Liessmann: *Geisterstunde. Die Praxis der Unbildung*, München 2014, S. 131ff.

103 Bildungsnahe Eltern üben natürlich mit ihren Kindern zu Hause die Rechtschreibung. Den Kindern bildungsferner Eltern fehlt in der Schule diese Übung. Sie sind den neuen pädagogischen Methoden hilflos ausgeliefert, und so steigern diese Methoden die Ungleichheit, statt sie zu senken. Vgl. Uta Rasche: »Schraibm nach gehöa«, *FAS* vom 4. März 2015, URL: http://www.faz.net/aktuell/politik/inland/orthographie-in-schulen-schraibm-nach-gehoea-13456654.html.

104 Gleichwohl liegt Deutschland bei der Verbreitung und dem Niveau von Englischkenntnissen weit hinter den skandinavischen Staaten und den Niederländern, allerdings deutlich vor Frankreich. Vgl. Alex Westhoff: »I unterstand only railway station!«, *FAZ* vom 5. November 2013, URL: http://www.faz.net/aktuell/gesellschaft/menschen/englisch-kenntnisse-i-understand-only-railway-station-12649842.html.

105 Konrad Paul Liessmann: »Analphabetismus als geheimes Bildungsziel«, *FAZ* vom 24. September 2014, URL: http://www.faz.net/aktuell/feuilleton/forschung-und-lehre/schlechte-rechtschreibung-analphabetismus-als-ziel-13167836.html.

106 In Berlin soll in den Klassen 7 und 8 Geschichte nur noch themenorientiert, aber nicht mehr chronologisch unterrichtet werden. Vgl. Regina Köhler: »Wie Berliner Schüler künftig Geschichte lernen sollen«, *Berliner Morgenpost* vom 13. April 2015, URL: http://www.morgenpost.de/berlin/article139457520/Wie-Berliner-Schueler-kuenftig-Geschichte-lernen-sollen.html. Wo zeitliche

Kontexte zerrissen beziehungsweise gar nicht mehr erkannt werden können, ist es gar nicht möglich, historische Kontexte sinnvoll zu bearbeiten.

107 So bestanden 2012 an der Uni Köln wegen ungenügender Vorkenntnisse nur 22 von 305 Lehramtsanwärtern im ersten Anlauf eine Matheklausur. Dabei scheitern sie bereits an Grundelementen wie einfacher Bruchrechnung oder einfachen Multiplikationsaufgaben. Vgl. Katrin Hummel: »Und plötzlich ist der Olli schlau«, FAZ vom 15. Juni 2014, URL: http://www.faz.net/aktuell/gesellschaft/abitur-noten-werden-immer-besser-die-bildung-schlechter-12990647.html.

108 Vgl. Liessmann: *Geisterstunde*, a.a.O., S. 45ff.

109 Vgl. Autorengruppe Bildungsberichterstattung (Hrsg.): *Bildung in Deutschland 2014*, a.a.O., S. 274.

110 Vgl. Kultusministerkonferenz, Abiturnoten im Ländervergleich 2002 bis 2013. Für 2002 werden dort die Abiturnoten für Rheinland-Pfalz und Mecklenburg-Vorpommern nicht ausgewiesen. Deshalb wurde bei diesen beiden Ländern die Abiturnote für 2003 zugrunde gelegt. Mit dieser Maßgabe gilt, dass laut Statistik der Kulturministerkonferenz die Durchschnittsnoten in 13 Ländern gestiegen und in drei Ländern gefallen sind.

111 Noch krasser zeigt sich die Noteninflation, wenn man die Daten um den Anstieg der Abiturientenquote bereinigt: Betrachtet man nur den Anteil des Geburtsjahrgangs, der 2006 Abitur macht, so stieg von 2005 bis 2012 in Nordrhein-Westfalen die Durchschnittsnote von 2,66 auf 2,12 und in Hamburg bis 2013 von 2,57 auf 1,83. Vgl. Rainer Bölling: »Die Ansprüche beim Abitur sinken stetig«, FAZ vom 2. Juli 2015, S. 6.

112 Vgl. Heike Schmoll: »Wie Abiturprüflinge ungleich behandelt werden«, FAZ vom 19. Juni 2015, URL: http://www.faz.net/aktuell/politik/inland/abitur-noten-ungerechtigkeit-in-der-schule-13655096.html.

113 Heinz-Elmar Tenorth: »Wie Erfolge und Qualität konstruiert werden«, FAZ vom 18. Juni 2014, S. 6.

114 Heike Schmoll: »Abitur ohne Wert«, FAZ vom 4. Juli 2015, URL: http://www.faz.net/aktuell/politik/inland/kommentar-abitur-ohne-wert-13683485.html. Auch in der FAZ wurde die eigentlich selbstverständliche Aussage, dass Intelligenz weitgehend erblich ist, 2010 noch wütend angegriffen, als ich sie – umfangreich belegt – zu einem Ausgangspunkt meiner Argumentation in *Deutschland schafft sich ab* machte.

115 Der ähnlich wie PISA aufgebaute OECD-weite Test der Bildungsleistung für Erwachsene (PIAAC 2012) zeigt, dass in Deutschland unter den jungen Erwachsenen im Alter von 16 bis 29 Jahren lediglich 15 Prozent in der Kompetenzstufe 4 und darüber liegen, in Mathematik sind es 16 Prozent. Vgl. Autorengruppe Bildungsberichterstattung (Hrsg.): *Bildung in Deutschland 2014*, a.a.O., S. 311.

116 In den vom Düsseldorfer Bildungsforscher Rainer Bölling verglichenen Ländern Schweiz, Österreich, Deutschland, Frankreich, Italien und USA gibt es keinen Zusammenhang zwischen der Abiturquote und der Quote der leistungsstarken Schüler (Leistungsstufen 4 bis 6 bei PISA 2009), im Gegenteil: Die Schweiz hat einen Anteil leistungsstarker Schüler von 38 Prozent und eine Abiturquote von 33 Prozent. Italien hat einen Anteil leistungsstarker Schüler

von nur 26 Prozent, dagegen eine Abiturquote von 85 Prozent. Vgl. ders.:
»Viele Abiturienten, weniger Bildung«, *FAZ* vom 4. Dezember 2014, URL:
http://www.faz.net/aktuell/politik/inland/kritik-an-oecd-viele-abiturienten-
wenig-bildung-13300535.html?printPagedArticle=true#pageIndex_2.

117 Unter den 16- bis 29-Jährigen sind 12 Prozent funktionale Analphabeten
(Stufe 1 und darunter gem. PIAAC 2012), und 15 Prozent können nicht richtig
rechnen (Stufe 1 und darunter bei PIAAC 2012). Unter den Erwachsenen mit
Hauptschulabschluss sind es in Deutschland sogar 36 beziehungsweise
42 Prozent. Vgl. Autorengruppe Bildungsberichterstattung (Hrsg.): *Bildung in
Deutschland 2014*, a.a.O., S. 311.

118 Vgl. Axel Meyer: »Ehre und Ehrlichkeit der Studenten«, *FAZ* vom 16. April
2015. Der renommierte Zoologe und Evolutionsbiologie an der Universität
Konstanz bekam für seine Kritik an der Leistungsbereitschaft und dem Niveau vieler Studenten massive Schwierigkeiten mit der Universitätsleitung, die
sich von dem Artikel distanzierte.

119 Vgl. Schmoll: »Abitur ohne Wert«, a.a.O.

120 Der Wirtschaftswissenschaftler Thomas Ehrmann von der Universität Müns-
ter schreibt dazu: »Verschärft wird diese Entwicklung durch die Erhöhung der
Studierquote auf nahe sechzig Prozent eines Geburtsjahrgangs. Auf politischen
Wunsch werden Studenten durch das Hochschulsystem geschleust, die den
Universitäten zwar Mehreinnahmen von tausend Euro pro Person einbringen,
aber in der Mehrzahl weit unter dem bisherigen Begabungsdurchschnitt liegen.
Wer vom Seminarinhalt wenig versteht und schlecht benotet wird, gibt wahrscheinlich auch seinem Dozenten keine gute Note. Schwache Seminarqualität
kann nicht nur an der Lehrleistung, sondern auch am Bildungsniveau der Studenten liegen.« Vgl. Thomas Ehrmann: »Der gefesselte Professor«, *FAZ* vom
10. Juli 2015, URL: http://www.faz.net/aktuell/feuilleton/forschung-und-
lehre/der-gefesselte-professor-wie-die-universitaeten-ihre-dozenten-
schwaechen-13690138.html?printPagedArticle=true#pageIndex_2.

121 Trotz hoher Abiturientenzahlen kann ein Teil der Studienplätze in den Inge-
nieur- und Naturwissenschaften gar nicht besetzt werden, weil es nicht genügend Abiturienten mit entsprechender Befähigung gibt.

122 Vgl. Numerus Clausus für Medizin im Wintersemester 2015/2016 und zuvor,
URL: http://studienplatz-klage.de/alles-zum-hochschulstart/nc-medizin-
numerus-clausus.

123 Christian Füller: »Akademischer Holzweg«, *FAS* vom 7. September 2014, S. 4.

124 Vgl. Autorengruppe Bildungsberichterstattung (Hrsg.): *Bildung in Deutschland
2014*, a.a.O., S. 274 und 297.

125 Die Berufsausbildung im Dualen System, die früher so genannte Lehre, gibt
es außer in Deutschland nur noch in Österreich, der Schweiz und Dänemark.
Sie gilt mittlerweile zunehmend als Grund für die niedrige Jugendarbeitslosigkeit in diesen Ländern. Die hier vermittelten Qualifikationen werden in anderen Ländern vielfach im Studium erworben. Das relativiert die beliebten politischen Statistiken zu Akademisierungsquoten im internationalen Vergleich.
Singapur hat beispielsweise nur eine Studierendenquote von 30 Prozent und
trotzdem keine Jugendarbeitslosigkeit und das weltweit höchste BIP pro Kopf.
Vgl. Julian Nida-Rümelin: »Auf brüchigem Fundament«, *Rotary-Magazin*

5/2015, URL: http://rotary.de/bildung/auf-bruechigem-fundament-a-7479. html.

126 Vgl. ebenda.

127 Vgl. Dietrich Creutzburg: »Betriebe finden keine Lehrlinge mehr«, *FAZ* vom 16. April 2015, URL: http://www.faz.net/aktuell/beruf-chance/campus/ausbildung-zu-wenige-azubis-immer-mehr-studenten-13540074.html.

128 Nach Zahlen des Instituts für Arbeitsmarkt- und Berufsforschung (IAB) sind die durchschnittlichen Lebenseinkommen (in Mio. Euro) bei Universitätsabschluss 2,3, FH-Abschluss 2,0, Abitur 1,6, Lehrausbildung 1,3, ohne Ausbildung 1,1. Vgl. Konrad Fischer und Max Haerder: »Das falsche Versprechen«, *Wirtschaftswoche* vom 22. Mai 2015, S. 29f.

129 Vgl. Julian Nida-Rümelin: *Der Akademisierungswahn. Zur Krise beruflicher und akademischer Bildung,* Hamburg 2014.

130 Hessen hat sich dafür eine Absolventenprämie ausgedacht. Vgl. Marcel Schütz: »Hessens hochschulpolitischer Irrweg«, *FAZ* vom 26. März 2015, S. 6. Natürlich ist es grundsätzlich richtig, die Finanzmittel an Hochschulen auch erfolgsorientiert zu vergeben. Es werden aber Fehlanreize gesetzt, wenn Gelder einfach für die Menge an Abschlüssen fließen, ohne Berücksichtigung der Qualität. Dann bekommt die Hochschule die meisten Mittel, die am wenigsten auf Qualität achtet und besonders bedenkenlos das Niveau senkt.

131 Im Mai 2015 löste in Neuseeland die Entdeckung Entsetzen aus, dass ein Drittel der Grundschullehrer an der Aufgabe scheiterte, 7/18 und 1/9 zu addieren. Sie beherrschten schlicht die Bruchrechnung nicht. Vgl. Oliver Harwich: »Making Mathematics Count«, *Insights* 19/2015, URL: http://nzinitiative.org.nz/About+Us/Staff/Oliver_Hartwich/Insights+Dr+Oliver+Hartwich.html?uid=936. In der Debatte zeigte sich, dass das beklagenswert gesunkene Niveau durch staatliche Fehlanreize der Hochschulausbildung von Lehrern verursacht war. Die Hochschulen bekommen in Neuseeland umso mehr Geld, je mehr Absolventen sie produzieren. Mathematik ist bei den Studenten unpopulär, viele haben damit Schwierigkeiten. Um ihnen erfolgreiche Abschlüsse zu ermöglichen, wurden die Standards gesenkt. Vgl. ders.: »De-mathematising New Zealand«, *Insights* 20/2015, URL: http://nzinitiative.org.nz/About+Us/Staff/Oliver_Hartwich/Insights+Dr+Oliver+Hartwich.html?uid=943. Wie mir Oliver Hartwich ergänzend schrieb, sei es in Neuseeland »ein offene Geheimnis, dass an einigen Unis das Hauptkriterium bei der Verleihung von Titeln an ausländische Studenten deren üppige Studiengebühren sind«. Selbst ein Ph.D. einer neuseeländischen Universität in Wirtschaftswissenschaften stelle nicht mehr sicher, dass elementare Kenntnisse vorhanden sind.

132 Vgl. Jürgen Kaube: »Nie mehr Abbruch«, *FAZ* vom 11. Juni 2015, URL: http://www.faz.net/aktuell/feuilleton/forschung-und-lehre/die-folgen-der-bologna-reform-in-der-kritik-13639948.html.

133 Vgl. Nida-Rümelin, *Der Akademisierungswahn,* a.a.O., S. 162ff.

134 Vgl. Florentine Anders: »Sekundarschulen sollen attraktiver werden«, *Berliner Morgenpost* vom 2. Juni 2015, URL: http://www.morgenpost.de/berlin/article141776517/Berliner-Sekundarschulen-sollen-attraktiver-werden.html.

135 Im rot-grün regierten Baden-Württemberg gehen die Bestrebungen gegenwärtig dahin, das Gymnasium zu einer Gemeinschaftsschule zu entwickeln.

Wie die in einem Papier des Bildungsministeriums zusammengefassten Forderungen zeigen, soll der gymnasiale Unterricht de facto weitgehend abgeschafft und durch Modernismen der »neuen Lernkultur« ersetzt werden.
Matthias Burchardt fasst die Bestrebungen dahingehend zusammen, dass
»das Gymnasiale schlechthin im Namen der Gemeinschaftsschuldoktrin
überwunden werden« soll. »Verabschiedet sich der Südwesten vom Leistungsprinzip?«, *FAZ* vom 23. April 2015, S. 6.

136 So wird die Attraktivität der Europäischen Schulen noch dadurch erhöht, dass
dort die Schulleistungen in der Regel über den Spitzenwerten der besten PISA-
Länder liegen. Die private Europäische Schule in Bad Vilbel bei Frankfurt ist
vom Obersten Rat der Europäischen Schulen in Brüssel zertifiziert. Sie ist sehr
begehrt und steht grundsätzlich auch Kindern offen, deren Eltern nicht bei den
europäischen Institutionen arbeiten. In Privatschulen sehen inzwischen viele
»den letzten Ort, um sich den Zumutungen deutscher Bildungspolitik zu entziehen«. Die Zahl der Privatschüler in Deutschland hat sich von 1995 bis 2007
verdoppelt und steigt weiter an. Vgl. Regina Mönch: »Wenn das Beste gerade
gut genug ist«, *FAZ* vom 6 Juli 2015, URL: http://www.faz.net/aktuell/feuille-
ton/debatten/bildung/europaeische-schule-in-bad-vilbel-ist-erfolg-
reich-13681463.html?printPagedArticle=true#pageIndex_2.

137 Bedingt durch die vielen Umwege im Bildungssystem ist in Berlin das Durch-
schnittsalter beim Beginn einer Lehre mittlerweile auf 21,2 Jahre gestiegen. Die
Abbruchquoten sind hoch. Sie »reichen von zehn Prozent bei Verwaltungsan-
gestellten und Mechatronikern bis zu rund 60 Prozent bei Gebäudereinigern
und Friseuren« und liegen insgesamt in Berlin bei deutlich über 30 Prozent.
Vgl. Andreas Abel: »Jeder dritte Berliner Auszubildende bricht seine Lehre
ab«, *Berliner Morgenpost* vom 11. Mai 2015, URL: http://www.morgenpost.de/
berlin/article140761852/Jeder-dritte-Berliner-Auszubildende-bricht-seine-
Lehre-ab.html.

138 Vgl. Michaela Wiegel: »Freiheit, Gleichheit, Schwesterlichkeit«, *FAZ* vom
30. Mai 2015, URL: http://www.faz.net/aktuell/politik/ausland/europa/
frankreich-vallaud-belkacem-will-deutschunterricht-eindampfen-13609379.
html.

139 Zitiert bei Jürgen Kaube: »Abiturienten, bis es kracht«, *FAZ* vom 3. Juni 2015,
URL: http://www.faz.net/aktuell/feuilleton/debatten/bildung/entwicklung-
der-gymnasien-abiturienten-bis-es-kracht-13626432.html.

140 Der englische Ökonom Gregory Clark hat anhand seltener Familiennamen die
langfristige soziale Mobilität in England, den USA, Schweden, China, Japan,
Korea und Indien untersucht. Ergebnis: Mobilität findet statt, und sie erklärt
sich im Wesentlichen daraus, dass die Kinder der Erfolgreichen die Begabungen
ihrer Eltern nur teilweise erben. Mobilität ist aber weitgehend unabhängig von
der Gesellschaftsordnung und etwa in England und Schweden heute nicht höher als im 18. Jahrhundert. Statusunterschiede werden über die Generationen
umso stärker zementiert, je mehr die Menschen innerhalb einer Schicht heiraten und sich fortpflanzen. Vgl. Clark: *The Son Also Rises*, a.a.O., S. 63f.

141 Die Total Fertility Rate (TFR) liegt in Deutschland seit 1975 zwischen 1,24
und 1,45. Vgl. Statistisches Bundesamt (Hrsg.): *Geburtentrends und Familien-
situation in Deutschland*, Wiesbaden 2013.

142 Das durchschnittliche Gebäralter betrug 1975 in Westdeutschland 26,7 und in der DDR 26,5 Jahre. 2010 lag es im Westen bei 30,5 und im Osten bei 29,6 Jahren. Vgl. Bundesinstitut für Bevölkerungsforschung (Hrsg.): *(Keine) Lust auf Kinder? Geburtenentwicklung in Deutschland*, Wiesbaden 2012, S. 13f.

143 Das steigende Alter der werdenden Eltern wirkt in Richtung einer geringeren gemeinsamen Lebenszeit der Generationen, die steigende Lebenserwartung wirkt in die gegenteilige Richtung. Beide Effekte gleichen sich aus, so dass die durchschnittliche geteilte Lebenszeit der Generationen unverändert bleibt. Vgl. Christian Dudel: »Demografischer Wandel und Vertikalisierung von Verwandtschaftsbeziehungen«, *WISTA – Wirtschaft und Statistik* 3/2015, S. 53–61.

144 Vgl. zum analytischen Zusammenhang der Einwirkung von Migrationssaldo, Geburtenrate und Lebenserwartung auf Alterung und Schrumpfung der Bevölkerung Martin Bujard: »Folgen der dauerhaft niedrigen Fertilität in Deutschland. Demografische Projektionen und Konsequenzen für unterschiedliche Politikfelder«, *CPoS* 40 (2/2015), S. 53–85.

145 Vgl. ebenda, S. 60.

146 Vgl. Bundesinstitut für Bevölkerungsforschung (Hrsg.): *(Keine) Lust auf Kinder?*, a.a.O., S. 26.

147 Vgl. ebenda, S. 28.

148 In *Deutschland schafft sich ab* habe ich dazu auf S. 354ff. entsprechendes Material zusammengestellt und auf dessen Grundlage einige Modellrechnungen erstellt. Trotz der Debatte, die das Buch auslöste, gab es nie einen Widerspruch zu den dabei benutzten Zahlen. Sie stammten aus dem Mikrozensus 2008 des Statistischen Bundesamtes.

149 Vgl. die zitierten Untersuchungen bei Detlef H. Rost: *Intelligenz. Fakten und Mythen*, Weinheim/Basel 2009, S. 186ff.

150 Die große Rolle des Elternhauses für die Schulleistungen eines Kindes liegt offenbar weniger in den besonderen Aktivitäten, die Eltern im Interesse ihrer Kinder entfalten oder nicht entfalten, sondern zum größten Teil an Faktoren, die bereits feststehen, wenn das Kind geboren wird. Dazu zählen vor allem die geistigen Gaben der Eltern, die ihre Intelligenz und ihre Arbeitsethik an die Kinder weitergeben. Das zeigt sich besonders deutlich in der Adoptionsforschung: Die Schulleistungen adoptierter Kinder korrelieren nicht mit dem sozioökonomischen Status und der Intelligenz der Adoptiveltern, wohl aber mit dem sozioökonomischen Status und der Intelligenz der (dem Kind unbekannten) leiblichen Eltern. Vgl. Steven D. Levitt und Stephen J. Dubner: *Freakonomics. Überraschende Antworten auf alltägliche Lebensfragen*, München 2006, S. 190–229, vor allem S. 228f.

151 Vgl. Michele Battisti, Gabriel Felbermayr und Panu Poutvaara: »Einwanderung: Welchen Nutzen hat die einheimische Bevölkerung?«, *ifo Schnelldienst* 68 (2015), Nr. 18, S. 48, Abbildung 1.

152 Billige, unqualifizierte Arbeitskraft kann an den Rändern des Produktionsprozesses quasi als Schmiermittel zur Vermeidung von Engpässen eingesetzt werden und so die reibungslose Gesamtproduktion stützen. Das funktioniert aber nicht, wenn die unqualifizierte Arbeitskraft aufgrund eines bindenden gesetzlichen Mindestlohns zu teuer ist. Vgl. ebenda, S. 47f.

153 Vgl. die entsprechende Modellrechnung ebenda, S. 48f., Tabelle 3.

154 Bundesministerium des Innern: Demografiebericht 2012, S. 88f., URL: https://www.bmi.bund.de/SharedDocs/Downloads/DE/Broschueren/2012/demografiebericht.pdf?__blob=publicationFile.

155 »Immigrations and Public Finances in Finland Part I: Realized Fiscal Revenues and Expenditures«, URL: http://www.suomenperusta.fi/immigrants-and-public-finances-in-finland-part-1-summary, S. 7.

156 Bundesministerium des Innern: Demografiebericht 2012, a.a.O., S. 77.

157 Vgl. Heinz-Peter Meidiger: »Segregation schadet den Flüchtlingen«, FAZ vom 5. November 2015, S. 7.

158 Vgl. Heiner Rindermann und James Thompson: »The Cognitive Competences of Immigrant and Native Students Around the World: An Analysis of Gaps, Possible Causes and Impact«, Journal of Biosocial Science 11/2014, S. 1ff.

159 Vgl. ebenda, S. 4ff.

160 Vgl. ebenda, S. 9f., Tabelle 2.

161 Vgl. zur Herkunft der Asylbewerber BAMF: Aktuelle Zahlen zu Asyl, Oktober 2015, S. 8, URL: https://www.bamf.de/SharedDocs/Anlagen/DE/Downloads/Infothek/Statistik/Asyl/statistik-anlage-teil-4-aktuelle-zahlen-zu-asyl.html. Die BAMF-Daten werden monatlich aktualisiert.

162 Besonders anschaulich ist das Beispiel der Juden: Die verhältnismäßig wenigen Juden in Mitteleuropa (die zum großen Teil aus Osteuropa einwanderten, um der dortigen Verfolgung und Unterdrückung zu entgehen) errangen bis Anfang des 20. Jahrhunderts in Publizistik, Wissenschaft und Wirtschaft eine überragende Stellung, die zu ihrem sehr kleinen Bevölkerungsanteil überhaupt nicht im Verhältnis stand. Dies gelang trotz ständiger Anfeindungen und Diskriminierungen. In den USA wiederholte sich dieser Vorgang später. Auch dort waren die Vorbehalte in der Mehrheitsbevölkerung groß, und es wurden Hindernisse aufgebaut: Amerikanische Universitäten ließen Juden zwischen den beiden Weltkriegen nur in einer bestimmten Quotierung auf Professorenstellen, und die vornehmen Anwaltskanzleien in Boston und New York blieben jüdischen Bewerbern verschlossen. Die Mitgliedschaft in vornehmen Clubs wurde auch sehr erfolgreichen Juden bis weit nach Ende des Zweiten Weltkriegs verwehrt. Den Antisemiten half das nichts, wie die folgenden Daten zeigen: Nur 1,7 Prozent der Bevölkerung in den USA sind jüdisch, aber 2010 waren unter den zehn bestbezahlten CEOs in den USA vier jüdisch, drei der vier Investmentbanken wurden von jüdischen CEOs geleitet. 2009 befanden sich unter den 50 reichsten Amerikanern auf der Forbes-Liste 20 Juden und unter den 400 Reichsten 129 Juden. Das durchschnittliche Einkommen jüdischer Haushalte beträgt rund das Dreieinhalbfache des Einkommens von Protestanten und Katholiken, 29 Prozent aller Psychiater und 14 Prozent aller Ärzte in den USA sind jüdisch. Auch stellen sie 40 Prozent aller US-Nobelpreisträger. Alle vier »Väter der Atombombe« waren Juden (Albert Einstein, Robert Oppenheimer, Edward Teller, John von Neumann). Alle Vorbehalte in der Mehrheitsbevölkerung und unterschiedliche Formen verdeckter und offener Diskriminierung haben die Juden nicht daran gehindert, diese Leistungen zu erbringen und diese Erfolge zu erzielen. Vgl. Amy Chua und Jed Rubenfeld: The Triple Package. How Three Unlikely Traits Explain Rise and Fall of Cultural Groups in America, New York 2014, S. 3–33.

163 So leben beispielsweise die Weißen und Schwarzen in den USA weitgehend nebeneinander und vermischen sich nur wenig. In Europa gilt Ähnliches für das Verhältnis von Muslimen und Nicht-Muslimen.

164 Von 1971 bis 2008 ist der zwischen Weißen und Hispanics gemessene IQ-Unterschied von 11,6 auf 8,5 IQ-Punkte gesunken, zwischen Weißen und Schwarzen verringerte er sich von 16,3 auf 10,0 IQ-Punkte. Allerdings kam die in den 1990er Jahren einsetzende Angleichung zum Stillstand. Das Umfeld vieler Schwarzer ist durch ungünstige Faktoren bestimmt, die sich allerdings auch aus dem selbst gewählten Lebensstil ergeben. In den Familien der Schwarzen wachsen 65 Prozent der Kinder vaterlos auf. Die Kriminalität ist hoch (14,4 Prozent der Schwarzen zwischen 20 und 24 Jahren sitzen im Gefängnis), der vorzeitige Abbruch der Schullaufbahn ist die Regel. Vgl. Heiner Rindermann und James Thompson: »Ability Rise in NAEP and Narrowing Ethnic Gaps?«, *Intelligence* 41/2013, S. 821–831.

165 Vgl. Hanushek/Wößmann: *The Knowledge Capital of Nations*, a.a.O., S. 158.

166 Vgl. Portes/Rumbaut: *Immigrant America*, a.a.O.

167 Ebenda, S. 215. Das ergab sich aus der Auswertung der Schulleistungen für ausgewählte ethnische Gruppen seit dem 9. Schuljahr für die Highschools im Schuldistrikt San Diego.

168 Asian Americans haben mittlerweile in den USA eine Lebenserwartung von 87 Jahren, demgegenüber haben gebürtige weiße Amerikaner eine von 79 und Schwarze eine von 73 Jahren. Vgl. David Brooks: *Das soziale Tier. Ein neues Menschenbild zeigt, wie Beziehungen, Gefühle und Intuitionen unser Leben formen*, München 2012, S. 237.

169 Vgl. Hanushek/Wößmann: *The Knowledge Capital of Nations*, a.a.O., S. 138.

170 Vgl. ebenda, S. 147f.

171 Vgl. Eric Hanushek und Ludger Wößmann: »Das zentrale Entwicklungsziel sollten Grundkompetenzen für alle Kinder sein«, *ifo Schnelldienst* 68 (2015), Nr. 10, S. 27–31.

172 Vgl. Hanushek/Wößmann: *The Knowledge Capital of Nations*, a.a.O., S. 159.

173 Alle Studien, die positive, wohlstandsfördernde Effekte der Einwanderung unterstellen, gehen von der Annahme aus, dass sich die Lücke beim kognitiven Kapital durch erfolgreiche Integration der Einwanderer schnell schließt. Diese Annahme ist für die Einwanderung aus dem islamischen Kulturkreis empirisch aus der Luft gegriffen. Vgl. exemplarisch: David Folkerts-Landau: »Flüchtlingszustrom: Eine Chance für Deutschland«, *Deutsche Bank Research* vom 3. November 2015, URL: https://www.dbresearch.de/PROD/DBR_INTERNET_DE-PROD/PROD0000000000365615/Fl%C3%BCC chtlingszustrom%3A_Eine_Chance_f%C3%BCr_Deutschland.PDF. Um die Begründungslücke zu füllen, wird Empirie gern durch Propaganda ersetzt. Der Neuköllner Yigit Muk, Nachfahre arabischer Einwanderer, wurde mit großen Artikeln in den Zeitungen gefeiert, weil ihm nach einer persönlichen Läuterung im Alter von 23 Jahren ein hervorragendes Abitur gelang. Vgl. Thomas Lackmann: »Niemand dachte auch nur an Abitur«, *Der Tagesspiegel* vom 6. November 2015, URL: http://www.tagesspiegel.de/berlin/ehemaliger-gang-rabauke-aus-berlin-niemand-dachte-auch-nur-an-abitur/12549890.html. Für die Migrantengruppen mit hoher Bildungsleistung gibt es solche Artikel nicht.

174 Vgl. Institut für Arbeitsmarkt- und Berufsforschung: »Flüchtlinge und andere Migranten am deutschen Arbeitsmarkt: Der Stand im September 2015«, *Aktuelle Berichte* 14/2015, S. 4 und 5.

175 Heiner Rindermann: »Ingenieure auf Realschulniveau«, *Focus* 43/2015, S. 42f.

176 Die Stadt Bradford in Yorkshire, ehemals reich geworden durch die Textilindustrie, wurde zum Anziehungspunkt für muslimische Pakistani aus dem Kaschmir: Mittlerweile sprechen 43 Prozent der Schüler zu Hause kein Englisch, 50 Prozent der Kinder sind pakistanischer Herkunft. Die Ehepartner werden weitgehend aus der Heimat geholt: Bei 85 Prozent der Pakistani in der 3. und 4. Generation kommt mindestens ein Elternteil aus Pakistan. 63 Prozent aller Pakistani-Mütter sind mit Cousins verheiratet (!), 30 Prozent oder mehr der pakistanischen Kinder haben genetische Defekte, und eine sehr große Zahl ist behindert. Vgl. David Goodhart: *The British Dream. Successes and Failures of Post-War Immigration*, London 2013, S. 78ff. und 87.

177 Vgl. Rindermann: »Ingenieure auf Realschulniveau«, a.a.O., S. 43.

178 Tania Kambouri: *Deutschland im Blaulicht. Notruf einer Polizistin*, München 2015.

179 Samuel Schirmbeck: »Sie hassen uns«, *FAZ* vom 11. Januar 2016, URL: http://www.faz.net/aktuell/politik/inland/gastbeitrag-von-samuel-schirmbeck-zum-muslimischen-frauenbild-14007010.html.

180 Collier: *Exodus*, a.a.O., S. 81.

181 Vgl. ebenda, S. 83ff.

182 Vgl. »Gewerkschaft warnt vor No-go-Areas im Ruhrgebiet«, *Die Welt* vom 1. Juli 2015, URL: http://www.welt.de/regionales/nrw/article143379384/Gewerkschaft-warnt-vor-No-go-Areas-im-Ruhrgebiet.html.

183 Olaf Gersemann: »Die Flüchtlingskrise stellt die soziale Frage neu«, *Die Welt* vom 8. November 2015, URL: http://www.welt.de/wirtschaft/article1485599 42/Die-Fluechtlingskrise-stellt-die-soziale-Frage-neu.html.

184 Vgl. Bundesministerium des Innern: *Jedes Alter zählt. Demografiestrategie der Bundesregierung*, Berlin 2013.

185 Ebenda, S. 15.

186 Ebenda, S. 41.

187 Ebenda, S. 51.

188 Das beginnt mit der Frage des Vorgehens gegen Schulschwänzer, die möglicherweise ihre eigene Zukunft ruinieren, und der Disziplinierung ihrer Erziehungsberechtigten. Vgl. Julia Schaaf: »Kampf dem Schulschwänzer«, *FAS* vom 21. Juni 2015, S. 11.

189 Staaten und Gesellschaften schulden einander grundsätzlich nichts außer der Wiedergutmachung vergangenen Unrechts. Darum gibt es auch kein grundsätzliches Recht auf Einwanderung. Vgl. Rainer Hank: »Recht auf Einwanderung?«, *FAS* vom 13. November 2015, URL: http://www.faz.net/aktuell/politik/fluechtlingskrise/fluechtlingskrise-zwei-freiheitsrechte-prallen-aufeinander-13899426.html.

190 Thomas Piketty: *Das Kapital im 21. Jahrhundert*, München 2014.

191 Im Mittelpunkt von Pikettys Betrachtungen steht die Feststellung, dass die Kapitalverzinsung die Tendenz hat, höher zu sein als die wirtschaftliche Wachstumsrate. Wenn das über längere Zeit der Fall ist und das Kapital re-

investiert wird, müsste ein immer größerer Teil des Volkseinkommens auf Kapitaleinkünfte entfallen. Das ist aber nicht so. Piketty vernachlässigt, dass Kapital auch immer wieder vernichtet wird: durch Kriege, Wirtschaftskrisen, unternehmerische Fehlentscheidungen oder schlicht Misswirtschaft. Seine marxistisch anmutende Grundthese scheitert daher trotz ihres großen ideologischen Charmes letztlich an der Wirklichkeit. Auch vernachlässigt Piketty, dass ein großer Teil der Kapitaleinkommen gar nicht reinvestiert wird, also tatsächlich in den Konsum fließt. Gegenwärtig und wohl noch auf längere Zeit sind zudem die Kapitalrenditen so niedrig, dass zumindest die realen Anleihezinsen deutlich unter dem realen Wirtschaftswachstum liegen. Wie wenig festgefügt der Reichtum der Kapitalisten ist, zeigt sich bei der Betrachtung der seit 1982 regelmäßig veröffentlichten Forbes-Liste der 400 reichsten Menschen auf der Welt. Nur 69 Familien (von 297) sind auf der ältesten und auf der jüngsten Liste vertreten. Drei Viertel der Familien auf der Originalliste sind also inzwischen nicht mehr vertreten. Gemessen an der Entwicklung des durchschnittlichen Pro-Kopf-BIP halbieren Nachfahren den ererbten Reichtum ungefähr alle 20 Jahre. Vgl. »RG-bargy. Future Returns on Wealth Will be Lower than Thomas Piketty Thinks«, The Economist vom 20. Juni 2015, URL: http://www.economist.com/news/finance-and-economics/21654665-future-returns-wealth-will-be-lower-thomas-piketty-thinks-rg-bargy.

192 2008 betrug das Einkommen der untersten 10 Prozent nach Umverteilung ca. 36 Prozent des Durchschnittseinkommens, die obersten 10 Prozent hatten ein Einkommen, das um 127 Prozent über dem Durchschnitt lag. Vgl. Bundesministerium für Arbeit und Soziales: *Lebenslagen in Deutschland. Der Vierte Armuts- und Reichtumsbericht der Bundesregierung*, Berlin 2013, S. 325.

193 Vgl. ebenda, S. 357ff. Methodisch gesehen sind Vermögens- und Einkommensverteilung nicht sauber voneinander zu trennen. So dient das Vermögen der Selbständigen zu einem großen Teil der Alterssicherung, es müsste also mit den Rentenansprüchen der Arbeitnehmer verglichen werden.

194 Deshalb meint Harald Martenstein, dass gerade die Kapitalismuskritiker für den Kapitalismus dankbar sein müssten. Denn ohne erfolgreiche (und reiche) Kapitalisten gäbe es auch nichts umzuverteilen. »Ohne Reiche gäbe es keinen Sozialstaat«, *Der Tagesspiegel* vom 6. September 2015, URL: http://www.tagesspiegel.de/politik/harald-martenstein-zur-fluechtlingskrise-ohne-reiche-gaebe-es-keinen-sozialstaat/12282552.html.

195 Statistisches Bundesamt: Erbschaft- und Schenkungsteuer, URL: https://www.destatis.de/DE/ZahlenFakten/GesellschaftStaat/OeffentlicheFinanzenSteuern/Steuern/ErbschaftSchenkungsteuer/ErbschaftSchenkungsteuer.html.

196 Reiner Braun und Ulrich Pfeiffer: »Erben in Deutschland«, URL: http://www.empirica-institut.de/kufa/erben_in_d_bis_2020.pdf.

197 Sie bestand aus Bundesfinanzminister Peer Steinbrück, dem hessischen Ministerpräsidenten Roland Koch und den Länderfinanzministern Kurt Faltlhauser (Bayern), Gerhard Stratthaus (Baden-Württemberg), Ingolf Deubel (Rheinland-Pfalz) und mir als Finanzminister von Berlin.

198 Vgl. Johannes Pennekamp: »Ungleichheit ist in Europa während der Krisen gewachsen«, *FAZ* vom 23. Juni 2015, S. 15, URL: http://www.faz.net/aktuell/

wirtschaft/wirtschaftspolitik/ungleichheit-wegen-geringerer-einkommen-im-
sueden-europas-gewachsen-13662345.html.

199 Bernd Raffelhüschen von der Universität Freiburg hat zusammen mit seinen
Mitarbeitern die Generationenbilanzierung entwickelt. Die Versprechen des
Sozialstaats an Leistungen für heute lebende Bürger, die erst weit in der Zukunft eingelöst werden, sind eine implizite, verdeckte Staatsschuld, die oft erst
in Jahrzehnten zur Begleichung ansteht und von geschrumpften künftigen
Generationen vielleicht so gar nicht geleistet werden kann. Im Jahr 2013 war
die implizite Staatsschuld Deutschlands mit 160,5 Prozent des BIP doppelt so
groß wie die tatsächlich ausgewiesene Staatsschuld von 77,1 Prozent des BIP,
so dass sich eine gesamte Staatsschuld von 237,6 Prozent des BIP ergab. Das
kann jenen, die mangels eigener Kinder nur die Gegenwart kennen, recht
gleichgültig sein. Es sind ja nicht ihre Kinder, die künftig die finanziellen Leis-
tungsversprechen zu erfüllen haben. Vgl. Bernd Raffelhüschen u. a.: *Ehrbarer
Staat? Die Generationenbilanz – Update 2015*, hrsg. v. der Stiftung Marktwirtschaft, Berlin 2015, Abbildung 2.

200 Vgl. Jan Grossarth: »Der verwirrte Bürger«, *FAZ* vom 15. September 2015,
URL: http://www.faz.net/aktuell/wirtschaft/wirtschaftspolitik/verbraucher-
wuensche-der-verwirrte-buerger-13802852.html.

201 Dies lässt sich erschließen aus den hochgerechneten Daten der Bundesagentur
für Arbeit zur Entwicklung der Zahl der sozialversicherungspflichtig Beschäftigten in der Altersgruppe 63 bis 65 Jahre. Diese zeigen einen Trendbruch gegenüber der bisherigen Entwicklung an, der sich nur aus den Anreizmöglich-
keiten der abschlagsfreien Rente mit 63 erklärt. Vgl. Dietrich Creutzburg:
»Der Ruhestandmagnet«, *FAZ* vom 13. Juli 2015, URL: http://www.faz.net/
aktuell/wirtschaft/wirtschaftspolitik/umstrittene-rente-mit-63-der-ruhe-
standsmagnet-13698971.html.

202 Mittelwerte aus 1000 Szenarien aus dem IPCC Fifth Assessment Report »Cli-
mate Change 2014«, S. 11, URL: https://www.ipcc.ch/pdf/assessment-report/
ar5/syr/AR5_SYR_FINAL_SPM.pdf.

203 Vgl. ebenda, S. 18.

204 Vgl. Bundesministerium für Umwelt, Naturschutz, Bau und Reaktorsicher-
heit: »Klimaschützer schreiben Geschichte«, Pressemitteilung vom 12. Dezember 2015, URL: http://www.bmub.bund.de/presse/pressemitteilungen/pm/
artikel/klimaschuetzer-schreiben-geschichte/?tx_ttnews%5BbackPid%5D=1
03&cHash=35e7cd5101777d74c6ee3b10dd30644b.

205 Abschlusserklärung G7-Gipfel, 7.–8. Juni 2015, S. 17, URL: http://www.bun-
desregierung.de/Content/DE/_Anlagen/G8_G20/2015-06-08-g7-abschluss-
deu.pdf?__blob=publicationFile&v=5 S.

206 Vgl. Andreas Mihm: »Lima soll die Klimawende einleiten«, *FAZ* vom 4. Dezember 2014, URL: http://fazjob.net/ratgeber-und-service/beruf-und-
chance/umwelttechnik/125432_Lima-soll-die-Klimawende-einleiten.html.

207 Vgl. ebenda.

208 Der Chemieprofessor und Ex-RWE-Manager Fritz Vahrenholt und der Geo-
loge Sebastian Lüning bestreiten den Klimawandel zwar nicht grundsätzlich,
ordnen seine Ursachen aber teilweise anders zu und argumentieren, dass er
sich in erheblichem Maße aus zyklischen Änderungen der Strahlungsintensität

der Sonne ergebe und nicht auf den Treibhauseffekt zurückzuführen sei. Sollten sie Recht haben, wird der Anstieg der durchschnittlichen Temperatur auf
der Welt langsamer erfolgen als vom IPCC berechnet oder vielleicht auch ganz
ausfallen. Vgl. dies.: *Die kalte Sonne. Warum die Klimakatastrophe nicht stattfindet*, Hamburg 2012. Fachlich beurteilen kann ich den Berechtigungsgrad ihrer
Einwände nicht. Abweichende Meinungen seriöser Zeitgenossen halten aber
doch dazu an, den Einsatz der Wette auf den Klimawandel in der Höhe zu
beschränken.

209 Gegenwärtig arbeiten auf der Welt rund 2500 Kohlekraftwerke. Der Neubau
von 1200 weiteren ist geplant, die meisten davon in Indien und China. Ein
Ende des Kohlebooms ist nicht abzusehen. Vgl. »Mehr vom Klimakiller: Der
Kohleabsatz wächst«, *FAZ* vom 7. Juli 2015, S. 18.

210 Vgl. EWI, GWS, Prognos: *Entwicklung der Energiemärkte – Energiereferenzprognose*, Basel/Köln/Osnabrück, Juni 2014.

211 Johannes Teyssen, Vorstandsvorsitzender der E.ON SE, erläuterte am 29. Mai
2015 bei einem Vortrag in der IHK Berlin die geplante Aufspaltung dieses
Unternehmens und führte dazu Folgendes aus:
– Der technische Fortschritt bei regenerativen Energien, bei der Energiesteu-
erung, bei der Energieeinsparung und bei der intelligenten Nutzung örtlicher
Netze wird sich beschleunigen. Diese Fortschritte finden dezentral statt und
werden vor Ort gesteuert. In diesem Feld bewegt sich alles sehr schnell, die
Investitionszyklen sind kurz, und Kapitalrückläufe erfolgen schnell. Die kon-
krete Entwicklung wird von den Kunden und der örtlichen Politik getrieben.
Hier will die neue EON als Netzbetreiber, Anbieter von regenerativen En-
ergien und Dienstleister tätig sein.
– Der technische Fortschritt bewegt sich, auch getrieben durch das Internet,
in Richtung dezentraler Lösungen. Es ist ein generelles Kennzeichen der vom
Internet getriebenen Entwicklungen, dass sich die Macht immer mehr von den
Produzenten zu den Konsumenten beziehungsweise den Kunden verschiebt.
Wer unternehmerisch erfolgreich sein will, muss das akzeptieren. Gleichzeitig
wollen Politik und Bürger – auch von Umweltüberlegungen getrieben – die
Verhältnisse vor Ort zunehmend selbst gestalten. Wenn aber sowohl der technische Fortschritt als auch die Präferenzen von Politik und Bürgern in dieselbe
Richtung drängen, ist es aussichtslos, sich dem zu widersetzen. Glaubwürdige
Partner können hier nur Unternehmen sein, denen man nicht unterstellen
kann, dass sie vom Verwertungsinteresse ihrer eigenen Energieproduktion
getrieben sind.
– Gleichwohl ist die Zeit der konventionellen Energieerzeugung, die produktionstechnisch am günstigsten in zentralen Großanlagen erfolgt, noch lange
nicht vorbei. Die Energieversorgung eines Hochofens beispielsweise ist anders
gar nicht denkbar. Damit Deutschland bei der Stromerzeugung voll auf regenerative Energien setzen kann, muss es technisch in der Lage sein, Energie für
den Strombedarf von 14 Tagen in Speichern vorzuhalten. Gegenwärtig kann
die Summe aller energetischen Speicher aber nur den Strombedarf von einer
Stunde decken. Konventionelle Energieerzeugung ist deshalb noch auf unabsehbare Zeit unentbehrlich. Die Logik der konventionellen Energiegewinnung
lag und liegt in zentralen Lösungen und zentralen großen Einheiten. Diese

sind nämlich – egal ob bei Kernenergie, Kohle oder Gas – dezentralen kleinteiligen Lösungen kostenmäßig weit überlegen.

– Der künftige Energiemarkt ist dreigeteilt:

– Es gibt die konventionelle Energieerzeugung durch Kernenergie, Braunkohle, Steinkohle, Gas und Wasserkraft, die großenteils in zentralen Einheiten und technisch komplexen Produktionsverbünden erfolgt. Hier ist künftig das von EON abgespaltene Unternehmen Uniper tätig.

– Es gibt die Transportnetze, die staatlicher Regulierung unterliegen und insoweit dem Wettbewerb, aber auch der unternehmerischen Freiheit entzogen sind.

– Es gibt regenerative Energiequellen, deren Erzeugung größtenteils dezentral erfolgt, und die Fülle dezentraler örtlicher Lösungen. Hier ist die künftige EON tätig.

212 Die konventionelle Energiegewinnung mit den Sparten Kohle und Gas wurde bei EON zum 1. Januar 2016 in eine neue Gesellschaft ausgelagert. Diese heißt Uniper und ist in der bisherigen Konzernzentrale in Düsseldorf untergebracht. Uniper sollte ursprünglich auch die Atomsparte umfassen und die vollen Atomrückstellungen des Konzerns von 14,5 Milliarden Euro bekommen. Nach politischen und rechtlichen Diskussionen über Haftungsfragen verbleibt aber jetzt die abzuwickelnde Atomsparte bei EON. Unternehmerisch will sich EON künftig auf erneuerbare Energien, Energienetze und Kundenlösungen konzentrieren. Nach einigem Zögern geht RWE einen vergleichbaren Weg und lagert die Energieverteilung und die erneuerbaren Energien in eine Tochtergesellschaft aus, die auch an die Börse gebracht werden soll.

213 Vgl. Reinhard Loske: »Wenn das Klima nur eine Bank wäre!«, *FAZ* vom 25. Oktober 2015, URL: http://www.faz.net/aktuell/feuilleton/klimagipfelwenn-das-klima-nur-eine-bank-waere-13872940.html.

214 World Health Organisation: »Global Report on Fukushima Nuclear Accident Details Health Risks«, 23. Februar 2013, URL: http://www.who.int/mediacentre/news/releases/2013/fukushima_report_20130228/en. Die Experten sahen lediglich ein leicht erhöhtes Risiko für bestimmte Krebserkrankungen in der unmittelbaren Umgebung des Kernkraftwerks.

215 Weltweit dürfte die Zahl der (jährlichen!) Todesopfer im Kohlebergbau weit über 100 000 liegen, wenn man Silikose, Unfälle und Bergwerksunglücke zusammennimmt. Zu tödlichen Arbeitsunfällen in Deutschland im Jahr 2013 vgl. Bundesanstalt für Arbeitsschutz und Arbeitsmedizin: »Sicherheit und Gesundheit bei der Arbeit 2013«, Abb. C 7, S. 142.

216 Vgl. Christoph Buchal: »Die Energiewende verstehen«, *ifo Schnelldienst* 67 (2014), Nr. 13, S. 6–13.

217 Johannes N. Mayer und Bruno Burger: *Kurzstudie zur historischen Entwicklung der EEG-Umlage*, hrsg. vom Fraunhofer-Institut für Solare Energiesysteme ISE, Freiburg 2014, S. 2, URL: http://www.ise.fraunhofer.de/de/downloads/pdf-files/data-nivc-/kurzstudie-zur-historischen-entwicklungder-eeg-umlage.pdf.

5 Wie ich die Weltlage sehe und was ich mir für Deutschland wünsche

1 Thomas Hürlimann: »Das Glück, traurig zu sein«, *Die Weltwoche* 44/2014, URL: http://www.weltwoche.ch/ausgaben/2014-44/heimat-das-glueck-traurig-zu-sein-die-weltwoche-ausgabe-442014.html.

2 Hume: *A Treatise of Human Nature*, a.a.O., S. 22.

3 Siehe zu allen Zahlen, die in diesem Abschnitt verwendet werden: United Nations, Department of Economic and Social Affairs: Population Division. World Population Prospects, 2015 Revision, URL: http://esa.un.org/unpd/wpp/index.htm. Soweit im Text nichts anderes gesagt ist, handelt es sich bei den Prognosezahlen um die mittlere Variante.

4 Der Verfassungsschutz ging im letzten Jahr von beispielsweise rund 650 Salafisten in Berlin aus, von denen etwa die Hälfte gewaltbereit ist. Im Herbst 2015 kämpften von ihnen rund 100 bei den Terrormilizen in Syrien und Irak. Bezogen auf ganz Deutschland geht das Potential der terroristischen Kämpfer in die Tausende. Vgl. Reinhard Bingener, Reiner Burger, Mechthild Küpper und Eckart Lohse: »Die salafistische Gefahr in Deutschland«, *FAZ* vom 17. November 2015, S. 3.

5 Der senegalesische Migrationsforscher Mamadou Dansokho weist auf die gemischte Bilanz hin: In Senegal stellen die Rücküberweisungen von Auswanderern an ihre Familien mittlerweile 10 Prozent des Sozialprodukts dar. Aber die Auswanderung wirkt auch negativ auf die Bildungsanstrengungen der Einheimischen. Sie konzentrieren sich auf Auswanderung statt auf Bildung. »Und darüber hinaus gibt es auch noch soziale Kosten, die für die im Ausland lebenden Senegalesen und die aufnehmenden Gesellschaften anfallen und auch weit darüber hinaus ihre Wirkung entfalten. So zeigt sich etwa in Frankreich, dass Angehörige der zweiten Einwanderergeneration es als immer schwerer empfinden, sich in die Gesellschaft zu integrieren. In der jungen Generation afrikanischer Immigranten in Europa herrscht vielfach eine große Leere und ein Mangel an Identität. Das macht sie anfällig für Fundamentalismus, den sie im Falle ihrer Rückkehr dann auch mitnehmen.« »Europa muss mehr tun, um Migranten aus Afrika zu helfen«, Interview mit Mamadou Dansokho, *IZA Compact* vom 1. Juni 2015, S. 8.

6 Jochen Hieber: »Afrikas Hoffnung verlässt den Kontinent«, Interview mit Prinz Asserate, *FAZ* vom 17. Juli 2015, URL: http://www.faz.net/aktuell/feuilleton/debatten/asfa-wossen-asserate-ueber-die-gruende-der-migration-13706422.html.

7 Vgl. Heike Göbel: »Deutschland kann mehr Flüchtlinge nehmen«, *FAZ* vom 22. Juli 2015, URL: http://www.faz.net/aktuell/wirtschaft/wirtschaftspolitik/f-a-z-elite-panel-deutschland-kann-mehr-fluechtlinge-nehmen-13714208.html.

8 Traditionell war Subsahara-Afrika sehr dünn besiedelt: Jäger-und-Sammler-Gesellschaften, nomadische Hirten, einfacher Ackerbau, Stammeskriege und eine hohe Sterberate schufen von der Vorgeschichte bis ins 19. Jahrhundert hinein eine prekäre Balance ohne klaren Entwicklungstrend.

9 Hieber: »Afrikas Hoffnung verlässt den Kontinent«, a.a.O.

10 Der Wirtschaftswissenschaftler Gunnar Heinsohn hat berechnet, dass auf jede Position in Subsahara-Afrika, die ein Älterer räumt, fünf junge Men-

schen drängen, die sie besetzen wollen. Das schafft bei schlechter Wirtschaftsentwicklung ungeheure Spannungen. Vgl. ders.: »Das ist die größte Migration der Geschichte«, *Der Hauptstadtbrief* 131 vom 10. September 2015, URL: http://www.derhauptstadtbrief.de/cms/index.php/component/content/article/110-der-hauptstadtbrief-131/905-dies-ist-die-groesste-migration-der-geschichte.

11 Christoph Keese und Andrea Seibel: »Die arabische Welt wird ein Desaster sein«, Interview mit Thomas L. Friedman, *Die Welt* vom 1. Mai 2015, URL: http://www.welt.de/debatte/article140322559/Die-arabische-Welt-wird-ein-Desaster-sein.html.

12 Spanien führt schon seit längerem vor, wie man Migration über das Meer wirksam verhindern kann. Vgl. Jochen Stahnke: »Operation Seepferdchen«, *FAZ* vom 8. Oktober 2015, URL: http://www.faz.net/aktuell/politik/fluechtlingskrise/spaniens-vorgehen-gegen-fluechtlinge-13844097.html.

13 Eine lobenswerte Ausnahme war das im Juli 2015 veröffentlichte Asylkonzept des Freistaats Bayern. Es forderte u. a. »grenznahe Aufnahme-Einrichtungen für Asylbewerber mit geringer Bleibewahrscheinlichkeit«, »besseren Schutz der EU-Außengrenzen« und »die Rückführung der Asylsuchenden in neu zu schaffende europäische Asylzentren in Nordafrika, in denen ein europäischen Standards entsprechendes Prüfverfahren durchzuführen ist«. Bayerische Staatskanzlei, Pressemitteilung Nr. 222 vom 20. Juli 2015, URL: https://www.bayern.de/wp-content/uploads/2015/07/150720-Ministerrat.pdf.

14 Klaus-Dieter Frankenberger: »Im Tunnel«, *FAZ* vom 31. Juli 2015, URL: http://www.faz.net/aktuell/politik/europaeische-union/schiere-zahl-armutsfluechtlinge-ueberfordern-europa-13727729.html.

15 Max Haerder und Silke Wettach: »Moralversagen. Europas Flüchtlingspolitik«, *Wirtschaftswoche* vom 17. Juli 2015, S. 22.

16 Roger Köppel: »›Flüchtlinge‹«, *Die Weltwoche* 25/2015, URL: http://www.weltwoche.ch/ausgaben/2015-25/editorial-fluechtlinge-die-weltwoche-ausgabe-252015.html.

17 Besonders gern reiten die Moderatoren der *Tagesthemen* und des *heute journals* in ARD und ZDF auf dieser Welle: Sensationsbilder von gekenterten Flüchtlingsbooten werden kombiniert mit Anklagen an die Politik und zum Nachrichtenaufmacher gemacht. Der gesinnungsethische Furor jenseits jeder Analytik verschafft den Moderatoren und Redakteuren offenbar ein unnachahmlich gutes Gefühl. Die Selbstgefälligkeit des moralisch überlegenen Standorts ist besonders ausgeprägt bei Claus Kleber, dem Moderator des *heute journals*. Joakim Åkermark, Kapitän der *Poseidon*, eines Schiffs der schwedischen Küstenwache, das vor Sizilien beim Aufbringen von Flüchtlingsbooten eingesetzt ist, sagt über seinen Einsatz: »Ich bin stolz, hier zu sein und den Menschen helfen zu können.« Dazu hat er jede Berechtigung. Die Pflichtvergessenheit liegt bei den Politikern, die solche Aktionen nicht in ein tragfähiges Konzept einbauen. Vgl. Matthias Wyssuwa: »In unruhigen Gewässern«, *FAZ* vom 5. August 2015, S. 6.

18 Vgl. zur Vertragsgeschichte der EU Jan Bergmann: »Lissabon-Vertrag«, in ders. (Hrsg.): *Handlexikon der Europäischen Union*, Baden-Baden 2012, URL: http://www.europarl.europa.eu/brussels/website/media/Lexikon/Pdf/Lissabon_Vertrag.pdf.

19 Es heißt dort in Artikel 50: »Jeder Mitgliedstaat kann im Einklang mit seinen verfassungsrechtlichen Vorschriften beschließen, aus der Union auszutreten … Auf der Grundlage der Leitlinien des Europäischen Rates handelt die Union mit diesem Staat ein Abkommen über die Einzelheiten des Austritts aus und schließt das Abkommen, wobei der Rahmen für die künftigen Beziehungen dieses Staates zur Union berücksichtigt wird.« URL: https://dejure. org/gesetze/EU/50.html.

20 Sehr vernünftig war der von führenden Ökonomen gemeinsam mit der *Wirtschaftswoche* auf dem Höhepunkt der letzten Griechenlandkrise entworfene Euro-Plan. Durch die getroffenen politischen Entscheidungen wurde er gegenstandslos. Er sah einen »Grexit« vor, Finanzhilfen für Griechenland, eine Insolvenzordnung der EU, Verbot der Staatsfinanzierung durch die EZB, mehr Subsidiarität und Markt und eine Euro-Ausstiegsoption. Vgl. Silke Wettlach, Malte Fischer, Matthias Kullas, Thomas Mayer, Stefan Kooths und Clemens Fuest: »Europa. Ein Zehn-Punkte-Plan zum Grexit und zur Reform der EU«, *Wirtschaftswoche* vom 10. Juli 2015, S. 18–22.

21 Vgl. Sarrazin: *Der Euro: Chance oder Abenteuer?*, a.a.O., S. 51ff.

22 Sehr viel hängt vom Ergebnis der Verhandlungen zwischen Großbritannien und der Europäischen Union ab. Falls diese Verhandlungen erfolgreich sind und bewirken, dass die Briten sich bei der Volksabstimmung 2016 für den Verbleib in der EU entscheiden, wird damit gleichzeitig ein Modell für all jene Länder geschaffen, die zwar dem gemeinsamen Wirtschaftsraum, nicht aber der Währungsunion angehören wollen.

23 Dies tritt beispielsweise ein, wenn sie bestimmte Gruppen von Einwanderern aufgrund ihrer Andersartigkeit, ihrer Massierung oder ihrer Verhaltensweisen als Invasion in ihren Lebensstil empfinden.

24 Die dänische Zeitung *Berlingske* zitiert nach: »Stimmen der Anderen«, *FAZ* vom 25. Juli 2015, S. 2.

25 Zitiert bei Jochen Buchsteiner: »Warnen und Gedenken«, *FAZ* vom 7. Juli 2015, URL: http://www.faz.net/aktuell/politik/ausland/europa/10-jahre-nach-londoner-terror-anschlaegen-angst-vor-muslimen-13688362.html.

26 Zafer Senocak: »Der unaufhaltsame Niedergang des Islam«, *Die Welt* vom 21. Juli 2015, URL: http://www.welt.de/debatte/kommentare/article144278938/Der-unaufhaltsame-Niedergang-des-Islam.html.

27 Hans Hütt: »Botho Strauß: Die Selbstvernichtung eines Autors«, *Zeit online* vom 8. Oktober 2014, URL: http://www.zeit.de/kultur/literatur/2015-10/botho-strauss-glosse-fluechtlingskrise-spiegel.

28 Richard Kämmerling: »Was ist deutsche Überlieferung?«, *Die Welt* vom 6. Oktober 2015, URL: http://www.welt.de/kultur/literarischewelt/article147264002/Was-ist-deutsche-Ueberlieferung.html.

29 Vgl. Albert Schäffer: »Rosenheim und das neue Leben«, *FAZ* vom 30. Juli 2015, URL: http://www.faz.net/aktuell/politik/inland/die-route-der-fluechtlinge-endstation-rosenheim-13725812.html?printPagedArticle=true#pageIndex_2.

30 Vgl. Statistisches Bundesamt: Bevölkerung Deutschlands bis 2060, 13. koordinierte Bevölkerungsvorausberechnung, Wiesbaden 2015, URL: https://www.destatis.de/DE/Publikationen/Thematisch/Bevoelkerung/Vorausberech-

nungBevoelkerung/BevoelkerungDeutschland2060Presse5124204159004.
pdf?__blob=publicationFile.

31 In Albanien wollen zwei Drittel, in Mazedonien, dem Kosovo und Bosnien-
Herzegowina mehr als die Hälfte der jungen Generation das Land verlassen,
in Bulgarien immer noch mehr als 40 Prozent. Vgl. Michael Martens: »Warum
sie zu uns wollen«, *FAZ* vom 8. August 2015, S. 1.

32 Eine im Januar 2016 veröffentlichte BAMF-Studie enthält die Ergebnisse einer
schriftlichen Befragung von 2800 Asylbewerbern aus Syrien, Irak und Afghanistan, die ihre Anträge vor 2013 gestellt hatten und teilweise schon lange Zeit
in Deutschland sind. Nur ein Drittel der Befragten ist erwerbstätig, überwiegend in einfachen Tätigkeiten. Weniger als 20 Personen arbeiten in akademi-
schen Berufen. Je nach Herkunftsland haben 16 bis 26 Prozent keine Schule
besucht. Über 60 Prozent haben weder eine Berufsausbildung noch ein Studium absolviert. Von den für die Befragung versandten Fragebögen kamen 53
Prozent zurück. Nur diese flossen in die Auswertung ein. Die Daten für die
ursprünglich befragte Grundgesamtheit sind also vermutlich noch ungünstiger. Vgl. Susanne Worbs und Eva Bund: *Asylberechtigte und anerkannte Flüchtlinge in Deutschland. Qualifikationsstruktur, Arbeitsmarktbeteiligung und Zu-
kunftsorientierungen*, BAMF-Kurzanalyse, URL: http://www.bamf.de/
SharedDocs/Anlagen/DE/Publikationen/Kurzanalysen/kurzanalyse1_qua-
lifikationsstruktur_asylberechtigte.pdf;jsessionid=D03F982C00FD0046AF
0D24507314E638.1_cid368?__blob=publicationFile.

33 Solch eine Entwicklung beeinträchtigt die durchschnittliche kognitive Kompetenz. Bildungsleistung wird wesentlich von der Intelligenz bestimmt, und
diese wiederum ist zu einem großen Teil erblich. Für die angeborenen geistigen
Fähigkeiten des Menschen gelten grundsätzlich dieselben Vererbungsregeln
wie für andere menschliche Eigenschaften.

34 Das durchschnittlich immer höhere Alter der Erstgebärenden geht vor allem
auf Kosten der dritten und vierten Kinder. Vgl. Statistisches Bundesamt: Bevölkerung Deutschlands bis 2060, a.a.O., S. 31.

35 Vgl. »Breaking the baby strike« sowie »Baby love«, *The Economist* vom 25. Juli
2015, URL: http://www.economist.com/news/international/21659763-peo-
ple-rich-countries-can-be-coaxed-having-more-children-lazy-husbands-and
und http://www.economist.com/news/leaders/21659750-there-are-good-
and-bad-ways-prop-up-countrys-population-baby-love.

36 Vgl. Sarrazin: *Deutschland schafft sich ab*, a.a.O., S. 383ff.

37 In Berlin fehlt mittlerweile in jeder dritten Familie ein Elternteil. Neun von
zehn Alleinerziehenden sind Frauen. Sie gehören zumeist den unteren
Schichten an: Fast jede zweite Alleinerziehende bezieht Sozialleistungen.
Einige der Ursachen für den hohen Anteil Alleinerziehender, insbesondere
die Fehlanreize, mit denen das Sozialsystem unvollständige Familien fördert
und unterstützt, werden weder in der Politik noch in den Medien themati-
siert. Der Ausbau von Betreuungseinrichtungen weist auch in Bezug auf Alleinerziehende in die richtige Richtung. Vgl. Andreas Abel: »100 000 Alleinerziehende in Berlin«, *Berliner Morgenpost* vom 3. Juli 2015, URL: http://
www.morgenpost.de/berlin/article205438611/In-Berlin-leben-weit-mehr-als-
100-000-Alleinerziehende.html.

38 Solch ein Modell muss natürlich präzise gerechnet werden. 2014 gab es in Deutschland 28,9 Millionen sozialversicherungspflichtig Beschäftigte mit einem Beitragsaufkommen für die Rentenversicherung von 201,65 Milliarden Euro, die Hälfte davon als Beitrag der Arbeitnehmer (vgl. Deutsche Rentenversicherung: Rentenversicherung in Zahlen 2015, Stand 12. Juni 2015, S. 9). Einbezogen werden müssen dabei auch die Altersversorgung der Beamten und andere Versorgungssysteme, die gesetzlich als Ersatz der Rentenversicherungspflicht gelten. In der gesetzlichen Krankenversicherung sind 12,6 Millionen Kinder versichert (vgl. Bundesministerium für Gesundheit: Zahlen und Fakten zur Krankenversicherung. Mitglieder und Versicherte 2015, Stand Dezember 2015, S. 69, URL: http://www.bmg.bund.de/fileadmin/dateien/ Downloads/Statistiken/GKV/Mitglieder_Versicherte/KM1_Januar_bis_Dezember_2015.pdf). Aus der Summe der Daten schätze ich, dass ein prozentualer Zuschlag auf die Rentenbeiträge der Kinderlosen relativ etwa doppelt so hoch sein muss wie der Abschlag pro Kind bei den unterhaltspflichtigen Eltern, um aufkommensneutral zu sein. Der Umverteilungshebel wäre also gewaltig.

39 Vgl. etwa Julian Kirchner: »Akademiker, mehret euch!« *Zeit Online* vom 25. Juli 2013, URL: http://www.zeit.de/studium/uni-leben/2013-07/singapur-studenten-familienpolitik.

40 Vgl. »Seven million is a crowd«, *The Economist* vom 18. Juli 2015, URL: http:// www.economist.com/news/special-report/21657607-space-island-getting-tight-singaporeans-fear-foreigners-are-taking-up-too.

41 Vgl. Sarah Pines: »Neue Horizonte«, *Die Weltwoche* 22/2015, URL: http:// www.weltwoche.ch/weiche/hinweisgesperrt.html?hidID=554125.

42 Elisalex Henckel: »Die ›Mutter der Pille‹ wird 90«, Interview mit Carl Djerassi, *Die Welt* vom 29. Oktober 2013, URL: http://www.welt.de/print/welt_kompakt/print_wissen/article121308638/Die-Mutter-der-Pille-wird-90.html.

43 Susanne Kutter: »Bis zum Designerbaby ist es nicht mehr weit«, *Wirtschaftswoche* vom 21. April 2015, URL: http://www.wiwo.de/technologie/forschung/schoepfung-2-0-bis-zum-designerbaby-ist-es-nicht-mehr-weit/11649984. html.

44 Vgl. »The age of the red pen«, *The Economist* vom 22. August 2015, URL: http://www.economist.com/news/briefing/21661799-it-now-easy-edit-genomes-plants-animals-and-humans-age-red-pen.

45 Christian Geyer: »Mensch in der Mangel«, *FAZ* vom 6. Dezember 2014, URL: http://www.faz.net/aktuell/feuilleton/debatten/selbstoptimierung-mensch-in-der-mangel-13305118.html.

46 Vgl. Gerald Hüther und Uli Hauser: *Jedes Kind ist hochbegabt. Die angeborenen Talente unserer Kinder und was wir aus ihnen machen*, München 2012.

47 Zur Natur und zum Umfang solcher Defizite vgl. Sarrazin: *Deutschland schafft sich ab*, a.a.O., S. 77ff.

48 Vgl. Constanze Kurz und Frank Rieger: *Arbeitsfrei. Eine Entdeckungsreise zu den Maschinen, die uns ersetzen*, München 2013.

49 Vgl. Erik Brynjolfsson und Andrew McAfee: *The Second Machine Age. Wie die nächste digitale Revolution unser aller Leben verändern wird*, Kulmbach 2014.

50 Vgl. »Gender Mainstreaming: ›Unfug, Religion, feministische Sekte‹«, Prof. Dr. Ulrich Kutschera im Gespräch mit Ingo Kahle, in: *Zwölfzweiundzwanzig*, Info-

radio RBB am 11. Juli 2015, URL: http://www.evolutionsbiologen.de/media/files/Inforadio.pdf.

51 Ulrich Kutschera: »Universitäre Pseudowissenschaft«, hpd *Humanistischer Pressedienst* vom 13. April 2015, URL: http://www.evolutionsbiologen.de/media/files/2015-hpd-Universitaere-Pseudowissenschaft.pdf.

52 Vgl. Götz Kubitschek: »Widerstandskurs in der Hayek-Gesellschaft – André Lichtschlag im Gespräch«, *Sezession im Netz* vom 20. Juli 2015, URL: http://www.sezession.de/50548/widerstandskurs-in-der-hayek-gesellschaft-andre-lichtschlag-im-gespraech.html#more-50548.

53 Natürlich gibt es die Versuche, fundamentale Kritik, wenn sie nicht von links kommt, zu pathologisieren und zu psychologisieren. Vgl. beispielsweise Hartmut Rosa: »Fremd im eigenen Land?«, *FAZ* vom 24. April 2015, URL: http://www.faz.net/aktuell/politik/die-gegenwart/jeder-5-deutsche-fuehlt-sich-fremd-im-eigenen-land-13546960.html; Deutsche Bank Research (Hrsg.): »Europas Populisten im Profil« *EU-Monitor* vom 7. April 2015. (URL: TERNET_DE-PROD/PROD0000000000353442/Europas_Populisten_im_Profil%3A_Strukturen_Stärken.pdf.

54 Hope Clearwater, die Heldin in einem Roman William Boyds, ist mit einem Mathematiker verheiratet und versucht vergeblich, ihm zu folgen, wenn er seine Forschungen beschreibt: »If you don't have the right kind of brain then all the effort and the study in the world can't help you ... You either had that gift or you hadn't. It couldn't be learned; it couldn't be bought ... An ordinary numerate person could, by dint of hard work, go so far up the mathematical tree. But then you stopped. To go beyond required some kind of faculty or vision that you had to be born with, she supposed.« William Boyd: *Brazzaville Beach*, London 1991, S. 73.

55 Vgl. »Life, the multiverse and everything«, *The Economist* vom 8. August 2015, URL: http://www.economist.com/news/leaders/21660537-science-has-remade-world-scientists-are-not-finished-yet-life-multiverse-and.

Anhang. Erläuterungen zur Politik

1 Weber: *Politik als Beruf*, a.a.O., S. 56. Hervorhebung im Original.

2 Ebenda, S. 57.

3 »Liebe deinen Nächsten wie dich selbst«, Interview mit Bischof Heinrich Bedford-Strohm, *FAS* vom 26. April 2015.

4 Peter Graf Kielmansegg: »Was Empörung ignoriert«, *FAZ* vom 29. April 2015, URL: http://www.faz.net/aktuell/feuilleton/debatten/fluechtlingspolitik-was-die-empoerung-ignoriert-13564355.html.

5 Vgl. Thomas L. Friedman: *Die Welt ist flach. Eine kurze Geschichte des 21. Jahrhunderts*, Berlin 2009.

6 Samuel P. Huntington: *Kampf der Kulturen. Die Neugestaltung der Weltpolitik im 21. Jahrhundert*, Hamburg 2006, S. 20.

7 Hume: *A Treatise of Human Nature*, a.a.O., S. 509.

8 Ebenda, S. 514.

9 Ebenda, S. 22.

10 Vgl. zur Geschichte des Werkes und zu seiner Einordnung in Humes Denken die Einführung von Ernest C. Mossner, ebenda.

11 Vgl. Popper: *Logik der Forschung*, a.a.O., Vorwort zur englischen Ausgabe 1959, S. XVIff., und Kapitel 1, Grundprobleme der Erkenntnislogik, S. 3ff.

12 Vgl. Jonathan Haidt: *The Righteous Mind. Why Good People Are Divided by Politics and Religion*, New York 2012, S. XIV.

13 Der tief eingewurzelte menschliche Egoismus ist oft unbewusst und wirkt auch indirekt, etwa indem man Minderheitenrechte für andere Gruppen befürwortet, weil man selber als Minderheit auf einem ganz anderen Gebiet ebenfalls Sonderrechte beansprucht. Vgl. Jacob Weeden und Robert Kurzban: *The Hidden Agenda of the Political Mind*, Princeton 2014, und Patrick Bernau: »Alles Egoisten! Altruistische Politik ist nur ein Schein, *FAZ* vom 29. Dezember 2014, S. 18.

14 Vgl. Haidt: *The Righteous Mind*, a.a.O., S. 189–220, sowie die Ausführungen im Abschnitt »Zur Entwicklung des Menschen«.

15 Vgl. dazu ebenda, S. 213ff. Zur Illustration, wie schnell sich Evolution vollziehen kann, erwähnt Haidt die Studie des sowjetischen Wissenschaftlers Dmitri Belyaev. Dieser war 1948 degradiert worden, weil er an die Mendel'sche Genetik glaubte. An einem sibirischen Forschungsinstitut arbeitete er dann mit Füchsen, aber anstatt sie in Bezug auf die Pelzqualität zu selektieren, selektierte er nach sozialen Eigenschaften. Bereits nach neun Generationen wurden die Füchse zahmer, auch änderte sich ihre Gestalt, und nach 30 Generationen wurden sie so zahm, dass man sie als menschliche Spielgefährten halten konnte, lernbegierig und darauf aus zu gefallen.

16 Charles Darwin: *Die Abstammung des Menschen*, Frankfurt am Main 2009, S. 165f.

17 Vgl. dazu Haidt: *The Righteous Mind*, a.a.O., S. 195, dort auch Fußnote 18.

18 Vgl. ebenda, S. 129ff.

19 Vgl. ebenda, S. 297.

20 Vgl. ebenda, S. 302.

21 Vgl. ebenda, S. 306.

22 Wer sich klar auf der konservativen Seite positioniert, macht sich bei der Erfüllung dieser Aufgabe meistens wenig Freunde. Das erfuhr auch der ungarische Ministerpräsident Viktor Orbán, als er im Mai 2014 einen Besuch in Berlin nutzte, um auf einer Konferenz des Auswärtigen Amtes die Prinzipien seiner Regierung darzulegen: keine kulturfremde Einwanderung, Pflege nationaler Identität, klassisches Familienbild, finanzielle Eigenverantwortung der EU-Staaten. Die *FAZ* notierte, die Rede sei im Auswärtigen Amt »nur mit verhaltenem Applaus bedacht« worden. Das ist klar. Sie wirkte schockierend, weil sie der wohltätigen Unschärfe entbehrte, ohne polemisch zu sein. Und es verunsicherte, dass man offenbar in Europa mit solchen Ansichten noch Wahlen gewinnen kann. Vgl. »Orbán: Europa sollte Entwicklung in Ungarn studieren«, *FAZ* vom 9. Mai 2014, S. 2.

23 Vgl. Pinker: *The Better Angels of Our Nature*, a.a.O., S. 622ff.

24 Vgl. ebenda, S. 658ff.

25 Zitiert in Dirk Schümer: »Ein einziger, großer Krankheitsfall«, *FAZ* vom 29. März 2014, URL: http://www.faz.net/aktuell/feuilleton/debatten/gier-psychoanalytisch-betrachtet-erich-fromms-diagnosen-12869035-p2.html.

26 Vgl. Stephan Haselberger und Hans Monath: »Islamische Gesellschaften tun

sich schwer mit Demokratie«, Interview mit Heinrich August Winkler, *Der Tagesspiegel* vom 25. Januar 2015, URL: http://www.tagesspiegel.de/politik/heinrich-august-winkler-ueber-pegida-und-den-islam-islamische-gesellschaften-tun-sich-schwer-mit-demokratie/11276676.html.

27 Ebenda.

28 Abdel-Hakim Ourghi: »Der Islam braucht eine kritikfähige Renaissance«, *Süddeutsche Zeitung* vom 20. Januar 2015, URL: http://www.sueddeutsche.de/politik/religion-und-gewalt-der-islam-braucht-eine-kritikfaehige-renaissance-1.2309352.

29 Vgl. Necla Kelek: »Muslime müssen ihre Vergangenheit bewältigen«, *Die Welt* vom 22. Januar 2015, URL: http://www.welt.de/debatte/kommentare/article136653815/Muslime-muessen-ihre-Vergangenheit-bewaeltigen.html.

30 Samuel Schirmbeck war ARD-Korrespondent in Algerien, als dort der Bürgerkrieg mit den Fundamentalisten tobte. Noch heute spürt man bei ihm die Erschütterung darüber, wie die deutschen Linken und Liberalen noch die übelsten Erscheinungen und Verbrechen fundamentalistischer Islamisten verharmlosten und relativierten, damit sie ihr antikolonialistisches Weltbild nicht zerstörten, das die Schuld für alles immer beim Westen sucht. Vgl. ders.: »Die Linke im Muff von tausend Jahren«, *FAZ* vom 19. Januar 2015, URL: http://www.faz.net/aktuell/politik/die-gegenwart/linke-verweigern-diskussion-ueber-islam-und-gewalt-13377388.html. In Frankreich reicht der Konflikt mit den radikalen Muslimen viel weiter zurück, als gerne behauptet wird. Die französische Gesellschaft wollte das nicht sehen und fand immer neue passende Erklärungen. Vgl. Lena Bopp: »Wie sich Frankreich selbst belog«, *FAZ* vom 24. Januar 2015, S. 13. Immerhin ist es schwer vorstellbar, dass der *FAZ*-Redakteur Patrick Bahners heute noch sein 2011 erschienenes Buch *Die Panikmacher. Die deutsche Angst vor dem Islam* veröffentlichen würde, in dem er nicht den Islam, sondern eine »populistische Islamkritik« dafür verantwortlich machte, dass sich die Stimmung im Land verschlechterte.

31 M. Walid Nakschbandi: »Eine Heimat ist nicht genug«, *FAS* vom 29. Dezember 2013, S. 49.

32 So sind 46 Prozent der befragten Deutschen für Preisobergrenzen bei Grundnahrungsmitteln, und 71 Prozent wollen eine staatlich verordnete Preisgrenze für Mieten. Thomas Petersen vom Institut für Demoskopie Allensbach schreibt dazu: »Das Prinzip der freien Wirtschaft leuchtet den meisten Menschen spontan nicht ein. Seine Erfolge werden anderen Faktoren zugeschrieben.« Ders.: »Stille Liebe zur Planwirtschaft«, *FAZ* vom 27. November 2013, URL: http://www.faz.net/aktuell/politik/inland/allensbach-analyse-stille-liebe-zur-planwirtschaft-12682183.html.

33 Vgl. Georg Lührs, Thilo Sarrazin, Frithjof Spreer und Manfred Tietzel (Hrsg.): *Kritischer Rationalismus und Sozialdemokratie*, Bonn/Bad Godesberg 1975.

34 Ebenda, S. XV.

35 Besonders klar kann man immer noch das Wirken der marxistischen und liberalen Denkschulen beobachten. Aber auch nationalromantische, völkische Ideen bis hin zu den faschistischen Ideologien haben lange Traditionen, die oft auf ganz unschuldige Ursprünge wie die Entdeckung und Erforschung nationaler Volkskulturen zurückgehen, die Ende des 18. Jahrhunderts mit Johann

Gottfried Herder begann. Eine intensive Wirkungsgeschichte hatte auch die Theorie von Thomas Malthus, dass die menschliche Vermehrung grundsätzlich einer Exponentialfunktion folge, während die Nahrungsmittelproduktion nur in einer arithmetischen Folge zunehme. In der Sache hatte Malthus recht. Er wurde und wird aber bekämpft, weil der »Grundgedanke des Werkes, dass der Mensch selbst das Problem der Menschheit« ist, »inhuman« sei. Vgl. Winand von Petersdorff: »Der traurige Pastor«, *FAS* vom 1. Februar 2014, URL: http://www.faz.net/aktuell/wirtschaft/wirtschaftswissen/die-weltverbesserer/thomas-malthus-der-traurige-pastor-12780140.html.

36 Immanuel Kant: *Werke in zwölf Bänden*, Bd. 11, Frankfurt am Main 1977, S. 228.

37 Vgl. zu entsprechenden Vorkommnissen in Frankfurt Matthias Alexander: »Anlass zur Beunruhigung«, *FAZ* vom 16. Januar 2015, URL: http://www.faz.net/aktuell/rhein-main/charlie-hebdo-anlass-zur-beunruhigung-13372797.html.

38 Zur entsprechenden Diskussion in Frankreich vgl. Jürg Altwegg: »Darf man seinen Bauch vermieten?«, *FAZ* vom 6. Juli 2014, URL: http://www.faz.net/aktuell/feuilleton/debatten/frankreich-streitet-rechte-homosexueller-paare-13025729.html.

39 Vgl. Jörg Albrecht: »So lasst uns denn die Hirne melken«, *FAS* vom 27. Juli 2013, URL: http://www.faz.net/sonntagszeitung/so-lasst-uns-denn-die-hirne-melken-12308661.html.

40 Vgl. Renate Köcher: »Diffuse Positionen«, *Wirtschaftswoche* vom 6. Januar 2014, S. 40.

41 Die Kerngedanken der marktwirtschaftlichen Ordnung sind mittlerweile in den Mainstream politischen Denkens eingeflossen und mehr oder weniger in allen Parteien beheimatet. In der FDP fanden sich deshalb immer weniger profilierte ökonomische Denker. Sie sank zur Interessentenpartei des selbständigen Mittelstandes herab und wurde zugleich zur linksliberalen Partei der Bürgerrechte. Mit keinem dieser Themen konnte sie ein ausreichend großes Publikum wirklich fesseln. Die Themenbereiche dagegen, bei denen die großen Parteien der Mitte Defizite zeigten – Zukunft des Nationalstaats und Rolle der Einwanderung –, verpasste sie und überließ sie, ihre eigene nationalliberale Tradition vergessend, der aufsteigenden AFD. Wenn sich das Profil der FDP nicht deutlich ändert, besteht historisch kein Bedarf mehr für sie.

42 Vgl. Ralph Bollmann und Inge Kloepfer: »Auf der Suche nach dem guten Leben«, *FAS* vom 30. November 2014, S. 27.

43 »Wir dürfen Menschen nicht nur nach Leistung beurteilen«, Interview mit Michèle Lamont, *FAZ* vom 28. Juni 2014, URL: http://www.faz.net/aktuell/wirtschaft/wirtschaftswissen/harvard-soziologin-michele-lamont-wir-duerfen-menschen-nicht-nur-nach-leistung-beurteilen-13016190.html.

44 Vgl. Erich Weede: »Arm und Reich in der Welt«, *FAZ* vom 6. Juni 2014, URL: http://www.faz.net/aktuell/wirtschaft/wirtschaftspolitik/zuwanderung-wie-laesst-sich-die-armut-in-der-welt-abbauen-12974644-p2.html?printPagedArticle=true#pageIndex_2.

45 Vgl. Rainer Hank: »Die Kirche verachtet die Reichen«, *FAZ* vom 1. Dezember 2013, URL: http://www.faz.net/aktuell/wirtschaft/tyrannei-des-marktes-die-kirche-verachtet-die-reichen-12688735.html.

46 Alexander Kissler: »»Die Regionen retteten Europa‹‹, Interview mit Christopher Clark und Michael Kleeberg, *Cicero* 7/2014, S. 118–123, hier S. 123.

47 Hans Magnus Enzensberger: *Politik und Verbrechen*, Frankfurt am Main 1964, S. 13.

48 Carl Schmitt: *Legalität und Legitimität*, Berlin 1932, S. 1.

49 Enzensberger: *Politik und Verbrechen*, a.a.O., S. 10.

50 Thomas Hobbes: *Leviathan*, XXVII. Kapitel, Hamburg 1996, S. 246.

51 Friedrich Engels: MEW Bd. 1, S. 571.

52 Ein gutes Beispiel, wie Erwartungen aus der Bevölkerung die Politik auch gegen Erwägungen der Sachgerechtigkeit steuern, ist die Bildungspolitik. Vgl. Ludger Wößmann, Philipp Lergetporer, Franziska Kugler und Katharina Werner: »Was die Deutschen über die Bildungspolitik denken. Ergebnisse des ersten ifo-Bildungsbarometers«, *ifo Schnelldienst* 67 (2014), Nr. 18, S. 16–33.

53 Max Weber: »Die drei reinen Typen der legitimen Herrschaft«, in ders.: *Gesammelte Aufsätze zur Wissenschaftslehre*, hrsg. von Johannes Winckelmann, 6. Aufl., Tübingen 1985, S. 475. Hervorhebung im Original.

54 Vgl. ebenda, S. 475–488.

55 Carl Schmitt: *Politische Theologie. Vier Kapitel zur Lehre der Souveränität*, Berlin 2009, S. 55.

56 Ebenda, S. 27.

57 Horst Dreier: *Säkularisierung und Sakralität. Zum Selbstverständnis des modernen Verfassungsstaates*, Tübingen 2013. Zitiert nach der Rezension von Maximilian Steinbeis in: *FAZ* vom 18. Dezember 2013, S. 26.

58 Sehr schön zeigt sich das an dem Bemühen des Europarechtlers Martin Nettesheim, das EZB-Programm zum Ankauf von Staatsanleihen als rechtlich zulässig zu rechtfertigen. Martin Nettesheim: »Die Europäische Zentralbank steht nicht über dem Recht«, *FAS* vom 25. Januar 2015, S. 16.

59 Nach einer Studie des amerikanischen Pew Research Center wirken soziale Netzwerke wie eine digitale »Schweigespirale«. Im digitalen Netz wie im wirklichen Leben wird die Tendenz unterstützt, dass Menschen sich jenen zuwenden, mit denen sie einer Meinung sind, während sie andere aus ihrer Wahrnehmung verbannen. Vgl. »Eine Meinung. Wie in sozialen Netzwerken Mehrheiten entstehen«, *FAZ* vom 28. August 2014, S. 13.

60 Vgl. Céline Teney und Marc Helbling: »How Denationalization Divides Elites and Citizens«, *Zeitschrift für Soziologie*, Heft 4, August 2014, S. 258–271.

61 Vgl. Weber: *Politik als Beruf*, a.a.O., S. 46ff.

62 Popper: *Der Zauber Platons*, a.a.O., S. 192f.

63 Vgl. die Beschreibung der Verhältnisse im Deutschen Reich, in England und den USA bei Weber: *Politik als Beruf*, a.a.O., S, 34ff.

64 Ebenda, S. 65.

65 Ebenda S. 49f., eigene Hervorhebungen.

66 Vgl. Rainer Hank: »Eigentum ist Macht«, *FAZ* vom 22. Juni 2014, URL: http://www.faz.net/aktuell/wirtschaft/netzwirtschaft/der-liberalismus-im-konflikt-eigentum-ist-macht-13002254.html.

67 Das wird von Roland Tichy schön gezeigt am Beispiel von Angela Merkel. Vgl. ders.: »Maschinistin der Macht«, *Die Weltwoche* 4/2015, URL: http://www.

weltwoche.ch/ausgaben/2015-04/maschinistin-der-macht-die-weltwoche-ausgabe-042015.html.

68 Das bedeutet nicht unbedingt, dass die Mehrheit allein entscheiden muss. Je nach politischer Kultur und Entscheidungsgegenstand können auch Verhandlungslösungen dominieren, oder man lässt die Minderheit sogar permanent an der Macht teilhaben. Ich hege nicht wie der Althistoriker Egon Flaig die Befürchtung, dass die Demokratie durch Aushandlungslösungen mehr oder weniger zwangsläufig untergraben wird. Vgl. ders.: »Ohne Mehrheitsentscheidung keine Demokratie«, *Hauptstadtbrief* 126 vom 17. Dezember 2014, URL: http://www.derhauptstadtbrief.de/cms/index.php/105-der-hauptstadtbrief-126/676-ohne-mehrheitsentscheidung-keine-demokratie.

69 Carl von Clausewitz: *Vom Kriege*, Reinbek 2013, S. 216.

70 Ebenda, S. 205.

71 Ebenda, S. 77.

72 Ebenda, S. 181.

73 Tuchman: *Die Torheit der Regierenden*, a.a.O., S. 49.

74 Vgl. ebenda, S. 38ff.

75 Vgl. Jochen Buchsteiner: »Stadt des Schweigens«, *FAZ* vom 19. Februar 2015, URL: http://www.faz.net/aktuell/politik/missbrauch-in-rotherham-stadt-des-schweigens-13434501.html.

76 Der CSU-Politiker Peter Gauweiler hatte sich 2010 als grundsätzlicher Kritiker der deutschen Politik zur Euro-Rettung hervorgetan und diese Haltung in politischen Äußerungen und mehreren Klagen vor dem Bundesverfassungsgericht mit Inhalt gefüllt. Der Dissens mit dem CSU-Vorsitzenden Horst Seehofer in dieser Frage führte am 31. März 2015 zu seinem Rücktritt als Bundestagsabgeordneter und stellvertretender Parteivorsitzender der CSU. In der Presseerklärung aus diesem Anlass zeigte Gauweiler den eklatanten Widerspruch zwischen den einschlägigen Programmsätzen der CSU und ihrem politischen Handeln auf. Messerscharf und schlagend argumentierte er:
– »Die CSU sagt in ihren Programmen, es dürfe *keine Vergemeinschaftung von Staatsschulden, keine ›Eurobonds‹, geben. Jetzt führt die EZB mit ihrem neuen Staatsanleihenankaufprogramm de facto Eurobonds ein – eine direkte Vergemeinschaftung von Staatsschulden in Höhe von 20% des Ankaufsvolumens, eine indirekte, verschleierte Vergemeinschaftung in Höhe der restlichen 80%.
– *›Die Finanzierung von Krisenstaaten über die Notenpresse lehnen wir ab‹* (Europaplan der CSU vom 10. Mai 2014). Genau das macht die EZB aber jetzt, zum einen mit dem Staatsanleihenankaufprogramm, zum anderen mit den ELA-Krediten an griechische Banken.
– *›Einen stabilen Euro kann es dauerhaft nur geben, wenn alle Länder eine konsequente Haushaltsdisziplin einhalten‹* (Bayernplan der CSU vom 19. Juli 2013). Die EZB aber nimmt mit ihrer Politik, die Zinsen für Staatsanleihen auf null Prozent zu drücken, den Eurostaaten jeden Anreiz zur Haushaltsdisziplin.
– Und jetzt zu Griechenland, unserem aktuellen Streitpunkt: *›Krisenstaaten dürfen auch künftig nur Hilfen bekommen, wenn sie im Gegenzug Reformen*

durchführen und ihre Verschuldung bekämpfen. Wenn ein Staat den Auflagen nicht nachkommt, müssen die Hilfen entsprechend gekürzt oder ganz gestrichen werden.‹ ›Für überschuldete Staaten soll eine geordnete Staateninsolvenz möglich sein. Dazu soll auch die Möglichkeit gehören, die Eurozone vorübergehend zu verlassen und wieder eine eigene Währung einzuführen. Dieser Prozess soll durch gezielte Wirtschaftshilfe und die Möglichkeit zum Wiedereintritt in die Eurozone begleitet werden‹ (Europaplan der CSU vom 10. Mai 2014). Die Staatsverschuldung Griechenlands ist, wie der griechische Ministerpräsident und der neue Finanzminister ehrlicherweise erklärt haben, nicht tragfähig. Griechenland – so beide ausdrücklich – ›ist seit 2010 ein bankrotter Staat‹. Warum angesichts dessen meine Gegenstimme gegen eine Verlängerung des aktuellen (offensichtlich völlig wirkungslosen und möglicherweise kontraproduktiven) Programms meinerseits ein Verstoß gegen die CSU-Parteidisziplin gewesen sein soll, ist mir unklar.« URL: http://archiv.peter-gauweiler.de/pdf/pressemitteilungen/pm_2015-03-31.pdf. Egal wie man zu Peter Gauweilers Ansichten sachlich steht, muss man ihm doch in einem Recht geben: Wenn die deutsche Sprache noch ein sinnvolles Kommunikationsmedium sein soll, hat nicht er, sondern die von Horst Seehofer geführte Parteimehrheit gegen die eigenen Ankündigungen und Beschlüsse verstoßen und diese offenbar gar nicht ernst genommen.

77 Vgl. Werner Mussler: »Warum Politiker lügen müssen«, *FAZ* vom 25. April 2015, URL: http://www.faz.net/aktuell/wirtschaft/eurokrise/griechenland/kommentar-warum-politiker-luegen-muessen-13559058.html.

78 Vgl. Thomas Gutschker: »Lüge«, *FAS* vom 22. Juni 2014, URL: http://www.faz.net/aktuell/politik/ausland/der-kreml-und-die-wahrheit-putins-luegen-13002460.html?printPagedArticle=true#pageIndex_2.

79 Die Trierer Genderforscherin Franziska Schößler nennt als Ziel »die Analyse und Kritik asymmetrischer Geschlechterverhältnisse«. Sebastian Moll schreibt dazu: »Das Ziel der Gender Studies ist also nicht einfach nur die wissenschaftliche Beschreibung sozialer Zustände in Bezug auf die Geschlechterverteilung, sondern die bewusste Herstellung eines symmetrischen Geschlechterverhältnisses mit politischen Mitteln!« Er zieht hinsichtlich »dieser Vermischung von wissenschaftlicher Analyse einerseits und politischer Forderung andererseits« die Parallele zu dem 1939 von den evangelischen Landeskirchen gegründeten »Institut zur Erforschung und Beseitigung des jüdischen Einflusses auf das deutsche kirchliche Leben«. Ders.: »Make Science, not Politics!«, *The European* vom 6. März 2015, URL: http://www.theeuropean.de/sebastian-moll/9757-der-irrtum-der-gender-studies.

80 Vgl. Dorothea Siems: »Hans-Werner Sinn soll mundtot gemacht werden«, *Die Welt* vom 8. Februar 2015, URL: http://www.welt.de/debatte/kommentare/article137196649/Hans-Werner-Sinn-soll-mundtot-gemacht-werden.html.

81 Vgl. Dror Moreh: *The Gatekeepers. Aus dem Inneren des israelischen Geheimdienstes*, Köln 2015.

82 Ich veranlasste als Erstes, dass in der noch offenen Bilanz der TLG für das Jahr 1998 die Risiken adäquat, aber großzügig abgebildet wurden. Dann beauftragte ich ein Gutachten bei Professor Karlheinz Küting, Universität Saarbrücken, der damals als deutscher Bilanzpapst galt. Es kam zu dem Ergebnis,

dass sich die Geschäftsführung der Untreue schuldig mache, wenn sie einer Kapitalentnahme durch den Gesellschafter zustimmt, die zu einer Unterkapitalisierung führt. Dieses Gutachten schickte ich an Overhaus. Damit war die Entnahme nur noch durch eine Gesellschafterweisung möglich, wozu es angesichts des Gutachtens an Mut fehlte. Schließlich sorgte die Mecklenburger CDU-Bundestagsabgeordnete Susanne Jaffke als Mitglied des Haushaltsausschusses dafür, dass ich eingeladen wurde, dort zur Situation und Perspektive der TLG zu sprechen. Der Haushaltsausschuss des Bundestags beschloss dann, dem Bundesfinanzministerium zu empfehlen, die TLG bis zur ihrer Privatisierung von Ausschüttungen und Entnahmen zu verschonen. So geschah es.

83 Roger Köppel meint dazu: »Unsere Unterschiede liegen im Politischen, und das Politische gibt Antwort auf die Frage, wer wir sind. Staatlichkeit und Politik haben mit Identität zu tun.« Ders.: »Deutschland«, *Die Weltwoche* 22/2014, URL: http://www.weltwoche.ch/ausgaben/2014-22/editorial-deutschland-die-weltwoche-ausgabe-222014.html.

84 »Digitaler Weltstaat oder digitaler Humanismus?« Interview mit Ulrich Beck, *FAZ* vom 21. Juli 2013, URL: http://www.faz.net/aktuell/feuilleton/debatten/der-soziologe-ulrich-beck-im-gespraech-digitaler-weltstaat-oder-digitaler-humanismus-12287900.html?printPagedArticle=true#pageIndex_2.

85 Vgl. Baudet: *The Significance of Borders*, a.a.O., S. 239ff.

86 Weber: *Politik als Beruf*, a.a.O., S. 28. Hervorhebung im Original.

87 Ebenda, S. 30.

88 Werner J. Patzelt: »Edel sei der Volkswille«, *FAZ* vom 21. Januar 2015, URL: http://www.faz.net/aktuell/feuilleton/debatten/die-verortung-von-pegida-edel-sei-der-volkswille-13381221.html.

89 Vgl. zur Verbreitung entsprechender Einstellungen in Deutschland die Ergebnisse einer repräsentativen Umfrage bei Monika Deutz-Schroeder und Klaus Schroeder: »Gegen eine offene Gesellschaft«, *FAZ* vom 23. Februar 2015, URL: http://www.faz.net/aktuell/politik/die-gegenwart/studie-zum-linksextremismus-13443452.html.

90 Heribert Seifert schreibt dazu: »Obwohl die klare Mehrheit der Demonstrationsteilnehmer gewaltfrei und ohne extremistische Forderungen auftrat … herrschte eine Verdachtsberichterstattung, die darauf lauerte, hinter der Fassade den Nazi zu enttarnen … Der seitenfüllende Abdruck der formelhaften Anti-Pegida-Stellungnahmen von Politikern und Kirchenführern verstärkte noch die Schlagseite der Berichterstattung … Legitime Publizistik darf nach der Überzeugung dieses Juste Milieu nur in den Grenzen seiner Wahrnehmungs- und Urteilsmuster stattfinden.« Ders.: »Ärger mit der ›Lügenpresse‹«, *Neue Zürcher Zeitung* vom 17. Februar 2015, URL: http://www.nzz.ch/feuilleton/medien/aerger-mit-der-luegenpresse-1.18484768.

91 »Hat Dresden ein Trauma, Herr Vaatz?«, *Superillu* vom 19. Februar 2015, S. 21.

92 »Medien gehen mit Pegida indiskutabel um«, Interview mit Hans Mathias Kepplinger, *Die Tagespost* vom 22. Januar 2015, S. 3.

93 Im Vorfeld der Veröffentlichung von *Der neue Tugendterror* hatte ich für den 25. Februar 2014 – den Tag nach dem Erscheinen des Buches – eine Einladung

in die Talkshow *Menschen bei Maischberger* erhalten. Der Termin war bereits zwei Monate zuvor ausgemacht und fest vereinbart worden. Fünf Tage vor der Sendung wurde ich auf Weisung der WDR-Programmleitung gegen den Willen der Maischberger-Redaktion ausgeladen. Die Programmleitung des RBB entschied, mich aus der für den 22. Februar angesetzten Sendung *Zu Gast bei Ingo Kahle* auszuladen. Auch hier war *Der neue Tugendterror* das Thema. Ingo Kahle war zutiefst empört und bat mich um Entschuldigung. Das Vorgehen war offenbar abgestimmt. In der gesamten ARD wurde das Erscheinen von *Der neue Tugendterror* ignoriert. Das Buch setzte sich in wesentlichen Teilen mit den verschiedenen Erscheinungsformen der Gleichheitsideologie auseinander. Ein Jahr später traf es Frank Plasbergs Sendung *Hart aber fair*. Das Thema am 2. März 2015 lautete: »Nieder mit dem Ampelmännchen, her mit den Unisex-Toiletten – Deutschland im Gleichheitswahn?« Es ging hoch her. Und es hagelte Beschwerden. Zwar verwahrte der Rundfunkrat der Sender sich gegen die Vorwürfe, entschied aber, die Sendung aus der Mediathek zu nehmen mit der Begründung, sie sei »von Frauenverbänden und Gleichstellungsbeauftragten als unseriös empfunden worden und hatte zu Programmbeschwerden und zahlreichen Protestbriefen geführt«. Michael Hanfeld schrieb dazu: »Der WDR verzichtet freiwillig auf die Presse- und Meinungsfreiheit nach Artikel 5 des Grundgesetzes.« Ders.: »WDR setzt auf Zensur«, *FAZ* vom 23. August 2015, URL: http://www.faz.net/aktuell/feuilleton/medien/hart-aber-fair-loeschung-der-wdr-setzt-auf-zensur-13764991.html.

94 Das wahrgenommene Gruppenverhalten beeinflusst das eigene Verhalten. So kann es in uneindeutigen Situationen mehrheitlich zu Verhaltensweisen kommen, die den eigenen Präferenzen nicht entsprechen. Vgl. Bibb Latané und John M. Darley: »Group Inhibition of Bystander Intervention in Emergencies«, *Journal of Personality and Social Psychology* 10(3), November 1968, S. 215–221.

95 Vgl. Elisabeth Noelle-Neumann: *Die Schweigespirale. Öffentliche Meinung – unsere soziale Haut*, München 1980, sowie meine Auseinandersetzung damit in *Der neue Tugendterror*, S. 129ff.

96 Matthias Geis und Bernd Ulrich: »Ausweitung der Kampfzone«, *Die Zeit* vom 29. Januar 2015, URL: http://www.zeit.de/2015/05/konsensgesellschaft-alternativlosigkeit-dagegen.

97 Der amerikanische Soziologe Joseph P. Overton beschrieb eine Technik der Manipulation von Einstellungen in der Gesellschaft, in der verschiedene Stufen durchlaufen werden: Undenkbar – radikal – akzeptabel – vernünftig – populär – politische Maßnahme. Am leichtesten ist das Overton-Fenster nach Einschätzung seines Entdeckers nutzbar in einer Gesellschaft, die kein Ideal und keine klaren Maßstäbe von Gut und Böse hat. Vgl. Joseph Lehman: »A Brief Explanation of the Overton Window«, *Mackinac Center for Public Policy*, URL: http://www.mackinac.org/OvertonWindow#Explanation.

98 Zitiert bei Frank Schirrmacher: »Dr. Seltsam ist heute online«, *FAZ* vom 28. März 2014, URL: http://www.faz.net/aktuell/feuilleton/debatten/echtzeitjournalismus-dr-seltsam-ist-heute-online-12867571.html?printPagedArticle=true#pageIndex_2.

99 Besonders penetrant ist in Deutschland der Paritätische Wohlfahrtsverband mit seinem Hauptgeschäftsführer Ulrich Schneider, der jedwede neue Statis-

tik mit Armutspolemik in die Nachricht umdichtet, dass die Armut in Deutschland steige und die Dienste seiner Verbandsmitglieder daher besonders vonnöten seien. Dabei geraten Empirie und Wirklichkeit regelmäßig unter die Räder. Vgl. dazu Georg Cremer: »Die tief zerklüftete Republik«, *FAZ* vom 27. April 2015, URL: http://www.faz.net/aktuell/politik/die-gegenwart/deutschland-die-tief-zerklueftete-republik-13560353.html.

Register

ISBN 978-3-421-04617-8, 400 Seiten

Wer bestimmt, was gesagt werden darf – und worüber geschwiegen werden muss? Thilo Sarrazin analysiert den grassierenden Meinungskonformismus und stellt fest: Wer Dinge ausspricht oder Zusammenhänge herstellt, die nicht ins gerade vorherrschende Weltbild passen, der wird gerne als Provokateur oder Nestbeschmutzer ausgegrenzt. Mit gewohntem Scharfsinn prangert er diesen Missstand an, zeigt dessen Ursachen und benennt die vorherrschenden Denk- und Redeverbote unserer Zeit.

DVA
www.dva.de

THILO SARRAZIN

EUROPA BRAUCHT DEN EURO NICHT

Wie uns politisches Wunschdenken in die Krise geführt hat

DVA

ISBN 978-3-421-04562-1, 464 Seiten

Der Traum von der Europäischen Währungsunion hat seinen Glanz verloren. Auch wenn Angela Merkel mit ihrem Diktum »Scheitert der Euro, dann scheitert Europa« die Bedeutung dieses politischen Großprojekts immer wieder beschworen hat, so müssen wir uns doch fragen, ob wir um jeden Preis am Euro festhalten wollen. Thilo Sarrazin zeichnet in seinem Buch die Geschichte des Euro nach. Er beschreibt die verheerenden Resultate politischen Wunschdenkens und stellt die Debatte um den Euro und die europäische Vertrauenskrise vom Kopf auf die Füße.

DVA
www.dva.de